Tese Vencedora do Prêmio de Tese 2019, promovido pelo Curso de Doutorado do Programa de Pós-graduação em Direito da Universidade do Estado do Rio de Janeiro (PPGD-UERJ)

GABRIEL
SCHULMAN

INTERNAÇÃO FORÇADA, SAÚDE MENTAL E DROGAS

É POSSÍVEL INTERNAR CONTRA A VONTADE?

2020 © Editora Foco
Autor: Gabriel Schulman
Diretor Acadêmico: Leonardo Pereira
Editor: Roberta Densa
Assistente Editorial: Paula Morishita
Revisora Sênior: Georgia Renata Dias
Capa Criação: Leonardo Hermano
Diagramação: Ladislau Lima
Impressão miolo e capa: META BRASIL

Dados Internacionais de Catalogação na Publicação (CIP) (Câmara Brasileira do Livro, SP, Brasil)

S386i   Schulman, Gabriel
         Internação forçada, saúde mental e drogas: é possível internar contra a vontade? / Gabriel Schulman. - Indaiatuba, SP : Editora Foco, 2020.

         320 p. ; 17cm x 24cm.

         Inclui índice e bibliografia.
         ISBN 978-85-8242-437-7

         1. Direito. 2. Direito da medicina. 3. Internação forçada. 4. Saúde mental. 5. Drogas. I. Título.

2019-2396   CDD 340   CDU 34

Elaborado por Vagner Rodolfo da Silva – CRB-8/9410
Índices para Catálogo Sistemático:
1. Direito 340   2. Direito 34

DIREITOS AUTORAIS: É proibida a reprodução parcial ou total desta publicação, por qualquer forma ou meio, sem a prévia autorização da Editora FOCO, com exceção do teor das questões de concursos públicos que, por serem atos oficiais, não são protegidas como Direitos Autorais, na forma do Artigo 8º, IV, da Lei 9.610/1998. Referida vedação se estende às características gráficas da obra e sua editoração. A punição para a violação dos Direitos Autorais é crime previsto no Artigo 184 do Código Penal e as sanções civis às violações dos Direitos Autorais estão previstas nos Artigos 101 a 110 da Lei 9.610/1998. Os comentários das questões são de responsabilidade dos autores.

NOTAS DA EDITORA:

Atualizações e erratas: A presente obra é vendida como está, atualizada até a data do seu fechamento, informação que consta na página II do livro. Havendo a publicação de legislação de suma relevância, a editora, de forma discricionária, se empenhará em disponibilizar atualização futura.

Erratas: A Editora se compromete a disponibilizar no site www.editorafoco.com.br, na seção Atualizações, eventuais erratas por razões de erros técnicos ou de conteúdo. Solicitamos, outrossim, que o leitor faça a gentileza de colaborar com a perfeição da obra, comunicando eventual erro encontrado por meio de mensagem para contato@editorafoco.com.br. O acesso será disponibilizado durante a vigência da edição da obra.

Impresso no Brasil (01.2020) – Data de Fechamento (01.2020)

2020

Todos os direitos reservados à
Editora Foco Jurídico Ltda.
Rua Nove de Julho, 1779 – Vila Areal
CEP 13333-070 – Indaiatuba – SP
E-mail: contato@editorafoco.com.br
www.editorafoco.com.br

*Ao querido amigo e grande rockeiro,
Professor Doutor Ricardo Aronne,
que nos deixou no curso da elaboração deste livro.*

AGRADECIMENTOS

"Um galo sozinho não tece uma manhã"
(João Cabral de Melo Netto).

Durante a confecção deste livro, fruto da pesquisa do Doutorado realizado na UERJ, foram inúmeros os aprendizados e muitos os professores. Assim, acho que as melhores ideias que tive não foram minhas e, provavelmente, as segundas melhores também não. Além disso, as terceiras as tive em rodas de conversa, eventos acadêmicos, entrevistas realizadas para elaboração desta pesquisa, bem como após ouvir depoimentos corajosos de pessoas que foram internadas, muitos dos quais meus alunos de graduação que decidiram compartilhar comigo suas histórias de vida. Recebam todos meus sinceros agradecimentos.

Recordo então duas frases, que dedico às pessoas adiante nominadas. Paulo Freire ensina que "Ninguém ignora tudo. Ninguém sabe tudo. Todos nós sabemos alguma coisa. Todos nós ignoramos alguma coisa. Por isso aprendemos sempre". Cecília Meirelles escreve que "Há pessoas que nos falam e nem as escutamos, há pessoas que nos ferem e nem cicatrizes deixam, mas há pessoas que simplesmente aparecem em nossas vidas e nos marcam para sempre". Ao reunir Freire e Meirelles procuro expressar meus agradecimentos.

Agradeço de modo especial à professora Heloisa Helena Barboza, pelo exemplo pessoal, pela dedicação incansável, por me introduzir no mundo da pesquisa e por lições preciosas. Duas delas que me auxiliaram nas encruzilhadas desta pesquisa gostaria de registrar: na dúvida escreva sobre o que te incomoda, e opte pela solução que melhor protege à pessoa humana. Foi o que procurei fazer.

Esta obra origina-se da tese de Doutorado defendida em banca composta pelos professores doutores Heloisa Helena Barboza (presidente), Anderson Schreiber, Carlos Eduardo Pianovisky, Daniel Sarmento, Eroulths Cortiano Junior, cujas contribuições e críticas foram essenciais para aprimorar o trabalho e permitiram reflexões bastante interessantes. Aos professores integrantes da banca meu muito obrigado!

Gostaria de enfaticamente agradecer aos professores do Programa de Doutorado em Direito da UERJ, com quem pude muito aprender, especialmente Maria Celina Bodin de Moraes, Gustavo Tepedino, Milena Donato Oliva, Carlos Nelson Konder. Na UERJ agradeço aos funcionários que lutaram como segue lutando a Universidade do Estado do Rio de Janeiro. O faço na pessoa da Sonia Leitão que dedicou tantos anos ao Programa de Pós-graduação em Direito.

O apoio dos defensores públicos estaduais foi fundamental para a compreensão de aspectos práticos. No Estado do Rio de Janeiro, agradeço de modo especial às defensoras Patrícia Magno, Thaísa Guerreiro e Elisa Cruz que contribuíram com ideias, sugestões e ensinamentos. Foram também determinantes para meu contato com a prática, inclusive pela vista ao "hospital" de custódia psiquiátrico. No Paraná, meu muito obrigado aos defensores André Giamberadino, Caio Watkins e em São Paulo, à defensora Daniela Skromov de Albuquerque.

Da Universidade Federal do Paraná, também minha casa, o agradecimento aos integrantes e coordenadores do Projeto de Pesquisa Virada de Copérnico, bem como aos professores Angela Fonseca, António Peres Gediel, Fabricio Tomio, Rodrigo Xavier Leonardo, Thaysa Schiochet e Thiago Hansen, pelas recomendações, materiais e sugestões. Na Universidade Positivo, destaco os colegas e amigos do Curso de Direito que ajudaram, corrigiram e quebraram galhos em geral, especialmente Eduardo Faria Silva, Glenda Gondim, Melissa Martins Casagrande, Roberto Altheim, Thais Lunardi e Thaís Brodbeck. Do curso de Psicologia, meu obrigado é especialmente aos professores Marina Pires Machado, Nei Ricardo, Raphael Henrique Castanho di Lascio pelas considerações e sugestões.

No Comitê Executivo de Saúde do CNJ, no Paraná, agradeço especialmente à juíza federal Luciana Veiga, ao procurador de justiça Marco Antônio Teixeira e à procuradora municipal Renata Kroska, pelas várias sugestões e pelo longo tempo que se dedicaram a me contar e a ouvir sobre a pesquisa. Agradeço também a Diogo Busse, ex-secretário municipal de política de drogas em Curitiba, que ofereceu sugestões e lições fundamentais.

Na Saúde Mental em Curitiba, agradeço ao Dr. Cyro Antunes Maciel Aranha, médico que me deu as primeiras dicas sobre internação e me fez ver que na prática a teoria é outra. Pelas explicações práticas e por mostrar a teoria na prática, Mirela Stenzel, Coordenadora de CAPS infanto-juvenil em Curitiba. No Rio de Janeiro, Rafael Morganti enfermeiro do Centro de Atenção Psicossocial (CAPSad) Mirian Makeba, e Rosemery Fonseca, assistente social do CAPS III, Dr. Jair Nogueira, em Nova Iguaçu.

Agradeço na magistratura, de modo especial à Milene de Carvalho Henrique (comarca de Araguaína) e Rogério Ribas (comarca de Curitiba) e Ricardo Tadeu Fonseca. Do Grupo de Pesquisa sobre o Estatuto da Pessoa com Deficiência do IDBFAM, Carlos Eduardo Pianovski, Fernanda Pederneiras, Jaqueline Pereira, pela oportunidade de ouvi-los. Em Minas, sou especialmente grato a Gustavo Ribeiro, Luciana Dadalto e Nelson Rosenvald.

Na esfera do direito criminal e nas discussões sobre criminologia agradeço muito aos professores André Szesz, Clara Roman Borges, Leonardo Costa de Paula, Rui Dissenha, Flávio Bortozollozi Jr, que me guiaram por caminhos que eu absolutamente desconhecia. Pela gentileza nas explicações sobre medida de segurança, um agradecimento especial ao Promotor Haroldo Caetano (MP-GO).

Sou profundamente grato ainda aos professores e amigos Anderson Santos, Jacqueline Lopes Pereira, Marcelo Bürger, Marcos Catalan, Pablo Malheiros, Rafael Correa, Rafael Zanlorenzi, e Sandro Ballande-Romaneli, os quais se aventuraram a ler partes deste livro. Naturalmente os erros que não corrigi são meus. Também agradeço aos docentes Paulo Schier, Giovanna Bonilha Milano e Ana Lucia Pretto Pereira (Ucha), Ana Carolina Brochado e Heloísa Câmara, pela importante contribuição. A Peggy Distefano pela ajuda no inglês, *thank you*.

Agradeço aos alunos e ex-alunos da Universidade Positivo (notadamente do grupo de Pesquisa Sofia) e da Universidade Federal do Paraná, que se propuseram a ouvir as ideias discutidas na pesquisa e sempre atentos enviaram materiais e sugestões e revisões, em especial, Ana Carolina Contin Kosiak, Evelyn Taborda, Gabriela Schulz, Caroline Reva, Cesar Consalter, Isaque Crozeta, Mirian Alves, Newton Guimarães, Nicole Nunes, Yaggo Souza. A persistente iguapense Thaís Maciel Pereira por todo empenho e preocupação.

Preciso também agradecer os amigos cariocas que dividiram angústias, dúvidas e risadas. Nesta categoria estão Fer Gaúcha, Vitor, Ana Paula e Pedro, Raul, Leonardo, Lívia e Evelyn. Aos companheiros que ao mesmo tempo realizaram mestrado ou doutorado, na UFPR e UERJ, com quem pude conviver e aprender, Frank, André Arnt, Paula, Ligia, Maici, Bia, Marcos Alberto, Mariel, Ricardo Calderón, Ilan, Ivana, Rodrigo, Gabriel Furtado, Cynthia.

Por fim e especialmente aos meus pais, pelo apoio incondicional.

APRESENTAÇÃO

A sociedade brasileira é pródiga em invisibilizar as situações graves, complexas e de difícil solução, que incomodam o dia a dia dos cidadãos e cidadãs. Tal conduta, que se constata desde o Brasil colônia, se mantém na contemporaneidade e os problemas se arrastam, crescem e diversificam, na mesma medida em que aumentam as reclamações contra a inércia do "governo". Desse modo, transmitida a responsabilidade para o Estado, não há qualquer reflexão ou debate mais amplo sobre tais situações incômodas, que são afastadas com o simples ato de se atravessar para o outro lado da rua ou de se virar cabeça, quando elas se interpõem no caminho. Isto é o que acontece, por exemplo, em relação aos moradores de rua, às crianças abandonadas, às prostitutas maiores e menores, aos doentes que vagam pelas cidades e, em data mais recente, aos usuários de drogas que igualmente ocupam as ruas.

A presente obra dedica-se ao estudo das drogas, em uma das vertentes mais delicadas, que é o cabimento ou não da internação compulsória daqueles que delas fazem uso abusivo.

O tema das drogas guarda diferença importante em relação aos demais, em razão de sua intrínseca ambiguidade: há drogas lícitas, como o álcool, e outras ilícitas, como a maconha ou cocaína; nas ilícitas os problemas, especialmente com a Lei Penal, surgem ou não a depender de quem, onde e quando se dá o uso. Some-se a esses aspectos o fato do desconhecimento generalizado do assunto, o qual é abordado, não raro, com base no senso comum, normalmente mal informado, mas revestido de grande autoridade.

Como observa o autor com propriedade, "há uma *arbitrariedade axiológica*" na construção do discurso antidroga, que é marcado por "*silenciamentos*" acerca das drogas institucionalizadas, acreditadas como benignas. Serve de exemplo o tabaco, que mata metade de seus usuários mas é tolerado, quando não defendido, por muitos que entendem ser ele menos danoso que qualquer outra droga classificada como ilícita. Trata-se, como ressalta igualmente o autor, de uma distinção artificial, permeada por influências culturais, sociais e históricas, que consequentemente variam entre os países, não mantendo correspondência necessária com o potencial nocivo de cada droga, como em geral se crê.

Como destaca o autor deste estudo, a *classificação das drogas entre lícitas e ilícitas, representa mais um aspecto do discurso tradicional que merece ser revisto*. A necessidade dessa revisão torna-se patente quando se constata que a "ilicitude" muitas vezes dependerá dos fatores aleatórios acima apontados: quem, quando e onde. Na prática, essas variáveis serão fatores determinantes da conduta ilícita e verificadas com maior rigor nas populações em geral vulneradas, excluídas ou discriminadas, como a de negros, dos integrantes dos grupos LGBTI (lésbicas, gays, bissexuais, travestis, transexuais e intersex) e dos pobres de todo gênero.

Não obstante, foi a partir desse arcabouço dado pela sociedade e acolhido pelo Direito, embora tenha sido tecido com premissas falsas ou, ao menos, de todo instáveis como se pode constatar das breves considerações acima, que se deu a elaboração do presente livro.

Inicialmente pensado como tese de doutorado, revelou-se a final um trabalho para além do exigido pela academia, ao apresentar o resultado de uma reflexão profunda, científica, portanto imparcial, de natureza precipuamente jurídica. Exatamente por essas qualidades, a obra certamente interessa a todos que percebem o enigma posto pelas drogas, que colocam em jogo a autonomia, expressão maior da liberdade individual, e o controle que sobre ela pode(?) ou deve(?) ser exercido pela sociedade, para fins de proteção da pessoa humana em sua dignidade.

Sob o título *Internação forçada, saúde mental e drogas: é possível internar contra a vontade?* se apresenta um estudo sobre a internação forçada em caso do uso abusivo de drogas por adultos, situação que põe em confronto a autonomia do usuário e o dever da sociedade de proteger essas pessoas em sua dignidade.

Trata-se, como se constata, do enfrentamento de questão densa e delicada, especialmente nos moldes propostos, quais sejam, os de apreciar os requisitos e pressupostos para a excepcional aplicação da internação compulsória. Para tanto, não bastam dedicação e apuro técnico, mas principalmente aguçada percepção dos limites e fundamentos razoáveis de interferência na esfera de autonomia de outrem.

Gabriel Schulman, jovem doutor pela Universidade do Estado do Rio de Janeiro-UERJ, mas com carreira já sólida no magistério e na advocacia, possui as qualidades e o talento que um estudo desse porte exige. A leitura da obra que elaborou revela bem tais atributos: a clareza do professor, a segurança e estratégia técnica do advogado, o estilo culto e leve dos que buscam subsídios na literatura, para amenizar a dureza do tema e exibir o lado humano da questão.

Merece registro especial a coragem de Gabriel Schulman de mergulhar no invisível mundo das drogas, para indicar meios de proteção para os que precisam, sem sacrifício de seus direitos fundamentais.

Internação forçada e uso de drogas: entre liberdade e proteção constitui, sem dúvida, leitura necessária para todos querem ter uma visão digna da função que pode ter a internação compulsória.

Rio de Janeiro,
Novembro de 2019

Heloisa Helena Barboza

PREFÁCIO

Em 2013, arqueólogos chineses desenterraram um cemitério em Jirzankal, no extremo oeste da China, e ali localizaram componentes de maconha utilizados em pequenos braseiros de madeira há mais de 2.000 anos de idade.[1] O uso de substâncias entorpecentes para finalidades curativas, religiosas ou puramente recreacionais encontra registro continuado em diferentes civilizações ao longo da História. O que é novo, em termos históricos, é a política de repressão a tais substâncias, que, nos últimos cem anos, assumiu a condição de uma diretriz praticamente global de saúde pública, despertando reações inteiramente antagônicas: de um lado, uma defesa enfática de sua necessidade e pertinência; de outro, uma acentuada rejeição aos seus métodos e uma crescente contestação dos seus resultados.[2]

Entre as múltiplas facetas desta política repressiva, encontra-se o polêmico recurso à internação forçada de adultos que recaem no chamado uso abusivo de drogas. O caráter drástico da medida costuma ser justificado com base em diferentes interesses: proteção à saúde do próprio usuário, proteção à segurança de terceiros e necessidade de punição do usuário pela infração das normas proibitivas de consumo de drogas. Como todo fenômeno culturalmente relevante, essas questões podem ser analisadas sob diferentes perspectivas, a partir de uma ampla gama de saberes, mas sempre se entrelaçam de modo indissociável com o Direito, que tem o papel de discipliná-las à luz dos valores fundamentais da sociedade, encartados, entre nós, na Constituição da República. Compete, de fato, à doutrina oferecer as balizas para a atuação do Estado neste campo, estabelecendo os limites dentro dos quais os Poderes Executivo e Legislativo podem legitimamente atuar, sempre no afã de promover a máxima realização dos valores constitucionais.

A esta tarefa difícil – e, não raro, capaz de atrair, ela própria, preconceitos e estigmas – dedicou-se Gabriel Schulman nesta belíssima obra que, agora, vem a público. O livro nasce de substanciosa tese de doutorado, redigida sob a segura e inspiradora orientação da Professora Heloisa Helena Barboza e defendida com brilhantismo no Programa de Pós-Graduação da Universidade do Estado do Rio de Janeiro (UERJ), perante banca que tive a honra de integrar, ao lado da orientadora e dos Professores Daniel Sarmento (UERJ), Eroulths Cortiano Júnior (UFPR) e Carlos Eduardo Pianovski Ruzyk (UFPR). O profundo conhecimento de Schulman sobre

---

1. Informações extraídas de reportagem "*Maconha já era fumada há 2.500 anos*", do Jornal El Pais, disponível em: https://brasil.elpais.com/brasil/2019/06/12/ciencia/1560325693_718056.html.
2. No Brasil, ver Luiz Eduardo Soares, *Meu Casaco de General*, São Paulo: Companhia das Letras, 2000, *passim*.

o tema – adquirido quer por meio da advocacia especializada em saúde, quer por meio de sua atuação no Comitê Executivo da Saúde do Conselho Nacional de Justiça (Seção Paraná) – reflete-se em cada página do livro.

O itinerário é instigante. O autor inicia sua investigação desmontando uma série de ideias pré-concebidas que costumam contaminar a análise do uso de drogas no Brasil, como a exagerada importância atualmente atribuída à distinção entre drogas lícitas e drogas ilícitas, distinção que, conforme bem demonstra o autor, contribui para um tratamento inadequado da matéria. Em diferentes passagens, Schulman destaca a importância de se *"redescobrir a pessoa por detrás do usuário da droga"*, em uma espécie de mantra que revela não apenas a sua aguçada sensibilidade em relação ao tema em estudo, mas também o fiel compromisso com a tutela da dignidade da pessoa humana, princípio fundante da ordem constitucional brasileira.

Firme nessas premissas, e se valendo de sólida formação civilista, Schulman propõe uma releitura crítica da teoria das incapacidades, apontando a impropriedade da qualificação do usuário de drogas como *sujeito incapaz*, categoria abstrata e inapta a oferecer resposta adequada a uma rica amplitude de situações distintas que podem decorrer do uso de drogas. Nessa direção, defende o autor a necessidade imperativa de se desatrelar o exame sobre a internação do usuário de qualquer juízo acerca de sua capacidade civil ou de eventual interdição. Schulman passa, então, a examinar a relação entre autonomia existencial e intervenções heterônomas, relação especialmente delicada quando diz respeito a pessoas com algum grau de comprometimento do discernimento para realizar suas próprias escolhas.

A partir desta análise, Schulman conclui que a única finalidade constitucionalmente legítima no Brasil para a internação de adultos que fazem uso abusivo de drogas é a proteção de sua saúde. Nesse sentido, defende que a internação seja sempre encarada como modalidade de tratamento, excluindo a possibilidade de seu emprego como medida punitiva ou técnica de isolamento. Schulman não se limita, contudo, aos reenquadramentos conceituais que derivam de sua releitura crítica, mas dá importante passo adiante, ao sugerir parâmetros específicos para a aferição da legitimidade da internação (medida de caráter excepcional), como a avaliação da suficiência de outras medidas menos severas e a obrigatoriedade de revisões periódicas destinadas a checar a necessidade de prosseguimento da internação. Merece destaque, ainda, a corajosa proposta do autor de substituir a exigência de um laudo médico pela manifestação de uma Comissão Multidisciplinar de Avaliação de Internação Forçada, dispensando, de outro lado, a obrigatoriedade de manifestação judicial como requisito para a internação.

Como se nota, Schulman oferece às letras jurídicas um estudo profundo, que une o indispensável rigor dogmático a uma abordagem rica e multidisciplinar, escapando aos riscos do dogmatismo sem ceder à tentação oposta de remeter a solução de um problema tão concreto e candente a considerações demasiadamente vagas.

Sua linguagem clara, elegante e didática – fruto da experiência docente do autor na Universidade Federal do Paraná e na Universidade Positivo, em que leciona – logra tornar agradável a leitura sobre um tema tão dramático, que está exigir, com urgência, um debate mais sério e profundo, compatível com a necessidade de assegurar efetiva dignidade a milhares de pessoas em nosso país. O livro que o leitor tem em mãos será um marco indispensável para essa transformação.

Anderson Schreiber
Professor Titular de Direito Civil da UERJ.

... somos 36 homens aqui dentro, 36 malucos, 36 marginais – de qualquer maneira esperamos a "cura" no sanatório como a sociedade espera que os bandidões das cadeias se "regenerem" etc. etc. aqui, o carcereiro é chamado de plantonista – e são aqueles homens de branco sobre os quais rogério se referiu um dia, há pouco tempo. aqui, nesta vida comunitária, a barra é pesada, como eu gosto. minha enfermaria tem doze camas ocupadas por doentes mentais de nível que poderiam muito bem ser classificado pelo Ibope como pertencentes às classes C, D, Z. estamos aí! em cana. o chato é a comida, que é péssima. *Torquato Neto, Essencial, 2017.*

+ Rita Lee

- Ritalina

Cartaz de manifestação pela atenção à Saúde Mental no Rio de Janeiro.

RESUMO DO LIVRO

Esta obra versa sobre a internação forçada (contra a vontade ou sem consentimento) de adultos que fazem uso abusivo de drogas. O propósito da pesquisa consiste em avaliar, sob o prisma jurídico, se é ou não legítima a imposição da medida, o que se desdobrou na apreciação dos requisitos e pressupostos para a sua excepcional aplicação. A análise orientou-se pela leitura à luz da Constituição, a partir da qual se examinou doutrina, legislação e jurisprudência.

Propõe-se que o cuidado com a saúde da pessoa que faz uso abusivo de drogas é a única possibilidade constitucionalmente admissível para sua internação forçada, de modo que outros fins como punir, segregar ou isolar são inconstitucionais. Procura-se problematizar o conflito ou tensão entre liberdade formal e paternalismo, para justificar ou rejeitar a interferência na esfera existencial na situação examinada.

A partir das lições de Michel Foucault, coloca-se em destaque a indevida confusão de conceitos como capacidade-personalidade, doença-interdição, loucura-perigo, uso de drogas-incapacidade, internação-interdição, o que conduz a distorções nos fundamentos das internações. Ao revisitar estas categorias e as desentrelaçar, busca-se demonstrar os limites da dogmática tradicional do regime das incapacidades para enfrentar o tema. Nesse sentido, assinala-se que a internação não depende, nem decorre da interdição. Sustenta-se ainda que o uso abusivo de drogas atinge primordialmente a autodeterminação (autocontrole), mas não necessariamente a aptidão de compreender e se expressar. Problematiza-se a categoria dos "ébrios habituais e viciados em tóxicos" e seu enquadramento como relativamente incapazes.

A conclusão não é favorável à internação forçada, contudo, não a exclui por completo. Defende-se que constitui medida subsidiária, temporária, que pressupõe a insuficiência dos mecanismos extra-hospitalares e um acervo protetivo da pessoa que se considera internar.

Palavras–chave: Internação forçada. Internação compulsória. Drogas. Saúde mental. Capacidade Civil.

LISTA DE ABREVIATURAS E SIGLAS

ADPF	Arguição de Descumprimento de Preceito Fundamental
ANVISA	Agência Nacional de Vigilância Sanitária
CAPS	Centros de Atenção Psicossocial
CAPS ad	Centros de Atenção Psicossocial voltados à atenção de uso de drogas
CDPD	Convenção Internacional sobre os Direitos das Pessoas com Deficiência, também designa como Convenção de Nova York ou Convenção sobre Direitos das Pessoas com Deficiência
CEDH	Corte Europeia de Direitos Humanos
CFM	Conselho Federal de Medicina
CFP	Conselho Federal de Psicologia
CID-10	Classificação Internacional de Doenças e Problemas Relacionados à Saúde na versão 10
CIDH	Corte Interamericana de Direitos Humanos
CIF	Classificação Internacional de Funcionalidade, Incapacidade e Saúde
CNPCP	Conselho Nacional de Política Criminal e Penitenciária
CONEP	Conselho Nacional de Pesquisa
CP	Código Penal. Salvo indicação diversa, nos diplomas legislativos considera-se o texto vigente
CPP	Código de Processo Penal
CREMEC	Conselho Regional de Medicina do Estado do Ceará
CREMERJ	Conselho Regional de Medicina do Estado do Rio de Janeiro
CREMESP	Conselho Regional de Medicina do Estado de São Paulo
CRM	Conselho Regional de Medicina
CRM/PR	Conselho Regional de Medicina do Paraná
CT	Comunidade terapêutica
DSM-V	Sigla em inglês para "Manual diagnóstico e estatístico de transtornos mentais". DSMV indica a 5ª edição
EPD	Estatuto da Pessoa com Deficiência – Lei 13.146/2015. Optou-se pela abreviatura LBI (Lei Brasileira de Inclusão da Pessoa com Deficiência)
HC	*Habeas corpus*
INCA	Instituto Nacional do Câncer
INSS	Instituto Nacional do Seguro Social
IPEA	Instituto de Pesquisa Econômica Aplicada
LBI	Lei Brasileira de Inclusão da Pessoa com Deficiência (Lei 13.146/2015). Esta lei é habitualmente designada de Estatuto da Pessoa com Deficiência ou EPD.
LGPD	Lei Geral de Proteção de Dados (Lei n. 13.709/2018)
MJ	Ministério da Justiça
MS	Ministério da Saúde
OMS	Organização Mundial da Saúde
OHCHR	Office of the United Nations High Commissioner for Human Rights

PTS	Projeto terapêutico singular
RESP	Recurso Especial
SAMU	Serviço de Atendimento Móvel de Urgência
SENAD	Secretaria Nacional de Políticas sobre Drogas
STF	Supremo Tribunal Federal
STJ	Superior Tribunal de Justiça
TJMG	Tribunal de Justiça do Estado de Minas Gerais
TJPR	Tribunal de Justiça do Estado do Paraná
TJRJ	Tribunal de Justiça de São Paulo
TJRO	Tribunal de Justiça de Rondônia
TJRS	Tribunal de Justiça do Estado do Rio Grande do Sul
TJSC	Tribunal de Justiça de Santa Catarina
TJSP	Tribunal de Justiça de São Paulo
UBS	Unidades Básicas de Saúde
UNODC	Sigla em inglês para Escritório das Nações Unidas sobre Drogas e Crime (United Nations Office on Drugs and Crime)
UPA	Unidade de pronto atendimento 24 horas
WHO	World Health Organization. Abreviatura em inglês para Organização Mundial da Saúde (OMS).

SUMÁRIO

AGRADECIMENTOS V

APRESENTAÇÃO IX

PREFÁCIO XI

RESUMO DO LIVRO... XVII

LISTA DE ABREVIATURAS E SIGLAS... XIX

CAPÍTULO 1 – A PESSOA REDESCOBERTA NO USUÁRIO DE DROGAS: PROBLEMATIZAÇÕES E DESMISTIFICAÇÕES NECESSÁRIAS 1

1.1 Cenário do uso de drogas no Brasil e seus prismas: problema de saúde, questão social, pauta da segurança pública... 4
1.2 Problematização da classificação entre drogas lícitas e ilícitas..................... 13
1.3 A guerra às drogas e o "drogado" como inimigo... 30
1.4 Síntese do capítulo 43

CAPÍTULO 2 – A SOMBRA SOBRE OS "ÉBRIOS HABITUAIS E VICIADOS EM TÓXICOS": SUPERAÇÃO, À LUZ DA CONSTITUIÇÃO, DA LEITURA VICIADA DAS INCAPACIDADES... 45

2.1 Da constituição das incapacidades às incapacidades na Constituição 53
2.2 As impropriedades em rotular o usuário de drogas como incapaz 81
2.3 Há "razões que a razão não conhece": distintas projeções das aptidões para decidir... 97
2.4 Síntese do capítulo 109

CAPÍTULO 3 – ENTRE LIBERDADE E PROTEÇÃO: FUNDAMENTOS NORMATIVOS E AXIOLÓGICOS PARA (NÃO) INTERNAR... 113

3.1 Paternalismo, Vulnerabilidade e Liberdade para atos existenciais: "Se eu quiser fumar, eu fumo. Se eu quiser beber, eu bebo"?................................... 117
3.2 Internação forçada como medida de segurança: entre punição e tratamento 134
3.3 Síntese do capítulo 163

CAPÍTULO 4 – A INTERNAÇÃO FORÇADA COMO EXCEÇÃO: DA INVISIBILIDADE AOS DIREITOS FUNDAMENTAIS DO USUÁRIO DE DROGAS 165

4.1   Filtros constitucionais para imposição de internação 171

4.2   A liberdade do *princípio* ao fim: direitos e garantias durante a internação e em sua extinção 210

4.3   Síntese do capítulo 240

CONCLUSÃO 243

REFERÊNCIAS... 255

Capítulo 1
A PESSOA REDESCOBERTA NO USUÁRIO DE DROGAS: PROBLEMATIZAÇÕES E DESMISTIFICAÇÕES NECESSÁRIAS

Para iniciar o percurso, mostra-se necessária uma confrontação com a realidade, de modo a oferecer uma contextualização acerca do uso de drogas e, sobretudo, iluminar determinados aspectos do senso comum que escondem representações sociais,[1] as quais influem diretamente em sua(s) leitura(s). Neste capítulo, discute-se acepções relacionadas às drogas e aos usuários, as construções de sentido destes termos, define-se a escolha lexical e procura-se justificá-la.

Como aponta Oriol Romaní, os discursos em torno das drogas muitas vezes se prestam a distorcer, legitimar mecanismos destinados a promover controle social (*medicalização*),[2] superdimensionar ou ainda tornar invisíveis algumas dimensões da questão.[3]

---

1. As expressões "representações sociais" e "construções sociais" são utilizadas nesta pesquisa de modo indistinto e sem ligação com algum autor ou corrente específicos, o que não despreza as importantes discussões sobre seus significados. Para Outhwaite e Bottomore, "O estudo das representações sociais, ou seja, idéias, valores e regras compartilhados por um grupo ou cultura que são a tal ponto poderosos que os indivíduos os consideram incontestáveis, tornou-se centro de uma nova abordagem. Talvez as representações sociais mais largamente compartilhadas estejam condensadas em uma linguagem comum; estudos modernos demonstraram que os hábitos linguísticos, gramaticais e semânticos podem explicar alguns fenômenos psicológicos". OUTHWAITE, William; BOTTOMORE; Tom. *Dicionário do pensamento social do século XX*. Trad. Eduardo Francisco Alves, Álvaro Cabral. Rio de Janeiro: Jorge Zahar, 1996, p. 628 – redação mantida como no original. De modo próximo a tal conceituação, o que se procura destacar nesta pesquisa com os termos referidos no início desta nota é a existência de certos mitos enraizados, incorporados socialmente, que se refletem, inclusive, em escolhas de linguagem, os quais, não obstante, não podem ser aceitos como verdades incontestáveis. Com maior clareza, Romaní registra *"toda una serie de prácticas sociales y de discursos culturales que llevaron a que en este momento exista un conjunto de mecanismos de gestión y control social, de orientaciones de valores, un imaginario popular, ciertas patologías, etcétera, alrededor de 'la droga"*. ROMANÍ, Oriol. Adicciones, drogodependencias y "problema de la droga" en España: la construcción de un problema social. *Cuicuilco*, Escuela Nacional de Antropología e Historia, México, v. 17, n. 49, p. 83-84, dez. 2010.
2. O autor indica expressamente usar o termo no sentido proposto de Foucault. ROMANÍ, Oriol. *Las drogas, sueños y razones*. Barcelona: Ariel, 1999, p. 39.
3. ROMANÍ, Oriol; VÁZQUEZ, Andrea. Drogodependencia, estigma y exclusión en salud: Barreras de accesibilidad de drogodependientes a servicios de salud en las ciudades de Barcelona y Buenos Aires. *Anuario de Investigaciones*, Buenos Aires: Universidad de Buenos Aires, v. XIX, p. 161, 2012.

A própria discussão do sentido de "droga" se revela igualmente relevante e problemática diante de sua polissemia. Ao longo desta pesquisa, salvo indicação diversa, a expressão será empregada no sentido proposto por Moral e Fernández, explicado neste capítulo.

Como uma noção inicial, neste livro, considera-se droga a substância que por seus efeitos e modo de uso pode conduzir ao que muitos designam de "dependência química",[4] ainda que o melhor seja empregar as expressões "uso nocivo" e "uso abusivo", examinadas adiante. Assim, a expressão *drogas* abarca substâncias proibidas e permitidas, inclusive diante da impropriedade da qualificação "drogas ilícitas", explorada neste capítulo.

Gabriel García Márquez conta que na aldeia de Macondo, as coisas ainda não tinham nomes. Na famosa passagem de "Cem anos de solidão", narra-se que:

> Macondo era entonces una aldea de veinte casas de barro y cañabrava construidas a la orilla de un río de aguas diáfanas que se precipitaban por un lecho de piedras pulidas, blancas y enormes como huevos prehistóricos. El mundo era tan reciente, que muchas cosas carecían de nombre, y para mencionarlas había que señalarlas con el dedo.[5]

Ao contrário da aldeia de Macondo, o desafio recai sobre a multiplicidade de rótulos que promovem o etiquetamento social. Nessa linha, designações como "chapados", "maconheiros", ou ainda "cracudos" e "noias" para usuários de *crack*, colocam em primeiro plano a substância e seus efeitos (como a paranoia)[6] e acabam por sublimar a pessoa.

O termo *crack* é um ótimo exemplo de como as denominações e representações contribuem para os estigmas. A designação sugere se tratar de uma droga

---

4. A locução "dependência química" deve ser usada com cautela. Seu primeiro termo sugere uma certa passividade, ao passo que o segundo indica a prevalência do princípio ativo em detrimento de inúmeros outros fatores que conduzem ao uso problemático das drogas. Não deve ser interpretada como se a substância causasse, isoladamente, a dependência. A referência a essa expressão, sem prejuízo de sua imprecisão e inadequação, busca justamente poder estabelecer sua crítica. Como assenta Gilberta Acselrad, "conceitos como *dependência química* sugerem uma ação determinante do produto na adoção de um uso compulsivo, ignorando que pessoas diferentes e em contextos diferentes podem e fazem escolhas diferentes". ACSELRAD, Gilberta. Os desafios para uma formação em álcool e outras drogas baseada nos direitos humanos. In: VECCHIA, Marcelo Dalla. *Drogas e direitos humanos: reflexões em tempos de guerra às drogas* [recurso eletrônico]. Porto Alegre: Rede UNIDA, 2017. p. 123-140. p. 124.
5. MÁRQUEZ, Gabriel García. *Cien años de soledad*. Edición Conmemorativa. Real Academia Española. Espanha: Santillana Ediciones Generales, 2007, p. 9. E como também ensina a bela obra, nominar confere o poder de definir a função das coisas, ou ainda de promover distorções: "*En todas las casas se habían escrito claves para memorizar los objetos y los sentimientos. Pero el sistema exigía tanta vigilancia y tanta fortaleza moral, que muchos sucumbieron al hechizo de una realidad imaginaria, inventada por ellos mismos, que les resultaba menos práctica pero más reconfortante. Pilar Ternera fue quien más contribuyó a popularizar esa mistificación, cuando concibió el artificio de leer el pasado en las barajas como antes había leído el futuro*". MÁRQUEZ, Gabriel García. *Cien años de soledad*. Edición Conmemorativa. Real Academia Española. Espanha: Santillana Ediciones Generales, 2007, p. 61.
6. DOMANICO, Andrea. *Craqueiros e cracados:* bem-vindo ao mundo dos noias! Estudo sobre a implementação de estratégias de redução de danos para usuários de *crack* nos cinco projetos-piloto do Brasil. 2006. Tese (Doutorado em Ciências Sociais) – Universidade Federal da Bahia, Salvador, 2006, p. 8.

nova, porém o *crack* tem como princípio ativo a cocaína, sendo na verdade uma das apresentações possíveis da droga".[7] Como explica Carl Hart ao discorrer sobre maior atenção conferida ao *crack*, em relação à cocaína, "Essa crença decorre de um desconhecimento da farmacologia básica". São apenas duas formas de administrar a mesma droga.[8] A diferenciação se relaciona a fatores como a maior visibilidade da forma de uso, seja pela ênfase da mídia, seja pelo uso na rua.[9]

O "enfrentamento das expressões" representa um desafio tão complexo quanto importante. Busca-se indicar uma terminologia que possa facilitar a leitura da pesquisa, delimitar a ótica da análise proposta e expor alguns mitos corroborados por determinadas escolhas tradicionais de linguagem. Nessa esteira, a atenção às palavras empregadas pretende estabelecer distinções entre termos que vêm sendo utilizados, por vezes, como se fossem sinônimos, tais como "usuários", "viciados", "drogaditos", "consumidores", além de repensar diferenciações que nem sempre se justificam, o que dá ensejo a aproximações e deslocamentos semânticos perigosos.

É preciso, também, distanciar-se de uma visão das drogas como um flagelo a ser combatido com todos os meios, em uma verdadeira guerra. Igualmente, a noção de "escalada do consumo" exige cautela para não mitigar a importância das substâncias que se costuma associar aos primeiros degraus, nem conferir à pessoa que faz uso de drogas uma condição passiva ? submetido a um destino inexorável.[10]

As desmistificações são assim indispensáveis, sob pena de reducionismo incompatível com as nuances do *uso problemático de drogas*[11]. Em outros termos, para enfrentar as questões atinentes às drogas é preciso repensar as representações

---

7. MACHADO, Gustavo Silveira. *Crack*. Brasília: Câmara Federal, 2011, p. 3.
8. HART, Carl. *Um preço muito alto*: a jornada de um neurocientista que desafia nossa visão sobre as drogas. (Trad. Clóvis Marques). Rio de Janeiro: Zahar, 2014, p. 159-160. De modo similar: GAINZA, Ignacio *et al.* Intoxicación por drogas. *Anales del Sistema Sanitario de Navarra*, Pamplona (Espanha), v. 26, suplemento n. 1, 2003. p. 109.
9. NUÑEZ, Maria Eugenia. A chegada do *crack* em Salvador: quem disse que o *crack* traz algo de novo? In: MACRAE, Edward *et. al* (Org.) *Crack*: contextos, padrões e propósitos de uso. Salvador: EDUFBA: CETAD, 2013, p. 136. Tarcísio Matos de Andrade alerta que também o oxi apresenta o mesmo princípio ativo, ainda que apresentado como uma "nova" droga. ANDRADE, Tarcísio Matos de. Reflexões sobre políticas de drogas no Brasil. *Ciência & Saúde Coletiva,* Rio de Janeiro, v.16, n. 12, p. 4.671, 2011.
10. Conferir entre outros autores citados ao longo do trabalho, os desenvolvimentos de: BUCHER, Ricard; OLIVEIRA, Sandra. O discurso do "combate às drogas" e suas ideologias. *Revista de Saúde Pública*, v. 28, n. 2, p. 137-145, 1994. KORNBLIT, Ana Lía; CAMAROTTI, Ana Clara; LEO, Pablo di. *Prevención del consumo problemático de drogas*. Módulos teóricos y actividades complementarias de ejercitación y trabajo en el aula. Buenos Aires (Argentina): Ministerio de Educación de la Nación – Instituto de Investigaciones – UNICEF, 2011, p. 5. Disponível em: <http://files.unicef.org/argentina/spanish/Edu_ModulosESI.pdf>. Acesso em: 7 ago. 2016.
11. A locução é empregada no sentido referido por Hart: "Quando falo de vício, refiro-me sempre a esse tipo de uso problemático, que interfere com o desempenho das atividades da pessoa – e não apenas à ingestão de uma substância com regularidade". HART, Carl. *Um preço muito alto*: a jornada de um neurocientista que desafia nossa visão sobre as drogas. (Trad. Clóvis Marques). Rio de Janeiro: Zahar, 2014, p. 23.

sociais, muitas vezes desenhadas com base em imagens caricatas, como adverte Carlos González Zorrilla:

> Intentar abordar el llamado 'problema de las drogas' en nuestra sociedad supone enfrentarse inmediatamente con dos dimensiones de este fenómeno que a menudo permanecen enmascaradas. En primer lugar ha de analizarse qué representan las drogas para nuestra sociedad, cuáles son las imágenes, las representaciones culturales que socialmente definen los contornos del problema; y en segundo lugar ha de abordarse el problema de delimitarse, los mecanismos sociales e institucionales que la sociedad pone en marcha para controlar dicho fenómeno, hasta qué punto estos mecanismos están condicionados por las categorías culturales presentes en la sociedad y hasta qué punto ellos mismos contribuyen a definir los perfiles de 'la cuestión droga[12]

Trata-se de providências não apenas úteis, mas indispensáveis às discussões acerca da internação forçada para tratamento do uso problemático de drogas. Nesta mesma toada, prossegue-se no *descobrir* de alguns mitos ou lugares comuns que se fazem presentes no discurso (jurídico ou não) em torno das drogas, com avaliação crítica da artificialidade distinção entre drogas lícitas e ilícitas; o tratamento indiscriminado dos diversos usos, assim como suas estigmatizações.

1.1 CENÁRIO DO USO DE DROGAS NO BRASIL E SEUS PRISMAS: PROBLEMA DE SAÚDE, QUESTÃO SOCIAL, PAUTA DA SEGURANÇA PÚBLICA

> Quando, pela primeira vez, me recolheram ao Hospício, de fato a minha crise era profunda e exigia o meu afastamento do meio que me era habitual, para varrer do meu espírito as alucinações que o álcool e outros fatores lhe tinham trazido. Durou ela alguns dias seguintes; mas, ao chegar ao Pavilhão, já estava quase eu mesmo e não apresentava e não me conturbava a mínima perturbação mental. Em lá chegando tiraram-me a roupa que vestia, deram-me uma da "casa", como lá se diz, formei em fileira ao lado de outros loucos, numa varanda, deram-me uma caneca de mate e grão e, depois de ter tomado essa refeição vesperal, meteram-me num quarto-forte.[13]

Lima Barreto, em texto autobiográfico,[14] narra os desafios que vivenciou com o álcool e com a internação no hospício, no Rio de Janeiro, no começo do século XX. Com os paradoxos que permeiam a vida e a arte, a obra narra um retrato lúcido da

---

12. GONZÁLEZ ZORRILLA, Carlos. Drogas y control social. *Revista Poder y Control*, n. 2, Barcelona, 1987. A versão obtida do texto não permite visualizar a paginação.
13. BARRETO, Lima. *O cemitério dos vivos*. Brasília: Ministério da Cultura. Disponível em: <http://objdigital.bn.br/Acervo_Digital/Livros_eletronicos/o_cemiterio_dos_vivos.pdf>. Acesso em: 2 fev. 2016.
14. A obra *Diário do Hospício* aponta a vivência do autor e "combina memória e reflexões da vida no manicômio (e fora dele, algumas vezes), constitui-se no diário do escritor, relativo ao período de 25 de dezembro de 1919 a 2 de fevereiro de 1920, em que se encontrava internado no Hospício de D. Pedro II, situado na praia vermelha". "Cemitério dos Vivos" é considerado um texto ficcional. Contudo, entre as obras "não há uma linha divisória definida", de modo que o "ficcional imbrica-se com o referencial". OLIVEIRA, Ana Lúcia Machado de; GENS, Rosa Maria de Carvalho. Introdução. In: BARRETO, Afonso Henrique Lima. *Diário do hospício; Cemitério dos Vivos*. Rio de Janeiro: Secretaria Municipal de Cultural, 1993, p. 11 e 14.

loucura,[15] explora os limites da sanidade, suas nuances e a própria aptidão de avaliar e classificar outros internos.

A obra, inclusive mencionada nos trâmites da Lei de Saúde Mental,[16] apresenta uma narrativa dos loucos a partir da visão de quem está no hospício e traz à lume a tensão entre a proteção e a intervenção:

> Não me incomodo muito com o hospício, mas o que me aborrece é essa intromissão da polícia na minha vida. De mim para mim, tenho certeza que não sou louco, mas devido ao álcool, misturado com toda a espécie de apreensões que as dificuldades de minha vida material há 6 anos me assoberbam, de quando em quando dou sinais de loucura: deliro.[17]

A adequada compreensão do uso (problemático) de drogas exige uma leitura aberta à complexidade, atenta às interfaces e aos diferentes prismas a partir dos quais se pode refletir sobre o tema. Entre outras dimensões, trata-se de uma questão social delicada, um tormentoso desafio para a saúde,[18] uma preocupação significativa para a segurança pública,[19] e um espaço de reflexão sobre as interlocuções entre liberdade e proteção.

No tocante ao tema específico da pesquisa, segundo apurou o Datafolha em 2017, 80% da população de São Paulo, indagada sobre a chamada Cracolândia, defende a possibilidade de internação forçada. De modo contraditório, mais de 70% consideram que as medidas da prefeitura no local não garantem o abandono do uso de drogas e que o aspecto central para o tratamento é a força de vontade (iniciativa

---

15. Para Marco Antonio Arantes "limitou-se em toda sua vida a uma lucidez desconcertante [...] as reflexões de Lima Barreto foram elaboradas sob o ponto de vista de um interno consciente das limitações da ciência e, principalmente, do incomensurável poder psiquiátrico que o hospício encerra". ARANTES, Marco Antônio. Hospício de doutores. *História, Ciências, Saúde-Manguinhos*, Rio de Janeiro, v. 15, n. 1, p. 50, mar. 2008.
16. BRASIL. Câmara dos Deputados. *Projeto de Lei n. 3.657/1989*. Parecer da Comissão de Seguridade Social e Família. 05 jun. 1990. Do Parecer também se extrai: "E estranhável que práticas reconhecidamente retrógadas, autoritárias, que ferem frontalmente o direito à cidadania, que agem com manifesta truculência e que, consequentemente, não levam a nenhum tipo de benefício, tenham permanecido imutáveis por todos estes longos anos, desde que se implantou no País o tratamento manicomial para os pacientes psiquiátricos. Na realidade, o tratamento se baseia no confinamento desses pacientes e na sua total alienação, afastando-os totalmente da sociedade como se fossem párias e não pacientes em condições de apresentarem melhoras de seu estado patológico e mesmo a cura".
17. BARRETO, Lima. *O cemitério dos vivos*. Brasília: Ministério da Cultura. Disponível em: <http://objdigital.bn.br/Acervo_Digital/Livros_eletronicos/o_cemiterio_dos_vivos.pdf>. Acesso em: 2 fev. 2016.
18. Em publicação do Senado, registra-se que "O consumo de substâncias psicoativas, lícitas e ilícitas é um dos mais preocupantes problemas de saúde pública no mundo. A Organização das Nações Unidas (ONU) estima em até 270 milhões os usuários de drogas ilegais (6,1% da população mundial entre 15 e 64 anos de idade). Desse total, pouco menos de 10% podem ser classificados como dependentes ou 'usuários de drogas problemáticos'". *CRACK* chama a atenção para dependência química. *Revista de Audiências Públicas do Senado Federal*, Brasília: Senado Federal, ano 2, n. 8, p. 7, ago. 2011.
19. Para uma dimensão a partir da esfera econômica, verifica-se que "Passados dez anos da série de ataques promovida pelo Primeiro Comando da Capital (PCC) em São Paulo contra agentes públicos de segurança, o poder da maior facção do Brasil só cresceu. Hoje, a organização já movimenta 40 toneladas de cocaína e arrecada a impressionante quantia de R$ 200 milhões por ano, com atuação em praticamente todas as vertentes do crime". HISAYASU, Alexandre. 10 anos dos ataques do PCC. *O Estado de São Paulo*, Caderno Especial: Domínios do Crime, 2015.

pessoal).[20] A seguir, são oferecidos outros dados que contribuem para contextualização do problema de pesquisa. Registra estudo sobre *crack* lançado pelo Conselho Federal de Medicina, em 2011:

> A epidemia de uso de *crack* que se apresenta no país preocupa a todos os brasileiros. A estimativa da OMS para o Brasil é que existam 3% de usuários, o que implicaria em 6 milhões de brasileiros. O Ministério da Saúde trabalha com 2 milhões de usuários e estudo da Unifesp patrocinado pela SENAD demonstra que um terço dos usuários encontra a cura, outro terço mantém o uso e outro terço morre.[21]

Entre os estudantes, "Álcool e tabaco são as drogas de maior prevalência de uso na vida, em todas as capitais, seguidas pelos inalantes", embora haja uma variação dos índices conforme a região do país.[22]

Os gráficos do Observatório Brasileiro de Drogas[23] são igualmente ilustrativos:

A estimativa de dependentes de álcool foi de 12,3%, o que corresponde à população de 5.799.005 pessoas.

Para o tabaco estima-se o número de 4.700.635 dependentes, ou seja, 10,1% da população

---

20. QUATRO em cada cinco em SP defendem internação à força de usuários de *crack*. Folha de S. Paulo. Caderno Cotidiano, 3 jun. 2017. Por fim, 22% consideram que a "culpa" do problema do *crack* é dos usuários, quase em empate com 29% para os responsáveis pelo tráfico. Em 2012, a posição era de que 9 em cada 10 pessoas admitiam a internação. MARINHEIRO, Vaguinaldo. 90% aprovam internação involuntária. *Folha de S. Paulo*. Caderno Cotidiano, 25 jan. 2012.
21. CONSELHO FEDERAL DE MEDICINA. *Diretrizes Gerais Médicas para Assistência Integral ao Dependente do Uso do Crack*. Brasília, CFM, 2011, p. 6. Disponível em: <http://portal.cfm.org.br/images/stories/pdf/cartilhacrack.pdf>. Acesso em: 12 ago. 2016. O terço final, segundo o documento do CFM, morre por fatos relacionados às drogas, em especial de modo violento.
22. VI LEVANTAMENTO Nacional sobre o Consumo de Drogas Psicotrópicas entre Estudantes do Ensino Fundamental e Médio das Redes Pública e Privada de Ensino nas 27 Capitais Brasileiras. CARLINI, Elisaldo Luis de Araújo (Sup.) São Paulo: CEBRID – Centro Brasileiro de Informações sobre Drogas Psicotrópicas: UNIFESP – Universidade Federal de São Paulo 2010. SENAD – Secretaria Nacional de Políticas sobre Drogas, Brasília – SENAD, 2010, p. 413.
23. Apenas parte de cada gráfico foi reproduzida. As imagens foram extraídas das seguintes pesquisas: BRASIL. Secretaria Nacional de Políticas sobre Drogas. Observatório Brasileiro de Informações sobre Drogas. *Levantamento domiciliar*. Disponível em: <http://obid.senad.gov.br/obid/dados-informacoes-sobre-drogas/pesquisa-e-estatisticas/populacao-geral/levantamento-domiciliar>. Acesso em: 10 set. 2016; BRASIL. Secretaria Nacional de Políticas sobre Drogas. Observatório Brasileiro de Informações sobre Drogas. *Relatório brasileiro*. Disponível em: <http://obid.senad.gov.br/obid/dados-informacoes-sobre-drogas/pesquisa-e-estatisticas/populacao-geral/relatorio-brasileiro-sobre-drogas>. Acesso em: 10 set. 2016.

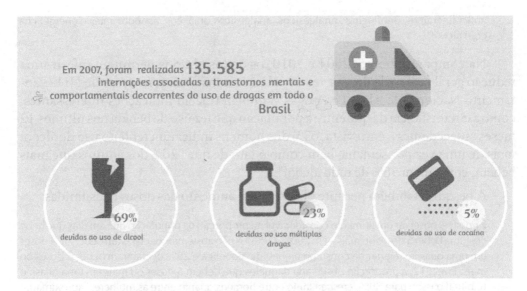

O uso de drogas atinge todas as idades e preocupa também pelo consumo por crianças e adolescentes. Os dados de pesquisa da UNIFESP apontam que "Entre os brasileiros adultos em 2006, 13% tinham experimentado bebidas alcoólicas com menos de 15 anos".[24] Estudo do IBGE apurou que entre os alunos do último ano do ensino fundamental, 26% haviam consumido bebida alcoólica pelo menos um dia, nos 30 dias anteriores.[25]

Segundo pesquisa da Secretaria Nacional de Políticas sobre Drogas, com alunos de escolas públicas e privadas:

> A exposição dos estudantes às drogas em geral acontece muito cedo. E de fato este uso precoce ocorre mesmo em idades inferiores a 10 anos: considerando que 5,4% dos estudantes usaram no ano anterior à pesquisa e 10,4% declararam uso na vida, obrigatoriamente cerca de 5,0% (10,4 – 5,4) devem ter iniciado a experimentação de droga antes dos 10 anos.[26]

Na sequência, o estudo aponta também para o que designou de "Uso não médico de drogas lícitas", como a utilização de "remédios" pelos estudantes:

> Levantamento, das vezes em que houve relato de uso na vida de drogas ilícitas, 12,2% foram por uso de maconha, cocaína, *crack*, ópio, LSD, êxtase, ketamina e metanfetamina; por outro lado, as drogas lícitas foram usadas por 34,7% dos estudantes (anfetamínicos, ansiolíticos, inalantes,

---

24. UNIFESP. *II Levantamento Nacional de Álcool e Drogas*. Relatório 2012. LARANJEIRA, Ronaldo *et al.* (Sup.). São Paulo: Instituto Nacional de Ciência e Tecnologia para Políticas Públicas de Álcool e Outras Drogas (INPAD), UNIFESP, 2014, p. 37.
25. IBGE. Pesquisa nacional de saúde do escolar. *PeNSE* 2012. Rio de Janeiro, IBGE: 2013. A grafia "PeNSE" consta no original.
26. VI LEVANTAMENTO Nacional sobre o Consumo de Drogas Psicotrópicas entre Estudantes do Ensino Fundamental e Médio das Redes Pública e Privada de Ensino nas 27 Capitais Brasileiras. CARLINI, Elisaldo Luis de Araújo (Sup.) São Paulo: CEBRID – Centro Brasileiro de Informações sobre Drogas Psicotrópicas: UNIFESP – Universidade Federal de São Paulo 2010. SENAD – Secretaria Nacional de Políticas sobre Drogas, Brasília – SENAD, 2010, p. 405-407.

anticolinérgicos, Benflogin®, analgésicos, analgésicos opiáceos, anabolizantes e energéticos com álcool).

Na comparação entre 2004 e 2010, os dados obtidos permitem inferir uma redução geral no uso de drogas, ressalvada a cocaína. As informações do "II Levantamento Nacional de Álcool e Drogas" também trazem indicações interessantes, como a circunstância de que entre a população que fez uso de bebida nos últimos 12 meses antecedentes à entrevista, 63% dos homens indicaram ter feito uso de álcool mais de uma vez por semana, bem como o fato de que "20% dos adultos que mais bebem, consomem 56% de todo álcool".[27]

A pesquisa também permite observar um aumento das doses consumidas:

> É possível observar um aumento considerável na proporção da população que em dias que bebe costuma beber 5 doses ou mais – em 2006, 71% dos não abstêmios declaravam beber até 4 doses em uma ocasião regular de consumo de bebida alcoólica e 29% declararam beber 5 doses ou mais. Em 2012, a proporção observada daqueles que bebem 5 doses ou mais em uma ocasião habitual passou para 39%, cresceu tanto entre homens quanto entre as mulheres, aproximadamente 10 pontos percentuais em relação ao estudo anterior.

Os dados do III *Levantamento Nacional sobre o Uso de Drogas pela população brasileira*[28] demonstram que 7 milhões de pessoas, ou seja, 34,3% das pessoas com menos de 18 anos reportaram ter consumido álcool, dos quais 22,2% continuaram nos últimos 12 meses. O uso de substâncias ilícitas alcança 9,9% da população. Além disso, em relação ao acesso, a pesquisa sinalizou que foram consideradas de obtenção muito fácil "maconha/haxixe/skank (37,4%), solventes (34,5%), crack (30%) e cocaína (29,4%)". Menos de um por cento da população já fez uso de crack, apenas 0,3% nos últimos 12 meses e 0,1% nos últimos 30 dias, anteriores a pesquisa.

Os dados apresentados podem ser interpretados de distintas maneiras. Entre outros significados, demonstram o uso de álcool em várias idades e modos, bem como permitem observar a presença do álcool e tabaco como drogas importantes, em contraste com sua "aceitação social". Como se verá ao longo deste capítulo, merece crítica o emprego de expressões como "epidemia do *crack*" e "drogas lícitas", adotadas nos levantamentos.

Ademais, as diversas maneiras de se relacionar com as drogas impõem um cuidado metodológico. Dessa forma, parece importante salientar a inadequação de termos como "drogado" e "viciado", os quais denotam uma visão reducionista, que

---

27. UNIFESP. *II Levantamento Nacional de Álcool e Drogas*. Relatório 2012. LARANJEIRA, *Ronaldo et al*. (Sup.). São Paulo: Instituto Nacional de Ciência e Tecnologia para Políticas Públicas de Álcool e Outras Drogas (INPAD), UNIFESP, 2014, p. 36 e 40. Durante o ano de 2016, a Fiocruz anunciou que estava em estágio avançado o III Levantamento Nacional sobre o Uso de Drogas pela População Brasileira. A última tentativa de localizar a pesquisa foi feita no *site* da entidade em 05.01.2019, sem resultado.
28. FIOCRUZ. *III Levantamento Nacional de Álcool e Drogas*. Relatório 2017. BASTOS, *et al*. (Org.). Riio de janeiro: Fiocruz, 2017. A divulgação da pesquisa havia injustificadamente sido censurada pelo governo federal e se tornou pública apenas em agosto de 2019.

considera todo uso de drogas (especialmente as ilícitas) um ato a ser recriminado[29] e extinto.[30] Além disso, tais termos reforçam uma ótica que enxerga a doença no lugar da pessoa, marginalizam e discriminam, promovem associações simplificadoras que não contribuem para o exame das questões. As distorções terminam por esvaziar o significado da locução "usuário de drogas", que é frequentemente adotada de modo indistinto para todas as formas de uso.

Como ensina Carl Hart, "A maior parte das pessoas que fazem uso de qualquer tipo de droga não chega a se viciar. A maioria daqueles que experimentam drogas nem chega a usá-las mais que algumas vezes". É lapidar seu exemplo de que três últimos presidentes dos Estados Unidos reconheceram ter usado drogas.[31] Oriol Romaní, ao descrever processo similar na experiência espanhola, identifica uma "sobrecarga simbólica" na estigmatização do "*adicto*" – expressão que peca por tratar os diferentes usos de modo homogêneo.[32]

O enfrentamento adequado da internação não consentida de adultos exige diferenciar o "uso" ou "consumo" do, assim chamado, "uso nocivo" ou "abusivo". Nesse sentido, pode-se identificar – ao menos como um passo inicial na direção da recepção da complexidade da vida concreta – três níveis ou formas de relação com as drogas, a saber: uso, abuso (ou uso nocivo) e dependência.[33] O abuso envolve "dano real à saúde física ou mental do usuário",[34] ao passo que a dependência constitui um nível mais avançado. Em sintonia, segundo o Conselho Federal de Medicina, define-se:

---

29. Sergio Alarcón retrata essa visão como a passagem da temperança à abstinência. (ALARCÓN, Sergio. *O diagrama das drogas:* cartografia das drogas como dispositivo de poder na sociedade contemporânea. 2008. Tese (Doutorado em Saúde Pública). Escola Nacional de Saúde Pública da Fundação Oswaldo Cruz, Rio de Janeiro, p. 51).
30. O curioso título mostra tal ótica em seu extremo: CHEFE da polícia das Filipinas incentiva drogados a matar traficantes. *Portal G1*. France Presse. 26 ago. 2016. Disponível em: <http://g1.globo.com/mundo/noticia/2016/08/chefe-da-policia-das-filipinas-incentiva-drogados-a-matar-traficantes.html>. Acesso em: 27 ago. 2016.
31. "Bill Clinton, que alegou que 'não tragou' o(s) cigarro(s) de maconha que fumou; George W. Bush, que reconheceu ter usado maconha e esteve sob forte suspeita de ter usado cocaína também; e Barack Obama, que admitiu ter usado ambas as drogas". HART, Carl. *Um preço muito alto:* a jornada de um neurocientista que desafia nossa visão sobre as drogas. (Trad. Clóvis Marques). Rio de Janeiro: Zahar, 2014, p. 23-23 e 124.
32. Romaní considera que *"con el problema de la droga' se intentó consolidar y ampliar el consenso social en torno a los valores hegemónicos en un momento de profundas crisis socioeconómicas y culturales"*. ROMANÍ, Oriol. Adicciones, drogodependencias y "problema de la droga" en España: la construcción de un problema social. *Cuicuilco,* Escuela Nacional de Antropología e Historia, México, v. 17, n. 49, p. 87 e 100, dez. 2010. Em igual sentido: MORAL JIMENEZ, María de la Villa. Cambios en las representaciones sociales sobre las drogas y sus usuarios en la sociedad española. SMAD, *Revista Electrónica de Saúde Mental, Álcool e Drogas,* Ribeirão Preto: Escola de Enfermagem de Ribeirão Preto, v. 3, n. 2, 2007. Disponível em: <http://pepsic.bvsalud.org/scielo.php?script=sci_arttext&pid=S1806-69762007000200004&lng=pt&nrm=iso>. Acesso em: 27 ago. 2016.
33. MARQUES, Ana Cecília Petta Roselli (Org.). *Guia prático sobre uso, abuso e dependência de substâncias psicotrópicas para educadores e profissionais da saúde.* São Paulo: Prefeitura de São Paulo, 2006, p. 20.
34. BRASIL. Ministério da Justiça. *Detecção do uso e diagnóstico da dependência de substâncias psicoativas.* 9. ed. Brasília: Ministério da Justiça – Secretaria Nacional de Políticas sobre Drogas, 2016, p. 16. Disponível em: <http://www.supera.senad.gov.br/wp-content/uploads/2016/06/SUP9_Mod3.pdf>. Acesso em: 8 ago. 2016.

USO: qualquer consumo de substâncias, para experimentar, esporádico ou episódico; ABUSO ou USO NOCIVO: consumo da SPA [substâncias psicoativas] associado a algum prejuízo (biológico, psíquico ou social); DEPENDÊNCIA: Consumo sem controle, geralmente associado a problemas sérios para o usuário – diferentes graus.[35]

Para aprofundamento da compreensão dos diferentes níveis ou formas de usos de substâncias psicoativas, cabe examinar os critérios adotados em dois instrumentos que constituem referências fundamentais de adoção mundial, a saber, a CID-10 (Classificação Internacional de Doenças) e o DSM-V abreviatura para *Diagnostic and Statistical Manual of Mental Disorders* ou Manual Diagnóstico e Estatístico de Transtornos Mentais na tradução para a língua portuguesa.[36] Vale realçar, são as versões mais atualizadas, respectivamente décima e quinta.

Na CID-10, identifica-se a categoria "Transtornos mentais e comportamentais devidos ao uso de substância psicoativa", a qual corresponde à classificação F.10 a F.19, com subitens, dentro desta faixa, que assinalam tipo de substância e quadro clínico.[37] É importante frisar que a classificação não distingue as substâncias entre "prescritas ou não por um médico",[38] de modo que privilegia os efeitos aos rótulos formais.

Diferenciam-se os níveis de uso ou formas de se relacionar com drogas segundo os impactos que a substância produz no organismo, os quais caracterizaram os quadros de "intoxicação aguda", "uso nocivo à saúde", "síndrome de dependência". A terminologia da CID corrobora a distinção entre consumo e uso nocivo (ou abuso), adotada neste trabalho.[39] Assim, estabelece como "uso nocivo à saúde":

---

35. CONSELHO FEDERAL DE MEDICINA. *Diretrizes Gerais Médicas para Assistência Integral ao Dependente do Uso do Crack.* Brasília, CFM, 2011, p. 6. Disponível em: <http://portal.cfm.org.br/images/stories/pdf/cartilhacrack.pdf>. Acesso em: 12 ago. 2016. O guia oferece indicações aos médicos para tratamento do paciente, todavia, no tocante ao tema central desta pesquisa se restringiu a indicar "As internações voluntárias, involuntárias e compulsórias devem obedecer aos preceitos da legislação". *Op. cit.*, p. 27. Como o texto foi publicado há alguns anos, é importante notar que a expressão "abuso de substância" é utilizada na CID-10, todavia, o DSM-V, em seu prefácio, destaca que "as categorias de abuso de substância e dependência de substância foram eliminadas". AMERICAN PSYCHIATRIC ASSOCIATION. *Manual diagnóstico e estatístico de transtornos mentais.* DSM-V. (Trad. Maria Inês Corrêa Nascimento). 5. ed. Porto Alegre: Artmed, 2014, p. XLII.
36. AMERICAN PSYCHIATRIC ASSOCIATION. *Manual diagnóstico e estatístico de transtornos mentais.* DSM-V. Trad. Maria Inês Corrêa Nascimento. 5. ed. Porto Alegre: Artmed, 2014, p. XLII e 485. O "V" indica se tratar da 5ª. Versão, a mais recente.
37. Para ilustrar, a CID F10.1 equivale a Transtornos mentais e comportamentos devidos ao uso de álcool, marcado por uso nocivo para saúde, ao passo que CID F10.2 assinala Transtornos mentais e comportamentos devidos ao uso de álcool, com síndrome de dependência (alcoolismo crônico), "tipicamente associado ao forte desejo de usar a drogas, à dificuldade de controlar o consumo, à utilização persistente apesar das suas consequências nefastas". ORGANIZAÇÃO MUNDIAL DA SAÚDE (OMS). *CID-10. Classificação Internacional de Doenças e Problemas Relacionados à Saúde.* Décima Revisão. São Paulo: Editora da Universidade do Estado de São Paulo, 2009, p. 313-314.
38. ORGANIZAÇÃO MUNDIAL DA SAÚDE (OMS). *CID-10. Classificação Internacional de Doenças e Problemas Relacionados à Saúde.* Décima Revisão. São Paulo: Editora da Universidade do Estado de São Paulo, 2009, p. 313.
39. A Política Nacional de Drogas, instituída pelo Decreto n. 4.345/2002, emprega a locução "uso indevido", porém, refere-se a "dependentes e abusadores".

Modo de consumo de uma substância psicoativa que é prejudicial à saúde. As complicações podem ser físicas (por exemplo, hepatite conseqüente a injeções de droga pela própria pessoa) ou psíquicas (por exemplo, episódios depressivos secundários a grande consumo de álcool). Abuso de uma substância psicoativa.[40]

Em comparação, a situação de *síndrome da dependência*, por sua vez, é associada a forte desejo (compulsão) atrelado ao "repetido consumo", que gera "desejo poderoso de tomar a droga". É assim definida na Classificação Internacional de Doenças, a síndrome da dependência consiste em

Conjunto de fenômenos comportamentais, cognitivos e fisiológicos que se desenvolve após repetido consumo de uma substância psicoativa, tipicamente associado ao desejo poderoso de tomar a droga, à dificuldade de controlar o consumo, à utilização persistente apesar das suas consequências (*sic*) nefastas, a uma maior prioridade dada ao uso da droga em detrimento de outras atividades e obrigações, a um aumento da tolerância pela droga e por vezes, a um estado de abstinência física.[41]

A CID-10 contempla ainda outras especificações do quadro clínico como "síndrome (estado) de abstinência" – decorrente da falta de uma substância de uso prolongado, síndrome de abstinência com *delirium* – que envolve "perturbações de consciência e da atenção, da percepção e do pensamento, da memória, do comportamento psicomotor, das emoções e do ritmo de sono vigília",[42] transtorno psicótico, síndrome de amnésia, transtorno psicótico residual ou de instalação tardia, entre outras categorias.

Feitas tais considerações, duas ressalvas são importantes. A indicação da diferenciação entre consumo e abuso não deve ser tomada como amparo às drogas, as quais, evidentemente, são potencialmente nocivas. Em segundo, mesmo o uso pontual de uma substância psicoativa pode impactar de modo relevante na aptidão de tomada de decisão, o que não tem como pressuposto o quadro de dependência ou abstinência.

A "intoxicação aguda pelo uso de substâncias psicoativas" assinala, entre outros efeitos: "perturbações da consciência, das faculdades cognitivas, da percepção, do afeto ou do comportamento".[43]

---

40. ORGANIZAÇÃO MUNDIAL DA SAÚDE (OMS). *CID-10. Classificação Internacional de Doenças e Problemas Relacionados à Saúde*. Décima Revisão. São Paulo: Editora da Universidade do Estado de São Paulo, 2009, p. 313. (Texto mantido conforme a redação original).
41. ORGANIZAÇÃO MUNDIAL DA SAÚDE (OMS). *CID-10. Classificação Internacional de Doenças e Problemas Relacionados à Saúde*. Décima Revisão. São Paulo: Editora da Universidade do Estado de São Paulo, 2009, p. 313.
42. ORGANIZAÇÃO MUNDIAL DA SAÚDE (OMS). *CID-10. Classificação Internacional de Doenças e Problemas Relacionados à Saúde*. Décima Revisão. São Paulo: Editora da Universidade do Estado de São Paulo, 2009, p. 308.
43. ORGANIZAÇÃO MUNDIAL DA SAÚDE (OMS). *CID-10. Classificação Internacional de Doenças e Problemas Relacionados à Saúde*. Décima Revisão. São Paulo: Editora da Universidade do Estado de São Paulo, 2009, p. 313.

Na mesma toada, com maior gravidade, o quadro de transtorno psicótico associado ao uso de drogas:

> [...] se caracteriza pela presença de alucinações (tipicamente auditivas, mas freqüentemente polissensoriais), de distorção das percepções, de idéias delirantes (freqüentemente do tipo paranóide ou persecutório), de perturbações psicomotoras (agitação ou estupor) e de afetos anormais, podendo ir de um medo intenso ao êxtase. O sensório não está habitualmente comprometido, mas pode existir um certo grau de obnubilação da consciência embora possa estar presente a confusão mas esta não é grave.[44]

O DSM-V registra já em seu prefácio que os termos "adição" e "dependência" causam confusão, a justificar sua opção pela expressão "transtornos relacionados a substâncias", indicada como mais neutra, que passa a englobar o abuso e a dependência.

Na contramão da habitual associação do termo *drogas* a certas substâncias (e não a outras), o manual afirma que "todas as drogas que são consumidas em excesso têm em comum a ativação direta do sistema de recompensa" e podem levar a um padrão de uso contínuo, mesmo quando se verificam *"problemas significativos relacionados à substância"*.[45]

De modo similar à CID-10, o DSM-V também adota critérios relacionados a *"um padrão problemático de uso"*[46] e, embora haja parâmetros específicos para cada tipo de substância, alguns traços podem ser indicados como comuns, tais como, consumo "em maiores quantidades ou por um período mais longo do que o pretendido", "fissura ou um forte desejo ou necessidade de usar", "desejo persistente ou esforços malsucedidos no sentido de reduzir ou controlar o uso", "abandono de atividades relevantes em virtude do uso", "uso continuado de álcool, apesar de problemas sociais ou interpessoais persistentes ou recorrentes causados ou exacerbados por seus efeitos".[47]

Outros dois aspectos marcantes são a *tolerância* e a *abstinência*. A tolerância designa a necessidade de doses progressivamente maiores ou a redução dos efeitos com a manutenção de determinada quantidade. A abstinência aponta para efeitos

---

44. ORGANIZAÇÃO MUNDIAL DA SAÚDE (OMS). *CID-10. Classificação Internacional de Doenças e Problemas Relacionados à Saúde*. Décima Revisão. São Paulo: Editora da Universidade do Estado de São Paulo, 2009, p. 314.
45. AMERICAN PSYCHIATRIC ASSOCIATION. *Manual diagnóstico e estatístico de transtornos mentais*. DSM-V. Trad. Maria Inês Corrêa Nascimento. 5. ed. Porto Alegre: Artmed, 2014, p. 481 e 483.
46. AMERICAN PSYCHIATRIC ASSOCIATION. *Manual diagnóstico e estatístico de transtornos mentais*. DSM-V. Trad. Maria Inês Corrêa Nascimento. 5. ed. Porto Alegre: Artmed, 2014, p. 491.
47. AMERICAN PSYCHIATRIC ASSOCIATION. *Manual diagnóstico e estatístico de transtornos mentais*. DSM-V. Trad. Maria Inês Corrêa Nascimento. 5. ed. Porto Alegre: Artmed, 2014, p. 491. As características foram indicadas com base no álcool, mas são similares no transtorno por uso de *Cannabis*, outros alucinógenos, inalantes e opioides (*Op. cit.*, respectivamente p. 509, 520, 533-534, 541); a obra registra variações que, todavia, não são relevantes para esta pesquisa.

decorrentes da cessação de uso, como tremor, insônia, náuseas, alucinações, entre outros sintomas.[48]

Dessa maneira, a CID-10 adota as expressões "uso nocivo" (*harmful use*, em inglês) e "síndrome de dependência", ao passo que o DSM-V preconiza a categoria "transtorno de uso de substâncias".[49] Apesar das diferenças, os sistemas, em comum, registram com clareza a diferença entre uso e uso problemático, assim como os efeitos da dependência/ transtorno de uso: tolerância, compulsão, perda de controle e prejuízo à vida pessoal.

No curso deste trabalho, as expressões "uso nocivo", "uso problemático", tolerância, compulsão e fissura serão preferencialmente utilizadas segundo os significados empregados na CID-10 e no DSM-V.

1.2 PROBLEMATIZAÇÃO DA CLASSIFICAÇÃO ENTRE DROGAS LÍCITAS E ILÍCITAS

> Todo mundo experimenta o cachimbo da floresta
> Dizem que é do bom
> Dizem que não presta
> Querem proibir, querem liberar
> E a polêmica chegou até o congresso.[50]

Constitui um ponto igualmente importante na compreensão do universo em discussão a reflexão crítica no tocante à classificação das drogas entre lícitas e ilícitas, a qual representa mais um aspecto do discurso tradicional que merece ser revisto. Para começar, a distinção pode sugerir falsamente que o álcool, o tabaco ou o uso de medicamentos seria menos danoso à saúde e, por tal razão, deveria receber um tratamento diferenciado, mais tolerante em relação à maconha, cocaína e *ecstasy*, o que é incorreto. Há uma *arbitrariedade axiológica*[51] em tal distinção, consentânea com o fato de que uma marca típica "na construção do discurso antidroga são os *silenciamentos*"[52] acerca das drogas institucionalizadas,[53] como se fossem benignas[54].

---

48. AMERICAN PSYCHIATRIC ASSOCIATION. *Manual diagnóstico e estatístico de transtornos mentais*. DSM-V. Trad. Maria Inês Corrêa Nascimento. 5. ed. Porto Alegre: Artmed, 2014, p. 500.
49. BRASIL. Ministério da Justiça. *Detecção do uso e diagnóstico da dependência de substâncias psicoativas*. 9. ed. Brasília: Ministério da Justiça – Secretaria Nacional de Políticas sobre Drogas, 2016, p. 16. Disponível em: <http://www.supera.senad.gov.br/wp-content/uploads/2016/06/SUP9_Mod3. pdf>. Acesso em: 8 ago. 2016.
50. GABRIEL, o Pensador. Cachimbo da Paz. *Álbum Quebra-Cabeça*. Rio de Janeiro: Sony Music, 1997. Faixa 3.
51. Toma-se a expressão por empréstimo de José Castillo Castillo. CASTILLO CASTILLO, José. La función social del castigo: El caso de lo prohibición legal del consumo de "droga". *Reis – Revista Española de Investigaciones Sociológicas*, n. 34, p. 9, abr./jun. 1986.
52. BUCHER, Ricard; OLIVEIRA, Sandra. O discurso do "combate às drogas" e suas ideologias. *Revista de Saúde Pública*, v. 28, n. 2, p. 142, 1994.
53. ROMANÍ, Oriol. *Las drogas, sueños y razones*. Barcelona: Ariel, 1999, p. 55.
54. "Rigorosamente, não deveríamos falar em drogas leves e pesadas, mas, sim, em uso leve e uso pesado de drogas [...] sabemos que os riscos relacionados ao consumo de drogas dependem mais da maneira e das circunstâncias em que elas são usadas do que do tipo de droga utilizada. Mesmo para os dependentes, os

De acordo com Nota Técnica do Instituto Nacional do Câncer, publicada em 2017, "12,6% de todas as mortes que ocorrem no país podem ser atribuídas ao tabagismo", o que significa 156.216 falecimentos, com um impacto econômico anual de R$ 56,9 bilhões de reais.[55] A Organização Mundial da Saúde frisa que o tabaco mata metade de seus usuários,[56] causou cem milhões de mortes no Século XX e, no ritmo atual, poderá causar um bilhão no Século XIX.[57] Em uma frase, o tabaco foi identificado como a maior causa de morte evitável no mundo.[58]

Por sua vez, "O *tabagismo passivo* é a terceira causa de morte evitável no mundo, subseqüente ao tabagismo ativo e ao consumo excessivo de álcool"[59] e a maior causa de mortalidade infantil prematura.[60] Para efeito de comparação, no Atlas do Tabaco, a OMS alerta: *"No other consumer product is as dangerous, or kills as many people. Tobacco kills more than AIDS, legal drugs, illegal drugs, road accidents, murder, and suicide combined".*[61]

Sem a preocupação de tentar indicar qual a droga mais "letal" ou "perigosa", considera-se necessário conferir atenção para todas as drogas e seu potencial de danos (evita-se o termo "drogas perigosas" que sugere, *a contrario sensu*, que certas substâncias devem ser vistas como absolutamente inofensivas).[62]

---

riscos parecem estar mais relacionados ao grau de dependência do que ao tipo de droga ou ao fato de ela ser lícita ou ilícita". SILVEIRA, Dartiu Xavier da Silveira; DOERING-SILVEIRA, Evelyn. Padrões de uso de drogas. *In*: Brasil. Secretaria Nacional de Políticas sobre Drogas. *Prevenção dos problemas relacionados ao uso de drogas*. 6. ed. Brasília: Secretaria Nacional de Políticas sobre Drogas – UFSC, 2014, p. 72.

55. BRASIL. Instituto Nacional de Câncer José Alencar Gomes da Silva. *Notas Técnicas para o Controle do Tabagismo*. Tabaco: uma ameaça ao desenvolvimento. Rio de Janeiro: INCA, 2017, p. 66. Sobre os impactos econômicos, cf. PINTO, Márcia Teixeira; PICHON-RIVIERE, Andres; BARDACH, Ariel. Estimativa da carga do tabagismo no Brasil: mortalidade, morbidade e custos. *Caderno de Saúde* Pública, Rio de Janeiro, v. 31, n. 6, p. 1283-1297, jun. 2015.
56. WORLD HEALTH ORGANIZATION. *Tobacco fact sheet*: updated mar-2018. Genebra (Suíça): WHO, 2018. Disponível em < https://www.who.int/news-room/fact-sheets/detail/tobacco/>. Acesso em: 31 dez. 2018.
57. WORLD HEALTH ORGANIZATION. *Report on the Global Tobacco Epidemic, 2008*: The MPOWER *package*. Genebra (Suíça): WHO, 2008, p. 8.
58. WORLD HEALTH ORGANIZATION. *Report on the Global Tobacco Epidemic, 2008*: The MPOWER *package*. Genebra (Suíça): WHO, 2008, p. 8.
59. BRASIL. Instituto Nacional do Câncer. Tabagismo Passivo. A importância de uma legislação que gere Ambientes 100% Livres da Fumaça de Tabaco. Nota técnica 14 de maio de 2010. Brasília: INCA – Ministério da Saúde, 2010, p. 10.
60. ORTEGA, Guadalupe, *et. al*. Passive smoking in babies: The BIBE study (Brief Intervention in babies. Effectiveness). *BMC Public Health*, v. 10, p. 772-783. Dez. 2010. p. 773. Grifou-se.
61. MACKAY, Judith; ERIKSEN, Michael. *Tobacco Atlas*. World Health Organization: Genebra (Suíça): 2002, p. 36.
62. Em material publicado pela UNODC, Escritório das Nações Unidas sobre Drogas e Crime, faz-se presente um preocupante silogismo o qual sugere que somente as drogas ilícitas exigiriam atenção: "Os remédios, prescritos pelo médico ou adquiridos nas farmácias, são drogas lícitas que nos ajudam a nos recuperar de doenças, entretanto, a forma como as usamos pode levar a uma relação problemática ou mesmo de dependência. As drogas ilícitas são tão prejudiciais que países do mundo inteiro decidiram fiscalizá-las". ONU – UNODC (United Nations Office on Drugs and Crime). *Saiba mais sobre as drogas*. ONU, [s.l.], [s.n]. Disponível em: <https://www.unodc.org/documents/lpo-brazil/Topics_drugs/ Campanha-global-sobre-drogas/getthefacts11_PT_.pdf>. Acesso em: 15 maio 2016.

Para ilustrar, cita-se reportagem do *"The Independent"*,[63] reproduzida no Brasil pelo *O Globo*, em que se adverte que em uma confrontação entre a dose usual e a dose letal, o "Álcool é 144 vezes mais letal que a maconha".[64] Da análise do estudo citado pelos jornais, infere-se que os critérios para avaliação do risco de abuso de drogas estão frequentemente associados a fatores históricos e emocionais.[65]

A pesquisa noticiada adotou como critério a margem de exposição (*margin of exposure* – MOE), em comparação da dose que causa efeitos adversos em animais e a dose estimada de uso humano, vale dizer, em vez de considerar apenas a substância, enfocou seu uso concreto. De modo similar, David Nutt e Leslie King avaliaram nove critérios, em estudo comparativo dos efeitos das drogas para pessoas que fazem uso de drogas e para terceiros. Concluíram que as drogas mais danosas aos próprios usuários são, nesta ordem, heroína, *crack*, cocaína e metanfetamina; em relação aos impactos para terceiros: álcool, *crack* cocaína[66] e heroína. Ao cruzarem os dados (das consequências para terceiros e para os usuários), concluíram como drogas mais perigosas, nesta ordem, álcool, heroína e *crack* cocaína.[67]

Embora haja muitas limitações pela falta de estudos sobre as quantidades de uso que sejam fatais, extraem-se de tais pesquisas elementos que contribuem para estabelecer um contraponto com base científica para o consagrado padrão de drogas lícitas e ilícitas. Assim indaga Osvaldo Fernandez:

> O que diferencia um consumidor de drogas licitas das ilícitas? Por que drogas como o álcool e a nicotina, comprovadamente danosas, são liberadas e a maconha é proibida? Quais são os fundamentos do regime proibicionista às drogas? A distinção entre o legal e o ilegal não seria fruto apenas de uma arbitrariedade cultural fundada no controle útil dos delinquentes?[68]

---

63. HOOTON, Christopher. Weed is 114 times less deadly than alcohol, study finds. *The Independent.* 24 fev. 2015.
64. ÁLCOOL é 144 vezes mais letal que a maconha, segundo pesquisa. *O Globo,* 24 fev. 2015. Disponível em: <oglobo.globo.com/sociedade/saude/alcool-144-vezes-mais-letal-que-maconha-segundo-pesquisa-15421829#ixzz4JoZ5YH36>. Acesso em: 25 fev. 2016. A questão é preocupante quando se identifica ter aumentado o consumo de bebida em *binge*, o que ocorreu em 59% da população pesquisada. Beber em *binge* significa "5 doses ou mais, no caso de homens, e 4 doses ou mais, no caso de mulheres, em uma mesma ocasião, num intervalo de até 2 horas". UNIFESP. *II Levantamento Nacional de Álcool e Drogas.* Relatório 2012. LARANJEIRA, Ronaldo *et al.* (Sup.). São Paulo: Instituto Nacional de Ciência e Tecnologia para Políticas Públicas de Álcool e Outras Drogas (INPAD), UNIFESP, 2014, p. 38-39.
65. LACHENMEIER, Dirk; REHM, Jürgen. Comparative risk assessment of alcohol, tobacco, cannabis and other illicit drugs using the margin of exposure approach. *Scientific Reports,* v. 5, n. 8.126, 30 jan. 2015.
66. O termo "*crack* cocaína" mantém a grafia original do artigo. Sua utilização aqui não se deve à opção por uma tradução literal; visa sinalizar que apesar da atenção que se tem dado ao *crack*, possui o mesmo princípio ativo da cocaína, conforme se asseverou no início do capítulo.
67. NUTT, David; KING, Leslie. Drug harms in the UK: a multicriteria decision analysis. *The Lancet,* v. 376, p. 1.558-1.565, nov. 2010.
68. FERNANDEZ, Osvaldo. Drogas e o (des)controle social. *In*: PASSETI, Edson; SILVA, Roverto B. Dias. (Orgs.). *Conversações abolicionistas.* Uma crítica do sistema penal e da sociedade punitiva. São Paulo: IBCCrim, 1997, p. 118.

Deve-se deixar claro que o critério para a classificação de drogas lícitas e ilícitas é artificial[69], variável entre os países, permeada por aspectos culturais[70] e está longe de guardar correspondência com um critério de potencial nocivo.[71] As definições, inclusões e percepções sobre as drogas se mostram desse modo um produto histórico,[72] social e cultural.[73] Como adverte Henrique Carneiro,[74] basta recordar que o próprio brasão da República é composto por folhas de fumo e de café[75]. Dessa forma, as "listas" de drogas lícitas e ilícitas variam no tempo, tendo sido proibidos em determinadas épocas até mesmo o café e o cigarro. Segundo Rosa del Olmo, em dura crítica:

> Desde la ilegalización de fumar opio hasta la preocupación por el narcotráfico, se observan variables que no tienen que ver con los aspectos farmacológicos de las drogas, sino más bien con razones de política interna o externa, cuando no de proteccionismo mercantil. Ello ha dado lugar a la distorsión del tema, confundiéndose frecuentemente causas con efectos. Se puede demostrar que en un inicio la prohibición de las drogas tuvo que ver con el racismo; más tarde con la rebelión juvenil y en la actualidad con problemas de seguridad nacional y, en ocasiones, con problemas económicos de América Latina, predominando siempre la visión de que el problema es externo a los EE.UU. y de que existen drogas buenas y drogas malas. Mientras tanto, el problema sigue sin solución y el negocio se fortalece.[76]

---

69. Analogamente Fachin aponta para o caráter abstrato da distinção entre bens móveis e imóveis, a despeito da terminologia sugerir alguma correspondência com a realidade. FACHIN, Luiz Edson. *Teoria Crítica do Direito Civil*. 3. ed. Rio de Janeiro: Renovar, 2012.
70. "Antes de se começarem as grandes campanhas contra o tabagismo, fumar era considerado um hábito tanto quanto o hábito de tomar café". ALARCÓN, Sergio. *O diagrama das drogas*: cartografia das drogas como dispositivo de poder na sociedade contemporânea. 2008. Tese (Doutorado em Saúde Pública). Escola Nacional de Saúde Pública da Fundação Oswaldo Cruz, Rio de Janeiro, 2008, p. 121.
71. MACRAE, Edward. Abuso de drogas: problema pessoal ou social?. *In*: ANDRADE, Tarcísio Matos Andrade; LEMOS, Sandra Regina. (Org.). *Textos orientados para assistência à saúde entre usuários de drogas*. Salvador: FAPEX/UFBA, 1998. Como registra Karam, "Não há qualquer peculiaridade ou qualquer diferença relevante entre as selecionadas drogas tornadas ilícitas e as demais drogas que permanecem lícitas". KARAM, Maria Lucia. A Lei 11.343/06 e os repetidos danos do proibicionismo. *In*: LABATE, Beatriz Caiuby *et. al.* (Org.). *Drogas e cultura*: novas perspectivas. Salvador: EDUFBA, 2008, p. 114.
72. Ver por todos a exposição de ESCOHOTADO, Antonio. *Historia general de las drogas*. 7. ed. Madrid: Alianza, 1998.
73. Há diversos usos considerados admitidos em determinados grupos, inclusive associados a práticas religiosas. A Resolução n. 1, de 25 de janeiro de 2010 do CONAD reconheceu a "legitimidade do uso religioso da ayahuasca". O CONAD – Conselho Nacional de Políticas sobre Drogas é o órgão normativo do SISNAD – Sistema Nacional de Políticas Públicas sobre Drogas.
74. CARNEIRO, Henrique. Transformações do significado da palavra "droga": das especiarias coloniais ao proibicionismo contemporâneo. *In*: _____; VENÂNCIO, Renato Pinto. *Álcool e drogas na história do Brasil*. São Paulo: Alameda; Belo Horizonte: PUC Minas, 2005, p. 17. Neste sentido: SIMÕES, Júlio Assis. Prefácio. *In*: LABATE, Beatriz Caiuby *et. al.* (Org.). *Drogas e cultura*: novas perspectivas. Salvador: EDUFBA, 2008, p. 14.
75. No *site* do Planalto, extrai-se que: "Ao seu redor, está uma coroa formada de um ramo de café frutificado e outro de fumo florido sobre um resplendor de ouro. O uso do brasão é obrigatório pelos poderes Executivo, Legislativo e Judiciário e pelas Forças Armadas. Também estão presentes em todos os prédios públicos". BRASIL. Planalto. *Brasão da República*. 4 jul. 2011. Disponível em: <http://www2.planalto.gov.br/acervo/simbolos-nacionais/brasao/brasao-da-republica>. Acesso em: 10 set. 2016.
76. OLMO, Rosa del. Drogas: distorsiones y realidades. *Nueva Sociedad*, Caracas, n. 102, p. 81-93, jul./ago.1989, p. 81. Como exemplo de racismo, cita a percepção da elite brasileira sobre o uso de drogas pelos escravos. Outro desenvolvimento interessante é apresentado por HART, Carl. *Um preço muito alto*: a jornada de um neurocientista que desafia nossa visão sobre as drogas. (Trad. Clóvis Marques). Rio de Janeiro: Zahar, 2014, p. 23.

A questão não se limita ao dito uso social. Como aponta Ramiro Ávila Santamaría,[77] há uma discriminação não justificada na intervenção estatal, por exemplo, na permissividade do álcool. A associação entre licitude e menor lesividade, presente no imaginário social é injustificada[78] sob a ótica da saúde, que encontra suas raízes em aspectos outros.[79] Na realidade, como ressalta publicação do Ministério da Educação argentino, há uma classificação social ou cultural das drogas, sem vínculo com seus efeitos, o que significa que a classificação das drogas legais e ilegais não é universal.[80]

Não obstante, mesmo no plano legislativo, a distinção entre drogas lícitas e ilícitas se faz presente, até mesmo nas normas de saúde mental. Na disciplina dos diversos dispositivos de atenção não hospitalar, que compõe a chamada RAPS (Rede de Atenção Psicossocial), repete-se acriticamente a posição diferenciada do álcool.

Apenas para oferecer alguns exemplos, a Portaria do Ministério da Saúde n. 2.197/2004, que institui a política nacional de drogas, busca a "atenção integral para usuários de álcool e outras drogas", mantido na Portaria de Consolidação n. 5/2017, art. 76. A Portaria n. 122/2011, do Ministério da Saúde art. 2º "define as diretrizes de organização e funcionamento das Equipes de Consultório na Rua", prevê entre suas atividades "a busca ativa e o cuidado aos usuários de álcool, *crack* e outras drogas" (incorporada pela Portaria de Consolidação n. 2/2017, Anexo XVI).

O destaque diferenciado ao álcool também se observava na Portaria n. 336/2002, atualmente incluída na Portaria de Consolidação n. 5/2017, Anexo V, art. 20, que disciplina os Centros de Atenção Psicossocial, mais conhecidos na abreviatura CAPS. São dispositivos de saúde relevantes na atenção extra-hospitalar, que operam com entrada livre sistema de "porta aberta".[81]

---

77. Para o autor, sob o crivo da proporcionalidade e da legalidade, a definição das drogas permitidas e aquelas sujeitas ao controle penal deve recair ao parlamento, não a uma agência estatal e deve respeitar o modo como afetam a comunidade. SANTAMARÍA, Ramiro Ávila. El principio de legalidad vs. el principio de proporcionalidad (Reflexiones sobre la constitucionalidad de las leyes penales y el rol de los parlamentos y los jueces). *In*: CARBONELL, Miguel (Org.). *El principio de proporcionalidad y la interpretación constitucional*. Quito, Ecuador, 2008, p. 322 e 346.
78. Dessa maneira, o álcool é apenas mais uma substância psicoativa. Confronte-se o Código de Trânsito Brasileiro (Lei n. 9.503/1997), art. 165, que em sua redação vigente, determinada pela Lei n. 11.705/2008, define como infração gravíssima "Dirigir sob a influência de álcool ou de qualquer outra substância psicoativa que determine dependência".
79. LACHENMEIER, Dirk; REHM, Jürgen. Comparative risk assessment of alcohol, tobacco, cannabis and other illicit drugs using the margin of exposure approach. *Scientific Reports*, v. 5, n. 8.126, p. 4, 30 jan. 2015.
80. ARGENTINA. Ministerio de Educación de la Nación. *Prevención del consumo problemático de drogas. Desde el lugar del adulto en la comunidad educativa*. Argentina: Ministerio de Educación de la Nación, 2009, p. 15. Disponível em: <http://www.me.gov.ar/me_prog/prevencion/pdf/prev.pdf>. Acesso em: 4 ago. 2016. A data não está clara no documento. Na mesma linha: ESCOHOTADO, Antonio. *Historia general de las drogas*. 7. ed. Madrid: Alianza, 1998, p. 675.
81. BRASIL. Ministério da Saúde. *Reforma psiquiátrica e política de saúde mental no Brasil*. Documento apresentado à Conferência Regional de Reforma dos Serviços de Saúde Mental: 15 anos depois de Caracas. OPAS. Brasília, novembro de 2005.

Nas cidades com população superior a 70.000, para o "atendimento de pacientes com transtornos decorrentes do uso e dependência de substâncias psicoativas" estão previstos Centros de Atenção Psicossociais Álcool e Drogas, chamados de CAPSad. A sigla (ad) retoma a separação questionável de álcool e drogas. Não se pretende sequer sugerir que o melhor seria mudar a nomenclatura. O que se deve ter em conta é que os estigmas da ilicitude atingem diversos espaços, inclusive o tratamento.

A respeito de tais entidades, permita-se um aparte. Todas as modalidades de CAPS atendem usuários de drogas, mas as modalidades I, II e III, preferencialmente, "destinam-se a pacientes com transtornos mentais severos e persistentes, nos quais o uso de álcool e outras drogas é secundário à condição clínica de transtorno mental".[82] Os CAPSad possuem leitos de repouso destinados à desintoxicação.

É importante, sublinhar a importância das alternativas não hospitalares de atenção às drogas, por vezes, desconsideradas nas discussões sobre as internações forçadas. Consoante Relatório Europeu sobre Drogas,[83] do Observatório Europeu da Droga e da Toxicodependência, agência da União Europeia, predomina naquele continente os cuidados ambulatoriais, especialmente em centros dia especializados. Em 2015, o número de pessoas atendidas por meio de tratamentos ambulatoriais totalizou 974 mil, por meio de internações 56 mil e a atenção no sistema prisional 82.100.

Retome-se o tratamento diferenciado das drogas aceitas socialmente. No plano legislativo, o Estatuto da Criança e do Adolescente repete o injustificado destaque ao álcool, somo se fosse menos droga, ao dispor, nos arts. 101 e 129, sobre "tratamento a alcoólatras e toxicômanos". De modo correspondente, no Código Civil, apesar de muitas mudanças legislativas no tocante às capacidades civis, na redação conferida pelo Estatuto da Pessoa com Deficiência (Lei n. 13.146/2015) conservou-se a vetusta terminologia "ébrios habituais e viciados em tóxicos".

O próprio conceito de drogas, como já assinalado ao início do capítulo, é também problemático. "Em farmacologia, refere-se a qualquer agente químico que altera os processos bioquímicos e fisiológicos de tecidos ou organismos".[84] Assim, o Decreto n. 8.077/2013, que regulamenta o "funcionamento de empresas sujeitas ao licenciamento sanitário", prevê a possibilidade de dispensa de registro de "plantas medicinais sob a forma de droga vegetal".

---

82. BRASIL. Ministério da Saúde. *Saúde mental no SUS*: os centros de atenção psicossocial. Brasília: Ministério da Saúde, 2004, p. 24.
83. UNIÃO EUROPEIA. Observatório Europeu da Droga e da Toxicodependência. *Relatório Europeu sobre Drogas*. Tendências e evoluções. Bélgica: Observatório Europeu da Droga e da Toxicodependência, 2017, p. 67.
84. BRASIL. SENAD. *Glossário de álcool e drogas*. Brasília: Secretaria Nacional de Políticas sobre Drogas, 2010, p. 57.

Droga pode, igualmente, estar associada ao uso médico e mesmo ao consumo de substâncias proibidas. A Portaria n. 344/1998, da ANVISA,[85] estabelece o "Regulamento Técnico sobre substâncias e medicamentos sujeitos a controle especial" e define droga em sentido diverso do uso popular, e entorpecente segundo um dado mais normativo do que farmacológico:

> Droga – Substância ou matéria-prima que tenha finalidade medicamentosa ou sanitária.
>
> Entorpecente – Substância que pode determinar dependência física ou psíquica relacionada, como tal, nas listas aprovadas pela Convenção Única sobre Entorpecentes, reproduzidas nos anexos deste Regulamento Técnico.

Na portaria, "droga" é tomada em sentido amplo quase como um sinônimo para substância. O enquadramento como entorpecente é conferido segundo um parâmetro principalmente normativo (em uma preocupante tautologia), o que afasta a portaria como apta a oferecer um critério adequado para esta pesquisa.

A aproximação entre droga e substância reflete uma ambivalência explorada por Jacques Derrida, na "farmácia de Platão", quando coloca em questão a tradução de *phármakon*, que designa substância, veneno, remédio.[86] No dizer de Derrida, "A tradução por 'remédio' não poderia ser, pois, nem aceita nem simplesmente recusada", afinal as substâncias, mesmo utilizadas com finalidade terapêutica, não são inofensivas.[87] Em uma frase, em Derrida, a própria linguagem pode significar substância, remédio ou veneno.

A problematização do significado de *phármakon* pode ser estendida ainda para frisar que a qualificação jurídica de uma substância ou o fato de ser empregada como medicamento também não lhe subtrai suas propriedades e o potencial de causar, o que a CID-10 designa de "síndrome de dependência". O caso dos fármacos opioides[88] constitui exemplo pertinente, dado que o risco de seu uso abusivo é amplamente documentado.[89] Em apresentação no Senado dos Estados Unidos, esclareceu-se que "em termos de abuso e mortalidade os opioides respondem pela maior proporção de problemas de uso abusivo entre drogas prescritas".[90]

---

85. BRASIL. ANVISA. *Portaria n. 344/1988*. Disponível em: <http://www.anvisa.gov.br/hotsite/ talidomida/legis/portaria_344_98.pdf>. Acesso em: 25 set. 2016.
86. DERRIDA, Jacques. *A farmácia de Platão*. (Trad. Rogério da Costa). São Paulo: Iluminuras, 2005, p. 14.
87. DERRIDA, Jacques. *A farmácia de Platão*. (Trad. Rogério da Costa). São Paulo: Iluminuras, 2005, p. 46.
88. São fármacos bastante usados e conhecidos, como a morfina e a codeína.
89. NASCIMENTO, Daiana Ciléa Honorato; SAKATA, Rioko Kimiko. Dependência de opioide em pacientes com dor crônica. *Revista Dor*, São Paulo, v. 12, n. 2, jun. 2011, p. 162. CHRISTIE, Macdonald. Cellular neuroadaptations to chronic opioids: tolerance, withdrawal and addiction. *British Journal of Pharmacology*, n. 154, v. 2, p. 384, 2008. HEIT, Howard A. The truth about pain management: the difference between a pain patient and an addicted patient. *European Journal of Pain*, n. 5, p. 28, 2001.
90. ESTADOS UNIDOS. Congress. VOLKOW, Nora. America's Addiction to Opioids: Heroin and Prescription Drug Abuse. *Senate Caucus on International Narcotics Control*. Apresentação ao Senado norte-americano em 14.05.2014. Disponível em: <www.drugabuse.gov/about-nida/legislative-activities/testimony-to-congress/2016/americas-addiction-to-opioids-heroin-prescription-drug-abuse>. Acesso em: 6 abr. 2017.

Para que se possa dimensionar, no ano 2002, as mortes certificadas de envenenamento por opioides analgésicos foram maiores do que de heroína e cocaína.[91] Além disso, estudo de Nora Volkow e Thomas McLellan, publicado em 2016, aponta que 37% das 44 mil overdoses reportadas em 2013 nos EUA são atribuíveis a opioides farmacêuticos; a heroína respondeu por outros 19%.[92] Walter Ling[93] adverte que mais de um em cada quatro pacientes torna-se dependente física e psicologicamente após períodos curtos de uso de opioides em doses sob prescrição médica. Depois de algum tempo, assinala o autor, são mais empregados para aliviar o sofrimento do que tratar a dor.

Diante de tais considerações, resta claro que é indiferente para efeitos desta pesquisa considerar a licitude do uso da droga que se converteu em abuso, ou ainda como o uso se iniciou. Tanto é usuário de drogas, para os efeitos da indagação objeto da tese, a pessoa que faz uso de cocaína, quanto de opiláceos. Não importa para os objetivos desta pesquisa averiguar se o produto foi comprado na rua, na farmácia ou no hospital, se é proscrito ou prescrito.

Essas considerações corroboram a assertiva de que a licitude não pode ser interpretada como um sinal de menor risco. O fato de alguns estudos apontarem que a distorção no uso de opioides seja uma exceção não invalida a afirmação. De outro giro, reforça a compreensão aqui defendida de que não basta avaliar apenas a substância (no sentido químico) para compreender a pluralidade de circunstâncias que conduzem à dependência. Sobre o caráter multifatorial, no ensinamento de Dartiu Xavier:

> [...] uma farmacodependência é uma organização processual de um sintoma cuja gênese é tridimensional: a substância psicoativa, com suas propriedades farmacológicas específicas; o indivíduo, com suas características de personalidade e sua singularidade biológica; e, finalmente, o contexto sociocultural, onde se realiza este encontro entre indivíduo e droga.[94]

Não obstante, a legislação muitas vezes não contempla tais questões na definição do que sejam drogas. No plano internacional, três convenções da Organização das Nações Unidas, todas recepcionadas pelo Direito brasileiro, formam o sistema que disciplina as substâncias psicoativas, a saber: Convenção Única sobre Entorpecentes, de 1961 (emendada em 1972), a Convenção sobre Substâncias Psicotrópicas, de 1971, e Convenção Contra o Tráfico Ilícito de Entorpecentes e Substâncias Psicotrópicas, de 1988.[95]

A Convenção Única sobre Entorpecentes, promulgada no Brasil por meio do Decreto n. 54.216, de 27 de agosto de 1964, estabeleceu uma lista (*yellow list*) de

---

91. PAULOZZI, Leonard; BUDNITZ, Daniel; XI, Yongli. Increasing deaths from opioid analgesics in the United States. *Pharmacoepidemology & Drug Safety*, n. 15, p. 626, set. 2006.
92. VOLKOW, Nora; MCLELLAN, Thomas. Opioid Abuse in Chronic Pain – Misconceptions and Mitigation Strategies. *The New England Journal of Medicine*, n. 374, p. 1.253, mar. 2016.
93. LING, Walter. Prescription opioid addiction and chronic pain: More than a feeling. *Drug & Alcohol Dependence*, v. 173, p. S74, Apr. 2017.
94. SILVEIRA FILHO, Dartiu Xavier da. *Drogas*: uma compreensão psicodinâmica das farmacodependências. 3. ed. São Paulo: Casa do Psicólogo, 2002, p.16.
95. Há inúmeros outros diplomas internacionais envolvendo o tema das drogas, dos quais o Brasil é signatário, vale realçar, não se pretendeu aqui uma referência exaustiva.

substâncias proibidas. A Convenção sobre Substâncias Psicotrópicas, promulgada pelo Decreto n. 79.388, de 14 de março de 1977, atualizou a listagem de substâncias proibidas, "até então, apenas as drogas narcóticas relacionadas com o ópio, além da *cannabis* e da cocaína, estavam sujeitas a controle internacional".[96] Acrescentaram-se as drogas psicotrópicas como estimulantes, anfetamina, metanfetamina e o LSD.

A Convenção Contra o Tráfico Ilícito de Entorpecentes e Substâncias Psicotrópicas foi promulgada pelo Decreto n. 154, de 26 de junho de 1991, e novamente traz uma definição meramente normativa:

> [...] "entorpecente" se entende qualquer substância, natural ou sintética, que figura na Lista I ou na Lista II da Convenção Única de 1961 sobre Entorpecentes, emendada pelo Protocolo de 1972 que modifica a Convenção Única de 1961 sobre Entorpecentes;
>
> "substâncias psicotrópicas" se entende qualquer substância, natural que sintética, ou qualquer material natural, que figure nas listas I, II, III, IV da Convenção sobre Substâncias Psicotrópicas de 1971.

Essas convenções refletem a postura da ONU, ilustrada em publicação do Escritório das Nações Unidas sobre Drogas e Crime, na qual se lê: "Tecnicamente, as drogas são substâncias químicas que afetam o funcionamento normal do corpo em geral ou do cérebro". Apesar de reconhecer que há drogas cujo consumo é permitido pela legislação (com menção à cafeína do café e da Coca-Cola, à nicotina e a remédios), retoma a inversão, que aqui se critica, ao privilegiar o dado normativo. É o que se observa quando o documento assevera que "As drogas ilícitas são tão prejudiciais que países do mundo inteiro decidiram fiscalizá-las".[97]

Como se observa, na publicação da ONU, a expressão *problema das drogas* está vinculada às drogas ditas ilícitas. Dissocia-se do uso de determinadas substâncias psicoativas de maior aceitação social, tais como cafeína,[98] medicamentos, álcool e tabaco,[99] às quais injustificadamente não se confere a devida atenção.

---

96. BOITEUX, Luciana *et. al. Tráfico de drogas e Constituição*. Rio de Janeiro/Brasília: Ministério da Justiça, Secretaria de Assuntos Legislativos do Ministério da Justiça, 2009, p. 18. Série Pensando o Direito, n. 1/2009. Sumário Executivo – Relatório de Pesquisa "Tráfico de Drogas e Constituição". Resumo do Projeto de Pesquisa apresentado ao Ministério da Justiça/ PNUD, no Projeto "Pensando o Direito", Referência PRODOC BRA/08/001. Rio de Janeiro/Brasília: Ministério da Justiça, Secretaria de Assuntos Legislativos do Ministério da Justiça, Julho de 2009. A pesquisa conjunta entre UFRJ e UNB concluiu pela presença de proibicionismo ainda que moderado no direito brasileiro, pelo tratamento diferenciado entre usuário e traficante e a recepção em parte da política de redução de danos. *Op. cit.*, p. 35 e 106.
97. ONU – UNODC (United Nations Office on Drugs and Crime). *Saiba mais sobre as drogas*. ONU, [s.l.], [s.n]. Disponível em: <https://www.unodc.org/documents/lpo-brazil/Topics_drugs/Campanha-global-sobre-drogas/getthefacts11_PT_.pdf>. Acesso em: 15 maio 2016.
98. De acordo com a Classificação Internacional de Doenças e Problemas Relacionados à Saúde identifica-se como transtornos mentais e comportamentais devidos ao uso de substância psicoativa "F14. Transtornos mentais e comportamentais devidos ao uso da cocaína", mas também "F15. Transtornos mentais e comportamentais devidos ao uso de outros estimulantes, inclusive a cafeína". ORGANIZAÇÃO MUNDIAL DA SAÚDE (OMS). *CID-10. Classificação Internacional de Doenças e Problemas Relacionados à Saúde*. Décima Revisão. São Paulo: Editora da Universidade do Estado de São Paulo, 2009, p. 316.
99. "Álcool, tabaco e cafeína são, portanto, raramente referidos como drogas, ao contrário, por exemplo, da heroína, cocaína e *cannabis*. Tecnicamente, contudo, nada existe na definição de 'drogas', nem mesmo as

Em 2016, entre 19 e 21 de abril, realizou-se Sessão Especial da Assembleia Geral da ONU sobre drogas, a UNGASS 2016, na sigla oficial. Apesar das fortes expectativas que cercaram o evento, da mobilização de países[100] e entidades, bem como de alguns avanços – como a inclusão enfática da preocupação com os direitos humanos – de modo geral o *status quo* permaneceu inalterado.[101] Assim, o documento final do evento declarou as convenções de 1961, 1971 e 1988 como "pedra angular do sistema de fiscalização internacional de drogas".[102]

Eleger um critério não normativo, contudo, também não se mostra fácil. Não é apenas a substância em si que determina a dependência. Como frisa Oriol Romaní:

> La drogodependencia *consiste en un conjunto de procesos a través de los cuales se expresan ciertos malestares más o menos graves, que pueden tener causas diversas (así como otras manifestaciones), pero cuyo síntoma principal sería* la organización del conjunto de la vida cotidiana de un individuo alrededor del consumo, más bien compulsivo, de determinadas drogas.[103]

Martín Moral e Pedro Lorenzo Fernández advertem que o termo droga é ambíguo, visto que é utilizado como sinônimo de fármaco (ou *drug* em inglês), na acepção de substância que modifica funções psíquicas (psicotrópicos), cujo uso produz grande mal-estar físico/psíquico (dependência), conduz à intenção de reutilização (ação reforçadora), apresente ou não fins terapêuticos. Ao focalizarem principalmente os efeitos, consideram que

---

diferenças nos efeitos psicoativos, que justifique a isenção do álcool, tabaco e cafeína dessa categoria, os quais, pelas definições correntes, são efetivamente drogas". SILVA, Luiza Lopes da. *A questão das drogas nas relações internacionais*: uma perspectiva brasileira. Brasília: FUNAG, 2013, p. 52.

100. Vale transcrever o significativo excerto do discurso do presidente do México, um dos países que fomentou a UNGASS: "*Ante las limitaciones del paradigma prohibicionista, se debe atender el tema mundial de las drogas desde la perspectiva de los Derechos Humanos. Sólo así, podremos ofrecer respuestas más integrales, equilibradas y promotoras del desarrollo. Este cambio de fondo, implica modificar el enfoque eminentemente sancionador, para ubicar a las personas, sus derechos y su dignidad no a las sustancias ni a los procesos judiciales en el centro de nuestros esfuerzos*". PEÑA Nieto, Enrique. ONU. Centro de Información de las Naciones Unidas para México, Cuba y República Dominicana (CINU). *Boletín ONU.* Discurso del Presidente Enrique Peña Nieto en la UNGASS 2016. Disponível em: <http://www.cinu.mx/comunicados/2016/04/el-problema-mundial-de-las-dro/>. Acesso em: 13 fev. 2017.

101. THE NEW YORK TIMES. Rethinking the Global War on Drugs. Nova York, 25.04.2016. Disponível em: <www.nytimes.com/2016/04/25/opinion/rethinking-the-global-war-on-drugs.html?_r=0> Acesso em: 13 fev. 2017. FASSIHI, Farnaz. *The Wall Street Journal.* U.N. Conference on Drugs Ends Without Shift in Policy. Disagreements remained on decriminalizing drug use, legalizing marijuana, capital punishment. 22.04.2016. Disponível em: <www.wsj.com/articles/u-n-conference-on-drugs-ends-without-shift-in-policy-1461299583?mod=e2fb;>. Acesso em: 13 fev. 2017. MICHIGAN State University's International Law Review. The Outcome of UNGASS 2016: Perpetuating Failure, 25 abr. 2016. Disponível em: <www.msuilr.org/msuilr-legalforum-blogs/2016/4/25/the-outcome-of-ungass-2016-perpetuating-failure>. Acesso em: 13 fev. 2017. GLENZA, Jessica. *The Guardian.* UN backs prohibitionist drug policies despite call for more 'humane solution'. Londres 20.04.2016. Disponível em: <https://www.theguardian.com/world/2016/apr/19/un-summit-global-war-drugs-agreement-approved>. Acesso em: 13 fev. 2017.

102. ONU. *Outcome document of the 2016 United Nations General Assembly Special Session on the world drug problem.* 30ª. Sessão Especial da Assembleia Geral da ONU (19-21 April 2016). Nova York (Estados Unidos), jun. 2016. Disponível em: <www.unodc.org/documents/postungass2016// outcome/V1603304-S.pdf>. Acesso em: 13 fev. 2017. (Tradução livre).

103. ROMANÍ, Oriol. *Las drogas, sueños y razones.* Barcelona: Ariel, 1999, p. 55. (Grifos como no original).

[...] *en el contexto que nos ocupa, el término droga se aplica a 'aquellas sustancias psicoactivas con acción reforzadora positiva, capaces de generar dependencia psicológica y, también, física, y que ocasionan, en muchos casos, un grave deterioro psicoorgánico y de conducta social'. Es equivalente al concepto de droga de abuso.*[104]

O termo "abuso" mostra-se como uma opção bastante convincente, embora não imune a críticas.[105] Com efeito, um critério mais adequado para identificar as drogas não é apenas dado em abstrato pela substância, mas segundo o "contexto sócio-cultural em que se dá o uso",[106] de modo que se relaciona ao potencial concreto de provocar dependência e dano relevante à saúde.

Nesta pesquisa, é a acepção de Moral e Fernández que será adotada ao utilizar-se o termo *drogas*. Refuta-se dessa forma um conceito apenas formal ou normativo. A melhor opção consiste em conjugar a substância com seus efeitos nocivos e o modo como está relacionado à vida do usuário. *Grosso modo,* a droga consiste na substância que pode ensejar uso abusivo, o que se deve a sua composição química e ao contexto cultural, social e pessoal em que se faz seu uso.

Em sintonia, Henrique Carneiro, ao estudar a transformações do significado da palavra droga, esclarece que, dos séculos XVI a XVIII, significou substâncias utilizadas na alimentação, assim como na Medicina. Designou também riquezas e especiarias, como noz moscada, tintas e seda. Segundo o autor, a própria linha divisória entre droga e alimento não é totalmente clara. Sua distinção atual é artificial e fundada em "controle político e jurídico". Conclui ainda que a diferenciação entre droga e fármaco é uma "dicotomia ideológica".[107]

Tais considerações ajudam a compreender porque o termo droga é ambíguo, vale realçar, sinaliza substância empregada tanto para alteração de estado de consciência quanto com finalidade terapêutica. Esse duplo sentido se verifica, por exemplo, em inglês, português e espanhol.[108]

---

104. DEL MORAL, Martín; FERNANDÉZ, Pedro Lorenzo. Conceptos fundamentales en drogodependencias. *In*: FERNANDÉZ, Pedro Lorenzo *et. al. Drogodependencias*. 3. ed. Madrid: Medica Panamericana. 2009, p. 2.
105. Entre as objeções, pode-se lembrar o fato de ter sido usado segundo um binômio hábito/abuso, que compôs a argumentação que buscava legitimar as drogas lícitas, sob a premissa de que não fomentavam vícios negativos, porém hábitos.
106. MACRAE, Edward. O controle social do uso de substâncias psicoativas. *In*: PASSETI, Edson; SILVA, Roverto B. Dias. (Orgs.). *Conversações abolicionistas*. Uma crítica do sistema penal e da sociedade punitiva. São Paulo: IBCCrim, 1997, p. 113. A expressão "sócio-cultural" assim consta segundo a grafia anterior às reformas ortográficas.
107. CARNEIRO, Henrique. Transformações do significado da palavra "droga": das especiarias coloniais ao proibicionismo contemporâneo. *In*: _____; VENÂNCIO, Renato Pinto. *Álcool e drogas na história do Brasil*. São Paulo: Alameda; Belo Horizonte: PUC Minas, 2005, p. 11-29. As expressões constam respectivamente nas páginas 15 e 20.
108. No Brasil, os medicamentos podem ser comprados em farmácias, também chamadas drogarias. Em inglês, o termo *drugs*, pode ser usado para cocaína, bem como para aspirina comprada em uma *drugstore*. Em hebraico, (pronuncia-se "samim") significa especiarias e também drogas. A ambiguidade do termo *drogas* não prejudica esta pesquisa, porque se tem por pressuposto que a internação somente pode ser forçada se

Não obstante o termo seja impreciso, a opção pelo termo *drogas* justifica-se, haja vista que um conceito irretocável de drogas não é o centro deste trabalho e de todo modo, se não há consenso no significado, parece haver na sua imprecisão. Em corroboração a tal perspectiva, em sua tese, Maurício Fiori critica o uso do termo drogas e aponta ser mais adequada a designação substâncias psicoativas.

> Substância psicoativa é o termo científico contemporâneo mais consensual para definir os compostos, extratos, plantas, pílulas, bebidas, pós, gases, enfim, qualquer excipiente que contenha moléculas às quais são atribuídas a propriedade de alterar o funcionamento neural, o sistema nervoso, a percepção ou a consciência humana. Visto por essa perspectiva, é possível afirmar que esse enorme conjunto de substâncias recebeu diversos nomes e foi consumido de diferentes maneiras, até que, no século passado, algumas delas foram alçadas a um estatuto de questão social de problema de Estado; foram classificadas, proscritas, perseguidas, elogiadas, divinizadas e inventadas. E foram, sobretudo, tematizadas. O termo pelo qual essas substâncias passaram a ser, e até hoje são, globalmente nomeadas – ainda que com pouca precisão, mas extrema eficácia – foi drogas.[109]

Diante de tais considerações e apesar das ressalvas de Maurício Fiori, o termo *droga*, ou ainda a locução *substâncias psicoativas*, serão empregados indistintamente e englobarão substâncias permitidas e proibidas, desde que aptas a ensejar uso nocivo ou abusivo.

Em que pese a expressão drogas esteja arraigada de forte peso semântico e de representações simbólicas, considera-se necessário, sobretudo, evitar um critério estritamente normativo (lista de substâncias proibidas), inclusive porque eventual alteração legislativa futura não irá alterar os efeitos sobre as pessoas, foco desta pesquisa.

Os estigmas e os preconceitos, contudo, não se restringem às substâncias. Tal como ocorre nas doenças mentais, é usual identificar perspectivas que imprimem uma sobreposição da doença (transtornos mentais e comportamentais devidos ao uso de substância psicoativa)[110] sobre a pessoa. Como afirma publicação do governo argentino:

> La identificación de la persona adicta a las drogas con el enfermo, con el "drogadicto", muchas veces considerado incurable, tiene además el efecto de situar al sujeto en un papel pasivo e irresponsable. Este lugar que se asigna al consumidor dificulta indudablemente su recuperación.[111]

---

tiver finalidade terapêutica. Diante de tal premissa, é indiferente saber se a internação é fruto de drogas adquiridas na farmácia ou na "boca de fumo".
109. FIORI, Maurício. *Uso de drogas*: substâncias, sujeitos e eventos. Tese (Doutorado em Ciências Sociais). Instituto de Filosofia e Ciências Humanas da Universidade de Campinas (Unicamp). Campinas. 2013, p. 1.
110. Emprega-se aqui a designação da CID-10, tratada neste Capítulo.
111. ARGENTINA. Ministerio de Educación de la Nación. *Prevención del consumo problemático de drogas*. Desde el lugar del adulto en la comunidad educativa. Argentina: Ministerio de Educación de la Nación, 2009, p. 12. Disponível em: <http://www.me.gov.ar/me_prog/prevencion/pdf/prev.pdf>. Acesso em: 4 ago. 2016. A data não está clara no documento. De acordo com BAHLS: "sugere-se que uma droga não seja banalizada, nem destinada a funções demonistas, pois o risco que se corre é o de banalizar ou demonizar o ser humano

Em harmonia, Zorrilla descreve três momentos distintos na imagem acerca do usuário de drogas. Em uma primeira etapa, é tomado como inimigo público, desviante e o uso de drogas se faz associar a uma forma de oposição ou contestação cultural. O segundo momento, com a ênfase no recorte social, envolve a associação entre droga e delinquência, ao *"joven marginal"* com a presença ainda tímida do discurso terapêutica e a discussão da distinção entre usuário e traficante. Ao lado da prisão, a figura dos hospitais psiquiátricos para o controle pelo "tratamento e isolamento".[112] O terceiro momento aprofunda a visão do usuário de droga como uma pessoa doente, o que corrobora a preocupação de cura e a instituição de comunidades terapêuticas.

Apesar do uso recorrente entre profissionais da saúde, a expressão "drogadito" (ou *drogadicto*) será evitada nesta pesquisa. Como mencionado anteriormente, o DSM-V abandonou a palavra adição. Mais do que isso, considera-se que a palavra drogadito é dotada de elevada carga simbólica de "adição", inclusive com a sugestão de que há uma conduta passiva ou inevitável do usuário, como já advertiu Howard Becker.[113]

A compreensão da construção da imagem a respeito das drogas e dos usuários constitui elemento essencial para melhor entender a aceitação social do tratamento dos usuários de drogas por meio de medidas de segurança pautadas pelo isolamento e tratamento forçado.

A ilicitude da droga apresenta repercussões profundas, inclusive na construção da imagem do usuário, analisada na seção seguinte. No imaginário popular, nota-se a confusão entre a figura do usuário e a pessoa que atingiu o nível da síndrome de dependência, a frequente associação entre usuário e a esfera criminosa, e a timidez na superação da criminalização para uso pessoal.[114] Martinho Braga e Silva e Maria Célia

---

envolvido na problemática do consumo de droga". BAHLS, Flavia Campos; BAHLS, Saint-Clair. Cocaína: origens, passado e presente. *Interação em Psicologia,* UFPR, v. 6, n. 2, p. 175, 2002.
112. Assim sendo, *"a la definición social del fenómeno droga se corresponde con un modelo de identificación del toxicómano con el joven marginal de cualquiera de los barrios periféricos de las grandes ciudades"*. GONZÁLEZ ZORRILLA, Carlos. Drogas y control social. *Revista Poder y Control,* n. 2, Barcelona, 1987. Embora o autor trate da Espanha, suas ideias são extensíveis à realidade brasileira.
113. Para Becker "se nos referirmos irrefletidamente a pessoas que bebem muito álcool como alcoólatras; se nos referirmos a pessoas que fumam maconha como adictos – estaremos aceitando as ideias que essas palavras mais ou menos nos obrigam a aceitar, ideias incorporadas nas próprias palavras e nas perspectivas a elas associadas. Se a pessoa que fuma maconha for um 'adicto', ela fumará maconha de maneira incontrolada, será uma 'escrava' da prática". BECKER, Howard. *Falando da sociedade.* Ensaios sobre as diferentes maneiras de representar o social. Trad. Maria Luiza X. de A. Borges. Rio de Janeiro: Zahar, 2009, p. 287-288. Para Maurício Fiori, a designação "adicto" retira a dimensão temporal, refere-se a uma condição permanente. A ideia do autor poderia ser assim explicada, a expressão aponta para um sentido pelo qual a pessoa não faz uso de drogas, ela é usuária. FIORI, Maurício. *Uso de "drogas":* controvérsias médicas e debate público. Campinas: Mercado das Letras/Fapesp, 2006, p. 73. No mesmo sentido, MELO, Rosa Virgínia Melo. Crack: doença e família na lógica da ajuda mútua. *In:* SOUZA, Jessé. (Org.) *Crack e exclusão social.* Brasília: Ministério da Justiça e Cidadania, 2016, p. 224.
114. No recurso extraordinário de n. 635.659, cuja repercussão geral restou reconhecida em 2011, o Supremo Tribunal Federal discute a "Tipicidade do porte de droga para consumo pessoal". STF. RE. n. 635.659. Rel. Min. Gilmar Mendes. Acesso em: 26 dez 2017. O caso está pendente de julgamento.

Delduque advertem[115] inclusive para uma aglutinação em projetos de lei entre as figuras do usuário e dependente. Como se procurará demonstrar mais adiante neste livro, no Capítulo 3, este pano de fundo colabora para o fato de que muitas vezes as medidas de segurança envolvendo o uso problemático de drogas tomem por base razões de ordem eminentemente de política criminal, desprovida de finalidade médica.[116]

Conforme explica Rosa del Olmo, na década de 1960, difundiu-se o "modelo médico sanitário e de consideração da droga como sinônimo de *dependência*".[117] Tal discurso dava conta do aumento do consumo na "juventude branca",[118] que conduziu ao *estereótipo da dependência*.[119] É ilustrativo, como destaca Olmo, o *Narcotic Addict Rehabilitation Act (NARA)*, de 1966, estabelecido nos Estados Unidos, que facultava a opção entre tratamento e prisão.[120]

A teor do § 2.902, alínea, 'a' do NARA, a Corte, quando qualificava uma pessoa como "adicta", poderia oferecer a possibilidade de submissão a exame para determinar a aptidão para reabilitação, com a suspensão da persecução criminal.[121] Na ocasião, o acusado era informado que durante a reabilitação permaneceria confinado ? *institutional custody*.

Como decorrência da contaminação da política criminal sobre o tratamento, as cortes possuíam ingerência inclusive sobre Transcorridos 24 meses de internação, após ouvir os médicos, o magistrado poderia dar continuidade ao tratamento ou retomar medidas criminais.[122] A legislação, no § 2.903, alínea 'c', também determinava o limite temporal de 36 meses para concluir o tratamento,[123] o que retira a questão

---

115. SILVA, Martinho Braga Batista; DELDUQUE, Maria Célia. Patologização e penalização do uso de drogas: uma análise socioantropológica de proposições legislativas (2007-2010), *Physis*, UERJ, Rio de Janeiro, v. 25, p. 231-250, 2015, p. 246.
116. Este texto não comporta o necessário aprofundamento sobre as medidas de segurança, mas igualmente não pode simplesmente desprezá-las.
117. OLMO, Rosa del. *A face oculta da droga*. Rio de Janeiro: Revan, 2009, p. 33.
118. No mesmo sentido, aponta-se que "*The rapid expansion of illegal drug use, particularly among white middle and upper class youth, has induced governments at all levels to review their laws and policies regarding drug abuse*". WHITFORD, William. The physician, the law, and the drug abuser. *University of Pennsylvania Law Review*, v. 119, n. 6, May 1971. p. 933.
119. OLMO, Rosa del. *A face oculta da droga*. Rio de Janeiro: Revan, 2009, p. 34.
120. No Brasil, a influência do modelo norte-americano, focado no proibicionismo e protocolos internacionais é notório. Sobre o tema Cf. ARGÜELLO, Katie. O fenômeno das drogas como um problema de política criminal. *Revista da Faculdade de Direito – UFPR*, Curitiba, n. 56, 2012. p. 183.
121. Nos termos do *Narcotic Addict Rehabilitation Act*: "*the court may advise him at his first appearance or thereafter at the sole discretion of the court that the prosecution of the criminal charge will be held in abeyance if he elects to submit to an immediate examination to determine whether he is an addict and is likely to be rehabilitated through treatment*". ESTADOS UNIDOS. Narcotic Addict Rehabilitation Act 1966. Public Law 89-793. *United States Public Printing*. Disponível em: <https://www.gpo.gov/fdsys/pkg/STATUTE-80/pdf/STATUTE-80-Pg1438.pdf>. Acesso em: 5 jan. 2015.
122. ESTADOS UNIDOS. Narcotic Addict Rehabilitation Act 1966. Public Law 89-793. *United States Public Printing*. Disponível em: <https://www.gpo.gov/fdsys/pkg/STATUTE-80/pdf/STATUTE-80-Pg1438.pdf>. Acesso em: 5 jan. 2015.
123. "*The total period of treatment for any individual committed to the custody of the Surgeon General shall not exceed thirty-six months. If, at the expiration of such maximum period, the Surgeon General is unable to certify that the individual has successfully completed his treatment program the pending criminal proceeding shall be resumed*".

do plano estritamente da saúde. Essa posição mostra-se ainda mais injustificada, quando se recorda que, em 1962, a Suprema Corte dos Estados Unidos rejeitou a qualificação da adição em drogas como prática criminosa, no precedente (*Robinson v. California*).[124]

É verdade que a separação entre usuários e criminosos se insere em um pano de fundo mais denso. Consoante a descrição de Rosa del Olmo, na década de 1960, para proteger o *american way of life* se desenvolveu a distinção entre o dependente químico (supostamente branco, de classe média) e o traficante, representado pelas minorias.[125]

Na reflexão de Olmo, o discurso sanitário se prestou a papéis que extrapolam uma simples preocupação benevolente com usuários que fazem uso problemático de drogas. Tal construção reforçou o estereótipo tanto sobre o pequeno traficante quanto sobre o consumidor, cujo livre arbítrio foi posto em questão:

> Se o que se pretendia com a separação entre 'delinquente' e 'doente' era aliviar o consumidor da pena de prisão, nos países periféricos, sem os serviços de assistência para tratamento dos países do centro, o consumidor se converteria em inimputável penalmente. Na prática significou que o consumidor era privado de liberdade e capacidade de escolha ou vontade, e, portanto, sujeito a um controle mais forte.[126]

Em harmonia, frisa Vera Malaguti Batista:

> Aos jovens de classe média, que a consomem aplica-se o estereótipo médico, e aos jovens pobres que a comercializam, o estereótipo criminal no início da década de 70 aparecem as primeiras campanhas de 'lei e ordem' tratando a droga como inimigo interno. Permitia-se assim a formação de um discurso político para que a droga fosse transformada em uma ameaça à ordem.[127]

---

124. O precedente foi citado por: [s.n.]. PUNISHMENT of a Narcotic Addict for the Crime of Possession: Eight Amendment Implications, *Valparaiso University Law Review*, v. 2, n. 2, p. 316-337, 1968. Disponível em: <scholar.valpo.edu/vulr/vol2/iss2/5>. Acesso em: 13 fev. 2017. Em linha com o precedente, o artigo defende com absoluto acerto: "*Imprisonment itself fails as a corrective measure since there are practically no facilities for treatment of addicts in penal institutions beyond the forcible withdrawal from the drugs. As a result, the narcotics addict comes out of prison with his basic problems unresolved*".
125. Conforme Hart, uma Comissão do Congresso Norte-Americano emitiu um relatório pelo qual "Constatava-se que cerca de 90% das pessoas sentenciadas por crimes relacionados ao *crack* eram negras, embora a maioria dos usuários da droga fosse branca. Isso entrava em conflito com a percepção da maior parte das pessoas, pois o noticiário e os meios de comunicação populares quase sempre mostravam negros fumando *crack*". HART, Carl. *Um preço muito alto*: a jornada de um neurocientista que desafia nossa visão sobre as drogas. (Trad. Clóvis Marques). Rio de Janeiro: Zahar, 2014, p. 280.
126. OLMO, Rosa del. *A face oculta da droga*. Rio de Janeiro: Revan, 2009, p. 38.
127. BATISTA, Vera Malaguti. *Difíceis ganhos fáceis*: drogas e juventude pobre no Rio de Janeiro. 2. ed. Rio de Janeiro: Editora Renan – Instituto Carioca de Criminologia, 2003, v. 2, p. 84. (Coleção Pensamento Criminológico). Não se nega a evidente violência gerada pelo tráfico, o que representa não uma oposição, mas sim outra faceta. Como aponta Fabiana Luci de Oliveira: "A escassa presença do Estado nas favelas possibilitou o controle do território por grupos armados, reforçando o discurso criminalizante que vem estigmatizando a população residente em favelas há muito tempo. Isso alimenta uma série de representações já arraigadas no imaginário coletivo nacional, sobretudo carioca, como a 'metáfora da guerra'". OLIVEIRA, Fabiana Luci de. *UPPs, direitos e justiça*: um estudo de caso das favelas do Vidigal e do Cantagalo. Rio de Janeiro: Editora FGV, 2012, p. 14.

O uso das drogas por grupos ligados à contracultura, a correlação com as minorias "vistos como perigosos por seus hábitos e procedências",[128] entre outros os estereótipos fomentaram a associação entre drogas e subversão.[129] O uso excessivo de drogas, em vez de ser enquadrado como doença, é visto sob um enfoque punitivo.[130] Raul Eugenio Zaffaroni bem ilustra tal aproximação ao destacar a edição quase simultânea, na Argentina, das Leis n. 20.771 e 20.840, que tratam respectivamente de "Estupefacientes" e "Penalidades para las Actividades Subversivas". Para Zaffaroni, *"La falsa identificación de subversivo y drogadicto, como consigna legítimamente de ambas, fue el lema de promoción de crímenes más graves que los que discursivamente pretendía contener o prevenir"*.[131]

Verifica-se, novamente, o uso deturpado do saber médico, por força do contexto geopolítico que tornava desinteressantes ataques aos centros de produção de ópio durante a Guerra do Vietnã.[132] É o que Olmo designa de *estereótipo político-criminal*, ao qual se relaciona ainda o desenvolvimento da imagem do problema das drogas como um inimigo externo.

O papel secundário do tratamento também estava presente na própria ideia de dependente, tomada como sinônimo de usuário de drogas. "Definia-se que qualquer jovem que consumisse qualquer tipo de droga – proibida ou permitida – era um dependente e, portanto, devia ser sujeitado a tratamento".[133] Os anos seguintes avançam com a associação entre as drogas e o crime organizado, com o desenvolvimento da ideia do narcotráfico, até finalmente apontar-se para o narcoterrorismo e a guerra contra o terror.[134]

---

128. RODRIGUES, Thiago. Narcotráfico: um esboço histórico. *In*: CARNEIRO, Henrique; VENÂNCIO, Renato Pinto. *Álcool e drogas na história do Brasil*. São Paulo: Alameda; Belo Horizonte: PUC-Minas, 2005, p. 297.
129. BATISTA, Vera Malaguti. *Difíceis ganhos fáceis*: drogas e juventude pobre no Rio de Janeiro. 2. ed. Rio de Janeiro: Editora Renan – Instituto Carioca de Criminologia, 2003, v. 2, p. 84. (Coleção Pensamento Criminológico).
130. Ao tratar do papel da legislação de drogas Cantor afirma: *"Mainly it exists to deter, and it is around its capacity to deter and eventually eradicate the illicit trade in narcotics that the argument swirls"*. CANTOR, Donald. The Criminal Law and the Narcotics Problem. *Journal of Criminal Law and Criminology*, v. 51. Issue 5, p. 512, January-February 1961.
131. ZAFFARONI, Raul Eugenio. Prólogo. *In*: CUÑARRO, Mónica (Dir). *La política criminal de la droga*. Buenos Aires (Argentina). AdHoc, 2010, p. 17. Admite-se que as drogas estão presentes em muitos atos violentos, entretanto, a questão é que "não é possível saber se essas pessoas em estado de abstinência não teriam cometido as mesmas transgressões". MINAYO, Maria Cecília de Souza; DESLANDES, Suely Ferreira. A complexidade das relações entre drogas, álcool e violência. *Cadernos de Saúde Pública*, Rio de Janeiro, v. 14, n. 1, p. 35-42, jan. 1998. O estudo se afasta de um maniqueísmo e registra que em estudo no Rio de Janeiro, realizado em 1996, identificou-se que das agressões atendidas no Hospital Miguel Couto 13% envolveram uso de droga; assim como 12,6% dos atendimentos no Hospital Salgado Filho, sendo que o álcool estava presente em 90% dos casos, mas problematiza se há uma relação de causalidade imediata.
132. OLMO, Rosa del. *A face oculta da droga*. Rio de Janeiro: Revan, 2009, p. 41. Explica Olmo que "Seus integrantes eram grandes colaboradores da CIA na guerra e esta, por sua vez, apoiava o tráfico, por razões de segurança". *Op. cit.*, p. 41.
133. OLMO, Rosa del. *A face oculta da droga*. Rio de Janeiro: Revan, 2009, p. 43.
134. "Nas décadas finais do século XX, os conflitos nas Américas passaram a ser identificados, pelos EUA e por governos da região, ao tráfico de drogas. Ainda na década de 1980, o conceito de *narcoterrorismo* surgiu

Esse percurso da construção social[135] da imagem das drogas[136] fomentou significativamente a estigmatização do usuário, especialmente em caso de uso problemático, criou uma associação/confusão do usuário de drogas ao imaginário do "mundo do crime", a favorecer o distanciamento da questão do âmbito de saúde.[137]

Mesmo entre profissionais da saúde o estigma dos usuários se faz presente, considerados como perigosos, violentos e imorais. Na medida em que o uso de drogas é tomado como falha de caráter, o usuário é vislumbrado como o responsável por sua condição, o que restringirá significativamente a qualidade e as possibilidades de atenção à saúde.[138] Poderá contribuir também para que ocorra, em alguns casos, a determinação de internação forçada mesmo quando não seja indispensável. Preconiza-se neste trabalho a internação sempre como medida excepcional, temporária e que somente pode encontrar legítima justificativa na função terapêutica, o que se aprofunda nos Capítulos 3 e 4.

A representação social do uso de drogas como crime ou situações vinculadas de modo geral aos delitos e à delinquência deve ser objeto de atenção para que se possa explorar o tema da internação não consentida ou contra vontade de pessoas que façam uso de drogas. É necessário separar a perspectiva punitiva da terapêutica, sendo frequente a crítica da doutrina sobre a confusão entre castigo e tratamento.[139]

---

para classificar a associação entre guerrilhas de esquerda e narcotráfico, percebidas pelos EUA como uma nova ameaça em tempos de arrefecimento da Guerra Fria". RODRIGUES, Thiago. Apresentação. *In*: LABROUSSE, Alain. *Geopolítica das drogas*. (Trad. Mônica Seincman). São Paulo: Desatino, 2010, p. 10.

135. Sobre o termo construção social", remete-se à explicação oferecida na nota de rodapé n. 29, sem desconhecer que há uma discussão mais profunda no campo da epistemologia das ciências sociais acerca do(s) significado(s).

136. Um relato interessante, com confrontação de diferentes pontos de vista, é oferecido pelo documentário: "Quebrando o Tabu". QUEBRANDO o Tabu. 2011. Direção: Fernando Grostein Andrade. Disponível em: <https://www.youtube.com/watch?v=Dfur-cZdgTU>. Acesso em: 6 jan. 2017.

137. Para vários autores ligados à criminologia, essa perspectiva varia segundo a condição de vida do usuário de drogas. Como sublinha Katie Argüello: "O mercado das drogas possui caráter emblemático no que tange a essa relação lícito/ilícito e à própria seletividade do sistema de justiça criminal". ARGÜELLO, Katie. O fenômeno das drogas como um problema de política criminal. *Revista da Faculdade de Direito – UFPR*, Curitiba, n. 56, p. 179, 2012.

138. RONZANI, Telmo Mota; NOTO, Ana Regina; SILVEIRA, Pollyanna Santos da. *Reduzindo o estigma entre usuários de drogas*: guia para profissionais e gestores. Juiz de Fora: Editora UFJF, 2015, p. 6-7.

139. GONZÁLEZ ZORRILLA, Carlos. Aspectos Legislativos. *In*: AYUNTAMENT DE BARCELONA. *Contextos, sujetos y drogas*: un manual sobre drogodependencia. Barcelona: Ayuntamento de Barcelona, Fad (Fundación de Ayuda contra la Drogadicción), p. 149, 2000. Gonzáles aponta que a Convenção de Viena de 1988 (Convenção Contra o Tráfico Ilícito de Entorpecentes e Substâncias Psicotrópicas), foi determinante para promover tal concepção. Para Vazquez *"Constituye una paradoja, el hecho de que una persona sea judicializada por la Ley Penal en posesión de sustancias para uso propio, y que una alternativa al cumplimiento de la pena, sea la realización de un tratamiento compulsivo para su recuperación. Lo cierto es que, quien no colabora, debe cumplir la pena y puede ser obligado (además) a continuar con el tratamiento. Desde nuestra perspectiva, estas medidas configuran un instrumento de control estatal que limita derechos"*. VAZQUEZ, Andrea. Políticas públicas en materia de drogas en Argentina: políticas de estigmatización y sufrimiento. *Saúde Debate*, Rio de Janeiro, v. 38, n. 103, p. 830-839, dez. 2014. Disponível em: <http://dx.doi.org/10.5935/0103-1104.20140075>. Acesso em: 9 set. 2016. Em aproximação que aqui é pertinente, Szasz indica que os pacientes mentais são (re)estigmatizados como perigosos quase-criminais. SZASZ, Thomas. *Patient or Prisoner?* The Therapeutic State, jan. 2002, p. 31. Disponível em: <https://fee.org/media/4220/szasz0102.pdf>. Acesso em: 9 set. 2016). No original: *"dangerous quasi-criminals"*.

É importante esclarecer que tais visões, enquanto construções sociais, não se constituem por uma lógica de substituição, mas de mescla e sobreposição, arraigada na sociedade e que varia inclusive conforme a modalidade da droga.

À primeira vista se poderia imaginar que uma releitura do problema envolveria superar a leitura social em prol de um viés que vislumbrasse, sobretudo, uma questão de saúde. Para Carlos González Zorrilla, no entanto, a construção da "epidemia das drogas", ou seja, de um modelo que enfoca a questão da saúde, também provoca consequências prejudiciais. Por um lado, reforça uma luta do bem contra o mal, a qual ignora a complexidade das diversas modalidades de substâncias, usos e abusos.[140] De outro, retira da sociedade parcela de sua responsabilidade, que é transferida para um agente externo.

Em resumo, uma leitura adequada das drogas e seus usuários exige atenção às diferentes projeções ou repercussões, em seu(s) significado(s) como questão social, de saúde e criminal, de modo que é necessário ao mesmo tempo ter em conta as diferentes lentes e adotar o foco adequado ao desdobramento que se pretende examinar.

1.3 A GUERRA ÀS DROGAS E O "DROGADO" COMO INIMIGO

A multiplicidade de visões sobre o uso de drogas e a eleição de uma determinada perspectiva influencia de modo decisivo o modelo de atenção à saúde. A representação que se faz do usuário é frequentemente negativa, com variantes como doente,[141] desviante,[142] delinquente,[143] degenerado,[144] indesejável, criminoso, imoral, anormal.[145] Há igualmente uma associação das drogas e do usuário com o medo.

---

140. "Esta identificación de la drogodependencia con la enfermedad causada por un agente patógeno externo permite abordar el problema del consumo de sustancias psicoactivas en términos estrictamente ideológicos y morales: frente a la 'epidemia' de la droga, la única actitud que se demanda es un posicionamiento igual ideológico a saber, la lucha contra el mal". GONZÁLEZ ZORRILLA, Carlos. Drogas y control social. *Revista Poder y Control*, n. 2, Barcelona, 1987.
141. Não se nega o uso abusivo ou nocivo de drogas como um problema de saúde, mas há também riscos na leitura que se faz do usuário de drogas, como a potencial negação de sua aptidão de decidir, enfrentada neste estudo em momento posterior.
142. Segundo Medeiros, "tanto o modelo penal como o modelo médico têm uma tendência a enfocar o usuário como o indivíduo desviante dos padrões de normalidade, e não o sistema social, rotulando-o como delinquente ou como enfermo". MEDEIROS, Regina. Construção social das drogas e do *crack* e as respostas institucionais e terapêuticas instituídas. *Saúde e Sociedade*, São Paulo: USP, v. 23, p. 107, 2014. Mais adiante indica que no modelo biomédico, toma-se o usuário pela doença a qual "é considerada um desvio das normas e preceitos de normalidade, seja pela vontade, seja pela decisão irresponsável do sujeito ou por sua incapacidade de lidar, respeitar ou obedecer às normativas sociais". (*Op. cit.*, p. 110).
143. Rosa del Olmo sublinha a construção de "*estereotipos como el de drogadicto igual a delinquente y/ou drogadicto igual a enfermo*". OLMO, Rosa del. Los medios de comunicación social y las drogas. *Comunicar*, n. 9, p. 121, 1997.
144. "Os toxicomanos são pois, degenerados especiaes, enfermos da vontade, com tendencia morbida para buscar nas drogas um estimulo para cenesthesia". BOTELHO, Adauto; PERNAMBUCO FILHO. *Vícios sociais elegantes*. Rio de Janeiro: Francisco Alves, 1924, p. 24.
145. A questão da anormalidade será objeto de exame, posteriormente, nesta pesquisa.

Em levantamento sobre a Folha de S. Paulo, em 2012, Maria Eduarda da Mota Rocha e José Augusto da Silva observaram a sobreposição entre a animalização do usuário e sua responsabilidade moral. Na apreciação das reportagens analisadas, identificou-se o uso de construções linguísticas como "rebotalhos humanos", "lixo humano", "mortos-vivos", "farrapos humanos" e a Cracolândia foi denominada de "aquário de podridão humana".[146]

Igor de Souza Rodrigues aponta ainda para o paradoxo nas construções do discurso dominante na mídia pelo qual "a cura tem a ver com a força de vontade do indivíduo, é ele quem tem de superar seus demônios e os demônios postos pela própria sociedade" e simultaneamente defende-se a internação forçada sob alegação de falta de capacidade volitiva.[147]

Para ilustrar o que ora se expõe, recorde-se a intrigante cena do filme "Bicho de Sete Cabeças", quando um baseado (cigarro de maconha) é achado no bolso do jovem Neto e seu pai decide interná-lo a força. São marcantes, entre outras passagens, o fato de ser o próprio jovem, interpretado por Rodrigo Santoro, a conduzir o veículo até o hospital, *rectius,* manicômio no qual será internado (enganado pelo pai que informou que visitariam um amigo), a ausência de diagnóstico ou de esclarecimentos ao paciente, o emprego de fortes sedativos, a prisão do paciente para "seu próprio bem", a discussão posterior entre o filho e o pai, que demonstra que prevalece no pano de fundo uma preocupação em ter um "filho maconheiro", a revelar que em jogo não estava a saúde, mas os ditos *bons costumes*.[148]

A estigmatização do uso de drogas e, principalmente, dos usuários, precisa ser recepcionada criticamente. Consoante Erving Goffman, em estudo clássico, o estigma marcava entre os gregos o papel social (escravo, criminoso, preso, "viciado", doente mental).[149] Traduz-se em um elemento distintivo que promove exclusão,

---

146. ROCHA, Maria Eduarda da Mota Rocha; SILVA, José Augusto da. Crack: doença e família na lógica da ajuda mútua. In: SOUZA, Jessé. (Org.) *Crack e exclusão social*. Brasília: Ministério da Justiça e Cidadania, 2016, p. 263.
147. RODRIGUES, Igor de Souza. Crack, a noia da mídia. In: SOUZA, Jessé (Org.) *Crack e exclusão social*. Brasília: Ministério da Justiça e Cidadania, 2016, p. 300.
148. *Bicho de Sete Cabeças*. 2001. Direção: Laís Bodanzky. Elenco: Othon Bastos, Rodrigo Santoro, Cássia Kis Magro, Gero Camilo.
149. GOFFMAN, Erving. *Estigma:* la identidad deteriorada. (Trad. Leonor Guinsberg). Biblioteca de sociología. Buenos Aires: Amorrortu, 2006, p. 11. Em outra obra, traça a ligação entre o estigma e os doentes mentais: "O hospital psiquiátrico constitui um caso específico de estabelecimentos em que a vida íntima tende a proliferar. Os doentes mentais são pessoas que, no mundo externo, provocaram o tipo de perturbação que fez com que as pessoas próximas a elas as obrigassem, física, se não socialmente, à ação psiquiátrica. Muitas vezes essa perturbação estava ligada ao fato de o 'pré-paciente' ter praticado impropriedades situacionais de algum tipo, ter apresentado conduta fora de lugar no ambiente. É essa má conduta que traduz uma rejeição moral das comunidades, dos estabelecimentos e das relações que têm o direito de exigir a lealdade da pessoa". GOFFMAN, Erving. *Manicômios, prisões e conventos*. (Trad. Dante Moreira Leite). São Paulo: Perspectiva, 2001, p. 247. Não deixa de ser curioso e reforça o que se expõe a circunstância de que na tradução em espanhol o título da obra seja *"internados"*.

ao estabelecer uma fronteira, por meio de um padrão de normalidade.[150] Usuários de drogas são referidos algumas vezes na obra, inclusive quanto ao estigma (aqui tomado como marca na pele) decorrente do uso de drogas injetáveis, que os torna perseguidos e os obriga a ocultar as veias marcadas objeto de buscas pelos policiais.[151]

A condição de desviante não se limita ao aspecto físico, frequentemente se associa a um atributo moral, ou a composição de ambos. Na síntese de Goffman, "cremos, por definição, desde logo, que a pessoa que apresenta um estigma não é totalmente humana".[152]

O estigma define, assim, não apenas um preconceito, em realidade determina um verdadeiro *status*, uma condição de pertencimento (ou exclusão), ou talvez até a sobreposição de alguns papeis sociais que o usuário de drogas (ilícitas), taxado de "drogado", ocupa. Mesmo enquadramentos jurídicos supostamente protetivos – tais como o de relativamente incapaz, estabelecido pelo Código Civil (art. 4º, inc. II) –, podem ser redutores de complexidade[153] e, sob as vestes da incapacidade, *interditam*, vale dizer, mitigam no plano jurídico o reconhecimento e o acesso, como se discutirá no próximo capítulo.

Entre outras projeções, o que se constata é a preocupante inversão pela qual se enfoca a droga em vez da pessoa, o que se faz com base em juízos morais que reforçam a posição de culpado pela doença, atingem sua autoestima[154] e comprometem seu tratamento.[155] Em uma frase, a construção do *problema das drogas* termina por converter os próprios usuários de drogas em doença – contagiosa.

Como assinala Medeiros, as representações sociais são determinantes para compreender a atual política de drogas. O *problema das drogas* é associado, nesta ótica, à "alteração do estado de consciência do indivíduo de determinadas classes

---

150. GOFFMAN, Erving. *Estigma*: la identidad deteriorada. (Trad. Leonor Guinsberg). Biblioteca de sociología. Buenos Aires: Amorrortu, 2006, p. 13, 15, 161. Em interessante apontamento, que dialoga com o presente texto, Goffman sugere que a noção de normalidade se explica também *"en la tendencia de las organizaciones burocráticas de gran escala, tales como el estado nacional, a tratar a todos los miembros, en ciertos aspectos, como iguales"*. (*Op. cit.*, p. 17, nota de rodapé 10).
151. GOFFMAN, Erving. *Estigma*: la identidad deteriorada. (Trad. Leonor Guinsberg). Biblioteca de sociología. Buenos Aires: Amorrortu, 2006, p. 112.
152. GOFFMAN, Erving. *Estigma*: la identidad deteriorada. (Trad. Leonor Guinsberg). Biblioteca de sociología. Buenos Aires: Amorrortu, 2006, p. 15. Tradução livre.
153. Esta questão é aprofundada no Capítulo 2.
154. LINK, Bruce et. al. Stigma as a Barrier to Recovery: The Consequences of Stigma for the Self-Esteem of People with Mental Illnesses. *Psychiatric Services*, v. 52, n. 12, p. 1621-1626, Dec. 2001. Disponível em: <http://ps.psychiatryonline.org/doi/pdf/10.1176/appi.ps.52.12.1621>. Acesso em: 7 set. 2016.
155. Há múltiplos estudos que tratam da estigmatização do uso de drogas. Para Ronzani e Furtado, tanto o doente mental, em geral, quanto especificamente o usuário de drogas são vítimas de preconceito. Registram que "pessoas com transtornos mentais são vistas como mais responsáveis por sua condição do que aquelas com doenças como câncer, problemas cardíacos ou outras doenças", bem como que "O estigma, carregado de conotações morais, associado ao 'alcoólatra' ou 'dependente de drogas', tem levado os pacientes, a sociedade e até mesmo os profissionais de saúde a resistirem em aceitar ou utilizar o diagnóstico de forma inadequada". RONZANI, Telmo Mota; FURTADO, Erikson Felipe. Estigma social sobre o uso de álcool. *Jornal Brasileiro de Psiquiatria*, Rio de Janeiro, v. 59, n. 4, p. 326-332, 2010.

e de certos grupos sociais – considerados perigosos", o que justifica um "controle sanitário" e de segurança pública.[156] Privilegia-se, assim, uma leitura redutora da realidade, que, nas palavras de Regina Medeiros, acaba por "legitimar a demonização da substância e a culpabilização do indivíduo". Em seu pensamento,

> Essas medidas foram corroboradas pelo sistema médico que, por meio de estudos científicos, evidenciaram as consequências provocadas para a saúde do indivíduo, principalmente nos casos de dependências, e dos perigos para a sociedade. Essa combinação contribui para a construção do "problema das drogas" e para o desafio de seu controle no campo da criminalização (penalização), dispositivo para a proteção da sociedade que considera o uso de determinadas drogas como desvio e/ou transgressão da norma, e, no campo da medicalização (prescrição), com a atenção ao indivíduo usuário, considerado portador de uma enfermidade do quadro das doenças mentais.[157]

O esclarecimento de Medeiros permite verificar como a trama social atualmente entrelaça (e termina por embaraçar) diferentes aspectos, para estabelecer a leitura simbólica que atualmente se consolidou. O jogo de associações é amplo, de sorte que "estar na rua é compreendido como sinônimo de ser 'drogado' ou ainda um elemento mais perigoso, um 'viciado em *crack*', o que acaba estendendo aos moradores de rua as representações de periculosidade ligadas aos usuários"[158] e vice-versa. Tais leituras potencializam o uso "desfuncionalizado" de medidas de tratamento. Verifica-se assim, ao menos em parte, uma tendência pela qual

> [...] sobre os usuários é lançado um olhar uniformizador, ressaltando a dependência química e suas consequências, principalmente a violência, descartando assim qualquer possibilidade de singularidade ou fatores contextuais associados aos seus comportamentos.[159]

Ademais, destaca-se como parte dos estigmas a construção social do usuário de droga como população marginal na dupla acepção do termo, vale realçar, como não incluído socialmente[160] e como criminoso[161] em potencial.

---

156. BATISTA, Nilo. Política criminal com derramamento de sangue. *Revista Brasileira de Ciências Criminais*. São Paulo, v. 5, n. 20, p. 138-141, out./dez. 1997.
157. MEDEIROS, Regina. Construção social das drogas e do *crack* e as respostas institucionais e terapêuticas instituídas. *Saúde e Sociedade*, São Paulo: USP, v. 23, p. 107, 2014. Completa ainda: "as medidas de intervenção, as respostas institucionais nos campos jurídico, médico, religioso e as reações da sociedade são articuladas de maneira coerente com essas representações sociais". (*Op. cit.*, p. 108).
158. RAUPP, Luciane; ADORNO, Rubens de Camargo Ferreira. Circuitos de uso de *crack* na região central da cidade de São Paulo (SP, Brasil). *Ciência & Saúde Coletiva*, Rio de Janeiro, v. 16, n. 5, p. 2.620, maio 2011. Com visão similar: SIMÕES, Júlio Assis. Prefácio. *In*: LABATE, Beatriz Caiuby *et. al.* (Org.). *Drogas e cultura*: novas perspectivas. Salvador: EDUFBA, 2008, p. 14.
159. RAUPP, Luciane; ADORNO, Rubens de Camargo Ferreira. Circuitos de uso de *crack* na região central da cidade de São Paulo (SP, Brasil). *Ciência & Saúde Coletiva*, Rio de Janeiro, v. 16, n. 5, p. 2.620, maio 2011.
160. Na imprensa se lê, em tons de elogio, notícia que informa apropriação de espaço em baixo de viaduto como uma grande inovação para a cidade, já que "há anos é ocupado por moradores em situação de rua, índios e usuários de drogas". MARCHIORI, Raphael. Área sob o viaduto do Capanema vai virar estacionamento. *Gazeta do povo*, 19 set. 2016.
161. BARD, Nathália Duarte *et al*. Estigma e preconceito: vivência dos usuários de *crack*. *Revista Latino-Americana de Enfermagem*, v. 24, 2016. Disponível em: <http://dx.doi.org/10.1590/1518-8345.0852. 2680>. Acesso em: 7 set. 2016.

Da relação inicial entre o consumidor de drogas e o delito de tráfico, assinala Rosa del Olmo, verificou-se uma progressiva ampliação das relações simbólicas que atou a imagem do usuário às representações com as quais se preocupa a criminologia, tais como o narcotráfico, os cartéis, a violência das disputas relativas ao comércio de drogas.[162]

A proibição da venda de drogas intensifica os estigmas,[163] além de fortalecer os laços entre mercado ilegal e consumidores, que acaba por aproximá-los do traficante.[164] Também os relaciona com espaços associados ao uso, aqui tomados não segundo fronteiras geográficas, mas construídas na dinâmica da sociedade.

Criam-se, assim, o que Luis Fernándes designou de *territórios psicotrópicos*, ligados, no imaginário, à alta probabilidade de internação de usuários,[165] a espaços de degradação e de consumo drogas. São locais que materializam o "mundo das drogas". Mais do que espaços físicos, são *lugares discursivos*,[166] os quais devem ser compreendidos segundo o que representam, vinculados a concentração de marginalidade, degradação, como verdadeiros *hipermercado das drogas*.

Dessa maneira, como explana Fernandés, estabelecem-se a associações periferia-droga, classe desfavorecida-dependência química, bairros sociais-tráfico.[167]

---

162. OLMO, Rosa del. La conexión criminalidad violenta/drogas ilícitas: una mirada desde la criminología. *In*: HOPENHAYN, Martín (Org.). *La grieta de las drogas*. Desintegración social y políticas públicas en América Latina. Santiago de Chile: Nações Unidas – CEPAL, 1997, p. 85.
163. BAYCE, Rafael. El estigma de la droga: particularidades y rasgos comunes en el caso uruguayo. *In*: HOPENHAYN, Martín (Org.). *La grieta de las drogas*. Desintegración social y políticas públicas en América Latina. Santiago de Chile: Nações Unidas – CEPAL, 1997, p. 91. Para o autor, a estigmatização se estrutura em três etapas: "demonização, penalização e institucionalização clínica", tudo com apoio da opinião pública. (*Op. cit.*, p. 91). Não se discute nesta obra acerca da melhor política criminal para as drogas, porém não seria adequado desenvolver a tese sem considerar a política criminal.
164. Na imprensa, há muitos exemplos. "No prédio do antigo Torre Palace, um hotel abandonado há quase três anos, o *uso* e o *tráfico* de drogas acontecem livremente. A 500 metros de uma delegacia e a 2,5 km da Esplanada dos Ministérios, o esqueleto do edifício virou uma espécie de *bunker* do tráfico que abastece o Plano Piloto, área nobre de Brasília". HOTEL abandonado em Brasília abriga Cracolândia que abastece tráfico no DF. *O Globo*. 13 mar. 2016. Grifou-se. "*Dependentes* e *traficantes* da Cracolândia, no centro da capital paulista, voltaram a montar barracas para driblar a fiscalização das autoridades e manter o consumo de *crack* no chamado "fluxo", ocupando um quarteirão da Alameda Dino Bueno". TRÁFICO volta a armar barracas para distribuição de drogas na Cracolândia. *O Estado de S. Paulo*. 26 maio 2016. (Grifou-se). A confusão pode gerar outras consequências, inclusive na esfera criminal diante do crime de tráfico de drogas, problema que, todavia, escapa aos objetivos desta pesquisa.
165. Em seu dizer, um "*lugar de concentración espontánea de actores sociales de las drogas; o como un lugar donde hay una alta probabilidad de que ocurra una interacción a propósito de las drogas, aunque ello no forme parte de la intención previa de los sujetos*". FERNANDES, Luis. Los territorios urbanos de las drogas: un concepto operativo. *In*: *Contextos, sujetos y drogas*: un manual sobre drogodependencia. Barcelona: Ayuntament de Barcelona, Fad (Fundación de Ayuda contra la Drogadicción), 2000, p. 52.
166. FERNANDES, Luis. Los territorios urbanos de las drogas: un concepto operativo. *In*: *Contextos, sujetos y drogas*: un manual sobre drogodependencia. Barcelona: Ayuntament de Barcelona, Fad (Fundación de Ayuda contra la Drogadicción), 2000, p. 52.
167. Sobre a condensação de estigmas na cracolândia, ver também: FRÚGOLI JÚNIOR, Heitor; CAVALCANTI, Mariana. Territorialidades da(s) Cracolândia(s) em São Paulo e no Rio de Janeiro. *Anuário Antropológico* II, 2013. Disponível em: <http://aa.revues.org/561>. Acesso em: 7 set. 2016. O estudo oferece uma interessante comparação entre os fenômenos dos espaços (itinerantes) de uso, as relações entre usuários entre si e com os agentes públicos.

Estes espaços potencializam os estigmas, reduz a pessoa à condição de usuário, como evidencia a famosa "Cracolândia", em São Paulo.

Há uma relação de sinergia pela qual os usuários são postos à margem, ocupando lugares periféricos para a aquisição e consumo das drogas,[168] ao passo que, na mesma medida, os espaços usados pelos marginalizados se tornam periféricos.[169] A percepção dessa territorialidade auxilia a compreensão das visões acerca do usuário, eis que a assim chamada "guerra às drogas" é também um conflito envolvendo a disputa entre o público e o privado, entre liberdade e proteção, entre "o indivíduo e a cidade", acerca de tais espaços.

Essas delimitações colocam em questão se as medidas de tratamento forçado se destinam ao cuidado ou ao controle, tendo em conta que muitas vezes as condutas denotam que o usuário que faz uso prejudicial da droga é visto como a própria doença.

> Por lo tanto, al tratarse de un mal que infecta a los sujetos, se produce la identificación de la "droga como enfermedad", lo cual resulta tranquilizador para la sociedad, ya que visualiza como causa de sus problemas a un agente externo, un agente extraño, tanto para el cuerpo social como para los propios sujetos que "son infectados".[170]

Tome-se como exemplo a seguinte narrativa sobre a Cracolândia:

> Em janeiro de 2012, emergiu um novo episódio de repressões policiais sistemáticas, envolvendo Polícia Militar, a Rota, bombeiros, helicóptero, centenas de carros, dezenas de motos, cães farejadores e cavalos, com base na estratégia, como divulgado em inúmeras notícias da época, de causar "dor e sofrimento" aos usuários, forçando-os a buscar tratamento. Isto mostrava a determinação do poder público de remover a qualquer custo os usuários de *crack* daquela área urbana – numa intervenção que a princípio articularia ações combinadas entre várias secretarias – o que fez com que esta problemática, como já mencionado, ganhasse dimensão nacional, sobretudo por conta da polêmica da pretendida internação compulsória ou involuntária sob ordem judicial. Uma série de debates e de atitudes em múltiplos campos de saber e de ação foram impetrados no sentido da busca de outras alternativas.[171]

A posição em que se fixa, por assim dizer, a faixa de "normalidade" pode servir a diversos interesses ou distorções, por exemplo, para a família "se situar no lugar de vítima do comportamento do 'drogado' ou para reforçar e delinear as diferenças

---

168. RAUPP, Luciane; ADORNO, Rubens de Camargo Ferreira. Territórios psicotrópicos na região central da cidade de Porto Alegre, RS, Brasil. *Saúde e Sociedade*, São Paulo, v. 24, n. 3, p. 803-815, set. 2015. Disponível em: <http://dx.doi.org/10.1590/S0104-12902015127672>. Acesso em: 7 set. 2016.
169. FERNANDES, Luís; PINTO, Marta. El espacio urbano como dispositivo de control social: territorios psicotrópicos y políticas de la ciudad. *Revista Científica Internacional*. 2004. Disponível em: <https://repositorio-aberto.up.pt/bitstream/10216/17756/ 2/87163.pdf>. Acesso em: 7 set. 2016.
170. ARGENTINA. Ministerio de Educación de la Nación. *Prevención del consumo problemático de drogas. Desde el lugar del adulto en la comunidad educativa*. Argentina: Ministerio de Educación de la Nación, 2009, p. 12. Disponível em: <http://www.me.gov.ar/me_prog/prevencion/pdf/prev.pdf>. Acesso em: 4 ago. 2016.
171. FRÚGOLI JÚNIOR, Heitor; CAVALCANTI, Mariana. Territorialidades da(s) Cracolândia(s) em São Paulo e no Rio de Janeiro. *Anuário Antropológico* II, 2013. Disponível em: <http://aa.revues.org/561>. Acesso em: 7 set. 2016.

entre o normal e o patológico".[172] O usuário de droga é tomado então como anormal.[173] Essa qualificação se explica por um processo de patologização do uso (assim como também da normalização de certos usos),[174] ilustrada na locução "epidemia de *crack*", empregada nas "Diretrizes Gerais Médicas para Assistência Integral ao Dependente do Uso do *Crack*".[175]

É preciso ainda enfrentar o mito da "guerra às drogas", que se pauta na lógica de que o enfrentamento das drogas se faz pelo proibicionismo. Este paradigma revela uma injustificada tolerância[176] com as drogas ditas "lícitas" e termina por legitimar políticas de exclusão e encarceramento ? inclusive em hospitais psiquiátricos ?,[177] ao considerar o consumo de drogas como um delito, como exposto acima.

Fiori identifica duas premissas centrais do paradigma proibicionista, a vedação absoluta ao uso de drogas, e sua adoção por meio da punição de "produtores, vendedores e consumidores".[178] Do ponto de vista ideológico, a "guerra às drogas" favorece um discurso que admite efeitos colaterais,[179] a ênfase no combate ao tráfico e o dispêndio de grandes somas para realiza-lo. Vincula-se à celebração pela opinião pública das

---

172. MEDEIROS, Regina. Construção social das drogas e do *crack* e as respostas institucionais e terapêuticas instituídas. *Saúde e Sociedade*, São Paulo: USP, v. 23, p. 111, 2014. Sobre o normal e o patológico, cabe referir ao pensamento de Canguilhem para cujas descrições apontam para um traçado não linear das construções em torno do conceito de patológico, da fisiologia à psiquiatria. O que se observa é que o conceito de patológico é contextual e histórico, variando como complemento do normal, disfunção, oposição, desvio de quantidade ou de qualidade. CANGUILHEM, Georges. *O normal e o patológico*. (Trad. Maria e Thereza Redig de Carvalho Barrocas). São Paulo: Forense Universitária, 1995, p. 42 e 45.
173. AIRES, Suely. Os anormais do século XXI: Usuários de *crack* e políticas públicas de segurança e saúde. *Revista Sofia*, Universidade Federal do Espírito Santo, v. 5, n. 1, p. 9, jan./jul. de 2016, p. 9. Na concepção de Foucault, o anormal designa um "monstro banalizado", degenerado, a ser controlado e corrigido. FOUCAULT, Michel. *Os anormais*. Trad. Eduardo Brandão. São Paulo: Martins Fontes, 2001, p. 71-73.
174. BAYCE, Rafael. El estigma de la droga: particularidades y rasgos comunes en el caso uruguayo. *In*: HOPENHAYN, Martín (Org.). *La grieta de las drogas*. Desintegración social y políticas públicas en América Latina. Santiago de Chile: Nações Unidas – CEPAL, 1997, p. 92.
175. CONSELHO FEDERAL DE MEDICINA. *Diretrizes Gerais Médicas para Assistência Integral ao Dependente do Uso do Crack*. Brasília, CFM, 2011, p. 6. Disponível em: <http://portal.cfm.org.br/images/stories/pdf/cartilhacrack.pdf>. Acesso em: 12 ago. 2016.
176. LIRA, Laís Santana Santos Pereira *et al*. Uso abusivo e dependência de drogas ilícitas: uma visão bioética. *Revista de Bioética*, CFM, v. 20, n. 2, p. 326-325, 2012.
177. "Apesar da existência desses movimentos sociais, o aparato jurídico-institucional criado ao longo do século XX destinava-se, sobretudo, ao controle do consumo de drogas ilícitas. Esse aparato, constituído por uma série de leis e decretos que proibiam e criminalizavam o uso e o comércio de drogas no país, previa penas que determinavam a exclusão dos usuários do convívio social, propondo sua permanência em prisões, sanatórios e, a partir da década de 1970, em hospitais psiquiátricos". MACHADO, Ana Regina; MIRANDA, Paulo Sérgio Carneiro. Fragmentos da história da atenção à saúde para usuários de álcool e outras drogas no Brasil: da Justiça à Saúde Pública. *História, Ciências, Saúde-Manguinhos*, Fundação Oswaldo Cruz, Rio de Janeiro, v. 14, n. 3, p. 803-804, set. 2007.
178. FIORE, Maurício. O lugar do Estado na questão das drogas: o paradigma proibicionista e as alternativas. *Novos Estudos*. CEBRAP: São Paulo, n. 92, p. 11, mar. 2012.
179. "A lista de impactos é extensa e suas implicações são profundas. Em suas manifestações mais rigorosas, a aplicação das leis de drogas resultou em torturas, execuções extrajudiciais e desaparecimentos forçados por parte de agentes do Estado. Em nome da 'guerra às drogas' e do combate ao crime, as instituições têm ignorado suas obrigações frente a violações sistemáticas e não raramente massivas. Essas ações têm atingido especialmente populações vulneráveis – jovens pobres e em situação de marginalidade". GARZÓN, Juan

operações de apreensão de drogas[180] a tolerância com atos de violência e, não menos importantes, a uma nova visão do usuário, agora também um inimigo da sociedade.[181]

É perigoso desvio que se promove ao indicar como adversário a droga, em jogo de linguagem que termina por obnubilar as vítimas do combate. Ademais, a expressão "guerra às drogas" potencializa os estereótipos aplicáveis à locução *problema das drogas*, enfoca o traficante como um grande inimigo, mas posiciona igualmente o usuário como um inimigo a ser vencido,[182] na medida em que a vitória consiste na eliminação das drogas do seio social, perspectiva considerada absolutamente ultrapassada.

Não obstante, ainda "prevalece o objetivo absurdo de eliminar o uso de drogas ilegais a qualquer custo, independentemente do preço que isso representa para os grupos marginalizados".[183] Muitas vezes, a mídia reforça tal quadro ao fomentar o medo. Por meio da "promoção de pânico social, por meio da divulgação de notícias sobre a expansão do *crack* no Brasil e os seus efeitos destrutivos, tem justificado medidas arcaicas de violência institucional como ações de internação compulsória".[184]

Superada tal ótica, como indica, Coletta Younger, muda-se o foco da oferta à redução da procura pela droga e dos danos que as drogas causam a quem as usa e à sociedade.[185] Sob a designação de política de redução de danos, ao invés de eliminar

---

Carlos; POL, Luciana. O elefante na sala: drogas e direitos humanos na América Latina. *Revista Sur – Revista Internacional de Direitos Humanos*, v. 12, n. 21, ago. 2015.

180. O próprio relatório do Escritório da ONU para Drogas e Crime valoriza este tipo de indicativo e aponta que no Brasil, em 2013, foram destruídos 900,744 pés de maconha e apreendidas 222 toneladas. UNITED NATIONS. UNODC. United Nations Office on Drugs and Crime. *World Drug Report 2015*. ONU: New York, 2015, p. 58 e 60. Disponível em: <http://www.unodc.org/documents/wdr2015/World_Drug_Report_2015.pdf>. Acesso em: 15 maio 2016.

181. "*A pesar de que hacía la guerra con la ayuda de la heroína, el presidente Nixon cogió al vuelo la imagen contestataria del cannabis y LSD creada por los hippies, para declarar la 'guerra a la droga'. Este slogan transformó la imagen del consumidor que ya no es solo delincuente y enfermo: se convierte además en un enemigo interior*". RALET, Olivier. Condicionantes políticos y económicos. Análisis de la influencia de estos factores en la construcción social del "problema de la droga". *In*: HOPENHAYN, Martín (Org.). *La grieta de las drogas*. Desintegración social y políticas públicas en América Latina. Santiago de Chile: Nações Unidas – CEPAL, 1997, p. 42. Maria Lucia Karam, em sintonia, estabelece a conexão entre a guerra às drogas, o desviante e o inimigo: "Nas atuais tendências expansionistas do poder punitivo, impulsionadas, em grande parte, por essa 'guerra às drogas', a figura do 'inimigo' ou de quem tenha comportamentos vistos como diferentes, 'anormais' ou estranhos à moral dominante, se confunde nos criados perfis do 'criminoso', do 'terrorista' ou do "dissidente". KARAM, Maria Lucia. A Lei 11.343/06 e os repetidos danos do proibicionismo. *In*: LABATE, Beatriz Caiuby *et. al.* (Org.). *Drogas e cultura*: novas perspectivas. Salvador: EDUFBA, 2008, p. 117.

182. "Mais da metade dos moradores do Rio acredita que os usuários de droga são mais responsáveis pela violência na cidade do que os traficantes". PARA maioria no Rio, usuário tem mais culpa pela violência do que traficantes. *Folha de S. Paulo*, 07 out. 2017.

183. HART, Carl. *Um preço muito alto*: a jornada de um neurocientista que desafia nossa visão sobre as drogas. (Trad. Clóvis Marques). Rio de Janeiro: Zahar, 2014, p. 10.

184. MEDINA, Gabriel. Drogas e juventude: outro caminho. *In*: Conselho Regional de Psicologia da 6ª Região (Org). *Álcool e outras drogas*. 3. ed. São Paulo: CRPSP, 2011, p. 117.

185. YOUNGER, Coletta. Los daños colaterales de la "guerra contra las drogas" impulsada por Estados Unidos. *In*: VITERI, Juan Pablo Morales Viteri; PALADINES Jorge Vicente. (Org.) *Entre el control social y los derechos humanos*. Los retos de la política y la legislación de drogas Los daños colaterales de la "guerra contra las drogas" impulsada por Estados Unidos. Quito (Equador): El Ministerio de Justicia y Derechos Humanos de Ecuador – V&M Gráficas, dec. 2009. p. 217-242. p. 217.

as drogas, procura-se lidar com seus efeitos, busca-se um novo olhar que enfoca na limitação de efeitos adversos.[186] Neste contexto, fala-se em atenção ao "uso prejudicial de drogas",[187] para atenção ao usuário, ainda que sem eliminação do uso das drogas, inclusive por meio dos CAPS.[188]

A perspectiva de redução de danos foi incorporada na Lei n. 11.343/2006, a chamada "Lei de Drogas", art. 19, inc. IV e VI, art. 20 e art. 22, inc. III. Nessa linha, define-se como parte da atenção ao usuário, a "melhoria da qualidade de vida e à redução dos riscos e dos danos associados ao uso de drogas" (art. 20). O objetivo é mitigar consequências como "dirigir sob o efeito de alguma substância psicoativa, overdose, o compartilhamento de seringas ou de cachimbos,[189] o uso de drogas associado a comportamentos de risco (sexo sem proteção, esportes radicais), violência, etc."[190] Esse caminho permite superar uma percepção estreita de que as alternativas no tocante às drogas estariam limitadas aos extremos da proibição absoluta ou da liberação descontrolada.[191]

No plano constitucional, o embasamento para a redução de danos se encontra, além do princípio da dignidade humana, no art. 196 que determina à projeção do direito à saúde em sua "promoção, proteção e recuperação". Sob tais premissas, admite-se a oferta de seringas, assim como a substituição de uma droga considerada mais nociva, por outra no tratamento do abuso de substâncias ou mesmo a prescrição da redução gradativa de seu uso,[192] sempre sob indicação dos profissionais da saúde.

---

186. PETUCO, Denis Roberto da Silva. Redução de danos. In: Conselho Regional de Psicologia da 6ª Região (Org). *Álcool e outras drogas*. 3. ed. São Paulo: CRPSP, 2011, p. 128-130.
187. NUÑEZ, Maria Eugenia. A chegada do *crack* em Salvador: quem disse que o *crack* traz algo de novo? In: MACRAE, Edward *et al*. (Org.) *Crack*: contextos, padrões e propósitos de uso. Salvador: EDUFBA: CETAD, 2013, p. 137.
188. BRASIL. Ministério da Saúde. Portaria de Consolidação n. 5/2017. Diário Oficial da União de 03 de out. 2017. Acesso em: 08 out. 2017. De modo equivalente, constava em: BRASIL. Ministério da Saúde. *Portaria n. 816/2002*. Disponível em: <http://bvsms.saude.gov.br/bvs/saudelegis/gm/2002/ prt0816_30_04_2002.html>. Acesso em: 23 set. 2016. BRASIL. Ministério da Saúde. *Portaria n. 2.197/2004*. Disponível em: <http://bvsms.saude.gov.br/bvs/saudelegis/gm/2004/prt2197_14_10 _2004.html>. Acesso em: 23 set. 2016.
189. Como destaca Bradley Mathers, as drogas injetáveis representam intenso potencial de danos. MATHERS, Bradley *et al*. HIV prevention, treatment, and care services for people who inject drugs: a systematic review of global, regional, and national coverage. *The Lancet*, v. 375, p. 1.025-1.026, mar. 2010. Em *Boletim da Organização Mundial da Saúde*, estima-se que aproximadamente 10% dos casos de AIDS decorrem de uso de drogas injetáveis. No Reino Unido, 90% dos usuários têm acesso a seringas esterilizadas. WORLD HEALTH ORGANIZATION. *Bulletin of the World Health Organization*, n. 89, Genebra, WHO, p. 243, 2011. A oferta de seringas esterilizadas apresenta resultados consistentes na redução de HIV. WORLD HEALTH ORGANIZATION. *Effectiveness of sterile needle and syringe programming in reducing HIV/aids among injecting drug user*. Evidence for action technical papers. Genebra, WHO, 2004, p. 28. Disponível em: <http://apps.who.int/iris/bitstream/10665/ 43107/1/9241591641.pdf>. Acesso em: 01 fev. 2017.
190. SODELLI, Marcelo. A abordagem proibicionista em desconstrução: compreensão fenomenológica existencial do uso de drogas. *Ciência & Saúde Coletiva*, Rio de Janeiro, v. 15, n. 3, p. 642, maio 2010.
191. QUEIROZ, Isabela Saraiva de. Os programas de redução de danos como espaços de exercício da cidadania dos usuários de drogas. *Psicologia: Ciência e Profissão*, Brasília, v. 21, n. 4, p. 8, dez. 2001.
192. RALET, Olivier. Condicionantes políticos y económicos. Análisis de la influencia de estos factores en la construcción social del "problema de la droga". In: HOPENHAYN, Martín (Org.). *La grieta de las drogas*. Desintegración social y políticas públicas en América Latina. Santiago de Chile: Nações Unidas – CEPAL, 1997, p. 40. Em espanhol o termo é "*reducción de riesgos*".

Vale frisar que o uso de terapias de substituição, apesar dos estigmas,[193] é reconhecido em inúmeros estudos[194] e preconizado pela própria Organização Mundial da Saúde (OMS) em diversos documentos oficiais.[195] Com efeito, como explica Ralf Jürgens, como decorrência do direito à saúde, o "acesso a seringas e tratamento de substituição de opioides constitui-se como um verdadeiro direito humano".[196]

Em complemento ao texto constitucional e aos princípios do SUS, dos quais se extrai facilmente a política de redução de danos, a Portaria n. 1.028/2005, do Ministério da Saúde, determina que "ações de saúde dirigidas a usuários ou a dependentes que não podem, não conseguem ou não querem interromper o referido uso, tendo como objetivo reduzir os riscos associados sem, necessariamente, intervir na oferta ou no consumo".[197] A portaria assegura, em seu art. 5º, também a "assistência social e à saúde, na comunidade e em serviços, objetive a garantia de assistência integral ao usuário ou ao dependente de produtos, substâncias ou drogas que causem dependência". A redução de danos também consta na Portaria de Consolidação n. 5/2017, art. 77, inc. III, 89 e 90.[198]

A política de redução de danos desafia a conceituação rígida de droga e, por conseguinte, de usuário. Por meio da terapia de substituição, admite-se que uma substância cujo uso seria considerado proibido, seja empregada no tratamento de uso abusivo de substâncias, como é o caso da maconha.[199] O uso médico dessa substância

---

193. WOO, Julia *et al.* "Don't Judge a Book by Its Cover": A Qualitative Study of Methadone Patients' Experiences of Stigma. *Substance Abuse: Research and Treatment*, n. 11, p. 1 12, 2017. ANSTICE, Susan. Supervised methadone consumption: client issues and stigma. *Substance Use & Misuse*, n. 11, p. 794-808, 2009.
194. BALHARA, Yatan Pal Singh; JAIN, Raka. Cannabis use among opioid-dependent individuals on opioid substitution therapy. *Journal of Pharmacology and Pharmacotherapeutics*, n. 5, v. 3, p. 203-205, 2014 Jul./Sep. ARMSTRONG, Gregory. Opioid substitution therapy in Manipur and Nagaland, north-east India: operational research in action. *Harm Reduction Journal*, n. 7, v. 29, 2010.
195. WORLD HEALTH ORGANIZATION. *Bulletin of the World Health Organization*, n. 89, Genebra, WHO, p. 243, 2011. WORLD HEALTH ORGANIZATION. *Reduction among Injecting Drug Users*. Report of the Second Bi-Regional Partners Meeting Yangon, Myanmar, 13-14 august 2003. WHO: Genebra, 2004, p. 25. WORLD HEALTH ORGANIZATION. *Concluding observations of the Committee on Economic, Social and Cultural Rights*. UN Doc No E/C.12/UKR/CO/5. WHO: Committee on Economic, Social and Cultural Rights. Genebra, 2007, p. 7, item 51.
196. JÜRGENS, Ralf *et al*. People who use drugs, HIV, and human rights. *The Lancet*, v. 376, p. 477, set. 2010.
197. BRASIL. Ministério da Saúde. *Portaria n. 1.028/2005* Disponível em: <http://bvsms.saude.gov.br/bvs/audelegis/gm/2005/prt1028_01_07_2005.html>. Acesso em: 23 set. 2016.
198. "A redução de danos sociais e à saúde, decorrentes do uso de produtos, substâncias ou drogas que causem dependência, desenvolver-se-á por meio de ações de saúde dirigidas a usuários ou a dependentes que não podem, não conseguem ou não querem interromper o referido uso, tendo com o objetivo reduzir os riscos associados sem, necessariamente, intervir na oferta ou no consumo".
199. SCUTTI, Susan. New potential for marijuana: Treating drug addiction. *CNN*. 17.05.2017. Disponível em: <http://edition.cnn.com/2017/05/17/health/addiction-cannabis-harm-reduction/index.html>. Acesso em: 20 maio 2017. SWARTZ, Ronald. Medical marijuana users in substance abuse treatment. *Harm Reduction Journal*, v. 7, n. 3, p. 1-9, 2010.

e seus derivados[200] tem sido estudado,[201] e a maconha foi reconhecida oficialmente no Brasil como planta medicinal,[202] o que, como já exposto, não significa que seu uso seja livre de riscos ou danos.

Assim, mostra-se absolutamente contemporânea a discussão dos sentidos de *phármakon* e por via de consequência de droga e de usuário. Para resumir, tanto os medicamentos convertem-se em drogas quanto as drogas podem ser empregadas como tratamento.[203] Em jogo, os limites do significado de droga, a remeter à máxima de Paracelso: "Todas as substâncias são venenos, não existe nenhuma que não seja. A dose correta diferencia um remédio de um veneno".[204] Na toxicologia, a frase sugere comparações curiosas como a dose fatal de 100 aspirinas ou 100 doses de café.[205]

É preciso deixar claro que a política de redução de danos não exclui as medidas de prevenção, as complementa. Há uma falsa dicotomia entre prevenção, tratamento e redução de danos.[206] Envolve inclusive a oferta de alternativas de tratamento. Em oposição a tal perspectiva, a Prefeitura de São Paulo, em 2017, ajuizou demanda para "busca e apreensão das pessoas em estado de drogadição que estão vagando pelas ruas da cidade de São Paulo".[207] Nos termos da inicial, a finalidade seria "avaliação pelas equipes multidisciplinares (social, médica, assistencial) e, preenchidos os requisitos legais (DOC. 09), internação compulsória". A medida foi negada pelo Tribunal de Justiça de São Paulo, que extinguiu de plano a ação incidental proposta.[208]

---

200. Em 2014, o Conselho Federal de Medicina aprovou "o uso compassivo do canabidiol para o tratamento de epilepsias da criança e do adolescente refratárias aos tratamentos convencionais", um dos derivados canabinoides da *Cannabis sativa*. CONSELHO FEDERAL DE MEDICINA. Resolução CFM n. 2.113/2014.
201. AMERICAN COLLEGE OF PHYSICIANS. *Supporting Research into the Therapeutic Role of Marijuana*. Position Paper. Philadelphia (EUA): American College of Physicians, 2008.
202. BRASIL. ANVISA. Resolução n. 156/2017, *Diário Oficial da União* de 08.05.2017. A Agência Nacional de Vigilância Sanitária discretamente incluiu a *Cannabis sativa* L. na lista das Denominações Comuns Brasileiras como planta medicinal. Disponível em: <www.anvisa.gov.br/hotsite/ farmacopeiabrasileira/conteudo/2013/Manual%20DCB%202013%20Vers%C3%A3o%20final.pdf>. Acesso em: 20 maio 2017.
203. Fala-se em borrar as fronteiras entre uso recreativo e tratamento. BOSTWICK, Michael. Blurred Boundaries: The Therapeutics and Politics of Medical Marijuana. *Mayo Clinic Procedures*, v. 87, n. 2, p. 173, Feb. 2012.
204. A frase é multicitada. Cf. PARANÁ. Secretaria Estadual de Saúde. *Conceitos básicos de toxicologia*. Disponível em: <www.saude.pr.gov.br/arquivos/File/zoonoses_intoxicacoes/Conceitos_Basicos_de_ Toxicologia.pdf>. Acesso em: 11 jun. 2017. FRANK, Patricia; OTTOBONI, Alice. *The Dose Makes the Poison*: A Plain-Language Guide to Toxicology. 3. ed. Hoboken (EUA): John Wiley & Sons, 2011, p. 33.
205. FRANK, Patricia; OTTOBONI, Alice. *The Dose Makes the Poison*: A Plain-Language Guide to Toxicology. 3. ed. Hoboken (EUA): John Wiley & Sons, 2011, p. 53.
206. ONU. UNODC. *Reducing the adverse health and social consequences of drug abuse*: a comprehensive approach. from the UNODC, p. 2. Disponível em: <https://www.unodc.org/documents/prevention/Reducing-adverse-consequences-drug-abuse.pdf>. Acesso em: 17 mar. 2017). Costigan Genevieve, Nick Crofts e Gary Reid assim resumem o conceito: "*Harm reduction can be viewed as the prevention of adverse consequences of illicit drug use without necessarily reducing their consumption*". COSTIGAN, Genevieve; CROFTS, Nick; REID, Gary. *The Manual for Reducing Drug-Related Harm in Asia*. The Centre for Harm Reduction, Macfarlane Burnet Centre for Medical Research, and Asian Harm Reduction Network, 2003, p. 35.
207. SÃO PAULO. Ação Civil Pública n. 0023977-42.2012.8.26.0053. Disponível em: <http://s.conjur.com.br/dl/cracolandia-busca-ativa-peca-inicial.pdf>. Acesso em: 21 maio 2017.
208. TJSP. Agravo de Instrumento n. 0027727-41.2017.8.26.0000. Rel.: Borelli Thomaz. 13ª Câmara de Direito Público. Decisão n. *25.065. J. 30.05.2017*. O julgamento centrou-se especialmente em questões processuais, cujo exame não se mostra útil neste espaço.

A fracassada tentativa de uma resolução imediata para um problema estrutural conduziu a um contexto de muitos excessos.[209] Registrou-se a prevalência do uso da força em detrimento de mecanismos de saúde[210] e o tratamento massificado e focado na internação, sem distinguir os distintos personagens nas cenas de uso. As atitudes da Prefeitura de São Paulo, na "megaoperação" como se denominou,[211] receberam críticas até da ONU.[212] Por outro lado, trouxeram a lume dados e desafios relevantes. Veio à tona a invisibilidade das pessoas da Cracolândia,[213] o reconhecimento da vontade dos usuários de receber tratamento e apoio,[214] bem como a dificuldade concreta para tal acesso.[215]

---

209. A ação foi qualificada como "desastrosa" pela própria Administração Pública. ARREGUY, Juliana. Secretária de Direitos Humanos de Doria se demite após 'ação desastrosa' na Cracolândia. *O Globo*, 25 maio 2017.
210. BETIM, Felipe. Ministério Público diz que Doria quer "caçada humana" na Cracolândia. *El País*, 25 maio 2017. Em pesquisa do Datafolha, , feita dias após a operação, a seguir examinada em mais detalhe, observou-se que no mês anterior, 72% dos usuários sofreram abordagem policial, contudo apenas 38% de assistente social. DATAFOLHA. *Perfil dos usuários de crack do centro de São Paulo*, p. 8, jun. 2017. Disponível em: <http://media.folha.uol.com.br/datafolha/2017/0612/298f9faebea0055dc3b09615eb23e0b3.pdf>. Acesso em: 01 jul. 2017.
211. "Chamado de Redenção, programa de Doria começou com tumulto, bombas e muita gritaria no centro". FARIAS, Adriano. Cracolândia: vitórias, tropeços e desafios da megaoperação. *Veja São Paulo*, 28.05.2017. Disponível em: <http://vejasp.abril.com.br/cidades/cracolandia-megaoperacao-governo-prefeitura-centro/>. Acesso em: 30 maio 2017.
212. "O Escritório das Nações Unidas sobre Drogas e Crime (UNODC) e a Organização Pan-Americana da Saúde/Organização Mundial da Saúde (OPAS/OMS) manifestaram nesta segunda-feira (29) preocupação com a possibilidade de se internar compulsoriamente — e em massa — pessoas usuárias de drogas em São Paulo". ONU. *ONU manifesta preocupação com possibilidade de internação compulsória de usuários de drogas em SP*. 29.05.2017. Disponível em: <https://nacoesunidas.org/onu-manifesta-preocupacao-com-possibilidade-de-internacao-compulsoria-de-usuarios-de-drogas-em-sp/>. Acesso em: 21 jun. 2017.
213. SANTIAGO, Tatiana. Prefeitura admite não ter percebido moradores em imóvel alvo de demolição na Cracolândia. *Portal G1*. 23 maio 2017. Disponível em: <http://g1.globo.com/sao-paulo/noticia/prefeitura-admite-nao-ter-percebido-moradores-em-imovel-alvo-de-demolicao-na-cracolandia.ghtml>. Acesso em: 21 jun. 2017. "Na Cracolândia, demoliram prédios e gente ao mesmo tempo, como se ambos estivessem na mesma categoria – a de coisa". COSTA, Lucio. Cracolândia: Dória, um prefeito que não entende de gente. *El País*, 26 maio 2017.
214. Em levantamento da Fiocruz, registra-se que "a busca por ajuda e a demanda por apoio e cuidado existe e é verbalizada pelos usuários". BASTOS, Francisco Inácio; BERTONI, Neilane (Org.). *Pesquisa Nacional sobre o uso de crack*: quem são os usuários de *crack* e/ou similares do Brasil? Quantos são nas capitais brasileiras? Rio de Janeiro: Editora ICICT/FIOCRUZ, 2014, p. 115.
215. Após uma semana de atendimento de assistentes sociais na Cracolândia, "a procura por atendimento mais do que triplicou chegando a mais de mil atendimentos por dia". PROCURA por contêineres na 'Cracolândia' aumenta e Prefeitura de SP seleciona atendimento. *Portal G1*. 16 jun. 2017. Em Brasília, constatou-se que "Dependentes do DF que buscam tratamento alegam falta de vagas na rede pública; Saúde nega situação". MARQUES, Marília. A dependência do *crack* é cruel, ela judia; leia histórias de usuários que estão nas ruas de Brasília. *Portal G1*, 3 set. 2017. Reportagem da *Folha de S. Paulo* registrou: "A presidente do Conselho Municipal de Políticas sobre Drogas e Álcool, Nathália Oliveira, criticou a falta de preparo para receber dependentes retirados da Cracolândia". A justificativa da prefeitura de que não havia comunicado os agentes de saúde para não "vazar a operação" e o centro de atendimento psicossocial seria aberto. RODRIGUES, Artur; BERGAMO, Marlene. Acolhidos da Cracolândia dormem no chão em espaço da gestão Doria. *Folha de S. Paulo*, 23 maio 2017. Também há notícia de carência de vagas hospitalares. MELLO, Daniel. Família denuncia superlotação de hospital após internação na Cracolândia. Portal da EBC – Empresa Brasileira de Comunicação. 30.05.2017. Disponível em: <http://agenciabrasil.ebc.com.br/geral/noticia/2017-05/familia-denuncia-superlotacao-de-hospital-apos-internacao-na-cracolandia>. Acesso em: 16 jun. 2017.

Dias depois da operação da Prefeitura, o Instituto de Pesquisas Datafolha[216] promoveu um pequeno censo na região da Cracolândia, em 2017, atualizando levantamento similar que levou a efeito em 2012, logo após outra grande operação da Polícia Militar. A pesquisa mais recente "foi realizada nos distritos da Sé, Santa Cecília, Liberdade e República, em locais com concentração de usuários. A confirmação sobre o uso de *crack* foi precondição para a abordagem completa do questionário".

Verificou-se que "Dois em cada três (64%) dos usuários de *crack* já buscaram tratamento" para o uso abusivo, o que afronta as suposições de que o usuário não buscaria tratamento, nem teria consciência de sua doença. Registrou também que "65% pretendem buscar um novo tratamento para abandonar o *crack* (em patamar similar ao verificado em 2012, quando 69% declaravam disposição para buscar saída para o *crack*)". De forma similar, em levantamento nacional da Fiocruz, sobre *crack*, concluiu-se que "A vontade de realizar um tratamento para dependência química foi manifestada por 77,23% dos usuários".[217]

Apesar da preocupação com a urgência no tratar, a pesquisa do Datafolha também apontou que "O tempo médio de uso de *crack* ficou em 12 anos", 61% dos usuários (em 2017 e 2012) declararam trabalhar. Além disso, cabe frisar que 11% dos usuários "já foram internados contra a vontade", especialmente por iniciativa da família.[218]

Sobre o descompasso do equilíbrio entre o uso da força e a oferta de tratamento e impropriedade da fissura por soluções rápidas no tratamento de usuários, é ilustrativa narrativa colhida, meses antes, pela *Folha de S. Paulo*: "Um técnico estava fazendo um trabalho de reinserção social de um paciente de rua, com vários ganhos. Chegou uma ambulância [a serviço] do Recomeço e levou esse indivíduo. Desaparece e ele é internado. É muito comum interromper o trabalho do outro".[219]

Em uma análise, do mesmo jornal, comparou-se a operação em São Paulo com a prática adotada para lidar com o que a reportagem sugeriu ser a "Cracolândia de Frankfurt", na década de 1990. Destacou-se que na Alemanha, em linha com a lógica de redução de dados, foram ofertados não apenas moradia, mas também espaços de consumo supervisionados. O plano envolveu retirar os dependentes da rua, oferecer

---

216. DATAFOLHA. *Perfil dos usuários de crack do centro de São Paulo*, p. 8, jun. 2017. Disponível em: <http://media.folha.uol.com.br/datafolha/2017/06/12/298f9faebea0055dc3b09615eb23e0b3.pdf>. Acesso em: 01 jul. 2017.
217. BASTOS, Francisco Inácio; BERTONI, Neilane (Org.). *Pesquisa Nacional sobre o uso de crack*: quem são os usuários de *crack* e/ou similares do Brasil? Quantos são nas capitais brasileiras? Rio de Janeiro: Editora ICICT/FIOCRUZ, 2014, p. 61.
218. DATAFOLHA. *Perfil dos usuários de crack do centro de São Paulo*, p. 8, jun. 2017. Disponível em: <http://media.folha.uol.com.br/datafolha/2017/06/12/298f9faebea0055dc3b09615eb23e0b3.pdf>. Acesso em: 01 jul. 2017.
219. MAISONNAVE, Fabiano; SANT'ANNA, Emilio. Descaminhos da Cracolândia. *Folha de S. Paulo*. 21.08.2016. Disponível em: <http://temas.folha.uol.com.br/descaminhos-da-cracolandia/introducao /falta-de-dialogo-emperra-acoes-de-haddad-e-alckmin-na-cracolandia.shtml>. Acesso em: 23 ago. 2016. Recomeço é designação de um programa da administração pública municipal.

formas de tratamento, inclusive terapia de substituição.[220] Para uma referência, na Europa há 78 salas de consumo e diversos países estão implementando experiências neste sentido.[221]

Essas breves considerações acerca da redução de danos não visam sugerir que a internação forçada, como forma de tratamento de usuários de drogas deva ser excluída. Sinalizam o respeito ao usuário de droga como pessoa, a quem se deve conferir o tratamento mais humano e adequado sem recair no atalho das soluções que, sob a justificativa da rapidez, atropelam direitos humanos. A internação forçada, como se detalha no Capítulo 4 é a última e remota possibilidade. Conhecer as outras possibilidades de cuidado é, com efeito, essencial.

No capítulo seguinte, investiga-se a construção clássica do regime das incapacidades para os atos da vida civil para averiguar sua finalidade e (in)aplicabilidade em relação à recusa ao tratamento do uso problemático de drogas. Os estigmas expostos neste capítulo se mostram presentes de modo similar na ilação de que a vontade de todo usuário de drogas e para todas as finalidades estaria comprometida. Ao acolher-se a distinção entre as projeções da liberdade no plano existencial e patrimonial, defende-se que a existência de "várias capacidades" torna a definição apriorística da incapacidade civil dos usuários tanto inadequada quanto indiferente para as internações forçadas.

1.4 Síntese do capítulo

Consolidam-se algumas ideias importantes exploradas neste capítulo, as quais contribuem para a reflexão acerca da ideologia relacionada às drogas e seus usuários:

> i. Observa-se um conjunto de estigmas ao redor do usuário de drogas e das próprias drogas, corroborados por práticas sociais e mesmo por designações habituais, tais como "drogas lícitas", "viciado", "Cracolândia".

> ii. Há um tratamento homogeneizado (ou homogeneizador) do uso de drogas, o qual equipara o consumo ao uso nocivo e à dependência, a tolher a liberdade de usar drogas e a sugerir medidas simplificadoras como a proibição total do uso de substâncias psicoativas e a internação como meio único ou principal para retirá-las do organismo.

> iii. São problemáticas as expressões drogas "lícitas" e "ilícitas", porque sugerem uma equivocada menor gravidade das substâncias de uso permitido; tal distinção associa-se ainda ao proibicionismo, ou seja, a corrente que preconiza a vedação do uso das drogas e considera indispensável o combate à oferta e à demanda e privilegia o aspecto policial em detrimento da questão de saúde.

---

220. ALEMANHA substituiu drogas e instalou salas de consumo contra 'Cracolândia'. *Folha de S. Paulo*, 6 jun. 2017.
221. UNIÃO EUROPEIA. Observatório Europeu da Droga e da Toxicodependência. *Relatório Europeu sobre Drogas*. Tendências e evoluções. Bélgica: Observatório Europeu da Droga e da Toxicodependência, 2017, p. 78.

iv. Há múltiplas formas de tratamento do uso de drogas e a internação não constitui o protocolo inicial preconizado pela saúde, nem é suficiente, quando empregada, para o tratamento.

v. No âmbito desta pesquisa, a legalidade de uma substância não exclui a possibilidade de cuidados decorrentes de transtorno de uso de substâncias; com a mesma ênfase, a ilicitude não é justificativa para internação forçada.

vi. É preciso redescobrir a pessoa por detrás do usuário da droga.

Capítulo 2
A SOMBRA SOBRE OS "ÉBRIOS HABITUAIS E VICIADOS EM TÓXICOS": SUPERAÇÃO, À LUZ DA CONSTITUIÇÃO, DA LEITURA VICIADA DAS INCAPACIDADES

INTERNAÇÃO

Ele entrava em surto / E o pai o levava de / carro para / a clínica / ali no Humaitá numa / tarde atravessada / de brisas e falou

(depois de meses trancado no fundo escuro de sua alma)

pai, / o vento no rosto / é sonho, sabia?[1]

A pessoa concreta é o ponto de partida e de chegada do Direito. Sob os influxos da constitucionalização e da repersonalização do direito privado, sua proteção se tornou a diretriz central do ordenamento jurídico.[2]

É premissa desta pesquisa que os preceitos constitucionais reverberam por todo o sistema jurídico. Nesse sentido, metodologicamente, trilha-se pelo "caminho do direito civil constitucional",[3] o que significa reconhecer *(i.)* a proteção da pessoa como norte, *(ii.)* a força normativa da Constituição e sua eficácia imediata;[4] *(iii.)* a

---

1. GULLAR, Ferreira. Internação. In: _____. *Toda poesia:* (1950-1999). 9. ed. Rio de Janeiro: José Olympio Editora, 2000, p. 442.
2. CORRÊA DE OLIVEIRA, José Lamartine. A Teoria das Pessoas no "Esboço" de Teixeira de Freitas. Superação e Permanência. *Revista de Direito Civil*, São Paulo, n. 40, ano 11, p. 7-28, abr./jun. 1987. p. 26. LÔBO, Paulo Luiz Netto. Constitucionalização do direito civil. *Revista de Informação Legislativa*, Brasília, Senado Federal, n. 141, ano 36, p. 99-109, jan./mar. 1999. p. 103. MEIRELLES, Jussara. O ser e o ter na codificação civil brasileira: do sujeito virtual à clausura patrimonial. *In:* FACHIN, Luiz Edson. (Coord.). *Repensando fundamentos do Direito Civil Brasileiro Contemporâneo.* Rio de Janeiro: Renovar, 1998, p. 87-114. p. 90-91.
3. Nesta locução se faz justa homenagem ao título e às ideias de texto de Maria Celina Bodin de Moraes. TEPEDINO, Maria Celina Bodin de Moraes. A caminho de um Direito Civil Constitucional. *Revista de Direito Civil Imobiliário, Agrário e Empresarial*, São Paulo, RT, v. 65, ano 17, p. 21-32, jul./set. 1993. Para um detalhamento dos diferentes significados das transformações decorrentes da constitucionalização, consinta-se remeter a texto anterior. SCHULMAN, Gabriel. *Planos de Saúde:* Saúde e Contrato na contemporaneidade. Rio de Janeiro: Renovar, 2009.
4. BARROSO, Luís Roberto. Fundamentos teóricos e filosóficos do novo direito constitucional brasileiro (pós-modernidade, teoria crítica e pós-positivismo). *Revista de Direito Administrativo*, Rio de Janeiro, v.

unidade axiológica do ordenamento,[5] e *(iv.)* a mitigação da dicotomia público privado,[6] inclusive nas relações interprivadas.[7] Significa a travessia do axiomático ao axiológico, do silogismo ao substancial.[8]

A transformação promovida pela constitucionalização é reafirmada em seus valores e densificada mediante a explicitação de novos direitos na Convenção Internacional sobre os Direitos das Pessoas com Deficiência (CDPD),[9] recepcionada no Brasil com status de norma constitucional.[10]

Seu impacto estremece as bases em que se assenta o regime das incapacidades, ora constitucionalizado. Nesse horizonte, as categorias e institutos jurídicos são submetidos à *filtragem constitucional,*[11] que põe à prova sua estrutura e função.[12] Capacidade, incapacidade, interdição (e também internação) são significantes cujos possíveis significados são desafiados em relação à sua conformidade com a Constituição[13] e às convenções sobre direitos humanos e fundamentais[14] diante de uma nova racionalidade que orienta o chamado regime das incapacidades.

225, p. 5-37, 2001. p. 34. PERLINGIERI, Pietro. *O Direito Civil na Legalidade Constitucional.* (Trad. Maria Cristina de Cicco). Rio de Janeiro: Renovar, 2008, p. 590.
5. TEPEDINO, Gustavo. O Código Civil, os chamados microssistemas e a Constituição: premissas para uma reforma legislativa. In: _____. *Problemas de Direito Civil-Constitucional.* Rio de Janeiro: Renovar, 2000, p. 1-16. p. 10.
6. PERLINGIERI, Pietro. *Perfis do Direito Civil.* Introdução ao Direito Civil Constitucional. 2. ed. Rio de Janeiro: Renovar, 2002, p. 6. GIORGIANNI, Michele. O Direito Privado e suas atuais fronteiras. *Revista dos Tribunais.* Ano 87, v. 747, São Paulo: RT, p. 35-55, jan. 1998. p. 38-40.
7. RAMOS, Carmem Lucia Silveira. Constitucionalização do direito privado e a sociedade sem fronteiras. In: FACHIN, Luiz Edson. (Org.). *Repensando fundamentos de Direito Civil Brasileiro Contemporâneo.* Rio de Janeiro: Renovar, 1998. p. 3-29. p. 8-10. TEPEDINO, Gustavo. Direitos Humanos e Relações Privadas. In: _____. Temas de Direito Civil. Rio de Janeiro: Renovar, 2000.). HESSE, Konrad. *Força Normativa da Constituição.* (Trad. Gilmar Ferreira Mendes). Porto Alegre: Sergio Fabris, 1991, p. 28.
8. FLÓREZ-VALDÉS, Joaquín Arce y. *El derecho civil constitucional.* Madrid (Espanha): Civitas, 1991, p. 178-179. TEPEDINO, Gustavo. O Código Civil, os chamados microssistemas e a Constituição: premissas para uma reforma legislativa. In: _____. *Problemas de Direito Civil-Constitucional.* Rio de Janeiro: Renovar, 2000, p. 1-16, p. 6.
9. Trata-se da Convenção Internacional sobre os Direitos das Pessoas com Deficiência (Convenção de Nova York da Pessoa com Deficiência). No Brasil, foi ratificada pelo Decreto n. 6.949/2009.
10. O *status constitucional* da Convenção sobre os Direitos das Pessoas com Deficiência é unânime por ser um tratado de direitos humanos que atende ao quórum delineado na CF, art. 5º, § 3º. Dessa maneira, não se enquadra nas ressalvas expostas por parte da doutrina em relação à hierarquia de tratados de direitos humanos e fundamentais. MARINONI, Luiz Guilherme; MITIDIERO, Daniel; SARLET, Ingo Wolfgang. *Curso de direito constitucional.* 6. ed. rev. e atual. São Paulo: Saraiva, 2017, p. 342. A Convenção sobre os Direitos das Pessoas com Deficiência se incorpora e "encorpa" o texto constitucional.
11. A expressão é de Paulo Schier SCHIER, Paulo Ricardo. *Filtragem Constitucional:* contribuindo para uma dogmática jurídica emancipatória. Porto Alegre: Sérgio Antônio Fabris Editor, 1999, p. 25). SCHIER, Paulo Ricardo. Novos desafios da Filtragem Constitucional no momento do neoconstitucionalismo. *Revista Crítica Jurídica,* Curitiba, n. 24, p. 131-150, jan./dez. 2005.
12. BOBBIO, Norberto. *Da Estrutura à função.* Novos estudos de teoria do Direito. (Trad. Daniela Beccaccia Versiani). São Paulo: Manole, 2007, p. 103. É preciso cotejar dialeticamente a estrutura em relação à função e vice-versa; confrontar "como é" e "para que serve". (*Op. cit.*, p. 53).
13. TEPEDINO, Gustavo. Premissas Metodológicas da Constitucionalização do Direito Civil. In: _____. *Temas de Direito Civil.* v. I. 4. ed. rev. atual. Rio de Janeiro: Renovar, 2008. p. 1-23. p. 11.
14. Não se entra na discussão sobre a hierarquia dos tratados e convenções sobre direitos humanos. O fato é que sua promulgação, mesmo sem quórum qualificado resultará em posição supralegal e para alguns autores

Dessa maneira, a partir do tecido da realidade,[15] e dos preceitos constitucionais é preciso desentrelaçar conceitos indevidamente mesclados, entre os quais, personalidade e capacidade,[16] interdição e internação;[17] doença mental e deficiência intelectual, lesão e deficiência,[18] deficiência e incapacidade,[19] doença e interdição, incapacidade e ausência de vontade.[20] Como se demonstrará, as confusões semânticas são potencializadas pela vocação expansiva de alguns significantes como "atos da vida civil" e interdição, os quais são empregados como se fossem verdadeiros "termos multiuso".

Tais premissas são fundamentais para esta pesquisa e repercutem no resgate do usuário de droga como pessoa e o indispensável enfrentamento dos rótulos (etiquetamento social), iniciado no capítulo anterior. Nessa linha, este segundo

---

status constitucional. Seja como for, intangível pela legislação ordinária. MAZZUOLI, Valerio de Oliveira. Teoria geral do controle de convencionalidade no direito brasileiro. *Revista de Informação Legislativa*, Brasília, v. 46, n. 181, p. 113-133, jan./mar. 2009. p. 114.

15. Não se problematiza a existência ou não de uma realidade. Aqui a perspectiva se atrela à ideia de concretude em oposição à abstração, bem como à percepção de que o direito "opera um corte epistemológico, ou seja, coopta os fatos da realidade que o interessam" no sentido proposto por Fachin FACHIN, Luiz Edson. *Teoria Crítica do Direito Civil*. 3. ed. Rio de Janeiro: Renovar, 2012, p. 42.

16. Diogo Costa Gonçalves apresenta um levantamento da posição entre os autores portugueses e conclui: "As preocupações axiológico-valorativas associadas à distinção dos conceitos de personalidade e de capacidade são nevrálgicas para o sistema". GONÇALVES, Diogo Costa. Personalidade vs. capacidade jurídica: um regresso ao monismo conceptual? *Revista da Ordem dos Advogados*, Lisboa, ano 75, n. 1 e 2. jan.- jun. 2015, p. 121-150. p. 147.

17. As relações entre as duas categorias foram analisadas em profundidade por Foucault. (FOUCAULT, Michel. *Os anormais*. (Trad. Eduardo Brandão). São Paulo: Martins Fontes, 2001, p. 21, 98). A mescla entre interdição e internação se revela em diversos momentos, inclusive no fato de a doutrina e legislação tratarem da internação ao examinar a figura da capacidade. É o caso de Serpa Lopes, que ao apreciar a capacidade civil, examina a internação forçada, regulada, sob a égide do Decreto n. 891/1931, junto com a interdição. SERPA LOPES, Miguel Maria. *Curso de Direito Civil*. 7. ed. Rio de Janeiro: Freitas Bastos, 1989, p. 273. A aproximação internação – interdição levou a construções como "interdições compulsórias" e "interditar compulsoriamente" adotadas no Portal Conjur. LIMINAR proíbe remoções e interdições compulsórias na cracolândia. *Conjur*. 24 maio 2017. Disponível em: www.conjur.com.br/2017-mai-24/liminar-proibe--remocoes-interdicoes-compulsorias-cracolandia. Acesso em: 26 maio 201); PREFEITURA de São Paulo quer internar usuários de drogas compulsoriamente. *Conjur*. 24 maio. 2017. Disponível em: http://www.conjur.com.br/2017-mai-24/prefeitura-sp-internar-usuarios-drogas-compulsoriamente. Acesso em: 25 maio 2015.

18. "É possível uma pessoa ter lesões e não experimentar a deficiência, a depender de quanto a sociedade esteja ajustada para incorporar a diversidade". Medeiros, Marcelo; Diniz, Débora. Envelhecimento e Deficiência. *In*: CAMARANO, Ana Amélia (Org.). *Muito além dos 60: os novos idosos brasileiros*. Rio de Janeiro: Ipea, 2004. p. 107-120. p. 109.

19. "A deficiência mental, entretanto, não deve ser entendida como uma incapacidade". CORTE INTERAMERICANA DE DIREITOS HUMANOS. Caso Ximenes Lopes x Brasil. 2006. Disponível online em <http://www.corteidh.or.cr/docs/casos/articulos/seriec_149_por.pdf>. Acesso em: 01 fev. 2015. "*Discapacidad e incapacidad no son términos coextensos. La discapacidad en clave de derechos implica abandonar la consideración de la persona con discapacidad como objeto de políticas asistenciales o programas de beneficencia o caridad, y reconocer su condición de sujeto de derechos*". SEOANE, José Antonio ¿Qué és Una Persona con discapacidad? *ÁGORA — Papeles de Filosofía*, p. 143-161, 2011. p. 154.

20. "A correlação entre incapacidade absoluta e ausência de vontade, portanto, encontra-se superada". MEIRELES, Rose Melo Vencelau. A necessária distinção entre negócios jurídicos existenciais e patrimoniais: o exemplo da capacidade civil. *In*: MONTEIRO Filho. Carlos Edson do Rego Monteiro Filho *et al* (Org.). *Direito Civil*. v. 2. Rio de Janeiro: Freitas Bastos, 2015, p. 167-182, p. 180.

capítulo ocupa-se, de modo central, em avaliar o (des)cabimento de três perigosas e inapropriadas associações de ideias. A primeira estabelece que o uso de drogas significa a absoluta perda de discernimento e consequente incapacidade civil.[21] A segunda sugere que as incapacidades para atos da vida civil se projetam para todas as esferas da vida. A terceira vincula a incapacidade à negação total[22] da aptidão para conceber e manifestar vontade.[23] Dessa maneira, "até pouco tempo, os médicos entendiam que os usuários de substâncias psicotrópicas eram desprovidos de vontade própria em função do vício".[24] Logo, estabeleceu-se o inadequado raciocínio de que o uso de drogas (ou ainda o uso abusivo) eliminaria a vontade, o que afastaria o requisito de consentimento e redundaria na possibilidade de imposições de tratamento.

Em consonância com o exposto no capítulo antecedente, a imagem construída acerca do usuário corrobora uma associação entre uso de drogas e negação de reconhecimento de sua vontade/razão. Karolina Kuhn Wurdig e Roberta Fin Motta promovem interessante análise dos discursos nas reportagens do Zero Hora, entre 2010 e 2013, e concluem que, na estigmatização produzida em relação ao crack,

> O usuário representa, aqui, a sua verdadeira desrazão e desqualificação de qualquer desejo ou consciência daquilo que faz. O discurso apresentado desencadeia várias reflexões, pois se esse usuário é incapaz de decidir por si próprio, não tem consciência de seus atos e está totalmente transtornado, o que esperar dele, ou melhor, o que fazer com ele?[25]

O paradigma contemporâneo, reforçado pela CDPD, demanda em todas as esferas promover a liberdade, que não pode ser simplesmente suprimida pela

---

21. "Em razão da dependência às drogas, em sua maioria os usuários perdem o discernimento, não mais conseguem decidir o rumo de sua vida". GONÇALVES Junior, Arles. Internação compulsória de dependentes químicos. *Conjur.* 05 ago. 2011. Disponível em: http://www.conjur.com.br/2011-ago-05/internacao-compulsoria-dependentes-quimicos-constitucional. Acesso em: 08 jul. 2015.
22. Para uma visão crítica à rigidez das incapacidades, confira-se: ABREU, Célia Barbosa. *Curatela e Interdição Civil.* Rio de Janeiro: Editora Lumen Juris, 2009, p. 3. ARAUJO, Luiz Alberto David; RUZYK, Carlos Eduardo Pianovski. A perícia multidisciplinar no processo de curatela e o aparente conflito entre o Estatuto da pessoa com deficiência e o Código de Processo Civil: reflexões metodológicas à luz da teoria geral do direito. *Revista de Direitos e Garantias Fundamentais,* Vitória. v. 18, n. 1, p. 227-256, jan./abr. 2017. p. 232.
23. "El modelo de sustitución de decisiones plantea que, a las personas con discapacidad mental, al no tener capacidad de decidir por ellas mismas sobre cualquier asunto de su vida, se les asigna un representante". Pontificia Universidad Católica del Perú. *Los derechos de las personas con discapacidad mental.* Manual para aplicar la Convención sobre los Derechos de las Personas con Discapacidad en los centros de salud mental del Perú. Lima (Peru): Instituto de Democracia y Derechos Humanos de la Pontificia Universidad Católica del Perú (IDEHPUCP), Agosto de 2012, p. 15.
24. MENEZES, Joyceane Bezerra de; MOTA, Maria Yannie Araújo. Os limites da política de abrigamento compulsório e a autonomia do paciente usuário de drogas. *Civilistica.com.* Rio de Janeiro, a. 3, n. 1, jan.-jun./2014, p. 11. Disponível em: <http://civilistica.com/wp-content/uploads/2015/02/Mota-e-Menezes-civilistica.com-a.3.n.1.2014.pdf>. Acesso em: 02 fev. 2015.
25. WURDIG, Karolina Kuhn; MOTTA, Roberta Fin. Representações midiáticas da internação compulsória de usuários de drogas. *Temas em Psicologia.* v.22, n.2, 2014. p. 433-444. p. 438. Disponível em: <http://pepsic.bvsalud.org/scielo.php?script=sci_arttext&pid=S1413-389X2014000200014&lng=pt&nrm=iso>. Acesso em: 21 fev. 2016.

restrição com disfarce de proteção. Não se trata de ignorar as vulnerabilidades, mas de promover uma perspectiva emancipatória, que busca a liberdade em sua máxima medida, limitando-a exclusivamente quando necessário e o quanto for estritamente indispensável à proteção e promoção de valores fundamentais. Como adverte Rodotà:

> *Nasce cosí un diritto faticoso, che non allontana da sé la vita, ma cerca di penetrarvi; che non fissa una regola immutabile, ma disegna una procedura per il continuo e solidale coinvolgimento di soggetti diversi; che non sostituisce alla volontà del 'debole' il punto di vista di un altro (come vuole la logica del paternalismo), ma crea le condizioni perché il 'debole' possa sviluppare un punto di vista proprio (secondo la logica del sostegno).*[26]

Negada a neutralidade das categorias e dos institutos jurídicos,[27] a confrontação das incapacidades em relação aos valores acolhidos pelo ordenamento[28] impõe repensar o que se protege, quem, para quê e como. Não se pode mais conceber a incapacidade como uma categoria abstrata, um rótulo perene, uma definição padronizada ou neutra. É imperativo superar a incapacidade ficção jurídica[29] para atrelá-la aos direitos humanos.[30] Como sublinha Fachin, o Código Civil de 2002 em grande parte mantém a lógica do Código Civil de 1916, "sem debate que verticalize a superação formal da definição da capacidade, a ser, quando menos, admitida, *ad hoc*".[31]

Este segundo capítulo não tratará das incapacidades no plano negocial, não defenderá seu fim; nem sua manutenção. O foco recai na indagação sobre em que medida o regime das incapacidades (não) responde à fundamentação da internação de pessoas que fazem uso problemático de drogas.

---

26. RODOTÀ, Stefano. *La vita e le regole*. Tra diritto e non diritto. 4. ed. Milão: Feltrini, 2007, p. 28. Para Maria Celina Bodin de Moraes: a tônica está na "proteção proporcional à necessidade concreta do indivíduo". MORAES, Maria Celina Bodin. Prefácio. *In:* Joyceane Bezerra de Menezes. (Org.). *Direito das pessoas com deficiência psíquica e intelectual nas relações privadas:* Convenção sobre os direitos da pessoa com deficiência e Lei Brasileira de Inclusão. Rio de Janeiro: Processo, 2016. Na obra, o texto do prefácio não está numerado.
27. PERLINGIERI, Pietro. *Perfis do Direito Civil*. Introdução ao Direito Civil Constitucional. 2. ed. Rio de Janeiro: Renovar, 2002, p. 68. SCHREIBER, Anderson. *Direito Civil e Constituição*. São Paulo: Atlas, 2013, p. 8.
28. Nessa linha, fala-se em "constitucionalização do regime das incapacidades". TEIXEIRA, Ana Carolina Brochado. Integridade psíquica e capacidade de exercício. Revista Trimestral de Direito Civil, p. 3-36, v. 33, 2008, p. 3.
29. ABREU, Celia Barbosa. A Flexibilização da Curatela. Uma Interpretação Constitucional do art. 1772 do Código Civil Brasileiro. *Revista Trimestral de Direito Civil*, v. 37, p. 3-16, 2009, p. 10.
30. Analogamente, Agustina Palacios se refere à passagem da deficiência de um modelo médico a um modelo de direitos humanos. PALACIOS, Agustina. *El modelo social de discapacidad:* orígenes, caracterización y plasmación en la Convención Internacional sobre los Derechos de las Personas con Discapacidad. Madrid (Espanha): Cinca, 2008, p. 331.
31. FACHIN, Luiz Edson. *Sentidos, Transformações e Fim*. Rio de Janeiro: Renovar, 2014, p. 28. Em outra passagem central, sublinha: "De outro lado, os princípios constitucionais não podem ser interpretados como um conjunto de soluções *prêt-à-porter,* mas como possibilidades de concretização normativa, por meio de um método que parta da tópica". *Op. cit.*, p. 150.

A análise de julgados[32] e da doutrina[33] permite identificar que as internações forçadas de usuários de drogas (e de modo geral as ditas internações psiquiátricas) percorrem um entre dois caminhos. Na esfera do direito criminal são designadas de medidas de segurança, aplicadas aos inimputáveis (ou semi-imputáveis) no curso de uma ação penal;[34] como se detalha, mais adiante, no Capítulo 3. Na seara do direito civil são designadas internações psiquiátricas, vinculadas ao tratamento sem consentimento para proteção da pessoa (da família ou terceiros) por se considerar que não possui controle seja de suas decisões, seja de seus atos.[35] Como núcleo comum, o não reconhecimento da vontade e/ou da aptidão para se determinar.

Nesta quadra, o presente capítulo reavalia o regime das incapacidades para os atos da vida civil, por constituir, no plano do direito civil, o instituto que disciplina, ou melhor, que usualmente é considerado quando se trata de apreciar o reconhecimento jurídico ou não da vontade. A partir do cotejo entre estrutura e função, pretende-se demonstrar as razões pelas quais é incoerente, ou ao menos insuficiente seu emprego como embasamento para internações forçadas de usuários de drogas, em raciocínio que pode ser estendido, *mutatis mutandis*, também

---

32. Ilustrativamente, decidiu-se: "Imposta ao paciente a medida de segurança de internação, fundamentada com dados do laudo pericial que atestou ser o paciente portador de 'transtornos mentais e comportamentais devido ao uso de múltiplas drogas e ao uso de outras substâncias psicoativas, síndrome de dependência e outros transtornos mentais especificados devido a uma lesão e disfunção cerebral e a uma doença física', não se identifica patente constrangimento ilegal". STJ. *Habeas Corpus* n. 394.072. 6ª. Turma. Rel.: Min.ª Maria Thereza de Assis Moura. DJe: 30.05.2017. Grifou-se.
33. Entre outros DINIZ, Debora; PENALVA, Janaina. *Medidas de Segurança Loucura e direito penal: uma análise crítica das Medidas de Segurança*. (Série PENSANDO O DIREITO, n. 35/ 2011). Rio de Janeiro/Brasília: Ministério da Justiça, Secretaria de Assuntos Legislativos do Ministério da Justiça, Julho de 2011, p. 13. CONSELHO FEDERAL DE MEDICINA. *Diretrizes para um modelo de atenção integral em saúde mental no Brasil*. Brasília: CFM, AMB, FENAM, ABP, 2014, p. 23. Em Relatório da ONU é feita menção expressa aos efeitos da mescla e à inadequação do Centro de Tratamento de Dependência Química Roberto Medeiros, no Rio de Janeiro. ONU. *Relatório sobre a visita ao Brasil do Subcomitê de Prevenção da Tortura e outros Tratamentos ou Penas Cruéis, Desumanos ou Degradantes*. 08 fev. 2012, p. 29. Com conclusão idêntica ao examinar o direito espanhol – com enfoque nos tratamentos ambulatoriais – menciona-se estudo de María Patricia Represa Polo. A autora aponta como fundamentos para internações o artículo 763 de la Ley de Enjuiciamiento Civil e 108 do Código Penal, sublinha uma lacuna na regulamentação e o embasamento pelo direito penal como uma solução improvisada. POLO, María Patricia Represa. Tratamiento ambulatorio involuntario de enfermos mentales. *Revista de Derecho Privado*, Ano 89, Mês 6, p. 82-93., nov.-dez. 2005, p. 86.
34. Cf. Código Penal, arts. 96 e seguintes. A teor do Código Penal, art. 96, "As medidas de segurança são: "I – Internação em hospital de custódia e tratamento psiquiátrico ou, à falta, em outro estabelecimento adequado; II – sujeição a tratamento ambulatorial. Parágrafo único – Extinta a punibilidade, não se impõe medida de segurança nem subsiste a que tenha sido imposta".
35. "Portanto, apenas o portador de transtorno mental que pratica fato definido em lei como crime está sujeito a internação compulsória, mediante aplicação de medida de segurança. Afora esse caso, a lei reservou aos familiares ou ao responsável legal, se houver resistência, a decisão de submeter ou não o portador de transtorno mental à internação psiquiátrica forçada. É a chamada internação involuntária, aquela que se dá sem o consentimento do usuário e a pedido de terceiro (art. 6º, par. único, II [da lei de saúde mental])". TJSP. Procedimento de Interdição n. 0000946-58.2013.8.26.0408. DJSP: 06/02/2013.

às internações nos casos de sofrimento psíquico,[36] assunto conexo com o tema desta pesquisa.

Em contraste com a compreensão que se preconiza neste estudo, o TJMG, em caso sobre o tratamento de usuário de drogas, julgou que a apreciação do pedido de "internação compulsória passa necessariamente pelo estudo da causa de pedir concernente ao reconhecimento da incapacidade de discernimento da pessoa para os atos da vida civil".[37] Trata-se de clara adoção de uma indevida compreensão expansiva da interdição e das incapacidades, que não pode prevalecer. No mesmo tribunal considerou-se que a internação "encontra-se diretamente relacionada à reclamada interdição".[38]

Na legislação espanhola, de maneira próxima a legislação brasileira, também se observa um entrelaçamento entre interdição e internação. O Código Civil, art. 221, disciplinava a internação do interditado no capítulo da incapacidade. Atualmente, o tema é disciplinado pela Ley 1/2000 (Ley de Enjuiciamiento Civil), a qual de modo similar disciplina o *"internamiento no voluntario por razón de trastorno psíquico"*,[39] no capítulo dos processos de incapacitação.

Nas entrelinhas de tais entendimentos, identifica-se a suposição de que a supressão da capacidade para os atos da vida civil permitiria sublimar a vontade da pessoa juridicamente taxada de incapaz ou ainda de que a decretação da incapacidade civil pudesse ser justificativa ou mesmo exigência para internação.[40] Não se pode deixar de perceber também, em tais entendimentos, a desastrosa associação entre incapacidade e o diagnóstico de uma doença.

Portanto, os desentrelaçamentos semânticos propostos neste capítulo não decorrem de uma preocupação de cunho formal. Se no capítulo anterior tratou-se da multiplicidade de rótulos aplicados aos usuários de drogas, adiciona-se agora a

---

36. Sobre a terminologia: PINHEIRO, Clara Virginia de Queiroz; AGUIAR, Isabella Maria Augusto; MENDES, Layza Castelo Branco. O sofrimento psíquico e as novas modalidades de relação entre o normal e o patológico: uma discussão a partir da perspectiva freudiana. *Interação em Psicologia*, UFPR, v. 12, p. 299-305, 2008.
37. TJMG. Agravo de Instrumento 1.0024.11.263178-3/001 – 0604473-60.2011.8.13.0000 (1). Rel. Des. Kildare Carvalho. 3ª. Câmara Cível. DJ: 23.03.2012.
38. TJMG. Agravo de Instrumento 10024122067630001. Rel. Des. Relator: Peixoto Henriques. 7ª. Câmara Cível. DJ: 01.07.2013. De modo similar, o TJRO, ao decidir sobre o tratamento de um adolescente, considerou que "a internação compulsória advém do Decreto-Lei n. 891/38 em conjunto com a Lei n. 10.216/01. Vale dizer, a medida também se faz presente no Código Civil, que em seu art. 1.767, III, traz a possibilidade de interdição dos viciados em tóxicos". TJRO. Apelação n. 0007641-30.2012.822.0002. 1ª Câmara Cível. Des. Rel.: Raduan Miguel Filho. DJ: 20.03.2015. Recorde-se que a redação do art. 1.767, do Código Civil, foi posteriormente substituída por nova redação, por força da Lei 13.146/2015 (LBI).
39. ESPANHA. *Ley 1/2000*, de 7 de enero, de Enjuiciamiento Civil. Disponível em: <https://www.boe.es/buscar/doc.php?id=BOE-A-2000-323>. Acesso em: 05 abr. 2016.
40. "Infelizmente, ainda há uma equivocada prática de submeter a internação à prévia curatela da pessoa". ROSENVALD, Nelson. *O incompetente. A interdição e a internação do usuário de drogas*. 13.05.2015. Disponível em <www.nelsonrosenvald.info/single-post/2015/05/13/O-incompetente-A-interdi%C3%A7%C3%A3o-e-a-interna%C3%A7%C3%A3o-do-usu%C3%A1rio-de-drogas>. Acesso em: 21 mar. 2016.

preocupação com um "monopólio semântico" de certos termos, aos quais se atribuem muitos significados que não lhes pertencem.

Em oposição às compreensões apriorísticas, defende-se que o uso de drogas, mesmo quando potencialmente danoso à saúde, não assinala, necessariamente, doença mental,[41] muito menos é causa necessária de incapacidade civil,[42] a despeito de a redação vigente do Código Civil, art. 4º, manter no rol dos relativamente incapazes os "ébrios habituais e viciados em tóxicos".[43] Também se considera que a incapacidade para atos da vida civil, em seu sentido clássico, não é critério, nem fundamento bastante para permitir ou vedar a internação forçada.

A determinação da incapacidade para os atos da vida – civil – não pode mais ser confundida como negação da aptidão para decidir nas diversas atividades da vida, nem elemento que facilita, justifica ou possa ensejar, *per si*, a internação forçada. É preciso reconhecer que há múltiplas projeções da liberdade e, logo, suas restrições devem ser pensadas à luz de tal complexidade e de forma personalizada, como extrai-se da Convenção da ONU sobre os Direitos das Pessoas com Deficiência (CDPD).

Estruturou-se este capítulo em três seções. Inicialmente, questiona-se a finalidade tradicionalmente atribuída ao regime das incapacidades, as motivações na eleição do rol dos incapazes e o incapaz como tipo ideal. Em seguida, debate-se o etiquetamento do "ébrio habitual e viciado em tóxico" como incapaz. Por fim, na terceira seção, problematiza-se a diversidade de projeções de aptidões para decidir (pluralidade de capacidades), bem como se confrontam os critérios da imputabilidade penal e da incapacidade civil, para remarcar a insuficiência do emprego da incapacidade civil para o exame do cabimento de internação forçada do usuário de droga.

---

41. Essa posição é avalizada, igualmente, por Isabel Coelho e Maria Helena Barros de Oliveira. COELHO, Isabel; OLIVEIRA, Maria Helena Barros de. Internação compulsória e crack: um desserviço à saúde pública. *Saúde debate*, Rio de Janeiro, v. 38, n. 101, p. 359-367, 2014. p. 365.
42. Na doutrina, especialmente em exame sobre o tabaco, identificou-se a afirmação de que a "dependência" não significa incapacidade civil. Para Ana Carolina Brochado Teixeira, o "vício" não retira o discernimento nem a escolha, haja vista ser uma escolha racional. TEIXEIRA, Ana Carolina Brochado. *Saúde, Corpo e Autonomia privada*. Rio de Janeiro: Renovar, 2010, p. 331. Maria Celina Bodin de Moraes, em parecer, considera que a omissão do legislador sobre o tabaco permite concluir pela capacidade ainda que haja "dependência". MORAES, Maria Celina Bodin. Liberdade individual, acrasia e proteção da saúde. *Estudos e Pareceres sobre Livre Arbítrio, Responsabilidade e Produto de Risco Inerente. O paradigma do tabaco*. Rio de Janeiro: Renovar, 2009, p. 319-374, p. 363. De modo similar confrontar os seguintes pareceres: LOPEZ, Teresa Ancona. *Estudos e Pareceres sobre Livre Arbítrio, Responsabilidade e Produto de Risco Inerente. O paradigma do tabaco*. Rio de Janeiro: Renovar, 2009, p. 539. AZEVEDO, Álvaro Villaça. A dependência ao tabaco e a sua influência na capacidade jurídica do indivíduo. A caracterização de defeito no produto sob a ótica do Código de Defesa do Consumidor. *In*: Teresa Ancona. *Estudos e Pareceres sobre Livre Arbítrio, Responsabilidade e Produto de Risco Inerente. O paradigma do tabaco*. Rio de Janeiro: Renovar, 2009. p. 67-82, p. 78.
43. O Projeto de Lei do Senado Federal n. 757/2015 pretende novas modificações no regime das incapacidades, sem avançar positivamente neste ponto.

2.1. DA CONSTITUIÇÃO DAS INCAPACIDADES ÀS INCAPACIDADES NA CONSTITUIÇÃO

Suponho o espírito humano uma vasta concha, o meu fim, Sr. Soares, é ver se posso extrair a pérola, que é a razão; por outros termos, demarquemos definitivamente os limites da razão e da loucura. A razão é o perfeito equilíbrio de todas as faculdades; fora daí insânia, insânia e só insânia.[44]

i. O discurso tradicional,[45] ao atribuir um papel puramente protetivo à incapacidade civil, esmaece a finalidade patrimonial em que se assenta

Para o desenvolvimento das considerações sobre a conformação do regime das incapacidades, mostra-se útil (re)ler o conto "O Alienista", em que Machado de Assis narra a história de Simão Bacamarte, médico responsável pela Casa Verde, a casa dos loucos. O personagem que intitula o livro e o protagoniza assegura que ali "eram admitidos apenas os quadros patológicos".[46]

A obra é rica fonte de reflexões sobre a loucura[47] e seu "tratamento" jurídico. Ademais, promove dura crítica ao enclausuramento como tratamento, à insuficiência dos parâmetros para avaliação das doenças mentais,[48] aos limites da loucura e da razão, aos interesses e embasamentos questionáveis de internações ditas terapêuticas, bem como coloca em evidência as ligações entre um padrão moral de conduta e a loucura.

O texto, embora ficcional, é não apenas representativo da realidade, mas extremamente atual. Ao longo do famoso conto, a cientificidade e a motivação das internações psiquiátricas são desafiadas. A narrativa incita repensar o conceito de normalidade e anormalidade, como nas passagens em que destaca que internações

---

44. MACHADO DE ASSIS. O Alienista. *In*: _____. *Obra Completa*. Rio de Janeiro: Nova Aguilar 1994. v. II. Disponível online em <http://www.dominiopublico.gov.br/download/texto/bv000231.pdf>. Acesso em: 15 set. 2016, p. 32.
45. Ao longo da pesquisa, expressões como visão ou discurso tradicional ou ainda lógica clássica serão tomadas como sinônimas. Associam-se a uma concepção mais abstrata, aos valores veiculados pelo Código Civil de 1916 e eventualmente a sua manutenção ana(crônica) no Código Civil de 2002. Vinculam-se a uma ótica mais positivista de "apreensão do saber jurídico à luz de uma lógica estritamente formal, em configuração, via de regra estática, enclausurada em seus próprios pressupostos". PIANOVSKI, Carlos Eduardo. A Teoria Crítica do Direito Civil de Luiz Edson Fachin e a superação do positivismo jurídico. *In*: FACHIN, Luiz Edson. *Teoria Crítica do Direito Civil*. 3. ed. Rio de Janeiro: Renovar, 2012. Sem numeração.
46. MACHADO DE ASSIS. O Alienista. *In*: _____. *Obra Completa*. Rio de Janeiro: Nova Aguilar 1994. v. II. Disponível online em <http://www.dominiopublico.gov.br/download/texto/bv000231.pdf>. Acesso em: 15 set. 2016, p. 13.
47. Não se usa nesta pesquisa as expressões "louco" ou "loucura" em sentido pejorativo; deixou-se de substituir por doença mental ou deficiência intelectual não em desapreço à pessoa, mas ao contrário justamente porque se considera que a condição de loucura não é ofensiva, nem agir com certo desvario é necessariamente uma doença – não seguir o padrão pode ser inclusive sinal de franca inteligência. Também não é sinônimo de transtorno mental.
48. Em texto do início do século XX, escreve Nina Rodrigues: "não há no indivíduo traço nitidamente delimitado entre a razão e a loucura, e que do cérebro mais normal se pode passar sem transição brusca ao estado de insanidade mental bem confirmada". RODRIGUES, Nina. *As coletividades anormais*. Brasília, Senado Federal, Conselho Editorial, 2006, p. 51. O texto original foi publicado em 1901.

foram justificadas sob alegações que vão, desde os desequilíbrios até o excessivo equilíbrio.[49]

Na esfera das discussões da incapacidade, é exemplar a passagem em que se descreve a internação de Costa. Machado de Assis conta que Costa herdou grande fortuna, mas "Tão depressa recolheu a herança, como entrou a dividi-la em empréstimos, sem usura [...] meses depois era recolhido à Casa Verde".[50] Para o Alienista, não se poderia admitir como pessoa sã "à vista do modo como dissipara os cabedais".[51]

O personagem Costa[52] e seu destino põem luzes à restrição fundada em uma avaliação do padrão de comportamento esperado — longe da clareza do pensar —, preconizada no discurso tradicional como o núcleo das incapacidades. Sob o prisma do elenco de atores no regime das incapacidades, seu papel é de pródigo. Na arguta leitura de Jussara Meirelles, essa qualificação se reveste de um perfil punitivo, como consequência do distanciamento do tipo ideal do sujeito de direito.[53]

Desenha-se assim uma visão pela qual a redução drástica do patrimônio é prova objetiva[54] de loucura, que permite inferir a existência (ou não) de um padrão de

---

49. No curso da narrativa, os parâmetros para diagnosticar a insanidade e loucura variaram. Para Luhilda Ribeiro Silveira e Geraldo Melônio do Nascimento, o alienista adotou ao longo do conto quatro teses distintas. SILVEIRA, Luhilda Ribeiro; NASCIMENTO, Geraldo Melônio do. Normal, anormal e patológico nas teses sobre a sanidade e a loucura em "O Alienista" de Machado de Assis. *Nau literária*, Porto Alegre, Programa de Pós-Graduação em Letras da Universidade Federal do Rio Grande do Sul. Ano 11, vol. 11-2, p. 1-13, jan./jun. 2015, p. 5.
50. MACHADO DE ASSIS. O Alienista. In: _____. *Obra Completa*. Rio de Janeiro: Nova Aguilar 1994. v. II. Disponível online em <http://www.dominiopublico.gov.br/download/texto/bv000231.pdf>. Acesso em: 15 set. 2016, p. 11.
51. MACHADO DE ASSIS. O Alienista. In: _____. *Obra Completa*. Rio de Janeiro: Nova Aguilar 1994. v. II. Disponível online em <http://www.dominiopublico.gov.br/download/texto/bv000231.pdf>. Acesso em: 15 set. 2016, p. 11.
52. Permita-se uma breve incursão não jurídica. Da análise detida da obra, observa-se que este personagem nunca é chamado pelo primeiro nome a sugerir certa impessoalidade. Também se nota que a esposa do protagonista do livro, Evarista Costa, compartilha o sobrenome e o também o destino, eis que terminou internada por demorar a tarde inteira para decidir qual colar usar. MACHADO DE ASSIS. O Alienista. In: _____. *Obra Completa*. Rio de Janeiro: Nova Aguilar 1994. v. II. Disponível online em <http://www.dominiopublico.gov.br/download/texto/bv000231.pdf>. Acesso em: 15 set. 2016, p. 28.
53. MEIRELLES, Jussara. Economia, patrimônio e dignidade do pródigo: mais um distanciamento entre o ser e o ter? In: TEPEDINO, Gustavo; FACHIN, Luiz Edson. (Org.). *O Direito e o Tempo – Embates Jurídicos e Utopias Contemporâneas*: Estudos em homenagem ao Professor Ricardo Pereira Lira. Rio de Janeiro: Renovar, 2008, p. 179-186, p. 184-185. Para Rodrigo Xavier Leonardo, estabeleceu-se uma equivalência entre pessoa, sujeito de direito e capacidade que mediante abstrações da dogmática jurídica redundou nas figuras do "homem médio" e "bom pai de família". LEONARDO, Rodrigo Xavier. Sujeito de direito e capacidade: contribuição para uma revisão da teoria geral do direito civil à luz do pensamento de Marcos Bernardes de Mello. In: DIDIER Junior, Fredie; EHRHARDT Junior, Marcos. (Org.). *Revisitando a teoria do fato jurídico*. São Paulo: Saraiva, 2010, p. 549-570. p. 552.
54. "A prodigalidade caracteriza-se pelo gasto desordenado dos recursos financeiros, uma situação objetiva que demonstre um comprometimento na capacidade de administração do patrimônio". TJRJ. 0001767-34.2004.8.19.0065. Rel.: Milton Fernandes de Souza. 5ª. Câmara Cível. Julgamento: 02.08.2005. Grifou-se. Em sentido oposto, na mesma Câmara, considerou-se que "O simples fato de uma pessoa dispor de seu patrimônio como bem desejar não constitui, em última análise, nenhuma anormalidade". Tal conclusão se mostra ainda mais relevante em vista de que se considerou presente doença mental "caracterizada pelo

conduta considerado moral e normal, ou qualificado como não admissível. Tal como o Alienista de Machado de Assis, o direito patologiza certos comportamentos que se distanciam do modelo dado, como os atos de liberalidade (doações e remissões) praticados pelo personagem Costa. É o que se observa na permanência da prodigalidade e do uso de drogas entre as hipóteses de incapacidade do Código civil (art. 4º), a despeito de inúmeras reformas legislativas.

Como anuncia a epígrafe desta seção, o Alienista buscava o perfeito equilíbrio e deixou de fora a insânia. Assim também, a razão e a vontade constituem pilares sob os quais se desenvolveu o modelo jurídico da codificação oitocentista,[55] e sua carência se traduzia na interdição.[56] "A vontade é a substância do ato jurídico"[57] e seu caráter lógico é indispensável para sua validade.

Na compreensão da "racionalidade da vontade", ensina Hespanha, está o direito como "produto de um acto livre da vontade dos sujeitos, mas só vontade *recta, racional, iluminada,* que possui a virtude de criar verdadeiro direito".[58] O regime das incapacidades se erigiu sob tais bases e tradicionalmente foi – e ainda é – ensinado como se fosse tão somente uma exceção em favor da pessoa que apresente restrição, por motivo de idade ou de saúde, nas habilidades de compreender e/ou de se expressar.

Em complemento, a legislação tutela de modo detalhado os vícios do consentimento, o que se faz presente na redação vigente do Código Civil. É lapidar a construção de Caio Mário, quando sublinha que "O instituto das incapacidades foi imaginado e construído sobre uma razão moralmente elevada, que é a proteção dos que são portadores de uma deficiência juridicamente apreciável".[59]

Em direção diversa, inúmeros autores denunciam que a finalidade protetiva das incapacidades não a justifica, ou se mostra, ao menos, em parte incoerente. Um exemplo eloquente está na figura do pródigo, o qual, em sua origem, destinava-se à

---

comprometimento do humor, podendo comprometer ainda a capacidade laborativa, sem, contudo, prejudicar as funções mentais, restando-lhe preservada a capacidade de discernimento em relação aos atos da vida civil". TJRJ. 0001767-34.2004.8.19.0065. Rel.: Heleno Ribeiro Pereira Nunes. 5ª. Câmara Cível. Julgamento: 05.1.2013.
55. FACHIN, Luiz Edson. *Sentidos, Transformações e Fim.* Rio de Janeiro: Renovar, 2014, p. 76, p. 78, com especial atenção à nota 117, p. 105. Com ênfase ao papel da razão: GROSSI, Paolo. *Mitologia jurídica de la Modernidad.* (Trad. Manuel Martinez Neira). Madrid (Espanha): Editorial Trotta, 2007, p. 28, p. 31.
56. LISELLA, Gaspare Poerio. Fondamento dell'interdizione per infermità mentale: dottrina e giurisprudenza. *Rassegna di diritto civile,* 1980, p. 497-506, p. 502.
57. DANTAS, San Tiago. *Programa de Direito Civil.* 3. ed. Rio de Janeiro: Forense, 2001, p. 136 e 138.
58. HESPANHA, António Manuel. *A Cultura Jurídica Europeia.* Síntese de Um Milênio. Coimbra (Portugal): Almedina, 2012, p. 322 e 330.
59. SILVA PEREIRA, Caio Mário da. *Instituições de Direito Civil.* V. 1. 24. ed. Rio de Janeiro: Forense, 2011, p. 228. Em sentido idêntico, Carlos Alberto da Mota Pinto enuncia: "para proteger os menores, a lei estabelece a sua incapacidade de exercício de direitos" e que "pode por isso ter-se uma medida maior ou menor de capacidade segundo certas condições ou situações". MOTA PINTO, Carlos Alberto da. *Teoria Geral do Direito Civil.* (Atual. António Pinto Monteiro e Paulo Mota Pinto). 4. ed. Coimbra (Portugal): Almedina, 2005, p. 181 e 194.

proteção dos bens familiares herdados.[60] À sua época Bevilaqua já salientou que não se justifica a inclusão do pródigo como categoria distinta. Ou estaria inserido entre os doentes mentais, ou não há justo motivo para incapacidade.[61]

A prodigalidade, assevera António Manuel Hespanha, ao versar sobre a visão dos autores portugueses no início do século XIX, caracteriza-se como um vício, em contraposição à virtude da liberalidade[62] e revelava a incompatibilidade com a sociedade; em suas palavras, era uma "Insensatez que feria a possibilidade de pertença à sociedade civil".[63] *O regime das incapacidades, nessa linha, associa-se a um sentido de pertencimento-exclusão*. Tal ótica, ao menos em algumas circunstâncias, parece ser mais apta a explicar o conteúdo das incapacidades do que o dito discernimento.

Com efeito, segundo o historiador, a viúva que gastava demais se submetia a restrições que não dependiam sequer da comprovação dos requisitos da prodigalidade, mas a simples indicação da "irracionalidade" de seu agir.[64] Do mesmo modo, segundo uma avaliação moral, a embriaguez marcava um pecado, verdadeira "loucura voluntária",[65] cujo tratamento jurídico se equiparava aos chamados "dementes". Na síntese de Hespanha, diante dos juízos de valor, *"o incapaz é incapaz, não por aquilo que faz, mas por aquilo que é"*.[66] Paulo Lôbo acrescenta que "a interdição à prodigalidade é resquício da visão prevalentemente patrimonialista do direito civil, do indivíduo proprietário segundo a concepção burguesa de vida, que não concebia pessoa sem patrimônio".[67]

Em harmonia com tais considerações, Marcos Bernardes de Mello assinala que a prodigalidade frequentemente "não é considerada uma insanidade mental, mas

---

60. MOREIRA ALVES, José Carlos. *Direito Romano*. 15. ed. Rio de Janeiro: GEN, 2012, p. 133-134 e 696. DANTAS, San Tiago. *Programa de Direito Civil*. 3. ed. Rio de Janeiro: Forense, 2001, p.141. BEVILAQUA, Clóvis. *Codigo Civil dos Estados Unidos do Brasil Commentado por Clovis Bevilaqua*. 3. ed. V. I. Rio de Janeiro: Livraria Francisco Alves, 1927, p. 183 – grafia do título com correspondência exata à capa da obra. SILVA PEREIRA, Caio Mário da. *Instituições de Direito Civil*. v. 1. 24. ed. Rio de Janeiro: Forense, 2011, p. 238-239. Como concluem Nelson Rosenvald e Cristiano Chaves: "Até porque o que se protege na interdição do pródigo é o patrimônio, e não a pessoa (aliás, a vontade da pessoa pródiga parece ter sido completamente ignorada pelo sistema". FARIAS, Cristiano Chaves de; ROSENVALD, Nelson. *Curso de direito civil: parte geral e LINDB*. Vol. 1. 13. ed. rev., ampl. e atual. São Paulo: Atlas, 2015, p. 281.
61. BEVILAQUA, Clóvis. *Codigo Civil dos Estados Unidos do Brasil Commentado por Clovis Bevilaqua*. 3. ed. V. I. Rio de Janeiro: Livraria Francisco Alves, 1927, p. 184.
62. HESPANHA, António Manuel. *Imbecillitas*. As bem-aventuranças da inferioridade nas sociedades do Antigo Regime. São Paulo: Annablume, 2010, p. 90-94.
63. HESPANHA, António Manuel. *Imbecillitas*. As bem-aventuranças da inferioridade nas sociedades do Antigo Regime. São Paulo: Annablume, 2010, p. 90.
64. HESPANHA, António Manuel. *Imbecillitas*. As bem-aventuranças da inferioridade nas sociedades do Antigo Regime. São Paulo: Annablume, 2010, p. 91.
65. HESPANHA, António Manuel. *Imbecillitas*. As bem-aventuranças da inferioridade nas sociedades do Antigo Regime. São Paulo: Annablume, 2010, p. 92.
66. HESPANHA, António Manuel. *Imbecillitas*. As bem-aventuranças da inferioridade nas sociedades do Antigo Regime. São Paulo: Annablume, 2010, p. 92.
67. LÔBO, Paulo. *Direito Civil*. Parte Geral. 6. ed. São Paulo: Saraiva, 2017, p. 124.

sim um defeito de caráter".[68] Essa análise moral, criticada por Mello, é evidenciada nas linhas de Carlos Alberto da Mota Pinto. Ao tratar do direito lusitano, esse autor registra a possibilidade da restrição aos atos patrimoniais por meio da inabilitação na hipótese de "abuso de bebidas alcoólicas ou de estupefacientes" quando "importar uma alteração do carácter, ainda que traduzida apenas na anormal dependência dessas drogas".[69]

A relação pertencimento/exclusão se faz exemplarmente demonstrada no julgamento do Agravo de Instrumento n. 2117122-44.2016.8.26.0000, pelo TJSP,[70] no qual se apreciou a possibilidade de interdição de Weverton. Sua avaliação médica exaltou que, apesar de uma eficiência intelectual abaixo da média, "apresentou preservada capacidade intelectual que resulta na condição geral de entender e se colocar no ambiente conforme este entendimento".

Não obstante a conclusão pericial de que se fazem presentes "O entendimento do caráter ilícito de sua conduta e a capacidade de autodeterminação estão preservadas", os fundamentos para decidir relegaram a capacidade cognitiva a um plano secundário.

O que se focalizou foi a história de Weverton, que cumpria medida socioeducativa de internação por prazo indeterminado. Ao atingir a maioridade civil foi levado ao Poder Judiciário para ser interditado e permanecer sob "tratamento" forçado. De acordo com a narrativa dos autos, em seu ato infracional agiu com extrema brutalidade. Ao praticar um assalto, "a ofendida foi ameaçada e amarrada. Como ela não tinha dinheiro 'suficiente' na visão dos delinquentes, o jovem atirou álcool no seu corpo e a incendiou".

Neste quadro, prevaleceu o sentido da redação original do art. 1.777 do Código Civil[71] que enfocava a internação das pessoas que não podem circular na sociedade. Julgou-se então que "Diante da inadaptabilidade ao convívio social, torna-se imperiosa a institucionalização permanente". A avaliação da imputabilidade penal junto com a interdição amplifica as distorções do julgamento.

O destino foi a internação forçada, contudo, a avaliação pericial foi de que

ausência de indicação de internação psiquiátrica devido à controvérsia médica sobre a natureza do transtorno que, para alguns acadêmicos, seria moral e não clínica, e à ausência de tratamento médico para a condição do educando (quadro de irreversibilidade).

---

68. MELLO, Marcos Bernardes de. *Teoria do Fato Jurídico*. Plano da Validade. 7. ed. São Paulo: Saraiva, 2006, p. 4. § 2º, item 2.
69. MOTA PINTO, Carlos Alberto da. *Teoria Geral do Direito Civil*. (Atual. António Pinto Monteiro e Paulo Mota Pinto). 4. ed. Coimbra (Portugal): Almedina, 2005, p. 242.
70. TJSP. Agravo de Instrumento n. 2117122-44.2016.8.26.0000. Voto n. 28.125. 1ª Câmara de Direito Privado Rel. Desª. Christine Santini. Julgamento: 10.05.2017.
71. Como se reproduz adiante, esta norma definia que "Os interditos referidos nos incisos I, III e IV do art. 1.767 [dentre os quais estavam os ébrios habituais e os viciados em tóxicos] serão recolhidos em estabelecimentos adequados, quando não se adaptarem ao convívio doméstico".

Note-se que neste caso, *o juízo de capacidade civil não foi estabelecido com base na aptidão para compreender, ao revés, tomou-se como norte um juízo de adequação social:*

> Há indicação, portanto, de que o agravado não detém plena capacidade para os atos da vida civil, uma vez que os laudos técnicos demonstram que apresenta *dificuldade em aceitar limitações impostas pelas regras sociais de conduta*, diante do transtorno de personalidade diagnosticado.

O caso traz à baila a sucessão da medida socioeducativa por outra medida de restrição de liberdade, que coloca em xeque, nos dois casos, a função da internação.[72] O STJ procedeu de modo similar ao julgar o *habeas corpus* n. 169172,[73] no qual se repetiu tanto a imediata sequência da medida socioeducativa para internação, quanto o entrelaçamento equivocado de institutos, sintetizado na expressão "medida de internação compulsória decorrente de interdição (art. 1.777 do CC)".

É preciso notar que a própria Corte Superior, com uma diferença de apenas dois meses, julgou ser absolutamente inadequada a discussão de atos infracionais ou condutas típicas no âmbito da apreciação de internação e consagrou a incompetência do juízo cível para examiná-los. O voto consigna:

> Não se contesta aqui o fato de que o ora interditando, no passado, foi responsável pela prática de atos do mais elevado grau de reprovabilidade. Mas isto não justifica a promoção, pelo Estado, de verdadeira perseguição a sua pessoa, ancorada, única e exclusivamente, na gravidade da ação delitiva por ele perpetrada enquanto inimputável. A severa medida pretendida pelo parquet, consistente não apenas na privação de sua liberdade, mas na sujeição a tratamento psiquiátrico não recomendado pelos peritos, não encontra respaldo na lei ou em qualquer causa supralegal.[74]

Tais casos suscitam a revisão do tradicional papel da curatela/interdição em vista da notória insuficiência da função protetiva para explicá-la. A busca das origens do instituto permite averiguar uma preocupação que se distancia da justificação de proteger o louco:

> No direito pré-clássico, a curatela se exerce em favor, não do louco, mas do curador, que, sendo em geral o parente agnado mais próximo deste, será seu herdeiro depois de sua morte, e, portanto, tem interesse em bem conservar-lhe o patrimônio. No direito clássico, a curatela se transforma em instituto de proteção ao próprio louco, razão por que – como sucedeu com a tutela – ela passa a ser um encargo público (*munus publicum*).[75]

Na mesma linha, o regime da emancipação do incapaz por êxito econômico, hipótese a qual, para Silvio Rodrigues visa a, sobretudo, proteger os terceiros com

---

72. Inspeção realizada, no Ceará, realizada no final de 2017, em locais de cumprimento de medidas ditas socioeducativas, constatou a prática de isolamento e confinamento. Registrou-se que há adolescentes que permanecem "*23h30 do dia confinados aos dormitórios*". BRASIL. Ministério Público Federal. Conselho Nacional de Defesa dos Direitos Humanos. *Relatório de Monitoramento das Medidas Cautelares 60-15 da Comissão Interamericana de Direitos Humanos (CIDH) outorgadas em face das violações de direitos humanos do Sistema Socioeducativo do estado do Ceará*. Brasília: MPF, Conanda, out. 2017, p. 34.
73. STJ. *Habeas Corpus* n. 169172. 4ª. Turma. Rel. Min.: Luis Felipe Salomão. DJe: 05.02.2014.
74. STJ. REsp n. 1306687. 3ª. Turma. Rel. Minª.: Nancy Andrighi. DJe: 22.04.2014.
75. MOREIRA ALVES, José Carlos. *Direito Romano*. 15. ed. Rio de Janeiro: GEN, 2012, p. 695.

quem faz negócios.[76] O regime das incapacidades pode certamente ser associado a intenções também protetivas (talvez até em primeiro plano), noutro giro se presta também à função patrimonial e à busca da segurança jurídica formal.[77] A identificação da presença destas outras finalidades no regimente das incapacidades é fundamental para compreender as incompatibilidades de sua aplicação no plano existencial. Situá-las, devidamente, é mister para que se possa compreender porque estender as incapacidades e a interdição fora de sua função patrimonial exige todas as cautelas, haja vista seu potencial de conduzir a equívocos, abusos e violações à pessoa humana.

Em síntese, a incapacidade para os atos da vida civil é usualmente apresentada como um mecanismo protetivo das pessoas com dificuldade na formação e/ou expressão da vontade. Uma leitura que coteja estrutura e função permite desafiar essa concepção e demonstrar suas rupturas, o que oferece elementos úteis para a reflexão em torno da internação forçada dos usuários de drogas.

Sem descuidar de relevantes e densas releituras,[78] em diversos manuais de direito civil é possível identificar um percurso teórico similar pelo qual se apresentam os institutos da *personalidade jurídica*, *capacidade de fato* e *capacidade de direito* e se destaca um papel eminentemente protetivo da capacidade[79] instrumentalizado pela interdição.[80]

Em uma visão dita clássica das incapacidades, prevaleceu um modelo médico (também designado biomédico),[81] pelo qual, sob o argumento da proteção, literalmente se diagnosticavam as incapacidades.[82] Reinava uma confusão conceitual em que se mis-

---

76. RODRIGUES, Silvio. *Direito Civil*. Parte Geral. Vol. I. 34. ed. São Paulo: Saraiva, 2007, p. 59.
77. A segurança jurídica apresenta outras perspectivas, *e.g.* considera-se que "A segurança jurídica, na verdade, deve garantir ao cidadão o gozo de uma série de direitos sociais, tais como o emprego, a saúde, a moradia e a educação". TRT3ª. RO: 0002173-53.2012.5.03.0103, Relator: Convocado Paulo Eduardo Queiroz Gonçalves, 1ª. Turma, DJ: 04.12.2013.
78. Entre outros: ABREU, Célia Barbosa. *Curatela e Interdição Civil*. Rio de Janeiro: Editora Lumen Juris, 2009. MARTINS-COSTA, Judith. Capacidade para consentir e esterilização de mulheres tornadas incapazes pelo uso de drogas: notas para uma aproximação entre a técnica e a reflexão bioética. *In*: MARTINS COSTA, Judith; MOLLER, Letícia Ludwig. (Org.). *Bioética e Responsabilidade*. Rio de Janeiro: Forense, 2009, p. 299-346, p. 320; PEREIRA, André Gonçalo Dias. *Consentimento Informado na Relação Médico-Paciente*. Estudo de Direito Civil, Coimbra, Coimbra Editora, 2004.
79. Confira-se, ilustrativamente: BEVILAQUA, Clóvis. *Teoria Geral do Direito Civil*. São Paulo: Red Livros. 2001, p. 151-152. GOMES, Orlando. *Introdução ao direito civil*. 19. ed. Rio de Janeiro: Forense, 2007, p. 155. MOTA PINTO, Carlos Alberto da. *Teoria Geral do Direito Civil*. (Atual. António Pinto Monteiro e Paulo Mota Pinto). 4. ed. Coimbra (Portugal): Almedina, 2005, p. 227.
80. O emprego do significante "interdição" é feito para sinalizar o significado tradicional. Dessa maneira, sua utilização não descuida das críticas e das transformações no campo das escolhas de vida das pessoas com problemas de saúde mental. Pela pesada carga semântica, assim como pela mudança do conteúdo, a expressão "curatela", como mecanismo de restrição da manifestação de vontade, com riqueza de variações, é a designação mais adequada para o procedimento e instituto que deve tomar o lugar da interdição.
81. UNIÃO EUROPEIA. *Disability and non-discrimination law in the European Union*. An analysis of disability discrimination law within and beyond the employ. Luxembourg: July 2009, p. 16. Editorial: Disability: beyond the medical model. *Lancet*. 2009, v. 374, Edição 9704, p. 1793.
82. "O *modelo médico* considera a incapacidade como um problema da pessoa, causado directamente pela doença, trauma ou outro problema de saúde, que requer assistência médica sob a forma de tratamento

turavam doença, deficiência e incapacidade.[83] Sem a apreciação de aspectos funcionais, a avaliação judicial cingia-se a perguntar se estava presente ou não uma deficiência.[84]

Por meio do saber médico, a doença mental sinalizava a inadequação ao "padrão", vale dizer, aqueles que estão fora dos "limites da razão", para tomar de empréstimo as palavras de Machado de Assis, reproduzidas na epígrafe. Também designado de modelo reabilitador, buscava fomentar "um processo de recuperação ou "normalização".[85]

Em primeiro plano, os estigmas, o etiquetamento, os quais se traduzem na definição de um status jurídico de inferioridade, normativamente "legitimado" por meio das incapacidades para atos da vida civil. São consequências ou características basilares deste modelo ultrapassado, o caráter elástico que a interdição alcançou, o forte preconceito sobre o interdito e o enfoque patrimonial. Outro aspecto basilar consistia no padrão de *normal*. Um homem médio, ficcional, correspondia a uma pessoa que tomava suas decisões de modo totalmente racional e que, para usar novamente o texto de "O Alienista", apresenta "perfeito equilíbrio de todas as faculdades".

Sob uma nova racionalidade, personalista, coloca-se em primeiro plano as singularidades e potencialidades. Torna-se sem sentido perguntar se alguém é incapaz, sem indagar incapaz para quê. Sobre a CDPD, Ricardo Tadeu Fonseca explica, "O conceito de pessoa com deficiência adotado pela Convenção supera as legislações tradicionais que normalmente enfocavam o aspecto clínico da deficiência".[86] À vista destas ideias, torna-se fundamental a distinção entre personalidade e capacidade. Como propõe San Tiago Dantas, no plano jurídico a *personalidade* consiste no reconhecimento de um "conjunto de atributos inerentes à condição humana", que não se confunde com a "capacidade de ter direitos e obrigações".[87]

---

individual por profissionais. Os cuidados em relação à incapacidade têm por objetivo a cura ou a adaptação do indivíduo e mudança de comportamento". ORGANIZAÇÃO MUNDIAL DA SAÚDE. *Classificação Internacional de Funcionalidade, Incapacidade e Saúde (CIF)*. (Trad. Amélia Leitão). Lisboa (Portugal): OMS, 2004, p. 21. Para uma compreensão detalhada da CIF, consultar a íntegra do documento.

83. Para uma crítica: MENEZES, Joyceane Bezerra de. Risco do retrocesso: uma análise sobre a proposta de harmonização dos dispositivos do código civil, do CPC, do EPD e da CDPD a partir da alteração da Lei n. 13.146, de 06 de julho de 2015. *Revista Brasileira de Direito Civil – RBDCivil*, Belo Horizonte, v. 12, p. 137-171, abr./jun. 2017. p. 145.
84. DHANDA, Amita. Legal capacity in the disability rights convention strangle hold of the past or lodestar for the future? *Syracuse Journal of International Law & Commerce*, v. 34, p. 429-462, Spring 2007, p. 432.
85. PALACIOS, Agustina; BARIFFI. Francisco. *La discapacidad como una cuestión de derechos humanos*. Una aproximación a la Convención Internacional sobre los Derechos de las Personas con Discapacidad. Madrid (Espanha): Cinca, 2007, p. 16.
86. FONSECA, Ricardo Tadeu Marques da. A ONU e seu Conceito Revolucionário de Pessoa com Deficiência. São Paulo: *Revista LTr*, v. 72, n. 03, p. 263-270, mar. 2008. p. 266.
87. DANTAS, San Tiago. *Programa de Direito Civil*. v. 1. Aulas proferidas na Faculdade Nacional de Direito. Rio de Janeiro: Editora Rio, Julho de 1977, p. 191. Em sentido similar: TEPEDINO, Gustavo. A tutela da personalidade no ordenamento brasileiro. In: _____. *Temas de Direito Civil*. v. I. 4. ed. rev. atual. Rio de Janeiro: Renovar, 2008. p. 25-62, p. 29. CORRÊA DE OLIVEIRA, José Lamartine. A Teoria das Pessoas no "Esboço" de Teixeira de Freitas. Superação e Permanência. *Revista de Direito Civil*, São Paulo, n. 40, ano 11, p. 7-28, abr./jun. 1987. p. 9. Desta forma, "personalidade e capacidade se complementam. SILVA PEREIRA, Caio Mário da. *Instituições de Direito Civil*. V. 1. 18. ed. Rio de Janeiro: Forense, 1997, p. 161.

Nesta quadra, é essencial a adequada e atenta distinção de significados. Ora, o diagnóstico de uma doença ou ter como atributo pessoal certa deficiência não permite concluir, *a priori*, que seja cabível a imposição de uma salvaguarda, muito menos uma restrição; o que não significa que não seja. O que se supera é uma presunção em desfavor da pessoa humana, que estabelecia um "padrão de normalidade" e fomentava a diferença discriminatória como valor.

> A deficiência é atributo do ser humano (como ser alto ou baixo), inserida no âmbito da diversidade, que compõe a identidade e cujos efeitos dependem diretamente do contexto. Não se confunde com doença, nem se revela aspecto negativo, muito menos deve suscitar preconceito. Constitui um elemento da riqueza e da complexidade que colore o conjunto dos seres humanos, todos iguais e diferentes tão somente na medida de sua singularidade a ser celebrada.[88]

Em resumo, o regime das capacidades disciplina a aptidão para prática dos chamados "atos da vida civil". Confere-se a todos a possibilidade, em abstrato, da titularidade de direitos (Código civil, art. 1º), ao que se designa *capacidade de direito (ou de gozo)*. A possibilidade de atuação *per si* é denominada *capacidade de fato (ou de exercício)*.[89]

Com base em tais conceitos, a conformação do regime das incapacidades, na Modernidade, é marcada por uma falsa neutralidade que se associa a uma igualdade meramente formal das pessoas, haja vista que o ordenamento reconhece a todos a personalidade (Código Civil, art. 2º), porém, tolhe o exercício e o efetivo reconhecimento jurídico por meio do estatuto jurídico das incapacidades.[90] Neste contexto, a noção de pessoa é aprisionada no interior da figura de sujeito de direito[91] em operação que oculta perigosos reducionismos, os quais não sobrevivem fora do ambiente artificial da noção abstrata de relação jurídica,[92] sob a qual se estruturaram tais categorias.[93]

A dificuldade de cognição, a perturbação do intelecto ou uma falha na conjunção de razão e vontade não são aptas a explicar, integralmente, a assim designada incapa-

---

88. SCHULMAN, Gabriel. Impactos do Estatuto da Inclusão da Pessoa com deficiência na Saúde: "acessibilidade" aos planos de saúde e autodeterminação sobre tratamentos. *In*: MENEZES, Joyceane Bezerra de. (Org.). *Direito das pessoas com deficiência psíquica e intelectual nas relações privadas*: Convenção sobre os direitos da pessoa com deficiência e Lei Brasileira de Inclusão. Rio de Janeiro: Processo, 2016, v. 1, p. 763-794. p. 764.
89. Daí porque feliz a denominação *"capacidade de agir"* adotada por alguns autores portugueses. MOTA PINTO, Carlos Alberto da. *Teoria geral do direito civil*. 4. ed. Coimbra: Coimbra, 2005, p. 195. ASCENSÃO, José Oliveira. *Direito Civil. Teoria Geral*. 3. ed. Vol. 1. São Paulo: Saraiva, 2010, p. 117.
90. A falta de reconhecimento "compromete a possibilidade de participar, como um igual, das interações sociais". SARMENTO, Daniel. *Dignidade Humana*. Conteúdo. Trajetórias e Metodologia. 2. ed. Belo Horizonte: Fórum, 2016, p. 242.
91. TEPEDINO, Gustavo. Do Sujeito de Direito à Pessoa Humana. Editoral da RTDC, *Revista Trimestral de Direito Civil – RTDC*, Rio de Janeiro, v. 2, jan/mar. 2000. p. 2. MEIRELLES, Jussara. O ser e o ter na codificação civil brasileira: do sujeito virtual à clausura patrimonial. *In*: Luiz Edson Fachin. (Org.). *Repensando fundamentos do Direito Civil Brasileiro Contemporâneo*. Rio de Janeiro: Renovar, 1998. p. 87-114. p. 90-91.
92. CARVALHO, Orlando de. *Teoria Geral do Direito Civil*. 3. ed. Coimbra (Portugal): Coimbra Editora, 2012, p. 15, 33.
93. TEPEDINO, Gustavo. A tutela da personalidade no ordenamento brasileiro. *In*: _____. *Temas de Direito Civil*. v. I. 4. ed. rev. atual. Rio de Janeiro: Renovar, 2008. p. 25-62. p. 51.

cidade para atos da vida civil. O instituto da incapacidade civil em alguns casos explicita uma apreciação de valores da sociedade, ou seja, está vinculada por um liame de pertencimento. Une-se a avaliação da perfeição do intelecto e a apreciação da conduta, consagra-se a *racionalidade-intelecto* e a *racionalidade-visão de mundo*.[94] Uma vez rejeitada a função protetiva como suficiente para explicar integralmente "para que serve" esta categoria, questionar suas finalidades constitui exercício que permite melhor compreender as rupturas de um sistema claramente anacrônico no qual está inserida.

ii. A tipificação do rol dos incapazes reflete opções que não se explicam apenas por nível cognição, visto que encontram motivações sociais e culturais

Como sinalizado, a definição dos grupos considerados incapazes consubstancia eleição que não se justifica (apenas) por um caráter protetivo, tendo em nota configurar o não-reconhecimento de determinadas categorias ou mesmo a segregação de determinados grupos. Nesse ponto, a incapacidade se aproxima da noção de estado a qual, na tradição romanística, definia a posição que uma pessoa ocupava no espaço social. Em uma frase, ao incapaz se confere uma condição de cidadão de segunda classe.[95]

A confrontação do discurso tradicional, calcado no caráter protetivo revela problemas latentes de coerência interna, tanto na finalidade, como no estabelecimento dos destinatários da alegada proteção.

O primeiro contraponto, já enunciado, está na vocação patrimonial que orienta o regime das incapacidades. Tal como a noção de sujeito de direito, as incapacidades foram reinventadas na Modernidade para atender a essa finalidade.[96] Ainda que seja uma crítica recorrente, é importante resgatá-la porque se associa a outro ponto fundamental que consiste na abstração. Para atender à segurança jurídica formal, consentânea à *exegese*,[97] estruturou-se um sistema impermeável à realidade, em que, em última análise, o grau de discernimento e as condições concretas pouco importam. A incapacidade, na teoria, era a medida de personalidade. Na prática, era uma definição de sim ou não, capaz/incapaz. "A impessoalização do sujeito, para fins jurídicos, é instrumento necessário e suficiente".[98]

Além disso, o exame da história das inaptidões permite vislumbrar que além da avaliação das condições de manifestar-se (ou mesmo para compreender), as

---

94. GOMES, Orlando. *Raízes Históricas e Sociológicas do Código Civil brasileiro*. 2. ed. São Paulo: Martins Fontes, 2006, p. 45.
95. CORRÊA DE OLIVEIRA, José Lamartine; MUNIZ, Francisco José Ferreira. O Estado de Direito e os direitos da personalidade. *Revista dos Tribunais*, vol. 532, São Paulo: RT, 1980. p. 223-241. p. 241.
96. RODOTÀ, Stefano. *Dal soggetto alla persona*. Napoli (Itália): Editoriale Scientifica, 2007, p. 15.
97. CARCOVA, María Cárcova. ¿Qué hacen los jueces cuando juzgan? *Revista da Faculdade de Direito da UFPR*. Curitiba, v. 35. p. 7-17, 2001. p. 7.
98. CORTIANO Jr., Eroulths. As quatro fundações do Direito Civil: ensaio preliminar. *Revista da Faculdade de Direito da UFPR*, Curitiba, v. 45, p. 99-102, 2006. p. 100.

incapacidades colocam em jogo o reconhecimento jurídico (ou a rejeição) de determinados grupos. Para demonstrá-lo, é útil percorrer a historicidade[99] do instituto, com atenção aos sentidos diferentes em contextos distintos.[100]

O raciocínio que fundamenta as incapacidades pressupõe a premissa de que o incapaz preexiste e o direito comparece para socorrê-lo. A inclusão de personagens como a mulher, o indígena, o usuário de drogas e o pródigo como incapazes fragilizam sobremaneira a argumentação da função estritamente protetiva e apontam para um sistema também voltado à exclusão. Em outras palavras, não se rejeita o tratamento diferenciado a certas pessoas, entretanto, a concepção do incapaz como algo natural, exige um repensar.

O que se assevera é que o raciocínio usualmente apresentado é uma inversão, tendo em conta que a figura jurídica do incapaz não existe antes do direito, é por ele estabelecido, mesmo quando haja boas intenções em tal medida. Primeiro se criam os incapazes, depois é que surge sua proteção.

Diante desta ordem de ideias, à luz de uma perspectiva crítica, rejeita-se a falsa neutralidade da construção tradicional, a exigir o repensar sobre as potencialidades das pessoas, bem como, em que medida não é a sociedade que é a incapaz de conferir o devido acesso a todos.[101] Não se defende aqui que a curatela deva ser extinta, ou que seja, *per si*, absurda. O que se desafia é a compreensão de neutralidade das escolhas e das consequências do regime das incapacidades.

Outra repercussão relevante a ser assinalada está na aproximação da incapacidade civil da noção de estado,[102] vale realçar, extrapola sua função original e atribui, além da restrição aos atos da vida civil, uma etiqueta com forte impacto nas relações sociais, um *status*.[103] No ensinamento de Luiz Edson Fachin, "O estado corresponde,

---

99. PERLINGIERI, Pietro. *O direito civil na legalidade constitucional*. (Trad. Maria Cristina De Cicco). Rio de Janeiro: Renovar, 2008, p.139-140. Segundo Grossi: "O direito, como história viva, não flutua sobre o tempo e o espaço". GROSSI, Paolo. *Primeira lição de direito civil*. (Trad. Ricardo Tadeu Fonseca). Rio de Janeiro: Forense, 2006, p. 67.
100. Desta forma, a sucinta referência à tradição romanística que se faz a seguir não se alinha à identificação arbitrária de institutos em ordenamentos distintos, segundo uma visão distorcida e atemporal, nem pretende recair no equívoco de supor uma unidade no direito romano. Vale frisar a frequente referência a essa tradição no estudo das incapacidades. Assim, Augusto Teixeira de Freitas, ao tratar do regime das incapacidades, assinala que o direito romano é de "cujas ideias são as do nosso direito atual". TEIXEIRA DE FREITAS, Augusto. *Esboço do Código Civil*. [s.l.]: Ministério da Justiça e Negócios Interiores, 1952, p. 69.
101. NUSSBAUM, Martha. *Las fronteras de la justicia. Consideraciones sobre la exclusión*. Barcelona (Espanha): Ediciones Paidós Iberica, 2007, p. 171.
102. Em obra da década de 1950, Orlando Gomes tratava da "insanidade", no título "estado familiar", o qual, segundo o autor, "influi notavelmente na capacidade da pessoa". GOMES, Orlando. *Introdução ao direito civil*. 3. ed. Rio de Janeiro: Forense, 1957, p. 142-143.
103. ARAUJO, Luiz Alberto David; RUZYK, Carlos Eduardo Pianovski. A perícia multidisciplinar no processo de curatela e o aparente conflito entre o Estatuto da pessoa com deficiência e o Código de Processo Civil: reflexões metodológicas à luz da teoria geral do direito. *Revista de Direitos e Garantias Fundamentais*, Vitória, v. 18, n. 1, p. 227-256, jan./abr. 2017. p. 234.

pois, à qualificação que a pessoa adquire a partir do lugar que ocupa".[104] Uma leitura do regime das incapacidades em sua historicidade faz notar que os estigmas que circundam a incapacidade implicam que suas consequências interferem no acesso e na inclusão da pessoa curatelada (interditada).

Entre as marcas da transição do período medieval ao moderno, destaca Paolo Grossi, estão o abandono da pluralidade por força da estatização do direito.[105] O monismo jurídico,[106] enfatiza a busca da certeza, da segurança, da abstração e da falsa completude. A redução da complexidade da Modernidade[107] também se faz presente no tratamento jurídico da loucura,[108] baseado no *status*.

Como aponta António Manuel Hespanha, diversamente do período moderno, cuja abstração e generalidade fez de toda pessoa sujeito de direito, no Antigo Regime a figura do estado assinalava as diferentes posições da pessoa na ordem jurídica, notadamente diante da inexistência da igualdade formal dos modernos. Para o historiador, "A extensão desses deveres e obrigações depende da posição de cada entidade na ordem do mundo (*status*), sendo alheia à circunstância de disporem ou não de entendimento, de serem *pessoas*, no sentido mais corrente da palavra".[109]

Nessa linha, se a Modernidade, com sua igualdade formal, eliminou as diferentes classes, de outra banda, por meio do significado que atribuiu à categoria da capacidade, permitiu embasar um (novo) estatuto jurídico de diferenciação. O itinerário pode ser assim traduzido: migrou-se da estratificação do Antigo Regime à sistemática Moderna da falsa igualdade.[110] As diferenças não foram incorporadas, diversamente, cuidou-se de escondê-las sob a sombra do sujeito de direito.[111]

A trajetória acima exposta imprimiu à capacidade uma nova consequência. Sem confundir as categorias, metaforicamente pode-se afirmar que também determina

---

104. FACHIN, Luiz Edson. *Teoria Crítica do Direito Civil*. 3. ed. Rio de Janeiro: Renovar, 2012, p. 151.
105. GROSSI, Paolo. *Primeira lição sobre direito*. (Trad. Ricardo Marcelo Fonseca). Rio de Janeiro: Forense, 2006, p. 50.
106. GROSSI, Paolo. *Mitología jurídica de la Modernidad*. (Trad. Manuel Martinez Neira). Madrid (Espanha): Editorial Trotta, 2007, p. 33.
107. TEPEDINO, Gustavo. Premissas metodológicas da Constitucionalização do Direito Civil. In: _____. Temas de Direito Civil. Rio de Janeiro: Renovar, 2000, p. 3.
108. HESPANHA, António Manuel. *Imbecillitas*: as bem-aventuranças da inferioridade nas sociedades de Antigo Regime. São Paulo: Annablume, 2010, p. 97.
109. HESPANHA, António Manuel. *Imbecillitas*. As bem-aventuranças da inferioridade nas sociedades do Antigo Regime. São Paulo: Annablume, 2010, p. 36, 39 e 55.
110. LORENZETTI, Ricardo Luis. *Fundamentos de Direito Privado*. (Trad. Vera Maria Jacob de Fradera). São Paulo: RT, 1998, p. 96. No mesmo sentrido: PROSPERI, Francesco. Rilevanza della persona e nozione di status. *Civilistica.com*. Rio de Janeiro, a. 2, n. 4, out.-dez./2013, p. 5. Disponível em: <http://civilistica.com/wp-content/uploads/2015/03/Prosperi-civilistica.com-a.2.n.4.2013.pdf>. Acesso em: 01 maio 2016.
111. RODOTÀ, Stefano. *Dal soggetto alla persona*. Napoli (Itália): Editoriale Scientifica, 2007, p. 15, 25 e 43.

um *status*[112] dada a posição de inferioridade e exclusão do civilmente incapaz.[113] A abstração do conceito de pessoa favoreceu essa operação, a qual se reflete tanto na presunção de capacidade, quanto na adoção da incapacidade como gênero.[114] Foucault acrescenta que, no século XVII, a "necessidade de delimitar de modo exato a personalidade jurídica" fomenta a interdição como requisito prévio à internação em uma avaliação confusa entre "uma análise filosófica das faculdades e uma análise jurídica da capacidade para elaborar contratos e contrair obrigações".[115]

Como ensina Michel Foucault, ao longo do século XVII, a Medicina cuidará de estudar a doença mental em uma análise que mesclara as faculdades mentais e a seu comportamento em relação aos valores sociais. Na avaliação da anormalidade coloca-se em exame o potencial de perturbar à sociedade. A loucura então não se deve à doença, mas à necessidade de unificar "decreto social do internamento e o conhecimento jurídico que discerne a capacidade dos sujeitos de direito".[116] Essa constatação é chave de leitura para compreensão do modo como se relacionarão, a partir daí, a interdição e a internação, como ilustra-se a discussão sobre o art. 1777, do Código Civil, em sua redação original, acima referida no Caso Weverton.

Na lição de Foucault, a doença mental será a "unidade mítica" da incapacidade. No século XVIII, há uma reconciliação entre a condição de pessoa e os temores sobre a doença mental. A percepção do louco como pessoa é que faz com que sua internação dependa de um procedimento jurídico e aí está a explicação do autor para prática de interditar antes de internar, o que somente se excepcionava quando a família não possuísse recursos para interditar e houvesse denúncias.[117]

No curso do tempo, as posições variam bastante, desde a internação sem uma declaração médica, até a necessidade de declarar a doença mental incurável. Na França era necessário o cometimento de um crime ao passo que na Inglaterra admitia-se a medida por iniciativa do próprio magistrado. O papel dos familiares, próximos e distantes, da polícia, dos vizinhos e de modo geral da comunidade aponta que o enfoque "não é tanto uma ciência médica quanto uma consciência suscetível de

---

112. ARAUJO, Luiz Alberto David; RUZYK, Carlos Eduardo Pianovski. A perícia multidisciplinar no processo de curatela e o aparente conflito entre o Estatuto da pessoa com deficiência e o Código de Processo Civil: reflexões metodológicas à luz da teoria geral do direito. *Revista de Direitos e Garantias Fundamentais*, Vitória, v. 18, n. 1, p. 227-256, jan./abr. 2017. p. 234.
113. Orlando Gomes tratava da "insanidade", no título "estado familiar", o qual, segundo o autor, "influi notavelmente na capacidade da pessoa". GOMES, Orlando. *Introdução ao direito civil*. 3. ed. Rio de Janeiro: Forense, 1957, p. 142-143.
114. FACHIN, Luiz Edson. *Teoria Crítica do Direito Civil*. 3. ed. Rio de Janeiro: Renovar, 2012, p. 147, 150. HESPANHA, António Manuel. *Imbecillitas*: as bem-aventuranças da inferioridade nas sociedades de Antigo Regime. São Paulo: Annablume, 2010, p. 94.
115. FOUCAULT, Michel. *História da Loucura*: na Idade Clássica. (Trad. José Teixeira Coelho Neto). São Paulo: Perspectiva, 2005, p. 145-146.
116. FOUCAULT, Michel. *História da Loucura*: na Idade Clássica. (Trad. José Teixeira Coelho Neto). São Paulo: Perspectiva, 2005, p. 148.
117. FOUCAULT, Michel. *História da Loucura*: na Idade Clássica. (Trad. José Teixeira Coelho Neto). São Paulo: Perspectiva, 2005, p. 147.

escândalo".[118] A tendência nem sempre foi de incremento da atividade médica, por vezes, esteve justamente em jogo a disputa de poder entre o juiz e o médico.

O aprendizado fundamental destas lições de Foucault está em observar que na medida em que se interpenetram a loucura e a conduta social, também se justapõem os papéis da interdição e da internação como proteção da pessoa ou como mecanismo de segregação do perigoso. O reconhecimento da humanidade da pessoa na aplicação do devido processo legal como uma das exigências para a legitimidade das internações não pode ser tomado apenas no sentido formal e burocrático, sob pena de ser apenas uma farsa fragilmente ocultada pela chancela do direito. No final das contas, a interdição opera a invisibilização jurídica e social do diferente.[119]

A diferenciação dogmática entre personalidade (como reconhecimento da condição de pessoa) e capacidade é enfraquecida pelo tratamento do incapaz como um diferente que não pertence, porque lhe é atribuído um *status de inferioridade*. Entre os antigos e posteriormente no período medieval, já se observa que a aptidão para os atos se vinculava formalmente não apenas ao que se habituou designar de discernimento, mas à condição que a pessoa ocupava na sociedade – o *status*.[120]

A falta de capacidade compromete a cidadania, aproxima-se da morte civil,[121] razão pela qual a Convenção Internacional sobre os Direitos das Pessoas com Deficiência, art. 12, consagra a todos, indistintamente, a *capacidade legal* e define a sábia opção por um modelo fundado em salvaguardas, na oferta de meios para máxima participação e coloca em segundo plano a substituição da vontade.[122]

Como explica Clóvis Bevilaqua, entre os romanos, "o estado era qualidade particular que determinava capacidade".[123] Em sua visão, o teor do art. 2º, do Código

---

118. FOUCAULT, Michel. *História da Loucura*: na Idade Clássica. (Trad. José Teixeira Coelho Neto). São Paulo: Perspectiva, 2005, p. 141-150. A citação está na página 143.
119. O direito civil promoveu "a incapacitação de toda a pessoa diferente". CORTIANO JR, Eroulths. A Incapacidade Civil, os Diferentes e o Estatuto da Pessoa com Deficiência: Construindo um Novo Direito. In: CAMBI, Eduardo Augusto Salomão Cambi; MARGRAF, Alencar Frederico (Orgs.). *Direito e Justiça*: Estudos em Homenagem a Gilberto Giacoia. Curitiba: Ministério Público, 2016. p. 135-151. p. 140. Segundo Basaglia, "o conceito da diversidade biológica, que sancionava por outra via a inferioridade moral e social do diferente. Na realidade os dois sistemas visam reduzir o conflito entre o excluído e o excludente através da confirmação científica da inferioridade original do primeiro relativamente ao segundo". BASAGLIA, Franco. *A Instituição negada*. Relato de um hospital psiquiátrico. (Trad. Heloisa Jahn). 3. ed. Rio de Janeiro: Edições Graal, 1985, p. 102.
120. Considerou-se a atribuição de uma reinterpretação do conceito de estado, sem desprezar o significado específico que assume na tradição romanística.
121. COUNCIL OF EUROPE. Commissioner for Human Rights. *Who gets to decide?* Right to legal capacity for persons with intellectual and psychosocial disabilities. CommDH/IssuePaper(2012). Strasbourg, 20 Feb. 2012, p. 5.
122. DHANDA, Amita. Legal capacity in the disability rights convention: stranglehold of the past or lodestar for the future? *Syracuse Journal of International Law and Commerce*, v. 34, n. 2, 2007. p. 447.
123. BEVILAQUA, Clóvis. *Teoria Geral do Direito Civil*. São Paulo: Red Livros. 2001, p. 127. A seguir, ressalta: "Se o indivíduo reunia os três estados de liberdade, de cidade e de família, gozava de capacidade plena. Se faltava algum desses estados, sofria uma restrição". No mesmo sentido. AMARAL, Francisco. *Direito Civil*: Introdução. 6. ed. Rio de Janeiro: Renovar, 2006, p. 217.

Civil de 1916, o qual previa que "todo homem é capaz de direitos e obrigações, na ordem civil"

> é uma affirmação do valor jurídico dos sêres humanos, sem distinção de sexo nem de nacionalidade. A todos onde quer que venham, o direito faculta o ingresso na cidadela do direito e offerece as seguranças da ordem jurídica. A escravidão e todas as instituições, que anullam a liberdade civil são repellidas.[124]

Este excerto permite identificar o regime das incapacidades como método de inclusão; logo, constitui simultaneamente, um mecanismo de exclusão.[125] Nessa linha, apesar de Bevilaqua preconizar a capacidade da mulher,[126] a comissão de elaboração do código civil optou por determinar um status diferenciado. Como explica Keila Grinberg, a discriminação se deve à reprodução das relações patriarcais e os valores morais liberais. "As mulheres casadas, assim, permaneciam 'incapazes', como eram os deficientes mentais, os mendigos, os menores e os indígenas".[127]

Em clássica lição, Clóvis Bevilaqua, define que "Personalidade é a aptidão reconhecida pela ordem jurídica a alguém para exercer direitos e contrair obrigações".[128] Mais adiante, em trecho menos lembrado, afirma que esse instituto

> é uma criação social exigida pela necessidade de pôr em movimento o aparelho jurídico, e que, portanto, é modelada pela ordem jurídica. Daí vem que alguns sistemas jurídicos não reconhecem a personalidade a certos homens (escravos e estrangeiros, por exemplo, nas sociedades antigas) ou uns concedem maior soma de direitos que outros (diferenças entre patrícios e plebeus, distinções de castas de certas religiões, etc.) ou fazem extinguir a personalidade civil, quando ainda perdura a psíquica morte civil).[129]

Essa passagem, ainda que trate da tradição romanística, corrobora o argumento de que as diferenciações no acesso ao sistema jurídico nem sempre estão atreladas à tutela do incapaz ou sequer a uma avaliação de ordem cognitiva.

A respeito dos distintos estados, Moreira Alves ensina que no direito romano havia um tratamento jurídico diferenciado da capacidade[130] com graduações especí-

---

124. BEVILAQUA, Clóvis. *Código Civil dos Estados Unidos do Brasil Commentado*. V. 1. 3. ed. Rio de Janeiro: Livraria Francisco Alves, 1927, p. 165 – Preservou-se a redação original.
125. Postula Fachin que "a pessoa, para configurar-se como tal no plano do direito, deve passar por uma espécie de filtro que lhe dá juridicidade. [...] O que significa que nem todas as pessoas, a rigor, ingressam numa relação jurídica, a não ser aquelas que forem consideradas pelo sistema jurídico". FACHIN, Luiz Edson. *Teoria Crítica do Direito Civil*. 3. ed. Rio de Janeiro: Renovar, 2012, p. 107. A máscara da personalidade constitui um "juízo prévio de exclusão". PIANOVSKI RUZYK, Carlos Eduardo. Ensaio sobre a Autonomia Privada e o Sujeito de Direito nas Codificações Civis, ou "A Aspiração Fáustica e o Pacto de Mefisto". *In*: PAGLIARINI, Alexandre Coutinho; CLÈVE, Clèmerson Merlin; SARLET, Ingo Wolfgang. (Org.). *Direitos Humanos e Democracia*. Rio de Janeiro: Forense, 2007. p. 187-193. p. 190.
126. BEVILAQUA, Clóvis. *Teoria Geral do Direito Civil*. São Paulo: Red Livros, 2001, p. 141.
127. GRINBERG, Keila. *Código Civil e cidadania*. 3. ed. Rio de Janeiro: Zahar, 2008, p. 45 e 70.
128. BEVILAQUA, Clóvis. *Teoria Geral do Direito Civil*. São Paulo: Red Livros, 2001, p. 112.
129. BEVILAQUA, Clóvis. *Teoria Geral do Direito Civil*. São Paulo: Red Livros, 2001, p. 112-113.
130. Não se pretende aqui uma equiparação de institutos, saltos históricos ou considerar o direito romano como um período único, equívocos comuns no recurso à história. Considerou-se útil buscar as possíveis origens

ficas em relação ao escravo, ao estrangeiro e segundo a religião. Também a puberdade serviu de parâmetro, inclusive em certos períodos com exame físico da condição reprodutiva (e não de um critério cognitivo), para posteriormente ser fixada nas idades de 12 anos para as mulheres e 14 para homens.[131] Permita-se insistir, tais elementos não condizem com as lições usuais de um caráter estritamente protetivo baseado em condições de compreender e manifestar-se. Se a escravidão e a figura do *pater familias* não subsistem, guardadas as devidas diferenças e particularidades, outras incapacidades também podem ter sua razão revista.

Assim, *o reconhecimento jurídico da vontade muitas vezes revela uma opção, seja social, seja legislativa, que marca um status baseado em critérios nem sempre ligados à proteção*. No magistério de Fachin, "a regulação jurídica dos papéis deferidos às pessoas depende da função que, em abstrato, o próprio sistema define".[132] É o que explica, e naturalmente não justifica, a incapacidade da mulher, em realidade fundada em discriminação de gênero. Cabe lembrar que, por longo tempo, seu estatuto jurídico diferenciado se alastrava por diversos campos,[133] que incluíram limitações nos atos negociais,[134] no direito sucessório[135] e até mesmo na "capacidade política".[136]

No Brasil, mesmo quando instituído o voto feminino, por força do Decreto n. 21.076/1932, foi enquadrado como facultativo e somente se tornou obrigatório em 1946.[137] O Código Civil de 1916 previa a incapacidade relativa da mulher casada,[138] na forma do art. 6º, inc. II. Em contraste, nas "Institutas", Gaio já antecipava em muitos séculos que a justificativa para submeter as mulheres a um tutor, ligado à suposta "fraqueza de espírito" é "motivo que parece mais estranho que verdadeiro".[139]

---

dos institutos da interdição e da capacidade para, ao compreender seu passado, poder refletir melhor sobre seu futuro. Registra-se ainda que segundo os estudiosos, na tradição romanística não havia a noção abstrata de personalidade jurídica, mas se reconhecia uma noção próxima de capacidade. cf. VILLEY, Michel. *Direito Romano*. (Trad. Fernando Couto). Porto (Portugal): Res Jurídica, 1991, p. 102.

131. MOREIRA ALVES, José Carlos. *Direito Romano*. 15. ed. Rio de Janeiro: GEN, 2012, p. 132.
132. FACHIN, Luiz Edson. Limites e possibilidades da nova teoria geral do Direito Civil. *Revista da Faculdade de Direito UFPR*, Curitiba, v. 27, p. 49-60, 1992. p. 54.
133. GRINBERG, Keila. *Código Civil e cidadania*. 3. ed. Rio de Janeiro: Zahar, 2008, p. 10.
134. Na redação do Código Civil de 1916, na forma do art. 6º, estabelecia, como "relativamente a certos atos (art. 147, n. 1), ou à maneira de os exercer: [...] II. As mulheres casadas, enquanto subsistir a sociedade conjugal".
135. VILLEY, Michel. *Direito Romano*. (Trad. Fernando Couto). Porto (Portugal): Res Jurídica, 1991, p. 103.
136. HESPANHA, António Manuel. *Imbecillitas*: as bem-aventuranças da inferioridade nas sociedades de Antigo Regime. São Paulo: Annablume, 2010, p. 104-105. Michele Perrot destaca a existência de espaços masculinos e femininos. "A distinção entre público e privado implica uma segregação sexual crescente do espaço. Uma das suas chaves talvez seja a definição do espaço público como espaço político reservado aos homens". PERROT, Michelle. *Os excluídos da história*: operários, mulheres, prisioneiros. (Trad. Denise Bottmann). 4. ed. São Paulo: Paz e Terra, 2006, p. 218.
137. CAMPOS, Elza Maria. A luta pela participação política da mulher. *Gazeta do Povo*, 07 mar. 2013, Caderno Opinião, p. 3.
138. DIAS, Maria Berenice. *Manual de Direito das Famílias*. 6. ed. São Paulo: RT, 2010, p. 98.
139. GAIUS. *Institutas do Jurisconsulto Gaio*. (Trad. José Cretella e Agnes Cretella). São Paulo: Editora Revista dos Tribunais, 2004, p. 72 – Comentário I, n. 190.

Essa condição de segunda classe também se revela na incapacidade do indígena, chamados de "silvícola" na redação do Código Civil de 1916. Concebe-se o indígena em etapa atrasada de um suposto processo de civilização, o que foi lamentavelmente mantido no chamado "Estatuto do Índio" (Lei n. 6.001/1973). O texto legal enuncia com constitucionalidade duvidosa o propósito de "integrá-los, progressiva e harmoniosamente" (art. 1º). Até mesmo os seus requisitos de capacidade são distintos. Na forma do art. 9º, exige-se a idade mínima de 21 anos, conhecimento da língua portuguesa, "habilitação para o exercício de atividade útil" e "compreensão dos usos e costumes".

Segundo a lógica de uma evolução inevitável,[140] os indígenas são enquadrados, a teor do art. 4º do estatuto, em três categorias, (i.) isolados, (ii.) em vias de integração e (iii.) integrados. Extrai-se da lei n. 6.001/1973 uma suposição da superioridade dos valores e do intelecto da sociedade em contraposição ao "silvícola" ainda em "processo de civilização".[141] Na visão de Thiago Hansen, tal legislação pressupõe o índio como um tipo ideal e "surge como a motivação para se retirar direitos e obrigações de indígenas e colocá-los sob a supervisão do Estado".[142]

Como exposto, as incapacidades, sob as vestes jurídicas de solução da vontade perturbada operam uma exclusão jurídica e promovem segregação social. No campo da saúde mental, retroalimentam-se o estigma da doença mental, a interdição e as limitações que o ordenamento jurídico impõe.

---

140. Para uma crítica mais balizada: OLIVEIRA, João Pacheco de; FREIRE, Carlos Augusto da Rocha. *A Presença Indígena na Formação do Brasil*. Brasília: Ministério da Educação, Unesco (Organização das Nações Unidas para a Educação, a Ciência e a Cultura), Museu Nacional, 2006, p. 121. SOUZA FILHO, Carlos Frederico Marés de et al. *Estatuto dos povos indígenas*. Série Pensando o direito, n. 19/2009. Sumário Executivo – Relatório de Pesquisa "Tráfico de Drogas e Constituição". Resumo do Projeto de Pesquisa apresentado ao Ministério da Justiça/ PNUD, no Projeto "Pensando o Direito", Referência PRODOC BRA/08/001. Rio de Janeiro/Brasília: Ministério da Justiça, Secretaria de Assuntos Legislativos do Ministério da Justiça, jul. 2009, p. 18. Nas entrelinhas da legislação, também se faz presente a premissa de que os índios serão aculturados, de modo que uma vez emancipados e integrados suas terras deverão retornar ao Estado. Cf. SOUZA FILHO, Carlos Frederico Marés. *O renascer dos povos indígenas*. Curitiba: Juruá, 1998, p. 103.
141. Rosane Freire Lacerda, em sua dissertação, faz interessante mapeamento da posição da doutrina sobre a incapacidade dos indígenas e aponta divergências entre os motivos, o objeto de proteção e os instrumentos. Seu estudo aponta que, para grande número de autores que designa "civilistas", a proteção encontra sua razão em uma visão de inferioridade que justifica uma lógica de proteção das terras por meio de uma *capitis diminutio*. Para outros autores, a proteção se embasa na diversidade cultural, deve ser instrumentalizada por meio de assessoramento técnico e compreender o patrimônio material e imaterial, com vistas à proteção de sua diversidade étnica e cultural. LACERDA, Rosane Freire. *Diferença não é incapacidade*: gênese e trajetória histórica da concepção da incapacidade indígena e sua insustentabilidade nos marcos do protagonismo dos povos indígenas e do texto constitucional de 1988. Dissertação (Mestrado em Direito). Universidade de Brasília, Brasília, 2007, p. 248, 252, 272.
142. HANSEN, Thiago Freitas. O pensamento jurídico sobre o indígena em períodos de modernização. *Revista Direito e Práxis*, v. 6, p. 326-347, 2015. p. 336-337. Clóvis Bevilaqua cita que a inclusão dos indígenas se deve a visão de que "são individuos estranhos ao gremio da civilização". BEVILAQUA, Clóvis. *Codigo Civil dos Estados Unidos do Brasil Commentado por Clovis Bevilaqua*. 3. ed. V. I. Rio de Janeiro: Livraria Francisco Alves, 1927, p. 186.

iii. As incapacidades para os atos da vida civil se estruturam sob lógica binária (capaz/incapaz) a qual favorece a segurança jurídica dos atos negociais; o plenamente capaz é um tipo ideal, consentâneo à abstração do sistema e representa a adoção de um "padrão de normalidade"

A teoria das incapacidades se estrutura sob a lógica binária,[143] falso/verdadeiro, capaz/incapaz, válido/nulo que informa um sistema jurídico voltado à previsibilidade, à segurança e à completude. Essa compreensão se revela nitidamente na adoção da famosa expressão "loucos de todo gênero", adotada no Código Civil de 1916, apesar da oposição que já existia desde o seu projeto. É terminologia que se sintoniza com a simplificação da "realidade" que melhor atende ao fluxo negocial.[144]

A modificação de nomenclatura verificada no Código Civil de 2002, com a eliminação da vetusta redação, não significou, no entanto, uma suficiente alteração estrutural. Como sublinha Célia Abreu, manteve-se uma lógica do tudo ou nada, em detrimento da indispensável adoção de uma curatela "flexível e personalizada".[145] Mudaram os significantes, mas pouco se alterou o significado. Ademais, a opção do incapaz como gênero e a prevalência da incapacidade absoluta se harmonizam com uma homogeneização voltada à estabilidade dos atos negocias. Sob tal episteme, natural que se considere que "pouco importa a natureza do processo patológico. Toda alteração grave das faculdades mentais determina a incapacidade".[146]

Em contraposição à complexidade da saúde mental, a opção legislativa foi por reduzir, simplificar e excluir, como se a legislação pudesse fazer desaparecer a loucura ou afastar a diversidade. Separa-se então o mundo entre capaz e incapaz, razão e insensatez, reconhecimento jurídico e desconsideração. A sistemática faz recordar René Descartes, em seu "Discurso do Método", no qual se preocupa em estabelecer um método para distinguir o falso. Para tanto, rejeita as presunções que não se possam provar[147] e busca a verdade a partir do que considera evidente. Com base em suas reflexões, conclui Descartes que "esta verdade – *penso, logo existo* – era tão firme e tão certa que todas as mais extravagantes suposições dos cépticos não eram capazes de a abalar".[148] Não deixa de haver certa ironia, em seu discurso (ou

---

143. Na síntese de Fachin a "racionalidade codificadora que permeia o Código Civil em tela é ainda formada pela lógica binária do reducionismo entre inclusão e exclusão". FACHIN, Luiz Edson. *Sentidos, Transformações e Fim*. Rio de Janeiro: Renovar, 2014, p. 52.
144. STAUT JUNIOR, Sergio Said. A Escola da Exegese: percurso histórico de uma simplificação e redução do direito. *In*: OPUSZKA, Paulo; CARBONERA, Silvana (Org.). *Direito Moderno e Contemporâneo*: perspectivas críticas. Pelotas: Delfos, 2008, p. 103-112. p. 108.
145. ABREU, Célia Barbosa. *Curatela e Interdição Civil*. Rio de Janeiro: Editora Lumen Juris, 2009, p. 3.
146. GOMES, Orlando. *Introdução ao direito civil*. 19. ed. Rio de Janeiro: Forense, 2007, p. 155.
147. DESCARTES, René. *Discurso do Método*. (Trad. Maria Ermantina Galvão). 3. ed. São Paulo: Martins Fontes, 2001, p. 37.
148. DESCARTES, René. *Discurso do Método*. (Trad. Maria Ermantina Galvão). 3. ed. São Paulo: Martins Fontes, 2001, p. 38.

seu método) que prima pela certeza e, porém, indica como a segunda certeza (além da famosa máxima), a irrefutável verdade divina.[149]

No âmbito do regime das incapacidades, pode-se afirmar que o aforismo *cogito ergo sum* foi interpretado a *contrario sensu*, *não penso não existo*,[150] de modo que conduziu à negação das pessoas não enquadradas (ou aceitas) como aptas a se manifestar.

O padrão de normalidade da ótica racionalista se opõe às ideias lançadas por Erasmo de Rotterdam. Como se a obra de Descartes fosse lida no espelho, o "Elogio da Loucura" faz uma ode à falta de insensatez cotidiana, presente nas múltiplas incoerências e extravagâncias, nas alegrias, na hipocrisia, nos rituais.[151] Reputa insuficiente a razão e ao tomar a loucura como componente da vida, contesta o parâmetro pelo qual "o que distingue o louco do sábio é que o primeiro se guia pelas paixões, o segundo pela razão".[152] Ademais, Erasmo de Rotterdam rejeita o padrão de normalidade que considera quem vive para buscar a riqueza sem aproveitar a vida como normal. Registra ainda o curioso e instigante exemplo do louco que reclama do fato de ter sido tratado.[153]

Pontes de Miranda, em texto de 1917, reproduzido em seu tratado, já traçava sólida crítica ao "sistema apriorístico do Código Civil" com sua solução terminológica reducionista. Em antecipação da visão contemporânea, escreveu: "As moléstias mentais admitem gradações e modalidades várias; e era necessário que a lei permitisse, consequentemente, as gradações e modalidades da incapacidade jurídica".[154]

Em oposição, sob a organização binária, o sistema se organiza entre *os sãos e os que não são*; aos últimos não se autoriza o ingresso no mundo jurídico, nem a circulação no mundo real.[155] Em outras palavras, a fixação de etiquetas como "doente mental", "ebrio habitual", "incapaz", "interditado", mesmo quando imbuída de intenção protetiva, produz efeitos que extravasam a esfera jurídica, limitam direitos e facilitam abusos.

As incapacidades associam-se a um modelo de normalidade que reforça as exclusões sociais e jurídicas. Criam-se assim barreiras que delimitam o terreno da certeza e

---

149. DESCARTES, René. *Discurso do Método*. (Trad. Maria Ermantina Galvão). 3. ed. São Paulo: Martins Fontes, 2001, p. 43.
150. *"Se non cogitare me, ergo non sum"*, na redação indicada pelo professor de latim Elias Santos do Paraizo Jr. a quem se agradece.
151. ROTTERDAM, Erasmo. *Elogio da loucura*. (Trad. Ciro Mioranza). São Paulo: Escala Educacional, 2006, p. 36, 52, 78.
152. ROTTERDAM, Erasmo. *Elogio da loucura*. (Trad. Ciro Mioranza). São Paulo: Escala Educacional, 2006, p. 41.
153. ROTTERDAM, Erasmo. *Elogio da loucura*. (Trad. Ciro Mioranza). São Paulo: Escala Educacional, 2006, p. 41 e 65.
154. PONTES DE MIRANDA. *Tratado de Direito Privado*. T. II. São Paulo: Bookseller, 2000, p. 380.
155. Pablo Simón traduz tal concepção, no âmbito da saúde, como a "capacidade como umbral". SIMÓN, Pablo. *El consentimiento informado*. Historia, teoría y práctica. Madrid (Espanha): Editorial Triascastela, 2000, p. 280. Tradução livre.

da loucura e impõem degraus que dificultam a acessibilidade aos direitos. Para encarcerar a realidade, fomentou-se o confinamento da loucura na interdição, a qual, originalmente destinada a disciplinar atos patrimoniais, terminou por contribuir na justificação das medidas de enclausuramento do diferente, como se discute, mais adiante nesta pesquisa. Em outras palavras, o regime das incapacidades em sua construção tradicional estabelece determinadas molduras. A inadequação ao modelo define o não-sujeito (de direito), as não pessoas, o não ser; é um refugiado que vive no espaço que Stefano Rodotà,[156] Luiz Edson Fachin[157] e Jean Carbonnier[158] chamam de *não-direito*.

A partir do cotejo entre estrutura e função, torna-se mais fácil compreender o modelo adotado. Segundo Caio Mário, a incapacidade como gênero é uma necessidade para lidar com o anormal:

> A preocupação do legislador é estatuir a segurança social e esta ficaria ameaçada se toda ação do indivíduo anormal se sujeitasse a verificação, a saber, se ocorreu enquanto estava mergulhado nas sombras de sua insanidade ou flutuava na superfície do discernimento. Funcionaria mal o sistema protetor se permitisse em cada caso a reabertura do debater, para recusar ou reconhecer a validade do ato, em atenção à maior ou menor intensidade da doença sobre o psiquismo do enfermo.[159]

Em sua análise sobre o anormal, Michel Foucault identifica outras transformações substanciais nas finalidades e no modo pelo qual o sistema jurídico opera em relação à loucura. Segundo o autor, a lei francesa de 1838, a qual permite "internações *ex officio*", é um marco fundamental a partir do qual o centro das atenções migrou do discernimento e do risco em relação aos bens da família,[160] que caracteriza a interdição.

Foucault identifica uma transposição fundamental na apreciação da capacidade, que contribui de modo crucial na compreensão dos riscos de aproximar interdição e internação, com a análise conjunta, já assinalada da razão e do potencial de perigo, do parâmetro da cognição para o potencial de desordem. De forma lapidar concluiu

---

156. RODOTÀ, Stefano. *La vita e le regole*. Tra diritto e non diritto. 4. ed. Milão (Itália): 2007, p. 13.
157. FACHIN, Luiz Edson. Limites e possibilidades da nova Teoria Geral do Direito Civil. *Revista da Faculdade de Direito da UFPR*, Curitiba, UFPR, ano 27, n. 27, p. 49-60. 11/27/1992 – 1993, p. 53.
158. CARBONNIER, Jean. *Derecho Flexible*. Madrid (Espanha): Tecnos, 1974, p. 47. Jean Carbonnier aponta que a autonomia da vontade pode ser vista, em sua outra face, como a liberdade de não agir no espaço do direito.
159. SILVA PEREIRA, Caio Mário da. *Instituições de Direito Civil*. V. 1. 24. ed. Rio de Janeiro: Forense, 2012, p. 234. Grifou-se. De maneira próxima, Maria Helena Diniz procura assim defender: "o direito deve contentar-se com um critério prático: a simples afirmação de um estado de enfermidade ou deficiência mental, que reclame intervenção protetora, visto que a pessoa tornou-se absolutamente incapaz de prover aos seus próprios interesses". DINIZ, Maria Helena. *Curso de Direito Civil. Teoria Geral do Direito Civil*. 25. ed. Vol. I. São Paulo: Saraiva, 2008, p. 153. Em frontal oposição, Pontes de Miranda defende a necessidade de diferenciar as múltiplas patologias e efeitos. PONTES DE MIRANDA. *Tratado de Direito Privado*. T. II. São Paulo: Bookseller, 2000, p. 380.
160. FOUCAULT, Michel. *O Poder Psiquiátrico*. (Trad. Eduardo Brandão). São Paulo: Martins Fontes, 2012, p. 121.

que a averiguação seguiu o percurso do que "é capaz de compreender, para o que ele é capaz de cometer".[161]

Inicialmente os internamentos se apresentam como um complemento à interdição. Associam-se a uma passagem que transfere sua gestão da família ao estado e também alteram o papel do médico, cuja participação é indispensável para as internações. Em tal contexto, a psiquiatria deixa de cuidar do estado de consciência, para se ocupar das ameaças. Trata-se de uma mudança radical haja vista que a interdição é a "medida judiciária pela qual um indivíduo era parcialmente desqualificado como sujeito de direito",[162] ao passo que, em tal contexto se conferiu ao internamento os papeis corrigir e disciplinar.

Diante da exigência da inteligibilidade como critério punitivo, emergiu uma função dita terapêutica, mas efetivamente destinada ao controle da anormalidade.[163] Nesta alteração, ao invés da infração, pune-se a pessoa.[164] O julgamento "diz muito mais respeito ao contexto de existência, e vida, de disciplina do indivíduo, do que ao próprio ato que ele cometeu e pelo qual é levado diante do tribunal". Em síntese, percorreu-se o trajeto do tratamento jurídico da loucura à periculosidade, do enclausuramento do infrator ao controle do perigo.[165]

A interdição, então, com sua função de legitimar as internações, desprende-se da finalidade de proteção do incapaz. Na era clássica, explica Foucault "internar alguém dizendo que é um 'furioso', sem especificar se é doente ou criminoso, é um dos poderes que a razão clássica atribui a si mesma, na experiência que teve da loucura".[166] O autor expõe ainda o entrelaçamento entre o saber médico e o poder Judiciário e de modo correspondente, a fusão entre a função punitiva e a terapêutica.[167] Para que se possa punir é preciso que o infrator consiga compreender, de modo que razão e imputação estão imbricadas. O foco das atenções recai então sobre a adequação do infrator em relação ao mundo, seu grau de normalidade. A pessoa doente é uma exceção, um monstro a ser corrigido,[168] que precisa ser tratado e, para tanto, ser afastado.

Uma leitura apressada poderia sugerir que tais considerações somente importam ao direito penal. Ao contrário, o que se deve atentar no tratamento jurídico da loucura é justamente a íntima relação ou mesmo sobreposição entre proteção da

---

161. FOUCAULT, Michel. *Os anormais.* (Trad. Eduardo Brandão). São Paulo: Martins Fontes, 2001, p. 121 e 125.
162. FOUCAULT, Michel. *Os anormais.* (Trad. Eduardo Brandão). São Paulo: Martins Fontes, 2001, p. 21, 98.
163. FOUCAULT, Michel. *Os anormais.* (Trad. Eduardo Brandão). São Paulo: Martins Fontes, 2001, p. 96-97, 106-107.
164. FOUCAULT, Michel. *Os anormais.* (Trad. Eduardo Brandão). São Paulo: Martins Fontes, 2001, p. 21, 98.
165. FOUCAULT, Michel. *Os anormais.* (Trad. Eduardo Brandão). São Paulo: Martins Fontes, 2001, p. 125.
166. FOUCAULT, Michel. *História da Loucura:* na Idade Clássica. (Trad. José Teixeira Coelho Neto). São Paulo: Perspectiva, 2005, p. 125.
167. FOUCAULT, Michel. *Os anormais.* (Trad. Eduardo Brandão). São Paulo: Martins Fontes, 2001, p. 29.
168. FOUCAULT, Michel. *Os anormais.* (Trad. Eduardo Brandão). São Paulo: Martins Fontes, 2001, p. 72.

pessoa e da sociedade, tendo em conta que há um movimento essencial pelo qual a preocupação se desloca da indagação sobre a razão (capaz-incapaz), para o risco de desordem (normal-perigoso). No ordenamento brasileiro esta perspectiva é evidenciada no Decreto n. 891/1938, adiante referido e na Lei dos Alienados (Decreto n. 1.132/1903), a qual em seu art. 1º define que "O individuo que, por molestia mental, congenita ou adquirida, comprometter a ordem publica ou a segurança das pessoas, será recolhido a um estabelecimento de alienados".[169]

Dessa maneira, a leitura de Foucault permite notar que a concepção, bastante arraigada, de uma ligação entre a loucura e os riscos para a sociedade, deriva de duas codificações relativamente recentes, quais sejam, da "loucura como doença" e "a loucura como perigo".[170]

Estabeleceu-se, com efeito, um liame da "loucura ao crime e do crime à loucura",[171] útil à higiene pública. Essa sistemática é reforçada pela valorização da psiquiatria como forma de determinação científica das condutas que permitem diagnosticar o indivíduo perigoso. Para o autor, há uma tautologia no valor conferido às avaliações periciais, de modo que a percepção judicial da loucura se legitima pela participação do perito, e tal participação é legítima por ocorrer na esfera judicial.[172]

Na medida em que "o crime vai se patologizando",[173] o controle da loucura é função dos juízes e sua detecção prévia, assim como o potencial de novos atos por meio do crivo da *periculosidade* passam a ser centrais.

"O direito desenvolveu um método racional e objetivo da teoria das incapacidades para extirpar a autonomia e segregar aqueles que apresentavam entraves à estabilidade das relações sociais".[174] Esse sistema das incapacidades, todavia, acaba por se prestar também à definição de outros papeis no cenário jurídico, associados à anormalidade que demanda um "tratamento jurídico". É dizer que, no plano da saúde mental, as incapacidades para os atos da vida civil fomentaram uma dúplice segregação. Sob uma vertente, na prática a incapacidade assume, em um grande

---

169. Em que pese a evidente inconstitucionalidade da disposição, nos sites da Câmara Federal e do Senado, há indicação de que "não consta revogação expressa", embora no Planalto não figure entre os decretos vigentes. BRASIL. Câmara Federal. *Decreto n. 1.132/1903*. Disponível online em <www2.camara.leg.br/legin/fed/decret/1900-1909/decreto-1132-22-dezembro-1903-585004-publicacaooriginal-107902-pl.html> Acesso em: 05 jan. 2017. BRASIL. Senado Federal. Secretaria de Informação Legislativa. *Decreto n. 1.132/1903*. Disponível online em <http://legis.senado.leg.br/legislacao/DetalhaDocumento.action?id=63278> Acesso em: 05 jan. 2017. BRASIL. Planalto. *Decretos anteriores a 1960*. Disponível online em <www.planalto.gov.br/ccivil_03/decreto/Quadros/ anteriores%20a%201960.htm> Acesso em: 06 jan. 2017. Optou-se por indicar apenas leis revogadas ou de difícil acesso nas notas de rodapé.
170. FOUCAULT, Michel. *Os anormais*. (Trad. Eduardo Brandão). São Paulo: Martins Fontes, 2001, p. 101.
171. FOUCAULT, Michel. *Os anormais*. (Trad. Eduardo Brandão). São Paulo: Martins Fontes, 2001, p. 102.
172. FOUCAULT, Michel. *Os anormais*. (Trad. Eduardo Brandão). São Paulo: Martins Fontes, 2001, p. 10-11, 23, 35.
173. FOUCAULT, Michel. *Os anormais*. (Trad. Eduardo Brandão). São Paulo: Martins Fontes, 2001, p. 33.
174. ROSENVALD, Nelson. Curatela. In: PEREIRA, Rodrigo da Cunha (Org.). *Tratado de Direito das Famílias*. Belo Horizonte, IBDFAM, 2015. p. 731-800. p. 733.

número de situações, um alcance dilatado, como o fato de frequentemente abarcar os atos existenciais;[175] ademais, promove-se a internação sob alegação por vezes apenas formal, de finalidade terapêutica.

Consoante explica Foucault, com dois séculos de distinção, os esquemas de segregação dos "leprosos" cederam lugar a novos "jogos de exclusão". No lugar da hanseníase (historicamente designada de lepra), os alvos das estratégias de isolamento foram "pobres, vagabundos, presidiários e 'cabeças alienadas' ".[176] O tratamento da peste por sua vez representou uma "invenção das tecnologias positivas de poder".[177] Ao invés da rejeição, o controle; no lugar de castas, a normalização.

"Numa palavra, o critério de normalidade parece aproximar-se do ideal figurado por um marido proprietário".[178] De fato, o regime clássico das incapacidades se construiu sob as bases de um padrão de normalidade,[179] do homem médio com aptidão para decidir. Como uma imagem invertida de tal representação, sob o signo da incapacidade, tacitamente está o anormal ou desviante eufemisticamente designado de louco e enquadrado como incapaz. É distanciado do espaço jurídico e social, "para seu próprio bem".[180] O incapaz é concebido assim sempre como um *outro*, alienado, diferente e muitas vezes desviante.[181]

Nos textos legislativos, a conexão entre deficiência e normalidade também se revela. No Decreto n. 914/1993, que institui a Política Nacional para a Integração da Pessoa Portadora de Deficiência, definia-se pessoa com deficiência como "aquela

---

175. Para uma crítica de tal mescla, cf. ABREU, Celia Barbosa. A Flexibilização da Curatela. Uma Interpretação Constitucional do art. 1772 do Código Civil Brasileiro. *Revista Trimestral de Direito Civil*, v. 37, p. 3-16, 2009. p. 3.
176. FOUCAULT, Michel. *História da Loucura:* na Idade Clássica. (Trad. José Teixeira Coelho Neto). São Paulo: Perspectiva, 2005, p. 6, 8. De forma similar. FOUCAULT, Michel. *Os anormais*. (Trad. Eduardo Brandão). São Paulo: Martins Fontes, 2001, p. 54.
177. FOUCAULT, Michel. *Os anormais*. (Trad. Eduardo Brandão). São Paulo: Martins Fontes, 2001, p. 59.
178. HESPANHA, António Manuel. *Imbecillitas*. As bem-aventuranças da inferioridade nas sociedades do Antigo Regime. São Paulo: Annablume, 2010, p. 93. Para a mulher, explica Maria Angela D´Incao ao falar do séc. XIX, a expectativa era "Um sólido ambiente familiar, o lar acolhedor, filhos educados e esposa dedicada ao marido, às crianças e desobrigada de qualquer trabalho produtivo representavam o ideal de retidão e probidade, um tesouro social imprescindível". D´INCAO, Maria Angela. Mulher e família burguesa. In: PRIORE, Mary Del (Org.). *História das Mulheres no Brasil*. 7. ed. São Paulo: Editora Contexto/UNESP, 2004. p. 223-240. p. 223.
179. "É normal não tanto quem não apresenta sintomas de tipo psicopatológico, mas, sobretudo, o indivíduo capaz de se integrar na sociedade em que vive, estabelecendo relações harmoniosas com os outros". COHEN, Claudio; SALGADO, Maria Teresa Munhoz. Reflexão sobre a autonomia civil das pessoas portadoras de transtornos mentais. *Revista Bioética*, CFM, v. 17, n. 2, p. 221-235, 2009. p. 224.
180. *"Desde la concepción de los locos como seres poseídos por fuerzas y poderes sobrenaturales – fueran éstos dioses o malignidades demoníacas– hasta la asociación de los trastornos mentales con pecados, vicios y crímenes, estas conductas han sido consideradas como desviaciones de las normas y comportamientos sociales aceptables, y a quienes las presentan, un peligro tanto para sí mismos como para la sociedad".* FERNÁNDEZ, María Teresa. La discapacidad mental o psicosocial y la Convención sobre los Derechos de las Personas con Discapacidad. *Revista de derechos humanos da Defensoría Pública*, n.11, p. 10-17, nov. 2010. p. 11.
181. PALACIOS, Agustina; BARIFFI. Francisco. *La discapacidad como una cuestión de derechos humanos*. Una aproximación a la Convención Internacional sobre los Derechos de las Personas con Discapacidad. Madrid (Espanha): Cinca, 2007, p. 18.

que apresenta, em caráter permanente, perdas ou anormalidades de sua estrutura ou função psicológica, fisiológica ou anatômica, que gerem incapacidade para o desempenho de atividade, dentro do padrão considerado normal para o ser humano". O decreto foi revogado pelo Decreto 3.298/1999, o qual, todavia manteve a concepção intocada.[182]

Nessa linha, nas regras do benefício previdenciário conhecido como LOAS ou ainda como benefício de prestação continuada (BPC), o Decreto n. 1.744/1995, conceituava-a pessoa com deficiência como: "incapacitada para a vida independente e para o trabalho em razão de anomalias ou lesões irreversíveis de natureza hereditária, congênitas ou adquiridas, que impeçam o desempenho das atividades da vida diária e do trabalho". Essa visão foi ultrapassada. A conceituação atual, do Decreto n. 6.214/2007, conferida pelo Decreto n. 7.617/2011 reproduz *ispis literis* o conceito do art. 1º da CDPD.

De modo interessante, ao definir incapacidade, a redação vigente do Decreto n. 7.617/2011 a reconhece como "fenômeno multidimensional que abrange limitação do desempenho de atividade e restrição da participação". Não se pretende sugerir que esta capacidade seja a mesma do Código Civil, mas justamente se enfatizar que há múltiplas capacidades ou aptidões.

Como aponta estudo do IPEA, o conceito e a forma de avaliação da deficiência sofreram alterações. Desde 2009, considerou-se a Classificação Internacional de Funcionalidade, Incapacidade e Saúde (CIF), em sintonia com uma passagem do modelo biomédico à avaliação biopsicossocial. "A partir da introdução da CIF, três componentes passaram a ser qualificados nos instrumentos de avaliação: 'Funções do Corpo', 'Atividades e Participação', e 'Fatores Ambientais".[183] Sem descuidar da complementariedade,[184] a existência de uma distinção entre a classificação de funcionalidades da CIF e de doenças (CID-10) denota que "A CIF esclarece que nós não podemos, por exemplo, inferir a participação na vida do dia a dia apenas com base no diagnóstico médico".[185]

Dessa maneira, entre tantas outras possibilidades, é possível "ter deficiências sem limitações de capacidade", "ter problemas de desempenho e limitações de ca-

---

182. A mudança de redação no Decreto n. 3.298/1999 é ínfima: "deficiência – toda perda ou anormalidade de uma estrutura ou função psicológica, fisiológica ou anatômica que gere incapacidade para o desempenho de atividade, dentro do padrão considerado normal para o ser humano".
183. IPEA. *Nota Técnica n. 31/2016*. Deficiência e Dependência no Debate sobre a Elegibilidade ao BPC. Diretoria de Estudos e Políticas do Estado, das Instituições e da Democracia. Rio de Janeiro: IPEA, 21 nov. 2016, p. 7.
184. "A CIF e a CID são duas classificações complementares de referência da OMS e são ambas membros da Família das Classificações Internacionais da OMS. A CIF não está associada como problemas de saúde ou doenças específicas; ela descreve as dimensões de funcionalidade associadas em múltiplas perspectivas nos níveis corporal, pessoal e social". ORGANIZAÇÃO MUNDIAL DA SAÚDE. *Como usar a CIF*: Um manual prático para o uso da Classificação Internacional de Funcionalidade, Incapacidade e Saúde (CIF). Versão preliminar para discussão. Genebra (Suíça): OMS, out. 2013, p. 4.
185. ORGANIZAÇÃO MUNDIAL DA SAÚDE. *Como usar a CIF*: Um manual prático para o uso da Classificação Internacional de Funcionalidade, Incapacidade e Saúde (CIF). Versão preliminar para discussão. Genebra (Suíça): OMS, out. 2013, p. 3.

pacidade sem deficiências evidentes".[186] Em contraposição, na redação da década de 1990 da legislação sobre BPC, a anomalia se fez confundir com a anormalidade e promoveu no campo da saúde mental uma divisão fictícia entre normais e anormais segundo um juízo fundado em (des)valor. Como explica Canguilhem "A troca de processos gramaticais corretos acarretou uma colusão dos sentidos respectivos de anomalia e de anormal".[187] Essa mescla se deve ao fato de que para alguns estudiosos da Medicina, "o estado normal designa, ao mesmo tempo, o estado habitual dos órgãos e seu estado ideal".[188]

O que se pode observar, no tratamento jurídico da saúde mental, é uma passagem fundamental de modelo médico para uma *visão mais densa, complexa, atrelada aos direitos humanos e a uma concepção de inclusão que é muito mais ampla do que a simples aceitação ou uma tolerância com a diferença*. Nas palavras de Marcelo Medeiros e Débora Diniz, "Em síntese, o modelo médico identifica a pessoa deficiente como alguém com algum tipo de inadequação para a sociedade; o modelo social, por sua vez, inverte o argumento e identifica a deficiência na inadequação da sociedade para incluir todos, sem exceção".[189]

O foco é transferido da restrição às potencialidades. Ao perguntar do que é capaz, ao invés de incapaz, enfatiza-se as possibilidades[190] e, por conseguinte, o dever de conferir as condições efetivas para sua concretização, como se extrai dos princípios da CDPD, art. 3º, bem como do CPC/2015, art. 755.

iv. O regime das incapacidades promove a exclusão, inclusive pela absoluta desconsideração da vontade do incapaz

Como sublinha Foucault, "Desde a alta Idade Média, o louco é aquele cujo discurso não pode de circular".[191] Em "A ordem do discurso", assinala que a loucura é

---

186. ORGANIZAÇÃO MUNDIAL DA SAÚDE. *Classificação Internacional de Funcionalidade, Incapacidade e Saúde (CIF)*. (Trad. Amélia Leitão). Lisboa (Portugal): OMS, 2004, p. 21.
187. CANGUILHEM, Georges. *O normal e o patológico*. (Trad. Tradução Maria Thereza Redig de Carvalho Barrocas). 6. ed. São Paulo: Editora Forense Universitária. 2009, p. 42.
188. CANGUILHEM, Georges. *O normal e o patológico*. (Trad. Tradução Maria Thereza Redig de Carvalho Barrocas). 6. ed. São Paulo: Editora Forense Universitária. 2009, p. 48.
189. Medeiros, Marcelo; Diniz, Débora. Envelhecimento e Deficiência. In: *Muito além dos 60: os novos idosos brasileiros*. Rio de Janeiro: Ipea, 2004. p. 107-120. p. 109. Nesse sentido: NUSSBAUM, Martha. *Las fronteras de la justicia*. Consideraciones sobre la exclusión. Barcelona (Espanha): Ediciones Paidós Iberica, 2007, p. 174. Sobre o tema, ver também: BARBOZA, Heloisa Helena. ALMEIDA, Vitor. (Coord). **Comentários ao estatuto da pessoa com deficiência à luz da Constituição da República**. Belo Horizonte: Fórum, 2018.
190. Asís assinala que embora capacidade seja usualmente confundida com possibilidade, são projeções distintas. Nem tudo que se é capaz de fazer pode-se concretamente realizar. ASÍS, Rafael de. Derechos humanos y discapacidad: Algunas reflexiones derivadas del análisis de la discapacidad desde la teoría de los derechos. In: MENEZES, Joyceane Bezerra de. (Org.). *Direito das pessoas com deficiência psíquica e intelectual nas relações privadas*: Convenção sobre os direitos da pessoa com deficiência e Lei Brasileira de Inclusão. Rio de Janeiro: Processo, 2016. p. 1-30. p. 26.
191. FOUCAULT, Michel. *A ordem do discurso*. (Trad. Tradução: Laura Fraga de Almeida Sampaio). 3. ed. São Paulo: Edições Loyola, 1996, p. 10.

identificada pela palavra e sua fala é censurada, não integra o discurso socialmente aceito, mesmo nas épocas em que se considerava que o louco poderia exprimir a verdade inclusive por estar despido de limitações sociais. É que não basta apenas o que é dito, porque se leva em conta o contexto em que diz, inclusive quem diz[192] frente à "apropriação social dos discursos".[193]

É interessante observar que nesta obra o autor emprega justamente o termo "interdição" (associado à linguagem), o que faz em distintas acepções que se complementam para corroborar um sentido de exclusão. Há discursos que são recepcionados ou rejeitados, de modo que a interdição denota a exclusão, não necessariamente por ser verdade, mas justamente pelas relações que definirão o que é verdadeiro, tal como "direito privilegiado ou exclusivo do sujeito que fala" e a adoção de determinados "rituais". No direito moderno, a noção abstrata de sujeito de direito ou a apropriação da noção de pessoa por meio da personalidade jurídica define que somente é pessoa aquela definida como tal pelo ordenamento.[194] Em última análise, na Modernidade todos são pessoas, mas os incapazes têm seu discurso silenciado.

É marca do regime tradicional das incapacidades a desconsideração do incapaz, o que se reflete no modo como se confere seu suporte, consoante a gradação se concretiza pela representação ou assistência. No dizer de San Tiago Dantas, confere-se uma proteção diante da "insuficiência de vontade" para que "alguém que decida por ele, ou então decida em colaboração".[195]

Especialmente na incapacidade absoluta, prevalece a lógica de *substituição*[196]/ *não-reconhecimento da vontade do incapaz*,[197] solenemente ignorada. Nessa linha, Orlando Gomes, ao esclarecer sobre a representação, aponta que enquanto a representação voluntária é exercida a pedido e nos limites do interesse do representado,

---

192. Assinala que há uma "segregação da loucura" de sorte que a fala do louco "excluída ou secretamente investida pela razão, no sentido restrito, ela não existia". FOUCAULT, Michel. *A ordem do discurso*. (Trad. Tradução: Laura Fraga de Almeida Sampaio). 3. ed. São Paulo: Edições Loyola, 1996, p. 11 e 19.
193. FOUCAULT, Michel. *A ordem do discurso*. (Trad. Tradução: Laura Fraga de Almeida Sampaio). 3. ed. São Paulo: Edições Loyola, 1996, p. 43.
194. FACHIN, Luiz Edson. *Teoria Crítica do Direito Civil*. 3. ed. Rio de Janeiro: Renovar, 2012, p. 84. Essa apropriação serviu igualmente às chamadas pessoas jurídicas. LÔBO, Paulo. Função atual da pessoa jurídica. *Revista de Direito Civil, Imobiliário, Agrário e Empresarial*, ano 12, n. 46, São Paulo, RT, p. 50-70, 1988. p. 57.
195. DANTAS, San Tiago. *Programa de Direito Civil*. 3. ed. Rio de Janeiro: Forense, 2001, p. 136 e 138.
196. BARBOZA, Heloisa Helena; ALMEIDA, Vitor. A capacidade civil à luz do Estatuto da Pessoa com Deficiência In: MENEZES, Joyceane Bezerra de. (Org.). *Direito das pessoas com deficiência psíquica e intelectual nas relações privadas:* Convenção sobre os direitos da pessoa com deficiência e Lei Brasileira de Inclusão. Rio de Janeiro: Processo, 2016. p. 249-274. p. 269. No plano da deficiência, o percurso é da substituição ao suporte. SARMENTO, Daniel. *Dignidade da pessoa humana*. Conteúdo, trajetória, metodologia. 2. ed. Belo Horizonte: Fórum, 2016, p. 139, nota 13.
197. PALACIOS, Agustina. *El modelo social de discapacidad:* orígenes, caracterización y plasmación en la Convención Internacional sobre los Derechos de las Personas con Discapacidad. Madrid (Espanha): Cinca, 2008, p. 420.

a representação legal caracteriza-se um agir com "plena independência da vontade do representado".[198]

A solução da incapacidade absoluta pela manifestação de terceiro (curador, representante legal), suprime a participação do incapaz.[199] Sob o manto da proteção, sufoca-se o incapaz.[200]

Chama a atenção o fato de o instituto da interdição ser ensinado como um instrumento protetivo, ao passo que fora do âmbito jurídico, interditar sempre significou impedir o acesso. A etimologia de interditar, mesmo no direito, não se mostra mais amena. Nas Institutas de Gaio, escritas no século II, observa-se que o termo tem sua origem na imposição de proibições nas tutelas possessórias: "chamam-se interditos, quando proíbe que se faça alguma coisa, como por exemplo, quando ordena que não se faça violência a quem possui, sem vício".[201]

Eduardo Couture aponta que a expressão interdição deriva de *"interdictio"* a qual em latim jurídico assinalava, entre outras acepções, "dizer entre". Dessa maneira, *"En el lenguaje jurídico latín se usaba esta palabra para indicar la fórmula que ponía fin a un litigio entre dos personas y equivale por lo tanto a 'sentencia'. Esta sentencia era usualmente prohibitiva, y así se desarrolló el actual significado de "interdicción"*.[202] Os interditos e, por extensão, a interdição, sinalizam bloqueio, vedação, como se extrai da etimologia do termo. Segundo Houaiss:

> 1. Ato de interdizer ou interditar"; "2. proibição que impede o funcionamento de determinado estabelecimento"; "3. (Jur) Ato jurídico pelo qual a autoridade competente retira de alguém a livre disposição de seus bens", "4. (Jur) proibição imposta pela autoridade vedando a um indivíduo a prática de um ato ou atividade". De modo similar, para interdito o primeiro significado é "que está sob interdição, proibido, interditado.[203]

---

198. GOMES, Orlando. *Introdução ao Direito Civil*. (Atual. Edvaldo de Britto e Reginalda Paranhos de Britto). 19. ed. Rio de Janeiro: Forense, 2007, p. 390.
199. Segundo Teixeira de Freitas: "não exercem atos por si, mas por êles exercem seus representantes necessários". TEIXEIRA DE FREITAS, Augusto. *Código Civil dos Estados Unidos do Brasil*. São Paulo: Ministério da Justiça e Negócios Interiores: Serviço de Documentação, 1952, p. 26 – preservou-se a grafia original.
200. Se por um lado todas as pessoas são recepcionadas como sujeitos de direito e com capacidade de direito, a tutela dos incapazes, especialmente por meio da representação significou, na prática, sua negação. "A mulher, a criança, o adolescente, o idoso, o portador de necessidades especiais, o enfermo, enfim, todos aqueles que, por razões econômicas, sociais ou culturais, não conseguiam efetivamente se beneficiar dessa liberdade puramente formal permaneciam ocultos e oprimidos sob o manto da isonomia". KONDER, Carlos Nelson; TEIXEIRA, Ana. Carolina Brochado. Crianças e adolescentes na condição de pacientes médicos: desafios da ponderação entre autonomia e vulnerabilidade. *Pensar – Revista de Ciências Jurídicas*, v. 21, p. 70-93, 2016. p. 73.
201. GAIUS. *Institutas do Jurisconsulto Gaio*. (Trad. José Cretella e Agnes Cretella). São Paulo: Editora Revista dos Tribunais, 2004, p. 218.
202. COUTURE, J. Eduardo. *Vocabulário Jurídico*. Con especial referencia al derecho procesal positivo vigente uruguayo. Montevideo: Facultad de Derecho y Ciencias Sociales de la Universidad de la Republica, 1960, p. 355.
203. HOUAISS, Antonio; VILLAR, Mauro Salles. *Dicionário Houaiss da Língua Portuguesa*. São Paulo: Editora Objetiva, 2001, p. 1633. Nos dicionários consta para o verbete interdição: "Proibição, impedimento; privação legal que impede alguém do gozo" SANTOS, Washington dos. *Dicionário jurídico brasileiro*. Belo

Ademais, assinala a interferência no dizer,[204] como reação contra aqueles que não podem compreender ou expressar-se.[205] O enfoque contemporâneo é contextual, atento à pessoa concreta e suas singularidades. Dessa maneira a incapacidade se torna específica, situacional. Tome-se por analogia a deficiência física. Uma pessoa com limitação de força no braço que a impeça de dirigir um veículo comum pode ser considerada legalmente deficiente para esta finalidade, mas não para outra; poderá ainda ter adaptação que afasta qualquer tipo de restrição ao desempenho de atividades. Pode haver incapacidade para o labor com consequências previdenciárias, definitivas ou temporárias[206] sem que haja incapacidade para firmar contratos; deficiências físicas podem ou não justificar a isenção de tributos na compra de veículos, mas não "as que não produzam dificuldades para o desempenho de funções".[207] *O que está em jogo é o significado que se atribui a determinado aspecto da complexão da pessoa e suas consequências.*

A questão, dessa feita, não se trata de uma cura por força de lei, mas da mudança fundamental que parte da adequada compreensão sobre as distinções entre doença, deficiência e incapacidade(s). Em resumo, a nova forma de pensar coaduna com a percepção sobretudo contextual, vale realçar, *as limitações estarão presentes para atividades específicas, em situações específicas, com interação com o meio, e de modo diferenciado para cada pessoa.* Como preconiza a CDPD, em seu preâmbulo:

> deficiência é um conceito em evolução e que a deficiência resulta da interação entre pessoas com deficiência e as barreiras devidas às atitudes e ao ambiente que impedem a plena e efetiva participação dessas pessoas na sociedade em igualdade de oportunidades com as demais pessoas.

Reconhecer que as barreiras são sociais, culturais, ambientais e não se encontram nas pessoas assinala uma mudança radical. Primeiro, porque se transfere para

---

Horizonte: Del Rey, 2001, p. 127. Na mesma linha: SIDOU, J. M. Othon (Org.). *Dicionário Jurídico*. Academia Brasileira de Letras Jurídicas. Rio de Janeiro: Forense Universitária, 1991, p. 301. O "Diccionario Jurídico Elemental" define como "*Prohibición, vedamiento. Incapacidad civil establecida como condena a consecuencia de delitos graves. Civil. El estado de una persona a quien judicialmente se ha declarado incapaz, privándola de ciertos derechos, bien por razón de delito o por otra causa prevista en la ley*". TORRES, Guillermo Cabanellas. *Diccionario Jurídico Elemental*. Buenos Aires (Argentina): Heliasta, 2006, p. 253. Para Benedito de Campos, há certa controvérsia na etimologia de "*interdictum*". Pode significar '*inter duos dicere*', '*inter edictum*' respectivamente "dizer entre dois" (contendores), edito do pretor ou poderia derivar de '*interdicere*', isto é, proibir". CAMPOS, Benedito de. Dos Interditos e do processo interdital. *Revista Justitia*, Ministério Público de São Paulo, v. 36, n. 85, p. 263-273, abr./jun. 1974. p. 265.

204. Segundo o Dicionário Houaiss, a expressão interdizer não comporta a acepção de interferência de terceiro. Os significados registrados são: "não consentir, proibir, vedar". HOUAISS, Antonio; VILLAR, Mauro Salles. *Dicionário Houaiss da Língua Portuguesa*. São Paulo: Editora Objetiva, 2001, p. 1633.
205. "é claro, o mudo não pode estipular e nem prometer. O mesmo se diga do surdo, pois o estipulante deve ouvir as palavras do promitente e este as palavras do estipulante. O louco não pode gerir negócio, por não saber o que faz". GAIUS. *Institutas do Jurisconsulto Gaio*. (Trad. José Cretella e Agnes Cretella). São Paulo: Editora Revista dos Tribunais, 2004, p. 153.
206. Sobre o tema, confrontar a Lei n. 8.213/1991.
207. Trecho da Lei n. 8.989/1995, a qual define as regras de isenção do pagamento de IPI (Imposto sobre Produtos Industrializados), na compra de veículos para as pessoas com "deficiência". Há outros diplomas legais sobre o tema, entre os quais a Lei Complementar n. 53, de 19 de dezembro de 1986, estabelece hipóteses isenta do ICMS (Imposto sobre Operações Relativas à Circulação de Mercadorias).

a sociedade a responsabilidade pela efetivação das condições. Segundo, porque se as limitações decorrem da relação da pessoa com o meio,[208] coloca em evidência que as "diversas barreiras, podem obstruir sua participação plena e efetiva" (CDPC, art. 1) e perde sentido uma avaliação a priori que procure definir com um código binário (capaz/incapaz) a imposição de espectro amplo de limitações. Nesse horizonte, não faz sentido manter um critério rígido que define aprioristicamente os incapazes, o que termina por desatender os valores constitucionais.

2.2 AS IMPROPRIEDADES EM ROTULAR O USUÁRIO DE DROGAS COMO INCAPAZ

A CDPD promoveu alteração fundamental no significado e conteúdo do regime das incapacidades. Entre outros aspectos essenciais, a Convenção preconiza a visão multidisciplinar dos tratamentos (art. 26), a flexibilidade e a promoção da liberdade. A ideia é proteger sem discriminar. Com uma nova ótica, a proteção deve visar, segundo seu preâmbulo "autonomia e independência individuais, inclusive da liberdade para fazer as próprias escolhas". A argumentação em abstrato no sentido de uma finalidade protetiva não mais legitima toda e qualquer restrição a direitos fundamentais, da qual é exemplar a afirmação da capacidade legal pela CDPD, art. 12. Trata-se de promover "restrição às restrições de direitos fundamentais", expressão que se toma de empréstimo de Robert Alexy. Não à toa, ao versar sobre o tema, Alexy aponta justamente a internação forçada como exemplo.[209]

Não obstante os princípios constitucionais e as convenções anteriores já estabelecessem tal horizonte de proteção por conta de princípios como a dignidade da pessoa humana, igualdade, liberdade, não-discriminação, a CDPD, ao reafirmar direitos contribuiu de modo significativo para sua releitura pela doutrina, legislação e jurisprudência.

Posteriormente à promulgação da Convenção, editou-se quase que simultaneamente a Lei 13.146/2015, denominada Lei Brasileira de Inclusão (LBI) ou Estatuto da Pessoa com deficiência (EPD),[210] bem como foi promulgada a Lei 13.105/2015, Código de Processo Civil (CPC), as quais promoveram mudanças substanciais no regime das incapacidades. Concomitantemente, a análise da redação do Código Civil divulgada como vigente no site do Planalto[211] revela que alguns pontos permaneceram

---

208. CDPD, art. 1º.
209. ALEXY, Robert. *Teoria dos Direitos Fundamentais*. (Trad. Virgílio Afonso da Silva). São Paulo: Malheiros Editores, 2006, p. 298-299. Para Alexy, na restrição a direitos fundamentais é preciso, entre outras medidas, realizar o sopesamento, assegurar o núcleo essencial (conteúdo mínimo).
210. Adotou-se nesta pesquisa a designação Lei Brasileira de Inclusão porque é a que melhor reflete o espírito do diploma legal. Essa nomenclatura é a que melhor coaduna com seu preâmbulo, no qual constou: "institui a Lei Brasileira de Inclusão da Pessoa com Deficiência (Estatuto da Pessoa com Deficiência)".
211. BRASIL. Planalto. *Código Civil*. Disponível em <www.planalto.gov.br/ccivil_03/leis/2002/L10406.htm>. Acesso em: 30 jul. 2017.

intocados. Ao mesmo tempo em que se vivencia um amplo conjunto de mudanças, perdeu-se a oportunidade de alterar equívocos históricos. É exemplar que na LBI, art. 114, tenha sido conservada a definição dos "ébrios habituais e viciados em tóxicos" como relativamente incapazes. Manteve-se uma redação tecnicamente equivocada, uma vetusta terminologia[212] e a consagração legislativa de preconceitos e estigmas, em total descompasso com os valores que a nova legislação declara promover.

Talvez se possa aventar que o enfoque da LBI sobre a pessoa com deficiência tenha feito com que se cogitasse apenas mudanças pontuais, sem dar-se conta de que as incapacidades constituem um dos pilares elementares do direito civil

Nesse compasso, não seria (nem foi) possível interferir na "enumeração dos incapazes", sem trazer à tona os problemas da própria legitimidade das incapacidades, sem desafiar seu conteúdo e finalidades. Pretendeu-se dar a devida atenção às pessoas com deficiência, segundo uma perspectiva inclusiva, como denota a feliz recepção legislativa da necessária distinção incapacidade e deficiência (*eg.* LBI, art. 114). Terminou-se por promover uma mudança ao menos em parte assistemática,[213] incompleta,[214] mas com potencial relevante desde que se desenvolva a leitura à luz da Constituição.[215]

Para uma retomada da legislação nos últimos 100 anos, a redação original do Código Civil de 1916 não previa o uso de drogas no campo das incapacidades.[216] Pouco após sua promulgação, o Decreto 4.294/1921 disciplinou de modo conjunto

---

212. Outros termos foram propostos, tais como "dependente de substância psicotrópicas". BRASIL. Senado Federal. *Pronunciamento do Parlamentar Lúcio Alcântara*. 26/11/1997. Disponível em: <http://www25.senado.leg.br/web/atividade/pronunciamentos/-/p/texto/218300>. Acesso em: 08 jul. 2017.
213. Anderson Schreiber refere-se a um "resultado fraturado". SCHREIBER, Anderson. Tomada de Decisão Apoiada: o que é e qual sua utilidade? *Jornal Carta Forense*, 03 jun. 2016. Disponível em: <http://www.cartaforense.com.br/conteudo/artigos/tomada_de_decisao_apoiada_o_que_e_e_qual_sua_utilidade/16608>. Acesso em: 05 jul. 2017.
214. SIMÃO, José Fernando. Estatuto da Pessoa com Deficiência causa perplexidade (Parte I). *Conjur.* 06.08.2015. Online em <http://www.conjur.com.br/2015-ago-06/jose-simao-estatuto-pessoa-deficiencia-causa-perplexidade>. Acesso em: 16 ago. 2015.
215. Na visão de Maria Celina Bodin de Moraes, "embora represente um relevante passo em direção à proteção da pessoa com deficiência, a intervenção do legislador especial não pode ser vista como solução definitiva em seus pontos positivos, nem como problema incontornável nos seus aspectos criticáveis, simplesmente porque o Estatuto não se encontra isolado do restante do sistema, não é imune à incidência dos valores constitucionais e nem pode ignorar a situação concreta de cada pessoa, merecedora de tutela na medida de sua vulnerabilidade". MORAES, Maria Celina Bodin de. Prefácio. *In:* MENEZES, Joyceane Bezerra de. (Org.). *Direito das pessoas com deficiência psíquica e intelectual nas relações privadas:* Convenção sobre os direitos da pessoa com deficiência e Lei Brasileira de Inclusão. Rio de Janeiro: Processo, 2016. Na obra, o texto do prefácio não está numerado.
216. Na redação original, constava: Código Civil, 1916, art. 5º. "São absolutamente incapazes de exercer pessoalmente os atos da vida civil: I. Os menores de dezesseis anos. II. Os loucos de todo o gênero. III. Os surdos-mudos, que não puderem exprimir a sua vontade. IV. Os ausentes, declarados tais por ato do juiz". Na forma do art. 6º. "São incapazes, relativamente a certos atos (art. 147, n. 1), ou à maneira de os exercer: I. Os maiores de dezesseis e menores de vinte e um anos (arts. 154 a 156). II. As mulheres casadas, enquanto subsistir a sociedade conjugal. III. Os pródigos. IV. Os silvícolas. Parágrafo único. Os silvícolas ficarão sujeitos ao regime tutelar, estabelecido em leis e regulamentos especiais, e que cessará à medida de sua adaptação".

penalidades para venda e para o consumo de drogas, assim como determinou a existência de "estabelecimento especial para internação dos intoxicados pelo alcool ou substancias venenosa".[217] Na forma de seu art. 3º, "Embriagar-se por habito, de tal modo que por actos inequivocos se torne nocivo ou perigoso a si proprio, a outrem, ou à ordem publica" implicava a seguinte *sanção*: "pena: internação por tres mezes a um anno em estabelecimento correccional adequado".

A internação poderia ser pedida pela família para "evitar a pratica de actos criminosos ou a completa perdição moral". Embora não se determinasse incapacidade, para internação previa-se rito judicial com designação de "curador a lide para defender os direitos do mesmo interditando". O Decreto n. 24.559/1934 também distinguiu a internação dos doentes mentais da interdição, embora estabelecesse, no art. 27, § 1º, que a internação do "psicopata" impedia a prática de atos patrimoniais.

Posteriormente, o Decreto-Lei n. 891/1938 (Lei de Fiscalização de Entorpecentes), estabeleceu um regime jurídico acerca de "toxicômanos ou os intoxicados habituais, por entorpecentes, por inebriantes em geral ou bebidas alcoolicas".[218] Neste diploma, a interdição e internação eram tratadas de modo entremeado, no bojo do capítulo III intitulado justamente de "A internação e da interdição civil". Não obstante tal aproximação, a legislação deixava claro que as projeções da capacidade patrimonial são um "mundo à parte", como se pode inferir da possibilidade de se decretar "a simples internação para tratamento, si o exame pericial não demonstrar necessidade de limitação de capacidade civil do internado".

A caracterização do ébrio como incapaz não era automática, nem estava prevista como essencial à internação. Além disso, o Decreto-Lei n. 891/1938, art. 30, determinava que "A simples internação para tratamento bem como interdição plena ou limitada, serão decretadas por decisão judicial, pelo tempo que os peritos julgarem conveniente segundo o estado mental do internado". Dessa maneira, a sistemática já estabelecia a necessidade de gradação individualizada do quadro clínico. Estava prevista tanto a interdição limitada, quanto a plena, o que correspondia, respectivamente, a "equiparação do interdito aos relativamente incapazes, assim como a interdição plena o equipara aos absolutamente incapazes".

O texto do Código Civil, tal como foi promulgado em 2002, incluiu entre os relativamente incapazes, art. 4º, inc. II, os "os ébrios habituais, os viciados em tóxicos, e os que, por deficiência mental, tenham o discernimento reduzido". A disposição original foi bastante debatida no Senado onde se chegou a sugerir determinar como

---
217. Deixa-se de tecer, neste ponto, considerações sobre a Lei dos Alienados (Decreto n 1.132/1903) porque não tratava de modo diferenciado dos usuários de drogas, embora versasse sobre internação forçada.
218. Segundo Lamartine, a referida legislação não por conferir maior flexibilidade não foi bem recebida. Em sua visão, ao tratar da "interdição dos toxicômanos, em dispositivos à parte" os fez para distinguir dos loucos de todo gênero". CORRÊA DE OLIVEIRA, José Lamartine. A parte geral do anteprojeto de código civil. *Revista da Faculdade de Direito da UFPR*. v. 15, p. 137-161, 1972. p. 142.

incapazes "os ébrios habituais, os viciados em tóxicos, os que, por fraqueza mental, tenham o discernimento reduzido".[219]

A redação que reunia deficiência intelectual e uso de drogas no mesmo inciso teve vida curta, com vigência apenas entre 2003 e 2016.[220] Por força de modificação determinada pela LBI, no texto atual do inc. II, do art. 4º do Código Civil, consta apenas "ébrios habituais e viciados em tóxicos". A retirada do trecho final – "tenham discernimento reduzido" – poderia falsamente sugerir que a incapacidade pudesse decorrer do simples fato de haver uso de drogas, o que é totalmente descabido.

Ao examinar a redação original do inc. II, do art. 4º do Código Civil, Álvaro Villaça Azevedo ensinava que a expressão "discernimento reduzido" era aplicável a todos os personagens enunciados pela lei, vale realçar, aos usuários de drogas, bem como aos deficientes intelectuais. Dessa maneira, a questão central não concerne ao uso de drogas, porém aos efeitos que gera na aptidão para decidir.[221] A recente mudança de redação, no art. 4º, do Código Civil, em nada altera tal conclusão.

Neste estudo, questiona-se tanto a constitucionalidade da manutenção/inclusão dos usuários de drogas como relativamente incapazes, quanto o significado deste regime jurídico. Permita-se iniciar por este último aspecto. Costuma-se ensinar que a incapacidade absoluta impede a prática dos atos da vida civil e soluciona-se pela representação legal.[222] A seu turno, a incapacidade relativa se soluciona pela assistência. Essa não parece ser a única compreensão possível e, nem necessariamente a mais acertada.

Para prosseguir, é necessário confrontar a legislação. A incapacidade relativa, mesmo na dogmática tradicional, não assinala a supressão de sua vontade, mas apenas a *anulabilidade* de seus atos, como determina o Código Civil, art. 171.[223] Na

---
219. PASSOS, Edilenice. *Memória Legislativa do Código Civil*. Tramitação na Câmara dos Deputados: Primeiro Turno Volume 2. Brasília: Senado Federal, 2012. p 14. Disponível em <www.senado.leg.br/publicacoes/MLCC/pdf/mlcc_v2_ed1.pdf>. Acesso em: 08 jul. 2017.
220. A doutrina do direito civil anterior ao Código Civil de 2002 não tratava com destaque o ébrio habitual. Ao comentar o então projeto de Código Civil, Caio Mário aponta a inclusão dos "ébrios" como uma novidade legislativa. SILVA PEREIRA, Caio Mário da. *Instituições de Direito Civil*. V. 1. 18. ed. Rio de Janeiro: Forense, 1997, p. 181.
221. Segundo Álvaro Villaça Azevedo "ébrios habituais, objeto de curatela, são aqueles que têm seu entendimento profundamente afetado pelo uso descontrolado de bebida". AZEVEDO, Álvaro Villaça. *Comentários ao Código Civil*: parte especial: direito de família. (arts. 1.711 a 1.783). V. 19 (Coord. Antônio Junqueira de Azevedo). São Paulo: Saraiva, 2003, p. 432. Dessa maneira, "o simples fato de ser a pessoa toxicômano não gera, automaticamente, a sua incapacidade civil". TJSP. Apelação n. 0006554-45.2013.8.26.0664. 6ª Câmara de Direito Público. Rel. Desª: Silvia Meirelles. DJ: 21.10.2015.
222. AMARAL, Francisco. *Direito civil*: introdução. 6. ed. Rio de Janeiro: Renovar, 2006, p. 230. Francisco Amaral esclarece que a incapacidade se resolve por representação, assistência ou ainda autorização.
223. Código Civil, Art. 171. "Além dos casos expressamente declarados na lei, é anulável o negócio jurídico: I – por incapacidade relativa do agente; [...]". A anulabilidade é uma situação em suspensão, que permite ao interessado, se desejar, requer seu reconhecimento judicial, mas não produz efeitos até que se decrete por sentença. Conforme o Código Civil, art. 177. "A anulabilidade não tem efeito antes de julgada por sentença, nem se pronuncia de ofício; só os interessados a podem alegar, e aproveita exclusivamente aos que a alegarem, salvo o caso de solidariedade ou indivisibilidade".

prática, seus atos são válidos; a eventual invalidação depende de decisão judicial[224] e sujeita-se a rígido prazo decadencial. Desse modo, "ato jurídico praticado por agente relativamente incapaz é válido, enquanto não for anulado em ação proposta para tal fim".[225]

Como já exposto, a capacidade é classicamente ensinada como "a medida da personalidade".[226] Não obstante, prevaleceu a comodidade da padronização abstrata, associada à prevalência da interdição absoluta[227] e a concepção da incapacidade relativa como uma categoria única, e não como um espectro.

A redação do Código Civil de 1916, art. 6º, em seu *caput*, definia "São incapazes, relativamente a certos atos (art. 147, n. 1), ou à maneira de os exercer: [...]". A vírgula que separa incapazes e "relativamente" faz desta expressão advérbio e não adjetivo. Não são incapazes relativamente; são incapazes *quanto* a certos atos ou mesmo não são, mas apenas o *modo de exercer* é que deve ser distinto; é o que consta na lei.[228]

Permita-se sublinhar que precisamente a mesma redação foi conservada no Código Civil de 2002 (art. 4º) e subsiste após as últimas alterações legislativas. A incapacidade dessa maneira se refere "a certos atos ou à maneira de os exercer". *A regra é a capacidade, não a incapacidade.* Por muito tempo se tratou o relativamente incapaz mais pelo adjetivo (incapaz), sem levar em conta os "predicados do sujeito".

Uma nova proposta de leitura do texto normativo convida a pensar sobre a diferenciação de atos e a restrição dos atos que, em caráter excepcional, não se pode exercer. Se é relativamente incapaz, é também bastante capaz.[229] Nessa linha, ao listar os atos que o relativamente incapaz pode praticar, Francisco Amaral aponta como válidos os "atos da vida corrente, como a compra de gêneros alimentícios, publicações como jornais, revistas", assim como testar, casar, ser empresário, fazer

---

224. O que se coloca em questão é que os atos anuláveis muitas vezes produzirão efeitos normalmente e sua anulabilidade não será nem apreciada. Orlando Gomes vai ainda mais longe, porque aponta conclusão similar até mesmo em relação aos atos nulos. Nessa linha, após elencar as características tradicionais da nulidade dos negócios jurídicos (caráter imediato, absoluto, insanável e perpétuo), salienta que além da possibilidade de eficácia de atos nulos (ainda que possam ter restrições), o caráter imediato dependeria de apreciação judicial que nem sempre ocorre. No final das contas, afirma o autor, "o ato nulo vem no final se convalescer, ainda que por via oblíqua". GOMES, Orlando. *Introdução ao Direito Civil*. 19. ed. Rio de Janeiro: Forense, 2007, p. 430-431. Item n. 285 "Crítica à teoria das nulidades".
225. TJRJ. Apelação n. 0008453-82.2000.8.19.0000. 15ª Câmara Cível. Rel.: Des. Carlos Raymundo Cardoso. Julgamento: 22.08.2000.
226. MOTA PINTO, Carlos Alberto da. *Teoria Geral do Direito Civil*. Atual. António Pinto Monteiro e Paulo Mota Pinto. 4. ed. Coimbra (Portugal): Almedina, 2005, p. 194. De modo similar, BEVILAQUA, Clóvis. *Codigo Civil dos Estados Unidos do Brasil Commentado por Clovis Bevilaqua*. 3. ed. V. I. Rio de Janeiro: Livraria Francisco Alves, 1927, p. 165. GOMES, Orlando. *Introdução ao direito civil*. 3. ed. Rio de Janeiro: Forense, 1957, p. 139.
227. ABREU, Célia Barbosa. *Curatela e Interdição Civil*. Rio de Janeiro: Editora Lumen Juris, 2009, p. 1.
228. Em respeito ao leitor, sublinha-se que desde a redação original do Código Civil, consta a expressão "relativamente incapaz" nos arts. 195, 934 e 974. É na parte geral, entretanto, que se definem o sentido e alcance das categorias.
229. Para usar a terminologia da Classificação Internacional de Funcionalidade, Incapacidade e Saúde, pode desempenhar diversas atividades.

depósitos bancários, ser eleitor.[230] Afirma ainda que entre 16 e 18 anos a "incapacidade é relativa a certos atos".[231] Em complemento, Paulo Lôbo inclui a possibilidade de "montar seu próprio negócio" e recorda que há também prerrogativas processuais.[232]

Uma releitura do art. 1.860, do Código Civil reforça as possíveis rupturas que aqui se procura sublinhar na leitura clássica que se faz do regime das incapacidades. O caput define que não podem testar os incapazes ou que, no ato, não tiverem discernimento. Por outro lado, o parágrafo único deste dispositivo permite ao maior de 16 anos testar. Afinal, haveria então diferentes tipos de incapacidade? Há capacidade para certos atos e não para outros? Há diferentes tipos de incapacidade relativa já que o incapaz não pode testar, mas o maior de 16 anos sim?

Na jurisprudência colhem-se exemplos interessantes que demonstram que a anulabilidade dos atos é um problema à parte e que não cabe no espaço desta pesquisa. É o que demonstra o caso a seguir descrito, no qual o TJRJ negou o pedido de anulação de contrato de exploração de imagem, celebrado pelo jogador Fábio Junior, antes da maioridade legal e sem assistência. Levou-se em conta que o jogador já havia celebrado e cumprido contrato com outros clubes e é "expoente no mundo futebolístico, inclusive com passagens pretéritas na seleção nacional".[233] Em outro caso, sob a égide do Código Civil de 1916, o TJSP manteve um contrato de prestação de serviços hospitalar ao julgar que "é inviável imaginar que aos quase 21 anos de idade a apelante não tinha ciência de seus atos, considerando que faltavam apenas 7 (sete) meses para atingir a maioridade".[234] Assim explicaria tais casos Orlando Gomes: "A incapacidade pode ter um critério fisiológico e outro social", ou seja, que "leva em conta a experiência para os negócios".[235]

De outro vértice, no horizonte da constitucionalização das incapacidades, identificam-se, entre outras, as seguintes transformações em curso: a-) reconhecimento da vontade dos ditos "incapazes"; b-) superação do modelo capaz/incapaz em que prevalece a substituição da vontade; c-) problematização do sentido de "atos da vida civil"; d-) reconhecimento de diferentes requisitos para distintos atos – "pluralidade de capacidades".

Em consonância, observe-se que entre as hipóteses de emancipação previstas no parágrafo único do art. 5º do Código Civil está a demonstração da habilidade para negócios a qual conduz à aquisição da capacidade plena, antes da idade legal, desde que "o menor com dezesseis anos completos tenha economia própria" (Código

---

230. AMARAL, Francisco. *Direito civil*: introdução. 6. ed. Rio de Janeiro: Renovar, 2006, p. 231-232.
231. AMARAL, Francisco. *Direito civil*: introdução. 6. ed. Rio de Janeiro: Renovar, 2006, p. 231.
232. LÔBO, Paulo. *Direito Civil*. Parte Geral. 6. ed. São Paulo: Saraiva, 2017, p. 123.
233. TJRJ. Apelação n. 0080869-79.1999.8.19.0001. 18ª Câmara Cível. Rel.: Des. Nascimento Antonio Povoas Vaz. Julgamento: 06/11/2001.
234. TJSP. 0141272-12.2005.8.26.0000. 28ª Câmara de Direito Privado. Rel.: Des. Mello Pinto Registro: 26/10/2010.
235. GOMES, Orlando. *Introdução ao direito civil*. 3. ed. Rio de Janeiro: Forense, 1957, p. 145.

Civil, art. 5º, parágrafo único, inc. V). Se pode haver economia própria, admitem-se os atos patrimoniais.

Além do sentido "literal" do art. 4º, do Código Civil, com mais acerto é necessário aprofundar o novo olhar sobre o relativamente incapaz, por uma leitura segundo a axiologia constitucional, que demanda o repensar crítico da noção de atos da vida civil e da operacionalização da (in)capacidade relativa.

A LBI, embora tenha enfocado as pessoas com deficiências, promoveu alterações muito mais amplas, que terminam por alcançar o sentido e alcance da curatela (e.g. LBI, art. 84, § 2º), a mudança no rol dos incapazes, a abertura para novas formas de suporte na tomada de decisão, a atenção legal à pessoa vulnerável (LBI, art. 5º). Também revogou o antigo texto do art. 1.777 do Código Civil, antes já transcrito em rodapé, que dispunha de modo estarrecedor que "Os interditos referidos nos incisos I, III e IV do art. 1.767 [dentre os quais estavam "os ébrios habituais e os viciados em tóxicos"] serão recolhidos em estabelecimentos adequados, quando não se adaptarem ao convívio doméstico".[236]

Torna-se curial perguntar então "Como garantir que aos destinatários dessas normas não se equiparam outros, merecedores de igual tratamento, mas deixados de fora da sua incidência?".[237] Como assinalam Heloisa Helena Barboza e Vitor Almeida, os impactos da LBI ao promoverem alterações nas capacidades "se alastram por praticamente por todo ordenamento jurídico".[238]

No horizonte das transformações, sob a ótica das vulnerabilidades não é a negação da vontade que embasa a proteção, mas sobretudo a oferta de meios para permitir a máxima participação da pessoa vulnerável. Em linha com tal concepção, a Lei n. 9.867/1999, a qual disciplina as cooperativas sociais, destinadas a promover

---

236. A apreciação da redação original do Projeto 635/1975, reforça a posição de que o enfoque estava longe de tratar. Nesse sentido, a disposição equivalente, art. 1.825, fixava a possibilidade de internar aos incapazes (dispensando a interdição) segundo um critério de conveniência ou tratamento: "Os incapazes referidos nos incisos I, III e IV do art. 1.815 *sempre que parecer inconveniente conservá-los em casa*, ou o exigir o seu tratamento, serão também recolhidos em estabelecimentos adequados" BRASIL. Câmara Dos Deputados. *Projeto de Lei n. 634, de 1975*. Diário do Congresso Nacional. Suplemento B ao n. 61, 13 jun. 1975. Disponível em <http://imagem.camara.gov.br/ Imagem/d/pdf/DCD13JUN1975SUP_B. pdf#page=1> p. Acesso em: 24 Mai. 2017.
237. NEVARES, Ana Luiza Maia; SCHREIBER, Anderson. Do Sujeito à Pessoa: uma Análise da Incapacidade Civil. In: TEPEDINO, Gustavo; TEIXEIRA, Ana Carolina Brochado; ALMEIDA, Vitor. (coords.). *O Direito Civil entre o Sujeito e a Pessoa*: Estudos em Homenagem ao Professor Stefano Rodotà. Belo Horizonte: Fórum, 2016. p. 39-56. p. 40. Para Eduardo Nunes de Souza e Rodrigo da Guia "No afã de promover a inclusão social das pessoas com deficiência psíquica ou intelectual, a lei especial modificou o regime jurídico de uma fattispecie totalmente alheia ao seu escopo". SILVA, Rodrigo da Guia; SOUZA, Eduardo Nunes de. Dos negócios jurídicos celebrados por pessoa com deficiência psíquica e/ou intelectual: entre a validade e a necessária proteção da pessoa vulnerável. In: Joyceane Bezerra de Menezes. (Org.). *Direito das pessoas com deficiência psíquica e intelectual nas relações privadas*: Convenção sobre os direitos da pessoa com deficiência e Lei Brasileira de Inclusão. Rio de Janeiro: Processo, 2016. p. 275-317. p. 313.
238. BARBOZA, Heloisa Helena; ALMEIDA Junior, Vitor de Azevedo. Reconhecimento e inclusão das pessoas com deficiência. *Revista Brasileira de Direito Civil – RBDCivil*, Belo Horizonte, vol. 13, p. 17-37, jul./set. 2017. p. 18.

a reinserção no mercado de trabalho das pessoas que considera "em desvantagem social", tais como "deficientes psíquicos e mentais, as pessoas dependentes de acompanhamento psiquiátrico permanente, e os egressos de hospitais psiquiátricos", "os dependentes químicos" e adolescentes em "situação familiar difícil do ponto de vista econômico, social ou afetivo". Diante dessa ordem de ideias, vale indagar: a-) faz sentido à luz dos valores constitucionais a permanência da categoria "ébrios habituais e viciados em tóxicos" entre os relativamente incapazes? b-) Quais fundamentos a motivam? Em última análise, usuários de drogas podem ter sua vontade juridicamente negada?

José Lamartine, ao comentar o anteprojeto do Código Civil vigente, já antecipava, na década de 1970, questões que hoje são centrais: "haverá doentes capazes, os que, embora doentes mentais, tenham o necessário discernimento para a prática dos atos da vida civil?", "onde se encontra a distinção entre a curatela limitada e a curatela, *tout court*".

Lamartine também critica a discriminação legal dos usuários de drogas como uma categoria específica de incapaz. Ensina que estão destacados por razões apenas morais, segundo uma concepção de "fraqueza de espírito". Salienta ainda que não há porque distinguir os "ébrios" dos (demais) "toxicômanos".[239] Vale lembrar que, como se pontuou no capítulo 1, o atendimento ambulatorial dos usuários de drogas é feito na rede de atenção à saúde mental, inclusive nos centros de atenção psicossocial (CAPS) que englobam pacientes com sofrimento psíquico e também usuários de drogas.[240]

Captava assim, décadas antes, o enfoque pelo qual o que mais importa na substância psicoativa não é seu caráter lícito ou ilícito, mas seus efeitos nos usuários. O posicionamento do autor, ao tratar da "fraqueza de espírito", corrobora a compreensão de que as incapacidades não se explicam apenas segundo critérios cognitivos; guardam relação com um padrão de conduta esperado, com um modelo de *normalidade*. Nesse passo, nos Anais do Senado, as discussões sobre a incapacidade dos usuários de drogas consideraram, entre outros argumentos, "conscientizar os viciados, ainda em tempo de recuperação, a se libertarem do vício".[241]

Diante do exposto, é questionável a constitucionalidade da manutenção dos usuários de drogas entre os relativamente incapazes. Tal como antevia Lamartine,

---

239. CORRÊA DE OLIVEIRA, José Lamartine. A parte geral do anteprojeto de código civil. *Revista da Faculdade de Direito da UFPR.* v. 15, p. 137-161, 1972. p. 142. O artigo foi também publicado em *Revista dos Tribunais*, Ano 63, v. 466, ago./1974.
240. Mesmo que se considere que nas cidades maiores haja CAPS específicos para drogas (designados de CAP-Sad), os CAPS infantis reúnem os atendimentos, assim como as unidades de adultos, nas cidades menores.
241. PASSOS, Edilenice. *Memória Legislativa do Código Civil.* Tramitação na Câmara dos Deputados: Primeiro Turno Volume 2. Brasília: Senado Federal, 2012, p. 28. Disponível em <www.senado.leg.br/publicacoes/MLCC/pdf/mlcc_v2_ed1.pdf>. Acesso em: 08 jul. 2017. O uso de drogas também foi cogitado como causa para anulação do casamento, juntamente com "perversões sexuais" e "homossexualismo". *Op. cit.*, p. 716 e 719.

a melhor compreensão é de que não se mostra adequada uma categoria específica, apartada, quando se poderia incluir o uso de drogas, se for preciso, no âmbito das doenças mentais.[242] Como já exposto, ainda que a LBI tenha sido pensada, especialmente para às pessoas com deficiência, sua aplicação não é assim limitada e inclusive alterou duas disposições do Código Civil que tratam de modo específico sobre os usuários de drogas (arts. 4º e 1.767).

De modo similar, a eficácia da CDPD não deve ser considerada como restrita às pessoas com deficiência, em um sentido mais acanhado. A melhor interpretação é que seus princípios se aplicam de modo amplo na saúde mental. As limitações semânticas do conceito de *deficiência* não podem servir para desatentar aos princípios que a própria Convenção proclama.

A possiblidade de estender os princípios da Convenção de modo mais amplo para saúde mental, decorre em primeiro de sua natureza, como tratado de direitos humanos, ademais, faz-se preciso observar que os valores da Constituição, e os direitos humanos que recepciona[243] não se destinam estritamente a determinados grupos ou pessoas. O texto constitucional representa um todo, de modo que suas normas não podem ser tomadas de modo isolado, "nem se a pode interpretar em tiras, aos pedaços".[244]

Sem adentrar mais a fundo na discussão da possiblidade de qualificar o uso problemático de drogas como uma modalidade de deficiência, tema em aberto,[245] é importante frisar que a conceituação de pessoa com deficiência no art. 1º da CDPD é bastante ampla e engloba situações de impedimento de "natureza física, mental, intelectual ou sensorial" que limitem a plena participação. Desta feita, mostra-se razoável albergar as pessoas que fazem uso abusivo de drogas na proteção da Convenção, ainda que por uma aproximação teleológica.[246]

---

242. ALENCAR, Cicero Pereira; DALTIN, Daniel Adolpho Assis; MUSSE, Luciana Barbosa. Da interdição civil à tomada de decisão apoiada: uma transformação necessária ao reconhecimento da capacidade e dos direitos humanos da pessoa com deficiência. *Revista de Estudos Empíricos em Direito*, v. 3, n. 2, p. 226-247, jul. 2016. p. 231. Não se está a afirmar de modo algum que a doença mental como regra conduza à incapacidade.
243. "A pesar de que las disposiciones explícitas de la CDPD enuncian los derechos de personas con discapacidad; la filosofía detrás de estos derechos, así como el procedimiento seguido para llegar al texto de la CDPD no pueden estar limitados sólo a las personas con discapacidad, Por ende, la CDPD puede ser presentada apropiadamente como el miembro más reciente de la familia de los derechos humanos" DHANDA, Amita. Construyendo un nuevo léxico de derechos humanos: la Convención sobre los Derechos de las Personas con Discapacidad. *Sur, Revista Internacional de Direitos humanos*, v. 5, n.8, p. 42-59, 2008. p. 44.
244. GRAU, Eros Roberto. *A Ordem Econômica na Constituição de 1988*. 8. ed. São Paulo: Malheiros, 2003, p. 175. Utilizamos esta passagem, anteriormente, em outro texto.
245. GIBSON, Frances. Drugs, discrimination and disability. *Journal of law and medicine*, v. 17, n. 3, p. 400-411, dez. 2009. p. 410.
246. É dizer que "Se o usuário de droga é um paciente psiquiátrico, é também destinatário dos direitos especiais que a estes se deferem". MENEZES, Joyceane Bezerra de; MOTA, Maria Yannie Araújo. Os limites da política de abrigamento compulsório e a autonomia do paciente usuário de drogas. *Civilistica.com*. Rio de Janeiro, a. 3, n. 1, jan.-jun./2014, p. 11. Disponível em: <http://civilistica.com/wp-content/uploads/2015/02/Mota-e-Menezes-civilistica.com-a.3.n.1.2014.pdf>. Acesso em: 02 fev. 2015.

A caracterização da deficiência a partir de parâmetros funcionais[247] também corrobora se não o enquadramento do usuário de droga como deficiente, a aplicação, em alguns casos, de direitos assegurados no âmbito da CDPD.

Ainda que o sentido cotidiano possa não incluir a pessoa que faz uso problemático de drogas, equipará-la em direitos se mostra não apenas razoável, mas uma decorrência do sistema de proteção desenhado na Convenção. Como afirma Ricardo Tadeu Fonseca, "Um aspecto importante quanto à legislação brasileira é que as pessoas com transtorno psicossocial foram inseridas pela ratificação da Convenção em estudo no rol daquelas beneficiadas pelas políticas públicas voltadas às pessoas com deficiência".[248]

Especialmente no âmbito da internação forçada, não resta qualquer dúvida sobre a possibilidade de aplicação da CDPD aos usuários de drogas, mesmo porque o fundamento da internação é o tratamento no plano da saúde mental.[249] É curioso e, principalmente, injusto que se negue capacidade volitiva e/ou autodeterminação como justificava para internar, porém não para proteger. Igualmente, a internação de usuários de drogas tem sido associada à irreversibilidade de seu quadro.

Nessa toada, em 2004, no relatório n. A/AC.265/2004/WG/1, de grupo de trabalho composto pelas Nações Unidas para elaborar uma minuta da então designada Convenção de proteção de direitos e dignidade das pessoas com deficiência justamente cogitou-se que a questão da privação de liberdade não deve estar limitada à esfera criminal, mas igualmente a todas as suas modalidades, inclusive doença mental e uso abusivo de drogas.[250] A Convenção não emprega o termo drogas, mas também não o excluí.

---

247. Evitar os riscos do uso de drogas estão entre as atividades de autocuidado consideradas na CIF para avaliar uma possível deficiência. ORGANIZAÇÃO MUNDIAL DA SAÚDE. *Classificação Internacional de Funcionalidade, Incapacidade e Saúde (CIF)*. (Trad. Amélia Leitão). Lisboa (Portugal): OMS, 2004, p. 134.
248. FONSECA, Ricardo Tadeu. A reforma constitucional empreendida pela ratificação da Convenção sobre os Direitos da Pessoa com Deficiência aprovada pela Organização das Nações Unidas. *Revista do Tribunal Regional do Trabalho da 15ª Região*, n. 42, p. 94-116, 2013. p. 106.
249. Alencar, Daltin, Musseque sustentam a aplicação da CDPD aos usuários de drogas e afirmam: "na medida em que a pessoa com necessidades decorrentes do uso de álcool seja, exemplificativamente, diagnosticada com transtorno mental e comportamental devido ao uso de álcool (perspectiva biomédica), esteja, eventualmente, com prejuízos ou danos decorrentes desse uso (p. ex., demência pelo uso prolongado de álcool) e atravessada por algum tipo de barreira atitudinal (p. ex., discriminação), está reconhecida no campo dos direitos estabelecidos pelo documento internacional". ALENCAR, Cicero Pereira; DALTIN, Daniel Adolpho Assis; MUSSE, Luciana Barbosa. Da interdição civil à tomada de decisão apoiada: uma transformação necessária ao reconhecimento da capacidade e dos direitos humanos da pessoa com deficiência. *Revista de Estudos Empíricos em Direito*, v. 3, n. 2, p. 226-247, jul. 2016. p. 233.
250. UNITED NATIONS. Ad Hoc Committee on a Comprehensive and Integral International Convention on the Protection and Promotion of the Rights and Dignity of Persons with Disabilities. *Report of the Working Group to the Ad Hoc Committee on a Comprehensive and Integral International Convention on the Protection and Promotion of the Rights and Dignity of Persons with Disabilities*. New York (Estados Unidos), 5 – 16 January 2004. Disponível em: <http://www.un.org/esa/socdev/enable/rights/ahcwgre port.txt >. Acesso em: 01 nov. 2017.

A problemática delineada acima coloca ênfase às limitações semânticas do conceito de *deficiência,* as quais, é óbvio, não podem servir para desatentar aos princípios que a própria Convenção proclama.

Como argumento complementar, desafia-se a compreensão do signo *deficiência*, termo denso e com conteúdo em franca discussão. A deficiência é um conceito socialmente construído. No Canadian Human Rights Act, o conceito de deficiência expressamente inclui o uso de drogas: *"disability means any previous or existing mental or physical disability and includes disfigurement and previous or existing dependence on alcohol or a drug; (déficience)"*.[251] No precedente Tranchemontagne x Ontario, diante de pedido do Robert Tranchemontagne e Norman Werbeski para acesso a benefícios de pessoa com deficiência, a Corte de Apelação de Ontário pronunciou-se e reconheceu a possibilidade de enquadrar o uso abusivo de álcool como deficiência.[252] A Suprema Corte não afastou a possibilidade e considerou que a avaliação compete à Comissão de Direitos Humanos de Ontário.[253] Na Austrália, admite-se o uso abusivo como deficiência, para algumas situações.[254]

De outro giro, a preocupação com a superação da leitura viciada que preconiza a incapacidade dos usuários de drogas busca rebater rotulagens que contribuem para um tratamento jurídico injustificado. É mister ter presente que o regime das incapacidades não afeta apenas aspectos abstratos, mas atinge a vida concreta, retrata preconceitos arraigados, termina por consagrá-los legislativamente, e confere "ares de legitimidade" a discriminações. Na dicção de Orlando de Carvalho:

> É no plano da capacidade jurídica que radicada justa medida da realização da pessoa, uma vez que a capacidade é a susceptibilidade concreta de ser sujeito de direito e obrigações. [...]. Com efeito, ultrapassadas as concepções escravagistas, o problema que subsiste é o problema do reconhecimento de cada pessoa da totalidade dos direitos que como pessoa lhe incumbem – é problema da capacidade jurídica.
>
> [...] A moderna luta do Direito não é tanto pela personalidade ou pela subjetividade quanto pela capacidade jurídica plena, batalhando pelas condições de facto e de direito que impedem uma total emancipação de todos os seres humanos, um reconhecimento efectivo e tempestivo de

---

251. CANADÁ. *Canadian Human Rights Act.* Version of section 25 from 2002-12-31 to 2012-03-12: Versão da legilsação atualizada em 02 nov. 2017. Disponível em: <http://laws-lois.justice.gc.ca/eng/ acts/H-6/section-25-20021231.html>. Acesso em: 01 nov. 2017.
252. CANADA. Court of Appeal for Ontario. Entrop v. Imperial Oil Limited, 2000 CanLII 16800. 2010 ONCA 593 (CanLII). Disponível em: <www.canlii.org/en/on/onca/doc/2010/2010onca593/2010onca593.html>. Acesso em: 01 nov. 2017. Cf. a compreensão da Comissão de Direitos Humanos de Ontário. CANADÁ. Ontario Human Rights Commission (OHRC). *Recognizing mental health disabilities and addictions.* Disponível em: <www.ohrc.on.ca/en/policy-preventing-discrimination-based-mental-health-disabilities-and-addictions/4-recognizing-mental-health-disabilities-and-addictions#_ednref39. Acesso em: 01 nov. 2017.
253. CANADÁ. Supreme Court of Canada. *Tranchemontagne v. Ontario (Director, Disability Support Program)*, [2006] 1 S.C.R. 513, 2006 SCC 14. 2006. Disponível em <https://scc-csc.lexum.com/scc-csc/scc-csc/en/item/7/index.do>. Acesso em: 08 ago. 2017.
254. AUSTRALIA. Australian Human Rights Comission. *Drugs.* Disponível em: <https://www.humanrights.gov.au/quick-guide/12032>. Acesso em: 05 ago. 2017.

seus legítimos interesses, a proteção eficaz contra exclusões subsistentes – mulheres, crianças, velhos, diminuídos, grupos sexuais minoritários, prisioneiros, estrangeiros, negros, ciganos, etc.[255]

O enfraquecimento do reconhecimento da vontade do usuário de drogas, por meio do regime das incapacidades não atende adequadamente a natureza de sua vulnerabilidade. Para Carl Hart: "Embora possa estreitar o foco e reduzir a capacidade de sentir prazer em experiências alheias às drogas, o vício grave não transforma a pessoa num ser incapaz de reagir a toda uma série de incentivos".[256] Na conclusão, contundente de Menezes, Barreto e Mota: "não há razão para classificar o toxicômano como relativamente incapaz, situação na qual observa-se verdadeiro contrassenso".[257] Da mesma maneira, para Célia Abreu, "ao contrário da previsão do legislador, não é possível rotulá-los de relativamente incapazes".[258] É também a conclusão do Ministério da Saúde.[259]

No paradigma superado, tomava-se em conta o saber médico, mas confundia-se doença com sintoma e terminava-se por considerar que a identificação de determinada doença justificaria um "diagnóstico" de incapacidade. Com a CDPD, consagra-se no plano constitucional a superação da lógica que entrelaçava o diagnóstico de determinada doença com incapacidade para atos da vida civil, ou ainda, a deficiência intelectual com incapacidade. Um paciente com Alzheimer pode manifestar ou não sintomas e raramente sentirá os efeitos da doença antes dos 60 anos.[260] Como determina a CDPD a deficiência é um atributo pessoal, não um aspecto depreciativo, cujas implicações dependem inclusive da acessibilidade oferecida.[261]

Expostas tais premissas, fixar os "ébrios habituais e viciados em tóxicos" como relativamente incapazes faz pouco sentido. Por outro lado, mesmo que se considerasse como válida a norma segundo a qual os usuários de drogas seriam relativamente incapazes tal enquadramento gera menos efeitos do que se costuma considerar.

Consoante a leitura proposta, os relativamente incapazes o são apenas em relação a certos atos ou ao modo de os exercer. Significa o reconhecimento da vontade do

---

255. CARVALHO, Orlando de. *Teoria Geral do Direito Civil*. 3. ed. Coimbra (Portugal): Coimbra Editora, 2012, p. 238 e 260.
256. HART, Carl. *Um preço muito alto*: a jornada de um neurocientista que desafia nossa visão sobre as drogas. Rio de Janeiro: Zahar, 2014, p. 257.
257. MENEZES, Joyceane Bezerra de; BARRETO, Júlia d'Alge Mont'Alverne; MOTA, Maria Yannie Araújo. Autonomia existencial do paciente psiquiátrico usuário de drogas e a política de saúde mental brasileira. *Revista Fórum de Direito Civil*, Belo Horizonte, v. 4, n. 10, p. 123-138, set./dez. 2015. p. 129.
258. ABREU, Celia Barbosa. Capacidade civil, discernimento e dignidade do portador de transtorno mental. *Revista Brasileira de Direito das Famílias e Sucessões*, v. 8, p. 5-18, 2009. p. 17.
259. BRASIL. Ministério da Saúde. Secretaria de Atenção à Saúde. *Guia estratégico para o cuidado de pessoas com necessidades relacionadas ao consumo de álcool e outras drogas*. Brasília: Ministério da Saúde, 2015, p. 88.
260. BARNES, Josephine, *et al*. Alzheimer's Disease First Symptoms Are Age Dependent: Evidence from the NACC Dataset. *Alzheimer's & Dementia: The journal of the Alzheimer's Association*, n. 11, v. 11, p. 1349-1357, 2015. ROSSOR, Martin, *et al*. The diagnosis of young-onset dementia. *Lancet neurology*, v. 9, n. 8, p. 793-806, 2010. p. 794.
261. Além de ser a essência da convenção, consta em seu preâmbulo, bem como art. 1º.

relativamente incapaz, mesmo que de modo diferenciado, vale realçar, ainda que se proceda com distintas formas de suporte ao seu exercício. Nessa linha, a Convenção Internacional sobre os Direitos das Pessoas com Deficiência, art. 12, item 3, determina que "Os Estados Partes tomarão medidas apropriadas para prover o acesso de pessoas com deficiência ao apoio que necessitarem no exercício de sua capacidade legal".

A despeito da perspectiva inclusiva, o TJSP julgou inviável o pedido de internação psiquiátrica de Andreza, com trinta anos de idade, formulado por seu pai, por considerar que "para tanto, imprescindível seria o ajuizamento de ação declaratória de interdição, no caso inexistente".[262] Como já exposto, o procedimento de restrição da capacidade civil para os atos patrimoniais, designado de curatela (ou interdição),[263] não é pressuposto, nem argumento para internações psiquiátricas.

Não se pode mais admitir a confusão de institutos e de finalidades. Descabe sobrepor interdição e internação, como se a incapacidade permitisse toda sorte de imposições e como, se inversamente, toda internação significasse incapacidade, logo a interdição de todos os discursos do internado, no sentido proposto por Foucault.

O que se deve considerar para internar, matéria aprofundada no Capítulo 4, consiste principalmente, na necessidade médica, a efetiva inexistência de alternativa porque já esgotadas as tentativas com oferta concreta de mecanismos não hospitalares, e a falta de aptidão para se controlar (autodeterminar-se), a qual, não se confunde com a capacidade para decidir sobre atos patrimoniais, muito menos com a simples presença de compreensão. Como já exposto anteriormente, o usuário de drogas, mesmo se faz uso problemático, pode ter compreensão do mundo ao seu redor, mas nem por isso ter controle sobre o uso das drogas – são projeções distintas.

A incapacidade do usuário de droga ao menos em parte pode ser compreendida pela injustificada percepção do incapaz como um diferente, desviante, e pelo caráter apriorístico que alimenta o instituto da incapacidade em sua conformação tradicional. Essa rigidez contrasta com a dinâmica dos distintos usos de drogas, inclusive com perda de controle ou da consciência de modo pontual em um episódio isolado de uso abusivo. Neste ponto, a força do estigma do usuário de droga como pessoa sem controle decisional repercute na ausência de clareza sobre as restrições que o ordenamento impõe à recepção jurídica de suas escolhas. Vale dizer, se são todas atingidas, ou se são admitidas análises pontuais, como é típico na análise da figura dos *defeitos do negócio jurídico*, os quais, sem trocadilho, são designados *vícios do consentimento*. Em elucidativo exemplo extraído de Pontes de Miranda,

---

262. TJSP. Agravo de Instrumento 0130006-81.2012.8.26.0000. 9ª Câmara de Direito Público. Rel.: Des. Rebouças de Carvalho. Registro: 15/08/2012.
263. A terminologia tradicional, interdição, foi resgatada no texto normativo do Código de Processo Civil de 2015, como se pode notar nos arts. 747 e seguintes. O Estatuto da Pessoa com Deficiência aboliu expressamente o termo "interdição" e, embora persista no Novo Código de Processo Civil, a superioridade normativa da Convenção sobre os Direitos da Pessoa com Deficiência, recepcionado com força de Emenda Constitucional, afasta o seu emprego.

Se a pessoa capaz, no momento de contrair casamento, se acha em situação de não poder ser responsável por seus atos, como nos casos de uso de tóxicos (Tribunal de Justiça de São Paulo, 8 de dezembro de 1922), o casamento é dirimido, como o do louco e o do surdo-mudo que não pode exprimir a sua vontade.[264]

Para que melhor se explique a questão, tome-se a Lei do Planejamento Familiar (Lei n. 9.263/1996). Ao versar sobre o direito de optar pela esterilização preconiza, em seu art. 10, um conjunto de requisitos mais amplo do que apenas a capacidade civil. Além do consenso dos cônjuges, que soa inconstitucional,[265] exige-se vinte e cinco anos ou dois filhos. A redação do parágrafo 3º, do mesmo artigo define que "Não será considerada a manifestação de vontade, na forma do § 1º, expressa durante ocorrência de alterações na capacidade de discernimento por influência de álcool, drogas, estados emocionais alterados ou incapacidade mental temporária ou permanente". Aqui o uso de drogas está mais próximo ao regime jurídico dos vícios de consentimento, sujeitos a anulabilidade em exame caso a caso de sua relevância[266]. O dispositivo não assume a capacidade para os atos da vida civil como o critério central e enfatiza a necessidade de considerar o que designou de "capacidade de discernimento" que pode ser atingida por "estados emocionais alterados".

Por conseguinte, quando a questão deixa o regime das incapacidades, muda-se significativamente o olhar. Nas incapacidades procura-se avaliar se a pessoa é capaz/incapaz, nos vícios do consentimento, em que pese sua origem voluntarista, a questão é mais contextual.[267] A mistura entre as duas situações muitas vezes presente no uso de drogas revela a dificuldade do sistema de lidar com situações concretas, as quais desafiam um modelo fundado na segurança jurídica formal. A proteção da pessoa exige uma visão localizada no tempo e no espaço. Com acerto, Menezes, Barreto e Mota esclarecem que

> Sob a influência dos direitos humanos reconhecidos ao paciente psiquiátrico, a capacidade decisional da pessoa passa a ter maior destaque. As pessoas que sofrem drogadição, igualmente considerados pacientes psiquiátricos, devem ter a sua capacidade respeitada. Desse modo, na medida em que preservarem o seu discernimento, podem decidir sobre a possibilidade de se submeterem ou não ao tratamento específico.[268]

---

264. PONTES DE MIRANDA. *Tratado de Direito Privado*. T. VII. São Paulo: Bookseller, 2001, § 768. Impedimentos relativamente dirimentes. Item 1.
265. No STF, a matéria está em debate na Ação Direta de Inconstitucionalidade (ADI) 5097, ajuizada pela Associação Nacional de Defensores Públicos (Anadep). Tratamos do tema em: SCHULMAN, Gabriel. Esterilização Forçada, Incapacidade Civil e o Caso Janaína: "não é segurando nas asas que se ajuda um pássaro a voar". *REDES – Revista eletrônica direito e sociedade*, v. 6, 2018.
266. Na forma do Código Civil, ao disciplinar a figura do erro, define-se, art. 140: "O falso motivo só vicia a declaração de vontade quando expresso como razão determinante". Grifou-se.
267. "Os que eventualmente bebem e se embriagam ou são usuários de drogas, mas sem vício, desde que não se encontrem sob efeito da droga ou do álcool, são plenamente capazes para a prática de atos da vida jurídica". NADER, Paulo. *Curso de Direito Civil*. Parte Geral. 10. ed. Rio de Janeiro: Forense: 2016. Ebook. Item 60.3.2.
268. MENEZES, Joyceane Bezerra de; BARRETO; Júlia d'Alge Mont'Alverne; MOTA, Maria Yannie Araújo. Autonomia existencial do paciente psiquiátrico usuário de drogas e a política de saúde mental brasileira. *Revista Fórum de Direito Civil*, Belo Horizonte, v. 4, n. 10, p. 123-138, set./dez. 2015. p. 124.

Superada a explicação usual que procura legitimar as incapacidades somente com fulcro em um sentido protetivo, parece razoável considerar que a previsão do Código Civil de incapacidade dos "ébrios habituais e os viciados em tóxico" – infeliz terminologia do texto vigente no art. 4º – deve-se, possivelmente, à conjugação de duas outras perspectivas. A primeira consiste na rejeição moral ao comportamento do uso de drogas. A segunda, na má gestão do patrimônio. Protege-se o incapaz em relação aos seus atos na sociedade, e ao mesmo tempo a sociedade se faz proteger do incapaz.

Nessa senda, segundo Clóvis Bevilaqua, as síndromes degenerativas que se caracterizam por "gastos imoderados [...] andam, geralmente, associados a dois outros: a mania do jogo e dispsomania ou vontade impulsiva de beber".[269] Essa lógica de um desvalor moral está presente no Decreto n. 891/1938, que define um estarrecedor critério da conveniência adotado no art. 29, § 1º: "A internação obrigatória se dará, nos casos de toxicomania por entorpecentes ou nos outros casos, quando provada a necessidade de tratamento adequado ao enfermo, *ou for conveniente à ordem pública*".[270]

A redação do Código Civil de 1916, art. 457 estabelecia de modo próximo que "Os loucos, sempre que parecer inconveniente conserva-os em casa, ou o exigir o seu tratamento, serão também recolhidos em estabelecimento adequado".[271] Trata-se de normas em que se faz presente a inversão denunciada no capítulo anterior pela qual o usuário é visto como um doente contagioso, ou ainda como a própria patologia.

O TJRS, ao julgar pedido de internação promovido por uma mãe, considerou que "A pretensão da autora se justifica, tendo em vista que o quadro de dependência química, ainda que temporariamente controlado, enseja o risco da prodigalidade".[272] A *ratio decidendi* revela que até mesmo na avaliação do uso de drogas, o "padrão" esperado de uso do patrimônio foi empregado como critério.

De modo análogo, como razão para acatar pedido de imposição de proibição de gestão de bens por usuário de álcool, o mesmo tribunal compreendeu que "o interditando apresenta quadro de alcoolismo capaz de lhe comprometer a capacidade mental, havendo risco de que venha a dilapidar o seu patrimônio", razões pela qual a medida de internação foi considerada adequada.[273]

---

269. BEVILAQUA, Clóvis. *Teoria Geral do Direito Civil*. São Paulo: Red Livros. 2001, p. 146. Para Maria Helena Diniz, devem ser considerados "como absolutamente incapazes os toxicômanos, [...] após o processo de interdição (CPC, art. 1.185), pois os entorpecentes podem levar os viciados à ruína econômica". DINIZ, Maria Helena. *Código Civil Anotado*. 14. ed. São Paulo, Saraiva, 2009, p. 43. A autora manteve intacta a posição e a terminologia em publicação posterior ao Estatuto da Pessoa com deficiência. (DINIZ, Maria Helena. A nova teoria das incapacidades. *Revista Thesis Juris*, São Paulo, v. 5, n.2, p. 263-288, mai.-ago. 2016. p. 268.
270. Grifou-se.
271. De modo análogo, no Decreto n. 24.559/1934, art. 9º "Sempre que, por qualquer motivo, fôr inconveniente a conservação do psicopata em domicílio, será o mesmo removido para estabelecimento psiquiátrico".
272. TJRS. Apelação Cível n. 70041257833. 7ª. Câmara Cível. Rel.: André Luiz Planella Villarinho. DJe: 31.08.2011.
273. TJRS. Agravo de Instrumento n. 70009625534. Rel. Des. Sérgio Fernando de Vasconcellos Chaves. 7ª Câmara Cível. Julgado em 20/10/2004.

Identificar na patrimonialidade a finalidade predominante, ou ao menos relevante, auxilia na fundamentação da insuficiência das incapacidades ou da interdição para lidar com o uso abusivo de drogas e com as demais decisões personalíssimas, não solucionadas pelos critérios de matiz econômico. Dessa forma, reitera-se que a melhor compreensão sobre a determinação para atos patrimoniais é de que a "dependência química, por si só, não gera incapacidade civil".[274]

Com maior importância, é preciso deixar claro que a crítica que aqui se faz não se concentra na restrição aos atos patrimoniais (que apenas circunda o problema central da pesquisa), mas no risco da extensão desta incapacidade para justificar a internação do indivíduo que faz uso problemático de drogas. Esse elasticimento dos efeitos da interdição e do significado das incapacidades, como uma verdadeira vocação semântica expansiva,[275] projeta-se em inúmeras situações,[276] inclusive na redação original do art. 1.777, do Código Civil, que estatuía que os interditos por uso de drogas, entre outros, deveriam ser "*recolhidos em estabelecimentos adequados, quando não se adaptarem ao convívio doméstico*".[277] Prevalecia um sentido de segregação e da retirada do convívio do diferente.

A nova redação do art. 1.777, do Código Civil, definida pela LBI, estabelece que "As pessoas referidas no inciso I do art. 1.767 receberão todo o apoio necessário para ter preservado o direito à convivência familiar e comunitária, sendo evitado o seu recolhimento em estabelecimento que os afaste desse convívio". Acolha-se desta maneira a internação psiquiátrica como um mecanismo excepcional e secundário. Ademais, é preciso notar que o texto normativo disse menos do que desejava.

Na redação vigente do art. 1.767, do Código Civil, constam como vigentes três possibilidades de curatela: "I- aqueles que, por causa transitória ou permanente, não puderem exprimir sua vontade; [...] III – os ébrios habituais e os viciados em tóxico; [...] V – os pródigos". Uma leitura apressada dos recém referidos arts. 1.767 e 1.777, poderia sugerir que a internação forçada somente deveria ser evitada para as pessoas de que trata o "inciso I do art. 1.767", o que poderia sugerir equivocadamente que não incluiria os usuários de drogas.

---

274. TJDF. Apelação n. 2012.01.1.033325-8. Rel.: Des. José Divino de Oliveira. Acórdão n. 648.446. Julgamento: 14.03.2013. Como aponta o julgamento, a eventual incapacidade exige comprovação própria.
275. Emilio Betti consigna que a incapacidade legal por saúde mental "importa também incapacidade do querer e, portanto, uma impossibilidade de realizar qualquer manifestação de vontade". BETTI, Emilio. *Teoría general del negócio jurídico*. (Trad. Martín Pérez). Granada (Espanha): Editorial Comares, 2000, p. 197. Tradução livre.
276. "Embora a preocupação do legislador tenha sido prioritariamente com as relações patrimoniais, como evidenciam as disposições do Código Civil sobre incapacidade e curatela, foram igualmente atingidas as relações existenciais das pessoas consideradas absolutamente incapazes". BARBOZA, Heloisa Helena; ALMEIDA JUNIOR, Vitor de Azevedo. A (in)capacidade da pessoa com deficiência mental ou intelectual e o regime das invalidades: primeiras reflexões. In: EHRHARDT JR., Marcos (Org.). *Impactos do novo CPC e do EPD no direito civil brasileiro*. Belo Horizonte: Fórum, 2016, p. 205-228. p. 216.
277. Grifou-se.

A interpretação com as lentes constitucionais faz concluir que os ditames do atual art. 1.777 – direito à convivência e a excepcionalidade de internação forçada – alcançam toda pessoa. Essa interpretação resulta inclusive da circunstância de que para efeitos da proteção garantida no Código Civil, as pessoas que fazem uso abusivo estão englobadas entre as que transitoriamente não podem exprimir sua vontade, sem prejuízo das imprecisões desta locução.

Para arrematar, permita-se sublinhar que a lógica binária das incapacidades serviu para legitimar internações, como denotava inclusive a redação do art. 1.777, combinado com art. 1.767, do Código Civil.

2.3 HÁ "RAZÕES QUE A RAZÃO NÃO CONHECE":278 DISTINTAS PROJEÇÕES DAS APTIDÕES PARA DECIDIR

> No buraco negro, nossas noções de espaço e tempo não fazem sentido; nada escapa dele, nem a luz.[279]

"Eu quero processar meus pais pelos direitos do meu corpo". É o pedido de Anna, ao seu advogado representado por Alec Baldwin, no filme "Uma prova de amor" ou "*My Sister´s Keeper*" no título original. A personagem de treze anos, interpretada por Abigail Breslin, explica que seus pais a forçavam periodicamente a doar medula à irmã e busca sua emancipação estritamente em relação à autodeterminação sobre o corpo, sem repercussões em outras esferas.[280] Em "*I am Sam*", o cinema contou a comovente história de Lucy, que aos sete anos começa a ultrapassar a capacidade intelectual de seu pai. No filme, traduzido para o português como "Uma lição de Amor", Sam, representado por Sean Penn, luta pela guarda de sua filha, interpretada por Dakota Fanning.[281]

Em fevereiro de 2017, os jornais noticiaram que José Humberto Pires de Campos, com 22 anos e graves problemas renais, se recusava a realizar a hemodiálise e foi interditado a pedido da mãe. Segundo a imprensa, a "mãe luta na Justiça para obrigar filho a fazer tratamento que pode evitar morte".[282] O jovem "reconhece que

---

278. Aproveita-se a famosa frase de Pascal: "*Le cœur a ses raisons que la raison ne connaît point; on le sait en mille choses*". PASCAL, Blaise. *Pensées*: Sur la religion et sur quelques autres sujets. 3. ed. Paris (França): Guillaume Desprez,1671, p. 100. Em tradução livre, "O coração tem suas razões que a razão não conhece; sabemos disso em mil coisas". Registra-se o agradecimento a Carolina Schulman pela tradução.
279. GLEISSER, Marcelo. Os enigmáticos buracos negros. *Folha de S. Paulo*, Folha Ciência, 12 dez. 2010.
280. *Uma prova de amor (My Sister´s Keeper)*. 2009. Direção: Nick Cassavetes. Elenco: Cameron Diaz, Abigail Breslin, Sofia Vassilieva, e Alec Baldwin. O caso é ainda mais complexo porque Anna é uma *saviour sibling*, isto é, foi concebida por seleção genética para que houvesse compatibilidade para o tratamento de sua irmã, Kate. Na fala da personagem: "Sou um bebê projetado, fui feita para fornecer partes de reposição para Kate".
281. *Uma lição de amor (I am Sam)*. 2001. Direção: Jessie Nelson. Elenco: Dakota Fanning, Michelle Pfeiffer, Sean Penn.
282. TULIO, Silvio. *O Globo*. Jovem com problema renal luta na Justiça para não fazer hemodiálise. Sabendo que pode morrer, ele diz não ter perspectiva de melhora, em GO. Mãe obteve liminar que obriga o filho a se tratar mesmo contra vontade. 16.02.2017. Disponível online em <http://g1.globo.com/goias/noticia/2017/02/jovem-com-problema-renal-luta-na-justica-para-nao-fazer-hemodialise.html>. Acesso em: 19 fev.2017.

pode morrer sem o procedimento, mas diz que não tem intenção de enfrentá-lo por considerar 'dolorido".[283]

Em dezembro de 2016, após mais de três semanas de tratamento para uma insuficiência respiratória, o poeta Ferreira Gullar pediu a esposa: "Se você me ama, não deixe fazerem nada comigo. Me deixe ir em paz. Eu quero ir em paz".[284] Ao longo da vida, o poeta foi defensor ferrenho das internações psiquiátricas. Considerava que o movimento antimanicomial era imbuído de boas intenções, porém constituía um discurso deslocado da realidade.[285]

Cada uma das narrativas envolve um microcosmos de relações e questões. Ao reunir um conjunto de situações com matizes plurais, não se pretende sugerir uma ótica de homogeneização. O que se traz à lume é justamente a diversidade que contrasta com a rigidez pelo qual tradicionalmente operam as incapacidades, em oposição à considerável força atrativa de sua dogmática tradicional e dos conceitos que em torno dela gravitam. Para dizer em poucas linhas, os casos sublinham diferentes ângulos da complexidade das escolhas de vida na saúde, de contextos e singularidades. Evidenciam a inadequação da simples transposição do regime das incapacidades – forjado para os atos patrimoniais – para lidar com as questões relativas às liberdades existenciais, as quais demanda um direito vocacionado de modo singular para as pluralidades e de modo plural para as singularidades.

Entre tantas questões que se pode colocar, um exame sucinto da decisão inicial sobre José Humberto Pires de Campos, que se recusava realizar hemodiálise, considerou, segundo a imprensa,[286] que "ele não é totalmente capaz de agir livremente no caso" e se interditou "unicamente para que sua genitora trate dos assuntos relativos a sua saúde e tratamento médico necessário".[287] Ao passo que a Lei Brasileira de Inclusão define em seu art. 85 que a curatela é adstrita a atos patrimoniais e ainda reforça que "não alcança o direito ao próprio corpo, à sexualidade, ao matrimônio, à

---
283. TOMAZELA, José Maria. *O Estado de S. Paulo*. Mãe luta na Justiça para obrigar filho a fazer tratamento que pode evitar morte. 16 fev. 2017. Disponível online em <http://saude.estadao.com.br/ noticias/geral,mae--luta-na-justica-para-obrigar-filho-a-fazer-tratamento-que-evita-sua-morte,7000166 7333>. Acesso em: 23 fev. 2017.
284. COLLUCCI, Cláudia. O poeta Ferreira Gullar e a escolha de morrer em paz, longe da UTI. *Folha de S. Paulo*, Caderno Cotidiano, 06 dez. 2016.
285. GULLAR, Ferreira. Considerações sobre a loucura. *Folha de S. Paulo*, 21. fev. 2016. Em entrevista à Revista Época, enfatizou: "Essas pessoas não sabem o que é conviver com esquizofrênicos, que muitas vezes ameaçam se matar ou matar alguém. Elas têm a audácia de fingir que amam mais a meus filhos do que eu". "DÓI internar um filho. Às vezes não há outro jeito". *Revista Época*. 29/05/2009. Disponível em <http://revistaepoca.globo.com/Revista/Epoca/0,,EMI75216-15257,00-DOI+INTERNAR+UM+FILHO+AS+VEZES+NAO+HA+OUTRO+JEITO.html>. Acesso em: 19 fev. 2016.
286. Não se obteve acesso aos autos ou a decisões, haja vista que o processo tramita sob sigilo; considerou-se, ainda assim, que a hipótese levantada era relevante e atual, bem como posterior à LBI. Segundo a imprensa, o feito tramita na 2ª. Vara Cível de Trindade, Estado de Goiás.
287. TULIO, Silvio. *O Globo*. Jovem com problema renal luta na Justiça para não fazer hemodiálise. Sabendo que pode morrer, ele diz não ter perspectiva de melhora, em GO. Mãe obteve liminar que obriga o filho a se tratar mesmo contra vontade. 16.02.2017. Disponível online em <http://g1.globo.com/goias/noticia/2017/02/jovem-com-problema-renal-luta-na-justica-para-nao-fazer-hemodialise.html>. Acesso em: 19 fev. 2017.

privacidade, à educação, à saúde". Além disso, a Convenção Internacional sobre os Direitos das Pessoas com Deficiência prevê a igualdade material na saúde, inclusive com a exigência do "consentimento livre", reconhecido com direito fundamental.

O exercício da paternidade por Sam, em relação à sua filha Lucy, sem prejuízo de várias questões que se pode colocar e mesmo das restrições à forma de concretizar, encontra respaldo na garantia de "exercer o direito à família e à convivência familiar", prevista na Lei Brasileira de Inclusão, art. 6º e na Convenção Internacional sobre os Direitos das Pessoas com Deficiência, art. 23, item 1.

À primeira vista, a cena do filme "Uma prova de amor" em que se cogita o pedido de emancipação corporal de Anne em relação aos seus pais pode causar estranheza, contudo, é claro sintoma das incongruências decorrentes da transposição descuidada para o plano existencial do sistema de aptidão para atos negociais. Se o tratamento é de incapacidades, como não cogitar a discussão da emancipação? Vale frisar que o próprio Código de Ética Médica, na forma do art. 101, prevê que no tratamento de crianças e adolescentes "é necessário seu assentimento livre e esclarecido na medida de sua compreensão".

Portanto, se por um lado é evidente a insuficiência (ou mesmo a incompatibilidade) do regime das incapacidades para as decisões na esfera da saúde, de outro, não se pode deixar de conhecer a resposta convencional e seus argumentos, inclusive para superá-los. Atos e circunstâncias diferentes demandam requisitos e critérios distintos para avaliação da aptidão para tomada de decisão.

A expressão "atos da vida civil" operou, durante muito tempo, como verdadeiro buraco negro que atrai toda matéria para seu interior, ao que corresponde uma vocação expansiva e o demasiado elastecimento da locução. Tal circunstância destoa da existência de diversas regras específicas como a idade mínima de dezesseis anos para votar,[288] vinte e cinco anos para porte de arma[289] ou para esterilização (salvo se houver dois filhos),[290] dezoito anos para habilitação da direção de automóveis,[291] fazer uso de álcool ou fumar tabaco.[292] Em relação a este último critério, talvez no futuro possa ser o parâmetro para outras drogas, o que se põe sem qualquer pretensão de aprofundamento, nos limites desta pesquisa.

---

288. Constituição Federal, art. 14, § 1º. No curso do tempo estas distinções não estavam claras. Josaphat Marinho, relator-geral do Código Civil aponta que a própria adoção da maioridade aos 18 anos, decorreu da percepção de um critério de maturidade e do fato de que a capacidade eleitoral foi mudada. MARINHO, Josaphat. O Projeto de novo Código Civil. *Revista de informação legislativa*, v. 37, n. 146, p. 5-13, abr./jun. 2000, p. 8.
289. Estatuto do Desarmamento, Lei n. 10.826/2003, art. 24.
290. Lei do Planejamento Familiar, Lei n. 9.263/1996, art. 10.
291. Código de Trânsito Brasileiro, Lei n. 9.503/1997, art. 140, inc. I c/c Código Penal, art. 27). O requisito da legislação de trânsito é ser "penalmente imputável", o que não se confunde com maioridade penal.
292. Estatuto da Criança e do Adolescente, Lei n. 8.069/1990, art. 243. Dessa norma, podem-se extrair intrigantes questões. Uma vez autorizadas determinadas drogas (ou todas), haverá idade mínima para exercer a liberdade de usar uma droga específica? O parâmetro será etário, de capacidade civil ou outro critério?

A multiplicidade de projeções da liberdade se evidencia na legislação no espinhoso art. 85 da LBI, que determina que a curatela afeta apenas os atos patrimoniais. Para se ter uma dimensão da questão, em caso de instituição de curatela, sob a égide da lei de inclusão, o Ministério Público do Paraná consignou: "não é prudente a manutenção da capacidade civil do demandado para o trabalho e para o direito ao voto".[293] Afinal, quanto se pode elastecer o instituto dos "atos da vida civil" sem que se rompa?

Defende-se que *há diferentes "capacidades" ou melhor diferenciadas competências para decidir,* baseadas em distintas aptidões. Aliás, apesar de ensinar-se que a capacidade se presume, e a incapacidade deve ser provada, há distintos exames de aptidão psicológica, sob designações, tais como, "exames psicotécnicos", que são exigidos para direção de veículos,[294] para o manuseio de arma de fogo,[295] para ser magistrado.[296] Com efeito, na saúde se afirma que um paciente pode ser competente para uma decisão e não para outra.[297]

A doutrina é farta em salientar a distinção de atos negociais e existenciais.[298] Fermin Roland Schramm, Heloisa Helena Barboza e Aníbal Guimarães Jr, ao tratarem da liberdade para decidir sobre a transexualidade, com base nos aportes da bioética, defendem o respeito à autonomia do "indivíduo cognitiva e moralmente competente, que deseje restabelecer uma coerência entre seus 'eus' em conflito".[299]

---

293. PARANÁ. Ministério Público. Ação de interdição n° 0011730-62.2015.8.16.0001. Disponível em <http://www.civel.mppr.mp.br/arquivos/File/Dra_Ana_Cristina_Martins_Brandao_Parecer_Interdicao_n_00117306220158160001_Cf_Lei_13146_15.pdf>. Acesso em: 10 maio 2016. Em oposição, no TJRS se decidiu: "Não há mais razão para que a curatela seja comunicada à Justiça Eleitoral. Ocorre que tal norma do Código Eleitoral é anterior ao Estatuto da Pessoa com Deficiência, o qual mantém, na plenitude, os direitos políticos do curatelado. TJRS. Apelação n. 70072269376, 8ª Câmara Cível, Rel.: Des. Luiz Felipe Brasil Santos, Julgado em 23/03/2017.
294. Código de Trânsito Brasileiro, Lei n. 9.503/1997, art. 147.
295. Estatuto do Desarmamento, Lei n. 10.826/2003, art. 11-A.
296. A Resolução n. 75/2009 no CNJ, em seu art. 5°, inc. I, define o exame psicotécnico como etapa eliminatória em concursos públicos da magistratura. Segundo o art. 66, "os exames de saúde destinam-se a apurar as condições de higidez física e mental". CONSELHO NACIONAL DE JUSTIÇA. Resolução n. 75/2009.
297. BUCHANAN, Allen; BROCK, Dan. *Deciding for Others:* The Ethics of Surrogate Decision Making. Cambridge, Cambridge University Press, 1989, p. 18.
298. KONDER, Carlos Nelson. O consentimento no Biodireito: Os casos dos transexuais e dos wannabes. *Revista Trimestral de Direito Civil,* v. 15, p. 41-71, 2003. p. 58-59; MARTINS-COSTA, Judith. Capacidade para consentir e esterilização de mulheres tornadas incapazes pelo uso de drogas: notas para uma aproximação entre a técnica e a reflexão bioética. In: _____, Judith; MOLLER, Letícia Ludwig. (Org.). *Bioética e Responsabilidade.* Rio de Janeiro: Forense, 2009. p. 299-346. p. 320; SÁ, Maria de Fátima Freire de; LIMA, Taisa Maria Macena de. Autonomia Privada e Internação não Consentida. *Revista Brasileira de Estudos Políticos,* v. 99, p. 79-99, 2009. p. 93; MATOS, Mafalda Francisco. *O problema da (ir)relevância do consentimento dos menores em sede de cuidados médicos terapêuticos (uma perspectiva jurídico-penal).* Coimbra (Portugal): Coimbra Editora. julho 2013, p. 120. CARVALHO, Orlando de. *Teoria Geral do Direito Civil.* 3. ed. Coimbra (Portugal): Coimbra Editora, 2012, p. 238. KONDER, Carlos Nelson. Vulnerabilidade patrimonial e vulnerabilidade existencial: por um sistema diferenciador. *Revista de Direito do Consumidor,* v. 99, 2015. p. 101-123.
299. BARBOZA, Heloisa Helena Gomes; SCHRAMM, Fermin Roland; GUIMARAES JUNIOR, Aníbal. A Moralidade da Transexualidade: Aspectos Bioéticos e Jurídicos. *Revista Redbioetica/UNESCO,* v. 1, 2011. p. 66-77.

Rodotà ao problematizar a sociedade da informação, questiona os limites do consentimento para uso de dados, por significar uma forma de auto-restrição de direitos fundamentais.[300] Em um mundo digital, em que os *smartphones* são considerados por muitos como extensões do corpo e as redes sociais são utilizadas por pessoas de todas as idades, será que é suficiente procurar na legislação civil a resposta para a aptidão para consentir a renúncias pontuais (ou muito extensas) da privacidade ou ainda de outros direitos fundamentais?[301]

Em reforço à posição de que há distintos critérios de aptidão para decidir, é vital observar a indispensável diferenciação entre a capacidade negocial e a aptidão para exercer as liberdades para a pluralidade de escolhas no plano existencial, o que se revela inclusive no texto legal. No Código Civil, art. 1.634, ao estabelecer-se o modo como deve ocorrer a representação dos pais em relação aos filhos, determina-se a diferenciação entre a representação que inclui o "consentimento para casarem" e os "atos da vida civil", o que evidencia um regime específico para certos atos (como casar).[302]

No Código de Processo Civil, art. 749, diferencia-se a capacidade para "administrar seus bens" e "praticar atos da vida civil". Comparativamente, o dispositivo equivalente no Código de Processo Civil de 1973, art. 1180, indicava que o interessado apontará "os fatos que revelam a anomalia psíquica" bem como "assinalará a incapacidade do interditando para reger a sua pessoa e administrar os seus bens".

Igualmente, a legislação estabelece que o relativamente incapaz é apto a contratar – ainda que seus atos sejam anuláveis (Código Civil, arts. 171, inc. I) –, todavia, não podem consentir para certas decisões em saúde. Basta consultar a Lei de Doação de Órgãos (Lei n. 9.434/1997) para vislumbrar que foi omissa acerca da incapacidade relativa, e adotou a maioridade como pressuposto de qualquer decisão independente, exigindo para os adolescentes o consentimento de ambos os pais, sem diferenciação quando atingem 16 anos.[303] Outrossim, na Lei de Doações, exige-se para o autotransplante consentimento do próprio indivíduo e de um de seus pais

---

300. RODOTÀ. Stefano. *A vida na sociedade da vigilância*. (Trad. Danilo Doneda e Luciana Cabral Doneda). Rio de Janeiro: Renovar, 2008, p. 75.
301. Com votação apertada, a Bélgica tornou-se o único país sem idade mínima para eutanásia. DAN, Bernard; FONTEYNE, Christine; de CLÉTY; Stéphan Clément. Self-requested euthanasia for children in Belgium. Lancet, v. 383, n. 9918, 2014. p. 671-672. Belgium passes law extending euthanasia to children of all ages. The Guardian. 13.02.2014. Disponível em <www.theguardian.com/world/ 2014/feb/13/belgium-law-extends-euthanasia-children-all-ages>. Acesso em: 22 maio 2017.
302. Por um critério diferenciado de aptidão para casar cf. YOUNG, Beatriz Capanema. A Lei Brasileira de Inclusão e seus reflexos no casamento da pessoa com deficiência psíquica ou intelectual. *In*: BARBOZA, Heloisa Helena; MENDONÇA, Bruna Lima; ALMEIDA Jr., Vitor de Azevedo. *O Código Civil e o Estatuto da Pessoa com deficiência*. Rio de Janeiro: Processo, 2017. p. 185-216. p. 193.
303. A Lei de Doação de órgãos "não distingue as incapacidades relativas das absolutas". GEDIEL, José Antônio Peres. *Os transplantes de órgãos e a invenção moderna do corpo*. Curitiba: Moinho do Verbo, 2000, p. 181-182. NEVARES, Ana Luiza Maia. Tudo por um filho. *Civilistica.com*. Rio de Janeiro, a. 1, n. 2, p. 1-18, jul.-dez./2012. p. 4. Disponível em <http://civilistica.com/wp-content/uploads/2015 /02/Nevares-civilistica.com-a.1.n.2.2012.pdf>. Acesso em: 22 maio 2015.

"se ele for juridicamente incapaz",[304] novamente, sem haver regra especial sobre a faixa etária entre 16 e 18 anos.[305]

No Decreto n. 9.175/2017, que regulamenta a lei, repetiu-se a formula da incapacidade em sentido amplo (sem diferenciar incapacidade absoluta ou relativa) e definiu-se que "A doação de medula óssea de pessoa juridicamente incapaz somente poderá ocorrer entre consanguíneos" (art. 29, § 6º). Quanto ao consentimento para receber transplante, define-se que em caso de o "receptor ser juridicamente incapaz ou estar privado de meio de comunicação oral ou escrita" o consentimento deve ser outorgado pelo cônjuge, pelo companheiro ou por parente consanguíneo ou afim, de maior idade e juridicamente capaz, na linha reta ou colateral, até o quarto grau, inclusive, firmada em documento subscrito por duas testemunhas presentes na assinatura do termo" (art. 32, § 1º). De modo similar, a Resolução n. 466/2012 do CNS (Conselho Nacional de Saúde), que regulamenta a pesquisa com seres humanos usa a redação "incapacidade legal" para tratar do consentimento.

A pluralidade de capacidades no ordenamento jurídico sugere que se faz necessário considerar critérios diferenciados segundo as distintas esferas e circunstâncias de tomada de decisão.[306] Nessa senda, é essencial destacar as semelhanças e diferenças nos modos como se recepciona a loucura no direito penal e no direito civil. *É notável a pouca atenção conferida à distinção entre o significado e exigências da incapacidade civil e a inimputabilidade na esfera penal, a qual contrasta com o emprego de ambas como fundamento de internações forçadas.*

O Código Penal do Império considerava inimputáveis "Os loucos de todo o gênero" (art. 10, parágrafo 2º),[307] terminologia que foi repetida no Código Civil de 1916. Como distintas repercussões da loucura, a imputabilidade na esfera criminal e a incapacidade no direito privado são distintos no conteúdo e no significado e apesar disso, são dois caminhos admitidos, na prática, para internações forçadas.

---
304. Lei de Doação de Órgãos (Lei n. 9.434/1997), art. 9º, § 8º.
305. Vale resgatar que sob a égide do Código Civil de 1916, sob cuja vigência foi editada a Lei de Doação de Órgãos, já se adotava a incapacidade relativa aos 16 anos, na forma do art. 6. "São incapazes, relativamente a certos atos (art. 147, n. 1), ou à maneira de os exercer: I. Os maiores de dezesseis e menores de vinte e um anos (arts. 154 a 156). II. As mulheres casadas, enquanto subsistir a sociedade conjugal. III. Os pródigos. IV. Os silvícolas. Parágrafo único. Os silvícolas ficarão sujeitos ao regime tutelar, estabelecido em leis e regulamentos especiais, e que cessará à medida de sua adaptação".
306. A unificação das capacidades, segundo o antigo modelo de rigidez que não se presta a efetivamente tutelar as múltiplas situações. É o que se verifica na construção de Álvaro Villaça Azevedo quando diz, segundo um modelo de "tudo ou nada" que se os fumantes de tabaco fossem incapazes, deveriam então ser submetidos a curatela. AZEVEDO, Álvaro Villaça. A dependência ao tabaco e a sua influência na capacidade jurídica do indivíduo. A caracterização de defeito no produto sob a ótica do Código de Defesa do Consumidor. In: Teresa Ancona. *Estudos e Pareceres sobre Livre Arbítrio, Responsabilidade e Produto de Risco Inerente. O paradigma do tabaco*. Rio de Janeiro: Renovar, 2009. p. 67-82. p. 78.
307. O Código Penal do Império definia em seu art. 10, que também não se julgarão criminosos: "2º Os loucos de todo o genero, salvo se tiverem lucidos intervallos, e nelles commetterem o crime [...]". BRASIL. Planalto. *Código Penal do Império*. Disponível online em: <http://www.planalto.gov.br/ccivil_03/leis/lim/LIM-16-12-1830.htm>. Acesso em: 05 maio 2016.

Além da maioridade legal fixada em dezoito anos no Código Civil e vinte e um anos na esfera criminal,[308] a inimputabilidade penal difere tanto em seus requisitos, quanto em seus efeitos. Consoante o Código Penal, art. 26, isenta-se de pena o agente que por sua condição de saúde mental era "incapaz de entender o caráter ilícito do fato ou de determinar-se de acordo com esse entendimento". Na legislação militar, na forma do Decreto 1.001/1969, art. 60 define-se que "O menor de dezoito anos é inimputável, salvo se, já tendo completado dezesseis anos, revela suficiente desenvolvimento psíquico para entender o caráter ilícito do fato e determinar-se de acôrdo com êste entendimento". O teor da norma sugere também a noção de maturidade, segundo uma concepção que transcende o simples entender.

Segundo Zaffaroni e Pierangeli "a imputabilidade – entendida como capacidade de culpabilidade – possui dois níveis, um que deve ser considerada como a capacidade de entender a ilicitude, e outro que consiste na capacidade para adequar a conduta a esta compreensão". Há dessa maneira o que designam de "incapacidade de compreensão da antijuridicidade" e incapacidade de "autodeterminar-se conforme a compreensão".[309]

Ao comparar as projeções, nota-se que no direito civil examinam-se as aptidões de compreender e se manifestar. Na esfera criminal os critérios são a compreensão e a autodeterminação, que se poderia traduzir *grosso modo* em entender e ter controle de si. Colher no direito penal o critério da autodeterminação como uma figura distinta e complementar às aptidões de compreender e se expressar é etapa útil no desenvolvimento da competência para decidir na esfera da saúde,[310] notadamente na internação forçada. Nesse sentido, como exposto no Capítulo 1, a síndrome de dependência marca um sentimento ambíguo, em que se fazem presentes "desejo poderoso de tomar a droga, à dificuldade de controlar o consumo".[311]

---

308. A maioridade penal está em discussão no Congresso. A PEC n. 33/2012 propõe reduzir a idade de imputabilidade para 16 anos. Uma audiência pública sobre a matéria foi realizada no Senado em 24.10.2017. BRASIL. Senado Federal. PEC n. 33/2012. Disponível online em: <http://www25.senado.leg.br/web/atividade/materias/-/materia/106330. Acesso em: 11 nov 2017.
309. ZAFFARONI, Eugenio Raúl; PIERANGELI, José Henrique. *Manual de direito penal brasileiro*: parte geral. 10. ed. São Paulo: Revista dos Tribunais, 2013, p. 559. No mesmo sentido DOTTI, René Ariel. *Curso de Direito Penal*. Parte Geral. 5. ed. São Paulo: RT, 2013, p. 531.
310. Segundo Appelbaum, na língua inglesa, "capacity" é uma avaliação clínica de aptidão, e "competence" significa um julgamento legal, embora na prática a distinção não seja respeitada, seja na esfera legal, seja no uso médico. APPELBAUM, Paul. Assessment of Patients' Competence to Consent to Treatment. *The New England Journal of Medicine*, v. 357, n. 18, p. 1834-1840, nov. 2007. p. 1834-1835. Nesta pesquisa, tais termos foram empregados de modo diverso, de modo que competência foi empregada, preferencialmente, para a esfera da saúde.
311. ORGANIZAÇÃO MUNDIAL DA SAÚDE (OMS). *CID-10. Classificação Internacional de Doenças e Problemas Relacionados à Saúde*. Décima Revisão. São Paulo: Editora da Universidade do Estado de São Paulo, 2009, p. 313. Na síntese contundente de William Burroughs: "O comerciante de droga não vende seu produto ao consumidor, vende o consumidor a seu produto". BURROUGHS, William. *Almoço Nu*. (Trad: Mauro Sá Rêgo Costa e Flávio Moreira da Costa). São Paulo: Ediouro, 2005, p. 6.

Ao reconhecer como projeções distintas o autocontrole e a compreensão, torna-se mais claro porque se rejeita a incapacidade civil como aspecto necessário da internação ao mesmo tempo em que se valoriza a autodeterminação mesmo da pessoa internada sem prestar consentimento (ou contra sua vontade).

A incapacidade civil não pode mais ser concebida como um fundamento para negação irrestrita das escolhas pessoais, porque estas são inerentes ao reconhecimento da condição de pessoa humana. É certo que as opções, anseios e desejos pessoais possam não prevalecer, ou dependam de suporte, mas não podem ser sumariamente ignoradas.

Isso implica que a eventual restrição de compreensão ou manifestação não afasta o direito à informação e ao consentimento.[312] Perder o controle não significa deixar de entender. Não ter completa competência não significa inexistir.

O próprio o Estatuto da Juventude (Lei n. 12.852/2013) determina como diretriz da atenção à saúde que seu atendimento respeite às "especificidades do jovem"[313] e estabelece como princípio a "promoção da autonomia e emancipação dos jovens" (art. 2º, inc. I). Na mesma toada, em parecer do CRM-PR se lê:

> O adolescente deve ser encarado como uma pessoa capaz de exercitar progressivamente a responsabilidade quanto a sua saúde e seu corpo [...] qualquer exigência que possa afastar ou impedir o exercício pleno do adolescente de seu direito fundamental à saúde e à liberdade, como a obrigatoriedade da presença de um responsável para acompanhamento no serviço de saúde, constitui lesão ao direito maior de uma vida saudável. (CRMPR. Processo-Consulta CRMPR N.. 122/2010).

Novas indagações vêm à baila. A partir da distinção entre capacidade negocial e capacidade para atos existenciais, como decompor a autonomia não patrimonial (pessoal) e apurar sua presença? Como exercer controle qualitativo das manifestações de vontade personalíssimas?[314] São problemas os quais não comportam soluções fáceis. A respeito, é preciso considerar que a competência para atos em saúde pode variar segundo elementos como a complexidade do ato a ser praticado,[315] a

---

312. "Mesmo sendo absolutamente (até os 16 anos) ou relativamente (dos 16 aos 18 anos) incapaz de exercer pessoalmente os atos da vida civil, o médico deve procurar incluir o paciente pediátrico nesse processo, à medida que ele se desenvolve e que for identificado como capaz de avaliar seu problema". HIRSCHHEIMER, Mário Roberto; CONSTANTINO, Clóvis Francisco; OSELKA, Gabriel Wolf. Consentimento informado no atendimento pediátrico. *Revista Paulista de Pediatria*, São Paulo, v. 28, n. 2, p. 128-133. Jun. 2010. p. 128.
313. Estatuto da Juventude (Lei n.12.852/2013), art. 20, inc. I.
314. "Em nossa opinião, embora haja dificuldade em estabelecer o grau de entendimento e responsabilidade da criança e do adolescente com relação à idade, julgamos que especial atenção deve ser dada à manutenção do sigilo do atendimento em adolescentes menores de 14 anos. É provável que um grande contingente ainda não tenha a maturidade adequada para a compreensão dos problemas de saúde e dos cuidados preventivos, diagnósticos e terapêuticos a serem adotados. Em tais casos, opinamos ser vantajoso buscar o assentimento do adolescente, no sentido de que o atendimento seja acompanhado pelos pais ou responsáveis". CREMEC. *Processo-Consulta CREMEC n. 5121/2014.* Parecer CREMEC n. 13/2014.
315. PEREIRA, André Gonçalo Dias. A capacidade para consentir: um novo ramo da capacidade jurídica. Separata da Faculdade de Direito da Universidade de Coimbra. *Comemorações dos 35 anos do Código Civil e dos 25 anos da reforma de 1977.* Coimbra: Coimbra Editora: 2006. p. 199-249. p. 214.

compreensão do paciente, os riscos, o contexto do paciente. Um caso emblemático é apresentado por Judith Martins-Costa que analisa a determinação judicial de esterilização compulsória, com detalhes como o uso de drogas, os filhos anteriores, doença mental, prostituição.[316]

Ademais, fácil perceber que a recusa de tratamento de câncer por adolescente ou criança e por um adulto são recebidos de modo diferente.[317] Igualmente, há uma tendência natural a se colocar em dúvida a competência para decidir quando a manifestação não é aquela esperada,[318] ao passo que um paciente que segue a conduta clínica usual terá menor tendência a ter sua competência avaliada.[319]

As questões práticas são muitas, como ilustra consulta ao Conselho de Classe por médico que atendeu paciente com 15 anos sem os pais. Em seu parecer assim se pronunciou o CREMERJ:

> Embora seja muito difícil estabelecer o grau de entendimento e responsabilidade em relação à idade do menor adolescente, conviria fosse prestada especial atenção no que diz respeito aos menores de 14 anos, pois estes em sua grande maioria, não têm ainda o discernimento ideal e seria nesses casos sempre vantajoso o acompanhamento do menor pelos pais ou responsáveis.[320]

---

316. MARTINS-COSTA, Judith. Capacidade para consentir e esterilização de mulheres tornadas incapazes pelo uso de drogas: notas para uma aproximação entre a técnica e a reflexão bioética. In: _____; MOLLER, Letícia Ludwig. (Org.). *Bioética e Responsabilidade*. Rio de Janeiro: Forense, 2009. p. 299-346.
317. "De resto, muito mais facilmente a doutrina – de vários países que aqui temos vindo a citar – aceita que o menor pode dar o seu consentimento, portanto, permitir sujeitar-se aos riscos e perigos a ele subjacentes, do que permite que o menor recuse qualquer que seja cuidado médico". (MATOS, Mafalda Francisco. *O problema da (ir)relevância do consentimento dos menores em sede de cuidados médicos terapêuticos (uma perspectiva jurídico-penal)*. Coimbra Editora. 2013, p. 124). "*In pediatrics, on the other hand, patient autonomy is dismissed because the child-patient is presumed to be incompetent to know and represent his own best interest*". ROSS, Lainie Friedman. Moral Grounding for the Participation of Children as Organ Donors. *The Journal of Law, Medicine & Ethics*, n. 21, v. p. 251-257, 1993. p. 251.
318. WONG, Grace Josephine Shan *et al.* Capacity to make health care decisions: its importance in clinical practice. *Psychological Medicine*, v. 29 n. 2, p. 437-446, 1999. p. 439.
319. APPELBAUM, Paul. Assessment of Patients' Competence to Consent to Treatment. *The New England Journal of Medicine*, v. 357, n. 18, p. 1834-1840, Nov. 2007. p. 1834-1835. GANZINI, Linda et al. Ten Myths About Decision-Making Capacity. *Journal of the American Medical Directors Association (JAMA)*, n. 6 (3 Supplement), p. 100-104, May-June 2005. p. 101. Conforme Charland "*Competence needs to be assessed before a decision is made*". CHARLAND, Louis. Mental Competence and Value: The Problem of Normativity in the Assessment of Decisional Capacity. *Psychiatry, Psychology, and Law*, n. 8, v. 2, p 135-145, 2001. p. 138.
320. CREMERJ. Parecer n. 154/2004. Relator: Cantídio Drumond Neto. Disponível em: <http://www.portalmedico.org.br/pareceres/crmrj/pareceres/2004/154_2004.htm>. Acesso em: 31 Ago. 2017. O CREMERJ orienta ser preferível que o atendimento seja efetuado com a presença dos pais e/ou responsável, quando o menor adolescente não tiver ainda, o discernimento ideal para avaliar o mesmo. Fica a critério do médico, especialmente, ao considerar o motivo e o teor da consulta, a avaliação sobre a imprescindibilidade ou não da presença dos pais ou responsáveis. Em parecer mais recente, que revogou o anteriormente citado, consta que em geral a criança não possui maturidade para decisões médicas, "Já o adolescente, dependendo da idade, pode possuir maturidade suficiente para discernir sobre a responsabilidade na prática de determinados atos. Neste caso, é permitida a consulta sem a presença dos pais ou representante legal, caso o adolescente tenha capacidade para compreender o diagnóstico e a terapia a ser instituída". CREMERJ. *Parecer n. 203, de 07 de junho de 2013*. O atendimento a menor de idade acompanhado ou não de seus pais e/ ou representantes legais deve ser avaliado pelo médico, conforme a capacidade de discernimento da criança

A conclusão do CREMERJ, por valorizar a vontade de adolescente na faixa da incapacidade absoluta[321] está em sintonia com o reconhecimento de um espectro de competências (ou capacidades) para prática de atos existenciais, com destaque à projeção da competência no âmbito da saúde. No Código de Ética Médica a repercussão inclui tanto o consentimento do menor, quanto a tutela de sua privacidade: "Art. 74. Revelar sigilo profissional relacionado a paciente menor de idade, inclusive a seus pais ou representantes legais, desde que o menor tenha capacidade de discernimento, salvo quando a não revelação possa acarretar dano ao paciente".

Entram em jogo elementos com os quais o direito ainda não está habituado a lidar, como a maturidade, as experiências prévias do paciente,[322] competência segundo a complexidade do ato, reversibilidade, consequências de realizar ou não, de modo que a competência é para um certo ato e não um atributo da pessoa.[323] O próprio consentimento no estupro de vulnerável demonstra que a matéria exige adequada atenção.[324]

Em complemento ao acima exposto, como argumento de menor peso na problematização que se desenvolve, cumpre frisar que a premissa clássica segundo a qual incapacidade implica o não reconhecimento da vontade do incapaz é incoerente com o próprio sistema.

---

ou adolescente. Relator: Arnaldo Pineschi de Azeredo Coutinho. Disponível em: <http://old.cremerj.org.br/legislacao/ detalhes.php?id=924&item=2>. Acesso em: 19 out. 2017.

321. Como aponta TEPEDINO, "a vontade do incapaz – assim considerada em razão da idade, seja em razão do desenvolvimento psíquico deve ser preservada o máximo possível, na medida em que se descortina seu discernimento: ninguém melhor do que ele poderá proteger, em certas circunstâncias íntimas, sua personalidade" TEPEDINO, Gustavo. A tutela constitucional da criança e do adolescente: projeções civis e estatutárias. In: _____. *Temas de Direito Civil.* v. III. Rio de Janeiro, Renovar, 2009, p. 204.

322. Estudos apontam que a competência para poder decidir não está associada diretamente à idade do paciente, mas igualmente as suas experiências anteriores. ALDERSON, Priscilla; SUTCLIFFE, Katy; CURTIS, Katherine. Children's Competence to Consent to Medical Treatment. *Hastings Center Report,* v. 36, n. 6, p. 25-34, Nov.-Dec. 2006. p. 26. Estudo com 120 crianças entre 8 e 15 anos, que já estavam em sua quarta cirurgia apontaram para a valorização de sua decisão. Em outras situações a compreensão e participação da criança podem ser fundamentais, como é o caso da dieta para tratamento de diabetes.

323. "O julgamento da competência ou incompetência de uma pessoa (mesmo daquelas que são consideradas legalmente incompetentes) deve ser dirigido para cada decisão em particular, pois a determinação da capacidade consiste sempre numa aproximação, e depende de, no mínimo, dois fatores: a natureza da decisão e as circunstâncias envolvidas naquela situação particular" LOCH, Jussara de Azambuja. Capacidade para tomar decisões sanitárias e seu papel no contexto da assistência ao paciente pediátrico. *Revista da AMRIGS,* Porto Alegre, n. 56, v. 4 p. 352-355, out.-dez. 2012. p. 354.

324. Ao apreciar uma relação entre um rapaz de dezoito anos e uma menina de doze anos, julgou-se que não houve crime porque "pela palavra da vítima, das testemunhas e do próprio acusado, que admitiu a prática sexual com a menor o ofendida, em que pese a tenra idade, consentiu com a relação, vindo a firmar laços afetivos íntimos com o réu, inclusive havendo um relacionamento estável". TJRS. Apelação Crime n. 70057461378. 5ª Câmara Criminal. Relator: Ivan Leomar Bruxel, Julgado em 18.12.2013. A absolvição também foi aplicada em discussão sobre estupro de uma adolescente de treze anos por se considerar que havia "namoro público". TJRS. Apelação Crime n. 70068904101. 5ª Câmara Criminal. Relator: Lizete Andreis Sebben, Julgado em 22.06.2016. Em novembro de 2017, o STJ editou a Súmula n. 593 cujo enunciado estabelece que "O crime de estupro de vulnerável se configura com a conjunção carnal ou prática de ato libidinoso com menor de 14 anos, sendo irrelevante eventual consentimento da vítima para a prática do ato, sua experiência sexual anterior ou existência de relacionamento amoroso com o agente".

A lógica tradicional, não obstante sua pretensão de completude não é imune às contradições as quais se revelam, no reconhecimento da vontade do incapaz em certos momentos (compra de sorvete pela criança, responsabilidade subjetiva do incapaz fundada em culpa) e incapacidade natural.

Com efeito, há situações nas quais a vontade é implicitamente admitida ou dispensada em caráter excepcional, mesmo no direito civil clássico. Basicamente duas hipóteses são indicadas. A primeira é a reparação de danos pelo incapaz, a qual ao menos para parte da doutrina pressupõe a atuação voluntária. Segundo o art. 186, do Código Civil constitui "ação ou omissão *voluntária*".[325] A segunda hipótese de vontade dos incapazes são os atos de pequeno valor.

Advirta-se que não se pretende aqui nenhum desenvolvimento no campo do direito de danos. Naturalmente, não será objeto de aprofundamento a imputação ao incapaz do dever de reparar ou o conceito de culpa. O que se ressalta no tocante a este tema é que atribuição do dever de reparar aos incapazes, fixada pelo Código Civil, art. 928, ao menos entre os autores que a consideram uma modalidade de responsabilidade subjetiva, demonstra uma falha na lógica interna. Em uma frase, na esfera dos atos da vida civil se nega reconhecimento jurídico à vontade e, no entanto, admite-se imputar o dever de reparar com base em ato voluntário.

Para José Fernando Simão, a responsabilidade do incapaz pressupõe a imputabilidade, que em conceituação próxima ao Código Penal, segmentou-se em "capacidade intelectual" e "certa liberdade de determinação capacidade volitiva".[326] Quanto à caracterização da responsabilidade do incapaz, o autor não reconhece que haja ato voluntário, nem responsabilidade objetiva. Simão propõe uma analogia, em que se pergunta "se fosse capaz e tivesse praticado o mesmo ato, seria o agente do dano responsabilizado".[327] Na visão de Caitlin Muholand, a atribuição de responsabilidade subjetiva, no século XIX, demandava culpabilidade e imputabilidade, de modo que o ofensor deveria apresentar "maturidade intelectual suficiente" para reconhecer a reprovabilidade social de sua conduta.[328] Assim, era preciso reconhecer a vontade do incapaz. O foco na vítima modifica a apreciação da questão de modo que, para

---

325. BICALHO, Clóvis Figueredo Sette; LIMA, Osmar Brina Côrrea. Loucura e Prodigalidade à luz do Direito e da Psicanálise. *Revista de Informação Legislativa*, Brasília, ano 30, n. 118, abr./jun. 1993. p. 363-388. p. 367. Segundo Rodrigo da Cunha Pereira: "O Brasil, tendo adotado o critério objetivo de culpa, adotou também, conseqüentemente, um conceito quase onipresente da *normalidade*, e com isto não faz nenhuma descrição analítica do que é um homem normal, o que é normalidade psíquica. Entretanto, a idéia de culpa, responsabilidade, vontade... está intimamente ligada à idéia de normalidade e loucura". CUNHA PEREIRA, Rodrigo da. Todo gênero de louco. *Revista Brasileira de Direito de Família do IBDFAM*, Editora Síntese, vol. 1, abr./jun. 1999. p. 52-65. p. 54 – grifou-se.
326. SIMÃO, José Fernando. *A responsabilidade civil dos incapazes*. São Paulo: Atlas, 2008, p. 122.
327. SIMÃO, José Fernando. *A responsabilidade civil dos incapazes*. São Paulo: Atlas, 2008, p. 134.
328. MULHOLLAND, Caitlin. A responsabilidade civil da pessoa com deficiência psíquica e/ou intelectual. *In*: MENEZES, Joyceane Bezerra de. (Org.). *Direito das pessoas com deficiência psíquica e intelectual nas relações privadas*: Convenção sobre os direitos da pessoa com deficiência e Lei Brasileira de Inclusão. Rio de Janeiro: Processo, 2016. p. 633-659. p. 643.

Muholand, a avaliação da responsabilidade subjetiva do incapaz deve ser baseada em uma análise abstrata da culpa.

A seu turno, Marcos Bernardes de Mello considera que o incapaz não comete ilícito, sua responsabilidade decorre da reparabilidade não de ilicitude.[329] Célia Abreu sublinha que o incapaz se submete a um regime jurídico especial, que imprime caráter subsidiário e mitigado a tal reparação e atende à adequação em vista da vulnerabilidade.[330]

Merece registro também, ao lado da imputação de responsabilidade a já mencionada aceitação dos atos praticados por incapazes. Além dos autores já citados acima, essa compreensão se sintoniza com o Código Civil Português, art. 127, que excepciona a incapacidade para certos atos patrimoniais, de menor valor, "próprios da vida corrente do menor que, estando ao alcance da sua capacidade natural".[331]

De modo a explicar o dever do usuário que sobe o bonde de remunerar a prestação, Karl Larenz rejeita a ideia de contratação baseada em comportamento concludente pelo qual subir no bonde equivaleria a aceitação da oferta. Reputa insuficiente a noção de uma vontade presumida. Larenz preconiza que "a conseqüência do comportamento social típico do agente, inafastável, independente da sua vontade e, por isso, impossível de ser eliminada por ele".[332] Em sentido próximo, na construção de Clóvis do Couto e Silva, a vontade individual é mitigada de modo que "o resultado se supõe tão obviamente desejado, a ponto de ensejar, embora possa parecer paradoxal, que não se pesquise sua existência". Objetiva-se a vontade a tal ponto que se convertem em atos-fatos jurídicos, ou seja, a vontade deixa de estar presente em seu suporte fático.[333] Para Gustavo Tepedino, é preciso distinguir vontade negocial e vontade contratual, assim como contrato sem negócio. Em sua visão, a "admissão da relação contratual sem negócio permite atribuir juridicidade a efeitos socialmente reconhecidos, a partir de qualificação *a posteriori* da função

---

329. MELLO, Marcos Bernardes de. *Teoria do Fato Jurídico*. Plano de Existência. 20. ed. São Paulo: Saraiva, 2014, p. 283.
330. ABREU, Célia. Aspectos constitucionais da responsabilidade civil do incapaz. *Revista de Direitos e Garantias Fundamentais*, Vitória, n. 11, p. 257-277, jan./jun. 2012. p. 269.
331. PORTUGAL. Acórdão do Tribunal da Relação de Guimarães. Processo: 1443/06.1TBGMR.G1. Relator: A. COSTA FERNANDES. Acórdão: 16.03.2010.
332. LARENZ, Karl. Estabelecimento de relações obrigacionais por meio de comportamento social típico. *Revista de Direito GV*. (Trad. Alessandro Hirata). v.2, n.1, jan.-jun. 2006. p. 55-63. Disponível em: <http://direitosp.fgv.br/sites/direitosp.fgv.br/files/rdgv_03_p055_064.pdf>. Acesso em: 12 mar. 2014. Para Eduardo Nunes, "são atos estruturalmente idênticos aos negócios jurídicos, classificados, contudo, diversamente pelo fato de não se coadunarem com os rígidos requisitos exigidos da vontade negocial e com os casos de invalidade daí decorrentes (por exemplo, as hipóteses de incapacidade do agente ou de vícios do consentimento)". (NUNES, Eduardo. Perfil dinâmico da invalidade negocial. *In*: MENEZES, Joyceane Bezerra de; RODRIGUES, Francisco Luciano. Pessoa e mercado sob a metodologia do direito civil-constitucional. Santa Cruz do Sul: Essere nel Mondo, 2016. p. 80-94. p. 86).
333. SILVA, Clóvis do Couto e. *A Obrigação como processo*. São Paulo: Editora José Bushatsky, 1976, p. 93. Na mesma compreensão: LÔBO, Paulo. *Direito civil*: Parte geral. 6. ed. São Paulo: Saraiva, 2017, p. 243.

da atividade realizada, estabelecendo-se, dessa forma, controle de merecimento de tutela, à luz da legalidade constitucional".[334]

Assim, independente de qual teoria se repute mais adequada, o que se procura evidenciar é o paradoxo pelo qual, por um lado admite-se "vontade" para atribuição do dever de reparar e facilitar o tráfego comercial, porém, de outro, nega-se a vontade para atos existenciais.

Na sequência, o terceiro capítulo procura refletir sobre a relação entre proteção e liberdade. Acrescenta-se um novo ingrediente para reflexão: o paternalismo. Como verticalização da projeção da liberdade existencial, indaga-se se há plena aptidão para decidir sobre a recusa ao tratamento diante da síndrome de dependência. Nem a autonomia é absoluta (muito menos a autodeterminação para atos pessoais), nem o paternalismo irrestrito deve prevalecer, a exigir uma reflexão sobre o direito de tomar decisões que outros considerem ruins e mesmo nocivas. Também se analisa os argumentos mais usuais para embasar e a legitimar a internação não consentida, segundo os fundamentos da doutrina e dos julgados.

2.4 SÍNTESE DO CAPÍTULO

O presente capítulo procurou tratar de necessários desentrelaçamentos semânticos, os quais permitem afirmar que o procedimento de curatela (de interdição caso assim prefira se chamar) não é pressuposto da internação. Entendimento diverso parece ter origem em uma soma de equívocos que precisam ser ultrapassados, entre os quais imaginar que a curatela (interdição) atinja indistintamente todos os aspectos da vida civil, ou que incapacidade deva ser recebida como o silenciamento completo da pessoa, cuja vontade ser fixada sempre por terceiros que definirão "seu melhor interesse".[335]

A visão antiquada da interdição resta superada com a Convenção de Nova York de proteção da pessoa com deficiência, com a prevalência de medidas para permitir a máxima participação, a oferta de suportes para inclusão e a diferenciação das projeções dos atos a serem praticados. Não se trata apenas de colocar a pessoa vulnerável como protagonista, mas sim permitir-lhe escrever a própria história.

---

334. TEPEDINO, Gustavo. Esboço de uma classificação funcional dos atos jurídicos. *Revista Trimestral de Direito Civil – RTDC*, v. 1, Rio de Janeiro, IBDCIVIL, p. 8-37, jul./set. 2014. p. 36.
335. Esta ótica se faz presente no Estatuto do Idoso (Lei n. 10.741/2003) o qual define no art. 17 que a opção por tratamento depende de pleno domínio da razão: "Ao "idoso que esteja no domínio de suas faculdades mentais é assegurado o direito de optar pelo tratamento de saúde que lhe for reputado mais favorável. Parágrafo único. Não estando o idoso em condições de proceder à opção, esta será feita: I – pelo curador, quando o idoso for interditado; II – pelos familiares, quando o idoso não tiver curador ou este não puder ser contactado em tempo hábil; III – pelo médico, quando ocorrer iminente risco de vida e não houver tempo hábil para consulta a curador ou familiar; IV – pelo próprio médico, quando não houver curador ou familiar conhecido, caso em que deverá comunicar o fato ao Ministério Público". Sobre o tema, cf. AZEVEDO, Lilibeth de Azevedo. *O idoso e a autonomia privada no campo da saúde*. Dissertação (Mestrado em Direito). Universidade do Estado do Rio de Janeiro, Rio de Janeiro, 2012.

Outrossim, nem toda doença implica incapacidade, muito menos a deficiência intelectual pode ser tomada como sinônimo de incapacidade, seja relativa ou absoluta. Sem prejuízo das muitas questões em aberto, alguns elementos podem ser assentados:

i. O discurso tradicional, ao atribuir um papel puramente protetivo à incapacidade civil, esmaece a função patrimonial em que se assenta e que se reflete na estrutura (modelo rígido e abstrato) e na função.

ii. A tipificação do rol dos incapazes reflete opções que não se explicam apenas por nível de cognição, posto também que encontram, em alguns casos, motivações sociais e culturais.

iii. A compreensão parece também envolver a ideia de *pertencimento* de modo que consiste uma avaliação de adequação aos valores sociais, de modo que a incapacidade está ligada ao plano da *anormalidade;* a abstração do sistema sugere que um padrão de *normalidade* é levado em conta, de modo que o capaz é quem racionalmente decide, ou seja, que atua conforme um conjunto de valores socialmente considerados como adequados.

iv. A fixação da incapacidade atesta uma exclusão justificada na proteção, uma discriminação fundada na alegação de igualdade de todas as pessoas; as incapacidades não se justificam como proteção à pessoa, delineiam um regime pelo qual o incapaz não pertencente, não se adéqua, daí a importância de silenciá-lo.

v. A tendência à desconsideração da vontade do incapaz em prol de uma vontade atribuída não prevalece diante dos valores constitucionais. A vulnerabilidade exige cuidado; considerar o interesse de pessoas incapazes e ouvi-las não significa que não haja a possibilidade de imposições como a vacinação contra a vontade da criança que chora todas suas lágrimas.[336]

vi. Identifica-se uma perigosa vocação expansiva da interdição e do regime das incapacidades, que termina por consagrar o regime como critério para a prática de atos em geral, sem problematizar o sentido e alcance dos ditos "atos da vida civil". A estruturação com base na fictícia imagem de homem racional não comporta a complexidade dos atos existenciais.

vii. A lógica tradicional, apesar de sua pretensão de completude, não é imune às contradições as quais se revelam, por exemplo, no reconhecimento da vontade do incapaz em certos momentos (compra de sorvete pela criança, responsabilidade subjetiva do incapaz fundada em culpa).

viii. Há múltiplas projeções e competências para decisão e a aptidão ou inaptidão em uma circunstância não significa para todas. Um novo olhar sobre o art. 4º do Código Civil permite projetar uma restrição às restrições e adotar uma leitura que considera mais o que se pode realizar (com ou sem apoio) do que as residuais limitações.

ix. A etiqueta "interditado" (ou curatelado) não pode ser interpretada como uma negação ao acesso. Nessa linha, a incapacidade relativa deve ser interpretada em harmonia com o texto constitucional. Sua natureza restritiva exige uma leitura emancipatória que promova o empoderamento.

x. A pouca atenção à distinção entre o significado e exigências da incapacidade civil e a inimputabilidade na esfera penal contrasta com o emprego de ambas como fundamento de internações forçadas. O usuário de droga pode ter compreensão (e inclusive manifestar a intenção de tratar) e ainda assim apresentar limitação na competência para decidir ou para se determinar.

---

336. "Disso se depreende que não pode se abandonar as pessoas à sua autonomia, nem substituí-las por causa de sua vulnerabilidade. Fazemos por elas o que fariam elas mesmas se pudessem, soubessem como ou se fossem capazes". NUNES, Lucília. Usuários dos serviços de saúde e os seus direitos. *Revista Brasileira de Bioética*, v. 02. n. 02, p. 201-220, 2006. p. 214-215.

xi. A constatação de uso de drogas não pode levar à conclusão imediata de incapacidade civil. Por sua vez, a incapacidade civil não é requisito, muito menos fundamento para a internação forçada porque concerne a avaliações de competências e necessidades de suporte absolutamente distintas.

Para encerrar, resgata-se o final de "O Alienista":

Mas o ilustre médico, com os olhos acesos da convicção científica, trancou os ouvidos à saudade da mulher, e brandamente a repeliu. *Fechada a porta da Casa Verde, entregou-se ao estudo e à cura de si mesmo.* Dizem os cronistas que ele morreu dali a dezessete meses, no mesmo estado em que entrou, sem ter podido alcançar nada. Alguns chegam ao ponto de conjeturar que nunca houve outro louco, além dele, em Itaguaí, mas esta opinião, fundada em um boato que correu desde que o alienista expirou, não tem outra prova senão o boato; e boato duvidoso, pois é atribuído ao Padre Lopes, que com tanto fogo realçara as qualidades do grande homem. *Seja como for, efetuou-se o enterro com muita pompa e rara solenidade*.[337]

A cientificidade da patologização da loucura, da diferença deve ser revista. A clausura tanto física – por meio de internações –, quanto jurídica por força de restrições não pode prevalecer. A perspectiva deve ser de inclusão e emancipação. Tal como o Alienista, ele próprio, cuidou de enxergar com um novo olhar e curar-se, é preciso repensar o modo como tradicionalmente se disciplinou a saúde mental e considerar seu enterro com pompa.

Uma vez "fechada a porta da Casa Verde" é preciso abrir uma janela para a complexidade e para a adequada tutela da pessoa concreta. Esta é conclusão parcial que se toma ao apreciar um sistema das incapacidades que revela em suas incoerências, que se procurou desvelar, algumas insanidades jurídicas. Na fala do presidente da Câmara de Itaguaí, a provocação contundente de Machado de Assis: *"quem nos afirma que o alienado não é o alienista?"*.[338]

---

337. MACHADO DE ASSIS. O Alienista. In: _____. *Obra Completa*. Rio de Janeiro: Nova Aguilar 1994. v. II. p. 36. Disponível online em <http://www.dominiopublico.gov.br/download/texto/bv000231.pdf>. Acesso em: 15 nov. 2016.
338. MACHADO DE ASSIS. *O Alienista*. Rio de Janeiro: Nova Aguilar 1994. v. II. Disponível online em <http://www.dominiopublico.gov.br/download/texto/bv000231.pdf>. Acesso em: 15 set. 2016, p. 18.

Capítulo 3
ENTRE LIBERDADE E PROTEÇÃO: FUNDAMENTOS NORMATIVOS E AXIOLÓGICOS PARA (NÃO) INTERNAR

They tried to make me go to rehab but I said, 'No, no, no.'[1]
Dom de Iludir
Cada um sabe a dor e a delícia
De ser o que é[2]

Em novembro de 1989, uma greve de fome foi iniciada por 60 dos 82 presos espanhóis que compunham um grupo terrorista conhecido como "GRAPO". Seguiu-se um debate sobre a imposição de alimentação forçada. Um preso morreu após 175 dias de jejum.[3] Mais de duas décadas depois, o Tribunal de Justiça do Estado de São Paulo se deparou com uma recusa em alimentar-se, sem tal pano de fundo. Com base no instituto da medida de proteção, prevista no Estatuto do Idoso, determinou-se a internação forçada de Roseli, para tratar anorexia nervosa,[4] conhecido transtorno alimentar marcado pela restrição calórica, medo intenso de ganhar peso e perturbação no modo como o próprio peso ou a forma corporal são vivenciados.[5]

A greve de fome e os transtornos alimentares não são temas objeto desta tese e constituem *hard cases* específicos. Não obstante, os casos nutrem questões e ponderações úteis à discussão em torno da legitimidade jurídica da internação forçada de pessoas que fazem uso de drogas.

Entre as semelhanças entre a greve de fome e a anorexia, o risco à saúde diante da não alimentação e os questionamentos sobre o autocuidado. As diferenças, con-

---

1. WINEHOUSE, Amy. Rehab. Álbum: *Back to Black*. 2006. Winehouse recebeu 5 grammys pelo álbum; faleceu aos 27 anos. CRISAFULL, Chuck. *Deep 10: Amy Winehouse's Back to Black*. Disponívelem:<www.grammy.com/grammys/news/deep-10-amy-winehouses-back-black>. Acesso em: 11 fev. 2017.
2. VELOSO, Caetano. Dom de Iludir. Álbum: *Totalmente Demais*. Polygram, 1986.
3. *El País*. Una sentencia del Tribunal Constitucional sólo para presos Madrid. 08.12.2009.
4. TJSP. Agravo de Instrumento n. 0074343-16.2013.8.26.0000. 6ª Câmara de Direito Privado. Rel. Des. Fortes Brasil. Registro: 16/10/2013.
5. AMERICAN PSYCHIATRIC ASSOCIATION. *Manual Diagnóstico e Estatístico de Transtornos Mentais*. DSM-V. (Trad. Maria Inês Corrêa Nascimento). 5ª. Edição. Porto Alegre: Artmed, 2014, p. 339.

tudo, são muitas. O contexto da recusa na anorexia torna inclusive questionável a presença de vontade, ou o que se pode melhor designar, de autodeterminação.

No que tange às questões que emanam destes casos, indaga-se: É possível recusar-se a comer? Em ambos os casos? Quais os fundamentos que justificam impor a alimentação? Prosseguindo em direção ao objeto central da pesquisa, questiona-se A saúde pode ser vislumbrada como um direito-dever? A (auto-) restrição a direitos fundamentais submete-se a um crivo dotado de maior rigor do que outras manifestações de vontade?

A pergunta central que orienta este capítulo consiste em avaliar qual o fundamento da interferência na liberdade existencial na esfera da saúde. Como outra face da mesma moeda, procura-se identificar em quais situações a interferência é ilegítima. Essa análise é de grande importância porque se a motivação da internação é ilegítima, a internação também é.

Para o exame proposto, a primeira seção se debruça sobre o paternalismo para discutir sobre os limites da autonomia e os fundamentos para intervenção. Na segunda seção examina-se a internação forçada determinada em sede de medida de segurança, com vistas a identificar sua função, confrontar o papel punitivo e terapêutico, para estabelecer as situações de internação legítima e as muitas distorções.

Vale recordar que, no capítulo anterior, procurou-se destacar o repensar da capacidade civil e a existência de distintas projeções da competência para decidir. Demonstrou-se que o critério cognitivo não explica de modo exauriente a definição legislativa do rol de incapazes. Considera-se também que não é ferramenta adequada ou suficiente para operar casos em que há algum grau de comprometimento ou afetação da capacidade decisória[6] que atingem a autodeterminação. É o caso das compulsões para jogos de azar, uso abusivo de drogas, ou a recusa em se alimentar que seja considerada um transtorno alimentar.[7]

Essas percepções exigem aprofundar os critérios para avaliação do exercício da liberdade existencial, notadamente para a *competência para decidir em saúde*, a qual por sua vez é necessariamente um gênero, que comporta um grande conjunto de competências de escolhas pessoais, que se espraia por situações tão diversas que alcançam até as complexas discussões sobre o direito de morrer[8], a recusa de cuidados, o direito a procedimentos que modificam o corpo.

---

6. Onora O'neill emprega o termo *partial autonomy*. O'NEILL, Onora. Paternalism and partial autonomy. *Journal of Medical Ethics*, v. 10, p. 173-178, 1984.
7. Ao analisar o tema da anorexia e seus adeptos (pró-anas), Belardo defende que "A dúvida maior ocorre quando os pró-anas são adultos e capazes e almejam continuar com esse estilo de vida, pois não se adaptam aos padrões sociais atuais", a evidenciar justamente os limites da capacidade civil em relação a competência para decidir. BERALDO, Anna de Moraes Salles. Ponderações constitucionais sobre a autonomia psicofísica. *Civilistica.com*. Rio de Janeiro, a. 3, n. 1, jan.-jun./2014.
8. TEPEDINO, Gustavo; SCHREIBER, Anderson. O extremo da vida – Eutanásia, acanniamento terapeutico e dignidade humana. *Revista Trimestral de Direito Civil*, v. 39, Rio de Janeiro: Padma, p. 3-18. jul./set., 2009. MARTEL, Leticia de Campos Velho. *Direitos fundamentais indisponíveis – os limites e os padrões do consen-*

Retome-se a recusa em se alimentar. No Brasil, o Manual de Assistências do Sistema Penitenciário Federal,[9] determina que se cumpram as diretrizes da Resolução n. 4/2005 do Conselho Nacional de Política Criminal (CNPCP),[10] que admite a greve de fome desde que o preso seja "mentalmente capaz", assegura os cuidados médicos e o acompanhamento durante todo processo, com confirmação diária da intenção de continuar.

Ao seu turno, ao julgar a greve de fome dos presos, o Tribunal Constitucional Espanhol concluiu que era necessário prover os cuidados necessários e alimentar os presos, para atender à liberdade e à dignidade.[11] É preciso registrar ainda os relevantes votos divergentes. Para o Magistrado don Miguel Rodríguez-Piñero y Bravo-Ferrer, os direitos do preso na esfera da saúde devem ser os mesmos de qualquer pessoa; nada justifica um limite adicional aos seus direitos fundamentais. O Magistrado Don Jesús Leguina Villa, consignou que se não estão em jogo direitos fundamentais de terceiros, não se justifica a coação para alimentação, mesmo para cuidar da saúde ou salvar a vida. Ao exarar seu voto, reconheceu a legitimidade da recusa, sob o argumento de que afetaria apenas os presos:

> Los reclusos que con grave riesgo para su salud y su vida, pero sin riesgo alguno para la salud de los demás se niegan a recibir alimentos y asistencia sanitaria no son personas incapaces cuyas limitaciones hayan de ser subvenidas por los poderes públicos. Son personas enfermas que conservan la plenitud de sus derechos para consentir o para rechazar los tratamientos médicos que se les propongan.

Ao indagar acerca da greve de fome dos presos espanhóis, Atienza sumariza os diversos encaminhamentos possíveis[12], entre os quais: a administração deve alimentar os presos mesmo quando estejam com consciência; somente se pode impor a alimentação diante da perda de consciência; não há possibilidade de imposição; a greve de fome é um abuso no exercício do direito fundamental. Após explorar estas possibilidades, defende que o dever de saúde do Estado não pode ser exercido contra a vontade dos cidadãos, mesmo quando perderam a consciência. Argumenta que

---

timento para a autolimitação do direito fundamental à vida. Tese de Doutorado Universidade do Estado do Rio de Janeiro. Rio de Janeiro: UERJ, 2010.

9. BRASIL. Ministério da Justiça. *Manual de Assistências do Sistema Penitenciário Federal*. Portaria 63/2009. Disponível em: <www.justica.gov.br/seus-direitos/politica-penal/arquivos/sistema-penitencia rio-federal/anexos-sistema-penitenciario-federal/2009portariadepen63.pdf>. Acesso em: 08 set. 2017.

10. BRASIL. Ministério da Justiça. Conselho Nacional de Política Criminal e Penitenciária (CNPCP). *Manual de Atendimento em Situações Especiais – GREVE DE FOME*. Resolução n. 04/2005. DOU 01.12.2005. Disponível em: <www.justica.gov.br/seus-direitos/politica-penal/cnpcp-1/resolucoes/ resolucoes-arquivos-pdf-de-1980-a-2015/resolucao-no-04-de-23-de-novembro-de-2005.pdf>. Acesso em: 08 set. 2017.

11. ESPANHA. Tribunal Constitucional de Espanha. Sentencia n. 120/1990, 27.06.1990. Disponível em: <http://hj.tribunalconstitucional.es/es/Resolucion/Show/1545#complete_resolucion&votos>. Acesso em: 11 jun. 2017.

12. ATIENZA, Miguel. Dossier: Huelga de hambre de los GRAPO, derecho y ética. La argumentación jurídica en un caso difícil. *Revista Jueces para la democracia*, Madrid, n. 9, p. 31-37, 1990, p. 34-35.

a greve de fome não pode ser equiparada ao suicídio porque a morte, no primeiro caso, é uma consequência indesejada e no segundo a intenção central.

Em sua compreensão, o paternalismo somente se justifica se atendidas três condições concomitantemente, a saber, *(i.)* a medida busca efetivamente o bem coletivo ou de uma pessoa; *(ii.)* há comprometimento da capacidade para decidir (competência), o que outros autores designam como *paternalismo soft*;[13] *(iii.)* presume-se que se não estivesse presente a limitação descrita no item anterior haveria o consentimento.[14] Com base em tais premissas, conclui que não se poderia alimentar os presos, mesmo após a perda da consciência.

Diante da falta de condições para decidir, a doutrina admite a alimentação, contra vontade, de paciente com anorexia,[15] porém, este raciocínio não se estende a toda recusa a se alimentar, muito menos aos atos, em geral, que possam causar risco à saúde. Os limites atingem até mesmo a questão da disposição da vida. Um problema neste sentido é levantado por Ronald Dworkin quando indica que em muitos países não se admite o pedido de desligar os aparelhos (porque se enquadraria como um auxílio ao suicídio), mas se respeita a recusa do paciente de alimentar-se.[16] Dessa maneira, a questão na esfera da saúde é delicada, mesmo nos casos que alguns designariam como "risco de lesão apenas ao titular do direito".

Outro aspecto importante extraído da greve de fome é a diferenciação entre as hipóteses de risco a si e risco a terceiros demonstrada nos votos dos magistrados,[17] que representam uma divergência fundamental no tema do paternalismo. Na sequência, aprofundam-se as interfaces entre liberdade e proteção,[18] em torno das quais giram as discussões sobre os fundamentos contrários e favoráveis à internação forçada.

---

13. DWORKIN, Gerald. *The Theory and Practice of Autonomy*. Cambridge (Reino Unido): Cambridge University Press, 2008, p. 124. (Coleção: Cambridge Studies in Philosophy). Joel Feingerg aponta para uma *"weak version"* e uma *"strong version"*. FEINBERG, Joel. Legal Paternalism. *Canadian Journal of Philosophy*, v. I, n. 1, p. 105-124, Sept. 1971, p. 124.
14. ATIENZA, Miguel. Dossier: Huelga de hambre de los GRAPO, derecho y ética. La argumentación jurídica en un caso difícil. *Revista Jueces para la democracia*, Madrid, n. 9, p. 31-37, 1990, p. 36).
15. SÁ, Maria de Fátima Freire de; PONTES, Maíla Mello Campolina. Anorexia Nervosa e Interdição Judicial: reflexões sobre o sentido e o alcance da medida constritiva em um contexto de releitura da teoria das incapacidades. *In*: TEIXEIRA, Ana Carolina Brochado; DADALTO, Luciana. (Org.). *Dos Hospitais aos Tribunais*. Belo Horizonte: Del Rey, 2013, p. 569-594, p. 584.
16. DWORKIN, Ronald. *Domínio da vida*. Aborto, eutanásia e liberdades individuais. (Trad. Jefferson Luís Carmargo). São Paulo: Martins Fontes, 2003, p. 259. Uma discussão conexa foi travada na Corte Europeia de Direitos Humanos quando reconheceu que a ausência de proibição do suicídio no Reino Unido não legitimaria o suicídio assistido (proibido pela lei). CORTE EUROPEIA DE DIREITOS HUMANOS. Pretty v. The United Kingdom. Application n. 2346/02. Estrasburgo (França): 29.04.2002. Disponível em <https://hudoc.echr.coe.int/eng-press#{"itemid":["003-542432-544154"]}>. Acesso em: 04 ago. 2017.
17. DÍEZ RODRÍGUEZ, José Ramón. El derecho del paciente a conocer y decidir: ¿quién decide? *In*: CANO, Ana Maria Marcos del. (Coord.). *Bioética y derechos humanos*. Madrid (Espanha): Uned, 2011. p. 269-318. p. 313.
18. Segundo Buchanan e Brock, *"for brevity, we may describe this as a pendulum swing between paternalism and individual liberty"*. BUCHANAN, Allen; BROCK, Dan. *Deciding for Others*: The Ethics of Surrogate Decision Making. Cambridge: Cambridge University Press, 1989, p. 312.

3.1 PATERNALISMO, VULNERABILIDADE E LIBERDADE PARA ATOS EXISTENCIAIS: *"SE EU QUISER FUMAR, EU FUMO. SE EU QUISER BEBER, EU BEBO"*?[19]

Os limites da liberdade representam um desafio ímpar para a tutela contemporânea da pessoa humana. Zeca Pagodinho, canta uma *liberdade de ser* sintetizada nos famosos versos: "Deixa a vida me levar, vida leva eu".[20]

Muitos anos antes, em obra de 1859, Stuart Mill apresenta uma interessante reflexão no clássico *On Liberty*, quando examina o que designou de "liberdade social", vale dizer, o poder exercido de modo legítimo pela sociedade sobre a pessoa.[21] A ideia central, reiterada diversas vezes, reputa como única justificativa legítima para a invasão à liberdade pessoal a existência de risco a terceiros – *harm to others* –, de modo que o dano a si não é causa justa para intervenção.[22] Sustenta o direito de agir a sua conta e risco,[23] de modo que ninguém é melhor juiz para a decisão sobre as escolhas de vida do que a própria pessoa.

Advoga também o direito à diferença, às idiossincrasias, à individualidade, mesmo quando certas práticas não condizem com os costumes ou revelam mau gosto. Seu pensamento não deve ser confundido com uma defesa à indiferença com o outro. Ressalta o dever de auxiliar aos demais, persuadi-los, sem, contudo, compeli-los.[24] Em oposição à visão kantiana,[25] considera que não há um modelo de agir, que desejos e impulsos são parte da vida. Dessa maneira, para Stuart Mill, agir segundo um padrão, reger-se em conformidade aos costumes, não é realizar uma escolha, porém, comportar-se como as "ovelhas", o que é incompatível com a riqueza da singularidade das pessoas.[26]

Stuart Mill ressalva com destaque que sua construção de que há liberdade desde que não se incomode/cause danos a terceiros pressupõe pleno gozo das faculdades mentais – "*Those who are still in a state to require being taken care of by others, must be protected against their own actions as well as against external*

---

19. PAGODINHO, Zeca. Álbum: *Patota de Cosme*. Gravadora: RGE, 1987. Autoria da canção: Sylvio da Silva.
20. PAGODINHO, Zeca. Álbum: *Deixa a vida me levar*. Gravadora: Universal Music, 2002. Autoria da canção: Serginho Meriti e Eri do Cais.
21. MILL, John Stuart. *On Liberty*. Ontario (Canada): Batoche Books: Kitchener, 2001, p. 6.
22. MILL, John Stuart. *On Liberty*. Ontario (Canada): Batoche Books: Kitchener, 2001, p. 13, 52.
23. MILL, John Stuart. *On Liberty*. Ontario (Canada): Batoche Books: Kitchener, 2001, p. 52.
24. MILL, John Stuart. *On Liberty*. Ontario (Canada): Batoche Books: Kitchener, 2001, p. 70-71 e 86.
25. Para Kant, os impulsos assinalam as necessidades naturais, ao passo que a liberdade é o oposto, consiste no agir de modo autônomo, segundo o que se define para si. Agir de modo heterônomo significa se conduzir segundo uma inclinação (de acordo com desejos e impulsos). A liberdade em Kant está ligada à autonomia que por sua vez pressupõe um agir baseado na razão. KANT, Immanuel. *Fundamentação da Metafísica dos Costumes*. (Trad. Paulo Quintela). Lisboa (Portugal): Edições 70, Lda, 2007. (Coleção Textos filosóficos 70), p. 60.
26. MILL, John Stuart. *On Liberty*. Ontario (Canada): Batoche Books: Kitchener, 2001, p. 55-56, 63 e 70. No original "Human beings are not like sheep". *Op. cit.*, p. 63.

injury".[27] Significa que o autor preconiza o que, posteriormente, designou-se de *soft paternalism*, de modo que a interferência deve ser aplicada em situações de comprometimento da competência,[28] tais como crianças e jovens, e pessoas que não conseguem se governar – *"persons of mature years who are equally incapable of self-government"*,[29] entre os quais Mill elenca a compulsão por jogos, a embriaguez e o ócio.

Oferece ainda um exemplo peculiar. A pessoa que vai atravessar uma ponte perigosa pode ser detida se não souber do risco, entretanto o se conhecer possui o direito de a se arriscar.[30] Para Stuart Mill tal possibilidade, no entanto, não alcança uma criança ou alguém em estado de loucura ? *delirious*. Ainda assim, é enfático ao afirmar que o argumento de controlar as pessoas para protegê-las não é convincente e enseja severos abusos. Justamente concebe como inadequada a legislação que proíbe o comércio de bebidas fortes ou de venenos. Ressalta tal vedação como uma ilegítima interferência na liberdade.[31]

Em sua concepção, a embriaguez não é matéria adequada para a interferência legislativa, salvo para cuidar dos casos de uma pessoa já condenada anteriormente por um ato de violência sob influência de bebida.[32] Considera, igualmente, exagero limitar o acesso mediante controle de horários ou locais de venda.[33]

Por fim, em sintonia com a crítica em relação a padronização dos comportamentos, imposta pelo procedimento de interdição, extrai-se de *On Liberty* uma dura crítica ao procedimento de "declaração judicial de incapacidade"[34] o qual para o autor termina por violar a individualidade e a liberdade de agir de modo diferente.

As questões que se extraem a partir da leitura de Mill são múltiplas. Entre os muitos pontos interessantes para o problema enfrentado nesta pesquisa, permita-se destacar uma visão que não considera o risco à pessoa como fundamento de intervenção. Como anotou-se no Capítulo 2, a doença mental, recepcionada pelo Direito sob o signo da incapacidade civil, tem sido empregada como justificativa para enfraquecer ou mesmo sublimar o espaço de manifestação, o que contempora-

---

27. MILL, John Stuart. *On Liberty*. Ontario (Canada): Batoche Books: Kitchener, 2001, p. 14.
28. Há dois movimentos que seguem direções opostas e que terminam por se entrecruzar. O tratamento paternalista de adultos com a competência comprometida e o reconhecimento de autonomia antes da maioridade legal. Joel Feinberg afirma: *"Even children, after a certain point, had better not be 'treated as children".* FEINBERG, Joel. Legal Paternalism. *Canadian Journal of Philosophy*, v. I, n. 1, p. 105-124, Sept. 1971, p.105.
29. MILL, John Stuart. *On Liberty*. Ontario (Canada): Batoche Books: Kitchener, 2001, p. 14, 54, 7.
30. Joel Feinberg identificou nesta passagem uma aproximação entre consentimento e informação. FEINBERG, Joel. Legal Paternalism. *Canadian Journal of Philosophy*, v. I, n. 1, p. 105-124, Sept. 1971, p. 112.
31. MILL, John Stuart. *On Liberty*. Ontario (Canada): Batoche Books: Kitchener, 2001, p. 85.
32. MILL, John Stuart. *On Liberty*. Ontario (Canada): Batoche Books: Kitchener, 2001, p. 89.
33. MILL, John Stuart. *On Liberty*. Ontario (Canada): Batoche Books: Kitchener, 2001, p. 93.
34. MILL, John Stuart. *On Liberty*. Ontario (Canada): Batoche Books: Kitchener, 2001, p. 108. No original: *"any person can be judicially declared unfit for the management of his affairs"*.

neamente é repensado.[35] *On Liberty* estabelece uma conexão entre a "perturbação" das faculdades mentais e o paternalismo, que em muito se assemelha à justificativa do regime das incapacidades e que por extensão, também permite reiterar, *mutatis mutandis*, as críticas lançadas no capítulo anterior, tais como o risco de desconsiderar a esfera de liberdade existencial de pessoas ditas incapazes civilmente, a confusão entre doença e comprometimento da competência para decidir, e a urgência de diferenciação entre as múltiplas projeções de capacidade decisória.

Sua obra não oferece, contudo, parâmetros seguros para interferir quando ausente um grau ideal de competência para decidir. Em que pese seja habitualmente associado ao liberalismo, em realidade considera inconcebível um contrato para escravizar-se, um "contrato de Ulisses",[36] sem novamente oferecer balizas para a renúncia de direitos fundamentais, a qual, na prática, como identifica Feinberg, ocorre inclusive na renúncia do tempo em favor do empregador.[37]

É interessante notar a frequência com que as drogas ganham relevo entre os autores que enfrentam os temas do paternalismo e da liberdade. Para Mill, recorde-se, a embriaguez não justifica intervenção, a menos que atinja terceiros, em sintonia com seu postulado central de *harm to others*. Na perspectiva de Isaiah Berlin, a ingerência na esfera das escolhas pessoais coloca em questão o próprio conceito de liberdade. Sob a forma de uma indagação, sua ideia poderia ser assim traduzida: distanciar a garrafa de álcool de quem não controla seu consumo assegura a liberdade ou, em realidade, a afronta? Para Berlin, a coação pode ser até justificável, entretanto, não com base na própria liberdade ? "restringir a liberdade não é proporcioná-la".[38]

Kant no plano da moral contrasta com o pensamento de Stuart Mill ao considerar o reconhecimento de uma dignidade que orienta o agir. A pessoa é racional e a razão se traduz em um agir de modo moral. A condição sagrada do indivíduo emana de sua condição racional (capacidade de raciocinar) e de sua autonomia (desviar-se dos impulsos) de modo que há capacidade/liberdade de agir e escolher.[39] A escolha afasta o agir segundo as leis naturais, os impulsos, de modo que em Kant a liberdade não significa agir sem obstáculos para um fim, mas agir segundo os fins. A capacidade

---

35. A indagação central é se "Os direitos do doente mental permitem ou não que se violente sua própria vontade?". ARAÚJO, Carlos. O tratamento/internamento compulsivo do doente mental, passo necessário, mas não suficiente. In: *A lei de saúde mental e o internamento compulsivo*. Coimbra (Portugal): Coimbra Editora, 2000. Centro de Direito Biomédico. v. 2. p. 63-70. p. 67. Conclui que "é ao médico e a mais ninguém que compete dizer se o doente precisa ou não de tratamento". *Idem, ibidem*.
36. RHODEN, Nancy. Commentary: can a subject consent to a "Ulysses Contract"? *Hastings Center Report*, ano 12, n. 4, p. 26-28, 1982. ARAÚJO, Fernando. O Contrato Ulisses – I: O Pacto Anti-Psicótico. *Revista Jurídica Luso Brasileira*, Faculdade de Direito de Lisboa, ano 3, n. 2, p. 165-217, 2017.
37. FEINBERG, Joel. Legal Paternalism. *Canadian Journal of Philosophy*, v. 1, n. 1, p. 105-124, Sept. 1971. p. 116-117.
38. BERLIN, Isaiah. *A força das ideiais*. (Org. Henry Hardy). (Trad. Rosaura Eichenberg). São Paulo: Companhia das Letras, 2005, p. 163.
39. KANT, Immanuel. *Crítica da Faculdade do juízo*. (Trad. Valério Rohden e António Marques). 2. ed. Rio de Janeiro: Forense Universitária, 2008, p. 42, 45, 50, 55.

de raciocinar é o que constitui a pessoa, por permitir agir para além de apetites e prazeres (heteronomia). Nessa toada, em Kant, "Autonomia é, pois, o fundamento da dignidade da natureza humana e de toda a natureza racional".[40]

A leitura de Kant conduz a outra questão central. Se a razão é o que diferencia as pessoas e estabelece a liberdade, como agir quando a razão está afetada? Como desdobramento deste ponto, é preciso indagar qual o critério de avaliação, especialmente quando está presente o risco de qualificar como desprovido de razão (ou de competência para decidir) o paciente cuja compreensão for contrária à determinada moralidade, ao "comportamento esperado" ou simplesmente à posição do profissional que o atende. Basta lembrar que o fato de um paciente recusar um tratamento que é considerado adequado ou usual conduz a um questionamento de sua competência para decidir que dificilmente seria colocada em questão se consentisse com o padrão.[41] No plano das internações psiquiátricas, essa percepção se materializa no fato de que um pedido de internação terá menor resistência do que uma oposição à internação.

É interessante resgatar a lição de Nussbaum quando afirma que a desconsideração da pessoa com deficiência intelectual alcança até sua exclusão dos modelos sobre o contrato social.[42] Significa que as ferramentas teóricas postas à disposição são frágeis não apenas no âmbito do direito civil. O desafio neste sentido é justamente como lidar com pessoas com algum grau de comprometimento da competência.

Um diálogo relevante com Stuart Mill é estabelecido por Gerald Dworkin, para quem o paternalismo, em suas diversas posições, está associado, quase sempre, à substituição do julgamento de determinada pessoa em seu próprio benefício.[43] Considera que as intervenções na vontade se justificam apenas da falta de competência (*soft paternalism*), e também em situações voluntárias (*hard paternalism*), nas quais o critério é risco/dano, tal como exigência de capacetes, cinto de segurança.

O pensamento de Dworkin pode ser associado a uma avaliação de razoabilidade entre o grau de interferência, o interesse protegido e a possíveis consequências,[44] como ao admitir a colocação do flúor na água. Tais critérios no caso da internação de usuários de drogas representam um desafio complexo porque ainda que haja interesses de grande importância, o grau de interferência da internação forçada é incomparável com um cinto de segurança.

---

40. KANT, Immanuel. *Fundamentação da Metafísica dos Costumes*. (Trad. Paulo Quintela). Lisboa (Portugal): Edições 70, Lda, 2007. (Coleção Textos filosóficos 70), p. 79.
41. BUCHANAN, Alec. Mental capacity, legal competence and consent to treatment. *Journal of the Royal Society of Medicine*, n. 97, p. 415-420, set. 2004. p. 417.
42. NUSSBAUM, Martha. *Las fronteras de la justicia*. Consideraciones sobre la exclusión. Barcelona (Espanha): Ediciones Paidós Iberica, 2007, p. 34, 38 e 68.
43. DWORKIN, Gerald. *The Theory and Practice of Autonomy*. Cambridge (Reino Unido): Cambridge University Press, 2008, p. 123. (Coleção: Cambridge Studies in Philosophy).
44. DWORKIN, Gerald. *The Theory and Practice of Autonomy*. Cambridge (Reino Unido): Cambridge University Press, 2008, p. 127. (Coleção: Cambridge Studies in Philosophy).

Por outro lado, lidar com gradação permite que seja admissível a liberdade de usar drogas, no entanto, legítima a intervenção em caso de uso problemático. São situações distintas porque os critérios do risco, dano e mesmo da competência podem variar em suas graduações. Ademais, isso significa, desde logo, que o simples fato de usar drogas não é justificativa para internações forçadas.

Infere-se do pensamento de Gerald Dworkin que quanto mais imediatas as consequências, vale realçar, quanto maior a possibilidade de danos, maior será a chance de se admitir a imposição da internação. Extrai-se de seu texto, que a possibilidade de interferências não justifica proibir, genericamente, qualquer conduta que possa fazer mal ou se caracterize como compulsão. No tema em exame, esta perspectiva corrobora alternativas como advertir sobre os riscos, oferecer serviços de apoio ao uso abusivo de drogas e as já mencionadas *políticas públicas de redução de danos*,[45] as quais, recorde-se, buscam reduzir riscos. Em sintonia, para Roberto Gargarella, o paternalismo deve ser compreendido como medidas destinadas a "fortalecer a capacidade decisória". Em sua concepção, não se justifica a restrição ao consumo de drogas por razões morais, mas permite-se campanhas informativas.[46]

A democracia é incompatível com instituir modelos de vida segundo uma utopia estatal, ou *perfeccionismo*.[47] Como aponta Daniel Sarmento, trata-se de reconhecer que as escolhas dos projetos de vida são pessoais, e ao Estado compete prover as condições adequadas para o exercício das opções e realização das escolhas, ao invés de dirigir-se as escolhas individuais segundo uma escolha estatal.[48]

Em sintonia, Joel Feinberg aponta que a repugnância inicial ao paternalismo termina por ceder diante da ampla presença do paternalismo no cotidiano,[49] inclusive na exigência de prescrição médica para aquisição de determinadas substâncias e a vedação do consumo de heroína para prazer. Por outro lado, comidas fritas, uísque e cigarros, são permitidos ainda que sabidamente sejam ações nocivas à saúde.[50]

Em relação ao caráter indispensável da prescrição (médica) para certas substâncias, é interessante observar, pode tanto decorrer de uma justificativa do uso,

---

45. Cf. Capítulo 1.
46. GARGARELLA, Roberto. (Coord.) *Teoria y Crítica el del Derecho Constitucional*. Tomo II. Buenos Aires (Argentina) Abeledo-Perrot, 2009, p. 791.
47. NINO, Carlos Santiago. *Ética y derechos humanos*. Un ensayo de fundamentación. 2. ed. Buenos Aires (Argentina): Editorial Astrea, 1989, p. 414-415. Analogamente Sérgio Alarcón afirma: "Comer doces como sobremesa em todas as refeições não poderia ser considerado um vício sob o ponto de vista 'da diabetes"? ALARCÓN, Sergio. *O diagrama das drogas: cartografia das drogas como dispositivo de poder na sociedade contemporânea*. 2008. Tese (Doutorado em Doutorado Em Saúde Pública) – Escola Nacional de Saúde Pública da Fundação Oswaldo Cruz, p. 121.
48. SARMENTO, Daniel. Os princípios constitucionais da liberdade e da autonomia privada. *Boletim Científico da Escola do Ministério Público da União*, Brasília, a. 4 – n.14, p. 167-217, jan./mar. 2005, p. 186.
49. SUNSTEIN, Cass; THALERT, Richard. Libertarian paternalism is not an oxymoron, *The University of Chicago Law Review*, University of Chicago, v. 70, n. 4, p.1159-1202, 2003.
50. FEINBERG, Joel. *Harm to self*. The moral limits of the criminal Law. v. 3. Oxford: Oxford University, 1984, p. 24.

quando como uma forma de assegurar que a assunção de riscos seja objeto de adequada informação.[51] Em outras palavras, propõe Feinberg, a questão não é *se*, mas *quando* é preciso interferir na esfera pessoal de decisão.[52] Ao procurar responder, sabiamente refuta soluções simplificadoras, quer a rejeição *a priori* de riscos, quer a aceitação acrítica de atos voluntários pouco racionais.re

Ao admitir-se tal perspectiva, conclui-se que atos nocivos ou arriscados podem ser uma escolha pessoal admitida. Riscos são parte da vida e o consentimento depende de fatores contextuais. Com base em tal premissa conclui-se que qualificar algo como arriscado não significa que não seja uma opção válida.[53] O que é necessário, explica Feinberg,[54] é considerar a razoabilidade, para que se possa ponderar se o risco é legítimo. Seu teste segue os critérios de Henry Terry, segundo fatores como probabilidade de ocorrer, magnitude, chance de obter o resultado que justifica o risco e necessidade de correr o risco para atingir o resultado.[55]

Feinberg considera que a simples aceitação não resolve a questão. Destaca que múltiplos aspectos podem afetar a decisão, inclusive a falta de informação, distrações, perturbações emocionais, compulsões, imaturidade, problema de faculdades mentais, de modo que consentimento é avaliado sempre em grau. É taxativo ao asseverar que "*Voluntariness then is a matter of degree*".[56]

Ainda assim, considera que "mesmo decisões substancialmente não voluntárias merecem proteção",[57] porque a intervenção exigiria perigo. Ademais, decisões irrazoáveis (como cortar a mão) podem ser submetidas a testes de competência para verificar se são de fato escolhas. Portanto, corretamente estabelece a distinção entre uma decisão irracional e uma irrazoável, o que permite-lhe asseverar com acerto a possibilidade de ações irrazoáveis voluntárias.[58] Conclui pela possibilidade de uso de drogas por prazer, a depender do potencial de seus efeitos colaterais.

Afirmar que são necessárias avaliações singulares está longe, todavia, de dar cabo do problema das decisões que envolvem se expor a riscos. Joseph Demarco

---

51. FEINBERG, Joel. *Harm to self*. The moral limits of the criminal Law. v. 3. Oxford: Oxford University, 1984, p. 128.
52. FEINBERG, Joel. Legal Paternalism. *Canadian Journal of Philosophy*, v. 1, n. 1, Sept. 1971, p. 105-124, p. 106.
53. "*A risk is not necessarily unreasonable because the harmful consequence is more likely than not to follow the conduct, nor reasonable because the chances are against that*". TERRY, Henry. Negligence. *Harvard Law Review*, v. 29, p. 40-54, 1915. p. 42.
54. FEINBERG, Joel. Legal Paternalism. *Canadian Journal of Philosophy*, v. 1, n. 1, Sept. 1971, p. 105-1-24, p. 110.
55. FEINBERG, Joel. *Harm to self*. The moral limits of the criminal Law. v. 3. Oxford: Oxford University, 1984, p. 127. TERRY, Henry. Negligence. *Harvard Law Review*, v. 29, p. 40-54, 1915. p. 43-44. É interessante notar que o texto de Terry versava sobre responsabilidade civil.
56. FEINBERG, Joel. Legal Paternalism. *Canadian Journal of Philosophy*, v. 1, n. 1, Sept. 1971, p. 105-124, p. 110-111.
57. FEINBERG, Joel. *Harm to self*. The moral limits of the criminal Law. v. 3. Oxford: Oxford University, 1984, p. 125. Tradução livre.
58. FEINBERG, Joel. *Harm to self*. The moral limits of the criminal Law. v. 3. Oxford: Oxford University, 1984, p. 106 e 109.

chama atenção para o fato de que erros na avaliação da competência são inevitáveis de modo que a calibragem exigirá tomar uma decisão de valorizar a autonomia pessoal e correr o risco de maior exposição de danos ou, sob o argumento do bem-estar, limitar a referida autonomia.[59]

Destas importantes lições é possível estabelecer os seguintes pontos. A proteção da liberdade abarca decisões não racionais, irracionais (se não causam prejuízo relevante) e que de modo geral divergem de certos padrões sociais. Conferir liberdade, significa, dessa maneira, admitir o direito de errar, de fazer más escolhas, de agir de modo contrário ao senso comum, irracional, eleger de modo diverso à maioria e até mesmo assumir comportamentos nocivos. Nesse toada, aponta Maria Celina Bodin de Moraes que a "liberdade significa, hoje, poder realizar, sem interferências de qualquer gênero, as próprias escolhas individuais, exercendo-as como melhor lhe convier".[60] Em complemento, Maurício Fiori, ao examinar a temática especificamente no campo das drogas assevera "Todas as ações humanas engendram algum potencial de perigo ou dano", o que não significa "advogar por um cenário libertário radical, potencialmente inconsequente, em que ao indivíduo é dada uma autossuficiência abstrata".[61]

Adicionalmente, no campo do direito de danos (responsabilidade civil) o engajamento voluntário é reconhecido como apto a afastar a reparação de danos esperados em atividades potencialmente perigosas como "esportes de luta livre e futebol".[62] Embora o Código Civil não preveja o consentimento para atos médicos como excludente do dever de reparar, trata-se de um truísmo.

Sob outra perspectiva, Carlos Santiago Nino analisa de modo específico a proibição do uso de drogas ao versar sobre paternalismo.[63] Em sua visão, os argumentos que sustentam a proibição do uso de drogas são muitos, e incluem os riscos à saúde; danos à sociedade; estímulo a rede ilegal de tráfico. No tocante à possibilidade de punir-se o uso de drogas, examina três linhas de argumentação, perfeccionismo, paternalismo e defesa social.

Com base na proteção da autonomia e na intimidade, refuta a imposição de uma pauta moral, típica do perfeccionismo.[64] Um ponto bastante interessante de

---

59. DEMARCO, Joseph. Competence and Paternalism. *Bioethics*, v. 16, n. 13, p. 231-245, 2002, p. 238.
60. MORAES, Maria Celina Bodin de. O conceito de dignidade humana. In: _____. *Princípios do direito civil contemporâneo*. Rio de Janeiro: Renovar, 2006. p. 1-60. p. 43.
61. FIORE, Maurício. O lugar do Estado na questão das drogas: o paradigma proibicionista e as alternativas. *Novos Estudos – CEBRAP*, n. 92, p. 9-21, Mar. 2012, p. 13.
62. Noronha qualifica tais situações como "causas justificativas", as quais afastam o dever de reparar em vista a aceitação do risco. NORONHA, Fernando. *Direito das Obrigações*. 4. ed. São Paulo, Saraiva: 2013, p. 400. Em sentido similar, DIÉZ-Picazo, Luis. *Derecho de daños*. Madrid (Espanha): Civitas, 1999, p. 304.
63. NINO, Carlos Santiago. *Ética y derechos humanos. Un ensayo de fundamentación*. 2. ed. Buenos Aires (Argentina): Editorial Astrea, 1989, p. 420-430.
64. NINO, Carlos Santiago. *Ética y derechos humanos. Un ensayo de fundamentación*. 2. ed. Buenos Aires (Argentina): Editorial Astrea, 1989, p. 424-425.

sua fundamentação, consiste na valorização da liberdade a partir da intimidade, inclusive com referência à inviolabilidade do domicílio.[65]

Ao invés de impor ideais, o argumento paternalista enfoca a proteção da saúde física e mental. A respeito, Nino sublinha o risco de que o paternalismo descambe para o perfeccionismo, quando tutela fins que se supõe que a pessoa possua, mesmo quando não os conhece. Nesse ponto o caso do uso de drogas é exemplar.

É certo que ressalva que a *"debilidad de voluntad"* e mesmo a incapacidade de decidir apresentem um papel relevante. Contudo, extrai da liberdade o correspondente direito individual a escolhas pessoais no âmbito das ações privadas, mesmo quando conflitam com interesses coletivos. Diversamente a Mill, para Nino o prejuízo a terceiros deve ser contraposto à importância conferida a atividade em relação à vida da pessoa. Em interessante construção, refuta a ideia central de Mill de que o potencial dano provocado aos demais seria o parâmetro central.[66] À luz do regra da proporcionalidade, essa orientação se revela mais adequada do que o princípio de *harm to others* proposto por Mill, ao levar em conta a relevância do interesse na conduta de uma pessoa. Por fim, em Nino, volta-se a observar que, em grande medida, o comprometimento[67] da capacidade volitiva é fundamento que permeia as interferências na liberdade.

Diante desta ordem de ideias, cabe sintetizar algumas posições. Para fazê-lo, aproveitam-se as três condições propostas por Atienza para interferir na alimentação dos presos, expostas acima. Segundo ensina, o paternalismo exige que a medida seja benéfica ao coletivo ou à pessoa. Neste ponto, é preciso observar que a internação destinada a segregar não será considerada como um benefício, mas como uma situação inaceitável. A partir do princípio bioético da beneficência, segundo o qual o tratamento deve sempre ter por finalidade promover o bem do paciente e minimizar danos,[68] colhe-se a finalidade terapêutica como filtro indispensável para admitir internações forçadas. A temática é aprofundada neste Capítulo ao examinar as distorções nas medidas de segurança, e alcança igualmente a rejeição a outras finalidades como o controle.[69]

---

65. NINO, Carlos Santiago. *Ética y derechos humanos*. Un ensayo de fundamentación. 2. ed. Buenos Aires (Argentina): Editorial Astrea, 1989, p. 427.
66. NINO, Carlos Santiago. *Ética y derechos humanos*. Un ensayo de fundamentación. 2. ed. Buenos Aires (Argentina): Editorial Astrea, 1989, p. 427.
67. Como já se advertiu acima, em nota de rodapé, o sentido aqui não é de não haver capacidade, mas haver fatores que interferem ou restringem.
68. BARBOZA, Heloisa Helena. Princípios do Biodireito. *In*: BARBOZA; Heloisa Helena; BARRETO; Vicente; MEIRELLES; Jussara. (Org.). *Novos Temas de Biodireito e Bioética*. Rio de Janeiro: Renovar, 2002. p. 49-81.
69. Para Deleuze, há uma passagem da sociedade disciplinar identificada por Foucault, para uma sociedade do controle. Migra-se do confinamento à ausência de espaços delimitados, no quais os indivíduos estão enredados. Vai-se do eterno recomeço ao não início, da pessoa como número à sua percepção como cifra. DELUZE, Gilles. Post-scriptum sobre as sociedades de controle. *In*: _____. *Conversações*: 1972-1990. (Trad. de Peter Pál Pelbart). Rio de Janeiro: Editora 34, 1992, p. 219-226.

A segunda condição ou ressalva considerada pelo autor ao analisar a greve de fome consiste no comprometimento da capacidade para decidir. Como corolário, o terceiro critério consiste na avaliação de um quadro hipotético em que se deve supor que se tal limitação não estivesse presente a decisão tomada seria aquela corroborada pela medida paternalista.

Neste ponto, o caso da internação forçada de pessoas que fazem uso abusivo de drogas desafia a suficiência e mesmo adequação dos modelos de avaliação de competência e dos duelos entre a proteção da autonomia. Entre outros fatores que tornam peculiar tal questão, a ambiguidade entre a doença e a escolha de um estilo de vida[70] e a possibilidade de que haja compulsão e consciência, conforme a diferenciação já estabelecida entre capacidade de compreender e de se autodeterminar.[71]

Como já se procurou demonstrar no Capítulo 2, a aptidão para decidir se decompõe em diversas habilidades (tais como compreender, decidir, expressar-se); destina-se a um leque diferenciado de situações; longe de uma matriz binária, que etiqueta as pessoas como inaptas ou não para decidir de forma abstrata e *a priori*. A valorização da liberdade coloca a aptidão decisória como um gradiente, o que torna mais difícil aceitar determinados modelos teóricos reducionistas.

Letícia de Campos Velho Martel, em tese de Doutorado sobre a limitação consentida de tratamento, mapeou três estratégias para lidar com situações em que não se pode obter consentimento, o julgamento por substituição; a representação,[72] e a avaliação dos melhores interesses. As situações diferenciam-se, respectivamente, pela consideração dos interesses pretéritos, a apreciação da opção que melhor atende ao bem-estar ou ainda a decisão por terceiros. A negação de qualquer horizonte de participação leva a negar o julgamento por substituição e a representação como soluções adequadas para as internações forçadas.

Como se volta a referir no Capítulo 4, não se pode admitir que o uso da *representação* torne uma internação voluntária, sem que haja consentimento.[73] O *julgamento por substituição* poderia soar como mais atento à vontade da pessoa, todavia, destina-se às situações em que há impossibilidade de exprimir-se, o que não é o caso, necessariamente, do uso abusivo de drogas. Igualmente, conduz a problemas práticos terríveis para "estimar" o que o paciente teria decidido.

---

70. JANSSENS, Rian *et al*. Pressure and coercion in the care for the addicted: ethical perspectives. *Law Ethics and Medicine*, v. 30, p. 453-458, 2004. p. 454.
71. Sobre o tema, confira-se no Capítulo 2 a confrontação entre capacidade civil e imputabilidade penal.
72. MARTEL, Letícia de Campos Velho. *Direitos fundamentais indisponíveis – os limites e os padrões do Consentimento para a autolimitação do direito fundamental à vida*. Tese (Doutorado em Direito Público) – Universidade do Estado do Rio de Janeiro, UERJ, 2010, p. 221.
73. DWORKIN, Gerald. *The Theory and Practice of Autonomy*. Cambridge (Reino Unido): Cambridge University Press, 2008, p. 96. (Coleção: Cambridge Studies in Philosophy). O tema foi enfrentado pela Corte Europeia de Direitos Humanos, como se mostrará no 4º capítulo.

Um debate neste sentido foi travado no famoso caso de Terri Schiavo, mantida em estado vegetativo por longos quinze anos, durante os quais houve ampla divergência entre os familiares na tentativa de buscar estabelecer o que a paciente faria se tivesse um rompante de lucidez.[74] Para oferecer um parâmetro, pesquisa do Datafolha, realizada em junho de 2017, apurou que, enquanto 80% da população foi favorável à internação mesmo contra a vontade do usuário. Por sua vez, entre as pessoas que fazem uso de drogas, na região designada de Cracolândia, apenas 19% admitem a possibilidade. Não foram localizadas pesquisas entre pessoas que foram submetidas a internação sobre se seria sua vontade na época (ou ainda no futuro), embora 11% das pessoas entrevistas na cracolândia já tivessem sido internadas de maneira forçada.[75]

Gerald Dworkin propõe ainda uma questão intrigante. Como representantes de seus filhos, os pais devem decidir o que a criança decidiria ou tomar uma decisão independente?[76] Nenhuma das duas, é sua resposta, porque há muito mais a considerar. Na visão do autor, como nunca tiveram competência, deve-se decidir de modo a maximizar a possibilidade de futuro exercício dos planos de vida dos filhos.

No caso do uso de drogas, o "ponteiro" não está na ausência de capacidade de expressar, nem em sua plenitude. Como não se trata, necessariamente, de uma situação de impossibilidade de se expressar, não se mostram consentâneas aos ditames da Convenção Internacional sobre os Direitos das Pessoas com Deficiência os modelos de simples substituição de vontade,[77] que não considerem em nenhuma medida a participação da pessoa. Refuta-se também por este argumento a recondução à uma vontade pressuposta (estimada), assim como a via da representação.

A linha do melhor interesse mostra-se como a mais consentânea à promoção da autonomia existencial, entretanto, corre-se o risco do regresso ao ponto inicial ? a quem competirá estabelecer o melhor? Os modelos de decisão pela família, por médicos e por juízes são todos alvos de distintas e pertinentes críticas.[78] A família apresenta conflitos de interesse. Atribuir aos médicos significa o regresso ao paternalismo já superado.[79] A judicialização, ainda que possa parecer uma solução sedutora, na análise de Buchanan e Brock, é custosa, demorada e desconsidera a

---

74. QUILL, Timothy. Terri Schiavo – A Tragedy Compounded. *New England Journal of Medicine*, v. 352, p. 1630-1633, 2005.
75. DATAFOLHA. *Perfil dos usuários de crack do centro de São Paulo*, p. 8, jun. 2017. Disponível em: <http://media.folha.uol.com.br/datafolha/2017/06/12/298f9faebea0055dc3b09615eb23e0b3.pdf>. Acesso em: 01 jul. 2017.
76. "*Proxy consent does not serve the same purpose as 'real*". DWORKIN, Gerald. *The Theory and Practice of Autonomy*. Cambridge (Reino Unido): Cambridge University Press, 2008, p. 95. (Coleção: Cambridge Studies in Philosophy.
77. A Convenção se refere apenas ao *interesse superior* da criança, em suas disposições.
78. BUCHANAN, Allen; BROCK, Dan. *Deciding for Others:* The Ethics of Surrogate Decision Making. Cambridge, Cambridge University Press, 1989, p. 139-140.
79. CONSELHO FEDERAL DE MEDICINA. Recomendação do CFM n. 01/2016.

relação do paciente com os familiares. Aventam ainda a alternativa dos comitês de ética hospitalares, também não isenta de críticas.[80]

O modelo de decisões judiciais como fiscalização de internações forçada tem na medida de segurança a mais cabal demonstração de sua insuficiência. A menos que se cogite que fora do sistema criminal a fiscalização seria radicalmente distinta do cenário vigente, o que se observa empiricamente é o fracasso desta forma de fiscalização, como descreve-se mais adiante na segunda seção deste Capítulo.

Para além de todas as ressalvas, Amita Dhanda recorda que a perspectiva do melhor interesse da pessoa com deficiência foi retirada da CDPD justamente por se inclinar para a substituição da vontade.[81] Na síntese lapidar de Isaiah Berlin *"It is one thing to say that I may be coerced for my own good which I am too blind to see: this may, on occasion, be for my benefit; indeed it may enlarge the scope of my liberty. It is another to say that if it is my good, then I am not being coerced".*[82]

Está claro que a questão está longe de ser simples. Gross sugere que em Israel permite-se que até pacientes considerados competentes sejam submetidos a tratamentos impostos, desde que os médicos se esforçaram ao máximo para assegurar que o paciente compreende os riscos de não se tratar; o procedimento proposto oferece uma chance real de significativa melhora e haja razoável expectativa de que o paciente consinta retroativamente.[83] Este modelo, que a princípio surpreende ao desafiar a primazia que se tem conferido à autonomia é uma provocação útil especialmente em *hard cases* como o paciente que precisa decidir urgentemente se sua perna será amputada após um acidente.

Todas as possibilidades de decisão de vontade por um terceiro (família, médico, juiz) colocam em um plano secundário, ou até mesmo sublimam, a pessoa. Nenhuma das opções garante que não haja distorções, por isso, na proposta no Capítulo 4, considerou-se que a solução envolve caminhar, o máximo possível, no sentido contrário das formas de substituição em prol da participação. Não se descarta ouvir a família, mas é primordial escutar a pessoa que se cogita internar. Ademais, um modelo multidisciplinar se mostrou como alternativa que mais protege e promove direitos fundamentais. A esfera judicial não foi desconsiderada, mas não se incorporou como etapa indispensável.

---

80. BUCHANAN, Allen; BROCK, Dan. *Deciding for Others:* The Ethics of Surrogate Decision Making. Cambridge, Cambridge University Press, 1989, p. 141.
81. DHANDA, Amita. Legal capacity in the disability rights convention strangle hold of the past or lodestar for the future? *Syracuse Journal of International Law & Commerce,* v. 34, p. 429-462, Spring 2007, p. 441.
82. BERLIN, Isaiah. *Four Essays on Liberty.* Londres (Inglaterra): Oxford University Press, 1971, p. 134.
83. GROSS, Michael. Treating competent patients by force: the limits and lessons of Israel's Patient's Rights Act. *Journal of Medical Ethics,* v. 31, p. 29-34, 2005. p. 31. Segundo concebe o autor *"Western opinion is yes: even marginal autonomy demands respect until it turns the corner of incompetence. The Israeli answer is different. Marginal competence, limited autonomy, and less-than-informed refusal fall before the duty to protect life".* Op. cit., p. 31.

O circuito comprometimento da razão, negação da manifestação já foi rechaçado no capítulo anterior. O modelo do homem médio racional, inadequado para a capacidade civil, também não se adéqua às questões na saúde. Dito diversamente, não há pacientes totalmente racionais, nem decisões perfeitas. Como sustenta Onora O'Neill, toda decisão na saúde possui uma certa penumbra (*opacity of consent*). Pacientes com maior comprometimento exigem um maior esforço para tornar as informações claras e permitir a participação levando em conta mesmo a autonomia parcial.[84]

Em harmonia com a abordagem social da deficiência, explicada no Capítulo anterior, o enfoque se desloca das limitações à oferta de oportunidades reais que garantam o exercício das potencialidades.[85] Com esta premissa, considera-se inviável qualquer modelo que prescindir de plano da participação da própria pessoa (o que alguns descreveriam como o próprio paciente). Também se considera possível conciliar a valorização do melhor interesse com a participação da pessoa, em sintonia com os preceitos bioéticos da autonomia e beneficência. Em uma frase, liberdade e proteção não devem ser vistas como contraditórias.

Objetivamente a posição esposada é de que admitir que a liberdade sobre o corpo não seja absoluta,[86] não implica se admitir, no outro extremo, uma definição (ou até um controle) apenas externo. Para tomar de empréstimo o raciocínio de Fermin Schramm, a prevalência da autonomia entre os princípios bioéticos não é nem um consenso, nem uma panaceia.[87]

A própria ideia de que o melhor interesse correspondesse, necessariamente, à melhor saúde, é dotado de inúmeras falhas e não deve ser acolhido. A atenção à saúde não é o direito ao reequilíbrio constante do organismo. Constitui a possiblidade efetiva de acesso às informações e aos mecanismos que asseguram à saúde (tratamentos, mas também informação, lazer, alimentação). A saúde não deve ser tomada como um hipotético "direito de estar são". Em realidade, está muito mais próxima do direito a receber cuidados ou recusá-los. Em harmonia, ao conceituar o direito à saúde, a ONU conjuga a liberdade de não ingerência, o controle do próprio corpo e o respectivo direito a não ser controlado:

---

84. O'NEILL, Onora. Paternalism and partial autonomy. *Journal of Medical Ethics*, v. 10, p. 173-178, 1984. p. 175.
85. ASÍS ROIG, Rafael de. La incursión de la discapacidad en la teoría de los derechos: posibilidad, educación, Derecho, poder. *In:* INSTITUTO DE DERECHOS HUMANOS "BARTOLOMÉ DE LAS CASAS". *Los derechos de las personas con discapacidad*. Debates del Instituto Bartolomé de las Casas, n. 2, Madrid (Espanha): Universidad Carlos III, Madrid 2004, p. 59-73. p. 68.
86. Nesse sentido, ao versar sobre pessoas que desejam amputação de partes do corpo, Carlos Nelson Konder pondera que atos radicais de autolesão não devem ser admitidos. Em suas palavras, "não será idôneo a tornar legítimo um ato que causar afronta à dignidade daquele que consente". KONDER, Carlos Nelson. O consentimento no Biodireito: os casos dos transexuais e wannabes. *Revista Trimestral de Direito Civil*, ano 4, v. 15, p. 41-71. jul-set. 2003. p. 63 e 71.
87. SCHRAMM, Fermin Roland. A autonomia difícil. *Bioética*, CFM, v. 6, n. 1, p. 27-37, 1998.

El derecho a la salud no debe entenderse como un derecho a estar sano. El derecho a la salud entraña libertades y derechos. Entre las libertades figura del derecho a controlar su salud y su cuerpo, con inclusión de la libertad sexual y genésica, y el derecho a no padecer injerencias, como el derecho a no ser sometido a torturas ni a tratamientos y experimentos médicos no consensuales. En cambio, entre los derechos figura el relativo a un sistema de protección de la salud que brinde a las personas oportunidades iguales para disfrutar del más alto nivel posible de salud.[88]

Este conceito é bastante interessante porque atrela a saúde à oferta de efetivas oportunidades. Vale recordar também a discussão proposta por Fermin Roland Schramm, da (im)possibilidade de considerar a saúde como um dever. O autor admite a possibilidade de controle sobre a liberdade individual, em caráter excepcional (como nos casos de epidemias), todavia, preocupa-se com a hipervalorização da saúde ou *healthism*.[89] Concebe que há "um dispositivo biopolítico de controle que extrapola o nível razoável de proteção dos legítimos interesses da coletividade, agindo sobre comportamentos e condutas humanas que, de fato, dizem respeito ao nível privado".[90]

A respeito, a Resolução CFM n. 2.232/2019 define, em seu art. 3º que "Em situações de risco relevante à saúde, o médico não deve aceitar a recusa terapêutica de paciente menor de idade ou de adulto que não esteja no pleno uso de suas faculdades mentais, independentemente de estarem representados ou assistidos por terceiros".

O direito à saúde envolve a possiblidade de não ser saudável, o que acena para um paradoxo interessante. Tanto a imposição da saúde na internação forçada, quando uma tirania sobre o controle do corpo encontra seu fundamento e sua contradição no significado da liberdade. No extremo, ao invés de cuidar-se para viver, vive-se para se cuidar.[91]

Considera-se que o uso de drogas é uma projeção da liberdade, da vida privada[92] e da intimidade. Nessa linha, em publicação do Escritório do Alto Comissário das Nações Unidas para os Direitos Humanos "*Drug use characteristically belongs*

---

88. ONU. *Observación general n. 14*. El derecho al disfrute del más alto nivel posible de salud E/C.12/2000/4, CESCR. Consejo Economico y Social: [s.l], 2000. Disponível em: <http://www.acnur.org/t3/fileadmin/Documentos/BDL/2001/1451.pdf>. Acesso em: 21 maio 2017.
89. Entre outros, CRAWFORD, Robert. Healthism and the medicalization of everyday life. *International. Journal of Health Services*, v.10, n.3, p.365-388, 1980.
90. GAUDENZI, Paula; SCHRAMM, Fermin Roland. A transição paradigmática da saúde como um dever do cidadão: um olhar da bioética em Saúde Pública. *Interface (Botucatu)*, Botucatu, v. 14, n. 33, p. 243-255, Jun. 2010. p. 251.
91. ŽIŽEK, Slavoj; DALY, Glyn. *Arriscar o impossível*: conversas com Žižek. (Trad. Vera Ribeiro). São Paulo: Martins Fontes, 2006, p. 143
92. RALET, Olivier. Condicionantes políticos y económicos. Análisis de la influencia de estos factores en la construcción social del "problema de la droga". *In*: HOPENHAYN, Martín (Org.). *La grieta de las drogas. Desintegración social y políticas públicas en América Latina*. Santiago de Chile: Nações Unidas – CEPAL, 1997. p. 39-48. p. 45.

to a person's private life, therefore, the fact that it is penalized, often as severely as drug trafficking activities, constitutes an excessive intervention on the part of the state".[93]

No caso brasileiro, cumpre observar que a Constituição da República autorizou *expressamente* o uso de tabaco, bebidas alcóolicas e medicamentos, como decorre da previsão de possibilidade de regulamentação da publicidade destas substâncias, a teor do art. 220, § 4º. Logo, as drogas foram admitidas pela Constituição, resta debater quais serão autorizadas e sob quais parâmetros. Em sintonia com a conclusão da recepção constitucional do uso de drogas, a Lei n. 9.294/1996, que disciplina publicidade das bebidas alcóolicas e produtos de fumo derivados ou não do tabaco, foi julgada constitucional pelo Supremo Tribunal Federal.[94]

O fato de ser nocivo então não significará que a decisão de fumar seja considerada irracional,[95] nem que decorra necessariamente de uma limitação de aptidão para decidir. O tema da liberação das drogas, não é enfocado nesta pesquisa e é ainda bastante controverso. Enquanto o Uruguai autorizou o uso de maconha,[96] como noticia Luís Roberto Barroso,[97] no Canadá a Suprema Corte considerou que não é uma escolha pessoal legítima o uso de maconha.

Acrescenta-se que a despenalização do uso pessoal de drogas é objeto do Recurso Extraordinário n. 635.659, afetado à sistemática de repercussão geral e em trâmite. Ao apreciar o caso, em seu voto o Ministro Fachin entendeu pela despenalização do consumo da maconha. Sublinhou que "a autodeterminação individual corresponde a uma esfera de privacidade, intimidade e liberdade imune à interferência do Estado", salvo se houver potencial de lesão a terceiros.[98] Em sua manifestação, o Ministro Barroso destacou, entre outros aspectos, o direito à privacidade, a autonomia individual e a desproporção entre a lesão em relação ao direito alheio. De sua posição

---

93. UNITED NATIONS. Office of the United Nations High Commissioner for Human Rights. *Contributions to the OHCHR for the preparation of the study mandated by resolution A/HRC/28/L.22 of the Human Rights Council on the impact of the world drug problem and the enjoyment of human rights*. Genebra (Suíça): OHCHR, Conectas, 2015, p. 4. Disponível em: <www.ohchr.org/Documents/HRBodies/HR Council/DrugProblem/CELS.pdf>. Acesso em: 12 set. 2017.
94. STF. Ação Direta de Inconstitucionalidade por Omissão n. 22. Rel. Minª.: Cármen Lúcia. DJe: 03.08.2015.
95. TEIXEIRA, Ana Carolina Brochado. *Saúde, Corpo e Autonomia privada*. Rio de Janeiro: Renovar, 2010, p. 336 e 342.
96. URUGUAI. Lei n. 19.172/2014. Disponível em <https://legislativo.parlamento.gub.uy/temporales/ leytemp9117561.htm>. Acesso em: 05 abr. 2015. CUÉ, Carlos; MARTÍNEZ, Magdalena. Uruguai inicia venda de maconha em farmácias e revoluciona a política mundial de drogas. *El País*. 19 jun. 2017.
97. BARROSO, Luís Roberto. *A dignidade da pessoa humana no direito constitucional contemporâneo*: a construção de um conceito jurídico à luz da jurisprudência mundial. 3. Reimp. Belo Horizonte: Fórum, 2014, p. 26.
98. De modo diverso, a demonstrar que a dimensão dos riscos e das circunstâncias exige um constante repensar da ponderação de princípios, ao apreciar lei que permitia fabricação de pílula para o tratamento de câncer (fosfoetanolamina) sem aprovação da ANVISA, o Ministro Fachin delineou em seu voto que "a situação de risco parece demonstrar que as exigências relativas à segurança de substâncias cedem em virtude da própria escolha das pessoas eventualmente acometidas da enfermidade. Essa escolha não decorre apenas do direito à autonomia, mas da autodefesa, ou seja, do direito de agir em prol da qualidade de vida". STF. ADI n. 5501 MC (Medida cautelar na ação direta de inconstitucionalidade). Tribunal Pleno. DJe: 31.07.2017. É importante sublinhar que em tal voto admitiu o uso por pacientes terminais.

se pode extrair que se não há motivos que justifiquem a prisão, e logo, menos ainda qualquer uso que não seja terapêutico da internação.

Em sentido similar, a posição da Suprema Corte Mexicana que considerou que a penalização do uso da maconha representa indevida restrição a direitos fundamentais, violação à identidade pessoal, ao livre desenvolvimento, à liberdade individual. Vale notar que foi afastado o paternalismo porque significaria considerar os cidadãos como não suficientemente racionais para tomar suas decisões – "*lo cual podría llegar al extremo de prohibir substancias como el tabaco, el alcohol, el azúcar, la grasa o la cafeína*".[99]

Como se observa, o paternalismo se mostra bastante imbricado com o tema da avaliação de competência e a possibilidade de evitar e correr riscos. Nesse norte, em que pese seja usual se associar a internação forçada a perda da capacidade de pensar, o que está em jogo na internação forçada é o comprometimento da autodeterminação, que não se confunde com incapacidade civil de matiz patrimonial. Distinguir estes espectros é importante porque a linha de pensamento segundo a qual a incapacidade conduz à internação recai em uma série de equívocos ressaltados no Capítulo 2, e promove distorções que saltam do campo dogmático às violações concretas.

No duelo entre riscos e razão, entre os princípios bioéticos da autonomia e da beneficência, é preciso ter em conta que a aptidão para tomar decisões é variável, e a contextualização indispensável. Neste cenário, a vulnerabilidade desponta como uma ferramenta útil, ou, ao menos, mais adequada que a capacidade civil em sua conformação tradicional.

A vulnerabilidade surge no contexto das pesquisas com seres humanos, com a identificação de grupos considerados mais sujeitos a violações.[100] Etimologicamente, o termo deriva de *vulnus* de modo que assinala o risco de ser ferido, de onde emanam as discussões sobre a proteção.[101] Posteriormente, a vulnerabilidade como grupo de risco, procedeu-se a seu reconhecimento como inerente à condição humana.

Nesse trajeto, ao invés de ser tomada como fator de diferenciação se vincula à responsabilidade e ao empoderamento.[102] Concilia-se proteção e participação,[103]

---

99. MÉXICO. Suprema Corte de Justicia de la Nación. Amparo en Revisión n. 237/2014.
100. ESTADOS UNIDOS. HHS.gov U.S. Department of Health & Human Services. *Belmont Report*. Disponível online em: <http://www.hhs.gov/ohrp/humansubjects/guidance/belmont.html>. Acesso em: 09 ago. 2014.
101. BARBOZA, Heloisa Helena Gomes. Vulnerabilidade e cuidado: aspectos jurídicos. In: PEREIRA, Tânia da Silva; OLIVEIRA, Guilherme de. (Org.). *Cuidado & Vulnerabilidade*. São Paulo: Atlas, 2009. p. 106-118. p. 110.
102. NEVES, Maria do Céu Patrão. Sentidos da vulnerabilidade: característica, condição, princípio. *Revista Brasileira de Bioética*, v. 2. n. 02, p. 153-172, 2006. p. 165-166.
103. KOTTOW Miguel. Vulnerabilidad entre derechos humanos y bioética. Relaciones tormentosas, conflictos insolutos. *Revista de la Facultad de Derecho, Puc Peru*, v. 69, p. 22-44, 2012. p. 40 e 44.

com a imposição de deveres de assistência,[104] os quais também podem ser designados de salvaguardas.

Há alguma discussão terminológica acerca do termo. Para Miguel Kottow é preciso sublinhar que há pessoas com maior potencial de serem feridos, *suscetíveis*.[105] Essa designação é útil na compreensão da vulnerabilidade porque melhor sinaliza que o significado atual não se confunde com os grupos de risco, vale realçar, com um risco provável, quase de ordem matemática.[106] Diversamente dos modelos de substituição de vontade, que operam na lógica do tudo ou nada e exigem o consentimento de um paciente que somente existe como um *tipo ideal*, a vulnerabilidade leva em conta uma visão contextual, revisada constantemente, avaliada caso a caso[107] e que reúne o reconhecimento da fragilidade (o risco de ser ferido) e a proteção.

No magistério de Maria Celina Bodin de Moraes, por força do princípio constitucional da solidariedade, "a vulnerabilidade da pessoa humana será tutelada, prioritariamente, onde quer que ela se manifeste".[108] Dessa maneira, o foco não deve recair sobre sublinhar a fragilidade (ou reproduzir estigmas), mas na imposição de deveres. Como alerta Heloisa Helena Barboza, "vulnerabilidade e cuidado se imbricam, necessariamente".[109]

Sem desprezar as críticas ao conceito e discussões terminológicas, concluiu-se que é possível resolver boa parte das questões suscitadas pela doutrina por meio da articulação entre vulnerabilidade e os vulnerados.[110] Significa algo como afirmar que todos somos vulneráveis, isto é, que a fragilidade é uma característica da humanidade, e acrescentar que há certas pessoas que estão mais sujeitas a serem feridas, ou até mesmo já foram. Acolhe-se, nesse sentido, a proposta de Florencia Luna quando aponta que se deve operar um conceito flexível e dinâmico, que se distancia de um modelo de etiquetas. Com sua metáfora de capas, aponta que pode haver maior ou menor grau de possibilidade de participação, o que exige avaliar cada um dos fatores

---

104. KONDER, Carlos Nelson. Vulnerabilidade patrimonial e vulnerabilidade existencial: por um sistema diferenciador. *Revista de Direito do Consumidor*, v. 99, p. 101-123, Maio-Jun./2015. p. 117.
105. KOTTOW Miguel. The vulnerable and the susceptible. *Bioethics* v. 17, n. 5-6, p. 460-471, 2003.
106. AYRES, José Ricardo de Carvalho Mesquita *et al*. O conceito de vulnerabilidade e as práticas de saúde: novas perspectivas e desafios. In: CZERESNIA, Dina; FREITAS, Carlos Machado de. (Orgs.). *Promoção da saúde: conceitos, reflexões, tendências*. Rio de Janeiro: Fiocruz, 2003. p. 117-139. p.132-134.
107. BARBOZA, Heloisa Helena Gomes. Vulnerabilidade e cuidado: aspectos jurídicos. In: PEREIRA, Tânia da Silva; OLIVEIRA, Guilherme de. (Org.). *Cuidado & Vulnerabilidade*. São Paulo: Atlas, 2009, p. 106-118. p. 113.
108. BODIN de MORAES, Maria Celina. Vulnerabilidades nas relações familiares. O problema da desigualdade de gênero. *Cadernos da Escola Judicial do TRT da 4ª Região*, v. 3, p. 20-33, 2010. p. 26.
109. BARBOZA, Heloisa Helena Gomes. Vulnerabilidade e cuidado: aspectos jurídicos. In: PEREIRA, Tânia da Silva; OLIVEIRA, Guilherme de. (Org.). *Cuidado & Vulnerabilidade*. São Paulo: Atlas, 2009, p. 106-118. p. 118.
110. NEVES, Maria do Céu Patrão. Sentidos da vulnerabilidade: característica, condição, princípio. *Revista Brasileira de Bioética*, v. 2. n. 2, p. 153-172, 2006. p. 171.

(ou capas) que recobrem a pessoa e buscar mecanismos que possam retirar as capas que limitam a pessoa.[111]

A confrontação com a vulnerabilidade expõe de modo ainda mais acentuado as insuficiências do regime das incapacidades. A vulnerabilidade permite levar em conta fatores adicionais que interferem na decisão e que possam prejudicar o grau de liberdade, ou seja, não se limita à mera avaliação da sensatez. Permite lidar melhor com o comprometimento do autocontrole, ao admitir uma interferência sem para tanto precisar negar por completo a autonomia. Justamente, sob a ótica da vulnerabilidade, somente faz sentido uma interferência que busque a máxima participação, tal como consagra a Convenção Internacional sobre os Direitos das Pessoas com Deficiência. Deve-se prover então as *condições para exercício*.[112]

O que se conclui é que o paternalismo, em sentido amplo, não deve ser rejeitado de plano. Ao mesmo tempo, a justificativa para interferir na decisão tomada no âmbito da saúde não pode estar limitada a simples alegação de que não há perfeição da razão. Como aponta Barroso, há prevalência relativa da autonomia sobre a heteronomia cuja incidência depende de um ônus argumentativo do Estado.[113]

A noção de que a competência é uma questão de grau é mais realista e incorpora elementos mais sofisticados. O argumento de que determinado tratamento será o melhor para saúde não legitima, isoladamente a intervenção porque a saúde engloba o direito ao consentimento. Arriscar-se e adotar comportamentos nocivos deve ser permitido, assim como informar da forma mais ampla sobre os riscos e encorajar (sem coagir) a práticas consideradas mais saudáveis, com a oferta de meios para o acesso aos cuidados e condições de exercícios, daqueles que desejarem.

Antes de encerrar esta seção, vale uma observação no que tange ao direito positivo. No plano da legislação ordinária, as internações forçadas devem ser consideradas disciplinadas pela Lei de Saúde Mental e Lei de Drogas, conjugada com os princípios constitucionais, inclusive os incorporados pela Convenção Internacional sobre os Direitos das Pessoas com Deficiência. Ao reiterar que as convenções de direitos humanos possuem hierarquia superior às leis ordinárias, cumpre salientar que a aplicação das internações forçadas, em qualquer esfera em que forem estabelecidas (cível, penal, administrativa, etc.), submetem-se igualmente ao exame da convencionalidade, e devem ser confrontadas com a Convenção Contra a Tortura e Outros

---

111. LUNA, Florencia. Vulnerabilidad: la metáfora de las capas. *Jurisprudencia Argentina*, (IV), p. 60-67, 2008.
112. BARROSO, Luís Roberto. Legitimidade da recusa de transfusão de sangue por testemunhas de Jeová. Dignidade humana, liberdade religiosa e escolhas existenciais. *In*: CARBONELL, Miguel *et al. Direitos, deveres e garantias fundamentais*. Salvador: Juspodium, 2011. p. 661-707. p. 669.
113. BARROSO, Luís Roberto. Legitimidade da recusa de transfusão de sangue por testemunhas de Jeová. Dignidade humana, liberdade religiosa e escolhas existenciais. *In*: CARBONELL, Miguel *et al. Direitos, deveres e garantias fundamentais*. Salvador: Juspodium, 2011. p. 661-707. p. 673 e 678. Ressalve-se que em breve passagem o autor ilustra o uso de drogas como hipótese em que não haveria consentimento genuíno o que em sua construção implica que seria invalidada a recusa. *Op. cit.*, p. 692.

Tratamentos ou Penas Cruéis[114] e a Convenção Americana de Direitos Humanos (Pacto de San José da Costa Rica).[115]

A legislação infralegal naturalmente está subordinada aos ditames das normas superiores. Outros diplomas legais que tem sido empregados na fundamentação de decisões judiciais que estabelecem a internação forçada, tais como o Decreto-lei n. 891/1938, o Decreto n. 24.559/1934 são contrários ao texto constitucional e a própria Lei de Saúde Mental, de modo que estão revogados.

A Lei 10.216/2001 estabelece, em seu art. 6º, três modalidades de "internação psiquiátrica", a voluntária, a involuntária e a compulsória. A determinação de que todas dependem de laudo médico (reiterada no art. 23-A, § 2º da Lei n. 11.343/2006, conforme redação definida pela Lei n. 13.840/2019) reforça a posição, aqui defendida, de que a implementação de internação forçada não é autorizada fora da finalidade de atenção à saúde. O texto legal merece, pois, ser lido com cuidado. A noção de que há internação "determinada pela Justiça" não pode desnaturar a finalidade de cuidado da medida de internar.

Proteger a pessoa é a finalidade, contudo, não significa que a intenção de proteger seja suficiente para justificar a imposição. Não se pode confundir o embasamento com o preenchimento dos pressupostos que tornam legítima a internação. Nessa linha, a próxima seção examina justamente o desvio de finalidade (desfuncionalização) da internação, quando se assume função punitiva.

3.2 INTERNAÇÃO FORÇADA COMO MEDIDA DE SEGURANÇA: ENTRE PUNIÇÃO E TRATAMENTO

> Reunidos à mesa, os responsáveis pelos relatórios da clínica, avaliam o personagem de Jack Nicholson, Randle McMurphy:
> Psiquiatra 1:? Acho ele perigoso. Não louco, mas perigoso.
> Psiquiatra 2: ? Não acha ele louco?
> Psiquiatra 3: ? Não. Ele é louco.
> Juiz: ? Dr. Songee?
> ? Dr. Songee: Não creio que seja psicótico demais, mas creio que é muito doente.
> Juiz: ? Acha que é perigoso?
> Dr. Songee: ? Sem dúvida.
> Juiz: ? John, o que quer fazer com ele?[116]

---

114. BRASIL. Planalto. *Decreto n. 40/1991*. Promulga a Convenção Contra a Tortura e Outros Tratamentos ou Penas Cruéis, Desumanos ou Degradantes.
115. BRASIL. Planalto. *Decreto n. 678/1992*. Promulga o Pacto de San José da Costa Rica.
116. *Um estranho no ninho*. Direção: Mios Forman. 1976.

A internação forçada de usuários de drogas exige igualmente uma incursão no campo das medidas de segurança, as quais constituem, na prática, uma rota de internações forçadas de usuários problemáticos de drogas. É determinada no curso do processo criminal, quando há acusação de prática de fato típico e punível com pena restritiva de liberdade, de pessoa considerada inimputável.

A problemática central enfocada nesta seção converge para a indevida aproximação (ou mesmo confluência) entre tratamento e punição,[117] o que conduz a consequências graves, entre as quais, (i.) a eleição da internação forçada em detrimento de outros tratamentos com base apenas no tipo penal que compõe a acusação, vale realçar, sem conexão com o quadro de saúde; (ii.) a determinação da duração mínima com base na pena em abstrato[118] com absoluto distanciamento dos preceitos da Lei de Saúde Mental,[119] os quais foram reiterados e reforçados pela Convenção de Nova York da Pessoa com deficiência.

Como anunciado na introdução, deixa-se de examinar a oferta/imposição de tratamento como alternativa à pena, por constituir um tema que demanda aprofundamento específico.[120] A leitura proposta não pretende um aprofundamento no direito penal. Ignorar a medida de segurança nesta obra, porém, seria reproduzir o modelo vigente que divide os pacientes psiquiátricos entre oriundos do sistema da saúde ou do sistema criminal.[121]

A temática foi enfrentada, no cinema, no filme "Um Estranho no Ninho",[122] em que Jack Nicholson interpretou Randle P. McMurphy. O protagonista, para evitar

---

117. Para Colombo *"en su esencia las medidas de seguridad y la pena no guardan diferencias"*. COLOMBO, Marcelo. *Las medidas curativas y educativas em la Ley de Drogas*. Buenos Aires (Argentina): Ad-Hoc, 1999, p. 23.
118. "Ora, há um descompasso evidente entre a idéia de uma medida-de-segurança com duração mínima estabelecida pelos tribunais, e proporcional à pena atribuível ao mesmo crime caso tivesse sido cometido por pessoa sadia, e as concepções 'individualizantes' da medicina relativas ao processo de doença e de cura. Parece que não se pode exigir de uma doença que respeite os prazos legais, embora seja exatamente isso que faz o Código Penal". CARRARA, Sergio. *Crime e loucura: o aparecimento do manicômio judiciário na passagem do século*. (Coleção Saúde e Sociedade) Rio de Janeiro: EdUERJ; São Paulo: EdUSP, 1998, p. 31. Embora a crítica se dirija à legislação do século final do XIX e início do século XX, permanece absolutamente atual.
119. MARCHEWKA, Tânia Maria Nava. As contradições das medidas de segurança no contexto do direito penal e da reforma psiquiátrica. *Revista de Direito Sanitário*, USP, São Paulo, ano 2, n. 3, p. 102-111, nov. 2001. p. 111.
120. Em língua portuguesa a expressão adotada é "Justiça Terapêutica". Em inglês, foi localizada a denominação *"quasi-compulsory"* ou QCT, o qual se considerou um tema que foge ao escopo da tese. Sobre o tema: SCHAUB, Michael *et al.* Comparing Outcomes of 'Voluntary' and 'Quasi-Compulsory' Treatment of Substance Dependence in Europe. *European Addiction Research* n. 16. p. 53–60, 2010.
121. Como destaca Pavarini, até mesmo na Itália, em que a Lei n. 180/1978 (Lei Basaglia) extinguiu as internações psiquiátricas "cíveis", o caminho penal subsiste. PAVARINI, Massimo. Il folle che delinque: rapsodia sul margine. *Rivista sperimentale di freniatria*, v. 135, Fascicolo: 3, p. 145-154, 2011. p. 150. A reforma psiquiátrica italiana é multicitada. Sobre o tema confira-se o filme: *C'era una volta la città dei matti*. Direção: Marco Turco. RAI: 2010.
122. Título original: *One Flew Over the Cuckoo's Nest*. Diretor: Milos Forman, baseado no romance de mesmo nome de 1962 escrito por Ken Kesey, e estrelado por Jack Nicholson, Louise Fletcher, e Brad Dourif.

a imposição de uma pena por um crime, alega insensatez (simulada) e é internado em um hospital psiquiátrico de custódia.

O filme provoca muitas reflexões.[123] Para o recorte proposto, duas passagens são cruciais. A primeira se refere a um diálogo entre Randle e o enfermeiro. Posteriormente a uma tensão, Randle se vangloria pela falta de apenas 68 dias para que pudesse sair, ao supor que o tempo da internação seria limitado pelo tempo da pena, ao que ouve em tom de deboche: "De que droga está falando? Isso é na cadeia, otário. Ainda não sabe onde está? [...] Conosco, querido. E vai ficar conosco até deixarmos você sair". A segunda consiste na discussão da epígrafe desta seção, na qual uma junta de psiquiatras discute o quadro do paciente e controverte se ele é louco ou perigoso. A avaliação é feita sem o exame do prontuário, muito menos do paciente. Como advertem Michel Foucault[124] e Massimo Pavarini[125] é a transformação do enfoque do tratamento para o controle.

A medida de segurança é aplicada quando se verifica acusação de prática de ato típico, sujeito à pena restritiva de liberdade, praticada por pessoa considerada inimputável ou semi-imputável, vale realçar, que não consegue entender o caráter ilícito da conduta ou ainda se determinar (Código Penal, art. 26). Pode haver a conduta típica, contudo, o princípio constitucional da culpabilidade[126] afasta por completo[127] a possibilidade de imposição de pena[128] quando a pessoa é inimputável. Caracteriza-se então o que se denomina de absolvição imprópria. Consoante a sistemática designada de *sistema vicariante,* vigente desde 1984, veda-se a cumulação de medida de segurança com pena *(duplo binário).*

O simples consumo de drogas, ou mesmo o uso abusivo de drogas não são circunstâncias que possam ensejar a medida de segurança porque na forma do art. 28 da Lei n. 11.343/2006 (Lei Antidrogas), o "consumo pessoal" não se sujeita à pena

---

123. Jussara Meirelles destaca entre outras questões o valor jurídico do cuidado, a estigmatização dos doentes mentais (que afetou inclusive os critérios da escolha do biotipo do elenco) e a multiplicidade de direitos esquecidos das pessoas com "doenças mentais". MEIRELLES, Jussara Maria Leal. Direito, saúde mental e sociedade: uma análise a partir do filme "Um Estranho no Ninho". In: LIMA, Taisa Maria Macena de; MOUREIRA, Diogo Luna; SÁ, Maria de Fátia Freire de. (Coord.). *Direitos e fundamentos entre vida e arte.* Rio de Janeiro: Editora Lumen Juris, 2010. p. 127-137. p. 129-131.
124. FOUCAULT, Michel. *O Poder Psiquiátrico.* (Trad. Eduardo Brandão). São Paulo: Martins Fontes, 2012, p. 120. FOUCAULT, Michel. *Os anormais.* (Trad. Eduardo Brandão). São Paulo: Martins Fontes, 2001, p. 52.
125. PAVARINI, Massimo. Il folle che delinque: rapsodia sul margine. *Rivista sperimentale di freniatria,* v. 135, Fascicolo: 3, p. 145-154, 2011. p. 149. Lebre também refuta o juízo sobre possibilidade de crime futuro, razão pela qual qualifica a categoria "periculosidade" como "isenta de significado". LEBRE, Marcelo. Medidas de segurança e periculosidade criminal: medo de quem? *Responsabilidades,* Belo Horizonte, v. 2, n. 2, p. 273-282, set. 2012/fev. 2013. p. 278.
126. KARAM, Maria Lúcia. Aplicação da pena: por uma nova atuação da justiça criminal, *Revista Brasileira de Ciências Criminais,* ano 2, n. 6, p. 117-132, abr.-jun. 1994. p. 124.
127. PALAZZO, Francesco. *Introduzione al principe del diritto penale.* Torino (Itália): G. Giappichelli Editore, 1999, p. 64.
128. BARROS, Carmen Silvia de Moraes. A fixação da pena abaixo do mínimo legal: corolário do princípio da individualização da pena e do princípio da culpabilidade. *Revista Brasileira de Ciências Criminais,* ano 7, n. 26, p. 291-295, abr.-jun. 1999. p. 294.

restritiva de liberdade (prisão simples, detenção, reclusão). As penas previstas por uso pessoal são de advertência, prestação de serviços comunitários e realização de curso educativo.

Por outro lado, quando há prática de outras condutas criminalmente tipificadas, o uso problemático de drogas integra as hipóteses de transtorno mental[129] que podem conduzir à inimputabilidade. Em levantamento coordenado por Debora Diniz, identificou-se que 11% de todas as internações em medida de segurança são decorrentes exclusivamente uso abusivo de drogas,[130] sem contabilizar, neste percentual, o uso de drogas associado com outras doenças mentais. Além disso, há registro[131] de aumento de internação forçada de usuários problemáticos de drogas inclusive com fulcro na medida designada de "internação provisória", acrescentada ao Código de Processo Penal, em 2011.[132]

A apreciação de decisões judiciais permite observar que na determinação de internação em sede de medida de segurança é frequente o embasamento estar vinculado à intenção punitiva e seus correspondentes parâmetros,[133] o que além de ser uma grave incoerência, configura uma mistura perigosa.[134]

"A ausência de responsabilidade criminal, porém, não impede a edificação de um sistema de sequestro asilar aos inimputáveis".[135] Trata-se de verdadeiro *desvio de função,* uma preocupante diluição entre a finalidade (ou discursos) de punir e tratar.[136] Para Jacobina:

---

129. A questão foi enfrentada no Capítulo 1.
130. DINIZ, Debora. *A custódia e o tratamento psiquiátrico no Brasil*: Censo 2011. Brasília: Letra Editora Universidade de Brasília, 2013, p. 42. O uso de drogas entre as hipóteses de internação é representativo "e vem sistematicamente aumentando", como aponta estudo conjunto do Ministério da Saúde e Ministério da Justiça. BRASIL. Ministério da Saúde. Ministério da Justiça. *Reforma Psiquiátrica e Manicômio Judiciários*: Relatório Final do Seminário Nacional para a Reorientação dos Hospitais de Custódia e Tratamento Psiquiátrico. Brasília: Ministério da Saúde e Ministério da Justiça, 2002, p. 33.
131. CONSELHO FEDERAL DE PSICOLOGIA. *Inspeções aos manicômios*. Relatório Brasil 2015. Brasília: CFP, 2015, p. 30.
132. Código de Processo Penal, art. 319, em seu inc. VII, incluído pela Lei 12.403/2011, prevê a "internação provisória do acusado nas hipóteses de crimes praticados com violência ou grave ameaça, quando os peritos concluírem ser inimputável ou semi-imputável (art. 26 do Código Penal) e houver risco de reiteração".
133. Não se analisam aqui as diferentes funções/justificativas da pena, sejam as chamadas funções oficiais ou declaradas (a retribuição, a prevenção especial, a prevenção geral), sejam as funções ditas reais (controle social, dominação). Ainda assim, uma função de prevenção especial, ou seja, de impedir o praticante de ato injusto de repeti-lo parece explicar, ao menos em parte, o real sentido de determinadas medidas de segurança.
134. É o que Foucault designou *"mixité institutionnelle"* ou *miscibilidade* na tradução. Com efeito, "[...] esses dois polos são os dois polos de uma rede contínua de instituições que têm como função, no fundo, responder a quê? Não à doença exatamente, e claro, porque, se só se tratasse da doença, teríamos instituições propriamente terapêuticas; tampouco respondem exatamente ao crime, porque nesse caso bastariam instituições punitivas. Na verdade, todo esse *continuum*, que tem seu polo terapêutico e seu polo judiciário, toda essa miscibilidade institucional responde a que? Ao perigo, ora essa". FOUCAULT, Michel. *Os anormais*. (Trad. Eduardo Brandão). São Paulo: Martins Fontes, 2001, p. 43.
135. CARVALHO, Salo de. *Antimanual de criminologia*. 6 ed. São Paulo: Saraiva, 2015, p. 274.
136. ZIFFER, Patricia. *Medidas de Seguridad*. Prognósticos de peligrosidad. Buenos Aires (Argentina): Hammurabi, 2008, p. 47.

o jurista que estiver utilizando a medida de segurança lastreado na convicção de que está utilizando uma medida terapêutica de cunho sanitário está se enganando. Em tempos de movimento antimanicomial, só um louco defenderia a internação compulsória como terapia bastante e suficiente para a reintegração do inimputável. Não há como ocultar que essa medida não se dá em benefício do portador de transtornos mentais, mas que se dá tão-somente em benefício da sociedade que se considera agredida e ameaçada pelo inimputável que cometeu um fato descrito pela lei como típico.[137]

Nessa linha, o âmbito criminal se apropriará do procedimento de internação e assumirá a definição do modo de tratamento, da duração, o que esmaece o papel de cuidado. Em contraste com a argumentação de proteção e promoção da saúde que convergem para justificar o paternalismo e para as internações, a constatação da pouca ou nenhuma preocupação com a real intenção de tratar e acolher é perturbadora.

Nessa quadra, o teor da III Conferência Nacional de Saúde Mental fornece uma síntese relevante da crítica ao modelo vigente:

> Na questão do álcool e drogas, é necessária uma profunda revisão da lei que criminaliza o uso das substâncias, e cria situações perversas de institucionalização forçada dos usuários (*metade da população dos hospitais de custódia e tratamento psiquiátrico é constituída por usuários de droga que cumprem medida de segurança ou aguardam perícia psiquiátrica e de violência por parte dos aparelhos policial e judicial*. A importação do modelo norte-americano dos Tribunais de Drogas deve ser profundamente questionada, pois tende a agravar as distorções e reafirmar um modelo repressivo de atenção ao problema. Daí que, em relação ao modelo assistencial, é importante afirmar a necessidade de implantar-se rede de serviços comunitários, abertos, onde a questão dos direitos do paciente que faz uso prejudicial de drogas ilícitas possa ser uma das premissas do tratamento.[138]

Do excerto extraem-se elementos importantes para a construção aqui pretendida, sobre as medidas de segurança, entre os quais:

a-) é vital a distinção das perspectivas criminal e de saúde no enfrentamento da questão das drogas;

b-) constata-se a utilização das medidas de segurança como um "atalho" para promover a internação forçada de pessoas que fazem uso de drogas;[139]

c-) a influência e a aproximação em relação ao modelo norte-americano,[140] marcado pelo perfil punitivista repressivo no enfrentamento do problema das drogas.

---

137. JACOBINA, Paulo Vasconcelos. *Direito penal da loucura e reforma psiquiátrica*. Brasília: ESMPU (Escola Superior do Ministério Público da União), 2008, p. 134.
138. BRASIL. Ministério da Saúde. *III Conferencia Nacional de Saúde Mental: Caderno Informativo*. Secretaria de Assistência à Saúde – Conselho Nacional de Saúde. Brasília: Ministério da Saúde, 2001, p. 34.
139. Segundo Dornelles: "não raro, os dependentes são submetidos à medida de segurança de internação como forma de garantir também a sua hospitalização". DORNELLES, Renata Portella. *O círculo alienista: reflexões sobre o controle penal da loucura*. Dissertação (Mestrado em Direito). Universidade de Brasília (UnB), Brasília, 2012, p. 134.
140. Cf. FIORI, Mauricio. A medicalização da questão do uso de drogas no Brasil. *In*: CARNEIRO, Henrique; VENÂNCIO, Renato Pinto. *Álcool e drogas na história do Brasil*. São Paulo: Alameda; Belo Horizonte: PUC Minas, 2005, p. 264.

Contribui para este quadro, entre outros fatores, a confusão entre usuário e dependente químico, a frequente associação no imaginário popular entre usuário e a esfera criminosa, e a timidez na superação da criminalização, examinados no capítulo inicial. Em sintonia, o CREMESP assinala que "Na escala das injustiças e dos estigmas, o 'louco infrator' ocupa o último degrau".[141]

Esse pano de fundo coloca em dúvida as finalidades de determinadas medidas de segurança, e, por conseguinte, põe em questão sua legitimidade. A internação forçada, designada medida de segurança, mostra-se empregada então fora do escopo de tratamento o que a torna ilegítima. Presta-se ao controle, à função de pena[142], à proteção da família e da "sociedade". A pessoa que faz uso abusivo de drogas poderá então ser isolada, colocada à margem. A "medida de segurança" se converte em uma designação sofisticada para retirar um "incômodo".

Não se pode ir adiante sem referir à descrição duríssima e fundamental feita por Daniela Arbex sobre o tratamento no "hospital !? Colônia", cujos internos eram expostos a condições desumanas sob o artifício de tratamento.[143] A finalidade de excluir é evidente, como se colhe da narrativa da autora sobre o perfil dos internos:[144]

> Cerca de 70% não tinham diagnóstico de doença mental. Eram epiléticos, alcoolistas, homossexuais, prostitutas, gente que se rebelava, gente que se tornara incômoda para alguém com mais poder. Eram meninas grávidas, violentadas por seus patrões, eram esposas confinadas para que o marido pudesse morar com a amante, eram filhas de fazendeiros as quais perderam a virgindade antes do casamento. Eram homens e mulheres que haviam extraviado seus documentos. Alguns eram apenas tímidos. Pelo menos trinta e três eram crianças.[145]

As internações psiquiátricas, incluídos os usuários problemáticos de drogas[146], ensejam, como sublinha Daniela Arbex, um instituto profícuo para a legitimação

---

141. ROSA, João Ladislau. Apresentação. *In:* CORDEIRO, Quirino; LIMA, Mauro Gomes Aranha. *Hospital de custódia: prisão sem tratamento – fiscalização das instituições de custódia e tratamento psiquiátrico do Estado de São Paulo.* Conselho Regional de Medicina do Estado de São Paulo, 2014, p. 37. Para uma discussão sobre a terminologia "louco infrator", "paciente judiciário" e outras, cf. SILVA, Martinho Braga Batista; COSTA-MOURA, Renata. De 'louco infrator' a 'pessoa adulta portadora de transtorno mental em conflito com a lei': sobre categorias governamentais e processos de vulnerabilização. *Interseções*, Rio de Janeiro, UERJ, v. 15, p. 301-328, 2013.
142. DELGADO, Pedro Gabriel. *As Razões da Tutela.* Psiquiatria, Justiça e Cidadania do Louco no Brasil. São Paulo: Te Corá, 1992, p. 103. Então "internação equipara-se à reclusão, num sistema de equivalência que demite a inimputabilidade".
143. São expostos à *vida nua*, para tomar de empréstimo a expressão de Agamben. A locução aponta para a vítima que poderia ser morta, mas não sacrificada, porque sua falta de valor a torna apenas ser (não ser humano). Seu significado atrela-se a negação da cidadania, da humanidade e inclusive da própria condição de ser vivente, o que conduziu no século XX aos abusos nos campos de concentração e a experimentos com "VP (*Versuchepersonen*, cobaias humanas). AGAMBEN, Giorgio. *Homo sacer: o poder soberano e a vida nua I.* (Trad. Iraci D. Poleti). Belo Horizonte: UFMG, 2007, p. 16, 90, 159 e 161.
144. Optou-se pelo termo "interno" para evitar utilização da palavra "paciente", de modo a reforçar o distanciamento de uma justificativa terapêutica legítima.
145. ARBEX, Daniela. *Holocausto brasileiro.* São Paulo: Geração Editorial, 2013, p. 12.
146. "Os indivíduos que apresentassem problemas com álcool ou outras drogas eram encaminhados para instituições psiquiátricas com a finalidade primordial de retirá-los do convívio social e promover o abandono

de mecanismos de segregar e controlar de populações indesejáveis.[147] Com base na construção de Espósito, pode-se afirmar uma ótica de *imunização*[148] de modo que se opera uma perversa inversão ? o doente se converte em doença, a ser imunizada.

Um exemplo marcante é o teor do Decreto n. 1.132/1903. Ao tratar dos alienados, estabelece a reclusão fundada na proteção da ordem pública e da segurança, como se apontou no capítulo antecedente. Ademais, alinhado com a ótica de isolar, o decreto estabelecia pena para a embriaguez:

> Art. 3º – Embriagar-se por habito, de tal modo que por actos inequivocos se torne nocivo ou perigoso a si proprio, a outrem, ou à ordem publica: Pena: internação por tres mezes a um anno em estabelecimento correccional adequado.

As representações sociais sobre o uso de drogas (comportamento desviante, delinquente, ilegal, perigoso, violento, criminosos, louco) propiciam um ambiente mais favorável à aceitação passiva do isolamento do usuário de droga.

Na Lei de Drogas (Lei n. 11.343/2006), o quadro nominado "dependência" e o efeito do uso de drogas são previstos como hipóteses que podem ensejar a inimputabilidade, e, pois, autorizar a imposição de tratamento forçado:

> Art. 45. É isento de pena o agente que, em razão da dependência, ou sob o efeito, proveniente de caso fortuito ou força maior, de droga, era, ao tempo da ação ou da omissão, qualquer que tenha sido a infração penal praticada, inteiramente incapaz de entender o caráter ilícito do fato ou de determinar-se de acordo com esse entendimento.
>
> Parágrafo único. Quando absolver o agente, reconhecendo, por força pericial, que este apresentava, à época do fato previsto neste artigo, as condições referidas no caput deste artigo, poderá determinar o juiz, na sentença, o seu encaminhamento para tratamento médico adequado.

A justificativa de "necessidade de cura" não pode ser tomada acriticamente,[149] porque configura argumento fértil para violações. A confusão entre pena e tratamen-

---

do uso, utilizando, para tanto, as mesmas técnicas empregadas com outros internos". PRATTA, Elisângela Maria Machado; SANTOS, Manoel Antonio dos. O Processo Saúde-Doença e a Dependência Química: Interfaces e Evolução. *Psicologia: Teoria e Pesquisa*, v. 25 n. 2, p. 203-211, abr.-jun. 2009, p. 207.

147. "Ontem foram os judeus e os loucos, hoje os indesejáveis são os pobres, os negros, os dependentes químicos, e, com eles, temos o retorno das internações compulsórias temporárias. Será a reedição dos abusos sob a forma de política de saúde pública? O país está novamente dividido. Os parentes dos pacientes também. Pouco instrumentalizadas para lidar com as mazelas impostas pelas drogas e pelo avanço do crack, as famílias continuam se sentido abandonadas pelo Poder Público, reproduzindo, muitas vezes involuntariamente, a exclusão que as atinge". ARBEX, Daniela. *Holocausto brasileiro*. São Paulo: Geração Editorial, 2013, p. 255.

148. ESPÓSITO, Roberto. *Immunitas: protección y negación de la vida*. Buenos Aires: Amorrortu, 2009, p. 17. Sobre o paradigma imunitário afirma: "*se presenta no en términos de acción sino de reacción: más que de una fuerza propia, se trata de un contragolpe, de una contrafuerza, que impide que otra fuerza se manifieste. Esto significa que el mecanismo de la inmunidad presupone la existencia del mal que debe enfrentar. Y esto no sólo en el sentido de que deriva de aquel su propia necesidad – es el riesgo de infección lo que justifica la medida profiláctica-, sino también en el sentido, más comprometido, de que funciona precisamente mediante su uso*". *Op. Cit.*, idem.

149. PAVARINI, Massimo. Il folle che delinque: rapsodia sul margine. *Rivista sperimentale di freniatria*, v. 135, Fascicolo: 3, p. 145-154, 2011. p. 151.

to facilita a desfuncionalização das medidas de segurança e da própria internação, aplicada como forma de excluir,[150] de castigar e punir, vinculadas à prisão como cura[151] e o delito como sintoma de um quadro patológico.[152] Nessa linha, Maria Lúcia Karam sublinha que as medidas "não passam de formas mal disfarçadas de pena, sua incompatibilidade com a Constituição Federal, por manifesta vulneração do princípio da culpabilidade".[153]

Essa confluência de finalidades é extremamente perigosa, ao aproximar-se o tratamento da punição, corre-se o risco de converter a pena em prisão, ou atribuir a internação uma finalidade não terapêutica, ainda que de forma complementar, resgatando o superado duplo binário. A respeito, observe-se o seguinte excerto:

> a internação para tratamento da dependência química do paciente – a que já estava submetido – seria adequada e suficiente para obter o resultado pretendido com a decretação da prisão preventiva, que, aparentemente, seria a garantia da ordem pública. [...] Considerei que a decisão do Juízo de primeiro grau foi a que melhor atendeu às peculiaridades do caso concreto, pois, de forma fundamentada, reconheceu a gravidade do delito praticado, porém entendeu que as medidas cautelares e a internação compulsória neutralizam a periculosidade em concreto. Concluiu, portanto, pela concessão de liberdade provisória ao paciente e fixou as medidas cautelares que julgou necessárias e adequadas à espécie, as quais deveriam ser cumpridas nos períodos em que o acusado não estivesse submetido a tratamento (STJ, *Habeas corpus* n. 465426, Rel. Min. ROGERIO SCHIETTI CRUZ, 6ª. Turma, DJe: 23.05.2019).

Para Renata Portella Dornelles, o que se verifica é a utilização da medida de segurança não apenas como pena, mas pior, empregada inclusive quando seria inaplicável diante da despenalização do uso de drogas:

> Dada a impossibilidade de prisão de usuário pela via do controle autenticamente punitivo, sua institucionalização tem sido buscada no apêndice da medida de segurança. *A forma de garantir que os dependentes químicos não atuem no espaço social é aplicar-lhes a medida de internação.*[154]

Em sintonia, na contundente crítica de Paulo Vasconcelos Jacobina:

> É óbvio que, se ninguém pode ser considerado culpado até o trânsito em julgado de sentença penal condenatória, nenhuma pena pode ser imposta a quem venha a ser absolvido. E é óbvio que compelir alguém a uma internação manicomial sem prazo definido e independentemente

---

150. Convertem-se em "segregação perpétua ou por longo período, através da internação, da pessoa acometida de transtornos mentais que cometeu um crime". BRASIL. Ministério da Saúde. *Reforma psiquiátrica e política de saúde mental no Brasil.* Documento apresentado à Conferência Regional de Reforma dos Serviços de Saúde Mental: 15 anos depois de Caracas. OPAS. Brasília, novembro de 2005, p. 23.
151. KARAM, Maria Lúcia. Aplicação da pena: por uma nova atuação da justiça criminal, *Revista Brasileira de Ciências Criminais,* ano 2, n. 6, p. 117-132, abr.-jun. 1994. p. 118.
152. FERRAJOLI, Luigi. *Derecho y razón.* Teoría del garantismo penal. (Trad. Andrés Ibáñez *et al*). Madrid (Espanha): Editorial Trotta, 1995, p. 778.
153. KARAM, Maria Lúcia. Medidas de segurança: punição do enfermo mental e violação da dignidade. *Revista Verve,* PUC-SP, p. 210-224, 2002. p. 217. A análise da autora se refere a Lei n. 6.368/1976, já revogada, contudo, sua crítica permanece extremamente atual.
154. DORNELLES, Renata Portella. *O círculo alienista: reflexões sobre o controle penal da loucura.* Dissertação (Mestrado em Direito). Universidade de Brasília (UnB), Brasília, 2012, p. 190-191.

de sua vontade é um sancionamento de natureza penal. Fazê-lo no âmbito de um processo penal, em obediência à legislação penal, é uma condenação penal a uma sanção, ainda que sob o disfarce de uma sanção terapêutica. *Quando a própria comunidade científica e o próprio Sistema Único de Saúde (SUS) vêm negando o caráter terapêutico do internamento, fica claro que a medida é estritamente punitiva e, portanto, de problemática constitucionalidade.* Trata-se, pois, de responsabilização penal objetiva.[155]

Essa confluência entre pena e tratamento está presente inclusive nas cortes superiores, como se extrai do reconhecimento pelo STF, em 2015, da adequação da concessão de indulto ao paciente submetido à medida de segurança, por ocasião do RE 628.658.[156] No acórdão de origem, proferido pelo Tribunal de Justiça do Rio Grande do Sul, destaca-se que "embora não sendo pena em sentido estrito, é medida aflitiva de natureza penal, como tal tratada inclusive pelo Pretório Excelso, que não a admite, por exemplo, como sendo perpétua".[157] Destacou-se ainda a "sua aproximação fática com as penas" para concluir que "Em um Estado Democrático de Direito, sob cuja moldura penas e medidas de segurança confundem-se no caráter aflitivo, não há como se vedar a concessão de indulto a estas últimas".[158]

À primeira vista, soa igualmente paradoxal a previsão de detração relacionada à medida de segurança, ou seja, o abatimento do tempo cumprido de pena do período a ser atendido para o tratamento. Qual o sentido de definir o tempo de tratamento com aspectos que não sejam relacionados há saúde? Nenhum. Não obstante, de acordo com o Código Penal, art. 42: "Computam-se, na pena privativa de liberdade e na medida de segurança, o tempo de prisão provisória, no Brasil ou no estrangeiro, o de prisão administrativa e o de internação em qualquer dos estabelecimentos referidos no artigo anterior". Sua aplicação, a ter em conta o como se procede (ou se deixa de agir) atualmente na atenção à pessoa, embora incompatível com a visão de que deve prevalecer um caráter estritamente terapêutico nas medidas de segurança, mostra-se consentânea a um sistema que as desvirtua. É dizer que, tal como a realidade está

---

155. JACOBINA, Paulo Vasconcelos. *Direito penal da loucura e reforma psiquiátrica*. Brasília: ESMPU (Escola Superior do Ministério Público da União), 2008, p. 50.
156. STF. RE 628.658. Rel.: Min.: Marco Aurélio. DJe: 08.04.2011. Com a mesma conclusão: TJRS. Agravo em Execução n. 7003125480. 4ª. Câmara Criminal, Rel. Des.: Gaspar Marques Batista, Julgamento: 08.10.2009. TJRS. Agravo em Execução n. 70031389083. 2ª. Câmara Criminal. Rel. Des.: Laís Rogéria Alves Barbosa. DJe: 11.10.2011.
157. TJRS. Agravo n. 70033455783. 4ª. Câmara Criminal. Rel. Des.: Marcelo Bandeira Pereira. Julgado em: 25.02.2010. No mesmo sentido, julgou-se que não haveria: "inconstitucionalidade alguma na extensão, pelo Decreto 6706, do indulto de que cogita a quem submetido à medida de segurança, que, embora não sendo pena em sentido estrito, é medida aflitiva de natureza penal, como tal tratada inclusive pelo Pretório Excelso". TJRS. Agravo n. 70033412032, 4ª. Câmara Criminal, Relator: Marcelo Bandeira Pereira, Julgado em 25.02.2010.
158. Não deixa de ser notável que a fundamentação do acórdão para tal interpretação seja assim lançada: "princípio da igualdade, da humanização das penas e da dignidade da pessoa humana, bem como do próprio núcleo teleológico do Estado Democrático de Direito. É característica fundamental deste tipo de organização política um firme e intangível comprometimento com os direitos fundamentais, que se tornam o núcleo do sistema jurídico e constituem vínculos substanciais ao poder estatal". TJRS. Incidente de Inconstitucionalidade n. 70034296996, Tribunal Pleno, Relator: Mario Rocha Lopes Filho, Julgado em 26.07.2010.

posta, provisoriamente é mais adequado admitir a sua aplicação,[159] ainda que, sob o ponto de vista técnico, questionável.

A visão punitivista, alheia à determinação destinada ao cuidado com a saúde, também salta aos olhos na circunstância de que o Código Penal define a modalidade de tratamento do inimputável conforme o tipo de pena e indica clara preferência pela internação, o que denota isolamento e não tratamento.[160] Segundo dispõe o art. 97,

> Se o agente for inimputável, o juiz determinará sua internação (art. 26). Se, todavia, o fato previsto como crime for punível com detenção, poderá o juiz submetê-lo a tratamento ambulatorial". O critério do tratamento, como se vê, passa a ser o tipo de punição que seria aplicável ao fato punível, supostamente praticado pelo acusado.[161]

Tal descompasso entre tratamento e caráter punitivo guarda relação com o controle, vale realçar, com a preocupação na assim designada "periculosidade do agente", ou seja, o temor da prática de novo crime.[162] Com efeito, sua duração, a teor de uma interpretação literal do Código Penal, art. 97, § 1º "será por tempo indeterminado, perdurando enquanto não for averiguada, mediante perícia médica, a cessação de periculosidade".[163] Em posição singular, Alexis Couto Brito[164] sustenta que a Lei de Drogas (Lei n. 11.343/2006), art. 45, criou uma modalidade singular de internação, a qual não se subordina à duração mínima e máxima geralmente aplicada nas medidas de segurança.

É nítida a desfuncionalização da internação desprovida de avaliação por equipe multidisciplinar na determinação do potencial terapêutico e da efetiva necessidade.

---

159. ROIG, Rodrigo Duque Estrada. *Execução penal*. Teoria Crítica. 3. ed. São Paulo: Saraiva, 2017, p. 515.
160. JACOBINA, Paulo Vasconcelos. *Direito penal da loucura e reforma psiquiátrica*. Brasília: ESMPU (Escola Superior do Ministério Público da União), 2008, p. 110. PRADO, Alessandra Mascarenhas; SCHINDLER, Danilo. A medida de segurança na contramão da Lei de Reforma Psiquiátrica: sobre a dificuldade de garantia do direito à liberdade a pacientes judiciários. *Revista Direito GV*, São Paulo, FGV, v. 13, n. 2, p. 628-652, ago. 2017, p. 632.
161. Grifou-se. No TJSP, considerou-se "inviável a substituição da medida de internação pela sujeição a tratamento ambulatorial na medida em que o apelante foi processado pela prática de roubo, delito sancionado com reclusão (inteligência do artigo 97 da lei repressiva". TJSP. Apelação n. 0006018-39.2014.8.26.0360. 3ª Câmara de Direito Criminal. Rel.: Geraldo Wohlers. Registro: 19.04.2016. Conforme expõe o julgado, do laudo pericial é possível extrair "plena capacidade de entender o caráter ilícito de sua conduta", a incapacidade de determinar-se "de acordo com esse entendimento" e a recomendação de "tratamento psiquiátrico multidisciplinar por no mínimo 1 ano".
162. Como explica Michele Cia: "o enfermo mental causa grande temor à sociedade, que não o quer solto". CIA, Michele. *Medidas de segurança no Direito Penal*. A desinternação progressiva sob uma perspectiva político-criminal. São Paulo: Editora Unesp (Universidade Estadual Paulista), 2011, p. 18.
163. "Pergunta-se: como o médico psiquiatra poderá atestar que a doença cessou? Isto é possível? Há que se indagar: o transtorno mental pode cessar ou apenas permanece sob controle? No caso de semi-imputabilidade e necessitando o condenado de tratamento curativo, a pena de prisão pode ser substituída pela medida de segurança (art. 98-A). Aqui outra indagação: existe cura para transtornos mentais? Fica claro que permanece no espírito do legislador penal a ideia da periculosidade. Aliás, este conceito remoto é do século XIX. E, atualmente, a ideia se encontra desconstruída pela psiquiatria democrática". BRASIL. Ministério Público Federal. *Parecer sobre medidas de segurança e hospitais de custódia e tratamento psiquiátrico sob a perspectiva da lei n. 10.216/2001*. Brasília: MPF, 2011, p. 53.
164. BRITO, Alexis Couto. *Execução Penal*. 3. ed. São Paulo: RT, 2013, p. 318.

Ilustrativamente, Relatório realizado pelo Conselho Federal de Psicologia[165] observou que 70% dos internados em medidas de segurança sequer possuíam projeto terapêutico, 18% possuíam e o sobre o percentual remanescente sequer não havia dados. A finalidade de oferecer cuidado é indispensável não apenas para que a internação forçada seja não apenas justificada, mas igualmente faça sentido.

A adoção da periculosidade como critério, ou melhor, como frágil alegação para internações psiquiátricas reúne diversas contradições. Primordialmente, não é doença passível de diagnóstico,[166] ao contrário sua avaliação é um prognóstico[167] cuja conclusão exige, nas palavras de Pavarini, "uma bola de cristal".[168]

A dita "periculosidade pessoal"[169] como pressuposto para internar pessoas no âmbito de medidas de segurança, bem como da chamada "cessação de periculosidade" como requisito para pôr fim ao período de internação estão em diametral oposição às normas constitucionais – com especial referência ao texto constitucional acrescido por força da incorporação da Convenção de Nova York dos direitos da pessoa com deficiência. Em grande parte, pode-se afirmar, é também uma afronta à lógica.[170]

Em 2002, em publicação conjunta do Ministério da Justiça e Ministério da Saúde, preconizou-se o "fim dos exames de cessação de periculosidade", "inserção da política de saúde penitenciária no SUS", "que a conversão de tratamento ambulatorial em internação ocorra somente sob critérios clínicos", "articulação interinstitucional permanente das áreas da saúde, justiça e direitos humanos, por meio de um grupo técnico composto pelas três esferas governamentais". São pautas que persistem não atingidas.[171]

---

165. CONSELHO FEDERAL DE PSICOLOGIA. *Inspeções aos manicômios*. Relatório Brasil 2015. Brasília: CFP, 2015, p. 115.
166. VENTURI, Ernesto. A violência em psiquiatria e a noção de periculosidade social. In: MATTOS, Virgílio de. (Org.). *O Crime Louco*. (Trad.). Brasília: Conselho Federal de Psicologia, 2012, p. 236.
167. O direito penal se estrutura "sobre duas correlações: a) correlação *culpabilidade/pena*, fundada no passado, b) correlação *periculosidade/medida de segurança*, dirigida para o futuro". SANTOS, Juarez Cirino. *Teoria da Pena*. Fundamentos políticos e aplicação judicial. Curitiba: ICPC – Lumens Iuris, 2005, p. 192.
168. PAVARINI, Massimo. Il folle che delinque: rapsodia sul margine. *Rivista sperimentale di freniatria*, v. 135, Fascicolo: 3, p. 145-154, 2011, p. 150. Em sintonia, Clécio Lemos aponta que a inadequação da ideia de periculosidade tanto na teoria, eis que baseada em "futurologia", quanto na prática, diante das limitações dos laudos, do tempo e modo como são realizados. LEMOS, Clécio. Quatro críticas à medida de segurança: da insegurança da medida à desmedida do sistema. In: MIRANDA, Angelica Espinosa; RANGEL, Claudia; COSTA-MOURA, Renata (org). *Questões sobre a população prisional no Brasil*: Saúde, Justiça e Direitos humanos. Vitória: UFES, Proex, 2016. [recurso digital].
169. Dieter constrói a tese de que há um verdadeiro sistema atuarial baseado na consideração de supostos "fatores de risco". DIETER, Maurício Stegemann. *Política criminal atuarial*: a criminologia do fim da história. Rio de Janeiro: Revan, 2013, p. 140.
170. Para a Associação Brasileira de Psiquiatria, "não há evidências científicas da relação doença mental e periculosidade". ASSOCIAÇÃO BRASILEIRA DE PSIQUIATRIA. *Proposta de para assistência integral em saúde mental no Brasil*. São Paulo: ABP, 2009, p. 30. Roig também critica a periculosidade pessoal por compreender que a prática de injusto é situacional. ROIG, Rodrigo Duque Estrada. *Execução penal*. Teoria Crítica. 3. ed. São Paulo: Saraiva, 2017, p. 500.
171. BRASIL. Ministério da Saúde. Ministério da Justiça. *Reforma Psiquiátrica e Manicômio Judiciários: Relatório Final do Seminário Nacional para a Reorientação dos Hospitais de Custódia e Tratamento Psiquiátrico*: Brasília:

Na mesma trilha, Relatório do Conselho Federal de Psicologia ressalta que "periculosidade é um conceito indefinido e indefinível",[172] posição reafirmada pelo CREMESP[173]. Debora Diniz, em sintonia, assim exprime:

> Não há evidências científicas na literatura internacional que sustentem a periculosidade de um indivíduo como uma condição vinculada à classificação psiquiátrica para o sofrimento mental. Periculosidade é um dispositivo de poder e de controle dos indivíduos, um conceito em permanente disputa entre os saberes penais e psiquiátricos[174].

Sobre o tema, ainda que de forma tímida, o CNJ já sinalizou que "O juiz competente para a execução da medida de segurança, sempre que possível buscará implementar políticas antimanicomiais, conforme sistemática da Lei n. 10.216, de 06 de abril de 2001".[175] Persiste, todavia, uma ótica que evoca no lugar da loucura o perigo, exposta na dualidade dos discursos que se equilibram entre controle e tratamento[176] e terminam por afastar direitos elementares dos pacientes psiquiátricos, com vistas grossas à reforma psiquiátrica e vislumbram na medida de segurança uma pena restritiva de liberdade e de humanidade:

> Diante do quadro psicopatológico atual do examinando constatamos que o mesmo não tem sua periculosidade cessada" (fls. 77). Em resposta aos quesitos formulados, recomendaram "a conversão da pena restritiva de liberdade em medida de segurança sendo o tratamento de internação psiquiátrica (casa de custódia) o mais indicado" (fls. 77) [...] A Lei 10.216/01, que 'Dispõe sobre os direitos das pessoas portadoras de transtornos mentais e redireciona o modelo assistencial em saúde mental' não revogou os dispositivos do Código Penal aplicáveis aos portadores de doença mental que cometam crimes.[177]

MS – MJ, 2002, p. 19.
172. CONSELHO FEDERAL DE PSICOLOGIA. *Inspeções aos manicômios*. Relatório Brasil 2015. Brasília: CFP, 2015, p. 18.
173. "Por sua vez, os profissionais da área da saúde mental sabem que nem o Código Internacional de Doenças (CID-10), nem o Manual Diagnóstico e Estatístico de Transtornos Mentais (DSM-IV), classificam a periculosidade social do indivíduo vinculado apenas a um transtorno mental. Por exemplo, ter comportamentos antissociais em algum momento não indica necessariamente um transtorno de personalidade que leve o indivíduo a ser considerado perigoso, nem que deva perder a sua liberdade por isso". COHEN, Paulo. Saúde Mental e Perda de Liberdade. *In*: QUIRINO, Cordeiro; LIMA, Mauro Gomes Aranha; OLIVEIRA, Reinaldo Ayer de X (Org.). *Transtorno mental e perda de liberdade*. São Paulo: Conselho Regional de Medicina do Estado de São Paulo, 2013. p. 23-32. p. 28.
174. DINIZ, Debora. *A custódia e o tratamento psiquiátrico no Brasil*: Censo 2011. Brasília: Letra Editora Universidade de Brasília, 2013, p. 15. Para Silvia Tedesco a periculosidade é uma noção "há muito desacreditada pelos estudos mais rigorosos". TEDESCO, Silvia. A função ético-política das medidas de segurança no Brasil contemporâneo. *In*: CONSELHO FEDERAL DE PSICOLOGIA. *Louco Infrator e o Estigma da Periculosidade*. VENTURINI, Ernesto; MATTOS, Virgílio de; OLIVEIRA, Rodrigo Tôrres (Org.) Brasília: CFP, 2016. p. 258-313. p. 280.
175. CONSELHO NACIONAL DE JUSTIÇA. Resolução n. 113/2010). De modo similar, a Recomendação n. 35. CONSELHO NACIONAL DE JUSTIÇA. Recomendação n. 35/2011.
176. Vale referir que na redação original do Código Penal, o art. 78 listava os que se "Presumem-se perigosos", entre os quais, inc. III: "III – os condenados por crime cometido em estado de embriaguez pelo álcool ou substância de efeitos análogos, se habitual a embriaguez".
177. TJSP. Agravo de Execução Penal. 0034555-24.2015.8.26.0000. Rel.: De Paula Santos. 13ª Câmara de Direito Criminal. Registro: 16.03.2016.

Outro exemplo marcante da confusão entre tratamento e punição é a compreensão de que "O tempo de duração da medida de segurança não deve ultrapassar o limite máximo da pena abstratamente cominada ao delito praticado" (STJ, Súmula 527).[178] A posição, ainda que não atenda adequadamente aos direitos humanos, representa um passo adiante relevante em relação ao posicionamento pela inexistência de qualquer limite temporal (HC 126.738).[179]

Em teoria faz pouco sentido que critérios criminais determinem o período de tratamentos, mesmo aqueles desprovidos de consentimento. Na prática, em um sistema desvirtuado, a aplicação analógica dos limites de tempo da pena pode se revelar a medida mais protetiva às pessoas internadas, porque ao menos alguma baliza estabelece na limitação do poder. Em síntese, o preso é condenado segundo limites legais de tempo de pena; por seu turno, a pessoa que cumpre medida de segurança tem sido condenada ao esquecimento.

O que se afirma é que não é concebível que haja medidas mais severas e restritivas na esfera da medida de segurança do que na pena. A pessoa inimputável deve receber a mais ampla proteção, por esta razão, diante das distorções, como solução provisória, é adequada a projeção de garantias da pessoa encarcerada à pessoa internada à força, como se explorará no Capítulo 4. Ao mesmo tempo, as normas penais devem se adequar por completo à Lei de Saúde Mental[180] e à constitucionalização da proteção da saúde mental, incrementada pela ratificação da CDPD.

Consoante dispõe a Convenção Internacional sobre os Direitos das Pessoas com Deficiência, art. 15, item 1 "Nenhuma pessoa será submetida à tortura ou a tratamentos ou penas cruéis, desumanos ou degradantes. Em especial, nenhuma pessoa deverá ser sujeita a "experimentos médicos ou científicos sem seu livre consentimento". O texto da convenção, tal como a Convenção contra a Tortura e Outros Tratamentos ou Penas Cruéis, Desumanos ou Degradantes, claramente diferencia pena e tratamento, o que implica que o repudio à natureza sancionatória materializada em medidas terapêuticas possui, também por essa via, status constitucional e

---

178. STJ. Súmula 527. DJe: 13.05.2015.
179. STJ. *Habeas corpus* n. 126.738. Rel.: Min². Maria Thereza de Assis Moura. DJe: 13.02.2009. Em sessão realizada em 26.9.2009, a Sexta Turma havia assim concluído: "Pela leitura da legislação infraconstitucional as Medidas de Segurança quanto ao inimputável são imprescritíveis, conforme art. 97, § 1º, do Código Penal". Dessa forma, considerou-se que "A proposta de reconhecimento da prescrição trazida na decisão hostilizada não deve prosperar, pois necessitaria de mudança legislativa para tanto". STJ. *Habeas corpus* n. 121.877. Rel.: Min². Maria Thereza de Assis Moura. DJe: 08.09.2009. Em exame ao projeto de lei (PL) n. 3.473/2000, que entre outras previsões limita o tempo da medida de segurança à pena em abstrato, considerou-se: "Quanto ao prazo de duração da medida de segurança, seu tempo de duração não poderá ser superior ao máximo da pena cominada ao tipo legal de crime. Neste aspecto permanece a vinculação da medida de segurança à pena. Ora, se a Reforma Penal de 1984 muda o sistema do duplo binário para o vicariante, por que vincular a medida de segurança à pena?". BRASIL. Ministério Público Federal. *Parecer sobre medidas de segurança e hospitais de custódia e tratamento psiquiátrico sob a perspectiva da lei n. 10.216/2001*. Brasília: MPF, 2011, p. 52.
180. ROIG, Rodrigo Duque Estrada. Execução penal. Teoria Crítica. 3. ed. São Paulo: Saraiva, 2017, p. 502.

constitui uma fonte importante de revisão da imposição de medidas de segurança como mecanismos punitivo.

A internação quando ilegítima se enquadra nos tipos penais de constrangimento ilegal, tortura (Lei n. 9.455/1997), art. 1º, inc. II)[181] e cárcere privado (Código Penal, art. 148). Respalda este enquadramento, relatório do Conselho de Direitos Humanos da ONU.[182] O STJ inclusive já reconheceu o cabimento de *habeas corpus* para discussão de ilegalidade em internação hospitalar,[183] o que se aplica inclusive para estabelecimentos particulares.[184] Como registrou perito ouvido pela Corte Interamericana de Direitos Humanos no Caso Ximenes Lopes:

> As práticas violatórias dos direitos de pessoas com deficiências mentais seguem padrões similares em todo o mundo. Essas pessoas são arbitraria e desnecessariamente segregadas da sociedade em instituições psiquiátricas, onde se encontram sujeitas a tratamento desumano e degradante ou a tortura.[185]

Diante da projeção de garantias da prisão à medida de segurança, para Paulo Queiroz, melhor seria, em atenção ao princípio da igualdade, que a medida de segurança tenha sua duração máxima limitada pela pena em concreto (ao invés da pena em abstrato), por constituir a solução mais protetiva.[186] Assim se levaria em conta também as atenuantes como não ter alcançado 21 anos e mesmo a insignificância. Para Roig, uma outra solução é a mais adequada. O princípio constitucional da presunção de inocência exige que o prazo máximo da medida de segurança seja da pena mínima.[187]

De um lado tais compreensões se distanciam do protocolo de tratamento do uso abusivo de drogas, o qual está relacionado a internações por períodos contados em dias e semanas e não meses ou anos.[188] Por outro, é indispensável parâmetros para

---

181. A lei descreve como conduta típica que constitui o crime de tortura: "submeter alguém, sob sua guarda, poder ou autoridade, com emprego de violência ou grave ameaça, a intenso sofrimento físico ou mental, como forma de aplicar castigo pessoal ou medida de caráter preventivo".
182. NACIONES UNIDAS. Asamblea General. Consejo de Derechos Humanos. Informe del *Relator Especial sobre la tortura y otros tratos o penas crueles, inhumanos o degradantes*. Relatório A-HRC-22-53. ONU: Nova York (Estados Unidos), 1º fev. 2013. Disponível em <http://www.ohchr.org/Documents/HRBodies/HRCouncil/RegularSession/Session22/A-HRC-22-53_sp.pdf>. Acesso em: 20 ago. 2017.
183. STJ. *Habeas Corpus* n. 135271. Rel.: Min. Sidnei Beneti. 3a. Turma. DJe 04.02.2014.
184. LOPES Jr, Aury. *Direito de Processo Penal*. 13. ed. São Paulo: Saraiva, 2016, p. 1344.
185. CORTE INTERAMERICANA DE DIREITOS HUMANOS. Caso Ximenes Lopes vs Brasil. 2006. Disponível online em <http://www.corteidh.or.cr/docs/casos/articulos/seriec_149_por.pdf>. Acesso em: 01 fev. 2015.
186. QUEIROZ, Paulo. *Direito Penal*. Parte Geral. 4. ed. Rio de Janeiro: Lumens Iuris, 2008, p. 396.
187. ROIG, Rodrigo Duque Estrada. *Execução penal*. Teoria Crítica. 3. ed. São Paulo: Saraiva, 2017, p. 513.
188. Em levantamento relatório elaborado por diversas entidades, na avaliação dos hospitais psiquiátricos do projeto Redenção, em São Paulo, no tocante aos usuários de drogas da cracolândia, verificou-se na Casa de Saúde João de Deus que, em relação aos pacientes de julho de 2017, "O tempo médio de internações é de 20,1 dias"; no Hospital Cantareira, a média era 30 dias, ainda que em alguns casos atingisse 35 a 40. CREMESP, *et al. Estamos de Olho: Avaliação Conjunta dos Hospitais Psiquiátricos do Projeto Redenção*. São Paulo: CREMESP, CRP-SP, CONDEPE (Conselho Estadual de Defesa dos Direitos da Pessoa Humana), COMUDA (Conselho Municipal de Política de Drogas e Álcool de São Paulo), 2017. Disponível em <http://edelei.org/_img/_banco_imagens/relato%CC%81rio-web-v2.pdf>. Acesso em: 07 nov. 2017.

que as medidas de segurança não se convertam em medidas perpétuas.[189] Com base em tal premissa, o STF julgou que o período de trinta anos seria o limite máximo da medida de segurança.[190]

A referida posição pretoriana evidencia novamente a indevida mescla de "sanção-prevenção".[191] O acórdão entendeu por manter a internação, contudo, não sob a forma de medida de segurança e, sim, sob o manto de interdição, com permanência em hospital da rede comum. Nas entrelinhas nota-se forte presença do elemento punitivo-retributivo das medidas de segurança,[192] como demonstram a afirmação de que a aplicação "pressupor o reconhecimento de injusto penal"[193] e a modalidade de "cuidado" decorrer do tipo penal.

Na dicção do voto, "são peculiaridades que, ao lado de outras, fazem delas espécie de exercício do poder punitivo do Estado, no que se distanciam profundamente da simples interdição civil". No caso, discutia-se a legitimidade da renovação de internação de paciente, a qual era fundada na circunstância de que "permanecia a periculosidade capaz de colocar em risco a integridade de outras pessoas", notou-se que a paciente estava há 30 anos em regime internação, após ter matado seus dois filhos por afogamento.[194]

Como frisam Claudia Rosane Roesler e Leonardo Almeida Lage, "Trata-se, obviamente, de um paradoxo que uma sanção penal seja determinada por sentença que absolve". Nessa senda, "em resposta a isso, a doutrina criou a expressão 'absolvição imprópria', a qual não elimina o paradoxo, mas o expõe".[195] O que se observa

---

189. FERRAJOLI, Luigi. *Derecho y razón. Teoría del garantismo penal*. (Trad. Andrés Ibáñez *et al*). Madrid (Espanha): Editorial Trotta, 1995, p. 781.
190. STF. *Habeas Corpus* n. 84.219. Rel.: Min. Marco Aurélio. 1ª. Turma. DJ: 23.09.2005.
191. É "um tratamento imposto no âmbito de um processo penal, por um juiz com competência penal, mas sob um discurso sanitarista". JACOBINA, Paulo Vasconcelos. *Direito penal da loucura e reforma psiquiátrica*. Brasília: ESMPU (Escola Superior do Ministério Público da União), 2008, p. 133.
192. Em eloquente trecho do julgado, tem-se: "As penas, portanto, são em vários aspectos semelhantes às medidas de segurança, senão pela totalidade de seus fundamentos e finalidades, pelos traços de uniformidade de seus regimes jurídicos, forma de persecução e efeitos práticos, que sempre resultam em especial prejuízo necessariamente aflitivo para o agente".
193. Na realidade, o que há é a necessidade da prática prévia de ato injusto em abstrato, porque não parece haver a necessidade de avaliação da efetiva punibilidade (se o ofensor não fosse inimputável). Com efeito, não se avança em questões como bagatela, intensidade do ato. ZIFFER, Patricia. *Medidas de Seguridad. Prognósticos de peligrosidad*. Buenos Aires (Argentina): Hammurabi, 2008, p. 46.
194. Sobre as internações prolongadas, confira-se o documentário "A casa dos Mortos". INSTITUTO ANIS. *A Casa dos Mortos*. Diretora: Débora Diniz. 2009. Disponível em <www.youtube.com/watch?v=noZXWFxdtNI>.
195. ROESLER, Claudia Rosane; LAGE, Leonardo Almeida. A argumentação do STF e do STJ acerca da periculosidade de agentes inimputáveis e semi-imputáveis. *Revista Brasileira de Ciências Criminais*, v. 21, n. 104, p. 347-390, set./out. 2013. p. 353. Também criticando a expressão, os seguintes autores: É "absolvição *sui generis* (absolvição imprópria), pois apesar de afirmada a inexistência de crime, o autor do fato é *submetido coercitivamente* à medida de segurança". CARVALHO, Salo de. *Penas e Medidas de segurança no direito penal brasileiro*. São Paulo: Saraiva, 2013, p. 500-501. Jacobina aponta que a *"sentença absolutória atípica* que determina que não há como considerar o réu culpado (por não lhe reconhecer sanidade), absolvendo-o, mas aplicando-lhe uma sanção penal. Qual o fundamento disso? O único fundamento seria imaginar que

é uma grande confusão na internação forçada que se revela no fato de que o acusado "é considerado penalmente irresponsável, devendo, entretanto, ser segregado para um tratamento obrigatório".[196]

As origens dessa confusão remontam aos próprios manicômios judiciários, que desde seu princípio revelam "A ambivalência entre hospital e prisão se estende aos próprios habitantes, que são definidos e se autodefinem ao mesmo tempo como 'doentes' e 'presos'".[197] Há verdadeira "superposição complexa de dois modelos de intervenção social: o modelo jurídico-punitivo e o modelo psiquiátrico-terapêutico".[198]

Ademais, na concepção da pena como mecanismo de prevenção especial, ou seja, voltada à "neutralização do condenado mediante privação de liberdade", é possível identificar também uma "concepção da pena como *tratamento curativo*".[199]

Tanto a conclusão, quando os fundamentos do STJ e STF recém referidos são muito próximos. Em síntese, rejeitam um caráter punitivo na medida de segurança, todavia para sustentar a limitação da duração máxima vinculada a pena em abstrato. Assim, ao fundamentar o HC 121.877, o STJ acenou para a necessária distinção entre punição e medida de segurança:

> não há falar, no presente caso, em prescrição, mas, sim, em limite máximo de duração da medida de segurança. Isto porque a paciente encontra-se cumprindo a medida de segurança imposta e a prescrição refere-se à pretensão estatal de punir (quando se levará em consideração a pena in abstrato) ou de executar pena ou medida imposta por sentença judicial transitada em julgado (considerando-se a pena in concreto). A discussão, neste writ, deve desenvolver-se em torno da questão da duração máxima da medida de segurança, no sentido de se fixar uma restrição à intervenção estatal em relação ao inimputável na esfera penal.[200]

Na sequência, o acórdão termina por identificar na medida uma sanção, a revelar o real fundamento para a restrição da liberdade:

> É fato que a internação em hospital de custódia e tratamento, a despeito de não ser pena, impõe, ao custodiado, limitações à sua liberdade, em razão da prática de um fato descrito como crime.

---

a medida de segurança não é uma sanção penal, mas coisa diversa. Caso contrário, esbarrar-se-ia em uma inconstitucionalidade. No entanto, que coisa diversa seria essa não se sabe". JACOBINA, Paulo Vasconcelos. *Direito penal da loucura e reforma psiquiátrica*. Brasília: ESMPU (Escola Superior do Ministério Público da União), 2008, p. 135.

196. "é justamente a Superposição e não justaposição, pois, como vimos, o modelo jurídico-punitivo parece englobar o modelo psiquiátrico-terapêutico, impondo limites mais ou menos precisos ao poder de intervenção dos psiquiatras". CARRARA, Sergio. *Crime e loucura: o aparecimento do manicômio judiciário na passagem do século*. (Coleção Saúde e Sociedade) Rio de Janeiro: EdUERJ; São Paulo: EdUSP, 1998, p. 46.

197. FRY, Peter. Apresentação. In: CARRARA, Sergio. *Crime e loucura: o aparecimento do manicômio judiciário na passagem do século*. (Coleção Saúde e Sociedade) Rio de Janeiro: EdUERJ; São Paulo: EdUSP, 1998, p. 19.

198. CARRARA, Sergio. *Crime e loucura: o aparecimento do manicômio judiciário na passagem do século*. (Coleção Saúde e Sociedade) Rio de Janeiro: EdUERJ; São Paulo: EdUSP, 1998, p. 46.

199. SANTOS, Juarez Cirino. *Teoria da Pena*. Fundamentos políticos e aplicação judicial. Curitiba: ICPC – Lumens Iuris, 2005, p. 24 e 26.

200. STJ. *Habeas Corpus* n. 121.877. 6ª. Turma. Rel.: Minª. Maria Thereza de Assis Moura. DJe: 08.09.2009.

Pode-se afirmar, pois, que a medida de segurança é uma espécie do gênero sanção penal, ao lado da pena.[201]

Apreciava-se caso em que o cumprimento da medida de segurança que contava com oito anos, em crime cuja pena máxima era a metade. Diante da situação, consignou-se que "Em razão da incerteza da duração máxima da medida de segurança, está-se claramente tratando de forma mais severa o infrator inimputável quando comparado ao imputável, para o qual a lei limita o poder de atuação do Estado". Como já se estabeleceu acima:

a) O afastamento do inimputável ou semi-imputável por força da medida de segurança encontra fundamento que está mais próximo de razões de política criminal do que motivos de saúde;[202]

b) A limitação do tempo da medida de segurança de acordo com a duração máxima prevista para o tipo revela com clareza a preocupação com subterfúgios para prisão perpétua, mas a fundamentação das decisões é reveladora de uma lógica (e/ou de uma ideologia) de matiz punitiva;

c) Em que pese seja possível identificar inclusive no Código Penal subsídios para distinção entre pena e tratamento, na medida de segurança se tangenciam (ou entrelaçam) tais papeis.

O acórdão do STJ sublinha a preferência pela desinstitucionalização, com referência ao art. 2º, da Lei de Saúde Mental – 10.216/2001 e o direito à saúde (consoante art. 196, da Constituição Federal) e termina por concluir que "findo o limite máximo do prazo de duração da medida de segurança, não havendo manifestação do Poder Judiciário na esfera cível, quanto a um possível pedido de interdição, encerra-se a sua atuação, cabendo ao Estado proporcionar condições para que o internado retorne ao convívio social". O acórdão termina por sugerir que para a continuidade do tratamento, esgotado o período da medida de segurança, seria necessário a interdição. Este raciocínio reaviva a concepção, duramente criticada no Capítulo 1, de que a interdição seja exigida para a internação ou mesmo que pudesse legitimá-la.[203]

Mostra-se contraditória, pois, a menção feita no acórdão à Lei de Saúde Mental como argumento para o limite máximo da duração da medida de segurança, quando o teor do dispositivo permite extrair, sobretudo, o caráter excepcional da restrição

---

201. Grifou-se.
202. AZEVEDO, Suelen de. Violações aos direitos humanos dos doentes mentais internados judicialmente. *Revista Jurídica da Procuradoria-Geral do Distrito Federal*, Brasília, v. 39, n. 2, p. 133 – 150, jul./dez., 2014. p. 146.
203. A favor do sentido criticado nesta obra cf.: REALE FERRARI, Eduardo. *Medidas de segurança e Direito Penal no Estado Democrático de Direto*. São Paulo: RT, 2001, p. 192.

da liberdade como parte do tratamento.[204] Resta escancarado o papel não-terapêutico da medida de segurança, ademais, não há observância aos parâmetros da Lei de Saúde Mental em sua aplicação. No TJSP, decidiu-se:

> Não é porque, hoje, se propala uma política antimanicomial, que a Justiça vai liberar da internação pessoas presumivelmente perigosas. Presunção que se assenta na gravidade da conduta e na falta de plenas condições psiquiátricas para bem gerir sua pessoa, conduzindo-se dentro dos padrões sociais de normalidade.[205]

Acaba-se também por mesclar os atendimentos de diferentes perfis de pacientes.[206] Os "loucos" como categoria genérica de indesejáveis são indistintamente tratados, o que em parte explica a pouca preocupação com seus direitos e a proposital desatenção à avaliação quanto à desinternação.[207]

Em sentido diverso, conferindo maior atenção à saúde, o STJ conclui, ao menos em parte com maior sintonia com os valores constitucionais:

> A medida de segurança tem finalidade preventiva e assistencial, não sendo, portanto, pena, mas instrumento de defesa da sociedade, por um lado, e de recuperação social do inimputável, por outro. 2. Tendo em vista o propósito curativo, destina-se a debelar o desvio psiquiátrico acometido ao inimputável, que era, ao tempo da ação, inteiramente incapaz de entender o caráter ilícito do fato ou de determinar-se de acordo com esse entendimento.[208]

---

204. Na forma da Lei 10.216/2001, Art. 4º "A internação, em qualquer de suas modalidades, só será indicada quando os recursos extra-hospitalares se mostrarem insuficientes".
205. TJSP. *Habeas Corpus* n. 0216434-03.2011.8.26.0000. Rel. Des. Ericson Maranho. 6ª Câmara de Direito Criminal. Registro: 24.10.2011. A fundamentação é contundente: "A internação em estabelecimento destinado a tratamento psiquiátrico, como conseqüência da prática de crime por inimputável, se faz, não por maldade ou com intuito de punição, mas como garantia da sociedade, de pessoas próximas do doente e dele próprio. O cometimento de crime faz presumir a periculosidade que recomenda e autoriza a internação, enquanto não se verificar, por perícia médica, a cessação daquela situação periclitante. Ela não visa, por outro lado, apenas e exclusivamente a tratar o doente. Tanto é assim, que, se a punibilidade do crime estiver extinta, "não se impõe medida de segurança nem subsiste a que tenha sido imposta" (art. 96, parágrafo único, CP). A mera necessidade de tratamento não autoriza a internação, se já não subsistir a punibilidade do crime".
206. Dessa maneira, "pôde-se perceber uma grande irregularidade quanto ao fato de ser possível misturar na ATP [Ala de Tratamento Psiquiátrico], em uma mesma cela, dependentes químicos com indivíduos portadores de doença mental". AZEVEDO, Suelen de. Violações aos direitos humanos dos Doentes mentais internados judicialmente. Revista Jurídica da Procuradoria-Geral do Distrito Federal, Brasília, v. 39, n. 2, p. 133-150, jul./dez., 2014. p. 145.
207. "Também não é de se deixar de ressaltar o vivenciado pelo interno quando recebeu a desinternação condicional pela primeira vez. Ao percebê-la, ficou condicionado pelo juiz que receberia medicação de 30 em 30 dias no Hospital São Vicente de Paulo. Contudo, dados posteriores no relatório do processo demonstraram que o sentenciado apenas recebia tal medicação de 60 em 60 dias, e que, num dado momento, tal estabelecimento hospitalar deixou de fornecer o medicamento, situação em que não tardou a levar Kleiton a praticar de um sequestro com uma pistola max laser da Nintendo, num momento de delírio e crise psicótica, expondo-se a condições que afetaram sua saúde mental e a segurança e paz de outro". AZEVEDO, Suelen de. Violações aos direitos humanos dos Doentes mentais internados judicialmente. *Revista Jurídica da Procuradoria-Geral do Distrito Federal*, Brasília, v. 39, n. 2, p. 133-150, jul./dez., 2014. p. 147.
208. STJ. *Habeas Corpus* n. 108.517/SP. Rel. Min. Arnaldo Esteves Lima. 5ª. Turma. DJe: 20.10.2008.

A problemática da duração da medida de segurança, fácil notar, é apenas um sintoma da desfuncionalização. Ilustrando o tema, julgamento do TJDF[209] revelou importante divergência entre os julgadores, aventando-se três distintas compreensões quanto à duração da medida de segurança: *(i.)* inexistência parâmetro temporal na lei; *(ii.)* deve ser respeitado o tempo mínimo do Código Penal (art. 97, § 1º); *(iii.)* não se pode ultrapassar o tempo máximo da pena em abstrato.

Nesse sentido, esposando a primeira visão, o voto do Desembargador José Guilherme salientou:

> Na realidade, não existe previsão legal que estabeleça prazo máximo para a duração da medida de segurança consistente em internamento em instituição psiquiátrica. E a tese segundo a qual a duração dessa medida não deva ultrapassar o prazo máximo da pena cominada ao crime não encontra respaldo em nenhuma manifestação relevante do universo jurídico. Em compensação, a tese mediante a qual a medida de segurança não possui limite cronológico, como sustentado pelo Ministério Público, comparece como mais consistente com a realidade do mundo moderno.

Em visão divergente, o Desembargador Mario Machado, revisor, consignou:

> Com efeito, o § 1º do artigo 97 do Código Penal prevê que será indeterminado o tempo para o cumprimento da medida de segurança, devendo perdurar até que se constate a cessação da periculosidade do agente, por meio de perícia médica. Prevê, por fim, que o prazo mínimo deverá ser de 1 a 3 anos.

O voto vencedor, acompanhado pela maioria, consignou a correspondência com a pena máxima, destacando a preocupação em impedir que se possa "transformar a medida de segurança num simulacro de pena de prisão perpétua, sem prazo certo para terminar".[210]

Em realidade, tal conclusão, ao usar um parâmetro temporal da pena como limitador da medida de segurança é uma solução, por assim dizer, menos ruim, porque seria ainda pior permitir repetidas renovações que conduzissem a uma punição perpétua. Soma-se isso ao fato de que nem o suposto "exame de periculosidade" é de fato realizado, ao contrário, são fartas as denúncias de que prevalece uma inércia.

Desta maneira, a solução de restringir a medida de segurança com critérios aplicáveis às penas, implicitamente reconhece o desvirtuamento da função da medida de segurança, ou em outras palavras o notório descompasso entre seu papel declarado e sua função em concreto. É esse fosso que faz com que o critério de fim da internação possa ser encontrado fora do saber da saúde.[211] Uma outra visão seria que a medida

---

209. TJDF. Acórdão n. 697305. Recurso n. 20110310206278EIR. Rel.: Des José Guilherme, Relator Designado: Des. George Lopes Leite, Câmara Criminal, DJE: 31.07.2013.
210. Em divergência, o relator votou no sentido de que "não existe previsão legal que estabeleça prazo máximo para a duração da medida de segurança consistente em internamento em instituição psiquiátrica".
211. "As *medidas de segurança* para pessoas incapazes de culpabilidade que tenham protagonizado um conflito criminalizado, particularmente quando se trata de uma internação manicomial, implicam uma privação de liberdade por tempo indeterminado que só difere de uma pena em sua carência de limite máximo e, por conseguinte, na total desproporção com a magnitude da lesão jurídica". ZAFFARONI, Raúl; BATISTA, Nilo; ALAGIA, Alejandro Alagia, SLOKAR, Alejandro. *Direito Penal Brasileiro*. 4. ed. Rio de Janeiro: Revan, 2015, p. 139.

fosse "de saúde" (não de segurança), contudo, a baliza central é a assim chamada *periculosidade*, que longe de ser uma doença, é um sintoma da função de controle.[212]

Uma possível resposta para o aparente impasse envolve o reconhecimento do "desvio de função" da medida de segurança de uma banda, e da percepção do entrecruzamento de instituições totais, destacada por Goffman, quando elenca como "dois exemplos que contam com participação involuntária – hospitais para doentes mentais e prisões".[213] No caso da medida de segurança, ao invés da prisão ser substituída por hospital é o hospital que se converte em prisão.[214]

Nessa linha, em inspeção aos hospitais que atendem internações de drogas dos usuários da cracolândia, apurou-se que "Todas as unidades hospitalares adotam condutas e características típicas do sistema prisional, com portas trancadas que divide as unidades de internação". Também se registrou a "criminalização das questões relativas à saúde dos usuários".[215]

Em Relatório de inspeção do Conselho Federal de Psicologia, de 2015, registra-se internações por "história de dependência química e até que apresentaram "problemas de comportamento" na unidade prisional e foram transferidos para cumprir castigo ou ficar no isolamento".[216] No Maranhão, no Hospital Nina Rodrigues, único que atende aos presos, os relatos são aterradores: "O hospital não realiza exames de periculosidade sem autorização judicial, mas existem pacientes com posse de alta médica que não recebem autorização da Justiça para o retorno à convivência familiar", além disso, "Os pacientes judiciários possuem laudos psicológicos prontos, mesmo que não seja solicitado pelo juiz".[217] No Hospital Areolino de Abreu em Teresina-PI, de modo similar, "Os presos ficam aguardando a decisão e o Hospital deve mantê-lo até segunda ordem. Há casos de pacientes com dois anos de alta aguardando a autorização do juiz para receber alta da Instituição e continuar o tratamento ambulatorial".[218]

---

212. PAVARINI, Massimo. Il folle che delinque: rapsodia sul margine. *Rivista sperimentale di freniatria*, v. 135, Fascicolo: 3, p. 145-154, 2011, p. 147.
213. GOFFMAN, Erving. *Manicômios, prisões e conventos*. (Trad. Dante Moreira Leite). São Paulo: Perspectiva, 2001, p. 12. Na mesma trilha, BASAGLIA assinala: "la distancia entre la ideología (el hospital es un instituto de cura) y la práctica (el hospital es un lugar de segregación y de violencia) es evidente. Por otra parte, la clase de pertenencia de los internados contrasta explícitamente con la universidad de la función de internación hospitalaria: el manicomio o es el hospital para quien sufre trastornos mentales, sino el lugar de represión de ciertas desviaciones del comportamiento de los pertenecientes a la clase subalterna". BASAGLIA, Franco; BASAGLIA ONGARO, Franca. *Los crimenes de la paz*. México: Editorial: Siglo XXI, 1977, p. 15.
214. CONSELHO FEDERAL DE PSICOLOGIA. *Inspeções aos manicômios*. Relatório Brasil 2015. Brasília: CFP, 2015, p. 128-129
215. CREMESP et al. *Estamos de Olho: Avaliação Conjunta dos Hospitais Psiquiátricos do Projeto Redenção*. São Paulo: CREMESP, CRP-SP, CONDEPE (Conselho Estadual de Defesa dos Direitos da Pessoa Humana), COMUDA (Conselho Municipal de Política de Drogas e Álcool de São Paulo), 2017. Disponível em <http://edelei.org/_img/_banco_imagens/relato%CC%81rio-web-v2.pdf>. Acesso em: 07 nov. 2017.
216. CONSELHO FEDERAL DE PSICOLOGIA. *Inspeções aos manicômios*. Relatório Brasil 2015. Brasília: CFP, 2015, p. 131.
217. CONSELHO FEDERAL DE PSICOLOGIA. *Inspeções aos manicômios*. Relatório Brasil 2015. Brasília: CFP, 2015, p. 131.
218. CONSELHO FEDERAL DE PSICOLOGIA. *Inspeções aos manicômios*. Relatório Brasil 2015. Brasília: CFP, 2015, p. 74-75.

O relato que resume a situação é da médica legista do Instituto Médico Legal do Pará (IML-PA), presente na inspeção, que relatou que em última instância "toda a população internada, de algum modo, está aguardando os exames previstos na legislação penal e penitenciária". A demonstrar a desimportância da saúde, "Não há definição de periodicidade para realização de exames de cessação de periculosidade ficando a critério do juiz, a solicitação da perícia".[219]

Em reportagem de O Globo, registra-se que em "São Luís, pessoas com transtornos mentais estão presas sem qualquer perspectiva de decretação da medida de segurança. Não há laudos, exames ou psiquiatra".[220]

O que se observa, em linha com a análise de Foucault, é que as distorções e paradoxos na aplicação das medidas de segurança apontam para um falso humanismo pelo qual o foco é o controle do indivíduo dito perigoso, razão pela qual a avaliação recai sobre a pessoa e não sobre a prática de um ato a ser punido. Nas palavras do autor, o olhar "diz muito mais respeito ao contexto de existência, de vida de disciplina, do que ao próprio ato que ele cometeu é pelo qual é levado diante do tribunal".[221] O enfoque não é sobre comportamentos desviantes,[222] sobre o "indivíduo a ser corrigido".[223] No dizer de Roig, identifica-se a pessoa que "não se alinha com certos valores e normas (que se apresentam como corretos) de uma sociedade (que se apresenta como justa, não conflita e homogênea).[224] Do isolamento adotado antes para a lepra, passou-se à observação e controle da sociedade (como à reação à peste).[225]

É como se as ideias de Lombroso, que considerava que padrões físicos permitiram "descobrir os criminosos", fossem aplicadas às variações no plano da saúde mental,[226] a localização dos anormais ou desviantes.[227] Em harmonia, Pavarini vin-

---

219. CONSELHO FEDERAL DE PSICOLOGIA. *Inspeções aos manicômios*. Relatório Brasil 2015. Brasília: CFP, 2015, p. 37.
220. SASSINE, Vinicius. Brasil mantém doentes mentais presos ilegalmente. O Globo. 16 fev. 2013. Disponível em <https://oglobo.globo.com/brasil/brasil-mantem-doentes-mentais-presos-ilegalmente-7599855#ixzz4voSqUSSh>. Acesso em: 16 mar. 2016.
221. FOUCAULT, Michel. *Os anormais*. (Trad. Eduardo Brandão). São Paulo: Martins Fontes, 2001, p. 50.
222. MELOSSI, Dario; PAVARINI, Massimo. *Cárcere e Fábrica*. As origens do sistema penitenciário (séculos XVI e XIX). Rio de Janeiro: Renan-ICC, 2006. (Coleção Pensamento criminológico), p. 213.
223. FOUCAULT, Michel. *Os anormais*. (Trad. Eduardo Brandão). São Paulo: Martins Fontes, 2001, p. 72-73.
224. ROIG, Rodrigo Duque Estrada. *Execução penal*. Teoria Crítica. 3. ed. São Paulo: Saraiva, 2017, p. 500.
225. FOUCAULT, Michel. *Os anormais*. (Trad. Eduardo Brandão). São Paulo: Martins Fontes, 2001, p. 59.
226. "Descobrir qual o fundo de monstruosidade que existe por trás das pequenas anomalias, dos pequenos desvios, das pequenas irregularidades e o problema que vamos encontrar ao longo de todo o século XIX. É a questão, por exemplo, que Lombroso formulara ao lidar com os delinquentes". FOUCAULT, Michel. *Os anormais*. (Trad. Eduardo Brandão). São Paulo: Martins Fontes, 2001, p. 71.
227. "Com o exame, tem-se uma prática que diz respeito aos anormais, que faz intervir certo poder de normalização, ao e que tende, pouco a pouco, por sua for, a própria, pelos efeitos de junção que ele proporciona entre o médico e o judiciário: a transformar tanto o poder judiciário como o saber psiquiátrico, a se constituir como instancia de controle do anormal. E, na medida em que constitui o médico-judiciário como instância de controle, não do crime, não da doença, mas do anormal, do indivíduo anormal". FOUCAULT, Michel. *Os anormais*. (Trad. Eduardo Brandão). São Paulo: Martins Fontes, 2001, p. 52. Mais adiante, escreve: "Não é a delinquentes ou a inocentes que o exame médico-legal, se dirige, não é a doentes opostos a não-doentes. É algo que esta, a meu ver, na categoria dos 'anormais'". *Op. Cit.*, p. 52.

cula sua crítica às estratégias de internação psiquiátrica de supostos criminosos ao direito penal do inimigo, de modo que a neutralização se faz por uma nova tipologia da periculosidade, inclusive com a detenção de usuários de drogas em comunidades terapêuticas.[228]

O perigo então surge como categoria fundamental (e fundante) do controle. A explicação psiquiátrica assumirá papel essencial porque a prática punitiva exigirá, na falta de racionalidade do agente, que se justifique a possibilidade de punir – função à qual aquele campo do saber se apropriou.[229] Daí a afirmação de Foucault de que a psiquiatria se tornou não como um "uma especialização do saber ou da teoria médica, mas antes como um ramo especializado de higiênica pública".[230] Neste percurso, identifica duas passagens essenciais:

> como saber medico fundado e justificável, a psiquiatria teve de proceder a duas codificações simultâneas. De fato, foi preciso, por um lado, codificar a loucura como doença [...] e codificar a loucura como perigo, isto e, foi preciso fazer a loucura aparecer como portadora de certo número de perigas, como essencialmente portadora de perigos e, com isso, a psiquiatria, na medida em que era o saber da doença mental, podia efetivamente funcionar como a higiene pública. Em linhas gerais, a psiquiatria, por um lado, fez funcionar toda uma parte da higiene pública como medicina e, por outro, fez o saber, a prevenção e a eventual cura da doença mental funcionarem como precaução social, absolutamente necessária para se evitar um certo número de perigos fundamentais decorrentes da existência mesma da loucura.[231]

---

228. PAVARINI, Massimo. Il folle che delinque: rapsodia sul margine. *Rivista sperimentale di freniatria*, v. 135, Fascicolo: 3, p. 145-154, 2011. p. 151.
229. Ao examinar a economia da forma de punir, salienta Foucault: "Agora partir do momento em que só se punirá o crime no nível do interesse que o suscitou, a partir do momento em que o verdadeiro alvo da ação punitiva, em que o exercício do poder de punir tem como objeto a medicina do interesse próprio do criminoso; em outras palavras, a partir do momento em que se punira não mais o crime, mas o criminoso, vocês hão de convir que o postulado de racionalidade fica de certo modo fortalecido. Não basta dizer: como a demência não ficou demonstrada, tudo bem, podemos punir. Agora só se pode punir se se postular explicitamente, eu ia dizer positivamente, a racionalidade do ato que efetivamente punido, portanto afirmação explicita da racionalidade, requisito positivo de racionalidade, em vez de simples suposição, como na precedente economia [...] Agora é preciso haver um postulado explicito, haver um requisito explicito de racionalidade. E é preciso, além disso, admitir uma justaposição das razões que tornam a crime inteligível e da racionalidade do sujeito que deve ser punida". FOUCAULT, Michel. *Os anormais*. (Trad. Eduardo Brandão). São Paulo: Martins Fontes, 2001, p. 144.
230. FOUCAULT, Michel. *Os anormais*. (Trad. Eduardo Brandão). São Paulo: Martins Fontes, 2001, p. 148.
231. FOUCAULT, Michel. *Os anormais*. (Trad. Eduardo Brandão). São Paulo: Martins Fontes, 2001, p. 149. Em sua leitura, "foi preciso que a psiquiatria, para funcionar como eu lhes dizia, estabelecesse a pertinência essencial e fundamental da loucura ao crime e do crime a loucura. Essa pertinência e absolutamente necessária, e uma das condições de constituição da psiquiatria como ramo da higiene publica". *Op. cit.*, p. 150. Para se validar como conhecimento precisou demonstrar que "é capaz de perceber, mesmo onde nenhum outro ainda pode ver, um certo perigo; e ela deve mostrar que, se pode percebê-lo, é um conhecimento médico". *Op. cit.*, p. 151. A loucura é então objeto de atenção "mesmo quando é uma loucura suave, mesma quando é inofensiva, mesma quando mal e perceptível. Para se justificar Como intervenção científica e autoritária na sociedade, para se justificar como poder e ciência da higiene pública e da proteção social, a medicina mental tem de mostrar que e capaz de perceber, mesmo onde nenhum outro ainda pode ver, um certo perigo; e ela deve mostrar que, se pode perceber, é por ser um conhecimento médico". Idem, p. 151. Na mesma linha, conclui: "O crime sem razão, se se consegue identificá-lo e analisá-lo, e a prova de força da psiquiatria, e a prova do seu saber, e a justificação do seu poder". *Op. Cit.*, p. 153.

Quando o enfoque passa a recair sobre o controle da loucura, ou melhor, do *perigoso*, esvazia-se a função terapêutica assim como eventual caráter retributivo. Não é nem ao menos vingança que está em questão, é uma prevenção do perigo potencial.[232]

A inteligibilidade do ato passa a ser a essência. Por isso, o foco recai sobre o sujeito, não sobre seus atos: "a semelhança do sujeito com seu ato, isto é, mais uma vez a imputabilidade do ato ao sujeito. Já que o sujeito se assemelha tanto ao seu ato, seu ato lhe pertence, e teremos o direito de punir o sujeito quando tivermos que julgar o ato".[233] Para Jacobina, se de um lado a culpabilidade se tornou insuficiente para o exercício do poder punitivo, de outro "ganhou legitimidade para julgá-lo com base apenas em sua periculosidade".[234]

Diante das distorções anunciadas, é preciso reiterar que internações sem natureza, finalidade e justificativa terapêutica são inconstitucionais e ilegais. Como propõe Paulo Queiroz,[235] a melhor interpretação é de que as normas de saúde mental protetivas devem prevalecer sobre as regras penais. De acordo com Queiroz, a definição do tratamento independe do tipo penal praticado de sorte que a internação somente é cabível "quando o tratamento ambulatorial não for comprovadamente o mais adequado".

Consoante um critério que respeita a pessoa e seus direitos humanos, é "vedada a internação, mesmo quando imposta como medida de segurança, sem a recomendação médica de sua real necessidade".[236] Essa premissa, destacada em Parecer do Ministério Público Federal,[237] é elemento central no protocolo do "Programa de

---

232. "O sujeito perigoso, ou dotado de periculosidade, é aquele que diferentemente do culpável/imputável não possui condições de discernir a situação em que está envolvido, sendo impossível avaliar a ilicitude do seu ato e, consequentemente, atuar conforme as expectativas jurídicas. Em razão da ausência de condições cognitivas para direcionar sua vontade – déficits cognitivos que anulariam a adjetivação da conduta do autor como criminosa –, injustificável, do ponto de vista do discurso jurídico, a aplicação de uma pena marcadamente retributiva, pois a ideia de retribuição está associada fundamentalmente à reprovação jurídica do ato voluntário praticado pelo sujeito. Neste cenário, com a afirmação judicial, através de uma sentença absolutória, da inexistência de delito e da ausência de responsabilidade penal, impõe-se uma medida (de segurança) cuja finalidade precípua é o 'tratamento' do paciente". WEIGERT, Mariana de Assis; CARVALHO, Salo. A Punição do Sofrimento Psíquico no Brasil: Reflexões sobre os Impactos da Reforma Psiquiátrica no Sistema de Responsabilização Penal. *Revista de Estudos Criminais*, v. 48, p. 55-90, 2013. p. 58.
233. FOUCAULT, Michel. *Os anormais*. (Trad. Eduardo Brandão). São Paulo: Martins Fontes, 2001, p. 156.
234. JACOBINA, Paulo Vasconcelos. *Direito penal da loucura e reforma psiquiátrica*. Brasília: ESMPU (Escola Superior do Ministério Público da União), 2008, p. 130.
235. QUEIROZ, Paulo. *Direito Penal. Parte Geral*. 4. ed. Rio de Janeiro: Lumens Iuris, 2008, p. 396. Na mesma linha, com base no princípio da mínima intervenção, a posição de Rodrigo Roig. ROIG, Rodrigo Duque Estrada. Execução penal. Teoria Crítica. 3. ed. São Paulo: Saraiva, 2017, p. 496.
236. SILVA, Haroldo Caetano da. Reforma psiquiátrica nas medidas de segurança: a experiência goiana do PAILI. *Revista Brasileira de Crescimento e Desenvolvimento Humano*, São Paulo, v. 20, n. 1, p. 112-115, abr. 2010. p. 113. No mesmo sentido, o protocolo do Tribunal de Justiça de Goiás / Secretaria de Saúde de Goiás. GOIÁS. Ministério Público de Goiás. *PAILI – Programa de Atenção Integral ao Louco Infrator*. 3. ed. Goiânia: MPGO, 2013, p. 21.
237. BRASIL. Ministério Público Federal. *Parecer sobre medidas de segurança e hospitais de custódia e tratamento psiquiátrico sob a perspectiva da lei n. 10.216/2001*. Brasília: MPF, 2011, p. 63.

Atenção ao Louco Infrator" (PAILI) de Goiás,[238] considerado modelo[239] justamente por refutar a tendência injustificada de reclusão das pessoas com problemas de sofrimento psíquico (ditos doentes mentais) e enfatizar o tratamento. Em coerência, o PAILI, que administra as medidas de segurança é administrativamente subordinado à Secretaria de Estado da Saúde.

Cabe enfatizar inexistir fundamento admissível para que haja duas categorias[240] ou classes de pacientes, oriundos ou não de medidas de segurança. Todos devem ser tratados igualmente no SUS.[241] Também não é admissível que a modalidade de tratamento seja definida segundo o suposto crime praticado.

A legislação penal também parece sugerir que a internação pudesse ser feita fora do sistema de saúde, ao indicar que "O internado será recolhido a estabelecimento dotado de características hospitalares e será submetido a tratamento" (Código Penal, art. 99). Além disso, a antiquada redação da Lei de Execução Penal, art. 101, prevê que o tratamento ambulatorial é realizado em "Hospital de Custódia e Tratamento Psiquiátrico".

Sobre estas disposições deve prevalecer as normas de saúde, inclusive e de modo especial a Lei de Saúde Mental. Portanto, sublinha Haroldo Caetano "mesmo que o fato seja punível com reclusão, deve o juiz preferir o tratamento ambulatorial".[242] Igualmente, sublinha que a internação em presídio ou hospital de custódia caracteriza crime de tortura, nos termos definidos pela Lei 9.455/1997.

A respeito do confronto entre da legislação de saúde e as normais penais, frisa-se a tese n. 10/2008, preconizada pela Defensoria Pública de São Paulo, a qual veicula a compreensão de que "A Lei nº 10.216/01, marco da reforma psiquiátrica no Brasil, derrogou a parte geral do Código Penal e da Lei de Execuções Penais no que diz respeito à medida de segurança".[243] Como adverte a Promotoria de Justiça da Execução Penal de Goiânia:

---

238. GOIÁS. Ministério Público de Goiás. *PAILI – Programa de Atenção Integral ao Louco Infrator.* 3. ed. Goiânia: MPGO, 2013, p. 21.
239. CONSELHO FEDERAL DE PSICOLOGIA. *Inspeções aos manicômios.* Relatório Brasil 2015. Brasília: CFP, 2015, p. 15. O Relatório também faz referência ao PAI-PJ, adotado no Estado de Minas Gerais.
240. "Os estabelecimentos onde se cumprem as medidas de segurança são considerados como estabelecimentos hospitalares (art. 99 do Código Penal). Embora sejam considerados como estabelecimentos hospitalares públicos, não integram o Sistema Único de Saúde, mas o sistema penitenciário". JACOBINA, Paulo Vasconcelos. *Direito penal da loucura e reforma psiquiátrica.* Brasília: ESMPU (Escola Superior do Ministério Público da União), 2008, p. 99-100.
241. CARVALHO, Salo de. *Antimanual de criminologia.* 6 ed. São Paulo: Saraiva, 2015, p. 304.
242. SILVA, Haroldo Caetano da. Reforma psiquiátrica nas medidas de segurança: a experiência goiana do PAILI. *Revista Brasileira de Crescimento e Desenvolvimento Humano*, São Paulo, v. 20, n. 1, p. 112-115, abr. 2010. p. 113. Com igual compreensão: CIA, Michele. *Medidas de segurança no Direito Penal.* A desinternação progressiva sob uma perspectiva político-criminal. São Paulo: Editora Unesp (Universidade Estadual Paulista), 2011, p. 64.
243. SÃO PAULO. Defensoria Pública. *Teses institucionais.* Execução Criminal. Disponível em <https://www.defensoria.sp.def.br/dpesp/Default.aspx?idPagina=6245>. Acesso em: 05 mar. 2017. No mesmo sentido: MATEUS, Mário Dinis; MARI, Jair de Jesus. O sistema de saúde mental brasileiro: avanços e desafios. *In:* MATEUS, Mário Dinis (Org.). *Políticas de saúde mental:* baseado no curso Políticas públicas de saúde mental, do CAPS Luiz R. Cerqueira. São Paulo: Instituto de Saúde, 2013. p. 22. p. 20-43. RIBEIRO, Rafael

A medida de segurança não tem a natureza retributiva da sanção penal. Diferentemente da *pena* imposta ao indivíduo imputável, a internação e o tratamento ambulatorial são recursos *terapêuticos* voltados ao tratamento do agente inimputável ou semi-imputável e, como tal, visam exclusivamente à reinserção social e não à expiação de castigo. Tal objetivo é definido textualmente pela Lei da Reforma Psiquiátrica.[244]

Dessa maneira, por configurar medida terapêutica não pode estar pautada por critérios distintos que outras situações de internação forçada. Igualmente, a Defensoria salienta que toda internação forçada possui a natureza de medida de segurança,[245] o que significa que sua imposição somente é legalmente admitida quando há previamente crime punido com reclusão. Essa também é a posição de Wagner Gomes Pereira que considera que, com exceção das medidas de segurança, inexiste previsão legal de internação forçada de usuários de drogas.[246] Significa que sem a prática de um fato concreto punível como reclusão, não se admite a internação forçada de usuários de drogas:

> Ora, fácil perceber que a medida de segurança nada mais é que uma internação determinada pela Justiça, portanto uma internação compulsória. Também é verdadeiro o contrário, pois por óbvio a lei não confere ao Poder Judiciário uma "carta branca" para decretar internações psiquiátricas. Desta feita, entende-se que a internação compulsória nada mais é (e somente isso) que uma medida de segurança.[247]

A tese da defensoria, ao sustentar que sem prática de ato tipificado como crime não cabe internação avança em pontos de alta indagação que demanda uma reflexão futura, fora dos limites desta pesquisa. Sobre outros aspectos não há maior dúvida, entre os quais as críticas ao exame da periculosidade vinculada à anormalidade e sanidade,[248] segundo uma análise que não se justifica nem pelo direito, nem pelo saber médico.[249]

Bernardon; CASTELLANA, Gustavo Bonini; Cordeiro, QUIRINO. Atos médicos no cumprimento das medidas de segurança. In: QUIRINO, Cordeiro; LIMA, Mauro Gomes Aranha de. Hospital de custódia: prisão sem tratamento – fiscalização das instituições de custódia e tratamento psiquiátrico do Estado de São Paulo. São Paulo: Conselho Regional de Medicina do Estado de São Paulo, 2014. p. 57-69. p. 59.

244. GOIÁS. Ministério Público de Goiás. *PAILI – Programa de Atenção Integral ao Louco Infrator*. 3. ed. Goiânia: MPGO, 2013, p. 19.

245. É interessante que parte da doutrina concebe o caminho inverso. É o caso de Tania Kolker que aponta a medida de segurança como um tipo de internação compulsória. KOLKLER, Tania. Hospitais de custódia e tratamento psiquiátrico no contexto da reforma psiquiátrica: realidades evidenciadas pelas inspeções e alternativas possíveis. In: CONSELHO FEDERAL DE PSICOLOGIA. *Louco Infrator e o Estigma da Periculosidade*. VENTURINI, Ernesto; MATTOS, Virgílio de; OLIVEIRA, Rodrigo Tôrres Org.) Brasília: CFP, 2016. p. 204-230. p. 203.

246. PEREIRA, Wagner Gomes. *Internação compulsória em caso de dependência de drogas*. Portal da Escola Nacional da Magistratura. Disponível em <http://www.enm.org.br/docs/cursos/2011/infancia %20e%20 juventude/TRABALHODRWAGNER.pdf>. Acesso em: 01 jul. 2017.

247. DEFENSORIA PÚBLICA. *Teses para o II Encontro de Execução Penal*. Disponível em: </www.defensoria. sp.gov.br/dpesp/Repositorio/20/Documentos/TODAS%20AS%20TESES/10_IIEncontro_Execu%C3%A7%C3%A3oPenal.doc>. Acesso em: 04 abr. 2016.

248. "A loucura foi-se transformando em um saber um tanto esotérico, somente acessível a esses guardiões médicos da sanidade". JACOBINA, Paulo Vasconcelos. *Direito penal da loucura e reforma psiquiátrica*. Brasília: ESMPU (Escola Superior do Ministério Público da União), 2008, p. 50.

249. "Ele não deriva do direito, não deriva da medicina, nem a evolução geminada de ambos. É algo que vem se inserir entre, assegurar sua junção, mas que vem de outra parte, com termos outros, normas outras, regras

A internação forçada destinada ao tratamento ou assim justificada por ocasião da imposição de medida de segurança, não pode ser revestida de caráter punitivo. Nada obstante, como denota a própria designação, em primeiro plano está a *segurança*, tomada como prevenção por meio do isolamento, revestido pela pseudo-justificativa curativa:

> Tendo em vista que a internação de pacientes agressivos se acha legalmente regulamentada, não se explica uma regulamentação diversa para aqueles que são objeto do poder criminalizante, salvo em função de uma pena imposta através da seletividade punitiva, e, portanto, arbitrária. Deve-se concluir em favor de sua inconstitucionalidade por sintetizar expressão de uma desigualdade intolerável baseada no acaso.[250]

Em oposição a tal compreensão, vale referir ao informativo de jurisprudência n. 305, do TJDF:

> Condenado por tráfico de entorpecentes deve cumprir pena em estabelecimento prisional. O réu apelou da sentença que o condenou ao cumprimento de pena em regime inicialmente fechado, pelo cometimento do crime previsto no art. 33, *caput*, da Lei 11.343/2006. Pleiteou a absolvição e, subsidiariamente, a desclassificação do crime e a *sua internação compulsória em clínica para tratamento de dependentes químicos*. A Turma negou provimento ao recurso e explicou que, uma vez cominada pena privativa de liberdade, esta deve ser cumprida em estabelecimento prisional adequado, o que torna incabível o tratamento ambulatorial, previsto quando aplicada medida de segurança. Para os Magistrados, a alegada dependência química não foi demonstrada nos autos, mas, se existente, poderá ser tratada no próprio presídio onde o réu cumprirá a pena privativa de liberdade.[251]

Não deixa de chamar atenção o fato de que o TJDF entendeu que o uso problemático de drogas deveria ser objeto de cuidados médicos no presídio e afastou a medida de segurança.[252] Nota-se que o parâmetro para definir entre a fixação de

---

de forma, ao outras No fundo no exame médico-legal, a justiça e a psiquiatria são ambas adulteradas". FOUCAULT, Michel. *Os anormais*. (Trad. Eduardo Brandão). São Paulo: Martins Fontes, 2001, p. 51-52.
250. ZAFFARONI, Raúl; BATISTA, Nilo; ALAGIA, Alejandro Alagia, SLOKAR, Alejandro. *Direito Penal Brasileiro*. 4. ed. Rio de Janeiro: Revan, 2015, p. 139.
251. TJDF. Informativo de Jurisprudência 305. 16 a 31 de maio de 2015. Para uma comparação, tem-se em Foucault: "desde os anos 1815-1820, vemos júris criminais declarar que alguém é culpado e, depois, ao mesmo tempo, pedir que, apesar da culpa afirmada pela sentença, seja mandado para um hospital psiquiátrico por ser doente. Portanto os júris começam a estabelecer o parentesco, a pertinência, entre loucura e crime; mas os próprios juízes, os magistrados, aceitam até certo ponto essa espécie de irmanação, portanto, às vezes os vemos dizer que um indivíduo pode muito bem ser mandado para um hospital psiquiátrico apesar do crime que cometeu, porque, no fim das contas, a chance de sair de um hospital psiquiátrico não é maior do que a de sair da prisão". FOUCAULT, Michel. *Os anormais*. (Trad. Eduardo Brandão). São Paulo: Martins Fontes, 2001, p. 40.
252. Do acórdão que originou o informativo, extrai-se: "Quanto ao pedido de internação compulsória em clínica para tratamento de dependentes químicos melhor sorte não socorre o apelante, uma vez que a ele foi cominada pena privativa de liberdade, que deve ser cumprida no estabelecimento prisional adequado, e não medida de segurança, que eventualmente poderia sujeitá-lo a tratamento ambulatorial. De qualquer modo, o tratamento da alegada dependência química, que, repita-se, não foi demonstrada nos autos, poderá ser feito no presídio onde o réu terá de cumprir sua pena privativa de liberdade". TJDF. Apelação n. 20140110164149. Rel. Des.: Jesuino Rissato. Acórdão n. 861685. 3ª Turma Criminal. DJE: 22.04.2015.

medida de segurança ou a condenação à prisão foi garantir que não houvesse a liberdade. À vista do que foi exposto até aqui, constata-se que, com uma aproximação em relação à discussão no direito criminal sobre as funções reais das penas, é preciso repensar a medida de segurança. Na locução usada pela doutrina para tentar justificar o procedimento, *"absolvição imprópria"*, o segundo vocábulo se revela muito mais coerente para o sentido concreto, diante das incongruências que se sobressaem e colocam em evidência o ranço punitivista.

Como se procurou demonstrar, são plurais os desalinhamentos no discurso que busca a legitimação das medidas de segurança. Se há finalidade terapêutica, por que é fixada e cumprida no âmbito (e sob o controle) do direito criminal?[253] O acusado teria acesso ao sistema terapêutico se não cometesse crime? Qual seria seu tratamento? Como justificar a maior atenção à medida de segurança no seu componente isolamento, do que à justificativa que a supostamente a legitima; do cuidado? Se é pressuposto o cometimento de crime (ou de conduta que caracterizaria um tipo de injusto), por que não se avalia se de fato a prática ocorreu ou ao menos se seria punível?

O que se demonstra é que a legislação penal está em desconformidade com a Lei de Saúde Mental e também com o próprio texto constitucional, não apenas por deturpar o princípio da culpabilidade, mas também por desatender a dignidade da pessoa humana, direito à saúde, direito à inclusão e o adequado tratamento da saúde mental.

Salienta-se dessa maneira que a legislação de saúde mental promoveu derrogação parcial[254] *da legislação criminal,* como se extrai inclusive da Resolução n. 5/2004 do CNPC, que "Dispõe a respeito das Diretrizes para o cumprimento das Medidas de Segurança, adequando-as à previsão contida na Lei n. 10.216 de 06 de abril de 2001.[255] "Vale destacar que a aplicação da internação deve ser afetada pela Lei de Reforma Psiquiátrica (lei 10.216/01)".[256]

---

253. Na reflexão de JACOBINA: "a medida de segurança é sanção penal ou tratamento terapêutico? Não há uma resposta clara para essa pergunta, nem no plano filosófico, nem no plano doutrinário, nem no plano legal, a essa altura do desenvolvimento do nosso Direito. Isso não nos tira a responsabilidade de raciocinar a respeito do tema". JACOBINA, Paulo Vasconcelos. *Direito penal da loucura e reforma psiquiátrica.* Brasília: ESMPU (Escola Superior do Ministério Público da União), 2008, p. 133.
254. BRASIL. Ministério Público Federal. *Parecer sobre medidas de segurança e hospitais de custódia e tratamento psiquiátrico sob a perspectiva da lei n. 10.216/2001.* Brasília: MPF, 2011, p. 63. JACOBINA, Paulo Vasconcelos. Direito Penal da Loucura: Medidas de Segurança e Reforma Psiquiátrica. *Revista de Direito Sanitário,* USP, São Paulo v. 5, n. 1, p. 67-85. mar. 2014. p. 80. DOTTI, René Ariel. *Curso de Direito Penal.* Parte Geral. 5. ed. São Paulo: RT, 2013, p. 782.
255. BRASIL. Ministério da Justiça. Conselho Nacional de Política Criminal e Penitenciária (CNPCP). Resolução n. 05/2004. Disponível em: <www.justica.gov.br/seus-direitos/politica-penal/cnpcp-1/resolucoes/resolucoes-arquivos-pdf-de-1980-a-2015/resolucao-no-05-de-04-de-maio-de-2004.pdf>. Acesso em: 03 mar. 2017.
256. LEMOS, Clécio. Quatro críticas à medida de segurança: da insegurança da medida à desmedida do sistema. *In:* MIRANDA, Angelica Espinosa; RANGEL, Claudia; COSTA-MOURA, Renata (orgs). *Questões sobre a população prisional no Brasil*: Saúde, Justiça e Direitos humanos. Vitória: UFES, Proex, 2016. [recurso digital].

Entre as consequências, a revisão da existência de prazos mínimos de duração, diante de sua inconstitucionalidade.[257] Aliás, mesmo na legislação vigente há previsão de que a análise da indispensabilidade da continuidade da medida de segurança pode ser feita em período inferior, logo, a interpretação à luz da constituição impõe sua periódica realização.[258]

Outro efeito importante da derrogação parcial da legislação penal e do resgate do caráter estritamente terapêutico da internação forçada (única finalidade legítima) está na possibilidade de alterar o tratamento no seu curso. Segundo dispõe o Código Penal, art. 97, § 4º e Lei de Execuções Penais (Lei n. 7.210/1984), art. 184, é possível determinar a internação quando o tratamento iniciou ambulatorial. Logo, o inverso também é possível, de sorte que a internação pode ser convertida em tratamento ambulatorial.[259] Outrossim, a desinternarão progressiva, com saídas, deve ser um mecanismo considerado em internações com maior duração.[260]

Há também um conjunto de efeitos posteriores à desinternação que guardam em sua genética a herança não terapêutica, porém punitiva. Nessa linha, de acordo com o Código Penal, art. 97, § 3º, a desinternação é condicional e pode ser reestabelecida "se o agente, antes do decurso de 1 (um) ano, pratica fato indicativo de persistência de sua periculosidade". A Lei de Execução Penal, art. 178, prevê, ainda, que a desinternação é subordinada às condições do livramento condicional, o que não prevalece.[261] Este ponto é importante, em futura reflexão porque alcança a possibilidade imposição de tratamento ambulatorial (não abarcado nesta pesquisa) e outras restrições (como frequentar certos locais).

Nas palavras de Menelick de Carvalho Netto e Virgílio de Mattos, em parecer ao Conselho Federal de Psicologia "A medida de segurança, a par de revelar-se instituto não passível de haver sido recepcionado na ordem constitucional de 1988, após o advento da Lei é, não somente ilegal, mas claramente inconstitucional".[262] É a origem (e a manutenção) de uma finalidade não terapêutica, mas punitiva,[263]

---

257. ROIG, Rodrigo Duque Estrada. *Execução penal*. Teoria Crítica. 3. ed. São Paulo: Saraiva, 2017, p. 510.
258. De acordo com a Lei de Execução Penal, art. 176. "Em qualquer tempo, ainda no decorrer do prazo mínimo de duração da medida de segurança, poderá o Juiz da execução, diante de requerimento fundamentado do Ministério Público ou do interessado, seu procurador ou defensor, ordenar o exame para que se verifique a cessação da periculosidade, procedendo-se nos termos do artigo anterior".
259. QUEIROZ, Paulo. *Direito Penal*. Parte Geral. 4. ed. Rio de Janeiro: Lumens Iuris, 2008, p. 401.
260. A possibilidade é expressamente prevista pela Resolução n. 05/2004 do Conselho Nacional de Política Criminal e Penitenciária. Na doutrina: CIA, Michele. *Medidas de segurança no Direito Penal*. A desinternação progressiva sob uma perspectiva político-criminal. São Paulo: Editora Unesp (Universidade Estadual Paulista), 2011, p. 18.
261. BRITO, Alexis Couto. *Execução Penal*. 3. ed. São Paulo: RT, 2013, p. 318. Em sentido oposto, DOTTI, René Ariel. *Curso de Direito Penal*. Parte Geral. 5. ed. São Paulo: RT, 2012, p. 779.
262. MENELICK, de Carvalho Netto; MATTOS, Virgílio de. *O novo direito dos portadores de transtorno mental: o alcance da lei 10.216/2001*. Brasília: Conselho Federal de Psicologia, 2005, p. 25.
263. "Muitos hospitais conservavam a estrutura carcerária de origem, quando tinham sido construídos nos tempos coloniais. Os doentes eram chamados de detidos e ficavam a maior parte do dia ao cuidado de carcereiros, cujos supervisores eram chamados de capatazes, enquanto as enfermarias eram chamadas de

que explica – sem justificar – a permanência de inúmeras distorções nas medidas de segurança. *É inconstitucional a imposição de tratamento que não tenha como função única o bem-estar do paciente.*

Como um adendo ao exposto, deve-se observar que o quadro do tratamento da saúde mental no âmbito das medidas de segurança se enquadra no conceito de *estado de coisas inconstitucional*. A respeito, observe-se os requisitos estabelecidos pela Corte Constitucional Colombiana para a sua configuração:

> (i) la vulneración masiva y generalizada de varios derechos constitucionales que afecta a un número significativo de personas; (ii) la prolongada omisión de las autoridades en el cumplimiento de sus obligaciones para garantizar los derechos; (ii) la adopción de prácticas inconstitucionales, como la incorporación de la acción de tutela como parte del procedimiento para garantizar el derecho conculcado; (iii) la no expedición de medidas legislativas, administrativas o presupuestales necesarias para evitar la vulneración de los derechos. (iv) la existencia de un problema social cuya solución compromete la intervención de varias entidades, requiere la adopción de un conjunto complejo y coordinado de acciones y exige un nivel de recursos que demanda un esfuerzo presupuestal adicional importante; (v) si todas las personas afectadas por el mismo problema acudieran a la acción de tutela para obtener la protección de sus derechos, se produciría una mayor congestión judicial.[264]

O caos do sistema carcerário é fato notório.[265] Importante lembrar que no âmbito do sistema penitenciário, ao apreciar a Medida Cautelar Arguição de Descumprimento de Preceito Fundamental (ADPF) n. 347, o Supremo Tribunal Federal, em substancioso voto reconheceu "a inequívoca falência do sistema prisional brasileiro diante do quadro das "masmorras" no Brasil, para tomar de empréstimo o adjetivo usado pelo Ministro da Justiça à época.[266]

Nessa linha, não se pode olvidar que as medidas de segurança são cumpridas, na maior parte do país, dentro do sistema penitenciário, pela utilização das internações como sanção são por si inconstitucionais, por consubstanciar tratamento degradante, pena cruel, negação do direito à saúde e na medida em que injustificáveis sob o prisma da atenção à saúde, consubstanciam tortura, cárcere privado. São situações de

---

cercas. Usavam-se quartos para isolamento na maioria dos hospitais". ORGANIZAÇÃO MUNDIAL DE SAÚDE. *Relatório Mundial da Saúde*. Saúde mental: nova concepção, nova esperança. Lisboa (Portugal): OMS, Abril de 2002, p. 98.
264. COLOMBIA. Corte Constitucional. Sentencia T-025/04. Como ensina Sarmento: "O estado de coisa inconstitucional se caracteriza quando há uma violação maciça de direitos humanos; uma inércia prolongada das autoridades, um bloqueio institucional que faz com que essas autoridades não atuem e a solução, o equacionamento pressupõe medidas políticas complexas de diversos órgãos, de modo que uma decisão simples, daquelas que são do arsenal tradicional da jurisdição constitucional não são suficientes". STF. Julgamento da ADPF n. 347. Sustentação Oral de Daniel Sarmento. Disponível em <https://www.conjur.com.br/dl/infraestrutura-presidios-brasileiros.pdf>. Acesso 22 Out. 2017.
265. Em manifestação pública, a presidente do Supremo Tribunal Federal, Minª. Carmém Lúcia assim exaltou: "se o brasileiro soubesse tudo o que sei, tendo visitado 15 penitenciárias masculinas e femininas, seria muito difícil dormir". SOARES, Jussara. 'Se o brasileiro soubesse tudo o que sei, seria muito difícil dormir', diz Cármen Lúcia. *O Globo*, Rio de Janeiro, 07 out. 2017.
266. STF. ADPF n. 347. Rel. Min. Marco Aurélio. DJe: 25.11.2015.

prisão ilegal. Lança-se então a possibilidade do reconhecimento do estado de coisas inconstitucional no tocante à medida de segurança, tema que não é objeto central da pesquisa, mas que atinge a legitimidade de internações de adultos que fazem uso problemático de droga, também vítimas de internações abusivas.[267]

O presente capítulo evidenciou os riscos das distorções na imposição de internações forçadas de pessoas que fazem uso problemático de drogas. No capítulo seguinte, que encerra o percurso da pesquisa, à luz dos temas enfrentados até aqui, procura-se analisar os filtros constitucionais para imposição de internação, com a identificação de direitos e garantias durante a internação e em sua extinção.

3.3 SÍNTESE DO CAPÍTULO

Este capítulo examina em especial a função e disfunção das internações. Com base nos ensinamentos de Foucault, é possível observar o papel que as internações ocuparam na história não coaduna com os fundamentos que usualmente são empregados para justifica-las. Ao encerrar este capítulo, tece-se as seguintes considerações:

i. O direito à saúde integra a liberdade sobre o próprio corpo, o direito ao acesso a tratamentos e à sua recusa.

ii. A liberdade comporta a possibilidade assumir riscos, agir contra o pensamento dominante, mas não possui caráter absoluto. A heteronomia é exceção e precisa estar devidamente justificada.

iii. A Constituição consagra o direito ao uso de drogas, com fulcro na proteção da intimidade, da vida privada, o que se extrai inclusive da previsão de regulamentação de sua publicidade a teor do art. 220, § 4º.

iv. A proteção da pessoa é o fundamento da internação forçada. No diálogo entre os princípios bioéticos, a autonomia pode ceder espaço ao bem-estar, mas não há relação de prioridade do cuidado.

v. As internações forçadas são disciplinadas, no plano da legislação ordinária, pela Lei de Saúde Mental e Lei de Drogas. O Decreto-lei n. 891/1938 e o Decreto n. 24.559/1934 são inconstitucionais e estão revogados.

vi. A interpretação do regime jurídico da internação forçada submete-se aos ditames constitucionais, inclusive das normas incorporadas pela Convenção Internacional sobre os Direitos das Pessoas com Deficiência, aplicável à saúde mental em geral, inclusive às internações forçadas para atenção à saúde de pessoas que fazem uso abusivo de drogas. O exame do regime ser conjugado com as normas estabelecidas por convenções de direitos humanos, tais como a Convenção Contra a Tortura e Outros Tratamentos ou Penas Cruéis e a Convenção Americana de Direitos Humanos

---

267. Esta ideia foi construída em diálogo com a Defensoria Pública do Estado do Rio de Janeiro, de quem partiu a sugestão do exame brevemente realizado.

(Pacto de San José da Costa Rica). Outras normas de proteção de direitos humanos e da saúde, como a Declaração de Caracas, adotada pela Organização Mundial da Saúde em 1990 podem ser consideradas.

vii. Assenta-se que constitui crime de tortura e cárcere privado a internação forçada quando realizada de maneira arbitrária, inclusive quando é feita com finalidade diversa de tratamento como punir ou isolar; quando não é indispensável ou de maneira geral, quando não atender às exigências legais.

viii. A internação desfuncionalizada ou ainda fora dos parâmetros legais é ilegítima. O fundamento de proteger a pessoa não pode ser avaliado em abstrato.

ix. O controle judicial dos "tratamentos" em sede de medida de segurança em muitos casos revela-se insuficiente e enseja graves abusos amplamente documentos. A função punitiva que acompanha, ou mesmo substitui o caráter terapêutico explica parte deste desvirtuamento e contribui para demonstrar dois aspectos muito importantes. Em primeiro plano, o controle judicial não se mostrou efetivo em assegurar a internações forçadas no Brasil. Em segundo, o ingresso de funções como punir, segregar, isolar, contamina a internação forçada, mesmo quando há um componente de saúde presente.

x. Sugere-se que há estado de coisas inconstitucional no âmbito das medidas de segurança. A violação contumaz de direitos humanos e fundamentais no âmbito da saúde mental se mostra presente de forma perversa em muitos dos chamados manicômios judiciais ou hospitais de custódia e tratamento psiquiátricos.

Capítulo 4
A INTERNAÇÃO FORÇADA COMO EXCEÇÃO: DA INVISIBILIDADE AOS DIREITOS FUNDAMENTAIS DO USUÁRIO DE DROGAS

- Lei dos Alienados (Decreto n. 1.132/1903), na grafia original:

Art. 1º. O individuo que, por molestia mental, congenita ou adquirida, comprometter a ordem publica ou a segurança das pessoas, será recolhido a um estabelecimento de alienados.[1]

- Ontem foram os judeus e os loucos, hoje os indesejáveis são os pobres, os negros, os dependentes químicos, e com eles, temos o retorno das internações compulsórias temporárias. Será a reedição dos abusos sob a forma de política de saúde pública? O país está novamente dividido. Os parentes dos pacientes também. Pouco instrumentalizadas para lidar com as mazelas impostas pelas drogas e pelo avanço do *crack*, as famílias continuam se sentindo abandonadas pelo Poder Público, reproduzindo, muitas vezes involuntariamente, a exclusão que as atinge.[2]

- Quem me ajuda aqui [no hospital] não é médico nem psicólogo, é o rapaz da cozinha. Ele conversa comigo sobre Deus, família, essas coisas.[3]

A posição defendida nesta obra não pode ser descrita como favorável à internação forçada, porém, não se exclui, por completo, seu emprego. O aspecto central a salientar é que a internação é medida excepcional, que depende da presença de requisitos indispensáveis que atendam à efetiva proteção dos direitos humanos e fundamentais. Com efeito, neste capítulo procura-se identificá-los.

Considera-se, dessa maneira, que a internação forçada não é, mas *pode* ser legítima, o que dependerá do devido exame da justificativa de seu cabimento, do

---

1. BRASIL. Câmara dos Deputados. *Decreto n. 1.132/1903*. Disponível online em <www2.camara.leg.br/legin/fed/decret/1900-1909/decreto-1132-22-dezembro-1903-585004-publicacaooriginal-107902-pl.html>. Acesso em: 05 jan. 2017. O registro de que "Não consta revogação expressa" é indicado no mesmo site. Para comparação, no site do Senado também não consta revogação, embora no Planalto não figure entre os decretos vigente. BRASIL. Senado Federal. Secretaria de Informação Legislativa. *Decreto n. 1.132/1903*. Disponível online em <http://legis.senado.leg.br/legislacao/DetalhaDocumento.action?id=63278> Acesso em: 05 jan. 2017. BRASIL. Planalto. *Decretos anteriores a 1960*. Disponível online em <www.planalto.gov.br/ccivil_03/decreto/Quadros/anteriores%20a%201960.htm>. Acesso em: 06 jan. 2017.
2. ARBEX, Daniela. *Holocausto brasileiro*. São Paulo: Geração Editorial, 2013, p. 255.
3. Trecho de relato de usuário de droga em tratamento sob a forma de internação voluntária. MAGALHÃES, Dime Everton Feijó; SILVA, Mara Regina Santos da. Cuidados requeridos por usuários de crack internados em uma instituição hospitalar. *Revista Mineira de Enfermagem*, Escola de Enfermagem da Universidade Federal de Minas Gerais, n. 14, v. 3, p. 408-415, jul.-set. 2010. p. 412.

modo como será implementada, da forma e do conteúdo da apreciação da equipe de saúde, da garantia dos direitos da pessoa que se pretende internar, da maneira como é conduzida a imposição, a efetivação e a pronta extinção.

Uma leitura da internação forçada à luz da Constituição deve, necessariamente, orientar-se pelos direitos humanos e uma análise contextualizada. Dessa forma, é mister indagar *por quê internar?*, *quando?*, *como?* e *onde?* Nem todas estas perguntas serão adequadamente respondidas, mas é papel desta pesquisa ao menos levantá-las e problematizá-las. Antes de prosseguir, enunciam-se sete premissas fundamentais da análise.

Em primeiro, a existência de diferentes formas de uso de drogas, tal como se cuidou no Capítulo 1, de modo que não se considera de maneira nenhuma que o simples uso de drogas permita internação, mesmo que o uso cause danos à saúde. A respeito, como já se sublinhou no Capítulo 3, as pessoas possuem o direito de tomar decisões que possam causar ou concretizar riscos, assim como realizar escolhas de vida ou desenvolver projetos que outras pessoas julguem ruins ou mesmo prejudiciais.

Em segundo, é fundamental entrelaçar a política pública de saúde com a proteção dos direitos humanos do usuário de drogas.[4] A invisibilidade social de determinadas pessoas ou grupos sinaliza a exigência de proteção reforçada de sua efetiva tutela. O paciente de saúde mental é injustificadamente subvalorizado[5] e constitui um grupo estigmatizado e vulnerável por excelência.[6]

Em terceiro, está a perspectiva de *mínima intervenção e máxima proteção* consentânea à efetiva proteção da pessoa concreta, bem como ao caráter expansivo dos direitos fundamentais.[7] Com efeito, também no âmbito da internação devem-se adotar providências que permitam emancipar e empoderar. Igualmente, significa que deve haver rígido controle das restrições ao paciente. Tratam-se de decorrências da aplicação do princípio constitucional da proporcionalidade.

Como já brevemente exposto no Capítulo 2, Robert Alexy utiliza justamente a internação forçada para ilustrar a aplicação da "restrição às restrições" de direi-

---

4. JÜRGENS, Ralf *et al*. People who use drugs, HIV, and human rights. *The Lancet*, v. 376, p. 475-485, set. 2010. p. 482.
5. "A parcela do orçamento anual da saúde destinada à saúde mental é de 2%". Conselho Federal de Medicina. *Diretrizes para um modelo de assistência integral em saúde mental no Brasil*. Brasília: CFM, AMB, FENAM, ABP, 2006, p. 41.
6. "As pessoas com deficiência mental estão sujeitas a discriminação e fortes estigmas, constituindo um grupo vulnerável a violações de direitos humanos a nível global. Quatro relatores das Nações Unidas constataram que as pessoas com deficiências mentais sofrem as mais perversas formas de discriminação, assim como difíceis condições de vida, se comparados a qualquer outro grupo vulnerável da sociedade". Corte Interamericana de Direitos Humanos. Caso Ximenes Lopes x Brasil. 2006. Disponível online em <http://www.corteidh.or.cr/docs/casos/articulos/seriec_149_por.pdf>. Acesso em: 01 fev. 2015.
7. UBILLOS, Juan María Bilbao. ¿En qué medida vinculan a los particulares los derechos fundamentales? In: SARLET, Ingo Wolfgang (Org.). *Constituição, Direitos Fundamentais e Direito Privado*. 2. ed. rev. ampl. Porto Alegre: Livraria do Advogado, 2006. p. 301-340. p. 308.

tos fundamentais, e as dificuldades que envolvem o sopesamento. Após discorrer sobre a divergência entre as teorias absoluta e relativa, vale realçar, se é possível nada restar do direito fundamental ou não, o autor sintetiza a trajetória do tema na Corte Constitucional Alemã. Segundo sua lição, inicialmente, admitiu-se a internação forçada de pessoas com "descontrole" ou que representassem um risco à comunidade, posteriormente, migrou-se para uma compreensão de que somente é legítima a internação quando sua finalidade é tratar,[8] tal como aqui se defende.

Por seu turno, Luis Roberto Barroso explica que o teste da razoabilidade permite o exame dos atos e invalidá-los quando:

a) não haja adequação entre o fim perseguido e o instrumento empregado (*adequação*);

b) a medida não seja exigível ou necessária, havendo meio alternativo menos gravoso para chegar ao mesmo resultado (*necessidade/vedação do excesso*);

c) não haja proporcionalidade em sentido estrito, ou seja, o que se perde com a medida é de maior relevo do que aquilo que se ganha (*proporcionalidade em sentido estrito*).[9]

A aplicação desta lição ao tema em exame conduz à formulação de hipóteses excludentes da possibilidade de internação forçada, entre outras, a existência de alternativas menos gravosas, não ser indispensável a internação, não haver utilidade em termos terapêuticos. Tais casos apontam para falta de finalidade ou congruência.

Sem adentrar nas diversas variantes da leitura doutrinária sobre a proporcionalidade, como reforço à apreciação de um juízo de balanceamento, deve-se ter em conta que na imposição de internação há inequívoco potencial de dano, em oposição à incerteza de seu hipotético benefício.[10]

---

8. ALEXY, Robert. *Teoria dos Direitos Fundamentais*. (Trad. Virgílio Afonso da Silva). São Paulo: Malheiros Editores, 2006, p. 299-301.
9. BARROSO, Luis Roberto. *Curso de Direito Constitucional Contemporâneo*. Os conceitos fundamentais e a construção do novo modelo. São Paulo: Saraiva, 2009, p. 305. Com compreensão similar: SARMENTO, Daniel. Os Princípios Constitucionais e a Ponderação de Bens. *In*: TORRES, Ricardo Lobo. (Org.). *Teoria dos Direitos Fundamentais*. Rio de Janeiro: Renovar, 1999. p. 35-93. p.58. Em sentido diverso, Virgílio Afonso da Silva critica esta construção por considerar imprescindível diferenciar a proporcionalidade e a razoabilidade e também considera que a análise dos elementos da proporcionalidade deve ser feita em ordem, de modo que há uma relação de subsidiariedade. Para o autor, deve-se inicialmente, averiguar a adequação, em seguida a necessidade, e por fim, a proporcionalidade em sentido estrito. SILVA, Virgílio Afonso. O proporcional e o razoável, *Revista dos Tribunais*, v. 798, p. 23-50, 2002. Humberto Ávila também diferencia razoabilidade e o "postulado da proporcionalidade", que não designa de princípio. ÁVILA. Humberto. *Teoria dos Princípios*. Da definição à aplicação dos princípios jurídicos. 4. ed. São Paulo: Malheiros, 2005, p. 108-115.
10. Como expôs Pedro Delgado na justificativa do projeto de Lei de saúde Mental, "o hospital psiquiátrico especializado já demonstrou ser recurso inadequado para o atendimento de pacientes com distúrbios mentais. Seu componente gerador de doença mostrou ser superior aos benefícios que possa trazer". BRASIL. Câmara dos Deputados. *Dossiê sobre Projeto de Lei n. 3657/1989*. Disponível em: <www.camara.gov.br/proposicoesWeb/prop_mostrarintegra;jsessionid=B010DBA92353BC5B487061A7663EA4B5.proposicoesWebExterno2?codteor=1149947&filename=Dossie+-PL+3657/1989>. Acesso em: 21 abr. 2017.

Para que faça sentido a internação, a aplicação da regra da proporcionalidade demanda que sejam considerados todos os meios alternativos menos gravosos,[11] inclusive as alternativas extra-hospitalares.

Embora possa parecer uma questão menor, deve-se considerar previamente a possibilidade de uma decisão voluntária. É que, conforme a construção desenvolvida no Capítulo 2, nega-se que a pessoa que faz uso abusivo de drogas não possa tomar decisões, ou mesmo que seja incapaz. Logo, incentivá-la a optar por alternativas (ou até mesmo à internação quando for a recomendação) é sempre uma medida melhor, mais lógica e, sobretudo, mais humana.[12] Com base no critério da *necessidade*, deve-se considerar se o objetivo pode ser atingido com menor limitação de direitos fundamentais.[13]

Em quarto, a questão da proporcionalidade desdobra-se não apenas como critério de admissibilidade da imposição de tratamento, como também no plano protetivo. Em síntese, *quanto maior a invasão, maior deve ser a proteção*, de modo que se torna imperativa a definição de um acervo de instrumentos efetivos.

É preciso também assegurar o adequado balanceamento, inclusive diante da circunstância a severidade da imposição deve ser contraposta à acentuada vulnerabilidade da pessoa que faz uso abusivo de drogas (e de modo geral de quem apresenta sofrimento psíquico).[14] Como leciona Humberto Ávlia, o exame da proporcionalidade em sentido estrito demanda indagar: "O grau da importância do fim justifica o grau de restrição", ou seja, as vantagens superam as desvantagens?[15] Em outros termos, diante da colisão de direitos fundamentais, é possível sopesar a intensidade da restrição em face do direito com o qual colide.[16]

Em quinto, é preciso destacar ainda que a admissão de forma excepcional da internação forçada parte da suposição de que há efetividade neste método de tratamento, o que é objeto de controvérsia.[17] De acordo com a base de dados da Cochrane,

---

11. DIMOULIS, Dimitri; MARTINS, Leonardo. *Teoria geral dos direitos fundamentais*. 5. ed. São Paulo: Atlas, 2014, p. 224.
12. O encorajamento, embora seja uma modalidade de paternalismo pode ser considerado uma opção mais adequada no plano da bioética. Nessa esteira, UGARTE, Odile Nogueira; ACIOLY, Marcus André. O princípio da autonomia no Brasil: discutir é preciso... *Revista do Colégio Brasileiro de Cirurgiões*, Rio de Janeiro, v. 41, n. 5, p. 274-2377, out. 2014. p. 275.
13. SILVA, Virgílio Afonso. O proporcional e o razoável, *Revista dos Tribunais*, v. 798, p. 23-50, 2002. p. 40.
14. Esta designação é adotada na IV Conferência no lugar da tradicional locução doentes mentais. SISTEMA ÚNICO DE SAÚDE. Conselho Nacional de Saúde. *Relatório Final da IV Conferência Nacional de Saúde Mental – Intersetorial, 27 de junho a 1 de julho de 2010*. Brasília: Conselho Nacional de Saúde/Ministério da Saúde, 2010.
15. ÁVILA. Humberto. *Teoria dos Princípios*. Da definição à aplicação dos princípios jurídicos. 4. ed. São Paulo: Malheiros, 2005, p. 124.
16. SILVA, Virgílio Afonso. O proporcional e o razoável, *Revista dos Tribunais*, v. 798, p. 23-50, 2002. p. 43.
17. Sobre o tema escrevemos em SCHULMAN, Gabriel. Internações Forçadas e Saúde Mental: entre Tratamento e Punição. *In*: SANTOS, Alethele de Oliveira. (Org.). *Coletânea Direito à Saúde*. Institucionalização. 1ed. Brasília: CONASS, 2018, v. 1, p. 248-259. Cf. WERB, Dan *et al*. The effectiveness of compulsory drug treatment: a systematic review. *The International Journal on Drug Policy*, n. 28, p. 1-9, 2016. Em documento do

não há evidências suficientes de que medidas forçadas (compulsory community treatment) sejam mais eficientes do que a atenção ambulatorial.[18]

Neste ponto, a posição esposada deve ser vista como provisória, e poderia ser assim expressa: a internação forçada pode ser admitida excepcionalmente, contudo, esta compreensão está sujeita à demonstração científica da eficácia do tratamento, o que não se verifica até o momento.

Sob o prisma da *saúde baseada em evidências*,[19] acolhida pelo ordenamento brasileiro (Lei n. 8080/90, art. 19-Q, § 2º, inc. I), somente se pode considerar legítima a internação se de fato se comprovar que constitui uma forma efetiva, eficaz e segura de cuidado em saúde para pessoas que fazem uso abusivo de drogas. Em reforço, a Lei de Drogas, em seu art. 8º.-D, incluído pela Lei n. 13.840/2019, estabelece como um dos objetivos do Plano Nacional de Políticas sobre Drogas "estabelecer diretrizes para garantir a efetividade dos programas, ações e projetos das políticas sobre drogas".

Nesse sentido, afirma-se que "A prática da Medicina Baseada em Evidências busca promover a integração da experiência clínica às melhores evidências disponíveis, considerando a segurança nas intervenções e a ética na totalidade das ações".[20] Coteja-se ainda as alternativas terapêuticas para definir qual o melhor protocolo a adotar.

Para deixar claro a advertência que se faz nesta obra, explica-se que antes de discutir qual o tratamento mais adequado para um paciente, avalia-se se há evidências científicas com qualidade (não qualquer evidência). A qualidade da evidência varia e compreender seus diversos níveis é importante. Desta maneira, em um grau crescente de qualidade, usualmente representado sob a forma de uma pirâmide, a evidência pode ser tanto uma

---

Conselho Federal de Psicologia, em que examinava as comunidades terapêuticas, destaca-se que "Pesquisas recentes no Brasil tem mostrado que a modalidade de internação, seja ela voluntária ou involuntária, tem baixíssima eficácia para o tratamento de usuários dependentes de cocaína e/ou crack". CONSELHO FEDERAL DE PSICOLOGIA. *Posicionamento do Conselho Federal de Psicologia*. 2014. Disponível em <http://site.cfp.org.br/wp-content/uploads/2014/12/Proposta-Minuta-de-CTs-6-12-14.pdf>. Acesso em: 14 jun. 2017. Em relação à saúde mental como um todo, especialmente sobre suicídio Daniel Wang e Erminia Colluci aponta que mesmo a posição mais recente da OMS sobre o tema, não se posiciona sobre a internação forçada. Cf. WANG, Daniel Wei Liang; COLUCCI, Erminia. Should compulsory hospitalization be part of suicide prevention strategies?. *BJPsych Bulletin*, v. 41, p. 169-171, 2017.

18. COCHRANE. *Compulsory community and involuntary outpatient treatment for people with severe mental disorders*. Disponível em: <http://www.cochrane.org/CD004408/SCHIZ_compulsory-community-and--involuntary-outpatient-treatment-people-severe-mental-disorders>. Acesso em: 05 dez. 2017.

19. "La valoración de la evidencia en las intervenciones de salud públicas no sólo debe abarcar la credibilidad de evidencia, sino la integridad y la aplicabilidad de las mismas intervenciones. Se recomienda realizar a la par la evaluación de la efectividad de las intervenciones en salud pública y el desarrollo o la ejecución de las mismas. Así mismo la evaluación debe ser diseñada para determinar los efectos de las intervenciones e incluir los intereses de las personas, grupos u organizaciones involucradas o afectadas por las intervenciones (grupos de interés). La utilización de la salud pública basada en la evidencia permite disponer de mejores criterios para formular intervenciones de promoción de la salud, prevención de la enfermedad y vigilancia en salud pública". HERNÁNDEZ, Luis. ¿Qué es la Salud Pública basada en la Evidencia? *Revista de Salud Pública*, Universidad Nacional de Colombia, Colombia, v. 5, n. 1, p. 40-45, 2003. p. 44.

20. CENTRO COCHRANE DO BRASIL. *Medicina Baseada em evidências*. Disponível em <http://www.centrocochranedobrasil.org.br/mbe.html>. Acesso em: 14 jun. 2017.

simples opinião (ainda que de um profissional experiente), até revisões sistemáticas da literatura ou metanálises[21]. No caso da internação forçada, não se verificou, em uma análise inicial (não exaustiva)[22], nem o mesmo rigor na apuração da comprovação científica da eficácia, efetividade e custo-benefício das internações, nem se localizou estudos que atendam ao grau de exigência que se verifica em outros tratamentos.

Portanto, a ausência de comprovação científica inviabiliza, segundo os atuais parâmetros, tanto da saúde, quanto do direito, admitir a legalidade da internação forçada, já que o argumento de tratamento médico se desmancha.

O caráter excepcional da imposição da internação não se esmaece mesmo se a internação fosse "mais efetiva", porque esta possibilidade extrema somente é aplicável diante do esgotamento das possibilidades terapêuticas extra-hospitalares, o que significa que devem, pois, necessariamente existir e funcionar.

Como corolário destas premissas, as quais assumem também a condição de ressalvas, na dúvida deve prevalecer a não internação (se não aconteceu) ou a alta. Igualmente, descabe internação forçada desprovida de finalidade terapêutica, de modo que devem ser rechaçadas finalidades como punir e/ou segregar.[23]

Em sexto, a imposição da internação e do tratamento deve ser multidisciplinar, assim como a definição do projeto terapêutico singular (PTS) são decorrências do disposto na Lei 10.216/2001, art. 2º, parágrafo único, inc. I e art. 4º. § 2º que assegura o tratamento integral e consentâneo às suas necessidades, o que é reforçado pela atual redação da Lei de Drogas (Lei n. 11.343/2006), conforme arts. 4 e 8º-D.

A concentração de poder em um único profissional[24] e um único saber para decidir sobre internação ou mesmo sobre sua manutenção encontra-se deslocada da contribuição conjunta e plural de diferentes saberes,[25] consentânea aos ditames

---

21. "As metanálises são um cálculo estatístico (somatório estatístico) aplicado aos estudos primários incluídos em uma revisão sistemática. As metanálises aumentam o poder estatístico para detectar possíveis diferenças entre os grupos estudados e a precisão da estimativa dos dados, diminuindo o intervalo de confiança. Além disso, as metanálises são fáceis de serem interpretadas, dependendo apenas de um pouco de prática e treino". EL DIB, Regina Paolucci. Como praticar a medicina baseada em evidências. *Jornal Vascular Brasileiro*, v.6, n.1, p.1-4, 2007. p. 2.
22. Sobre o tema conferir SCHULMAN, Gabriel. Internações Forçadas e Saúde Mental: entre Tratamento e Punição. In: SANTOS, Alethele de Oliveira. (Org.). *Coletânea Direito à Saúde*. Institucionalização. 1ed. Brasília: CONASS, 2018, v. 1, p. 248-259.
23. Convenção Internacional sobre os Direitos das Pessoas com Deficiência, art. 3, alínea 'c'; art. 19, alínea 'b'; art. 26, item 1, alínea 'b'. Conforme a Resolução n. 448/2011 do Conselho Nacional de Saúde, em seu item 3, é diretriz da Rede de Atenção Psicossocial do SUS "o princípio do não-isolamento dos indivíduos".
24. SCHULMAN, Gabriel; BORTOLOZZI, Flávio. Erros perigosos na nova lei de internação forçada. *O Estado de São Paulo*, 21 jun. 2019.
25. "As possibilidades de construção de uma proposta de intervenção em comum e planificada decorrem, em grande parte, de características da equipe, tais como flexibilidade, criatividade, porosidade das fronteiras profissionais e compartilhamento contínuo de saberes". PILLON, Sandra Cristina; Jora, Natália Priolli; Santos Manoel Antônio dos. O papel da equipe multidisciplinar na dependência química. *In*: DIEHL, Alessandra; CORDEIRO, Daniel Cruz; LARANJEIRA, Ronaldo. *Dependência química prevenção, tratamento e políticas públicas*. Porto Alegre: Artmed, 2011. p. 453-460. p. 454.

constitucionais? CDPD (art. 26), à severidade da medida[26] e complexidade inerente aos desafios da atenção ao(s) uso(s) de droga(s).

Deve-se ter em conta que a internação deve ser submetida à revisão periódica, por uma comissão multidisciplinar, em curtos intervalos de tempo da internação. Igualmente, é preciso que haja fiscalização sobre os locais de internação.

Considera-se também, como sétimo aspecto, que a imposição de internação não é causa automática de supressão da capacidade civil, nem pode ser tomada como justificativa para retirada arbitrária de direitos do paciente. Diversamente, defende-se que a internação está estritamente ligada à aptidão de se autodeterminar quanto ao uso de drogas e quanto à decisão sobre o tratamento de uso abusivo. Com efeito, não deve ser recepcionada como constrição ampla à aptidão de avaliar e decidir. Portanto, cumpre assegurar a tutela de direitos como o acesso à informação adequada sobre o tratamento (diagnóstico, possibilidades) e, na máxima medida possível,[27] a consulta sobre o consentimento ou recusa para os atos em saúde. Na mesma toada, é indispensável que haja respeito aos direitos usuais do paciente, tais como sigilo, acesso a meios de comunicação e ao contato com família (se houver disponibilidade por parte dos parentes), bem como aconselhamento jurídico.

Passa-se a analisar mais detidamente tais pontos.

4.1 FILTROS CONSTITUCIONAIS PARA IMPOSIÇÃO DE INTERNAÇÃO

> Liberdade, liberdade!
> Abre as asas sobre nós (bis)
> E que a voz da igualdade
> Seja sempre a nossa voz.[28]

Ao longo desta pesquisa procurou-se demonstrar que a problemática da internação forçada coloca lado a lado extremos e ambiguidades, a proteção e a liberdade, a busca da felicidade e o temor da autodestruição. Deve-se considerar também, como exposto especialmente no Capítulo 1, a ambivalência dos sentimentos da pessoa que

---

26. SILVEIRA, Luana, *et al.* Se você quer prender, não é seguro: problematização da medida de segurança e da internação compulsória de pessoas em sofrimento psíquico. *In:* CORREIA, Ludmila Cerqueira; PASSOS, Raquel Gouveia. (Org.) *Dimensão jurídico-política da reforma psiquiátrica brasileira: Limites e Possibilidades*. Rio de Janeiro: Gramma, 2009. p. 133-154. p. 145.
27. FISCHER, Kathleen, *et al.* Proxy healthcare decision-making for persons with intellectual disability: perspectives of residential-agency. *American Journal on Intellectual and Developmental Disabilities*, v. 114, n. 6, p. 401-410, 2009. p. 402. WONG, Grace Josephine, *et al.* Capacity to make health care decisions: its importance in clinical practice, *Psychological Medicine*, v. 29 n. 2, p. 437-446, 1999. p. 440-442.
28. Samba-Enredo da Imperatriz Leopoldinense, Carnaval de 1989. Compositores: Niltinho Tristeza, Preto Jóia, Vicentinho e Jurandir. MELLO, Marcelo de. A história por trás de "Liberdade, liberdade, abre as asas sobre nós". *O Globo*. 04 fev. 2013.

faz uso abusivo de drogas, que reúne em si a angústia e o desespero tanto em obter a droga, quanto em livrar-se dela. Em conflito, os argumentos sobre a importância do controle da pessoa que faz uso de drogas *versus* as múltiplas narrativas de violações à dignidade no curso das internações.

Neste cenário repleto de dilemas e perplexidades, reitera-se, *a posição proposta não rejeita a possibilidade da internação forçada, nem deve ser interpretada no sentido de considerar a internação forçada uma medida qualificável, de plano, como legítima*. Para procurar esboçar um regime jurídico adequado, foram consideradas as posições de conselhos profissionais, como CFM e CFP, haja vista a ótica multidisciplinar que permeia o tema. Foi também analisada a legislação de proteção do paciente de diferentes estados,[29] com a finalidade de colher normas já vigentes.

Sem a pretensão de exame de direito comparado, levaram-se em conta normas estrangeiras como fonte complementar. Por não se ter localizado convenções internacionais específicas sobre direitos humanos de pessoas que façam uso abusivo de drogas, mostrou-se útil a consideração de diplomas normativos que tratam de saúde mental[30] e de outros direitos humanos.

A Convenção Internacional sobre os Direitos das Pessoas com Deficiência foi enfocada por seu *status constitucional*,[31] assim como os tratados de direitos humanos promulgados pelo Brasil, porque, segundo o entendimento atual do Supremo Tribunal Federal,[32] sua incorporação ao direito interno atrai hierarquia supralegal. É o caso do o Pacto de San José da Costa Rica, a Convenção Contra a Tortura e Outros Tratamentos ou Penas Cruéis, Desumanos ou Degradantes, cuja disciplina não está sujeita às modificações propostas pelos vários projetos de lei em curso que se conectam com a temática desta pesquisa.

De modo secundário, foram objeto de estudos algumas normas protetivas de pessoas em cumprimento de penas restritivas de liberdade. Em que pese não se admita, sob nenhuma hipótese, a internação com função sancionatória, considera-se que, *prima facie*, não faz sentido que direitos assegurados à pessoa que perde a liberdade como punição não sejam também assegurados a quem teve a liberdade de decidir sobre o tratamento restrita de modo pontual. Aliás, a proximidade entre as

---

29. Para um levantamento amplo cf. BRASIL. Ministério da Saúde. Secretaria-Executiva. Secretaria de Atenção à Saúde. *Legislação em saúde mental: 1990-2004*. 5. ed. Brasília: Ministério da Saúde, 2004.
30. As Convenções internacionais sobre Drogas, examinadas no Capítulo 1 não enfocam esta temática. LINES, Rick *et. al*. The Case for International Guidelines on Human Rights and Drug Control, *Health and Human Rights Journal*, v. 19, n. 1, jun. 2017. p. 231-263.
31. Esta questão foi analisada no Capítulo 2.
32. STF. ADI n. 5240. Tribunal Pleno, Rel. Min.: Luiz Fux. DJe: 01.02.2016. STF. Medida Cautelar na ADPF n. 347. Tribunal Pleno. Rel. Min.: Marco Aurélio. DJe: 19.02.2016. Sobre a evolução do tema cf. SOUZA NETO, Cláudio Pereira de; SARMENTO, Daniel. *Direito constitucional*: teoria, história e métodos de trabalho. Belo Horizonte: Fórum, 2012, p. 47.

internações e as prisões é destacada na doutrina,[33] como examinou-se na segunda seção do capítulo anterior.

Nesta linha, como se procurou alertar desde o conto transcrito na introdução, é primordial enfatizar que toda a internação é acompanhada de uma sombra que consiste no risco de seu emprego desfuncionalizado[34] e da prática de abusos, infelizmente habituais, como resta amplamente documentado.[35]

i. Internação forçada como *ultima ratio*

> Um usuário de 45 anos relatou a uma fiscal que, antes de chegar ao Hospital, estava sob o efeito de crack, "mandaram entrar na ambulância" (sic), ele entrou e "veio parar aqui" (sic). Dessa forma, é possível observar também que a internação hospitalar, possivelmente, foi utilizada como primeiro recurso e sem o consentimento do usuário. (Registro de fiscalização conjunta de várias entidades nos hospitais conveniados à Prefeitura de São Paulo para receber usuários de drogas do Programa Redenção, realizada em 2017).[36]

O julgamento do Caso Jaroslav ervenka x República Tcheca pela Corte Europeia de Direitos Humanos, proferido em 17 de janeiro de 2017[37] oferece importantes ensinamentos para o tema em análise. No ano de 2005, Jaroslav foi considerado pelo Tribunal de Praga como incapaz, ou inapto a praticar os atos da vida ? *"perform any*

---

33. GOFFMAN, Erving. *Manicômios, prisões e conventos*. (Trad. Dante Moreira). São Paulo: Perspectiva, 2001, p. 16-17. FOUCAULT, Michel. *A História da Loucura*: na Idade Clássica. (Trad. José Teixeira Coelho Neto). São Paulo: Perspectiva, 2005, p. 100. Para Thomas Szasz: *"Incarceration in prisons and mental hospitals are clear instances of deprivation of liberty"*. SZASZ, Thomas. *Faith in Freedom*: Libertarian Principles and Psychiatric Practices. New Brunswick (Estados Unidos): Transaction Books, 2004, p. 1. Mais adiante, vislumbra um paradoxo pelo qual a pessoa é presa de sua doença (por sua doença), *"Prisioner of his illness"*. Op. cit., p. 5.
34. Em relatório realizado em 2017, com as pessoas atendidas em internações para cuidados em relação ao uso abusivo de drogas em São Paulo, descreve-se que "Algumas pessoas no hospital afirmaram que buscaram por acolhimento no "CAPS Helvétia" e que até mesmo a oferta de lanche era condicionada a inclusão na fila para internação". CREMESP, et al. *Estamos de Olho: Avaliação Conjunta dos Hospitais Psiquiátricos do Projeto Redenção*. São Paulo: CREMESP, CRP-SP, CONDEPE (Conselho Estadual de Defesa dos Direitos da Pessoa Humana), COMUDA (Conselho Municipal de Política de Drogas e Álcool de São Paulo), 29. ago. 2017. Disponível em <http://edelei.org/_img/_banco_imagens/relato%CC%81rio-web-v2.pdf>. Acesso em: 07 set. 2017.
35. SILVA, Marcus Vinicius de Oliveira. (Org.) *A Instituição Sinistra*: mortes violentas em hospitais psiquiátricos no Brasil. Brasília: CFP, 2001. CONSELHO FEDERAL DE PSICOLOGIA. *Inspeções aos manicômios*. Relatório Brasil 2015. Brasília: CFP, 2015, p. 152. Em documento da OMS registra-se que "as condições de vida nos hospitais psiquiátricos em todo o mundo são deficientes, resultando em violações dos direitos humanos e em cronicidade". ORGANIZAÇÃO MUNDIAL DE SAÚDE. *Relatório Mundial da Saúde*. Saúde mental: nova concepção, nova esperança. Lisboa (Portugal): OMS, Abril de 2002, p. 97.
36. Este relato é do Hospital Cantareira. Para outros relatos confira-se o texto integral: CREMESP, et al. *Estamos de Olho: Avaliação Conjunta dos Hospitais Psiquiátricos do Projeto Redenção*. São Paulo: CREMESP, CRP-SP, CONDEPE (Conselho Estadual de Defesa dos Direitos da Pessoa Humana), COMUDA (Conselho Municipal de Política de Drogas e Álcool de São Paulo), 29. ago. 2017. Disponível em <http://edelei.org/_img/_banco_imagens/relato%CC%81rio-web-v2.pdf>. Acesso em: 07 set. 2017.
37. CORTE EUROPEIA DE DIREITOS HUMANOS. Caso ervenka v. República Tcheca. Application no. 62507/12. Estrasburgo (França): 13.01.2017. Disponível em: <https://hudoc.echr.coe.int/ eng#{"itemid":["001-167125"]}>. Acesso em: 04 ago. 2017.

legal acts on his own" por ser um alcoólatra crônico em estágio terminal de alcoolismo, o que conduziu à nomeação de um curador, funcionário municipal.

A aptidão para a prática de atos patrimoniais foi restringida significativamente para o valor mensal de 500 korunas (CZK), equivalente a 18 euros o que no câmbio de 29 de abril de 2017 significa pouco mais de R$ 60,00. Em 2014, o valor foi triplicado para igualmente irrisórios 1.500 korunas (CZK), ou 55 euros. Seus pedidos de revisão da incapacidade foram rejeitados e inclusive seu direito de pedir revisão do status foi suspenso pelo Tribunal Distrital, por um ano, a partir de março de 2010.

Jaroslav foi internado sete vezes no Hospital Psiquiátrico de Praga entre 2004 e 2011. Como continuava a ser um incômodo a seus familiares e vizinhos, seu curador (guardião legal), o colocou contra sua vontade e sem a possibilidade de sair, em uma instituição de cuidados (*social care institution*), em 07 de fevereiro de 2011. Durante sua longa estadia de seis meses, tinha acesso a um celular e um telefone fixo, porém sem poder mandar ou receber cartas de forma independente (eram fiscalizadas). Também possuía um armário com chave para seus pertences pessoais.

No que concerne à internação forçada, cumpre assinalar que seu estado de saúde não foi examinado quer antes da admissão, quer em sua chegada. Considerou-se tão-somente a avaliação anterior, conduzida por dois psiquiatras, em sede de procedimento de internação, cujo cerne está na esfera patrimonial. Esta lógica também prevaleceu na análise da prefeitura, a qual, em carta enviada ao Poder Judiciário, três dias após a internação, justificou que a medida seria necessária porque Jaroslav gastava quase todo seu dinheiro em álcool.

Durante a internação, Jaroslav procurou sua família, ligou para a prefeitura, para a Corte Distrital e até para a polícia, sem que suas manifestações tivessem qualquer repercussão. Escreveu também para seu guardião legal que o ignorou e para o diretor do hospital que considerou que o consentimento do representante legal do paciente seria suficiente para a internação. Posteriormente, um advogado de um centro de atenção a pessoas com deficiência apresentou um requerimento para a imediata liberação que foi rejeitado porque a procuração foi outorgada por pessoa incapaz. Após muitas reclamações e meses internado, em agosto de 2011, foi transferido para um hospital que, em um mês, não apenas lhe concedeu a alta, mas também registrou a desnecessidade de qualquer limitação aos seus direitos fundamentais.

Inicialmente, observa-se que o tom do acórdão foi de dura crítica à visão formalista e burocrática adotada na análise das graves denúncias, em detrimento da proteção da pessoa. De maneira alinhada ao que se defende no Capítulo 2, concluiu-se que é injustificado admitir que o curador atue de forma livre em decisões como internar uma pessoa ou ainda que se conceba seu consentimento como equivalente à internação voluntária,[38] o que no caso ensejou a alegação de dispensa do procedimento de revisão obrigatória da internação.

No que concerne aos critérios para internar, asseverou-se que é indispensável que outras medidas menos severas sejam consideradas e se revelem insuficientes. Em relação à finalidade, destacou-se que a privação de liberação somente pode se destinar à proteção da pessoa. Ponderou-se ainda que uma internação arbitrária ou desnecessária é uma forma ilegal de privação de liberdade.

As salvaguardas processuais na internação foram apontadas como uma tendência mundial, nomeadamente a revisão judicial e o direito à representação legal (a livre escolha ou com um advogado dativo). Entre as diversas violações destacadas pela Corte, a falta de revisão automática da internação pelo Poder Judiciário, bem como a ausência de fiscalização da atuação do curador. Enfatizou-se, outrossim, que a privação de liberdade para fins terapêuticos não pode ser considerada lícita se não houver garantias suficientes contra a arbitrariedade no procedimento de sua determinação.[39]

De modo próximo, anteriormente, a Corte Europeia de Direitos Humanos já havia afirmado que a legitimidade da privação de liberdade no âmbito da saúde mental depende de haver adequada proteção legal, bem como um procedimento apropriado, justo e permeado pelo devido processo legal. Trata-se da demanda LM vs. Letônia, na qual uma pessoa foi internada após seus vizinhos alegarem que houve tentativa de pular de uma janela.[40] Neste caso, a corte apontou que também deve estar claro o motivo do tratamento e a revisão regular de sua persistência, o que não se verificou, tendo em conta que foi realizada por uma junta integrada por profissional que também fez a avaliação na admissão, em claro prejuízo à garantia de independência (imparcialidade). Identificou-se também a injustiça da irrecorribilidade da decisão que determina a internação.

Concluiu-se que, de plano, são ilegais internações sempre que o ordenamento jurídico não prover salvaguardas suficientes no que tange a sua imposição. Igualmente, julgou-se que é ilegal a internação sempre que esteja fora dos parâmetros legais ou se estes parâmetros forem muito subjetivos ou amplos. Este último ponto merece aprofundamento em futuros estudos que examinem os critérios adotados por profissionais da saúde para preconizar a internação.

---

38. COUNCIL OF EUROPE. Commissioner for Human Rights. *Who gets to decide?* Right to legal capacity for persons with intellectual and psychosocial disabilities. Strasbourg: Council of Europe, 20 Feb. 2012, p. 5.
39. Neste sentido, também: CORTE EUROPEIA DE DIREITOS HUMANOS. Caso Shtukaturov v. Russia. Application n. 44009/05. Estrasburgo (França): 27.03.2008. Disponível em: <https://hudoc.echr.coe.int/eng#{"tabview":["document"],"itemid":["001-85611"]}>. Acesso em: 06 ago. 2017. CORTE EUROPEIA DE DIREITOS HUMANOS. Caso Gajcsi v. Hungria. Application n. 34503/03. Estrasburgo (França): 03.10.2006. Disponível em: <https://hudoc.echr.coe.int/eng#{"fulltext":["34503/03"],"documentcollectionid2":["GRANDCHAMBER","CHAMBER"],"itemid":["001-77036"]}>. Acesso em: 08 dez. 2017.
40. CORTE EUROPEIA DE DIREITOS HUMANOS. Caso LM v. Letônia. Application no. 26000/02. Estrasburgo (França): 19.10.2011. Disponível em: <https://hudoc.echr.coe.int/eng#{"itemid":["001-105669"]}>. Acesso em: 05 ago. 2017.

No tocante ao ordenamento jurídico brasileiro, a posição remota da internação se extrai com facilidade do texto constitucional, em atenção à primazia da pessoa, consagrada no princípio da dignidade da pessoa humana, no direito à liberdade e à igualdade, na proteção da diferença, na solidariedade, alteridade e no acolhimento.

Nessa toada, ao julgar os deveres das escolas particulares em decorrência da Lei Brasileira de Inclusão (Estatuto da Pessoa com Deficiência), o Supremo proferiu decisão na qual, com marcante sensibilidade, ressaltou-se: "O enclausuramento em face do diferente furta o colorido da vivência cotidiana [...] É somente com o convívio, com a diferença e com o seu necessário acolhimento que pode haver a construção de uma sociedade livre, justa e solidária".[41] O acórdão consagrou a alteridade como "elemento estruturante da narrativa constitucional", do que decorre que se deve incluir, acolher, proteger, reconhecer, empoderar, ao invés de segregar.

Assim, diante da normatividade constitucional, somente é admissível a imposição de internação quando esgotadas todas as demais alternativas de tratamento, embora a recíproca não seja verdade. Mesmo se inexistentes alternativas diversas à internação, a medida não se impõe, continua a ser excepcional, a depender de outros requisitos, entre os quais, naturalmente o mais elementar consubstancia-se na recomendação por parte da equipe multidisciplinar de atenção à saúde. Vale lembrar que o caráter absolutamente excepcional da internação forçada foi consagrado na jurisprudência da Corte Interamericana de Direitos Humanos, justamente ao condenar o Estado brasileiro.[42]

Em nosso país, a conclusão do caráter excepcional da internação ganha reforço também com a incorporação da Convenção Internacional sobre os Direitos das Pessoas com Deficiência, que se estende em sentido amplo na proteção da atenção à saúde mental. Acrescenta-se ainda o teor da Lei de Saúde Mental (Lei n. 10.216/2001), cujo art. 4º é claro ao advertir que: *"A internação, em qualquer de suas modalidades, só será indicada quando os recursos extra-hospitalares se mostrarem insuficientes"*.[43] Esta redação é repetida no art. 23-A, § 6º da Lei n. 11.343/2006, consoante a redação estabelecida pela Lei n. 13.840/2019.

Em contraste, em Relatório de inspeção de internações de pessoas usuárias de drogas da região denominada "Cracolândia", em visita institucional à Casa de Saúde São João de Deus, realizada em 17.07.2017 pelo Núcleo de Assessoria Técnica Psicossocial – NAT, do Ministério Público do Estado de São Paulo, registra-se que

---

41. STF. ADI n. 5357. Relator: Min. Edson Fachin. DJe: 20.11.2015.
42. Corte Interamericana de Direitos Humanos. Caso Ximenes Lopes x Brasil. 2006. Disponível online em <http://www.corteidh.or.cr/docs/casos/articulos/seriec_149_por.pdf>. Acesso em: 01 fev. 2015.
43. Na mesma linha a Portaria de Consolidação n. 03/2017, do Ministério da Saúde, art. 65 e a Portaria n. 2.391/2002, do Ministério da Saúde.

"muitos usuários internados não tinham passado pela rede de serviços ou utilizado recursos extra-hospitalares".[44]

É preciso sublinhar que o protocolo clínico de atenção aos usuários de drogas não adota a internação como parte do tratamento, mas como exceção.[45] A CDPD determina que as pessoas "Não sejam privadas ilegal ou arbitrariamente de sua liberdade" (art. 14, item 1, alínea 'b') e estabelece a proibição de tratamentos ou penas "cruéis, desumanos ou degradantes" (art. 15, item 1). A arbitrariedade, como se depreende do Caso ervenka, acima citado, abarca o descumprimento dos requisitos legais para internar, a hipótese de desnecessidade de internação, e mesmo a inexistência de um acervo adequado de instrumentos protetivos.

Da constituição extrai-se a proibição da tortura, do tratamento desumano ou degradante (art. 5º, inc. III) e sanções cruéis (art. 5º, inc. XLVII, alínea "e"). Em reforço, entre tantos outros tratados internacionais dos quais o Brasil é signatário e que se aplicam à temática em análise, o Pacto de San José da Costa Rica (Convenção Americana de direitos humanos),[46] assegura que "Toda pessoa privada da liberdade deve ser tratada com o respeito devido à dignidade inerente ao ser humano" (art. 5º, item 2), de modo similar o Pacto Internacional sobre Direitos Civis e Políticos,[47] art. 7 e a Convenção Contra a Tortura e Outros Tratamentos ou Penas Cruéis, Desumanos ou Degradantes.[48]

Outro aspecto importante consiste na garantia do consentimento livre e esclarecido, a qual é direito fundamental, consoante Convenção Internacional sobre os Direitos das Pessoas com Deficiência, art. 25, alínea 'd'. A Lei Orgânica da Saúde (Lei n. 8080/1990) assegura, igualmente, entre seus princípios a "preservação da autonomia das pessoas na defesa de sua integridade física e moral" (art. 7º, inc. III), do mesmo modo a Lei n. 11.343/2006 (Lei de Drogas), determina como diretriz "o respeito aos direitos fundamentais da pessoa humana, especialmente quanto à sua autonomia e à sua liberdade" (art. 4º, inc. I).

Portanto, a internação forçada não é, nem pode ser uma política de saúde pública.

No curso da redação desta pesquisa, foram publicadas no Diário Oficial da União de 03 de outubro de 2017 as Portarias de Consolidação n. 1/2017 a n. 06/2017 do Ministério da Saúde, as quais, ao mesmo tempo indicam a finalidade de promover uma consolidação e revogam expressamente diversas portarias que tratavam de

---

44. CREMESP, et al. *Estamos de Olho: Avaliação Conjunta dos Hospitais Psiquiátricos do Projeto Redenção*. São Paulo: CREMESP, CRP-SP, CONDEPE (Conselho Estadual de Defesa dos Direitos da Pessoa Humana), COMUDA (Conselho Municipal de Política de Drogas e Álcool de São Paulo), 29. ago. 2017. Disponível em <http://edelei.org/_img/_banco_imagens/relato%CC%81rio-web-v2.pdf>. Acesso em: 07 set. 2017.
45. FRANZINI, Rafael; INCALCATERRA, Amerigo. Por que a exceção não deve ser a regra. *Folha de S. Paulo*, Opinião. 17 abr. 2013.
46. BRASIL. Planalto. *Decreto n. 678/1992*. Promulga o Pacto de San José da Costa Rica.
47. BRASIL. Planalto. *Decreto n. 592/1992*. Promulga o Pacto Internacional sobre Direitos Civis e Políticos.
48. BRASIL. Planalto. *Decreto n. 40/1991*. Promulga a Convenção Contra a Tortura e Outros Tratamentos ou Penas Cruéis, Desumanos ou Degradantes.

saúde mental. Não é demais sublinhar que é inconstitucional a norma que pretenda a redução de direitos e de formas de proteção de usuários da saúde mental. De outro lado, como se demonstrará, em questionável técnica legislativa incorporou-se o teor de portarias anteriores que versam sobre saúde mental, atenção ao uso abusivo de drogas e de modo específico sobre internação. Dessa maneira reiterou os direitos fundamentais assegurados, sem modificação relevante.

Cumpre lembrar que há vasta gama de alternativas na rede de atenção à saúde, a qual se baseia na diversificação das estratégias de cuidado (Portaria de Consolidação n. 03/2017, do Ministério da Saúde, Anexo V, art. 2º, inc. VI).[49] Ademais, a Portaria de Consolidação n. 01/2017 do Ministério da Saúde, assegura que "Toda pessoa tem direito ao tratamento adequado" (art. 4º), em harmonia com a Convenção Internacional sobre os Direitos das Pessoas com Deficiência, art. 25 e com a incidência do princípio da dignidade humana. Dessa maneira, há o direito a progressivo ajuste em relação ao quadro clínico e às necessidades singulares. A existência de alternativas afasta a internação por decorrência do *exame de necessidade,* que compõe o postulado da proporcionalidade.[50]

No campo das possibilidades de atenção à saúde de usuários de drogas, merece destaque a Portaria n. 3.088/2011, do Ministério da Saúde que instituiu "a Rede de Atenção Psicossocial para pessoas com sofrimento ou transtorno mental e com necessidades decorrentes do uso de crack, álcool e outras drogas, no âmbito do Sistema Único de Saúde", o que foi mantido na Portaria de Consolidação n. 03/2017, do Ministério da Saúde que a incorporou.[51] Entre outras disposições, determina-se que o atendimento de usuários deve ser realizado em Unidade Básica de Saúde (compostas por equipe multiprofissional), equipes específicas como consultórios de rua,[52] Centros de Convivência (espaços de sociabilidade, produção cultural), Centros de Atenção Psicossocial (CAPS), SAMU (Serviço de Atendimento Móvel de Urgência), Unidade de pronto atendimento 24 horas (UPA), Unidades Básicas de Saúde (UBS) e hospitais. Há, deste modo, um leque de alternativas que podem ser adotadas em detrimento da internação.

Ademais, define-se que a rede de atendimento compreende a "atenção residencial de caráter transitório" o que envolve Unidade de Recolhimento e "Serviços de Atenção em Regime Residencial". No âmbito hospitalar, há enfermarias especializadas e serviço hospitalar de referência. Os CAPS ou centros de atenção psicossocial anunciados no Capítulo 1, atuam sob a forma de atendimento ambulatorial, sempre

---

49. BRASIL. Ministério da Saúde. Portaria de Consolidação n. 03/2017, em seu Anexo V, art. 2º, inc. VI, que incorpora o texto da Portaria n. 3.088/2011.
50. ÁVILA. Humberto. *Teoria dos Princípios.* Da definição à aplicação dos princípios jurídicos. 4. ed. São Paulo: Malheiros, 2005. p. 108-115.
51. O texto da Portaria de Consolidação n. 03/2017 do Ministério da Saúde é confuso porque refere-se à revogação da portaria, mas a aprova novamente.
52. Equipes itinerantes, que atuam diretamente com a população em situação de rua. Há inúmeros projetos nesta linha por todo país.

desvinculados de um espaço hospitalar (Portaria de Consolidação n. 03/2017, do Ministério da Saúde, Anexo V, art. 22).[53] Constituem-se em "ponto de atenção da Rede de Atenção Psicossocial na atenção psicossocial especializada" (Portaria de Consolidação n. 06/2017, do Ministério da Saúde, art. 977, § 1º).

Em ordem de porte/complexidade dos serviços e abrangência populacional, os serviços podem ser CAPS I, CAPS II e CAPS III. O CAPS ad constitui um serviço de atenção que enfoca os "transtornos decorrentes do uso e dependência de substâncias psicoativas". Trata-se de um serviço ambulatorial, que deve acolher se necessário as situações de emergência, mas "os casos graves de abstinência e intoxicação devem ser encaminhados para as emergências clinicas dos hospitais gerais ou UPA".[54] Entre as atividades atribuídas ao CAPS estão o "Acompanhamento de internações em Hospital Geral (leitos de atenção integral)" e "Ações de redução de danos no território, realizada por profissionais capacitados em redução de danos". É interessante destacar que somente o CAPS III possui leito para permanência noturna. Nos termos da Portaria 03/2017, Anexo V, é vedado o acolhimento por mais de 7 dias corridos ou 10 intercalados, em um período de 30 dias.[55] Sua maior estrutura justamente coaduna com a função "de substituição do modelo hospitalar".[56]

É exemplar da compreensão da multiplicidade de estratégias e do caráter subsidiário da internação, a decisão do TJPR que corretamente negou a internação forçada de paciente que "está trabalhando e fazendo acompanhamento psicológico junto ao CAPS-ad, não havendo mais necessidade da internação em sede de liminar".[57]

Reforça esta ótica o formulário desenvolvido em 2016 pelo Comitê Executivo do Estado de Santa Catarina para "Avaliação da Necessidade de Internação Compulsória". Entre as perguntas a serem respondidas, indaga-se se "O paciente está sendo atendido por algum Centro de Atenção Psicossocial – CAPS ou outro tratamento ambulatorial?", onde e qual duração, quais profissionais atenderam, que medicamentos foram ministrados. Também se questiona se a internação é recomendada, e em caso positivo, requer-se que esclarecer sobre "a insuficiência das tentativas de intervenção extra-hospitalares para este Paciente", "a necessidade de internação [ex. agressividade, recusa a tratamento ambulatorial, risco a si ou a terceiros, surto, etc.] e quais as consequências/riscos para a sua saúde caso não seja promovida a

---

53. Manteve-se a redação dada pela Portaria n. 336/2002, do Ministério da Saúde, art. 3º.
54. RIO DE JANEIRO. *Carteira de Serviços dos Centros de Atenção Psicossocial*. Rio de Janeiro: Coordenação de Saúde Mental do Município do Rio de Janeiro, 2011. p. 15.
55. Manteve-se inalterada a sistemática da Portaria n. 130/2012, do Ministério da Saúde, art. 6º, § 1º, e Portaria n. 336/2002, art. 4º, §8º, inc. IX.
56. BRASIL. Ministério da Saúde. Secretaria-Executiva. Secretaria de Atenção à Saúde. *Legislação em saúde mental: 1990-2004*. 5. ed. Brasília: Ministério da Saúde, 2004. p. 335.
57. TJPR. Reexame necessário n. 1483048-5. 5ª Câmara Cível. Rel.: Luiz Mateus de Lima. DJ: 19.02.2016.

internação".[58] O que se observa é que há preocupação na compreensão dos caminhos realizados no *itinerário terapêutico*,[59] bem como na definição de um projeto terapêutico singular.

Observa-se que, na última década, em quase todo o mundo, a legislação de saúde mental sofreu mudanças, conforme apura levantamento da Organização Mundial da Saúde.[60] O encaminhamento se orienta pela atenção à saúde mental entrelaçada com os direitos humanos.[61] Um passo fundamental foi dado pelo Brasil, nesta direção, por meio da promulgação da Lei n. 10.216/2001, que rejeita longas internações, suplanta o modelo hospitalocêntrico e exalta direitos fundamentais e humanos do usuário de saúde mental.

Na Itália, na qual a legislação brasileira se inspirou, o passo dado foi maior. Com a Lei n. 180/1978, justificadamente designada de Lei Basaglia, extinguiu-se toda a internação psiquiátrica, fora do sistema penal. Sem abandonar a atenção aos usuários da saúde mental, envolveu um amplo processo de acolhimento comunitário e criação de novos centros e formas de atenção à saúde mental.[62]

A análise do ordenamento brasileiro permite concluir que o paradigma da reforma psiquiátrica foi incorporado à Constituição. É a interpretação se extrai da Convenção de Direitos da Pessoa com Deficiência (Convenção de Nova York), que a integra, assim como dos princípios constitucionais da solidariedade, igualdade de onde emanam a celebração da inclusão, da diferença e do reconhecimento.

---

58. SANTA CATARINA. Ministério Público. Comitê Executivo de Saúde do Estado de Santa Catarina – Comesc. *Formulário de Avaliação da Necessidade de Internação Compulsória – Lei 10.216/01*. Disponível em <https://documentos.mpsc.mp.br/portal/manager/resourcesDB.aspx?path=2382>. Acesso em: 08 out. 2017.
59. "Os itinerários terapêuticos são desenhos que permitem conhecer e reconhecer, na trajetória de vida das pessoas, percursos feitos em situação ou momentos de adoecimento". ASSIS, Aisllan; SILVA, Martinho. "Viver livremente": trajetos e passagens de uma fuga do cuidado. In: GERHARDT, Tatiana Engel, et. al. (Org.). *Itinerários terapêuticos: integralidade no cuidado, avaliação e formação em saúde*. Rio de Janeiro: CEPESC, Instituto de Medicina Social, UERJ, 2016. p. 275-288. p. 279.
60. A OMS aponta que, na Europa, entre 2005 e 2008, dos 42 países considerados, 57% adotaram novas políticas de saúde mental e 48% promulgaram nova legislação nesse campo. WORLD HEALTH ORGANIZATION. *Policies and practices for mental health in Europe – meeting the challenges*. Copenhagen (Dinamarca): WHO, 2008, p. 16.
61. Em consonância com os critérios que se adota nesta pesquisa para avaliar a legitimidade da internação forçada, a OMS em estudo que enfatizou boas práticas de saúde mental avaliou os seguintes parâmetros: "*a) promote the transition towards mental health services based in the community (including mental health care integrated into general hospitals and primary care); b) promote the rights of persons with mental disorders and psychosocial disabilities to exercise their legal capacity; c) promote alternatives to coercive practice; d) provide for procedures to enable people with mental disorders and psychosocial disabilities to protect their rights and file appeals and complaints to an independent legal body; and e) provide for regular inspections of human rights conditions in mental health facilities by an independent body*". WORLD HEALTH ORGANIZATION. *Policies and practices for mental health in Europe – meeting the challenges*. Copenhagen (Dinamarca): WHO, 2008, p. 27.
62. AMARANTE, Paulo; ROTELLI, Franco. Reforma psiquiátrica na Itália e no Brasil: aspectos históricos e metodológicos. In: BEZERRA, Benilton Jr.; AMARANTE, Paulo (Org.). *Psiquiátrica sem hospício*. Contribuições para o estudo da reforma psiquiátrica. p. 41-55. p. 44.

Portanto, acolhe-se no plano normativo as premissas inclusive em sede constitucional, as premissas da reforma psiquiátrica e da luta antimanicomial, ressaltadas nas Conferências de Saúde Mental,[63] expressas no lema "Cuidar, sim. Excluir, não".[64]

Prima-se pela valorização da pessoa concreta e suas vicissitudes, o que implica projeto terapêutico singular, a base comunitária na atenção à saúde, a crítica ao modelo hospitalocêntrico em prol da rede de atenção marcada pela interligação entre os diversos dispositivos de saúde.[65] Destarte, a atenção às pessoas que apresentam sofrimento psíquico deve ser permeada pela a autonomia, pela devida atenção, bem como pelo combate a internações de longa permanência.

Como salienta-se nas "Diretrizes para um modelo de assistência integral em saúde mental no Brasil", publicação conjunta da Associação Brasileira de Psiquiatria (ABP), Associação Médica Brasileira (AMB), Conselho Federal De Medicina (CFM) e Federação Nacional dos Médicos (FENAM): "grande parte das demandas urgentes pode ser resolvida sem a necessidade de encaminhamento para internação".[66]

Da finalidade terapêutica como indispensável, decorre o caráter temporário das internações, de maneira que é destinada, desde seu início, a ser finalizada. Em sentido diverso, o STJ não rechaçou a possibilidade de "internação definitiva"[67] determinada em sentença e mantida pelo Tribunal de Justiça do Amapá, desprovida seja de laudo, seja de descrição de medida extra-hospitalar. Prevaleceu uma ótica que pode assim ser simplificadamente resumida "uma vez louco, sempre louco".[68] Essa distorção repercute no juízo de pertencimento e reconhecimento, que se traduz no julgado na determinação do Superior Tribunal de Justiça para, "mediante laudo circunstanciado, apresentar sua conclusão no sentido da internação para o tratamento do distúrbio mental ou, se for o caso, a *possibilidade de convivência* da paciente em seu meio social".

Em contraposição à conclusão do STJ, o cotejo entre as normas constitucionais dispostas na CDPD, a Lei de Saúde Mental e as diretrizes da Rede de Atenção Psicossocial (RAPS), permite notar a evidente correspondência entre as normas constitucionais e a política antimanicomial consagrada na legislação infralegal, como se ilustra:

---

63. No Brasil foram realizadas IV conferências de saúde mental, como se observa duas notas abaixo, a última foi a quarta e que teve o diferencial de ser intersetorial. As conferências são extremamente representativas e considerados como marcos do pensamento e do movimento pela saúde mental no país.
64. Trata-se do lema da III Conferência Nacional de Saúde Mental. Sistema Único de Saúde. Conselho Nacional de Saúde. *III Conferencia Nacional de Saúde Mental:* Caderno Informativo. Brasília: Ministério da Saúde, 2001. p. 4.
65. CONSELHO FEDERAL DE MEDICINA. *Parecer n. 19/1996.* Reforma Psiquiátrica.
66. CONSELHO FEDERAL DE MEDICINA. *Diretrizes para um modelo de assistência integral em saúde mental no Brasil.* Brasília: CFM, AMB, FENAM, ABP, 2014, p. 11. É importante destacar que as diretrizes foram adotadas como "modelo de assistência integral em saúde mental no Brasil", na foram do art. 1º da Resolução CFM n. 1.952/2010.
67. STJ. Recurso Ordinário em *Habeas Corpus* n. 19688. Rel.: Min. Hélio Quaglia Barbosa. 4ª. Turma. DJ: 04.12.2006.
68. FÉ, Ivan de Araújo Moura. Doença mental e Autonomia, *Revista Bioética*, CFM, v. 6, n.1, p. 71-79, 1998. p. 73.

Convenção Internacional sobre os Direitos das Pessoas com Deficiência – Convenção de Nova York (CDPD)	Lei de Saúde Mental (Lei n. 10.216/2001)	Diretrizes para o funcionamento da Rede de Atenção Psicossocial<?>	Lei de Drogas (Lei n. 11.343/2016), conforme redação definida pela Lei n. 13.840/2019
Art. 3º, alínea 'a'- O respeito pela dignidade inerente, a autonomia individual, inclusive a liberdade de fazer as próprias escolhas, e a independência das pessoas	Art. 2º, inc. II – ser tratada com humanidade e respeito e no interesse exclusivo de beneficiar sua saúde, visando alcançar sua recuperação pela inserção na família, no trabalho e na comunidade	Art. 2º, inc. I – respeito aos direitos humanos, garantindo a autonomia e a liberdade das pessoas	Art. 4º São princípios do Sisnad: I – o respeito aos direitos fundamentais da pessoa humana, especialmente quanto à sua autonomia e à sua liberdade;
Art. 26, item 1, alínea 'a' – As práticas de habilitação "Comecem no estágio mais precoce possível e sejam baseados em avaliação multidisciplinar das necessidades e pontos fortes de cada pessoa"	Art. 2º, inc. I – ter acesso ao melhor tratamento do sistema de saúde, consentâneo às suas necessidades	Art. 2º, inc. IV – garantia do acesso e da qualidade dos serviços, ofertando cuidado integral e assistência multiprofissional, sob a lógica interdisciplinar	Art. 4º São princípios do Sisnad IX – a adoção de abordagem multidisciplinar que reconheça a interdependência e a natureza complementar das atividades de prevenção do uso indevido, atenção e reinserção social de usuários e dependentes de drogas, repressão da produção não autorizada e do tráfico ilícito de drogas Art. 23-A, § 2º – A internação de dependentes de drogas somente será realizada em unidades de saúde ou hospitais gerais, dotados de equipes multidisciplinares
Art. 3º, alínea 'd'- O respeito pela diferença e pela aceitação das pessoas com deficiência como parte da diversidade humana e da humanidade	Art. 1º – Os direitos e a proteção das pessoas acometidas de transtorno mental, de que trata esta Lei, são assegurados sem qualquer forma de discriminação quanto a raça, cor, sexo, orientação sexual, religião, opção política, nacionalidade, idade, família, recursos econômicos e ao grau de gravidade ou tempo de evolução de seu transtorno, ou qualquer outra	Art. 2º, inc. V – atenção humanizada e centrada nas necessidades das pessoas	Art. 22 – As atividades de atenção e as de reinserção social do usuário e do dependente de drogas e respectivos familiares devem observar os seguintes princípios e diretrizes: I – respeito ao usuário e ao dependente de drogas, independentemente de quaisquer condições, observados os direitos fundamentais da pessoa humana, os princípios e diretrizes do Sistema Único de Saúde e da Política Nacional de Assistência Social II – a adoção de estratégias diferenciadas de atenção e reinserção social do usuário e do dependente de drogas e respectivos familiares que considerem as suas peculiaridades socioculturais

O singelo quadro comparativo busca reforçar a comprovação de que o texto constitucional acolhe as premissas e valores da reforma psiquiátrica e da luta antimanicomial, com destaque à atenção humanizada e multidisciplinar, em primeiro plano a liberdade e a independência.

Tratam-se de exigências inafastáveis do estatuto jurídico de proteção e promoção da saúde mental no Brasil, inclusive da atenção aos usuários de drogas. É elementar, mas importante frisar que o status constitucional protege a reforma psiquiátrica de alterações por portarias, decretos e mesmo por projetos de lei que busquem privilegiar a internação forçada. Ademais, o *princípio da vedação do retrocesso* as torna infensas até a emendas constitucionais.[69]

Tal compreensão proposta encontra respaldo inclusive no teor da decisão da Corte Interamericana de Direitos Humanos ao examinar o Caso Ximenes Lopes,[70] no qual se destacou o caráter remoto do uso da estrutura hospitalar e a essencialidade dos dispositivos não hospitalares. Trata-se da primeira condenação do Brasil na Corte Interamericana de Direitos Humanos e o famoso caso versou justamente sobre saúde mental. Damião Ximenes Lopes que apresentava sofrimento psíquico foi internado na Casa de Repouso Guararapes em Sobral no Ceará e sofreu toda sorte de abusos, até falecer. A necropsia conclui que a morte ocorreu por circunstâncias violentas, como denota o registro de golpes desferidos contra Damião e escoriações em várias partes do corpo, inclusive no joelho, olho, ombro. Na tentativa de visita da mãe, Albertina que antecedeu o falecimento ocorrido em 1999, o acórdão registra que "o senhor Damião Ximenes Lopes se encontrava sangrando, apresentava hematomas, tinha a roupa rasgada, estava sujo e cheirando a excremento, com as mãos amarradas para trás, com dificuldade para respirar, agonizante, gritando e pedindo socorro à polícia". No local incentivava-se a violência entre os pacientes, e era comum a prática de asfixia por gravata.

Na avaliação da Corte, ao averiguar as "medidas para melhorar as condições da atenção psiquiátrica", o abandono do perfil hospitalocêntrico foi enfatizado. Em harmonia com o paradigma da reforma psiquiátrica, sublinhou-se a criação de dois Centros de Atenção Psicossocial (CAPS), um com foco em saúde mental em geral, outro para drogas, um serviço de residência terapêutica, unidade ambulatorial de psiquiatria, equipes do Programa Saúde na Família e "Unidade de Internação Psiquiátrica no Hospital Dr. Estevão da Ponte do Município de Sobral".

---

69. SARLET, Ingo Wolfgang. A eficácia do direito fundamental à segurança jurídica: dignidade da pessoa humana, direitos fundamentais e proibição do retrocesso social no direito constitucional brasileiro. *In:* ROCHA, Cármen Lúcia Antunes (Org.). *Constituição e segurança jurídica.* 2. ed. Belo Horizonte: Fórum, 2009. p. 85-129. p. 115-116. Segundo Sarlet, "o artigo 5°, parágrafo 1°, da nossa Constituição, impõe a proteção efetiva dos direitos fundamentais não apenas contra a atuação do poder de reforma constitucional (em combinação com o artigo 60, que dispõe a respeito dos limites formais e materiais às emendas constitucionais), mas também contra o legislador ordinário e os demais órgãos estatais (já que medidas administrativas e decisões jurisdicionais também podem atentar contra a segurança jurídica e a proteção de confiança), que, portanto, além de estarem incumbidos de um dever permanente de desenvolvimento e concretização eficiente dos direitos fundamentais (inclusive e, no âmbito da temática versada, de modo particular os direitos sociais) não pode – em qualquer hipótese – suprimir pura e simplesmente ou restringir de modo a invadir o núcleo essencial do direito fundamental".
70. Corte Interamericana de Direitos Humanos. Caso Ximenes Lopes x Brasil. 2006. Disponível online em <http://www.corteidh.or.cr/docs/casos/articulos/seriec_149_por.pdf>. Acesso em: 01 fev. 2015.

Portanto, mesmo quando presente uma motivação terapêutica, é preciso enfrentar a exigência de seu caráter indispensável, haja vista que a internação desnecessária ainda é habitual,[71] assim como os abusos no curso de internações. Daí ser preciso superar o senso comum segundo o qual o tratamento do uso de drogas se faz pela internação. Ao contrário, mesmo a caracterização de intoxicação ou abstinência não são situações automáticas que conduzem ao recurso de internar.[72]

Igualmente, a natureza lícita ou ilícita da droga em nada interfere na prescrição da internação hospitalar.[73] Injustificadamente a internação como exceção é perspectiva que por vezes tem sido ignorada, o que se verifica de modo frequente nas medidas de segurança, como registrado amplamente em evento organizado pela Defensoria Pública do Rio de Janeiro, no final de maio de 2017.[74] O desrespeito à excepcionalidade demonstra o esquecimento da política de saúde defendida na Declaração de Caracas, adotada pela Organização Mundial da Saúde em 14.11.1990, pela qual se estabeleceu como consenso que "a reestruturação da atenção psiquiátrica na região implica a revisão crítica do papel hegemônico e centralizador do hospital psiquiátrico na prestação de serviços".[75]

No plano da saúde o resgate dos laços sociais é parte essencial do protocolo de atenção e cuidado dos usuários em saúde mental,[76] o que exige providências efetivas para inclusão, como asseguram as normas vigentes (Lei de Saúde Mental, art. 4º, § 1º; Lei de Drogas (na redação vigente), art. 5º, I; art. 8º-D, II; art. 19, IX; art. 22, III;

---

71. "[...] é cediço que muitos pedidos de internação compulsória apresentados ao Judiciário, quase sempre em razão da dependência do crack ou de outra droga, têm se mostrado desnecessários". (BARDARO, Rosália; MAPELLI Júnior, Reynaldo. Saúde mental – Legislação e normas aplicáveis. In: MATEUS, Mário Dinis (Org.). *Políticas de saúde mental*: baseado no curso Políticas públicas de saúde mental, do CAPS Luiz R. Cerqueira. São Paulo: Instituto de Saúde, 2013. p. 376-399. p. 395). "Grande parte da população internada para cumprimento de medida de segurança não deveria estar presa, nem sequer teria indicação de tratamento em regime hospitalar". KOLKLER, Tania. Hospitais de custódia e tratamento psiquiátrico no contexto da reforma psiquiátrica: realidades evidenciadas pelas inspeções e alternativas possíveis. In: CONSELHO FEDERAL DE PSICOLOGIA. *Louco Infrator e o Estigma da Periculosidade*. VENTURINI, Ernesto; MATTOS, Virgílio de; OLIVEIRA, Rodrigo Tôrres Org.) Brasília: CFP, 2016. p. 204-230. p. 209.
72. "Nos casos das pessoas que apresentam quadros graves de intoxicação ou abstinência, a internação pode ser em alguns diferentes tipos de serviço, como os setores de emergência geral, emergências psiquiátricas ou hospitais gerais. Em casos de intoxicação ou abstinência moderada, os CAPS AD III têm leitos onde esses usuários podem receber o tratamento adequado por alguns dias". CRUZ, Marcelo Santos. Classificação das substâncias psicoativas e seus efeitos. In: Brasil. Secretaria Nacional de Políticas sobre Drogas. *Prevenção dos problemas relacionados ao uso de drogas*. 6. ed. Brasília: Secretaria Nacional de Políticas sobre Drogas, UFSC, 2014. p.173-193. p. 181.
73. Conselho Regional de Medicina do Ceará. *Parecer CREMEC n. 22/201108/08/2011Processo-Consulta Protocolo CREMEC nº 2947/2011*. Interessado: Defensoria Pública do Estado do Ceará. Fortaleza, 2011.
74. RIO DE JANEIRO. Defensoria Pública do Estado do Rio de Janeiro. *Seminário Internacional: "Defensoria no Cárcere a Luta Antimanicomial"*. Evento realizado entre 24 a 26 de maio de 2017. Rio de Janeiro, Auditório da FESUDEPERJ – Fundação Escola Superior da Defensoria Pública do Estado do Rio de Janeiro. [Informação oral].
75. ORGANIZAÇÃO MUNDIAL DE SAÚDE. *Livro de recursos da OMS sobre saúde mental, direitos humanos e legislação*. Genebra (Suíça): 2005. p. 207.
76. XAVIER, Rosane Terezinha; MONTEIRO, Janine Kieling. Tratamento de Pacientes Usuários de crack e outras drogas nos CAPS AD. *Psicologia Revista*, São Paulo, PUC-SP, v. 22, n.1, 61-82, 2013. p. 67.

art. 23-B, § 3º; Decreto n. 7179/2010, art. 2º, inc. IV; Portaria n. 3088/2011, do Ministério da Saúde, arts. 4º, inc. IV e 9º, § 3º, cujo teor foi recepcionado pela Portaria de Consolidação n. 03/2017 do MS). Com maior força, a Convenção Internacional sobre os Direitos das Pessoas com Deficiência determina como dever dos Estados, "Assegurar que as pessoas com deficiência possam participar efetiva e plenamente na vida política e pública" (art. 29, alínea 'a'), o que constitui direito humano aplicável consentâneo a uma perspectiva de inclusão. Também se reafirma na convenção o direito à participação concreta e inclui medidas apropriadas para desenvolver o potencial criativo, artístico e intelectual (art. 30, alínea 'a').

Em sintonia com o papel central dos laços sociais, a legislação estabelece – como essencial – a participação dos familiares da pessoa internada no processo de atenção à saúde (Lei de Drogas, art. 23-B, § 3º), os quais, na forma da lei "têm o dever de contribuir com o processo". A redação estabelecida por força da Lei n. 13.840/2019 impõe uma série de desafios.

Em relação à crianças e adolescente afirma-se que os familiares são "passíveis de responsabilização civil, administrativa e criminal, nos termos da Lei nº 8.069, de 13 de julho de 1990 – Estatuto da Criança e do Adolescente". Não se pode considerar de plano que o uso de drogas seja responsabilidade dos familiares, o que deve ser apurado com absoluta cautela; vale recordar que os dados levantados no Capítulo 1 demonstram a ampla difusão das drogas e de seu uso muito antes dos 18 anos.

Observa-se que o papel dos familiares, antes adstrito ao pedido de internação, tornou-se muito mais amplo, seja porque a legislação prevê a definição sobre sua participação no processo de tratamento, seja porque o texto normativo estabelecido pela Lei n. 13.840/2019, assegura também que "a família ou o representante legal poderá, a qualquer tempo, requerer ao médico a interrupção do tratamento" (Lei de Drogas, art. 23-A, § 5º, inv. IV).

As inovações na legislação sinalizam a importância da atuação dos familiares, ao mesmo tempo em que suscitam novas questões, tais como: a-) Quem deve ser considerado família para efeito da possibilidade de pedir a internação? b-) Quais familiares são alcançados pela previsão legal de responsabilidade na participação do projeto terapêutico assinalada pelo art. 23-B, § 3º, da Lei de Drogas? c-) Deve-se adotar as regras pertinentes ao direito sucessório ou ainda as normas relativas às prestações de alimentos? d-) Como lidar com as eventuais divergências entre familiares? Retoma-se aqui as discussões sobre a participação também da própria pessoa internada.

Por analogia, vale notar que a Lei de Prevenção ao Suicídio (Lei n. 13.819/2019), aponta para a importância de "abordar adequadamente os familiares e as pessoas próximas das vítimas de suicídio e garantir-lhes assistência psicossocial" (art. 3º, inc. V) a reforçar a importância de atenção, não apenas à pessoa em sofrimento psíquico, mas também as pessoas que estão em seu redor.

Cumpre igualmente recordar os direitos consagrados no art. 2º, § 2º, da Lei de Saúde Mental, que abarca a "assistência integral", que inclui, por sua vez, "serviços médicos, de assistência social, psicológicos, ocupacionais, de lazer, e outros". Além disso, há um relevante elenco de direitos fundamentais, no art. 2º, que deve pautar a análise:

I – ter acesso ao melhor tratamento do sistema de saúde, consentâneo às suas necessidades;

II – ser tratada com humanidade e respeito e no interesse exclusivo de beneficiar sua saúde, visando alcançar sua recuperação pela inserção na família, no trabalho e na comunidade;

III – ser protegida contra qualquer forma de abuso e exploração;

IV – ter garantia de sigilo nas informações prestadas;

V – ter direito à presença médica, em qualquer tempo, para esclarecer a necessidade ou não de sua hospitalização involuntária;

VI – ter livre acesso aos meios de comunicação disponíveis;

VII – receber o maior número de informações a respeito de sua doença e de seu tratamento;

VIII – ser tratada em ambiente terapêutico pelos meios menos invasivos possíveis;

IX – ser tratada, preferencialmente, em serviços comunitários de saúde mental.

Ademais, tais elementos também contribuem para concluir de forma inequívoca que entre os recursos terapêuticos a internação é a última possibilidade.

ii. A finalidade terapêutica é a única apta a justificar a imposição

Para prosseguir na análise do regime jurídico da internação forçada, impende examinar sua finalidade, de sorte que se possa estabelecer a *estrutura* de acordo com a *função*.

Toma-se como premissa que a única finalidade constitucionalmente admissível para a internação forçada de adultos que fazem uso problemático de drogas é o tratamento de sua saúde (tal como em qualquer modalidade de internação psiquiátrica). É o que se extrai da Convenção Internacional sobre os Direitos das Pessoas com Deficiência, art. 15, item 1, quando diferencia pena e tratamento de modo que afasta a possibilidade da internação que não se destinada a tratar. A previsão legal do local da internação em unidade de saúde ou hospital geral, delineada no art. 23-A da Lei 11.343/2006, corroboram a conclusão. O "desvio da finalidade" autêntica e estrita de prover cuidado, torna qualquer internação ilegítima, independente do nome ou do fundamento legal em que se pretenda argumenta-la.

É óbvio, mas vale ressaltar que estar doente não é crime (nem conduta típica), o que importa não ser possível a imposição de pena, sanção ou qualquer punição por doença mental. Além disso, o princípio da legalidade e da taxatividade das penas inviabiliza a criação arbitrária de sanções penais. Não bastasse, o princípio constitucional da imputabilidade afasta a possibilidade de imposição de sanção penal, aspectos que já foram antes examinados de modo mais detido no Capítulo 3.

Não se justifica a imposição da internação pela simples recusa em receber tratamentos porque o consentimento – e, portanto, o direito a recusar tratamentos – compõe o acervo mais elementar de direitos fundamentais e humanos. Igualmente, não é suficiente a constatação de que a saúde exija cuidados porque a liberdade, como exposto no Capítulo 3, abrange o direito a optar por comportamentos que não contribuam com a saúde ou até lhe sejam prejudiciais. Também o fato de haver compulsão não é suficiente, tanto que ninguém cogita a internação de fumantes de cigarro.

Os excertos escolhidos para a epígrafe deste Capítulo sinalizam a possibilidade de diferentes olhares (e ocultações) sobre o tratamento jurídico dos usuários da saúde mental. A pessoa com "moléstia mental", diz o enunciado do texto normativo da Lei dos Alienados, do início do século XX, pode representar um risco à segurança e deve ser afastada. Consoante tratou-se no Capítulo 2, a figura do louco, assim como a do incapaz, muitas vezes é indevidamente associada à imagem do perigoso.

Os excertos servem, igualmente, como advertência de que a argumentação da internação por motivos de saúde pode em realidade ocultar abusos, entre os quais seu emprego como meio para segregar.[77] O enunciado normativo do art. 1º da referida lei, transcrito na epígrafe deste capítulo derradeiro, demonstra que as internações de doentes mentais foram indevidamente destinadas para a proteção da ordem e para exclusão. A curiosa indicação, nos sites da Câmara dos Deputados e do Senado Federal, de que não teria havido a revogação expressa da dita "Lei dos Alienados", convida a pensar os fundamentos legais e constitucionais que permitem concluir sua evidente inconstitucionalidade.

A partir de Foucault, pode-se identificar em tais mecanismos um controle sobre o desejo, o prazer, a entrega. A questão emerge então do campo da individualidade e da privacidade para a esfera controle, do julgamento, o que o torna, em sua raiz, um processo punitivo, justificado pelo direito como proteção.[78] A sacralidade da pessoa, representada no direito pelo princípio da dignidade humana é subvertida, como aponta Agamben, por uma *vida nua,* uma vida indiferente, não reconhecida, uma vida sem valor, aplicável aos incuráveis.[79]

Com uma diferença de um século em relação à lei, foi publicado o premiado livro-denúncia de Daniela Arbex. Com base em minucioso levantamento, narra os

---

77. "[...] em diversos lugares do mundo, a política pública para o tratamento de bebedores de classes desfavorecidas seguiu sendo a internação compulsória em instituições asilares, prática que em pouco ou nada se diferenciava dos modelos morais com investimento na segregação, comuns à história do tratamento para pessoas com transtornos mentais. PETUCO, Dênis Roberto da Silva. Era uma vez: uma pequena história do cuidado e das políticas públicas dirigidas a pessoas que usam álcool e outras drogas. In: TEIXEIRA, Mirna; FONSECA, Zilma. *Saberes e práticas na atenção primária à saúde:* Cuidado à população em situação de rua e usuários de álcool, crack e outras drogas. São Paulo: Hucitec, 2015. p. 179-200. p. 185.
78. FOUCAULT, Michel. *Os anormais.* (Trad. Eduardo Brandão). São Paulo: Martins Fontes, 2001. p. 265. O autor usa a imagem da feiticeira: "A feiticeira subscreve a troca proposta: você me proporciona prazer e poder, eu lhe dou meu corpo, minha alma".
79. AGAMBEN, Giorgio. *Homo sacer:* o poder soberano e a vida nua I. (Trad. Iraci D. Poleti). Belo Horizonte: UFMG, 2007, p. 143.

horrores do "manicômio" Colônia, em Barbacena, Minas Gerais, cujas atividades iniciaram justamente em 1903,[80] ano em que a "Lei dos Alienados" foi promulgada. Sua narrativa de "um campo de concentração travestido de hospital",[81] consubstancia essencial advertência acerca dos perigos do desvirtuamento das internações – expõe seu emprego como mecanismo de isolamento e exclusão, em radical contraste ao argumento terapêutico.

Para Foucault, a real motivação das internações reside na expiação do pecado, e no controle do prazer.[82] Segundo leciona, o surgimento da preocupação com a saúde surge, como uma necessidade, não uma finalidade dos espaços de *internação-isolamento*. "Os cuidados médicos são enxertados à prática do internamento a fim de prevenir alguns de seus efeitos".[83] Goffman designa tais dispositivos de *instituições totais*, marcados pela ruptura com todas as esferas da vida, a imposição de uma única autoridade, uma rotina, com tarefas conjuntas, sujeitas a horário e rotina rigorosos, focados nos objetivos da instituição. O mundo exterior não penetra nestes espaços.[84]

Em sentido próximo, Basaglia os designa *como instituições de violência*, cuja essência está na divisão entre os que detém o poder e os subordinados. São marcados por opressão e por um poder que se converte em violência, justificada por uma finalidade educativa, ou ainda por "culpa da doença".[85]

A leitura da obra de Daniela Arbex transporta para o Brasil a crítica de tais autores. Revela que a compreensão das internações forçadas demanda um estudo acerca do abuso e da violência, bem como da imposição de padrões de normalidade (e anormalidade). Oferece importante crítica à fragilidade da argumentação das internações que revela a seu turno ser falsa a argumentação terapêutica, como se

---

80. MANICÔMIO de Barbacena foi palco de maus-tratos, torturas e mortes. *O Globo*. 28.10.2013. Disponível online em <http://g1.globo.com/globo-news/noticia/2013/10/manicomio-de-barbacena-foi-palco-de-maus-tratos-torturas-e-mortes.html>. Acesso em: 08 jan.2017. "A partir dos anos 1980", noticiou a Folha de S. Paulo "o hospício foi sendo modificado e desativado; pacientes foram transferidos para instituições menores. Até 1994 havia celas no hospital. Hoje, o lugar atende várias especialidades médicas. Na área psiquiátrica ainda estão 160 remanescentes do antigo Colônia". LUCENA, Eleonara de. Livro 'Holocausto Brasileiro' relata horrores de hospício mineiro. *Folha de S. Paulo*, Caderno Ilustrada. 03 ago. 2013.
81. ARBEX, Daniela. *Holocausto brasileiro*. São Paulo: Geração Editorial, 2013. p. 25. A obra recebeu diversos prêmios, entre os quais Melhor Livro-Reportagem do Ano pela Associação Paulista de Críticos de Arte (2013) e segundo melhor Livro-Reportagem no prêmio Jabuti (2014). ARBEX, Daniela. *Site pessoal de Daniela Arbex*. Disponível online em <www.danielaarbex.com.br/sobre-mim/>. Acesso em: 08 jan. 2017.
82. Foucault descreve uma "tecnologia da alma e do corpo", "economia do prazer". FOUCAULT, Michel. *Os anormais*. (Trad. Eduardo Brandão). São Paulo: Martins Fontes, 2001, p. 228, 232, 243 e 254. Segundo o autor, "a direção espiritual vai corresponder o distúrbio carnal como domínio discursivo, como campo de intervenção, como objeto de conhecimento para essa direção". *Op. cit.*, p. 254.
83. FOUCAULT, Michel. *A História da Loucura*: na Idade Clássica. (Trad. José Teixeira Coelho Neto). São Paulo: Perspectiva, 2005, p. 128-129.
84. GOFFMAN, Erving. *Manicômios, prisões e conventos*. (Trad. Dante Moreira Leite). São Paulo: Perspectiva, 2001, p. 17.
85. BASAGLIA, Franco. *A Instituição negada*. Relato de um hospital psiquiátrico. (Trad. Heloisa Jahn). 3. ed. Rio de Janeiro: Edições Graal, 1985, p. 101.

pode haurir do fato de que "Várias requisições de internação eram assinadas por delegados".[86]

Há ainda mais um ponto central no resgate do texto de Arbex. As denúncias de "Holocausto brasileiro" não são novas, mas são atuais ? foram objeto de longa reportagem publicada na Revista "O Cruzeiro", em 1961, intitulada "A sucursal do inferno", que inspirou o livro. Em 1979, foram objeto de nova reportagem, "Os porões da loucura", publicada no Estado de Minas.[87] No mesmo ano em 1979, em Colônia de Helvécio Ratton, filmou-se o documentário, "Em nome da razão".[88] Em preto e branco e sem trilha sonora, reflete uma vida não apenas sem liberdade de ir e vir, mas também de ser.

Essa divulgação dos crimes cometidos contrasta com a ausência de medidas efetivas para combater as atrocidades e reflete a notória invisibilidade[89] da saúde mental e o desconforto que gera seu enfrentamento. A internação não se justifica por "conveniências sociais' de seus familiares".[90]

Outro aspecto importante é que a definição da finalidade terapêutica afasta a internação que tome o isolamento como parte necessária, ou ainda mais grave, como fim.[91] *A intenção forçada constitui um meio – excepcional – para uma finalidade que é terapêutica. Distorcer os fins ou os meios a torna ilegítima; a internação é sempre meio.*

iii. Tratamento como processo: etapas da atenção ao usuário problemático de droga, recuperação e a sistemática adequada da alta hospitalar

Entre as recomendações do CNJ, o 1º Enunciado da I Jornada de Direito da Saúde do Conselho Nacional de Justiça, realizada em 15 de maio de 2014 se estabeleceu que:

---

86. ARBEX, Daniela. *Holocausto brasileiro*. São Paulo: Geração Editorial, 2013, p. 26.
87. ARBEX, Daniela. *Holocausto brasileiro*. São Paulo: Geração Editorial, 2013, p. 177.
88. *Em nome da razão. Um filme sobre os porões da loucura.* 1979. Direção: Helvécio Ratton. Disponível no youtube em: https://www.youtube.com/watch?v=Dfur-cZdgTU. Acesso em: 06 jan. 2017.
89. Uma cegueira similar foi explorada por Fernando Braga da Costa. O pesquisador se vestiu de gari para realizar pesquisa de Mestrado e Doutorado e melhor compreender as humilhações e a invisibilidade social. Em sugestivo trecho registra "[...] naquele uniforme vermelho, fiquei invisível para os outros estudantes, conhecidos meus: ninguém me viu". COSTA, Fernando Braga da. *Moisés e Nilce: retratos biográficos de dois garis. Um estudo de psicologia social a partir de observação participante e entrevistas.* Tese (Doutorado em Ciências Sociais). Universidade de São Paulo, São Paulo, 2006. p. 8.
90. TEPEDINO, Gustavo; BARBOZA, Heloisa Helena; MORAES, Maria Celina Bodin de. *Código Civil interpretado conforme a Constituição da República.* v. IV. Rio de Janeiro: Renovar, 2014, p. 514.
91. Essa concepção é defendida também pelo CREMESP, o qual aduz que "Não deverá se empregar a restrição física ou o isolamento involuntário de um paciente, exceto [...] quando for o único meio disponível de prevenir dano imediato ou iminente ao paciente e a outros. Mesmo assim, não deverá se prolongar além do período estritamente necessário a esse propósito". CREMESP. Consulta nº 9.829/05. 14 maio 2007. Disponível em <http://www.cremesp.org.br/?siteAcao=Pareceres &dif=s&ficha=1&id=6996&tipo=PARECER&orgao=Conselho%20Regional%20de%20Medicina%20do%20Estado%20de%20S%E3o%20Paulo&numero=9829&situacao=&data=14-05-2007>. Acesso em: 15 abr. 2016.

Nas demandas em tutela individual para internação de pacientes psiquiátricos e/ou com problemas de álcool, crack e outras drogas, quando deferida a obrigação de fazer contra o poder público para garantia de cuidado integral em saúde mental (de acordo com o laudo médico e/ou projeto terapêutico elaborado por profissionais de saúde mental do SUS), não é recomendável a determinação a priori de internação psiquiátrica, tendo em vista inclusive o risco de institucionalização de pacientes por longos períodos.[92]

A orientação do CNJ é correta ao sublinhar o caráter remoto da possibilidade de internação forçada da pessoa que faz uso problemático de droga. Na mesma linha, Nota Técnica do Ministério Público do Estado do Rio Grande do Norte recomenda que "evite-se atuar buscando a internação psiquiátrica como primeiro recurso terapêutico".[93] No Estado do Tocantins, é interessante observar o 1º Enunciado do V Fórum Estadual do Judiciário para a Saúde, realizado em 2013:[94]

> Para caracterizar o interesse de agir na ação de internação compulsória, tanto em relação à insanidade mental propriamente dita quanto ao uso de álcool e droga, é mister que a inicial venha instruída com relatório médico, solicitação de internação, e de relatório psicológico, apontando o motivo da inviabilidade de realização de tratamento ambulatorial, ou seja, o esgotamento dos recursos extra-hospitalares ou sua ineficácia, firmados preferencialmente por médico psiquiatra e psicólogo que atendam na Rede Pública, e ainda estudo social com o contexto familiar e psicológico, quando possível.

Como pano de fundo destas recomendações (um tanto quanto tímidas, é preciso dizer) busca-se enfrentar o silogismo socialmente arraigado segundo o qual o usuário de droga não consegue tomar decisões e, logo, seu tratamento deve ser forçado para que se desintoxique.

O tratamento do problema de drogas não se faz pelo enfoque no combate à substância no organismo, sem levar em conta os motivos que conduziram ao uso abusivo da droga. A internação não pressupõe impossibilidade de compreensão ou de expressar vontade.[95]

---

92. CONSELHO NACIONAL DE JUSTIÇA. *Enunciados da I Jornada de Direito da Saúde do Conselho Nacional de Justiça*. São Paulo: 2014. Disponível online em: <http://www.cnj.jus.br/images/ENUNCIADOS_APROVADOS_NA_JORNADA_DE_DIREITO_DA_SAUDE_%20PLENRIA_15_5_14_r.pdf>. Acesso em: 01 ago. 2014.
93. Na fundamentação da nota, com acerto destaca-se: "A internação apenas é valorada como legítima e aconselhável nos casos de fracasso de todas as tentativas de utilização das demais possibilidades terapêuticas, assim como quando os recursos extra-hospitalares disponíveis na rede assistencial forem insuficientes ao tratamento, de acordo com a Lei 10.216, artigo 4º, parágrafos 1º, 2º e 3º". RIO GRANDE DO NORTE. Ministério Público. *Nota técnica n. 01/2014. Ministério Público do Estado do Rio Grande do Norte. Orientações aos Promotores de Justiça, quando da apreciação de requerimentos de internação psiquiátrica, especialmente tratando-se de dependente químico*. PROCURADORIA-GERAL DE JUSTIÇA: Rio Grande do Norte, 2014.
94. CNJ. *Enunciados do V Fórum Estadual do Judiciário para a Saúde*. 2013. Disponível online em: <http://www.cnj.jus.br/programas-e-acoes/pj-justica-em-numeros/documentos?id=28230:enunciados-aprovados-no-v-forum-estadual-do-judiciario-para-a-saude&catid=777:iniciativas-dos-comites-estaduais>. Acesso em: 01 mar. 2017.
95. HART, Carl. *Um preço muito alto*: a jornada de um neurocientista que desafia nossa visão sobre as drogas. (Trad. Clóvis Marques). Rio de Janeiro: Zahar, 2014, p. 22-23.

Os enunciados transcritos talvez possam sugerir uma certa flexibilidade nas análises para internação, interpretação equivocada e que não pode prevalecer diante da gravidade das restrições que pretendem embasar. Em lamentável oposição a tal visão, o Enunciado n. 4 do V Fórum Estadual do Judiciário para a Saúde de Tocantins indica que "se não existir rede de atenção psicossocial formada por CAPS, CAPS AD, CAPS AD III, Unidades de Acolhimento e outros mecanismos", deve-se realizar "a ação de internação involuntária e compulsória"[96] inclusive com auxílio de força policial, quando necessário.

Os equívocos deste enunciado são múltiplos. O mais grave consiste na suposição despropositada de que a internação forçada pudesse servir como um substituto para o atendimento ambulatorial. Esse mito, além de afrontar a política pública de saúde mental,[97] usualmente parte de uma premissa igualmente incorreta de que o tratamento de uso problemático de drogas consiste em prender o paciente até que haja a desintoxicação.

Há uma enorme e insuperável diferença entre esgotar os tratamentos extra-hospitalares, buscar tratamentos não forçados e a inexistência de estrutura de atenção à saúde mental. A internação forçada, na remota hipótese de que seja imprescindível, constitui apenas uma etapa inicial do tratamento.[98] O usuário não termina o período de internação "curado", nem mesmo sem fazer uso de drogas, mas em condições melhores para a continuidade de seu tratamento ambulatorial.[99] O foco é sua recuperação.[100]

No que tange à falta de estrutura ambulatorial como hipótese para internação, é preciso observar a incongruência de internar sem poder prosseguir com a atenção à saúde.[101] Na ausência de mecanismos extra-hospitalares, simplesmente, internar

---

96. CNJ. *Enunciados do V Fórum Estadual do Judiciário para a Saúde*. 2013. Disponível online em: <http://www.cnj.jus.br/programas-e-acoes/pj-justica-em-numeros/documentos?id=28230:enunciados-aprovados-no-v-forum-estadual-do-judiciario-para-a-saude&catid=777:iniciativas-dos-comites-estaduais>. Acesso em: 01 mar. 2017.
97. Segundo o decreto que regulamenta a Lei Orgânica da Saúde (também chamada de Lei do SUS), Decreto n. 7.508/2011, art. 9º, "São Portas de Entrada às ações e aos serviços de saúde nas Redes de Atenção à Saúde os serviços: I – de atenção primária; II – de atenção de urgência e emergência; III – *de atenção psicossocial*". (Grifou-se).
98. BRASIL. Secretaria Nacional de Políticas sobre Drogas. *Prevenção dos problemas relacionados ao uso de drogas: capacitação para conselheiros e lideranças comunitárias*. 6. ed. Brasília: Ministério da Justiça, Secretaria Nacional de Políticas sobre Drogas. 2014, p. 181.
99. XAVIER, Rosane Terezinha; MONTEIRO, Janine Kieling. Tratamento de Pacientes Usuários de crack e outras drogas nos CAPS AD. *Psicologia Revista*, Revista da Faculdade de Ciências Humanas e da Saúde. São Paulo, PUC-SP, v. 22, n.1, 61-82, 2013. p. 68. CARDOSO, Lucilene; GALERA, Sueli Aparecida Frari. Internação psiquiátrica e a manutenção do tratamento extra-hospitalar. *Revista da Escola de Enfermagem da USP*, USP, São Paulo, v. 45, n. 1, p. 87-94, mar. 2011. p. 87.
100. Distingue-se, então, *cura* e *recuperação* (*recovery*). "[...] medida de recovery deixa de relacionar-se à ausência de sintomas e passa a priorizar o quão participativa pode ser a vida de um indivíduo na comunidade não obstante a doença". BACCARI, Ivana Oliveira Preto; CAMPOS, Rosana Teresa Onocko; STEFANELLO, Sabrina. Recovery: revisão sistemática de um conceito. *Ciência & Saúde Coletiva*. Rio de Janeiro, v. 20, n. 1, p. 125-136, Jan. 2015. p. 134.
101. O Decreto n. 7.508/2011, que regulamenta o SUS, em seu art. 12 estabelece que "Ao usuário será assegurada a *continuidade do cuidado em saúde*, em todas as suas modalidades".

não faz nenhum sentido, a começar porque a internação é uma etapa; seria o equivalente a "abrir" um paciente para uma cirurgia do coração para implantação de uma válvula que está indisponível. Se apenas a fase inicial do processo de tratamento será realizada então a internação não cumprirá a finalidade terapêutica, logo, de que vale submeter uma pessoa a tratamento forçado em tais condições?

É preciso enfatizar que, na medida em que a internação é apenas o começo do processo de atenção à pessoa que faz uso problemático de drogas e se inexiste a estrutura para atenção após a internação falta motivação e finalidade para forçar um tratamento. De nada adianta retirar a droga do organismo se as questões que conduziram ao uso abusivo não forem objeto do cuidado devido, que exige adequada transição e continuidade. Ressalte-se ainda que a compreensão das várias etapas na atenção à saúde por uso abusivo de drogas foi expressamente acolhida na redação a Lei de Drogas.[102]

O que se conclui é que na inexistência de dispositivos complementares, o que é frequente,[103] a medida de internação forçada perde significado porque "a internação, quando pertinente, é apenas parte de um projeto".[104] A simples detenção *não* é método de tratamento para uso abusivo de drogas.[105]

"Deve-se deixar claro que o único objetivo da internação é a recuperação do paciente e sua reinserção social no meio, dando-lhe condições de continuar seu tratamento em regime ambulatorial através de serviços de referência".[106] A internação forçada de usuários de drogas não constitui um meio equivalente ou ainda um substituto aos tratamentos ambulatoriais de uso de drogas.

Como aponta Foucault, a compreensão da ênfase na internação encontra suas raízes na estrutura das relações de poder no campo da atividade clínica. O controle constitui elemento chave para a técnica que envolve a combinação de quatro elemento, quais sejam, isolar, medicar, restringir as atividades, com a definição de

---

102. Nesse sentido, estabelece que o projeto terapêutico individualizado deve respeitar as diversas etapas e deverá ser "atualizado ao longo das diversas fases do atendimento" (Lei n 11.343/2006, art. 23, § 4º, conforme redação conferida pela Lei n. 13.840/2019).
103. Verifica-se em muitos locais o uso da internação forçada "como recurso primeiro e exclusivo de tratamento". CONSELHO FEDERAL DE PSICOLOGIA. *Relatório da 4ª Inspeção Nacional de Direitos Humanos:* locais de internação para usuários de drogas. Brasília: Conselho Federal de Psicologia, 2011, p. 189. O Conselho Federal de Psicologia assinala "graves problemas existentes na Porta de Saída, na desinstitucionalização, por carência de residências terapêuticas, de acolhimento por parte dos familiares e até de dificuldades para a continuidade do tratamento em alguns CAPS do estado do Rio de Janeiro". CONSELHO FEDERAL DE PSICOLOGIA. *Inspeções aos manicômios.* Relatório Brasil 2015. Brasília: CFP, 2015, p. 31.
104. RIO DE JANEIRO. Ministério Público do Estado do Rio de Janeiro. *Ministério Público e Tutela à Saúde Mental.* A proteção de pessoas portadoras de transtornos psiquiátricos e de usuários de álcool e drogas. 2. ed. Rio de Janeiro: MPRJ, ago. 2011, p. 64.
105. ONU. *Principles of Drug Dependence Treatment.* Discussion Paper. Nova York (EUA), 2009. p. 15. No mesmo sentido, NACIONES UNIDAS. Asamblea General. Consejo de Derechos Humanos. Informe del *Relator Especial sobre la tortura y otros tratos o penas crueles, inhumanos o degradantes. Relatório A-HRC-22-53.* ONU: Nova York (Estados Unidos), *1º fev. 2013.* Disponível em <http://www.ohchr.org/Documents/HRBodies/HRCouncil/RegularSession/Session22/A-HRC-22-53_sp.pdf>. Acesso em: 20 ago. 2017.
106. CREMESP. *Bioética clínica: reflexões e discussões sobre casos selecionados.* OSELKA, Gabriel (Coord.). São Paulo: Conselho Regional de Medicina do Estado de São Paulo. Centro de Bioética, 2008, p. 123.

regulamento, horários, trabalho, assim como o uso de instrumentos de coerção. Estão em cena uma fusão de elementos de caráter punitivo-terapêuticos, tais como a ducha e a cadeira rotatória. "Eram esses elementos combinados que definiam o âmbito da terapia, da qual se esperava, sem nunca dar uma explicação nem uma teoria, a cura".[107] A internação então assume a natureza de um ato de isolamento, seu alicerce está no poder,[108] sua razão no controle, sua estrutura se traduz em uma segregação abrupta, em detrimento de uma relação ética, fundada em alteridade, reconhecimento, respeito mútuo, e voltada ao tratamento da saúde.

Para desviar dessa possibilidade de desfuncionalização da internação, não se pode admitir iniciá-la sem real intenção de oferecer um tratamento adequado. Questão análoga, *mutatis mutantis*, é colocada em relação ao cumprimento de pena privativa de liberdade em condições desumanas. O STJ já assentou que "Se, por culpa do Estado, o condenado não vem cumprindo pena em estabelecimento prisional adequado ao regime fixado na decisão judicial ([semi]aberto), resta caracterizado o constrangimento ilegal".[109]

Outro aspecto irregular é que no caso de pacientes oriundos do sistema penitenciário, a passagem do isolamento ao CAPS (regime ambulatorial) frequentemente não é feita de modo progressivo. Ocorre sem a construção prévia de vínculos, sem a transição, de modo que se faz iniciar tão somente "no momento da desinternação ou de posse do Alvará".[110] Para respeitar as etapas, a rede de atendimento deve estar e definitivamente funcionar de maneira articulada.[111]

iv. Alta hospitalar – encerramento da internação, não do tratamento

A alta da internação é um direito do paciente e um dever da equipe médica. Sob a égide do Decreto-lei n. 891/1938, a pessoa internada por uso de drogas somente poderia ser liberado por uma nova decisão judicial. A cura era condição *sine qua non* para o fim da internação (art. 29, § 9º). Ademais, toda internação era comunicada à polícia para que exercesse a "vigilância" (art. 29, § 10). Ao apreciar esse dispositivo,

---

107. FOUCAULT, Michel. *O Poder Psiquiátrico*. (Trad. Eduardo Brandão). São Paulo: Martins Fontes, 2012, p. 179-180.
108. GOFFMAN, Erving. *Manicômios, prisões e conventos*. (Trad. Dante Moreira Leite). São Paulo: Perspectiva, 2001, p. 28.
109. "A superlotação e a precariedade do estabelecimento penal, é dizer, a ausência de condições necessárias ao cumprimento da pena em regime aberto, permite ao condenado a possibilidade de ser colocado em prisão domiciliar, até que solvida a pendência, em homenagem aos princípios da dignidade da pessoa humana, da humanidade da pena e da individualização da pena". STJ. *Habeas Corpus* n. 248.358. Relª. Minª.: Maria Thereza de Assis Moura. 6ª. Turma. DJe 23/04/2013.
110. CONSELHO FEDERAL DE PSICOLOGIA. *Inspeções aos manicômios*. Relatório Brasil 2015. Brasília: CFP, 2015, p. 40.
111. CREMESP, et al. *Estamos de Olho: Avaliação Conjunta dos Hospitais Psiquiátricos do Projeto Redenção*. São Paulo: CREMESP, CRP-SP, CONDEPE (Conselho Estadual de Defesa dos Direitos da Pessoa Humana), COMUDA (Conselho Municipal de Política de Drogas e Álcool de São Paulo), 29. ago. 2017. Disponível em <http://edelei.org/_img/_banco_imagens /relato%CC%81rio-web-v2.pdf>. Acesso em: 7 set. 2017.

Nilo Batista é contundente: "a alta do paciente não era uma decisão médica e sim uma decisão judicial, assimilável a um alvará de soltura, informada por um parecer médico".[112]

Uma nova perspectiva sobre a função da internação exige repensar seu funcionamento. Em sintonia, o CNJ estabeleceu que a alta hospitalar não pode depender de ordem judicial porque o encerramento desta etapa de tratamento deflui de critério estritamente médico.[113] Isso não significa excluir a judicialização da fiscalização de potencial equívoco ou abuso em caso de demora ou mesmo de divergência entre o responsável do estabelecimento e outro profissional da saúde.

É interessante notar que no ordenamento espanhol,[114] a internação psiquiátrica depende de autorização judicial (com exceção às situações de urgência) e se fixa o dever de comunicação ao Poder Judiciário sobre o tratamento em curso, no entanto, simultaneamente, a determinação judicial não é requisito para a alta hospitalar, haja vista que se confere liberdade à equipe de saúde para determiná-la. Na disciplina do "Internamiento no voluntario", definida pelo art. 763 da Ley n. 1/2000 (Ley de Enjuiciamiento Civil) *"cuando los facultativos que atiendan a la persona internada consideren que no es necesario mantener el internamiento, darán el alta al enfermo, y lo comunicarán inmediatamente al tribunal competente"*. Extrai-se a lição de que a imposição judicial da internação não sinaliza que seja indispensável nova ordem judicial para finalizá-la, porque deve ser fundada em pressupostos estritamente atrelados à saúde.[115]

A Lei n. 10.216/2001 corrobora tal perspectiva tendo em conta que em seu art. 8, § 2º determina que "O término da internação involuntária dar-se-á por solicitação escrita do familiar, ou responsável legal, ou quando estabelecido pelo especialista responsável pelo tratamento". Conforme procedimento adotado no Estado de Goiás, no âmbito do PAI-LI, mesmo em medidas de segurança a desinternação prescinde de determinação judicial.[116]

---

112. BATISTA, Nilo. Política criminal com derramamento de sangue. *Revista brasileira de ciências criminais*. São Paulo, v. 5, n. 20, p. 129-146, out./dez. 1997. p. 135.
113. De acordo com o Enunciado n. 48 da II Jornada de Direito da Saúde do CNJ, "As altas de internação hospitalar de paciente, inclusive de idosos e toxicômanos, independem de novo pronunciamento judicial, prevalecendo o critério técnico profissional do médico". CONSELHO NACIONAL DE JUSTIÇA. *Enunciados da II Jornada de Direito da Saúde do CNJ*. Disponível em: <www.cnj.jus.br/files/conteudo/destaques/arquivo/2015/05/96b5b10aec7e5954fcc1978473e4cd80.pdf>. Acesso em: 20 abr. 2016.
114. JORQUERA, Concepción Espejel. El internamiento no voluntario por razón de Trastorno psíquico. Comentarios al art. 763 L.E.C., *Psicopatología Clínica, Legal y Forense*, v. 4, p. 47-62, 2004. p. 49.
115. "Se o paciente está com alta médica não deve se aguardar nem um dia a mais sua liberação, mesmo que tenha sido internado por ordem judicial". KARAM, Maria Lucia. Internações: aspectos jurídicos, políticos e sua interface com a saúde Mental. In: CONSELHO FEDERAL DE PSICOLOGIA. *Drogas, Direitos Humanos e Laço Social*. Brasília: CFP, 2013. p. 148-182. p. 165.
116. GOIÁS. Ministério Público de Goiás. *PAILI – Programa de Atenção Integral ao Louco Infrator*. 3. ed. Goiânia: MPGO, 2013, p. 40.

Em consulta formulada ao CREMESP, em 2012, um hospital psiquiátrico deixa claro, entretanto, que no seu cotidiano, "no caso de o paciente ser internado, estar melhorando e com alta médica, é de praxe que os Juízes mandem que não o liberemos de alta sem a devida ordem judicial". Em sua resposta, de forma preocupante, o conselho orientou ser necessário solicitar ofício para liberação a fim de que se "defira a desinternação do paciente".[117] Tendo em conta o volume de atividades do judiciário, e que o objeto da decisão é uma questão apenas de saúde, qual o sentido de exigir deliberação judicial para alta hospitalar? A conduta adequada é conferir a decisão à equipe de saúde, ainda que sujeita a apreciação judicial de violação de direitos humanos do paciente.

No fim das contas, volta-se a tautologia já explorada por Foucault em que o saber médico se justifica pelo jurídico e vice-versa.[118] A medida dita terapêutica é admitida porque há ordem judicial, e a ordem judicial é legítima porque há um laudo.

Defende-se de modo veemente que a alta hospitalar (ou desinternação) não pode depender de apreciação judicial.[119] A realidade, contudo, revela que a subversão da lógica é uma constante. Em inspeção do Conselho Federal de Psicologia, constatou-se a perversa inversão em relação às internações de usuários de drogas no HCTP (Hospital de Custódia e Tratamento Psiquiátrico): *"para entrar eles não precisam de ordem judicial, mas para sair sim"*.[120] Na imprensa, colhe-se a notícia de que a "Justiça mantém internações psiquiátricas mesmo após alta médica e paciente fica até 3 anos". O jornal O Estado de S. Paulo identificou

> centenas de casos do tipo por meio de pesquisas em Diários Oficiais de todo o País e entrevistas com 30 promotores, defensores públicos, representantes de hospitais psiquiátricos e outros especialistas em 20 Estados. Destes, 15 confirmaram o problema: São Paulo, Santa Catarina, Paraná, Rio Grande do Sul, Acre, Pará, Minas Gerais, Bahia, Espírito Santo, Alagoas, Tocantins, Rio Grande do Norte, Piauí, Mato Grosso e Paraíba[121].

A teor da Resolução CFM n. 2.057/2013, art. 43, "quem determina a natureza e o tipo de tratamento a ser ministrado é o médico assistente do paciente, que poderá prescrever alta hospitalar no momento em que entender que este se encontra em condições".[122] Na mesma trilha, a opinião descrita no Parecer CFM n. 01/2011.

---

117. CONSELHO FEDERAL DE MEDICINA. *Consulta n. 91.404/2012 do CREMESP*. Disponível em: <https://sistemas.cfm.org.br/normas/ visualizar/pareceres/SP/2012/91404>. Acesso em: 18 abr. 2017.
118. FOUCAULT, Michel. *Os anormais*. (Trad. Eduardo Brandão). São Paulo: Martins Fontes, 2001, p. 10-11.
119. BARDARO, Rosália; MAPELLI Júnior, Reynaldo. *Saúde mental – Legislação e normas aplicáveis*. In: MATEUS, Mário Dinis (Org.). *Políticas de saúde mental: baseado no curso Políticas públicas de saúde mental, do CAPS Luiz R. Cerqueira*. São Paulo: Instituto de Saúde, 2013. p. 376-399. p. 397.
120. CONSELHO FEDERAL DE PSICOLOGIA. *Inspeções aos manicômios*. Relatório Brasil 2015. Brasília: CFP, 2015, p. 37.
121. TOLEDO, Luiz Fernando; CAMBRICOLI; Fabiana. Justiça mantém internações psiquiátricas mesmo após alta médica e paciente fica até 3 anos. *O Estado de S. Paulo*, 23 jul. 2017.
122. Em que pese o dispositivo adote a expressão "internações compulsórias", quis dizer qualquer modalidade de internação forçada, o que se extrai inclusive da indicação de que são internações "de qualquer natureza".

A Resolução CFM n. 2.057/2013 define que cabe ao "diretor técnico médico comunicar tal fato ao juiz, para as providências que entender cabíveis". A melhor interpretação deste artigo é de que a comunicação é da própria alta, em consonância inclusive ao teor do enunciado n. 48 da II Jornada de Direito da Saúde do CNJ, acima examinado. Indo mais longe, a Resolução CFM n. 2.057/2013, art. 5º, § 2º, dispensa a avaliação judicial também para a "saída temporária de paciente de estabelecimento de saúde para observação evolutiva e da adaptação em família", e atribui ao médico (a nosso ver da equipe de saúde), a apreciação.

Em síntese, no que tange à alta hospitalar, considera-se que não depende de prévia autorização judicial,[123] por ser uma avaliação de saúde. Igualmente, avalia-se que é sem sentido que a alta dependa de modo indispensável de um laudo de médico do próprio estabelecimento da internação, o que poderia naturalmente proporcionar nefastos conflitos de interesse. Por isso a legislação infralegal determina uma comissão multiprofissional da qual devem ser integrantes um médico com conhecimento de psiquiatria e um profissional da saúde, não pertencentes ao corpo do local da internação.[124] Naturalmente, o Poder Judiciário possui competência para fiscalização de irregularidades e divergências em internações (CF, 5º, XXXV) e a legitimidade ativa para a proteção da pessoa deve ser a mais ampla possível.

v. Onde internar

Mesmo em caso de surto a internação não é uma medida que se impõe. O primeiro passo nestas circunstâncias é o encaminhamento é para o CAPS, em especial se ocorrer no curso do tratamento. Como preconiza o Ministério da Saúde, o "CAPS III é o ponto de atenção estratégico no cuidado e responsabilização pelas situações de crise".[125] Vale lembrar que no caso de tratamento ambulatorial, o paciente já conhece a equipe a qual, se necessário, poderá recomendar o encaminhamento para atenção adicional.

---

123. Nesse sentido, consultar enunciado aprovado na I Reunião Ordinária da Comissão Permanente de Saúde, do Conselho Nacional de Procuradores Gerais de Justiça do Ministério Público dos Estados e da União (CNPG). Disponível em <https://www2.mppa.mp.br/sistemas/gcsubsites/upload/37/copeds_2014_01_internacao_compulsoria.pdf>. Acesso em: 01 maio 2016.
124. Na legislação do Ministério da Saúde, a Portaria de Consolidação n. 03/2017, Anexo V, art. 73. É o que determinava também a Portaria 2.391/2002 do Ministério da Saúde, incorporada na portaria de consolidação.
125. BRASIL. Ministério da Saúde. Secretaria de Atenção à Saúde. Departamento de ações programáticas estratégicas. Área técnica de saúde mental, álcool e outras drogas. *Nota técnica n.. 25/2012*. Brasília: Ministério da Saúde: 05/06/2012. De acordo com Portaria de Consolidação n. 03/2017, Anexo V, art. 7º o CAPS III "atende prioritariamente pessoas em intenso sofrimento psíquico decorrente de transtornos mentais graves e persistentes, incluindo aqueles relacionados ao uso de substâncias psicoativas, e outras situações clínicas que impossibilitem estabelecer laços sociais e realizar projetos de vida. Proporciona serviços de atenção contínua, com funcionamento vinte e quatro horas, incluindo feriados e finais de semana, ofertando retaguarda clínica e acolhimento noturno a outros serviços de saúde mental, inclusive CAPS AD. Indicado para Municípios ou regiões de saúde com população acima de cento e cinquenta mil habitantes". A disposição repete o conteúdo da Portaria MS/GM n. 3088/2011.

De modo a oferecer uma orientação prática, propõe-se as seguintes estratégias:

Situação	Conduta preconizada
Uso de drogas	Não há internação por uso de drogas
Uso problemático de drogas	Dispositivos da rede de atenção psicossocial (RAPS). Múltiplas possibilidades e técnicas. Em caso de intoxicação, possibilidade de receber soro em CAPS ad.
Surto	Para pacientes em tratamento, um surto poderia ser controlado no próprio CAPS III, que permite inclusive internações por curtos períodos. Em casos mais graves, possiblidade de internação forçada, temporária, em ambiente hospitalar geral.

Não se trata apenas de repetir o caráter subsidiário da internação, mas recordar que há maneiras menos invasivas de cuidar e tratar. A internação hospitalar, segundo a reforma psiquiátrica, deve ser feita em hospitais gerais.[126] Entre as objeções aos hospitais psiquiátricos, está o fato de que tendem a possuir menor infraestrutura para a atenção de outras especialidades, pois estão ligados a uma lógica de internação por prazos maiores. Rechaça-se a perenidade e o modelo manicomial, cuja ênfase é a institucionalização.

Além disso, hospitais específicos são naturalmente uma discriminação da saúde mental em relação a outras projeções da saúde. Recorde-se que por meio da Portaria GM/MS n. 148/2012, foram implantados leitos de saúde mental em hospitais gerais, como parte da rede de atenção à saúde mental.[127] Essa sistemática foi incorporada pela Portaria de Consolidação n. 03/2017, do Ministério da Saúde, art. 56. A Portaria n. 3088/2011 do Ministério da Saúde, que desenha a Rede de Atenção Psicossocial prevê apenas hospitais de referência e enfermaria especializada (art. 5º, inc. V). A internação em hospitais psiquiátricos estava prevista apenas durante o processo de substituição do modelo, o que decorridos mais de cinco anos não pode permanecer.

Na mesma linha, dispõe a Portaria de Consolidação n. 05/2017, do Ministério da Saúde, art. 79, a qual, em complemento, estabelece em seu art. 10 que a Rede de Atenção Psicossocial no que tange uso de espaço hospitalar deve oferecer "enfermaria especializada para atenção às pessoas com sofrimento ou transtorno mental e com necessidades decorrentes do uso de crack, álcool e outras drogas em especial de abstinências e intoxicações severas".

Os limites desta tese não abrangem o exame da possibilidade de imposição de outros tratamentos que não sejam a internação ou instrumentos de pressão e

---

126. Sistema Único de Saúde. Conselho Nacional de Saúde. *Relatório Final da III Conferência Nacional de Saúde Mental*. Brasília, 11 a 15 de dezembro de 2001. Brasília: Ministério da Saúde, 2002. p. 43, 51, 62. No mesmo sentido: MARCHEWKA, Tânia Maria Nava. A humanização na assistência à saúde mental no hospital geral: uma das alternativas terapêuticas da reforma psiquiátrica garantida pelos direitos humanos, *Revista de Direito Sanitário*, USP, v. 8, n. 1, 2007. p.43-60. p. 53.
127. BRASIL. Ministério da Saúde. Secretaria de Atenção à Saúde. Departamento de ações programáticas estratégicas. Área técnica de saúde mental, álcool e outras drogas. *Nota técnica n.. 25/2012*. Brasília: Ministério da Saúde: 05/06/2012.

coerção.[128] Em uma análise inicial, considera-se que a única modalidade forçada de tratamento de drogas que pode ser admitida consiste nos mecanismos hospitalares. À primeira vista, essa colocação poderia parecer um contrassenso, afinal se defende de modo veemente o esgotamento das alternativas extra-hospitalares. Ocorre que os serviços não hospitalares de tratamento de usuários de drogas se pautam pela participação voluntária.

É inadmissível a internação forçada em comunidades terapêuticas (CTs). A respeito, é preciso lembrar que são baseadas no sistema de "porta-aberta", isto é, com livre possibilidade de ir e vir. O caráter voluntário da internação, bem como da permanência em tais instituições é delineado de modo expresso na Resolução da Diretoria Colegiada da ANVISA, RDC n. 29/2011, art. 19, que impõe:

> III – a permanência voluntária;
>
> IV – a possibilidade de interromper o tratamento a qualquer momento, resguardadas as exceções de risco imediato de vida para si e ou para terceiros ou de intoxicação por substâncias psicoativas, avaliadas e documentadas por profissional médico[129].

Nada obstante a vedação legal, foi denunciado durante reunião do Comitê Executivo de Saúde do Estado do Paraná,[130] realizada em 27 de junho de 2017, persistirem as ordens judiciais de internação em comunidades terapêuticas.[131]

O Parecer n. 09/2015, do CFM reforça que "é vetado aos médicos indicar internação em Comunidades Terapêuticas que se encaixam no perfil definido pela RDC Anvisa n. 29/11, por não se tratarem de ambientes médicos".[132] Dessa maneira, "nelas só podem permanecer quem decidiu pela internação voluntariamente".[133] Note-se ainda que a Lei 11.343/2006, art. 23-A, § 9º, conforme redação definida

---

128. Em inglês se identificou a diferenciação entre *compulsory treatment* e *coerced treatment*. Nessa linha: ONU. UNODC. (United Nations Office on Drugs and Crime). *From coercion to cohesion*. Treating drug dependence through health care, not punishment. Discussion paper based on a scientific workshop UNODC, Vienna October 28-30, 2009. United Nations, Vienna, 2010, p. 10.
129. A Lei Estadual n. 22.460/2016 de Minas Gerais, art. 3º, determina que "As comunidades terapêuticas só acolherão pessoas com transtornos decorrentes do uso de crack, álcool e outras drogas que aderirem de forma voluntária e forem encaminhadas por serviço da rede pública de saúde, após avaliação clínica, psiquiátrica e odontológica que as considere aptas para o acolhimento". É curiosa a determinação da avaliação odontológica.
130. A escolha do estado do Paraná foi apenas por facilidade de acesso a dados, eis que é o estado de origem do pesquisador.
131. Por meio da Resolução n. 107/2010, do Conselho Nacional de Justiça (CNJ), foi instituído o Fórum Nacional para o monitoramento e resolução das demandas de assistência à saúde. Para garantir maior efetividade, foram criados os Comitês Executivos Estaduais. O registro de uma síntese do depoimento está na ata da reunião de 29.07.2017. JUSTIÇA FEDERAL DO ESTADO DO PARANÁ. Ata da 56ª Reunião do Comitê Executivo Estadual para monitoramento das demandas de assistência à saúde. 29.07.2016. Disponível em: <www.jfpr.jus.br/saude/ata_56.php>. Acesso em: 12 out. 2016.
132. CONSELHO FEDERAL DE MEDICINA. *Parecer n. 09/2015*. Disponível em: <http://www.portalmedico.org.br/pareceres/CFM/2015/9 _2015.pdf>. Acesso em: 01 maio 2016.
133. CONSELHO FEDERAL DE MEDICINA. Em comunidades, só internação voluntária. *Jornal Medicina*, Brasília, Conselho Federal de Medicina, ano XXX, n. 243, p. 8, abr./2015.

pela Lei 13.840/2019, em sintonia com o que havia sido proposto na tese de doutorado que originou este livro, proíbe expressamente a internação em comunidades terapêuticas.[134]

De forma bastante contundente, a nova legislação estipulava em seu art. 8-F, § 5º, que "as comunidades terapêuticas acolhedoras não se caracterizam como equipamentos de saúde", entretanto, o dispositivo foi vetado.

Outro problema é que a ausência de um(a) médico(a) impõe questionar, quem dará a alta? Não obstante tais ressalvas, são frequentes os registros de internação forçada,[135] inclusive por determinação judicial. Em vistoria do Ministério Público Federal, averiguou-se que:

> Dentre os problemas que foram encontrados nas entidades espalhadas por dez estados e Distrito Federal estão internações forçadas e indocumentadas, instalações precárias e péssimas condições de higiene, suspeita de trabalhos forçados e até indícios de sequestro e cárcere privado com a anuência da família.[136]

A posição das comunidades terapêuticas é delicada e complexa. Sua disciplina jurídica é pouco exigente e envolve fragilidades graves, como não se exigir a presença de um médico, o que aos olhos das entidades médicas, constitui barreira intransponível ao seu reconhecimento como serviço de saúde. No plano normativo, o cerne de sua disciplina está na já mencionada Resolução da Diretoria Colegiada da ANVISA, a RDC n. 29/2011, que define, art. 5º, que "As instituições abrangidas por esta Resolução deverão manter responsável técnico de nível superior legalmente habilitado". Observe-se que não se exige a titulação em uma área específica de conhecimento. Ao contrário, como a ANVISA procurou elucidar em nota técnica, como requisito para a condução da entidade basta "formação de nível superior em *qualquer área* e a capacitação e experiência no atendimento a usuários de substâncias psicoativas".[137] Em problemática tautologia, define-se que aqueles que pode atender o usuário de drogas sãos os que detenham experiência, pois bem, qual experiência?

---

134. A concordância nesse ponto com a iniciativa legislativa não sinaliza que se subscreve todos os aspectos da lei tal como um possível enfoque sobre a substância, ao invés do usuário.
135. Em estudo de Amadera, Ramos e Galduróz documenta-se a prática e também sua inefetividade. AMADERA, Gustavo Daud; RAMOS, Anna Carolina; GALDURÓZ, José Carlos. *Internação compulsória de dependentes de cocaína/crack em comunidade terapêuticas: avaliação de eficácia e aceitação*. Trabalho apresentado no XXII Congresso Brasileiro da ABEAD (Associação Brasileira de Estudos do Álcool e outras Drogas). Disponível em <www.uniad.org.br/images/stories/Poster_ABEAD_2013.pdf>.
136. MARIZ, Renata. Inspeção em comunidades terapêuticas encontra internações à força e instalações precárias. Caso de uma transexual mantida em unidade masculina será investigado pelo MPF. *O Globo*. 18 out. 2017. Noticia-se que "No Rio de Janeiro, em um dos estabelecimentos vistoriados, voltado para adultos, havia um adolescente de 13 anos internado por ordem judicial e mantido fora da escola, em desrespeito ao Estatuto da Criança e do Adolescente (ECA). O mesmo problema foi verificado em comunidades terapêuticas de outros estados, como São Paulo e Mato Grosso".
137. ANVISA. *Nota Técnica n. 055/2013 da GRECS/GGTES/ANVISA*. Esclarecimentos sobre artigos da RDC Anvisa n. 29/2011 e sua aplicabilidade nas instituições conhecidas como Comunidades Terapêuticas e entidades afins. Gerência Geral de Tecnologia em Serviços de Saúde, 16 ago. 2013. p. 3. "Orienta-se ainda que observem a preparação do profissional para assumir a função de Responsável Técnico (RT), verificando itens

Em que pese sequer se exija um profissional de saúde, contraditoriamente é "vedada a admissão de pessoas cuja situação requeira a prestação de serviços de saúde não disponibilizados pela instituição" (art. 16, parágrafo único). Outrossim, a normativa da ANVISA determina que "A admissão será feita mediante prévia avaliação diagnóstica" (art. 16), no entanto, falha ao não explicar a quem caberá realiza-la e fiscalizá-la. Em nota técnica sobre o tema, a agência explica que "é necessária a avaliação por instituições da rede de saúde (como hospitais, CAPSad, ambulatórios, clínicas, entre outros)",[138] o que não consta na resolução e compromete a proteção legal das pessoas que vão se internar, inclusive por não se explicar quem apreciará tal avaliação, muito menos a alta.

Além disso, a despeito de não se exigir um(a) médico(a) como parte da equipe, levantamento feito pelo IPEA, em 2017, registra que o elevado percentual de 55% das comunidades terapêuticas reconhece empregar medicamentos aos assim designados "residentes".[139] Outro aspecto apurado pelo estudo do instituto é que "o governo federal, através da Secretaria Nacional de Políticas sobre Drogas (Senad), [órgão do Ministério da Justiça] financia vagas".[140] Isso sinaliza que a questão está na pasta da segurança e, fora da alçada do Ministério da Saúde.[141]

Repete-se então a sobreposição entre as funções de controle e cuidado, de modo que a diferenciação entre prisão/hospital fica esmaecida, o que compromete o atendimento à saúde mental e desafia inclusive sua finalidade. No ano de 2015, o Conselho Federal de Psicologia divulgou relatório de inspeção aos "manicômios judiciais", também chamados de hospital de custódia e tratamento psiquiátrico (HCTP).

No Mato Grosso, "*O que se constatou na visita é que, do ponto de vista da estrutura física predial, trata-se de um manicômio judiciário, embora do ponto de vista legal é*

---

como: experiência comprovada na gestão de comunidades terapêuticas e instituições afins, desempenho de funções como conselheiro, monitor ou equivalente na área de dependência química e participação em cursos de capacitação sobre o tema". *Op. cit.*, p. 4.

138. BRASIL. ANVISA. *Nota Técnica n. 055/2013 da GRECS/GGTES/ANVISA*. Esclarecimentos sobre artigos da RDC Anvisa n. 29/2011 e sua aplicabilidade nas instituições conhecidas como Comunidades Terapêuticas e entidades afins. Gerência Geral de Tecnologia em Serviços de Saúde, 16 ago. 2013, p. 3. Do documento extrai-se a falta de critérios na exigência do responsável pela condução dos trabalhos: "Orienta-se ainda que observem a preparação do profissional para assumir a função de Responsável Técnico (RT), verificando itens como: experiência comprovada na gestão de comunidades terapêuticas e instituições afins, desempenho de funções como conselheiro, monitor ou equivalente na área de dependência química e participação em cursos de capacitação sobre o tema". *Op. cit.*, p. 4.
139. IPEA. *Nota Técnica n. 21/2017*. Perfil das Comunidades Terapêuticas Brasileiras. Diretoria de Estudos e Políticas do Estado, das Instituições e da Democracia. Rio de Janeiro: IPEA, 21 mar. 2017, p. 22.
140. IPEA. *Nota Técnica n. 21/2017*. Perfil das Comunidades Terapêuticas Brasileiras. Diretoria de Estudos e Políticas do Estado, das Instituições e da Democracia. Rio de Janeiro: IPEA, 21 mar. 2017, p. 7.
141. FOSSI, Luciana Barcellos; GUARESCHI, Neuza Maria de Fátima. O modelo de tratamento das comunidades terapêuticas: práticas confessionais na conformação dos sujeitos. *Estudos e Pesquisas em Psicologia*, UERJ – Instituto de Psicologia, v.15, n.1, 2015, p. 94-115. p. 96. No mesmo sentido: CONSELHO FEDERAL DE PSICOLOGIA. *Drogas, Direitos Humanos e Laço Social*. Brasília: CFP, 2013, p. 59. BRASIL. Ministério Público Federal. Ofício n. 125/2015/PFDC/MPF da Procuradoria Federal dos Direitos do Cidadão.

uma unidade de saúde".[142] Esta confusão, como já sublinhado, mostra-se ainda mais presente nos ditos hospitais de custódia destinados ao cumprimento das medidas de segurança.

Além disso, há um aspecto ético[143] bastante presente, que ultrapassa o tratamento em saúde para atingir uma questão atrelada à moral e à espiritualidade.[144] No registro do IPEA:

> Na maior parte das CTs pesquisadas, o trabalho espiritual ancora-se em doutrinas religiosas, especialmente as de tradição cristã; mas pode prescindir delas. Como será visto adiante, mesmo as CTs que se declaram desvinculadas de igrejas ou organizações religiosas atribuem centralidade ao cultivo da espiritualidade, como via de superação da chamada drogadição. [...] Percebendo os indivíduos adictos como, a um só tempo, doentes e moralmente fracos, os programas terapêuticos das CTs pretendem tanto tratar dos sintomas decorrentes do uso problemático de SPAs, como também operar uma reforma moral dos sujeitos, que os conduza a uma reinvenção de si.[145]

Em detrimento ao caráter voluntário, concluiu-se "apenas em 14% das CTs, os acolhidos sejam autorizados a guardar consigo os próprios documentos. Essas práticas ferem direitos individuais (à privacidade, à identidade e à livre circulação)", conforme aponta a pesquisa do instituto. Outra discussão relevante concerne à realização de trabalho pelos internos, argumentada como tratamento,[146] sem o cumprimento dos preceitos usais ? leia-se normas trabalhista ? que regem os vínculos empregatícios.[147] Ademais, enquanto 80% das vagas são para homens, apenas 4% são específicas para mulheres. Também se verificou que 82% das CTS estão vinculadas a organizações religiosas.

---

142. Em inspeção do Conselho Federal de Psicologia à Hospital de Custódia no Mato Grosso, registra-se que "Inicialmente, o projeto previa ser um espaço aberto à circulação dos internos, ainda que dentro do espaço prisional, mas onde os pacientes circulavam sem as alas gradeadas, em que as atividades eram programadas em um modelo semelhante ao CAPS – Centro de Atenção Psicossocial. A diferença era que as pessoas recebiam atendimento e também residiam ali. Este modelo vigorou por um tempo, mas à medida que foram acontecendo incidentes no cotidiano da instituição, passou-se a usar o gradeamento e encarceramento dos usuários deste serviço, e vigorar também sistema de vigilância do modelo prisional. [...]". CONSELHO FEDERAL DE PSICOLOGIA. *Inspeções aos manicômios*. Relatório Brasil 2015. Brasília: CFP, 2015, p. 61.
143. Szasz aponta a contradição pela qual as doenças mentais são aproximadas aos desvios éticos, mas tratadas com medicamentos. SZASZ, Thomas. *Ideologia e doença mental*. Ensaios sobre a desumanização da psiquiatria do homem. (Trad. José Sanz). 2. ed. Rio de Janeiro: Zahar, 1980, p. 22.
144. RIBEIRO, Fernanda Mendes Lages; MINAYO, Maria Cecília de Souza. As Comunidades Terapêuticas religiosas na recuperação de dependentes de drogas: o caso de Manguinhos, RJ, Brasil. *Interface* (Botucatu), v.19, n.54 p. 515-526, 2015. p. 519.
145. IPEA. *Nota Técnica n. 21/2017*. Perfil das Comunidades Terapêuticas Brasileiras. Diretoria de Estudos e Políticas do Estado, das Instituições e da Democracia. Rio de Janeiro: IPEA, 21 mar. 2017, p. 8-9.
146. GOFFMAN, Erving. *Manicômios, prisões e conventos*. (Trad. Dante Moreira Leite). São Paulo: Perspectiva, 2001, p. 82.
147. Em entrevista com envolvidos nas internações colheu-se o seguinte registro: "Não tem que assinar carteira nada, ele tá em tratamento". AGUIAR, Andréa Lúcia Vasconcellos de. *Usuários de crack, instituições e modos de subjetivação*: estudo das práticas e da eficácia terapêutica em uma comunidade terapêutica religiosa (RN). Dissertação. (Mestrado em Antropologia Social). Universidade Federal do Rio Grande do Norte, Natal, 2014, p. 130.

Em resumo, em caso de surto, a atenção na saúde mental preferencialmente deve ocorrer em CAPS. Caso seja indispensável, a internação hospitalar, deve ocorrer em hospitais gerais. Nos termos da referida Lei de Saúde Mental, art. 4º, § 3º:

> É vedada a internação de pacientes portadores de transtornos mentais em instituições com características asilares, ou seja, aquelas desprovidas dos recursos mencionados no § 2º e que não assegurem aos pacientes os direitos enumerados no parágrafo único do art. 2º

Segundo a legislação vigente, ou a internação do usuário de droga assegura todos os seus direitos, ou não pode ser aplicada.[148] É interpretação que, à luz de uma leitura constitucional, harmoniza-se como o grau de severidade da medida.

Em consonância, em interessante precedente, julgou-se pela impossibilidade da aplicação da medida de internação diante da ausência dos elementos necessários. Segundo a narrativa, a paciente Poliana "é dependente química, passou a morar na rua e sofre ameaças de morte". Em sua defesa, o Estado de Alagoas sustentou que "o básico direito fundamental à liberdade de um cidadão não pode ser temporariamente tolhido em favor de seu direito à saúde".[149]

Em sintonia com a interpretação que se defende nesta pesquisa, a sentença consignou que é admissível o "tratamento coercitivo" de usuários de drogas, mas não pode ser admita quando desatendidos os direitos fundamentais do paciente assegurados pela Lei de Saúde Mental. No caso concreto, identificou-se

> ausência de comprovação dos requisitos estabelecidos nos artigos 4º e 6º da Lei 10.216/2001, bem assim considerando que não foi provada nenhuma das seguintes condições relativas ao beneficiário: 1ª) risco de auto-agressão; 2ª) risco de hetero-agressão; 3ª) risco de agressão à ordem pública; 4ª) risco de exposição social, e 5ª) incapacidade grave de auto-cuidados, tampouco foi declarada sua interdição, julgo improcedente o pedido.

O precedente colocou ênfase nos riscos da internação e julgou que ao lado dos benefícios, pode "causar a perturbação da relação entre ator/indivíduo e seus atos, causa o desequilíbrio do eu, uma vez que profana as ações, a autonomia e a liberdade". Tais critérios se harmonizam com o preconizado pelo Conselho Federal de Medicina, na Resolução CFM n. 2.056/2013:

> Art. 41. O paciente com doença mental somente poderá ser internado involuntariamente se, em função de sua doença, apresentar uma das seguintes condições, inclusive para aquelas situações definidas como emergência médica:
> I – Incapacidade grave de autocuidados.
> II – Risco de vida ou de prejuízos graves à saúde.

---

148. CONSELHO FEDERAL DE MEDICINA. Parecer n. 09/2015. Disponível em: <http://www.portalmedico.org.br/pareceres/CFM/ 2015/9_2015.pdf>. Acesso em: 01 maio. 2016. p. 15.
149. Sentença prolatada em Ação Civil Pública n. 0706787-53.2012.8.02.0001. Autor: Defensoria Pública do Estado de Alagoas. Réu: Estado de Alagoas. Maceió, DJe: 02.03.2017. O caso já foi referido anteriormente. Com fundamentação similar: (Sentença prolatada em Ação Civil Pública n. 0729028-84.2013.8.02.0001. Autor: Defensoria Pública do Estado de Alagoas. Réu: Estado de Alagoas. Maceió, DJe: 13.02.2013.

III – Risco de autoagressão ou de heteroagressão.
IV – Risco de prejuízo moral ou patrimonial.
V – Risco de agressão à ordem pública.

§ 1º. O risco à vida ou à saúde inclui as síndromes de intoxicação e de abstinência de substância psicoativa e os quadros de grave dependência química.

Considere-se que tais hipóteses se mostram excessivamente abertas, o que denota a exigência de maior descrição para que possam ser considerados aptas para justificar no plano jurídico a autorização para privação temporária da liberdade.

Comparativamente, a Lei n. 13.819/2019 a qual instituiu a Política Nacional de Prevenção da Automutilação e do Suicídio, utiliza-se da expressão "violência autoprovocada" para designar as situações mais graves, termo que se distancia significativamente do vocabulário da recém mencionada resolução do CFM[150]. Por sua vez, a Resolução CFM n. 2.232/2019 aponta, em seu art. 3º, a possibilidade de desconsiderar a recusa do paciente quando "fora das faculdades mentais" ou ainda "Em situações de risco relevante à saúde", expressões ao mesmo tempo equivocadas e exageradamente largas, a sugerir a necessidade de revisão.

vi. O tempo de internação

Um usuário afirmou: "eles só dão alta mesmo quando a pessoa começa a incomodar". (Relatório de inspeção de internações de pessoas usuárias de drogas da região denominada "Cracolândia" – Visita institucional, realizada em 2017. Relatório da Visita de Inspeção ao Hospital São João de Deus).[151]

Não basta restringir a adoção da internação, é preciso controlar sua duração. De modo contundente a legislação infralegal determina que a internação forçada da pessoa que faz uso problemático de droga, quando ocorrer, deve ser "*em regime de curtíssima ou curta permanência*"[152] e pelo "*menor tempo possível*".[153] A própria tabela do SUS vigente (SIDH)[154] determina uma duração exígua de internação, conforme inclusão determinada pela Portaria n. 2.197/2004, do Gabinete do Ministro do Ministério da Saúde:

---

150. A atenção ao sentido e alcance do termo "violência autoprovocada" é também importante porque a Lei n. 13.819/2019 alterou a Lei dos Planos de Saúde (Lei n. 9.656/1998), ao incluir o art. 10-C que assegura "a cobertura de atendimento à violência autoprovocada e às tentativas de suicídio".
151. CREMESP, et al. *Estamos de Olho: Avaliação Conjunta dos Hospitais Psiquiátricos do Projeto Redenção*. São Paulo: CREMESP, CRP-SP, CONDEPE (Conselho Estadual de Defesa dos Direitos da Pessoa Humana), COMUDA (Conselho Municipal de Política de Drogas e Álcool de São Paulo), 29. ago. 2017. Disponível em <http://edelei.org/_img/_banco_imagens/relato%CC%81rio-web-v2.pdf>. Acesso em: 07 set. 2017.
152. Portaria de Consolidação n. 05/2017, do Ministério da Saúde, art. 79.
153. Portaria de Consolidação n. 03/2017, do Ministério da Saúde, art. 65, do Anexo V. Trata-se da tônica estabelecida na Portaria n. 2.391/2002, 2º, do Ministério da Saúde.
154. BRASIL. Ministério da Saúde. SUS. *Tabela SIDH Unificada*. Disponível em: <www2.datasus.gov.br/SIHD/tabela-unificada>. Acesso em: 29 out. 2017.

I – tratamento de intoxicação aguda, em Serviço Hospitalar de Referência para a Atenção Integral aos Usuários de Álcool e Outras Drogas – SHRad *(tempo de permanência: 24 a 48 horas)*;

II – tratamento da síndrome de abstinência do álcool, em Serviço Hospitalar de Referência para a Atenção Integral aos Usuários de Álcool e Outras Drogas – SHRad *(tempo de permanência: 3 a 7 dias)*; e

III – tratamento de dependência do álcool, com a presença de intoxicação aguda com evolução para a instalação de síndrome de abstinência grave, ou ainda outros quadros de síndrome de abstinência seguidos por complicações clínicas, neurológicas e psiquiátricas, em Serviço Hospitalar de Referência para a Atenção Integral aos Usuários de Álcool e outras Drogas – SHRad *(tempo de permanência: 3 a 15 dias)*.

A curta duração é decorrência também da adequada proteção que deve permear todo processo de internação, vale realçar, avaliação do paciente, atos prévios à internação, período de internação e alta hospitalar[155]. É que na forma da Lei de Saúde Mental, o tratamento possui como "finalidade permanente, a reinserção social do paciente" (art. 4º, § 1º). Em sentido próximo, a Lei de Drogas, art. 3º, inc. I; art. 8º-D, inc. I, conforme redação estabelecida pela Lei n. 13.840/2019.

Diversamente, ensina Goffman, os dispositivos voltados ao isolamento-segregação, como os hospitais psiquiátricos e os presídios, constroem barreiras com o mundo exterior que conduzem a um processo de *mortificação e mutilação do eu*. Em um só movimento, retira-se a identidade e cria-se a obediência.[156]

A política de saúde mental acolhe a perspectiva da alta assistida e acompanhamento terapêutico,[157] com a gradativa inserção da pessoa nas relações sociais,[158] na contramão da ótica de segregação do louco.[159] Na mesma linha, em publicação sobre os cuidados de pacientes que fazem uso de crack, o Conselho Federal de Medicina afirma que:

> Os psiquiatras preconizam internação para desintoxicação de cerca de 7 a 14 dias, drogas usadas comumente como opióides e tratamento das comorbidades constituem-se em medidas iniciais, devendo o paciente ter acesso à rede de tratamento ambulatorial bem como aos processos integrados.[160]

---

155. Na 16ª. Conferência Nacional de Saúde, realizada em 2019, preconizou-se como meta: "Garantir a efetivação da política de saúde mental, sem retrocessos e contra a política de internações de longa permanência". CONSELHO NACIONAL DE SAÚDE. Ministério da Saúde. Conselho Nacional de Saúde. *16ª Conferência Nacional de Saúde*. Relatório final: Brasília, 4 a 7 de Agosto de 2019: Ministério da Saúde, Conselho Nacional de Saúde. Brasília: Ministério da Saúde, 2019.
156. GOFFMAN, Erving. *Manicômios, prisões e conventos*. (Trad. Dante Moreira Leite). São Paulo: Perspectiva, 2001, p. 24.
157. BEZERRA, Cíntia Guedes; DIMENSTEIN, Magda. Acompanhamento terapêutico na proposta de alta-assistida implementada em hospital psiquiátrico: relato de uma experiência. *Psicologia Clínica*, PUC-RJ, Rio de Janeiro, v. 21, n. 1, p. 15-32, 2009. p. 15 e 25.
158. FIORATI, Regina Célia; SAEKI, Toyoko. *O acompanhamento terapêutico na internação hospitalar: inclusão social, resgate de cidadania e respeito à singularidade*. Interface – Comunicação, Saúde, Educação Botucatu, v. 12, n. 27, p. 763-772, dez. 2008. p. 766.
159. SILVA, Alex Sandro Tavares da; SILVA, Rosane Neves da. A emergência do acompanhamento terapêutico e as políticas de saúde mental. *Psicologia: Ciência e Profissão*, Brasília, v. 26, n. 2, p. 210-221, Jun. 2006. p. 212 e 216.
160. CONSELHO FEDERAL DE MEDICINA. *Diretrizes Gerais Médicas para Assistência Integral ao Dependente do Uso do Crack*. Brasília, CFM, 2011, p. 6. Disponível em: <http://portal.cfm.org.br/images/stories/pdf/cartilha*crack*.pdf>. Acesso em: 12 ago. 2016.

Vale lembrar também que a ONU rechaça os tratamentos forçados de longo prazo:

> No existen pruebas de los efectos terapéuticos de ese tipo de intervención en comparación con los regímenes de encarcelamiento habituales o con los sistemas de tratamiento voluntario basado en la comunidad. Se trata de una intervención cara y poco rentable, que no beneficia ni a la persona ni a la comunidad. No constituye una alternativa al encarcelamiento porque es una forma de él.[161]

Por tais motivos, tal como já exposto, no Capítulo 3, em relação à medida de segurança, eventual determinação da internação forçada pela via judicial não pode preestabelecer um prazo mínimo de duração, porque a definição de tratamento é competência da saúde (Lei n. 12.842/2013).[162] Por fim, por se tratar de restrição à direitos fundamentais, a internação deve ser tão diminuta quanto possível, diante do que já se defendeu supra.

vii. Comprovação científica como pressuposto para cobertura de tratamentos em saúde (e para aplicação de recursos)

> não me parece admissível que hoje o Estado, sobretudo num campo tão sensível como é o campo da saúde, que diz respeito à vida, e à própria dignidade da pessoa humana, possa agir irracionalmente, levando em conta razões de ordem metafísica, ou fundado em suposições, enfim, que não tenham base em evidências científica.[163]

O resgate da função de cuidado (evita-se aqui o termo cura), torna indispensável questionar a evidência científica que respalda a internação.[164] Como aponta Boletim da Organização Mundial da Saúde, o ônus de comprovar que os tratamentos forçados para casos de uso problemático de drogas são efetivos, seguros e eticamente aceitáveis compete aos seus defensores, não a seus críticos.[165]

---

161. NACIONES UNIDAS. *De la coerción a la cohesión. Tratamiento de la drogodependencia mediante atención sanitaria en lugar de sanciones.* Documento de Debate. ONU: Nova York (Estados Unidos), 2011, p. 7.
162. A Lei n. 12.842/2013, art. 4°, prevê que "São atividades privativas do médico: [...] XI – indicação de internação e alta médica nos serviços de atenção à saúde".
163. STF. ADI n. 5501 MC (Medida cautelar na ação direta de inconstitucionalidade). Tribunal Pleno. Rel.: Min.: Marco Aurélio. DJe: 31.07.2017. Voto do Min. Ricardo Lewandowski. O caso envolvia o debate sobre a lei que autorizava a fabricação da fosfoetanolamina, destinada ao tratamento de câncer.
164. Conforme Enunciado n. 59, aprovado no II Fórum de Saúde do CNJ, "As demandas por procedimentos, medicamentos, próteses, órteses e materiais especiais, fora das listas oficiais, devem estar fundadas na Medicina Baseada em Evidências".
165. HALL, Wayne; CARTER, Adrian. "Advocates need to show compulsory treatment of opioid dependence is effective, Safe and Ethical." *Bulletin of the World Health Organization* 91.2, fev. 2013, p. 146. Para Werb e outros *"There is limited scientific literature evaluating compulsory drug treatment. Evidence does not, on the whole, suggest improved outcomes related to compulsory treatment approaches, with some studies suggesting potential harms. Given the potential for human rights abuses within compulsory treatment settings, non-compulsory treatment modalities should be prioritized by policymakers seeking to reduce drug-related harms".* WERB, Dan *et al.* The effectiveness of compulsory drug treatment: a systematic review. *The International Journal on Drug Policy,* n. 28, p. 1-9, 2016.

Maria Gadelha, apresenta oportuna síntese do tema ao traçar quatro critérios para incorporação de procedimentos na saúde: "funciona? (eficácia); o quão bem funciona? (efetividade); a que custo? (eficiência); e para quantos? (equidade)".[166] Os parâmetros da chamada *medicina baseada em evidências* (MBE),[167] ou mais recentemente designada de *saúde baseada em evidências (SBE)*, foram incorporados no plano legislativo conforme redação da Lei 12.401/2011, que alterou o texto da Lei Orgânica da Saúde (Lei 8.080/90).

Segundo determina o art. 19-Q, inc. I, exige-se a efetiva demonstração de: "evidências científicas sobre a eficácia, a acurácia, a efetividade e a segurança do medicamento, produto ou procedimento objeto do processo, acatadas pelo órgão competente para o registro ou a autorização de uso". Além disso, conforme inc. II, deve-se comprovar "a avaliação econômica comparativa dos benefícios e dos custos em relação às tecnologias já incorporadas, inclusive no que se refere aos atendimentos domiciliar, ambulatorial ou hospitalar, quando cabível".

Diante de um quadro em que é recorrente o discurso acerca da limitação orçamentária na saúde, valoriza-se a determinação de que haja fundamentação técnica. Injustificadamente, o rigor de comprovação que, como regra geral, tem sido exigido para deferimento de tratamentos não se faz repetir em relação à internação forçada. Essa injustificada imunidade não pode subsistir.

Em sentido contrário ao que se defende, a jurisprudência tem injustificadamente valorizado uma suposição de eficácia, que além de ilegal é inconstitucional e mostra o habitual desvio de finalidade das internações. No STJ, decidiu-se:

> Indubitável o cabimento de medida de internação compulsória em favor de maior usuário de drogas, tendo em conta a situação de vulnerabilidade criada pela dependência química, a fim de assegurar-lhe o direito à saúde e à vida. E, no caso em tela, é extreme de dúvidas que o recorrido é dependente químico, que não aceita tratamento médico ou internação, que já foi recolhido pela Febem e que representa perigo para si mesmo e para terceiros (atestado médico).[168]

A exigência de que haja um controle posterior à concessão do tratamento é procedimento usual nas diversas modalidades de cuidados em saúde. É que as demandas nesta área são marcadas por um caráter dinâmico, que depende da evolução singular de cada paciente e de acontecimentos posteriores que podem variar entre uma faixa ampla de possibilidades, que vão desde a recuperação até o fenecer. Vale

---

166. GADELHA, Maria Inez Pondeus. Escolhas públicas e protocolos clínicos: o orçamento, as renúncias necessárias e os novos projetos de leis. *In*: NOBRE, Milton Augusto de Brito; SILVA, Ricardo Augusto Dias da (Coord.). *O CNJ e os desafios da efetivação do direito à saúde*. Belo Horizonte: Fórum, 2011. p. 367-374. p. 369.
167. SHARP, David. Evidence-based medicine. *Lancet*, v. 348, n. 9037, 09.11.1996. SACKETT, David et al. Evidence based medicine: what it is and what it isn't. *British Medical Journal*, v. 312, n. 7032, p. 71-72. Para um contato inicial: NORDENSTROM, Jorge. *Medicina Baseada em Evidências seguindo os passos de Sherlock Holmes*. (Trad. Rita Brossard). Porto alegre: Artmed, 2008.
168. STJ. REsp 1730852. Rel. Min.: Herman Benjamin. 2ª Turma. DJe: 28.11.2018.

frisar o teor do Enunciado n. 2, I Jornada de Direito da Saúde do Conselho Nacional de Justiça[169] que assevera que:

> Concedidas medidas judiciais de prestação continuativa, em medida liminar ou definitiva, é necessária a renovação periódica do relatório médico, no prazo legal ou naquele fixado pelo julgador como razoável, considerada a natureza da enfermidade, de acordo com a legislação sanitária, sob pena de perda de eficácia da medida.

Na mesma jornada, o texto do Enunciado n. 18 estatui: "Sempre que possível, as decisões liminares sobre saúde devem ser precedidas de notas de evidência científica emitidas por Núcleos de Apoio Técnico em Saúde – NATS". Os núcleos de apoio técnico fornecem aos magistrados[170] pareceres, que não se confundem com possível perícia, que esclarecem sobre o tratamento requerido e avaliam sua evidência científica. No que tange à comprovação, cabe resgatar nota técnica do Tribunal de Justiça de Minas Gerais, em que o NATS (Núcleo de Avaliação de Tecnologias em Saúde) é questionado sobre a internação psiquiátrica de paciente com esquizofrenia e drogadição, e assim responde:

> A internação psiquiátrica nos manicômios foi por mais de três séculos o principal pilar da psiquiatria. Contudo, *este se comprovou não só um modelo terapêutico ineficaz como danoso ou mesmo lesivo, que tem como função primordial a segregação e exclusão social dos doentes mentais*.[171]

Em complemento, ao tratar especificamente da internação em caso de uso problemático de drogas, aponta a Nota Técnica pelo insucesso da internação compulsória:

> A OMS critica duramente a internação compulsória e recomenda claramente que seja priorizada a implantação de ações e serviços de saúde comunitários com características voluntárias. As internações compulsórias em hospitais, se utilizadas, só devem ser realizadas em circunstâncias claramente definidas como excepcionais e, mesmo assim, respeitando os direitos humanos previstos na legislação internacional, sempre por curto período de tempo (poucos dias). A internação compulsória para programas de recuperação cuja duração varia de 6 a 12 meses não

---

169. CONSELHO NACIONAL DE JUSTIÇA. *Enunciados da I Jornada de Direito da Saúde do Conselho Nacional de Justiça*. São Paulo: 2014. Disponível online em: <http://www.cnj.jus.br/images/ENUNCIADOS_APROVADOS_NA_JORNADA_DE_DIREITO_DA_SAUDE_%20PLENRIA_15_5_14_r.pdf>. Acesso em: 01 ago. 2014.
170. GEBRAN NETO, João Pedro; SCHULZE, Clenio Jair. *Direito à saúde*. 2. ed. Porto Alegre: Verbo Jurídico, 2019, p. 69.
171. TJMG. NATS. Núcleo de Avaliação de Tecnologias em Saúde. *Nota Técnica n. 259/2013*. Disponível online em: <http://bd.tjmg.jus.br:80/jspui/handle/tjmg/5752>. Acesso em: 20 mar. 2016. Na mesma linha, embora não tratando de usuário de drogas a Nota Técnica n. 26/2014 reforça a contraindicação de internação de menor, mesmo com episódios de auto-agressividade e tentativa de autoextermínio, registrando: "ao afastá-lo do convívio com sua família e comunidade, a internação inviabiliza um dos objetivos principais do tratamento do deficiente mental, qual seja, o desenvolvimento de habilidades sociais. Também não permite a família e comunidade aprender a conviver com as diferenças e a lidar com as necessidades especiais deste menor, condenando-o a uma impossibilidade definitiva de convívio social". TJMG. NATS. Núcleo de Avaliação de Tecnologias em Saúde. *Nota Técnica n. 26/2014*. Solicitante Des. José Carlos De Matos. Disponível online em: <http://bd.tjmg.jus.br:80/jspui/handle/tjmg/5487>. Acesso em: 20 mar. 2016.

tem evidenciado bons resultados, sendo seguida por alto índice de recaídas e com uma relação custo/benefício negativa. A OMS não recomenda este tipo de intervenção.

Não se descartou a internação como procedimento, mas se demandam características e exigências devidamente delineadas:

> A internação hospitalar por poucos dias, como parte de um plano global de tratamento, está indicada para desintoxicação e deve obrigatoriamente ser seguida por outras modalidades de tratamento como Programas de Recuperação em Comunidades Terapêuticas, Hospitais-dia, Residências Terapêuticas, Tratamentos psicológico e psiquiátrico em regime ambulatorial e assistência aos familiares.[172]

No mesmo diapasão, o (re)pensar da medida de segurança (como tratamento médico forçado) quando cotejada com os mecanismos de controle impostos aos investimentos em saúde, escancara a inadequação do embasamento sanitário e a presença de um tom higienizador:

> Da forma com que está prevista no nosso direito atualmente, ela seria um tratamento cuja alta não se daria em razão pura e simples da recuperação do paciente, mas pela sua submissão à perícia de cessação de periculosidade periódica, submetida ao juiz, que passaria, sem ser médico, a ter o poder clínico de considerar o paciente curado, mesmo quando a própria ciência discute se é possível falar em cura da loucura.[173]

De acordo com Nota Técnica do n. 86/2014, do NATS (Núcleo de Avaliação de Tecnologias em saúde) do Tribunal de Justiça de Minas Gerais, que examinou a internação forçada:

> A Internação hospitalar breve, por poucos dias, com o fim de desintoxicação e/ou em situações de alto risco para o paciente ou para terceiros, é em alguns casos necessária e eficaz no tratamento da dependência química e deve estar inserida dentro de um projeto terapêutico mais amplo; a internação compulsória prolongada de usuários de drogas em Comunidades Terapêuticas não tem evidenciado bons resultados clínicos, com uma relação custo/benefício negativa. A OMS não recomenda este procedimento.[174]

---

172. É marcante que o primeiro enunciado do Conselho Nacional de Justiça (CNJ) a respeito de saúde, aprovado no I Jornada do Fórum Nacional da Saúde, em 2014, estabeleça: "Nas demandas em tutela individual para internação de pacientes psiquiátricos e/ou com problemas de álcool, crack e outras drogas, quando deferida a obrigação de fazer contra o poder público para garantia de cuidado integral em saúde mental (de acordo com o laudo médico e/ou projeto terapêutico elaborado por profissionais de saúde mental do SUS), não é recomendável a determinação a priori de internação psiquiátrica., tendo em vista inclusive o risco de institucionalização de pacientes por longos períodos".
173. JACOBINA, Paulo Vasconcelos. *Direito penal da loucura e reforma psiquiátrica*. Brasília: ESMPU (Escola Superior do Ministério Público da União), 2008. p. 133. Mais adiante conclui: "No atual estágio do direito brasileiro, não se pode defender que internar alguém coativamente (ou mesmo submetê-lo a um tratamento ambulatorial coativo), por ordem judicial de um juiz criminal, com base em uma presunção de periculosidade (decorrente da prática de um ato criminal por alguém que foi reconhecido pelo direito como portador de transtorno mental incapacitante das faculdades cognitivas ou volitivas), seja considerado cientificamente como medida terapêutica". *Op. cit.*, p. 134.
174. CONSELHO NACIONAL DE JUSTIÇA. Nota Técnica n. 86/2014 do Tribunal de Justiça de Minas Gerais. Disponível em <http://www.cnj.jus.br/files/conteudo/destaques/arquivo/2015/04/2497d7af1334 3484c 46113775191ddce.pdf>. Acesso em: 24 ago. 2017.

Diante das ressalvas a eficácia da internação como procedimento terapêutico, torna-se importante recordar que a compreensão atual sobre o direito à saúde envolve uma série de filtros para disponibilização de procedimentos, que leva em conta eficácia, eficiência, assim como os valores a serem empregados. No que tange ao aspecto orçamentário, as internações são muito mais dispendiosas do que a atenção extra-hospitalar que conta ainda com o diferencial ímpar da maior humanidade na atenção à pessoa.[175]

Com tal colocação, não se pretende afirmar uma visão utilitarista, nem que o crivo orçamento deva ser considerado isoladamente para definir tratamentos. O que se chama a atenção é a circunstância de que o aspecto financeiro não seja trazido ao debate quando o procedimento a ser custeado pelo poder público seja a internação forçada. Essa opacidade deve ser explorada. Entre as hipóteses que talvez possam explicá-la, lista-se o mito da eficácia da internação, as outras funções que exerce (que justificam o custo de isolar) e os interesses financeiros envolvidos na "mercantilização da loucura".[176]

Mais do que isso, não pode se pretender a esdrúxula conclusão de que caberia então reduzir os gastos em saúde mental porque a estrutura extra-hospitalar precisa igualmente de recursos e são conhecidamente limitados para o tratamento dos pacientes psiquiátricos, com substancial impacto estrutural.[177] De outra banda, se observa que a redução dos leitos psiquiátricos destinados a internação não se fez acompanhar de uma política concreta de estruturação da rede extra-hospitalar,[178] que é deficitária.[179]

Segundo registra Sérgio Baxter Andreoli, em 2005 as internações representavam 49% do gasto em saúde mental, ao passo que 1995 eram 95,5% do orçamento. Com a diminuição, em 2005 houve 313.052 internações psiquiátricas no país, o que corres-

---

175. Em apresentação do Estado do Paraná noticia-se que o "CAPS ad III regional" possui um custo mensal de R$ 39.400,00. PARANÁ. Secretaria de Saúde. *A Rede de Atenção à Saúde Mental no Paraná e a competência da APS*. Disponível em: <http://www.saude.pr.gov.br/arquivos/File/APSUS_-_Ed._Permanente/Oficia_8_-_Saude_Mental/Apresentacao_Rede_de_Atencao_a_Saude_Mental_no_Parana_e_a_competencia_da_APS.pdf>. Acesso em: 05 fev. 2017.
176. A expressão é de Amarante. AMARANTE, Paulo. *Loucos pela vida. a trajetória da reforma psiquiátrica no Brasil*. 2. ed. Rio de Janeiro: Fiocruz, 1998, p. 55.
177. CONSELHO FEDERAL DE MEDICINA. *Diretrizes para um modelo de assistência integral em saúde mental no Brasil*. Brasília: CFM, AMB, FENAM, ABP, 2014, p. 11. GENTIL, Valentim. A ética e os custos sociais da "reforma psiquiátrica". *Revista de Direito Sanitário*, Brasil, v. 5, n. 1, p. 55-66, mar. 2004. p. 62-64.
178. Além disso, "a implantação dos CAPS ad não teve a mesma prioridade das outras modalidades de CAPS". ALVES, Domingos Sávio Nascimento; SILVA, Paulo Roberto Fagundes da; COSTA, Nilson do Rosário. Êxitos e desafios da reforma psiquiátrica no Brasil, 22 anos após a declaração de Caracas. *Medwave*, n. 12, v. 10, 2012. Com mesma conclusão RAMMINGER, Tatiana; SILVA Martinho, *Mais substâncias para o trabalho em saúde com usuários de drogas*. organizadores. Porto Alegre: Rede UNIDA, 2014, p. 43.
179. FAGUNDES JUNIOR, Hugo Marques; DESVIAT, Manuel; SILVA, Paulo Roberto Fagundes da. Reforma Psiquiátrica no Rio de Janeiro: situação atual e perspectivas futuras. *Ciência & Saúde Coletiva*, Rio de Janeiro, v. 21, n. 5, p. 1449-1460, Maio 2016, p. 1454-1455. Nesse sentido, também, SILVA, Paulo Roberto Fagundes da *et al*. Desinstitucionalização de pacientes de longa permanência de um hospital psiquiátrico no Rio de Janeiro, *Ciência & Saúde Coletiva*, Rio de Janeiro, v. 22, n. 7, p. 2341-2352, Jul. 2017.

ponde a 2,5% de todas as internações. As doenças que ensejaram internações foram esquizofrenia (45%), uso abusivo de drogas (25%) e transtornos afetivos (12%).[180]

Renata Weber Gonçalves, Fabíola Sulpino Vieira e Pedro Delegado identificam no ano de 2006 um marco fundamental, pelo qual, pela primeira vez, os investimentos extra-hospitalares superaram o custeio de internações. Destacam que "o componente do financiamento teve papel crucial como indutor da mudança de modelo de atenção em saúde mental".[181] Deve-se ter em conta o subfinanciamento da saúde mental como um fato presente[182] e um fator que prejudica ou mesmo inviabiliza[183] a política de saúde definida para os usuários problemáticos de drogas e para os pacientes com doenças mentais em geral. Outrossim, diante da maior severidade e maior custo acima tratados, a comprovação científica da eficácia *ou não* dos tratamentos forçados é um tema que merece e deve ser explorado mais profundamente pela saúde.

4.2 A LIBERDADE DO *PRINCÍPIO* AO FIM: DIREITOS E GARANTIAS DURANTE A INTERNAÇÃO E EM SUA EXTINÇÃO

i. Devido processo legal substancial e mecanismos para proteção dos pacientes

É sintomático do grau de invasão que a internação forçada promove o fato de que em Portugal se julgou necessário alterar o texto constitucional para permiti-la. Com a modificação do art. 27,[184] que trata do direito à liberdade e à segurança, inclui-se como hipótese de privação da liberdade, ao lado de medidas de prisão e detenção, o "Internamento de portador de anomalia psíquica em estabelecimento terapêutico adequado, decretado ou confirmado por autoridade judicial competente".[185]

---

180. ANDREOLI, Sérgio Baxter *et al*. Is psychiatric reform a strategy for reducing the mental health budget? The case of Brazil. *Revista Brasileira de Psiquiatria*, Associação Brasileira de Psiquiatria – ABP, São Paulo, v. 29, n. 1, p. 43-46, Mar. 2007. O artigo não foi localizado em língua portuguesa.
181. GONÇALVES, Renata Weber; VIEIRA, Fabíola Sulpino; DELGADO, Pedro Gabriel Godinho. *Política de Saúde Mental no Brasil: evolução do gasto federal entre 2001 e 2009*. Revista de Saúde Pública, USP, São Paulo, v. 46, n. 1, p. 51-58, Fev. 2012. p. 51, 56. A conclusão do estudo de Andreoli de que houve redução nos gastos em saúde mental é rejeitada pelos autores.
182. Em debate na Assembleia Estadual do Rio de Janeiro, registrou-se que "o Governo do Estado do Rio de Janeiro tirou 42% das verbas do Orçamento de 2013 para tratamento de usuários de drogas". RIO DE JANEIRO. Assembleia Estadual do Rio de Janeiro. Sessão ordinária de 24.10.2012. Disponível em <http://alerjln1.alerj.rj.gov.br/taqalerj.nsf/5d50d39bd976391b83256536006a2502/ee8a918fbd29280383257a-a10076a294?OpenDocument>. Acesso em: 15 mar. 2017.
183. No Rio Grande do Norte há notícia de falta de leitos até para internação voluntária. RIO GRANDE DO NORTE. Procuradoria Geral de Justiça. *Parecer Consulta n. Consulta n. 20130099 – CAOPCid*. O papel do Ministério Público no apoio às políticas de atenção à Saúde mental – assistência a usuários de álcool e drogas. Natal: PGJ, Natal/RN, 25 fev. 2013, p. 13.
184. A mudança foi promovida na Quarta revisão constitucional, por meio da Lei Constitucional n. 1/97. PORTUGAL. Ministério Público de Portugal. *Quarta revisão constitucional*. Disponível em: <http:/ww w/pgdlisboa.pt/leis/lei_mostra_articulado.php?nid=11&tabela=leis&ficha=1&pagina=1&so_miolo=S>. Acesso em: 23 abr. 2017.
185. PORTUGAL. Parlamento de Portugal. *Constituição da República*. Disponível em: <www.parlamento.pt/Legislacao/Documents/constpt2005.pdf>. Acesso em: 23 abr. 2017. Ademais, na forma do art. 14º da Lei Portuguesa de Saúde Mental, toda "internação compulsiva" depende de determinação judicial.

Como se observa o ordenamento lusitano não admite a internação sem ordem judicial,[186] o que destoa da sistemática usualmente adotada no Brasil, pela qual a Lei n. 10.216/2001, art. 6º, inc. II, prevê a "internação involuntária", ou seja, pedida pelos familiares ou responsável legal e que, *a priori,* não se submete à controle judicial, ainda que seja obrigatória a comunicação ao Ministério Público em 72 horas (Lei n. 10.216/2001, art. 8º, § 1º; Lei n. 11.343/2006, art. 23-A, inc. IV, § 7º).

De acordo com a legislação portuguesa, "o juiz é não só o responsável pela condução e legitimação do processo de internamento compulsivo, mas também a garantia do respeito pelos direitos fundamentais do indivíduo, à luz da Constituição".[187] Além disso, de acordo com o disposto na Lei Portuguesa de Saúde Mental, Lei n. 36/1998,[188] extraem-se alguns elementos úteis para um procedimento mais adequado das internações como a prevalência da internação ambulatorial (art. 8º),[189] e quando estritamente necessário o internamento, em hospitais gerais (art. 3º, inc. I, alínea 'c').[190]

Consoante delineado supra, no Brasil, a Lei n. 10.216/2001 sinaliza a possibilidade de internação com e sem ordem judicial. Igualmente, assinalou-se que a via judicial não deve ser etapa necessária para a determinação da medida por ser tema da saúde. Por outro lado, vale resgatar, não pode ser afastada a possibilidade de apreciação judicial, por previsão constitucional. Na mesma linha, o Pacto de San José da Costa Rica assegura, art. 7º, item 6, que "Toda pessoa privada da liberdade tem direito a recorrer a um juiz ou tribunal competente, a fim de que este decida, sem demora, sobre a legalidade de sua prisão ou detenção".

Haja vista a natureza dos direitos envolvidos há alargada legitimidade para medidas que visem à proteção que se pretende submeter a tratamento e a fiscalização da medida, a qualquer tempo, seja nas etapas que antecedem, seja no curso

---

186. Apesar da reserva de apreciação judicial, decidiu-se que "tratamento compulsivo em regime ambulatório, que pressupõe a prévia aplicação judicial da medida de internamento compulsivo e não a faz cessar, é uma decisão médica que apenas tem de ser comunicada ao tribunal, pois não carece de ser validada". PORTUGAL. Tribunal de Relação do Porto. Processo n. 4950.108BTNTS0A.P1. 3º. Juízo. Rel. José Piedade. 02.02.2011.
187. XAVIER, Miguel; CARVALHO, Álvaro de. Internamento compulsivo em Portugal – contexto e procedimentos. *In:* PORTUGAL. Direção-Geral de Saúde *Violência interpessoal.* Abordagem, diagnóstico e intervenção nos serviços de saúde, Dez. 2014. p. 263-266. p. 266.
188. PORTUGAL. Assembleia da República. Diário Oficial da República. *Lei n. 36/98 de 24 de Julho – Lei de Saúde Mental.* Disponível em: <https://dre.pt/web/guest/legislacao-consolidada/-/lc/75088193/201704040100/73318798/exportPdf/normal/1/cacheLevelPage?_LegislacaoConsolidada_WAR_drefrontofficeportlet_rp=diploma>. Acesso em: 23 abr. 2017. Trata-se da versão consolidada, ainda que sem mudanças relevantes nos dispositivos mencionados. Para uma versão da lei original, confira-se, no site da Assembleia da República de Portugal: <https://dre.pt/application/dir/pdf1sdip/1998/07/169A00/35443550.pdf>.
189. Na forma da Lei de Saúde Mental (Lei Portuguesa n. 36/1998), art. 8º: "Sempre que possível o internamento é substituído por *tratamento* em regime ambulatório". Apesar disso, há perigosa abertura no art. 12º que prevê que "O portador de anomalia psíquica grave que crie, por força dela, uma situação de perigo para bens jurídicos, de relevante valor, próprios ou alheios, de natureza pessoal ou patrimonial, e recuse submeter-se ao necessário tratamento médico pode ser internado em estabelecimento adequado".
190. Lei de Saúde Mental (Lei Portuguesa n. 36/1998), art. 3º, inc. I, alínea 'c': "O tratamento de doentes mentais em regime de internamento ocorre, tendencialmente, em hospitais gerais".

do tratamento. A fiscalização é possível na esfera administrativa, assim como judicial. A iniciativa é possível à pessoa internada (ou que se quer internar), aos seus familiares, representante legal, Defensoria Pública, Ministério Público, associação de usuários de drogas ou de usuários de saúde mental, entidades de proteção de direitos humanos, etc.

Os direitos humanos da pessoa com sofrimento psíquico encontram robusta proteção. O Pacto de San José da Costa Rica (Convenção Americana de Direitos Humanos),[191] assegura no art. 5, item, 1, a "integridade física, psíquica e moral". A Organização Mundial da Saúde (OMS) sublinha também a importância da proteção dos direitos humanos da pessoa internada. Seus critérios de avaliação englobam a regularidade das inspeções em estabelecimentos de saúde mental, revisão das internações forçadas e procedimentos de alta, revisão de reclamações, revisão de restrição de liberdade, sanções como desacreditação e penas em casos de violações persistentes de direitos humanos.[192] São mecanismos que podem ser extraídos, entre outros fundamentos, do preceito do devido processo substancial. Na publicação da OMS, descreve-se mecanismos interessantes de proteção. Assim, na França os hospitais psiquiátricos recebem inspeções duas vezes por ano, e na Áustria, "advogados dos pacientes possuem um escritório em cada hospital psiquiátrico com constante monitoramento das condições".[193]

Considera-se que a inspeção dos locais em que ocorrem as internações é fundamental, assim como a oferta de mecanismos efetivos para comunicação de violações e orientação jurídica. Dentro desta maneira de pensar, um apoio importante na proteção de direitos no âmbito das internações está no acompanhamento pela Defensoria. É interessante resgatar que na redação original do Projeto de Lei da Câmara dos Deputados n. 3.657/1989, que originou a Lei de Saúde Mental, definia-se que no art. 3º, § 2º:

> compete ao Defensor Público (ou outra autoridade judiciária designada) ouvir o paciente, médicos e equipe técnica do serviço, familiares e quem mais julgar conveniente e emitir parecer em 24 (vinte e quatro) horas sobre a legalidade da internação.[194]

Em harmonia, a Lei Complementar n. 80/1994 insere entre as competências da Defensoria a proteção de interesses coletivos e individuais, bem como de "grupos sociais vulneráveis". O dever de comunicação à Defensoria é providência que havia sido preconizada na tese de doutorado, defendida na UERJ, e que baseou o presente livro.

---

191. BRASIL. Planalto. *Decreto n. 678/1992*. Promulga o Pacto de San José da Costa Rica.
192. WORLD HEALTH ORGANIZATION. WHO. *Policies and practices for mental health in Europe – meeting the challenges*. Copenhagen (Dinamarca): WHO, 2008, p. 157.
193. WORLD HEALTH ORGANIZATION. WHO. *Policies and practices for mental health in Europe – meeting the challenges*. Copenhagen (Dinamarca): WHO, 2008, p. 160.
194. BRASIL. Câmara dos Deputados. *Dossiê sobre Projeto de Lei n. 3657/1989*. Disponível em: <www.camara.gov.br/proposicoesWeb/prop_mostrarintegra;jsessionid=B010DBA92353BC5B487061A7663EA4B5.proposicoesWebExterno2?codteor=1149947&filename=Dossie+-PL+3657/1989>. Acesso em: 21 abr. 2017.

Posteriormente a aprovação da tese, tal exigência foi acolhida pela Lei n. 13.840/2019 (originada do Projeto de Lei da Câmara n. 37/2013 (Projeto de Lei n. 7.663/2010, na Casa de origem), que modificou a redação da Lei n. 11.343/2006. Não basta, todavia, a mera comunicação formal, sem que se garanta o devido processo ao paciente.

Vale resgatar que durante o curso do processo legislativo, a proposta legislativa objeto do Projeto de Lei n. 7.663/2010 foi alvo de duríssimas críticas de inúmeras entidades, inclusive do Ministério Público de São Paulo, Fundação Oswaldo Cruz (Fiocruz), Grupo Tortura Nunca Mais/RJ, Justiça Global Pastoral Carcerária Nacional.[195] Emitiu-se inclusive severa nota técnica da Secretaria-Geral da Presidência da República.[196] O Conselho Federal de Psicologia foi taxativo: "reúne em um mesmo texto todos os equívocos e todas as ilusões de nossa história no que diz respeito às políticas públicas para drogas".[197] Como frisa parecer do Conselho Federal de Psicologia, é absolutamente injustificada a tentativa de segmentar a internação de usuários de drogas fora do esquadro da Lei de Saúde Mental, como subterfúgio para restringir as garantias asseguradas aos pacientes.[198]

No que tange à internação de usuários de drogas, a Lei n. 13.840/2019, reforçou a proteção dos pacientes ao estabelecer na Lei de Drogas, art. 23-A, §7º que: "Todas as internações e altas de que trata esta Lei deverão ser informadas, em, no máximo, de 72 (setenta e duas) horas, ao Ministério Público, à Defensoria Pública e a outros órgãos de fiscalização, por meio de sistema informatizado único, na forma do regulamento desta Lei".

Sem prejuízo às diversas e pertinentes críticas ao texto legislativo, merece elogio de modo específico o reconhecimento da possibilidade de diferenciados agentes (e órgãos) na fiscalização das internações, bem como à notificação da Defensoria Pública. São alterações que coadunam com os preceitos constitucionais do devido processo legal[199] substancial, e aos compromissos assumidos pelo Brasil perante a comunidade internacional, por meio de tratados de direitos humanos, inclusive a CDPD.

---

195. Houve manifestação de inúmeras entidades contrariamente ao projeto. Ilustrativamente, Nota Técnica do Ministério Público de São Paulo, enfatizou que risco de encarceramento de usuários. SÃO PAULO. MINISTÉRIO PÚBLICO DE SÃO PAULO. *Nota Técnica ao Projeto de Lei da Câmara n. 37/2013*. Disponível online em: <http://biblioteca.mpsp.mp.br/PHL_IMG/AVISOS/585-aviso%2020 14_NotaT%C3%A9cnica.pdf>. Acesso em: 30 abr. 2017. Em nota conjunta, assinada por dezenas de entidades, ressaltou-se o risco da violação de direitos humanos, inclusive Conectas Direitos Humanos, Fundação Oswaldo Cruz (Fiocruz), Grupo Tortura Nunca Mais/RJ, Justiça Global Pastoral Carcerária Nacional. CONECTAS. *Nota pública contra a urgência na tramitação do PLC 37/2013 que altera a Lei de Drogas*. Disponível online em: <http://www.conectas.org/pt/acoes/justica/noticia/contra-a-urgencia-na-tramitacao-do-pcl-37-2013-que-altera-a-lei-de-drogas>. Acesso em: 30 abr. 2017.
196. BRASIL. Presidência da República. Secretaria-Geral. Substitutivo ao Projeto de Lei n. 7.663/2010. Nota Técnica n. 0023/2012/GLMP/AL/DAI/SE/SG/PR. Brasília: Presidência, 18 out. 2017.
197. CONSELHO FEDERAL DE PSICOLOGIA. *Parecer sobre projeto de Lei nº 7663/2010*. Brasília: CFP, 2013, p. 8.
198. CONSELHO FEDERAL DE PSICOLOGIA. *Parecer sobre projeto de Lei nº 7663/2010*. Brasília: CFP, 2013, p. 30.
199. KITTRIE, Nicholas. Compulsory Mental Treatment and the Requirements of Due Process, *The Ohio State Law Journal*, Ohio University, 1960. p. 28-51. p. 50. PINHEIRO, Gustavo Henrique de Aguiar. O devido processo legal de internação psiquiátrica involuntária na ordem jurídica constitucional brasileira. *Revista de Direito Sanitário*, USP, 2011. p. 125-138. p. 135.

A melhor interpretação é que o dever de comunicação à defensoria estende-se a todas as modalidades de internação (não apenas àquelas relacionadas ao uso abusivo drogas), vale realçar, não importa a designação – medidas de segurança, internação involuntária, compulsória, etc.

O prazo de 72 horas deve ser tomado como um limite, de modo que não pode constituir a regra. Na medida em que a internação é medida que representa severa intervenção, a adequada fiscalização é pressuposto de sua legalidade. A adequação da internação, sob o prisma da legalidade, demanda respeito ao prazo fixado para as comunicações ao Ministério Público e a Defensoria, a implementação de medidas para controle informatizado, bem como a efetiva análise da internação.

Em outras palavras, a comunicação ao Ministério Público e à Defensoria não podem ser tomados como mera formalidade, sendo indispensável a adoção de efetivos controles, sistemas de acompanhamento, inclusive com apoio de profissionais da saúde. O papel fiscalizatório das duas entidades está consagrado no art. 23-A, §7º da Lei de Drogas, recém transcrito.

Note-se também que o enunciado normativo estabelece que o prazo de 72 horas se aplica também a "outros órgãos fiscalizatórios". Essa previsão legal se harmoniza com a compreensão de que a proteção legislativa do paciente é o mínimo e deve estar associada a uma vocação expansiva (já referida), inerente aos mecanismos de proteção da pessoa.

Em que pese o texto da lei empregar a expressão "órgãos fiscalizatórios", deve-se ter em conta a possibilidade de outros entes realizarem o acompanhamento das internações, fiscalizarem os locais de internação. Consoante a redação do art. 67-A da Lei n. 11.343/2006, incluído pela Lei n. 13.840/2019, "Os gestores e entidades que recebam recursos públicos para execução das políticas sobre drogas deverão garantir o acesso às suas instalações, à documentação e a todos os elementos necessários à efetiva fiscalização pelos órgãos competentes".

A possibilidade de entidades privadas, especialmente do terceiro setor, como ONGs, recebam informações sobre internações e exercerem atividade de controle deve ser considerada. Tal possibilidade deve ser equilibrada com a atenção a conflitos de interesse, à vulnerabilidade dos pacientes e à proteção dos dados pessoais dos pacientes que encontram robusta proteção normativa, como se passa a exemplificar: Constituição Federal, art. 5º; Lei Geral de Proteção de Dados (LGPD – Lei n. 13.709/2018), art. 11, 'b', combinado com art. 6º, I a III. No tocante à Lei n. 10.216/2011, vale observar o teor do art. 2º, parágrafo único, IV. No âmbito da Lei de Drogas (Lei n. 11.343/2006), destaca-se os art. 4º, III, ao definir o respeito aos valores éticos) e o art. 23-A, § 8º quando consigna que "É garantido o sigilo das informações disponíveis no sistema referido no § 7º e o acesso será permitido apenas às pessoas autorizadas a conhecê-las, sob pena de responsabilidade".

Vale acrescentar a importância da fiscalização exercida pelos familiares da pessoa internada, o que justifica a previsão legal que assegura a possibilidade de interromperem a internação (Lei n. 11.343/2016, art. 23-A, § 5º).

Apesar das alterações legislativas implementadas por força da Lei n. 13.840/2019, em relação aos espaços destinados às internações, persiste notória e injustificada omissão acerca de regras de fiscalização e das exigências a serem cumpridas para credenciamento e manutenção de espaços destinados às internações. No texto legal, fala-se em fiscalização, sem uma articulação com a prática, um checklist e delimitação dos pressupostos, o que seria recomendável. A falha legislativa não pode ser tomada como a impossibilidade da atividade fiscalizatória, ao contrário, torna-a ainda mais importante seu desenvolvimento.

Entre as lacunas legislativas mais relevantes, identifica-se, além da ausência de regramento mais claro sobre a fiscalização dos locais em que se realiza internação, a falta de detalhamento das revisões das internações (que deveria ser feita em prazos curtíssimos ao longo da internação) e da sistemática de avaliação multidisciplinar, temas fundamentais e objeto de referência legislativa, ainda que tímida, na legislação infralegal.

No Rio Grande do Sul, a Lei Estadual n. 9.716/1992 e, no Paraná, a Lei Estadual n. 11.189/1995[200] estabelecem que as internações devem ser comunicadas não apenas ao Ministério Público, mas também à Defensoria Pública (art. 10, § 1º). Referidas leis também definem que deve haver avaliação com "junta interdisciplinar", tema que se aprofunda mais adiante neste capítulo.

Desde logo, é possível haurir a relação entre a avaliação multidisciplinar e a própria adequação da análise probatória, parte indispensável do devido processo. A participação da Defensoria reforça a atenção a outro princípio essencial, o contraditório e ampla defesa. A oitiva da pessoa a ser internada é, outrossim, aspecto fundamental. Analogamente, o CPC, art. 751 prevê o comparecimento do "interditando" para entrevista e que se não puder se deslocar deve ser ouvido "no local em que estiver". Nessa linha, o TJMG rejeitou pedido de internação em que pese houvesse boletim de ocorrência com registro de "ameaça de morte" feita contra a esposa, ante a falta de confirmação dos fatos, bem como que "O laudo médico acostado aos autos também não descreve quais os tratamentos tentados anteriormente pelo paciente", nem detalha o tratamento proposto. A questão perdeu o objeto diante da adesão voluntária ao tratamento.[201]

Como já advertira Foucault na "Ordem do Discurso", a interdição e internação se entrelaçam para que se possa silenciar o louco.[202] Ao mesmo tempo o médico as-

---

200. A ação direta de inconstitucionalidade que procurou discuti-la foi rejeitada por ilegitimidade ativa. STF. ADI 1.437. Tribunal Pleno. Rel. Min. Ilmar Galvão. DJ: 22.11.1996.
201. TJMG. Reexame Necessário n. 1.0621.15.000814-5/001. Relª. Desª Alice Birchal. DJe: 18.07.2017.
202. FOUCAULT, Michel. *A ordem do discurso*. (Trad. Tradução: Laura Fraga de Almeida Sampaio). 3. ed. São Paulo: Edições Loyola, 1996, p. 43.

sume o papel de "único intérprete credenciado".[203] É urgente inverter este ciclo, com a inclusão da pessoa que se considera internar. Significa assegurar sua representação legal, e também, sua atuação direta, tanto ao ser ouvida, quanto por participar de escolhas possíveis.

ii. Direito ao esclarecimento sobre o tratamento e direito de consentir e de recusar procedimentos

> Os termos de consentimento apresentaram problemas. É preciso destacar, ainda, que a voluntariedade das internações pode ser discutida na medida em que os relatos demonstram que muitos pacientes apenas buscam um lugar estável e seguro para permanecer e almejam acessar meios de capacitação e de trabalho, tudo pela via da internação psiquiátrica; porém, ao ingressarem na instituição não recebem informações nem participam de um projeto terapêutico singular que articule as ações de atendimento às necessidades específicas de cada um, inclusive das necessidades de moradia estável e de trabalho. (Relatório de inspeção de internações de pessoas usuárias de drogas da região denominada "Cracolândia" – Visita institucional, realizada em 2017, ao Hospital Cantareira).[204]

O consentimento livre e esclarecido não é eliminado na internação forçada, é um direito fundamental do paciente e um dever da equipe de saúde. A circunstância de um paciente ser usuário da saúde mental, mesmo internado,[205] não lhe retira a condição de pessoa, diversamente, impõe um cuidado reforçado no esclarecimento de seu quadro[206] e na obtenção da melhor maneira possível de seu consentimento para atos em saúde,[207] como prevê a Convenção Internacional sobre os Direitos das Pessoas com Deficiência, art. 25, alínea 'd'. De outro lado, o consentimento não significa o aval a qualquer prática, eis que sua legitimidade demanda a existência de verdadeiro benefício.[208]

---

203. NAFFAH Neto, Alfredo. O Estigma da Loucura e a Perda da Autonomia. *Revista Bioética*, CFM, v. 6, n.1, p. 81-87, 1998. p. 83.
204. CREMESP, et al. *Estamos de Olho: Avaliação Conjunta dos Hospitais Psiquiátricos do Projeto Redenção*. São Paulo: CREMESP, CRP-SP, CONDEPE (Conselho Estadual de Defesa dos Direitos da Pessoa Humana), COMUDA (Conselho Municipal de Política de Drogas e Álcool de São Paulo), 29. ago. 2017. Disponível em <http://edelei.org/_img/_banco_imagens/relato%CC%81rio-web-v2.pdf>. Acesso em: 07 set. 2017.
205. "Uma vez determinada a necessidade de internação, é obrigação do médico informar ao paciente sobre a conduta proposta, garantindo ao mesmo o direito de livre arbítrio, mesmo que, supostamente, não compreenda o fato". FORTES, Hildenete Monteiro. Tratamento compulsório e internações psiquiátricas. *Revista Brasileira de Saúde Materno Infantil*. v.10, supl.2, p. 321-330, 2010. p. 327.
206. Para André Gonçalo Dias Pereira, "O tratamento compulsivo deve abranger apenas a terapia psiquiátrica, pelo que o doente mental pode ser chamado a dar consentimento face a intervenções não diretamente relacionadas ao tratamento da sua doença psiquiátrica". PEREIRA, André Gonçalo Dias. *O Consentimento Informado na relação médico-paciente*. Estudo de Direito Civil. Coimbra: Coimbra Editora, 2004, p.585.
207. Consinta-se remeter a texto anterior: SCHULMAN, Gabriel. Consentimento para atos na saúde à luz da convenção de direitos da pessoa com deficiência: da discriminação ao empoderamento. In: BARBOZA, Heloisa Helena; ALMEIDA Junior, Vitor de Azevedo. *O Código Civil e o Estatuto da Pessoa com Deficiência*. Rio de Janeiro: Processo, 2017. p. 271-297.
208. SILVA, Janaína Lima Penalva da. *O direito fundamental a singularidade do portador de sofrimento mental: uma análise da Lei nº 10.216/01 à luz do princípio da Integralidade do Direito*. (Dissertação de mestrado). Brasília: Universidade de Brasília, 2007, p. 75.

CAPÍTULO 4 • A INTERNAÇÃO FORÇADA COMO EXCEÇÃO

A compreensão encontra embasamento também nos princípios da bioética, os quais, são reconhecidos como desdobramentos dos princípios constitucionais, como propõe Heloisa Helena Barboza.[209] Afirma-se assim que os princípios da bioética podem[210] e devem[211] servir como parâmetro para solução de conflitos em saúde.[212] Com efeito, como projeção da bioética e da dignidade da pessoa humana, deve-se agir de modo a beneficiar o paciente e evitar o mal, consoante distinção proposta na clássica obra de Beauchamp e Childress.[213] A atenção ao *princípio da prioridade do bem-estar do paciente*[214] não pode ser interpretada, todavia, como a imposição do cuidado; é preciso equilibrar a proteção e autonomia.[215]

De outro vértice, com base na distinção entre os diversos usos de drogas, transtorno mental e incapacidade, e das múltiplas projeções de aptidões para decidir, temas sobre os quais se versou no Capítulo 2, não se pode considerar como secundário o consentimento do paciente, na medida da possibilidade, mesmo em tratamentos psiquiátricos. Tal afirmação encontra ainda mais força porque a Convenção de Nova York, art. 12 assegura a todos, indistintamente, a capacidade legal.

Como reforço, a Lei Brasileira de Inclusão (Lei 13.146/2015), art. 84, determina que "O consentimento prévio, livre e esclarecido da pessoa com deficiência é indispensável para a realização de tratamento, procedimento, hospitalização e pesquisa científica". Define-se ainda que em caso de curatela deve ser assegurada a participação "no maior grau possível, para a obtenção de consentimento" (LBI, art. 12, § 1º).

A doença mental, ou melhor, o sofrimento psíquico não afasta o direito ao devido esclarecimento e ao consentimento na medida da possibilidade. A internação

---

209. BARBOZA, Heloisa Helena. Princípios do Biodireito. *In*: BARBOZA; Heloisa Helena; BARRETO; Vicente; MEIRELLES; Jussara. (Org.). *Novos Temas de Biodireito e Bioética*. Rio de Janeiro: Renovar, 2002, v. 1, p. 49-81. A exigência da ética compõem a própria concepção do Código Civil. REALE, Miguel. Visão Geral do Novo Código Civil. *Revista da EMERJ*: Anais dos Seminários EMERJ. Debate o Novo Código (fev.-jun.2002), EMERJ, Rio de Janeiro, Parte I, p. 38-44, 2003. p. 40.
210. CARVALHO, Regina Ribeiro Parizi; FORTES, Paulo Antônio de Carvalho; GARRAFA, Volnei. A saúde suplementar em perspectiva bioética. *Revista da Associação Médica Brasileira*, v. 59, p. 600-606, 2013.
211. "As questões da bioética não respeitam apenas aos profissionais de das áreas da biologia, medicina e outros ramos da área de saúde. Também aos profissionais do Direito". STF. ADPF n. 54. Tribunal Pleno. Rel. Min. Marco Aurélio. DJ: 30.04.2013. p. 16 do acórdão.
212. No TJRO, em demanda sobre responsabilidade profissional por falha em cirurgia buscou-se conjugar o art. 15 do Código Civil, com os princípios propostos por Tom Beauchamp e James Childress: "Violação dos Princípios da Beneficência e da Não-Maleficência, corolários do art. 15 do CC, e do Princípio da Dignidade da Pessoa". TJRO. Apelação n. 1009409-55.2004.822.0001. 2ª Câmara Cível. Rel. Des.: Miguel Monico Neto. DJ: 04.06.2008.
213. BEAUCHAMP, Thomas; CHILDRESS James. *Principles of Biomedical Ethics*. 4. ed. New York: Oxford, 1994, p. 260.
214. MEDICAL Profissionalism in the New Milenium: *A Physician Charter. Annals of Internal Medicine*. p. 243-246, 2002. Em plena sintonia com tais princípios, o Código de Ética Médica (Resolução CFM n. 1.931/2009), dispõe que é "II – O alvo de toda a atenção do médico é a saúde do ser humano, em benefício da qual deverá agir com o máximo de zelo e o melhor de sua capacidade profissional" e "VI – O médico guardará absoluto respeito pelo ser humano e atuará sempre em seu benefício".
215. BUCHANAN, Allen; BROCK, Dan. *Deciding for Others*: The Ethics of Surrogate Decision Making. Cambridge: Cambridge University Press, 1989, p. 319.

também não é motivo para a dispensa do consentimento, salvo se o paciente estiver absolutamente incomunicável quando então a questão nem sequer é de incapacidade civil – que poderia conduzir à invalidação de uma manifestação de vontade – mas da própria impossibilidade (Código Civil, art. 4º, inc. III).

O conteúdo normativo do art. 13 da LBI, o qual trata de atuação sem consentimento em caso de risco de morte ou de emergência deve ser lido restritivamente. O surto do paciente pode permitir, excepcionalmente, uma atuação sem consentimento, todavia, não significa que durante todo o processo de atenção à saúde mental se pudesse ignorar o consentimento livre e esclarecimento. A norma traz uma exceção e como tal deve ser tomada. Ademais, toda limitação de direitos fundamentais deve ser interpretada de modo estrito, a resguardar sua maior efetividade. Nem o direito ao consentimento e à recusa fica suspenso, muito menos se pode livremente realizar procedimentos.

A máxima participação é a tônica. Se um paciente precisa praticar esportes, respeitar sua autodeterminação significa admitir a possibilidade de atendê-lo, sempre que possível, segundo suas preferências. Como apontam Maria Yannie Araújo Mota e Joyceane Bezerra de Menezes:

> enquanto o sujeito persistir com alguma competência volitiva é importante considerar a sua vontade e respeitar a sua autonomia. Nestes termos, a intervenção psiquiátrica deve guardar compatibilidade com a autonomia do sujeito, respeitando as dimensões de sua personalidade. É de se preservar eventual poder que tenha sobre si mesmo.[216]

No âmbito dos aspectos éticos e respeito aos direitos humanos na internação forçada de pessoas que fazem uso problemático de drogas, o direito consentimento (e recusa) e o esclarecimento constituem não apenas direitos fundamentais, como também parte indispensável do tratamento.[217] Recorde-se que o paciente usuário de drogas não necessariamente está alheio ao mundo ao seu redor, embora possa não ter a aptidão para determinar-se em relação ao uso de determinadas substâncias.

> *Even with involuntarily committed patients, incapacity should never be presumed, but must be assessed. Like all other patients, those who are involuntarily committed should be allowed to make healthcare decisions except decisions for which they lack specific capacity, and they should be allowed to participate in all decisions to the extent that they are able. In addition, involuntarily committed patients could be entitled to extra protections.*[218]

---

216. MENEZES, Joyceane Bezerra de; MOTA, Maria Yannie Araújo. Os limites da política de abrigamento compulsório e a autonomia do paciente usuário de drogas. *Civilistica.com*. Rio de Janeiro, a. 3, n. 1, jan.-jun./2014. Disponível em: <http://civilistica.com/wp-content/uploads/2015/02/Mota-e-Menezes-civilistica.com-a.3.n.1.2014.pdf>. Acesso em: 02 fev. 2015.
217. "*Treatment for drug dependence is only consistent with human rights when the person gives their informed consent*". ON coercion. *International Journal of Drug Policy*, n. 16, 2005, p. 207–209. p. 208. Editorial.
218. GANZINI, Linda et al. Ten Myths About Decision-Making Capacity. *Journal of the American Medical Directors Association (JAMA)*, n. 6 (3 Supplement), p. 100-104, may-june 2005. p. 103.

Analogamente, a Convenção de Oviedo,[219] art. 7º considera indispensável o consentimento das pessoas que "sofram de perturbação mental", a menos que a falta de tratamento "puser seriamente em risco a sua saúde". De maneira muito próxima, a Recomendação do CFM n. 01/2016,[220] a qual "Dispõe sobre o processo de obtenção de consentimento livre e esclarecido na assistência médica", ao tratar sobre as internações forçadas, ressalta que se admite a dispensa de consentimento "em casos de emergência ou quando as condições clínicas". Por outro lado, sugere-se aos médicos que diante da circunstância de haver atuação contrária à vontade do paciente busque-se o consentimento "do representante legal e do próprio paciente, caso o mesmo venha a recuperar sua capacidade", segundo o CREMESP, em interpretação questionável, seria a pessoa que promoveu a internação até que haja nomeação de curador na interdição.[221] Não há na legislação, expressamente, esta representação para atos em saúde, sendo feliz, contudo, a orientação de que se consulte o paciente tão logo possível.

Igualmente, não se pode cogitar que apenas um representante aja em nome do paciente, o que se deve há várias razões. O Caso Jaroslav, apreciado pela Corte Europeia bem demonstrou que a família não pode ser presumida como favorável ao paciente. Acrescente-se que nem sempre a internação é feita a pedido de um familiar, muitas vezes envolve população de rua ou paciente voluntário que se torna involuntário. De outra banda, é conhecida a pressão familiar pela internação.[222] O conflito de interesses é evidente.

Embora o Conselho Federal de Medicina, por vezes, faça referências ao Código Civil como parâmetro para a autodeterminação para saúde (capacidade de consentir),[223] como tratou-se no Capítulo 3, o próprio Código de Ética Médica, define parâmetros que não se coadunam ao tradicional regime das incapacidades, como ao empregar a locução "capaz física e mentalmente", quando disciplina a greve de fome (art. 26). O dispositivo admite risco e define também que compete ao médico cientificar o paciente acerca das complicações (por reconhecer-se a

---

219. Também designada de "Convenção para a protecção dos direitos do homem e da dignidade do ser humano face às aplicações da biologia e da medicina: convenção sobre os direitos do homem e a biomedicina". PORTUGAL. Gabinete de Documentação e Direito Comparado. *Convenção de Oviedo*. Disponível em <http://www.gddc.pt/siii/docs/oviedo.pdf>. Acesso em: 27 jul. 2015.
220. De modo similar, determinava a Resolução CFM n. 1.598/2000, art. 6º
221. CREMESP. Parecer-Consulta n. 28.640/2011. Disponível em: <http://www.cremesp.org.br/?site Acao=Pareceres&dif=s&ficha=1&id=10082&tipo=PARECER&orgao=Conselho%20Regional%20de%20Medicina%20do%20Estado%20de%20S%E3o%20Paulo&numero=28640&situacao=&data=12-07-2011. Acesso em: 12 ago. 2017.
222. CRM-RS. *Processo consulta CFM n. 2664/94*. PC/CFM/Nº 25/94. Parecer no 11/94 da Assessoria Jurídica do Conselho Regional de Medicina do Estado do Rio Grande do Sul. Aprovado em sessão do dia 08 de junho de 1994.
223. Para usar a denominação proposta por Judith Martins-Costa. MARTINS-COSTA, Judith. Capacidade para consentir e esterilização de mulheres tornadas incapazes pelo uso de drogas: notas para uma aproximação entre a técnica e a reflexão bioética. In: MARTINS COSTA, Judith; MOLLER, Letícia Ludwig. (Org.). *Bioética e Responsabilidade*. Rio de Janeiro: Forense, 2009. p. 299-346. p. 320.

aptidão de quem faz a greve) e somente sem consentimento quando se caracterizado o risco de morte.

O direito à informação também está assegurado pela Lei n. 8080/1990, art. 7º, inc. V. O Código de Saúde Estadual de São Paulo (Lei Complementar Estadual n. 791/1995), determina em seu art. 33, inc. III, que "toda pessoa acometida de transtorno mental terá direito a tratamento em ambiente o menos restritivo possível, o qual só será administrado depois de o paciente estar informado sobre o diagnóstico e os procedimentos terapêuticos, e expressar seu consentimento".[224] A Resolução CFM n. 2.057/2013 (a qual consolida as diversas resoluções da área da Psiquiatria e reitera os princípios universais de proteção ao ser humano):

> Art. 14. *Nenhum tratamento será administrado à pessoa com doença mental sem consentimento esclarecido*, salvo quando as condições clínicas não permitirem sua obtenção ou em situações de emergência, caracterizadas e justificadas em prontuário, para evitar danos imediatos ou iminentes ao paciente ou a terceiros. Parágrafo único. Na impossibilidade de se obter o consentimento esclarecido do paciente, ressalvada a condição prevista na parte final do caput deste artigo, deve-se buscar o consentimento do responsável legal.[225]

No Rio de Janeiro, a Lei Estadual n. 4.074/2003,[226] "dispõe sobre a prevenção, o tratamento e os direitos fundamentais dos usuários de drogas e dá outras providências", assegura ao paciente o direito a "Ser informado, em caso de tratamento, de todas as etapas, desconfortos, riscos, efeitos colaterais e benefícios do tratamento" (art. 2º, inc. IV). Mais recentemente, a Lei Estadual n. 12.258/2006,[227] de São Paulo, com mesmo preâmbulo, repetiu a previsão, inclusive, coincidentemente, também inserida no art. 2º, inc. VI.

Mesmo que se possa conceber um período de dificuldade em dialogar com o paciente, "assim que haja uma resposta benéfica à conduta adotada, a questão da autonomia poderá ser novamente levantada". Vale frisar que no processo de cuidado busca-se justamente o resgate da plena autonomia.[228] Nesse norte, *considera-se que a internação forçada não significa a possibilidade de imposição, sem consentimento do paciente de todas as etapas de tratamento.*

---

224. SÃO PAULO. Assembleia Legislativa Estadual. *Lei complementar 791/1995 do Estado de São Paulo*. Disponível online em <http://www.al.sp.gov.br/repositorio/legislacao/lei.complementar/1995/alteracao-lei.complementar-791-09.03.1995.html>. Acesso em: 01 maio 2017.
225. Grifou-se. O texto normativo basicamente repete o teor do art. 6º da Resolução CFM n. 1598/2000, que normatizava "o atendimento médico a pacientes portadores de transtorno mental. A exceção da redação mais adequada, a única mudança foi substituir o termo "paciente psiquiátrico", por "pessoa com doença mental".
226. RIO DE JANEIRO. Assembleia Legislativa do Rio de Janeiro. *Lei Estadual n. 4.074/2003*. Disponível em: <http://alerjln1.alerj.rj.gov.br/contlei.nsf/f25edae7e64db53b032564fe005262ef/86fe0662d67ee6b483256ca70067f260?OpenDocument&Highlight=0,4074>. Acesso em: 11 abr. 2017.
227. SÃO PAULO. Assembleia Legislativa do Estado de São Paulo. *Lei Estadual n. 12.558/2006*. Disponível em: </www.al.sp.gov.br/repositorio/legislacao/lei/2006/lei-12258-09.02.2006.html>. Acesso em: 18 abr. 2017).
228. CREMESP. *Bioética clínica: reflexões e discussões sobre casos selecionados*. OSELKA, Gabriel (Coord.). São Paulo: Conselho Regional de Medicina do Estado de São Paulo. Centro de Bioética, 2008, p. 123.

Questão tormentosa que se pode inferir da leitura da legislação lusitana consiste na extensão do tratamento sem consentimento. Em Portugal define-se que "O internado tem o especial dever de se submeter aos tratamentos medicamente indicados" (art. 11º, inc. III). Não há dúvida que a internação significa conduzir o paciente para um estabelecimento hospitalar. Mas como fica o tratamento? A circunstância da internação ser forçada, significará que também o tratamento deve ser? É questão que merece futuro desenvolvimento, até porque o uso de medicações é prática recorrente e objeto de duras críticas. Fala-se inclusive em *farmacologização*[229] da saúde mental.

De todo modo resta claro que é preciso diferenciar a internação forçada da noção mais abrangente de tratamento forçado. Esta problemática é evidenciada em interessante pesquisa que demonstrou em que medida a suposição de que a internação forçada suprime o direito ao consentimento em sentido amplo. Em Tese de Doutoramento em Bioética, com 99 entrevistas de profissionais, 82% consideram que se deva distinguir internação compulsória e tratamento compulsório. Um percentual similar, todavia, considerou que "o médico deva optar pelo tratamento que lhe pareça mais adequado, se a pessoa não tem capacidade de consentir".[230]

Note-se que a base legal da internação psiquiátrica no Brasil, não versa de modo expresso sobre usuários de drogas, muito menos prevê o uso de medicamentos ou determinadas técnicas, o que põe em questão a extensão do que se pode considerar ao se admitir a internação forçada como uma possibilidade. Certo é que a expressão não pode significar uma "carta branca". Nessa linha, a Lei Estadual n. 11.802/1995, de Minas Gerais, determina que "medicação para tratamento psiquiátrico em estabelecimento de saúde mental" deve ser precedida de "consentimento informado do paciente" se inviável de "autorização de sua família ou representante legal" (art. 4º, inc. II).[231] A aprovação pelo representante ou família devem ser vista como uma solução bastante questionável, notadamente quando o uso de medicamentos injustificado, viola direitos humanos, como sublinhou-se no caso Ximenes Lopes.[232]

---

229. CAMARGO Jr., Kenneth Rochel de. Medicalização, farmacologização e imperialismo sanitário. *Cadernos de Saúde Pública*, Rio de Janeiro, v. 29, n. 5, p. 844-846, Maio 2013. p. 844. Segundo o autor "A farmacologização cria identidades em torno do uso de determinados fármacos, além de reforçar a ideia de que 'para cada mal há um comprimido'. *Op. cit.*, p. 845.
230. AZENHA, Sónia Soraia. *Internamento e tratamento compulsivos em pessoas com perturbação mental*. Estudo das atitudes éticas. Tese (Doutorado em Bioética). Instituto de Bioética da Universidade Católica Portuguesa, Janeiro de 2014. p. 201 e 204. Foram obtidas "75 eram respostas de médicos especialistas em Psiquiatria e Saúde Mental (17,9% da população em estudo) e 24 eram respostas de médicos internos de especialidade (12% da população em estudo)".
231. Há também interessante previsão de colher o consentimento para internação quando o paciente não tiver a maioridade civil (art. 11).
232. CORTE INTERAMERICANA DE DIREITOS HUMANOS. Caso Ximenes Lopes vs Brasil. 2006. Disponível online em <http://www.corteidh.or.cr/docs/casos/articulos/seriec_149_por.pdf>. Acesso em: 01 fev. 2015.

Mesmo que por hipótese se cogite não haver competência para decisão quanto ao tratamento, não deve ser afastado o direito às informações e à participação do paciente segundo suas possibilidades.[233] É simbólico que na CDPD se estabeleça a exigência de consentimento para pesquisas no mesmo item que disciplina a tortura e tratamentos degradantes. A Lei de Saúde Mental assegura ao paciente, o direito de "receber o maior número de informações a respeito de sua doença e de seu tratamento" (art. 2º, inc. VII).

No âmbito do SUS, a Lei Orgânica da Saúde assegura em seu art. 7º tanto a "preservação da autonomia das pessoas na defesa de sua integridade", quanto o "direito à informação". Ademais, a Portaria de Consolidação n. 01/2017,[234] garante aos pacientes "informações sobre o seu estado de saúde, de maneira clara, objetiva, respeitosa, compreensível" (art. 4º, Parágrafo Único, inc. II).

O dever de informação está previsto até mesmo no momento de contenção física. Conforme parecer do Conselho Regional de Medicina do Paraná, "mesmo que o paciente esteja psicótico, ele deve ser constantemente orientado sobre o procedimento".[235] Integra o protocolo de contenção, a prévia comunicação verbal com o paciente, para avaliação e para acalmá-lo.[236]

Uma questão delicada está nas hipóteses em que haja limitação de manifestação pela pessoa internada. Nestes casos, a informação ao paciente não deve ser dispensada. Deve ser assegurado adequado esclarecimento, com adoção das medidas e adaptações necessárias. Comunicar à família é uma medida interessante, contudo, tendo em vista a já mencionada possibilidade concreta de haver conflito de interesses é uma medida insuficiente.[237] Considera-se deste modo que a definição das decisões

---

233. Assim na Espanha, na Ley n. 41/2002, a qual regula a autonomia do paciente, direitos e obrigações em matéria de informação e documentação clínica há previsão de consentimento por representação, que não afasta a participação do paciente: "5. *La prestación del consentimiento por representación será adecuada a las circunstancias y proporcionada a las necesidades que haya que atender, siempre a favor del paciente y con respeto a su dignidad personal. El paciente participará en la medida de lo posible en la toma de decisiones a lo largo del proceso sanitario. Si el paciente es una persona con discapacidad, se le ofrecerán las medidas de apoyo pertinentes, incluida la información en formatos adecuados, siguiendo las reglas marcadas por el principio del diseño para todos de manera que resulten accesibles y comprensibles a las personas con discapacidad, para favorecer que pueda prestar por sí su consentimiento*".
234. BRASIL. Ministério da Saúde. Portaria de Consolidação n. 1/2017. Diário Oficial da União: 03 out. 2017.
235. CRM-PR. Parecer n. 2456/2014. CRM-PR Processo Consulta n. 09/2014.
236. RIO DE JANEIRO. Corpo de bombeiros militar do Estado do Rio de Janeiro. Protocolo de atendimento de portadores de transtornos mentais. Disponível em <http://pop.cbmerj.rj.gov.br/arquivos/ II_16_ Atendimento_PTM_AN.pdf>. Acesso em: 01 maio 2017.
237. "É muito comum a Defensoria Pública entrar com a ação judicial, em nome dos familiares. Então, cabe a pergunta: em defesa de quem? Se for em defesa do sujeito a ser internado, o(a) defensor(a) deve representar-lhe, logo, atendendo ao seu pedido. Se assim for, obviamente, não se trata de medida contra a vontade dele(a). Se for em defesa dos familiares, não há possibilidade jurídica de a Defensoria Pública solicitar a privação de liberdade de uma pessoa em defesa/em nome de outra (familiares). Em suma, não é ética nem adequadamente disciplinar a postura da Defensoria Pública de entrar com ação de internação psiquiátrica compulsória". BRASIL. Ministério da Saúde. Secretaria de Atenção à Saúde. *Guia estratégico para o cuidado de pessoas com necessidades relacionadas ao consumo de álcool e outras drogas*. Brasília: Ministério da Saúde, 2015. p. 93.

por um representante da família, como sugere o Código de Ética Médica[238] não é técnica adequada para dar conta da complexidade da questão. Este tema merece futuro desenvolvimento, inclusive porque a Lei Brasileira de Inclusão (Estatuto da Pessoa com deficiência) define, em seu art. 85, que a curatela apresenta efeitos patrimoniais tão-somente.

iii. **Procedimento na hipótese de internação:** *Como se faz é tão importante quanto o que se faz*

> Quem dera eu achasse um jeito
> de fazer tudo perfeito,
> feito a coisa fosse o projeto
> e tudo já nascesse satisfeito
> Paulo Leminski[239]

Era uma manhã de sábado e o bailarino Igor Cavalcante Medina realizava uma performance na rua, em Caixa do Sul. Integrante da Companhia Municipal de Dança, com uma rosa em uma mão, arame farpado envolto no pescoço, declamava uma poesia: "Mata, espanca, xinga, mutila, esquarteja, destrói, sangra, mas isso é só se for pobre, preto e sofredor". A Guarda Municipal, ao vê-lo e ouvi-lo considerou que se tratava de um surto psicótico e chamou agentes de saúde (SAMU). A performance foi interrompida, o bailarino foi sujeitado a um colete de contenção e sedado em uma maca. Após 8 horas de espera para ser atendido em um posto, foi liberado pelo psiquiatra. Com uma ironia triste, a peça intitulada "fim" integrava evento organizado pela prefeitura, a 8ª edição do festival Caxias em Movimento.

Interpelada sobre o caso, a prefeitura afirmou que "começará a ouvir os relatos dos envolvidos para esclarecer a situação e dar os encaminhamentos necessários".[240] Coincidentemente, esta é a providência que se deve adotar previamente a qualquer internação forçada.

Ao examinar *como* internar é preciso reiterar que a locução internação forçada não é justificativa para emprego desmedido de força na internação. Na medida em que tão-somente a decisão sobre o tratamento é que é negada, todos os demais direitos devem não apenas ser garantidos, como reforçados.

---

238. De acordo com o Código de Ética Médica (Resolução CFM n. 1931/2009), art. 22, é vedado ao médico "Deixar de obter consentimento do paciente ou de seu representante legal após esclarecê-lo sobre o procedimento a ser realizado, salvo em caso de risco iminente de morte".
239. LEMINSKI, Paulo. *Toda poesia*. São Paulo: Companhia das Letras, 2013. p. 128. Sujeito indireto.
240. BAILARINO tem obra confundida com surto e é detido à força. *O Globo*. 30 out. 2017. Para compreender como se procedeu à abordagem confira-se em vídeo cf. G1. Bailarino é abordado e colocado em camisa de força durante performance em Caxias do Sul. Disponível em <https://www.youtube.com/watch?v=ll1xD-jCHDI0>. Acesso em: 01 nov. 2017.

Os questionamentos práticos no âmbito das internações são múltiplos. Se para a internação a força é preciso laudo, como obtê-lo sem a prévia colaboração do usuário? Deve-se admitir o diagnóstico sem o consentimento? Na hipótese de que a avaliação prescreva a internação, como deve ser feito o transporte do paciente (carro, ambulância, viatura)? Para tentar ao menos em parte responder, vale sublinhar, inicialmente, que não faz sentido o uso da força para avaliação do paciente. O melhor encaminhamento consiste no deslocamento dos serviços de atendimento até a pessoa. Nos termos do Parecer Consulta n. 62.212/2010 do CREMESP:

> Embora, via de regra, a entrevista possa ser mais bem realizada no consultório, é de se esperar que, em se tratando de provável internação psiquiátrica involuntária, a maioria dos casos se recuse a se deslocar para aonde quer que seja a fim de ser examinada. Portanto, na hipótese do compromisso contratual do plano de saúde da consulente prever assistência integral à saúde mental, se o pretenso paciente negar-se a vir ao psiquiatra, por motivo que se acredite relacionado ao seu transtorno agudo, a avaliação precisará ser feita no local em que ele se encontrar, sob o risco de se configurar omissão de socorro.

Se há recusa no comparecimento do serviço de saúde para prévia avaliação, o serviço de saúde deve ir até onde está a pessoa, conversar com ela, avaliá-la.[241] Equivocadamente, o enunciado n. 4 do V Fórum Estadual do Judiciário para a Saúde, de Tocantins sugere que na internação forçada se poderia empregar "força policial" quando preciso. Frise-se que o uso das forças de segurança pública é medida tão frequente, quanto irregular.[242] A própria avaliação do quadro clínico e do modo de atender a eventual surto não é competência da polícia.[243] Além disso, até mesmo o uso de ambulâncias pode se mostrar desnecessário.[244]

O controle físico sobre o paciente foi objeto de exame pela Corte Interamericana de Direitos Humanos, no Caso Ximenes.[245] Nos termos da sentença, definiu-se *sujeição* como "qualquer ação que interfira na capacidade do paciente de tomar decisões ou que restrinja sua liberdade de movimento". Consoante posicionamento da Corte, "a sujeição é uma das medidas mais agressivas a que pode ser submetido

---

241. SKOROMOV, Daniela. *Internações forçadas: saúde e justiça aliadas na violação de direitos*. Defensoria Pública de São Paulo, 2013. Apresentação gentilmente cedida pela autora. Este documento foi de extrema relevância para o desenvolvimento desta pesquisa.
242. CONSELHO FEDERAL DE MEDICINA. *Diretrizes para um modelo de assistência integral em saúde mental no Brasil*. Brasília: CFM, AMB, FENAM, ABP, 2014, p. 12.
243. CRM-PR. Parecer n. 2456/2014. CRM-PR Processo Consulta n. 09/2014.
244. Em relatório recente, asseverou-se que "na grande maioria dos casos as pessoas não se encontraram em situação de emergência em saúde que justificasse o uso das ambulâncias, as pessoas de fato entram e saem da ambulância caminhando". CREMESP, et al. *Estamos de Olho: Avaliação Conjunta dos Hospitais Psiquiátricos do Projeto Redenção*. São Paulo: CREMESP, CRP-SP, CONDEPE (Conselho Estadual de Defesa dos Direitos da Pessoa Humana), COMUDA (Conselho Municipal de Política de Drogas e Álcool de São Paulo), 29. ago. 2017. Disponível em <http://edelei.org/_img/_banco_imagens/relato%CC%81rio-web-v2.pdf>. Acesso em: 07 set. 2017.
245. CORTE INTERAMERICANA DE DIREITOS HUMANOS. Caso Ximenes Lopes vs Brasil. 2006. Disponível online em <http://www.corteidh.or.cr/docs/casos/articulos/seriec_149_por.pdf>. Acesso em: 01 fev. 2015.

um paciente em tratamento psiquiátrico" e jamais pode ser executada por pessoas sem habilitação ou mesmo por outros pacientes.

A contenção adequada[246] de um paciente dito psiquiátrico, quando necessária,[247] exige procedimentos bastante específicos e sua realização por autoridades fora da esfera da saúde (bombeiros, policiais) ou mesmo por profissionais da saúde não habilitados pode causar danos irreversíveis além de impactar no tratamento e dificultar a criação de vínculo. Entre as recomendações, está o caráter subsidiário da contenção, ademais, "O paciente deve ser contido pelo menor tempo possível, com faixas confeccionadas para que não acarretem lesões" e "manter outra pessoa presente durante a entrevista do paciente".[248]

A falta de critério e estigmatização dos pacientes colabora para potencializar danos que emanam inclusive de contenção feita como prescrevem os manuais, porém em situação desnecessária, o que esvazia seu sentido.[249] "A contenção física deve ser o último recurso terapêutico a ser utilizado".[250] A má técnica facilita o risco de danos, como as restrições feitas com apenas dois pontos (braço-braço ou braço-perna).[251] Reafirma-se que a intervenção deve respeitar a premissa de menor invasão possível. Logo, a contenção, tendo em vista se tratar de medida excepcional, somente pode ser empregada por profissionais habilitados.

É essencial na internação a definição de "projeto terapêutico singular", abreviado como PTS. De acordo com a Lei n. 11.343/2006 (Lei de Drogas), ao disciplinar a atenção ao usuário de drogas, são obrigatórias a "definição de projeto terapêutico individualizado, orientado para a inclusão social e para a redução de riscos e de danos sociais e à saúde" (art. 22, inc. III) e "adoção de estratégias diferenciadas de atenção e reinserção social do usuário e do dependente de drogas e respectivos familiares que considerem as suas peculiaridades socioculturais" (art. 22, inc. II).

---

246. "O desafio nos quadros de agitação e agressividade é aplicar uma abordagem que garanta a segurança, mantendo a dignidade individual e evitando o uso inapropriado da contenção, pois também se reconhece que o uso dessas técnicas pode gerar efeitos físicos psicológicos danosos aos pacientes" CRM-PR. Parecer n. 2.474/2014. Processo consulta n. 31/2014. Protocolo n. 11576/2014.
247. É ilustrativa a regra do Conselho Federal de Enfermagem, Art. 3° "É vedado aos profissionais da Enfermagem o emprego de contenção mecânica de pacientes com o propósito de disciplina, punição e coerção, ou por conveniência da instituição ou da equipe de saúde". CONSELHO FEDERAL DE ENFERMAGEM. Resolução Cofen n. 427/2012.
248. CRM-PR. Parecer n. 2.474/2014. Processo consulta n. 31/2014. Protocolo n. 11576/2014.
249. "A variação no uso da contenção pode estar relacionada às tradições médicas locais em que os serviços psiquiátricos estão inseridos, fazendo com que a sua utilização possa estar mais relacionada à equipe de saúde do que às características do paciente". BRAGA, Isabela Pinto et al. Contenção física no hospital psiquiátrico: estudo transversal das práticas e fatores de risco. Jornal Brasileiro de Psiquiatria, Instituto de Psiquiatria da Universidade Federal do Rio de Janeiro, v. 65, n.1, p.53-59, 2016, p. 57.
250. MARCOLAN, João Fernando. Técnica Terapêutica da contenção física. São Paulo: GEN – Roca, 2013, p. 62.
251. BRAGA, Isabela Pinto et al. Contenção física no hospital psiquiátrico: estudo transversal das práticas e fatores de risco. Jornal Brasileiro de Psiquiatria, Instituto de Psiquiatria da Universidade Federal do Rio de Janeiro, v. 65, n.1, p.53-59, 2016. p. 57.

Por seu turno, a Lei n. 10.216/2011, determina a utilização dos "meios menos invasivos possíveis" (art. 2º, inc. VIII). O projeto terapêutico singular é também assegurado pela Portaria n. 3.088/2011, do Ministério da Saúde, arts. 7º, 9º e 10, recepcionada na Portaria de Consolidação n. 03/2017 do Ministério da Saúde, em seu Anexo V. Também está previsto em outros diplomas.[252]

O projeto terapêutico singular é também determinado pela Resolução n. 448/2011, do Conselho Nacional de Saúde (órgão do Ministério da Saúde), em seu item 7, o qual determina também, "acolhimento humanizado, capaz de prestar atenção em saúde mental, álcool e outras drogas de forma resolutiva, equânime e multiprofissional". O PTS usualmente é designado como um conjunto de etapas, que incluem:

> diagnóstico, definição de metas, divisão de responsabilidades e reavaliação e a sua aplicação possibilita que as equipes de referência e de apoio possam acompanhar os pacientes de forma cuidadosa, planejando e implementando, de forma conjunta, as diversas etapas do tratamento proposto.[253]

Trata-se de uma ótica que toma em consideração o itinerário terapêutico, que leva em conta a pessoa concreta.[254] Com efeito, o projeto personalizado para cada paciente é imperativo da legislação vigente.

iv. Comissão Multidisciplinar de Avaliação de Internação Forçada: Do laudo médico à avaliação substancial

O laudo médico é um pressuposto elementar para qualquer modalidade de internação.[255] No tocante a esta exigência, defendem-se duas ideias centrais. Em primeiro, não se pode admitir internação sem respaldo em prescrição média, porém,

---

252. O PTS foi incluído no Estatuto da Criança e do Adolescente, art. 13, § 2º. O Decreto n. 8.940/2016, que concedeu o indulto de natal em 2016, previu em relação às pessoas que estavam a cumprir medida de segurança: "o encaminhamento ao serviço de saúde em que receberá o tratamento psiquiátrico, indicado previamente pela Secretaria de Estado da Saúde, com cópia do prontuário médico, e determinação de realização de projeto terapêutico singular para alta planejada e reabilitação psicossocial assistida, nos termos do art. 5º da Lei nº 10.216, de 2001, quando houver a indicação de internação hospitalar, por critérios médicos ou por ausência de processo de desinstitucionalização".
253. CONSELHO FEDERAL DE PSICOLOGIA. *Inspeções aos manicômios*. Relatório Brasil 2015. Brasília: CFP, 2015, p. 147.
254. Para Janaína Silva Penalva da Silva, há um verdadeiro direito fundamental à singularidade. SILVA, Janaína Lima Penalva da. *O direito fundamental a singularidade do portador de sofrimento mental*: uma análise da Lei nº 10.216/01 à luz do princípio da Integralidade do Direito. Dissertação de mestrado. Brasília: Universidade de Brasília, 2007, p. 121.
255. Nessa linha, de acordo com enunciado n. 6, do Comitê Executivo de Saúde do Estado do Paraná: "Para a internação compulsória ou involuntária, em relação a transtornos mentais, inclusive quanto ao uso de álcool e drogas, é mister que a petição inicial venha instruída com laudo de solicitação de internação hospitalar firmado por médico, preferencialmente psiquiatra". PARANÁ. Ministério Público do Estado do Paraná. Centro de Apoio Operacional das Promotorias de Proteção à Saúde (CAO). *Enunciados do Comitê Executivo de Saúde*. Disponível em: <www.saude.mppr.mp.br/modules/ conteudo/conteudo.php?conteudo=673>. Acesso em: 22 abr. 2017.

a recíproca não é verdadeira, ou seja, a existência de tal laudo não é suficiente para determinar a internação. Como se procura aprofundar a seguir, não basta um laudo sem observar seu conteúdo (Lei de Saúde Mental, art. 6º; Lei de Drogas, art. 23-B), sua atualidade e sua fundamentação. Em segundo, a avaliação deve ser multidisciplinar (Lei n. 11.343/2006, conforme redação dada pela Lei n. 13.840/2019, art. 4º; art. 22, inc. IV; art. 23-A, § 2º; art. 23-B).

É interessante observar que por ocasião da aprovação da Lei n. 13.840/2019, pretendia-se incluir disposição que previa que "Quando houver impossibilidade de realização da avaliação médica prévia e desde que não haja risco de morte à pessoa, o acolhimento poderá ser feito de imediato". Felizmente, a infeliz hipótese foi vetada por estar "em afronta aos arts. 6º e 196 da Constituição da República de 1988"[256]. Trata-se de conclusão que se harmoniza com a posição aqui defendida de que a finalidade terapêutica é a única apta a legitimar uma internação forçada.

Não resta dúvida que um laudo é indispensável para internação, todavia, não é o bastante. Dito com outras palavras, para internar não basta um laudo simples, nem um simples laudo. É preciso avaliar a qualidade da fundamentação oferecida, as evidências examinadas pelo profissional de saúde, as informações prestadas pelo paciente, os atendimentos anteriores.

A falta de avaliação independente antes de uma internação psiquiátrica é óbice intransponível aos direitos humanos e torna ilegítima internação, como já destacou a Corte Interamericana de Direitos Humanos. Nesse sentido, ao julgar o caso Ximenes Lopes conclui que ausente "risco iminente ou imediato e tampouco há informação a respeito de uma decisão emitida por autoridade médica independente" a recusa à internação deve prevalecer.[257]

Antes de discutir sobre o laudo, é preciso ressaltar que ainda que seja um pressuposto indispensável segundo o procedimento definido na legislação vigente, até mesmo nos casos de internação impostas por determinação judicial esta exigência tem sido desrespeitada. Este grave fato foi destacado em comunicado expedido pelo magistrado Rogerio Ribas,[258] em que solicita o cuidado mínimo de que internações sejam solicitadas com embasamento médico.

Descabe determinar judicialmente tratamento médico sem prescrição, mesmo fora do âmbito de cuidados das pessoas que fazem uso nocivo drogas. Não obstante, em reunião do Comitê Executivo de Saúde do CNJ no Paraná, na qual o comunicado do magistrado baseou-se, colheu-se depoimento do Dr. Ricardo Sbalqueiro, médico psiquiatria do hospital San Julian em Piraquara, interior do Estado, que advertiu

---

256. BRASIL. Diário Oficial da União 06/06/2019, edição n. 108, seção 1, página 7. Órgão: Presidência da República/Despachos do Presidente da República.
257. Corte Interamericana de Direitos Humanos. Caso Ximenes Lopes x Brasil. 2006. Disponível online em <http://www.corteidh.or.cr/docs/casos/articulos/seriec_149_por.pdf>. Acesso em: 01 fev. 2015
258. Comunicado gentilmente cedido pelo magistrado.

que persistem as "internações compulsórias *sem laudo circunstanciado*". Como consignou o médico, em grosseira violações de direitos, há "casos de pacientes que são internados por intermédio de decisões judiciais apenas para retirá-los do meio onde vive".[259]

Uma vez estabelecido que o laudo que prescreve a internação é pressuposto indispensável, cumpre enfatizar que não constitui simples formalidade. É um pressuposto substancial, a ser apresentado de modo pormenorizado e contextualizado, com detalhamento do quadro clínico, das etapas dos tratamentos pretéritos e da proposta de encaminhamento.

É ilustrativo do rigor consentâneo à gravidade da medida em discussão, a rejeição de pedido de internação forçada, em parecer do Núcleo de Apoio Técnico do Tribunal de Justiça do Tocantins,[260] ao observar que o laudo médico era antigo e que ademais não demonstrou de modo cabal a inviabilidade do tratamento ambulatorial.

Vale realçar que a filtragem do laudo deve ser cautelosa, o que significa exigir dados minuciosos e que leve em conta que o laudo muitas vezes é "elaborado no momento de crise do usuário".[261] Atento a esta perspectiva, o TJSP negou pedido de internação porque considerou insuficiente o laudo do perito judicial porque foi elaborado "após a realização de uma única entrevista". Destacou-se que havia relatório de acompanhamento do CAPS AD, em que se documentava boa adesão ao tratamento, que já durava 18 meses. Conclui-se então que: "Nesse percurso, não exauridos os recursos extra-hospitalares, é prematura a ordem de internação compulsória".[262]

No TJPR, não se acatou o relatório médico porque, apesar de registrar atendimento do paciente no CAPS desde 2008, observou-se que

> não há qualquer informação sobre as datas das consultas, dos tratamentos prescritos [...] embora haja também relatório subscrito por Assistente Social (fls. 68-69/TJ), este não descreve eventual tratamento fornecido pelo Centro de Apoio Psicossocial a Silvano, mas apenas o relato da genitora do referido sobre a situação do filho.[263]

Em sede de *habeas corpus,* o TJSC julgou que não pode ser considerado apto para internação atestado emitido "sem que o paciente fosse examinado", com base apenas em "informações prestadas pelo advogado do Autor da ação de interdição" e

---

259. PARANÁ. Justiça Federal do Paraná. *Ata da 56ª Reunião do Comitê Executivo Estadual para monitoramento das demandas de assistência à saúde.* 29.07.2016. Disponível em: <www.jfpr.jus.br/saude/ata_56.php>. Acesso em: 12 out. 2016.
260. Documento datado de 2016, gentilmente cedido pelo Poder Judiciário de Araguaína, Tocantins, com omissão de quaisquer dados que possam identificar o paciente.
261. COELHO, Isabel; OLIVEIRA, Maria Helena Barros de. Internação compulsória e crack: um desserviço à saúde pública. *Saúde debate,* Rio de Janeiro, v. 38, n. 101, p. 359-367, 2014, p. 361). No original consta que o laudo é realizado na maioria das vezes no surto.
262. TJSP. Agravo de instrumento n. 2253640-75.2015.8.26.0000. Rel. Des. Rômolo Russo. 7ª Câmara de Direito Privado, DJe: 10.08.2016.
263. TJPR. Agravo de instrumento n. 1.627.509-5. 4ª Câmara Cível. Rel. Maria Aparecida Blanco de Lima. DJ: 16.05.2017.

"omisso quanto a impossibilidade da aplicação de recursos extra-hospitalares",[264] o que se aproxima da decisão da Corte Europeia de Direitos Humanos no caso Jaroslav ervenka, anteriormente narrado neste Capítulo.

Em harmonia com a superação da concepção formal do laudo médico, a Suprema Corte de la Nación Argentina distanciou-se de uma análise apenas burocrática e considerou inadequada a internação fixada – por prazo indeterminado – com base em laudo de um único médico e considerado frágil:

> el juez de instrucción fijó una internación temporalmente indeterminada tomando como único fundamento el informe de un sólo médico forense, quién se entrevistó una vez sola con aquél y emitió un breve informe en el que recomendaba un tratamiento bajo algún régimen de internación.[265]

Em atenção à necessidade do devido processo substancial, sublinhou-se na corte argentina o aprofundamento da análise, visto que entre a solicitação de internação e a decisão de forçar o internamento transcorreram meras 48 horas.

Na mesma linha, no TJMG decidiu-se:

> laudo médico não esclarece, de forma circunstanciada, a necessidade de tratamento em regime de internação, não detalha o quadro clínico do paciente e não explica, de forma minuciosa, a insuficiência dos recursos extra-hospitalares, limitando-se a informar que o enfermo já realizou terapia e utilizou medicamentos (f. 10v). Portanto, considerando a ausência de laudo médico circunstanciado com a indicação pormenorizada da necessidade de internação, associada ao fato de que o recorrido não demonstrou ter seguido as diretrizes do tratamento dos usuários de álcool e drogas no âmbito da rede pública de saúde, não há como se impor a internação pleiteada.[266]

O laudo deve estar, portanto, adequadamente fundamentado, ser atual, contextualizado e justificar, no caso concreto, a imprescindibilidade (ou não) da internação. Não faz sentido afirmar-se que é necessária a internação, sem esgotar as alternativas terapêuticas, nem as indica como exauridas, sem expor quais foram as etapas realizadas. Outro aspecto essencial é a ótica multidisciplinar. Um dos problemas identificados já por Foucault em relação às internações é o excesso de poder na decisão na figura de um único profissional médico.[267] Para mitigar esta questão, considera-se que não faz sentido outorgar a um(a) único profissional este poder, nem a um único saber.

Não é uma novidade exigir a manifestação de dois médicos, como se observa em relação à declaração de morte encefálica para fins de transplante, na forma da Lei n. 9.434/1997, art. 3º, assim como o atestado para cremação (Lei n. 6015/1973, art.

---

264. TJSC. *Habeas Corpus* n. 2014.048565-8. Des. Rel.: João Batista Góes Ulysséa. 2ª. Câmara de Direito Civil. Julgado em: 14.08.2014.
265. ARGENTINA. Suprema Corte de la Nación Argentina. Fallo: 335:2228. Julgado em 13.11.2012.
266. TJMG. Apelação n. 10480180036075001, Relator: Luís Carlos Gambogi, DJE: 13/08/2019.
267. FOUCAULT, Michel. *Os anormais*. (Trad. Eduardo Brandão). São Paulo: Martins Fontes, 2001. p. 150-152.

77, §2º). Não faz sentido haver dois médicos para declarar a morte, porém apenas um para determinar uma internação. Em sintonia, propõe o Ministério Público do Rio de Janeiro:

> o ato de internação psiquiátrica em instituição hospitalar decorrerá da atuação profissional de dois médicos: um que examinará o paciente supostamente necessitado de internação e confirmará tal fato ao emitir um laudo médico circunstanciado, e outro que autorizará sua internação.[268]

Analogamente, a Lei Portuguesa de Saúde Mental, exige a avaliação de dois psiquiatras para a "internação compulsiva", e, em caso de desacordo, deve-se ser feita por outros dois (arts. 17º e 18º, inciso III). A "decisão médica colegiada" já é uma realidade em outros campos, como as definições sobre cirurgias,[269] e os grupos multidisciplinares (Multi-Disciplinary Meetings ou MDM) nos tratamentos de câncer.[270] No Brasil, o Decreto n. 891/1938 já previa que a internação de "toxicômanos ou os intoxicados habituais, por entorpecentes, por inebriantes em geral ou bebidas alcoólicas" em casos urgentes seria realizada com base no exame "efetuado por dois médicos idôneos".[271]

No campo da saúde mental, a Resolução Normativa n. 226/2011, do CREMESP já estabelece decisão colegiada para os "psicocirurgia, assim como outros tratamentos invasivos e irreversíveis para transtornos mentais, somente será realizada mediante consentimento do paciente ou seu responsável, e mediante a manifestação de um *corpo externo de profissionais*".[272] Na redação atualizada da norma acrescentou-se a confirmação pela Câmara Técnica de Psiquiatria da pertinência do procedimento (Resolução Normativa n. 258/2014, do CREMESP). A própria aplicação desta norma às internações respalda pontos relevantes defendidos no presente capítulo da pesquisa.

A visão multidisciplinar pode ser colhida na Lei Brasileira de Inclusão que define que "A avaliação da deficiência, quando necessária, será biopsicossocial, realizada por equipe multiprofissional e interdisciplinar" e na Convenção de Nova

---

268. RIO DE JANEIRO. Ministério Público do Estado do Rio de Janeiro. *Ministério Público e Tutela à Saúde Mental*. A proteção de pessoas portadoras de transtornos psiquiátricos e de usuários de álcool e drogas. 2. ed. Rio de Janeiro: MPRJ, ago. 2011. p. 10.
269. TABAKMAN, Roxana. Decisão médica colegiada: uma proposta para reduzir custos com qualidade. *Medspace*. 30 ago. 2017. Disponível em < http://portugues.medscape.com/verartigo/6501505>. Acesso em: 08 set. 2017.
270. SHARMA, Vishakha; *et. al*. Group decision making in health care: A case study of multidisciplinary meetings. *Journal of Decision System*, v. 25, sup1, p. 476-485. Jun 2016. p. 484.
271. Decreto n. 891/1935, art. 29, § 4º. Considera-se este Decreto revogado em 1988, por sua inconstitucionalidade, em pese ainda ser referido em decisões judiciais de internação e conste no site do Planalto.
272. CREMESP. Resolução n. 226/2011. Disponível em <http://www.cremesp.org.br/?siteAcao =Pesquisa-Legislacao&dif=s&ficha=1&id=9869&tipo=RESOLU%C7%C3O&orgao=Conselho%20Regional%20de%20Medicina%20do%20Estado%20de%20S%E3o%20Paulo&numero=226&situacao=VIGENTE&data=22-03-2011>. Acesso em: 23 out. 2017.

York.[273] Adicionalmente, extrai-se dos princípios da Saúde Mental previstos na Lei n. 10.216/2001, tal como o "melhor tratamento do sistema de saúde" e proteção "contra qualquer forma de abuso".[274] Além disso, há previsão de que "O tratamento em regime de internação será estruturado de forma a oferecer assistência integral à pessoa portadora de transtornos mentais, incluindo serviços médicos, de assistência social, psicológicos, ocupacionais, de lazer, e outros" (art. 4º).[275]

As leis estaduais n. 9.716/1992 do Rio Grande do Sul e 11.189/1995 do Paraná definem que a Defensoria (ou se ausente o Ministério Público), poderão "constituir junta interdisciplinar composta por três membros, sendo um profissional médico e os demais profissionais em saúde mental com formação de nível superior, para fins da formação de seu juízo sobre a necessidade e legalidade da internação". Como forte respaldo às propostas formuladas nesta tese, as leis estaduais fixam de modo similar a competência da Defensoria ou Ministério Público para

> emitir parecer sobre a necessidade e legalidade do ato de internação e da manutenção do internamento, desde que exista solicitação neste sentido, e que constitua uma junta interdisciplinar composta por 03 (três) membros, sendo um psiquiatra, um psicólogo e um outro profissional da área de saúde mental com formação de nível superior.

A deliberação por meio de junta, tal prevista na legislação estadual foi elogiada pelo Conselho Regional de Medicina do Rio Grande do Sul em parecer que, ademais, reputou sem sentido a frágil alegação de óbice fundada sigilo médico.[276] Justificar a impossibilidade de compartilhar informação do paciente ao argumento de sigilo além de ser um argumento falso, significaria colocar uma suposta violação

---

273. Ver por todos, ARAUJO, Luiz Alberto David; RUZYK, Carlos Eduardo Pianovski. A perícia multidisciplinar no processo de curatela e o aparente conflito entre o Estatuto da pessoa com deficiência e o Código de Processo Civil: reflexões metodológicas à luz da teoria geral do direito. *Revista de Direitos e Garantias Fundamentais*, Vitória, v. 18, n. 1, p. 227-256, jan./abr. 2017. p. 231.
274. Nos debates dos debates do projeto é justamente seu espírito multidisciplinar: "O que deseja o projeto é adequar a nossa saúde mental ao que há de mais moderno hoje no mundo, que é o tratamento do doente, através de tratamento ambulatorial com equipes multiprofissionais de psiquiatras, psicólogos, assistentes sociais, enfermeiras, enfim, um tratamento ambulatorial multiprofissional, fazendo com que a internação hospitalar seja a mais curta possível, que o do ente possa se recuperar no convívio da família e da sociedade e com tratamento ambulatorial". Parecer do Deputado Geraldo Alkmin sobre emendas. *In*: BRASIL. Câmara dos Deputados. *Dossiê sobre Projeto de Lei n. 3657/1989*. Disponível em: <www.camara.gov.br/proposicoesWeb/prop_mostrarintegra;jsessionid=B010DBA9235 3BC5B487061A7663EA4B5.proposicoesWebExterno2?codteor=1149947&filename=Dossie+-PL+365 7/1989>. Acesso em: 21 abr. 2017.
275. Em publicação do Ministério da Saúde se propôs "Regulamentar a internação compulsória inserida no artigo 9.º da Lei n.º 10.216, de 2001, estabelecendo a necessidade de indicação da internação por equipe multidisciplinar, evitando assim interpretação literal do referido artigo 9.º pelo juiz, o que seria contrário aos objetivos da referida Lei". BRASIL. Ministério da Saúde. Ministério da Justiça. *Reforma Psiquiátrica e Manicômio Judiciários: Relatório Final do Seminário Nacional para a Reorientação dos Hospitais de Custódia e Tratamento Psiquiátrico*: Brasília: Ministério da Saúde, 2002. p. 19.
276. CRM-RS. *Processo consulta CFM n. 2664/94*. PC/CFM/Nº 25/94. Parecer no 11/94 da Assessoria Jurídica do Conselho Regional de Medicina do Estado do Rio Grande do Sul. Aprovado em sessão do dia 08 de junho de 1994.

da privacidade apenas entre a equipe de saúde como mais grave que a restrição de liberdade. Não é preciso muita análise para ver que o segredo médico, neste caso, é argumento vazio. De modo lapidar, assinalou-se no parecer do conselho consideração que exige a máxima atenção. Não faz sentido "preservar um poder, o de internar compulsoriamente, que absolutamente não interessa nem engrandece o médico, e frustra uma excelente oportunidade de dividir com outros segmentos sociais uma responsabilidade excessivamente pesada".

Demais disso, equipes multidisciplinares são uma constante na legislação brasileira. Estão previstas no Decreto n. 3.298/1999, art. 16, §2º para avaliação de deficiência para concessão de benefícios e serviços[277] e no Decreto n. 1.744/1995 para o exame destinado à concessão do benefício de prestação continuada.[278] Além do campo da avaliação de funcionalidades, o caráter multidisciplinar se faz presente em questões que envolvem situações de violência e restrições de compreensão. Nesse sentido, há equipes com formação múltipla previstas na Lei Maria da Penha (Lei 11.340/2006), art. 30, para "fornecer subsídios por escrito ao juiz, ao Ministério Público e à Defensoria Pública", na Lei do Atendimento Socioeducativo, art. 64 para o "Atendimento a Adolescente com Transtorno Mental e com Dependência de Álcool e de Substância Psicoativa". Igualmente, constam na Lei de Alienação Parental (Lei n. 12.318/2010), art. 5º, na Lei de atenção às pessoas em situação de violência sexual (Lei n. 12.845/2013), art. 1º.

O exame da curatela (nos procedimentos de interdição) também é multidisciplinar (CPC, art. 756, § 2º). No plano infralegal define-se que na Rede de Atenção Psicossocial destinada à saúde mental o tratamento deve ser humanizado e multiprofissional (Portaria n. 448/2011, do Ministério da Saúde, item 7).[279]

Contrariamente ao que se defende neste estudo, é conhecido o posicionamento de parte da área médica de que a avaliação ou revisão de internações competiria somente ao profissional médico e a valorização do ato médico.[280] No entanto, consoante Diretrizes de Atenção em Saúde Mental, aprovadas por meio da Resolução CFM n. 1.952/2010 consagra-se que:

---

277. Na forma do texto normativo, art. 16,
278. Segundo o disposto no Decreto n. 1.744/1995, art. 14. "A deficiência será comprovada mediante avaliação e laudo expedido por serviço que conte com equipe multiprofissional do Sistema Único de Saúde – SUS ou do Instituto Nacional do Seguro Social – INSS. 1º. Na inexistência de equipe multiprofissional no município o beneficiário poderá apresentar, no mínimo, dois pareceres técnicos, sendo um emitido por profissional da área médica, e outro por profissional das áreas terapêutica ou educacional, ou ainda laudo emitido por uma entidade de reconhecida competência técnica. [...]".
279. BRASIL. Ministério da Saúde. *Portaria n. 448/2011*. Disponível em: <http://bvsms.saude.gov.br/bvs/saudelegis/cns/2011/prt0448_06_10_2011.html>. Acesso em: 12 Mar. 2017.
280. Com evidente tautologia, Parecer do Conselho Regional de Medicina do Ceará concluiu que "A Comissão de Revisão de Internamentos Involuntários deve ser constituída exclusivamente por médicos" por ser ato médico. CREMEC. *Parecer CREMEC n. 20/2002*. Processo consulta Protocolo Cremec n. 2130/02. 15 set. 2002. Disponível em: <http://www.cremec.com.br/pareceres/2002/par 2002.htm>. Acesso em: 10 maio 2016. MINISTÉRIO da saúde implanta política perversa em saúde mental. Sobre a Portaria n. 2391 do MS. *Jornal Mineiro de Psiquiatria* n. 24, ano X, Out. 2006.

Os diversos serviços devem contar com equipes multiprofissionais e seus componentes devem atuar interativa e integradamente, cada um exercendo o papel que é próprio de sua profissão, fazendo aparecer as relações de colaboração existentes entre todos.[281]

É interessante observar que na proposta original da Lei de Saúde Mental, constava que

> O Ministério Público, ex-officio, atendendo denúncia, ou por solicitação familiar ou do representante legal do paciente, poderá designar equipe revisora multiprofissional de saúde mental, da qual necessariamente deverá fazer parte um profissional médico, preferencialmente psiquiatra, a fim de determinar o prosseguimento ou a cessação daquela internação involuntária.[282]

No sistema jurídico da Irlanda, o Mental Health Act, 2001[283] admite-se a possibilidade de internação de doentes psiquiátricos, mas ressalva-se que não constitui uma justificativa legítima para internação o simples fato de uma pessoa: sofrer de transtorno de personalidade; ser socialmente desviante; ser adicta[284] a drogas. O conjunto de camadas de proteção mostra-se bastante relevante. Entre outros procedimentos, o pedido de internação não pode ser feito por quem não teve contato com o paciente nas últimas 48 horas ou que tenha vinculação com o local de tratamento.

A sistemática irlandesa oferece boas lições. A determinação inicial de internação expira em 21 dias, que podem ser renovados gradativamente, por novos períodos segundo indicação médica. Os pedidos de renovação também são limitados no tempo. A primeira renovação pode ser de até 3 meses, a segunda até 6 meses e as seguintes não podem ultrapassar 12 meses. Por ocasião da admissão e a cada pedido de renovação, repete-se um circuito protetivo. O pedido é comunicado à Comissão Nacional de Saúde Mental (*Mental Health Commission*) que designa um defensor e uma segunda avaliação psiquiátrica. Sempre que há pedido de internação ou de prosseguimento, é realizado uma audiência perante o Tribunal de Saúde Mental (*Mental Health Tribunal*), composto por um psiquiatra, um leigo e um profissional do Direito, que preside a sessão. As decisões são comunicadas ao *Mental Health Commission*. A decisão de internar pode ainda ser questionada por um tribunal comum que avalia precipuamente a existência ou não de doença mental.

Com base no exame de tais modelos, *para a realidade brasileira, considera-se que uma composição adequada da comissão de análise de internações seria com cinco integrantes, a saber, um (a) profissional das seguintes quatro áreas Medicina, Psicologia, Assistência*

---

281. CONSELHO FEDERAL DE MEDICINA. *Diretrizes para um modelo de assistência integral em saúde mental no Brasil*. Brasília: CFM, AMB, FENAM, ABP, 2014, p. 34.
282. BRASIL. Câmara dos Deputados. *Dossiê sobre Projeto de Lei n. 3657/1989*. Disponível em: <www.camara.gov.br/proposicoesWeb/prop_mostrarintegra;jsessionid=B010DBA92353BC5B487061A7663EA4B5.proposicoesWebExterno2?codteor=1149947&filename=Dossie+-PL+3657/1989>. Acesso em: 21 abr. 2017.
283. IRLANDA. Mental Health Commission. *Mental Health Act, 2001 and Regulations*. Disponível em <www.mhcirl.ie/for_H_Prof/Mental_Health_Act_2001/>. Acesso em: 01 jan. 2017. A legislação foi atualizada em 2008 e 2015.
284. Optou-se pela tradução literal. No original consta: *"is addicted to drugs or intoxicants"*.

Social,[285] Direito e um leigo, preferencialmente que já tenha recebido tratamento para uso de drogas ou tenha experiência pessoal com uso problemático. Considera-se também que a apreciação judicial deve existir, porém, não constitui requisito para internar.

Em sintonia com o posicionamento que se defende, na Argentina, o Código Civil y Comercial de la Nación, promulgado em 2014,[286] dispõe em seu art. 41 que a internação sem consentimento independe da restrição da capacidade, depende de avaliação interdisciplinar que justifique ausência de método eficaz menos restritivo, exige presença de risco certo e imediato à pessoa ou terceiros, deve ser por tempo exíguo e supervisionada de forma periódica. Na legislação argentina, é imperativa o controle judicial imediato e o direito de defesa. Julga-se não adequada a previsão de que a sentença que fixe a internação aponte a periodicidade da revisão o que sugere uma flexibilidade que pode dar aso a arbitrariedade.

Quanto aos integrantes da equipe multidisciplinar, é interessante analisar Portaria n. 2.480/2014, do Ministério da Saúde,[287] que versa sobre "Estratégias de Desinstitucionalização da Rede de Atenção Psicossocial (RAPS)". Na formação da equipe de desinstitucionalização foram estabelecidas duas possibilidades de composição. A *modalidade A* é integrada por "I – 1 (um) médico com formação e experiência em saúde mental ou psiquiatra; e II – 1 (um) profissional, dentre psicólogo, assistente social, terapeuta ocupacional e enfermeiro". Por sua vez, a *modalidade B* repete o item I e acrescenta um enfermeiro e "3 (três) profissionais, dentre psicólogo, assistente social e terapeuta ocupacional, sendo preferencialmente 1 (um) profissional de cada categoria citada neste inciso". Ao apreciar pedido do Ministério Público de São Paulo para criação desta comissão, o Tribunal Regional Federal da 3ª. Região ressaltou: "é consequência lógica da adoção de providências relativas ao cumprimento do novo modelo assistencial em saúde mental previsto na Lei n. 10.216/01".[288]

No tocante à comissão proposta nesta tese, a inclusão de um profissional do Direito já está prevista em vários momentos na legislação brasileira e pode ser apta a ensejar uma maior proteção. Na condução das tarefas, este profissional não assume o papel de juiz, nem se pode cogitar suprimir à apreciação da deliberação desta comissão à esfera judicial, nos casos em que a decisão for pela determinação de imposição de tratamento.

Ademais, propõe-se a participação de uma pessoa da comunidade, preferencialmente que seja usuário da saúde mental. De acordo com a OMS, o desenvolvimento

---

285. ONU. *Principles of Drug Dependence Treatment*. Discussion Paper. Nova York (EUA), 2009. p. 8, 16 e 20. As evidências científicas indicam que a abordagem multidisciplinar é a mais adequada. "Multidisciplinary teams including medical doctors, psychiatrists, psychologists, social workers, counsellors and nurses can respond best to needs of patients, also due to the multi-factorial nature of drug dependence". *Op. cit.*, p. 8.
286. ARGENTINA. *Código Civil y Comercial de la Nación*. Buenos Aires (Argentina): Infojus, 2014.
287. Portaria n. 2.840/2014, do Ministério da Saúde. A mesma redação foi mantida, *ipsis literis* na Portaria de Consolidação n. 05/2017, art. 67.
288. TRF3ª. Apelação Cível n. 0012274-29.2008.4.03.6100. 3ª. Turma. Relª. Des Federal.: Cecilia Marcondes. Julgamento: 19.12.2013.

de uma política de saúde mental deve envolver a integração da comunidade, grupos de defesa de direitos, representantes diversos da comunidade e os próprios usuários e ex-usuários.[289] Na mesma linha, José Bertolote advoga que "uma participação equilibrada e responsável pode ser obtida através da inclusão de [...] usuários e ex-usuários",[290] como parte do planejamento e implementação de serviços de saúde mental.

Uma estrutura similar, na qual a proposta indica nesta tese se inspira é a composição dos comitês de ética em pesquisa (CEP). De acordo com o que dispõe a Norma operacional n. 001/2013, do Conselho Nacional de Saúde, item 2.2, alínea B,

> o CEP será composto por, no mínimo, sete (7) membros, dentre eles, pelo menos, um representante de usuários, respeitando-se a proporcionalidade pelo número de membros [...]. Terá, sempre, caráter multidisciplinar, não devendo haver mais que a metade dos seus membros pertencente à mesma categoria profissional, participando pessoas dos dois sexos.[291]

Segundo manual do Ministério da Saúde para comitês de ética em pesquisa, "A presença de representante(s) do(s) usuário(s) é essencial para que o CEP possa ter a manifestação (a opinião) daquele(s) que utiliza(m) os serviços da instituição ou que mais freqüentemente pode(m) participar dos projetos como voluntários",[292] A presença do usuário é uma exigência que tem acompanhado as mudanças na legislação de ética em pesquisa[293] e é considerada pelo CONEP "o laço mais importante do controle social nos Comitês de Ética em Pesquisa".[294]

---

289. WORLD HEALTH ORGANIZATION. *Consumer involvement in mental health and rehabilitation services*. Geneva, WHO, 1989. (Doc.: WHO/MNH/MEP/89.7). p. 6. No mesmo sentido: VASCONCELOS, Eduardo Mourão. Reinvenção da cidadania, *empowerment* no campo da saúde mental e estratégia política no movimento de usuários. In: AMARANTE, Paulo (Org.) Ensaios: subjetividade, saúde mental, sociedade. 20ª ed. Rio de Janeiro: Fiocruz; 2000. p. 169-191. p. 190.
290. BERTOLOTE, José. Legislação relativa à saúde mental: revisão de algumas experiências internacionais. *Revista de Saúde Pública*, Faculdade de Saúde Pública da Universidade de São Paulo, v. 29, n.2, 1995, p. 152-156. p. 154-155.
291. BRASIL. Ministério da Saúde. Conselho Nacional de Saúde. Norma operacional n. 001/2013. Disponível em <http://conselho.saude.gov.br/web_comissoes/conep/aquivos/CNS%20%20Norma%2 0Operacional%20001%20-%20conep%20finalizada%2030-09.pdf>. Acesso em: 17 ago. 2017. A teor da normativa, "a indicação do membro usuário: a indicação da representação de usuários é feita, preferencialmente, pelos Conselhos Municipais ou Estaduais de Saúde, cabendo ao CNS, por meio da CONEP, contribuir no processo de fortalecimento da participação dos representantes de usuários. A indicação do usuário também poderá ser feita por movimentos sociais, entidades representativas de usuários e encaminhadas para a análise e aprovação da CONEP".
292. BRASIL. Ministério da Saúde. Conselho Nacional de Saúde. Comissão Nacional de Ética em Pesquisa. *Manual operacional para comitês de ética em pesquisa*. 4. ed. rev. atual. Brasília: Ministério da Saúde, 2007. p. 14.
293. A Resolução n. 196/1996 do CONEP (Comissão Nacional de Ética em Pesquisa), revogada pela Resolução n. 466/2012 do CONEP, definia, em seu item VII.4 que "O CEP deverá ser constituído por colegiado com número não inferior a 7 (sete) membros. Sua constituição deverá incluir a participação de profissionais da área de saúde, das ciências exatas, sociais e humanas, incluindo, por exemplo, juristas, teólogos, sociólogos, filósofos, bioeticistas e, pelo menos, um membro da sociedade representando os usuários da instituição [...] Terá sempre caráter multi e transdisciplinar, não devendo haver mais que metade de seus membros pertencentes à mesma categoria profissional, participando pessoas dos dois sexos".
294. BRASIL. Ministério da Saúde. Conselho Nacional de Saúde. Comissão Nacional de Ética em Pesquisa. *Análise técnica da Comissão Nacional de Ética em Pesquisa sobre o Projeto de Lei nº 200/2015*. Disponível em

Naturalmente o termo *usuário*, no contexto dos comitês de ética em pesquisa, não é signo que designa, originalmente, usuário de drogas. Por outro lado, na escolha dos usuários a Resolução n. 240/1997, do Conselho Nacional de Saúde aponta que "em instituições de referência para públicos ou patologias específicas, representantes de 'usuário' devem necessariamente pertencer à população-alvo da unidade ou à grupo organizado que defenda seus direitos".

Considera-se que uma composição plural é mais adequada tanto a compreender o tratamento, quanto a fiscalizar abusos. Igualmente, encontra respaldo legal e constitucional.

v. Revisão obrigatória e periódica da internação forçada

A legislação vigente fixa como indispensável a sistemática de revisão periódica da medida de imposição de internação, por meio da Comissão Revisora das Internações Psiquiátricas Involuntárias. Na sistemática em vigor, define-se como obrigatória que seja composta pelo Ministério Público, e recomenda-se que haja usuários de serviços de saúde mental e familiares ou representantes de associações de direitos humanos.

É o que se extrai da Portaria de Consolidação n. 03/2017, Anexo V, art. 73,[295] que exige, em cada Estado-membro:

> uma Comissão Revisora das Internações Psiquiátricas Involuntárias, com a participação de integrante designado pelo Ministério Público Estadual, que fará o acompanhamento dessas internações, no prazo de setenta e duas horas após o recebimento da comunicação pertinente.
>
> § 1 ° A Comissão deverá ser multiprofissional, sendo integrantes dela, no mínimo, um psiquiatra ou clínico geral com habilitação em Psiquiatria, e um profissional de nível superior da área de saúde mental, não pertencentes ao corpo clínico do estabelecimento onde ocorrer a internação, além de representante do Ministério Público Estadual. É relevante e desejável que dela também façam parte representantes de associações de direitos humanos ou de usuários de serviços de saúde mental e familiares.

Considera-se bastante frágil a proteção vigente, que de todo modo, em grande parte nem é cumprida. Acontece que há demora em revisão externa da internação, e nem sequer está expressamente prevista para todos os casos. Embora se defenda que do ordenamento é possível extrair a revisão obrigatória, sabe-se que no Brasil, muitas vezes, o que não está expressamente dito é ignorado.

Pois de acordo com a legislação vigente, a revisão da determinação da internação deve ser feita até o sétimo dia da internação, com confirmação ou suspensão (Portaria de Consolidação n. 03/2017, Anexo V, art. 75).[296] Compete então a mencionada

---

<http://www.conselho.saude.gov.br/web_comissoes/conep/aquivos/Analise-tecnica-Lei200-2015.pdf>. Acesso em: 15 ago. 2016.
295. Seu teor reproduz na literalidade o que previa a Portaria n. 2.391/2002, do Ministério da Saúde, art. 10.
296. A disposição incorpora e repete o teor da Portaria n. 2.391/2002, do Ministério da Saúde, art. 12.

comissão revisora emitir "laudo de confirmação ou suspensão do regime de tratamento adotado e remetendo cópia deste ao estabelecimento de saúde responsável pela internação, no prazo de vinte e quatro horas".

Na prática, todavia, se constata falta de fiscalização e descaso. Em Curitiba, a comissão revisora somente foi instituída em 27.04.2017.[297] Em São Paulo, denuncia Daniela Skoromov, "não foi implementada nenhuma Comissão Revisora sequer. Ou seja, as internações involuntárias simplesmente não são revistas regularmente, são apenas comunicadas proforma".[298] Ao desenvolver comparação com as prisões destaca: são fiscalizadas em 24 horas, com ampla defesa e não cumpridos os requisitos a soltura se impõe.[299]

De modo estarrecedor, a leitura do inteiro teor da portaria sugere que a revisão não está prevista para internação compulsória (determinada judicialmente), a qual, nos termos da normativa, art. 66, § 4º, não é "objeto da presente regulamentação". Considera-se injustificado que o mecanismo de revisão não se estenda a todas as modalidades de internação forçada. Aliás, na Resolução CFM n. 1.598/2000, no art. 18, ora revogado, definia-se que "Um estabelecimento médico só pode realizar internações psiquiátricas compulsórias se contar com uma Comissão de Revisão de Internações Compulsórias". Antes que se argumente a não vigência, é importante atentar que foi revogada pela Resolução CFM n. 1952/2010, que por seu turno adotou diretrizes de saúde mental que em momento algum sugerem a possibilidade de internação forçada (salvo na medida de segurança).

Cumpre indagar porque critérios diferentes na fiscalização e nos requisitos para as internações? Observe-se que há possibilidade de internação a pedido de um terceiro, que se presume ser um familiar (internação involuntária) e internação compulsória, por ordem judicial. Sob a ótica da saúde, o critério para internar deve ser o paciente e não quem provoca o pedido de internação, ou qual instância o determina.

Além disso, dada a gravidade da medida, não se pode permitir, em nenhuma hipótese, que o controle da internação esteja nas mãos apenas da própria instituição que a realiza, tal como no conto de Gabriel García Márquez, apresentado na introdução deste trabalho de pesquisa.

É injustificável que na legislação vigente não haja especificação de revisão periódica obrigatória, tal como se estabeleceu por exemplo na Irlanda e muitos

---

297. CURITIBA. *Diário Oficial do Município de Curitiba*. 27 abr. 2017.
298. Em 2017, registrou-se que o Conselho Nacional dos Direitos Humanos (CNDH) exigirá de São Paulo a retomada da Comissão. BRASIL. Secretaria Nacional de Direito Humanos. CNDH representará ao Ministério Público de São Paulo contra prefeito João Dória por improbidade administrativa. 22 jul. 2017. Disponível em <www.sdh.gov.br/sobre/participacao-social/cndh/noticias/cndh-representara-ao-ministerio-publico-de-sao-paulo-contra-prefeito-joao-doria-por-improbidade-administrativa-1>. Acesso em: 28 out. 2017.
299. SKOROMOV, Daniela. Internações: aspectos jurídicos, políticos e sua interface com a saúde Mental. *In*: CONSELHO FEDERAL DE PSICOLOGIA. *Drogas, Direitos Humanos e Laço Social*. Brasília: CFP, 2013. p. 157-168. p. 161-163.

outros países europeus[300]. Adicionalmente, defende-se que o paciente possui, no curso das internações, o direito inafastável a solicitar revisões efetivas de sua privação de liberdade, e devem ser garantidos mecanismos. A legitimidade para dar início, consoante acima se escreveu deve ser considerada alargada, até porque se o *habeas corpus* é medida admitida para afastar internações ilegítimas, não há porque estabelecer grandes limites, nem diferenciar espaços públicos, privados, ou terceiro setor.[301] Sob o prisma jurídico, a internação é uma medida de natureza provisória e que como qualquer outro ato da administração está sujeita permanentemente a ser desafiada a comprovar sua constitucionalidade e legalidade.

Como um mecanismo complementar, a revisão periódica obrigatória é essencial, porém não deve obstar a possibilidade de pedido por iniciativa do paciente ou terceiros, como já exposto. A proposta da Comissão de albergar na revisão obrigatória das internações, a modalidade compulsória (não apenas à involuntária) é fundamental, porém considera-se inadequado o prazo de um ano sugerido no substitutivo ao projeto, até porque o prazo de seis meses sugerido no texto original para internação involuntária já se mostra exagerado em comparação aos direitos envolvidos. Comparativamente, em Portugal, com base na lei de é "obrigatória uma revisão judicial em cada dois meses de internamento" de pacientes psiquiátricos.[302]

Há previsão de revisão dos procedimentos de internação também no Decreto Estadual n. 42910/2002 de Minas Gerais que estabelece uma Junta Técnica a quem compete, na forma do art. 8º, apreciar as internações 72 horas após a comunicação obrigatória e revisar novamente após os primeiros quinze dias de internação, comunicando ao Ministério Público do resultado.

Vale noticiar que está em curso o Projeto de Lei n. 1817/2015,[303] em trâmite, perante a Câmara dos Deputados, que propõe incluir na Lei 10.216/2001 a obrigatoriedade de revisão de "pacientes internados involuntariamente", com a indicação de que possa ser um profissional que não atue no serviço. Em sintonia com o entendimento defendido nesta pesquisa, o parecer da Comissão de Seguridade Social e Família ressalta:

---

300. ISRAELSSON, Magnus; NORDLÖF, Kerstin; GERDNER, Arne. European Laws on Compulsory Commitment to Care of Persons Suffering from Substance Use Disorders or Misuse Problems– a Comparative Review from a Human and Civil Rights Perspective. *Substance Abuse Treatment, Prevention, and Policy,* v. 10, n. 34, 2015. p. 11.
301. Sobre a possibilidade de atuação do Ministério Público e outras entidades: MINISTÉRIO PÚBLICO DE MINAS GERAIS. Centro de poio Operacional das Promotorias de Justiça de Defesa da Saúde. *Parecer técnico jurídico n. 004/2017.* 23.03.2017.
302. XAVIER, Miguel; CARVALHO, Álvaro de. Internamento compulsivo em Portugal – contexto e procedimentos. *In:* PORTUGAL. Direção-Geral de Saúde *Violência interpessoal.* Abordagem, diagnóstico e intervenção nos serviços de saúde, Dezembro 2014. p. 263-266. p. 266.
303. BRASIL. Câmara dos Deputados. *Projeto de Lei n. 1817/2015.* Disponível em: <www.camara.gov.br/proposicoesWeb/prop_mostrarintegra?codteor=1345642&filename=PL+1817/2015>. Acesso em: 12 Abr. 2017.

A falta de previsão legal para a revisão da internação sem dúvida expõe os pacientes internados de forma involuntária ao inevitável risco do "esquecimento", dificultando-lhe o exercício do direito de contestar a sua internação ou, ainda, de ter uma segunda opinião acerca do seu estado de saúde.[304]

A iniciativa legislativa é interessante. Ainda assim, nega-se haver uma lacuna normativa que permita concluir pela inexistência, atualmente, do direito de revisão. Além das disposições infralegais, a revisão é corolário do devido processo legal substancial (CF, art. 5º, inc. LIV), da impessoalidade (CF, art. 37), e, por analogia, da imparcialidade jurisdicional.

No âmbito do subsistema público de saúde, a revisão das determinações de prestações continuadas funda-se na fiscalização dos gastos da administração pública. Nessa linha, define-se como princípios da administração pública, pertinentes ao tema em análise, a finalidade, motivação, ampla defesa e eficiência (Lei n. 9.784/1999, arts. 2º e 56).

Tanto do ponto de vida da proteção da pessoa, quanto do orçamento, a internação deve ser apenas pelo estrito tempo necessário. É o que melhor atende à proteção efetiva dos direitos ao corpo, à intimidade, à integridade física e aos próprios princípios bioéticos da beneficência e não maleficência, pelos quais deve-se agir de modo útil ao paciente, agir para seu bem e não causar mal.

vi. Interpretação restritiva da extensão dos efeitos da internação imposta

A internação forçada deve se proceder da forma menos invasiva e menos restritiva possível. A partir da recepção da noção de múltiplas projeções de aptidão ou de competência, a medida está adstrita a liberdade de decidir sobre o tratamento, suprimida temporariamente para proteger a pessoa, sem que se possa em um primeiro momento cogitar qualquer limitação adicional.

Ainda que se tratem de cenários distintos, é útil uma analogia com a pena privativa de liberdade, em relação à qual a legislação penal é clara em especificar que os efeitos não extrapolam a privação da liberdade. A respeito, dispõe o Código Penal, art. 38 "O preso conserva todos os direitos não atingidos pela perda da liberdade, impondo-se a todas as autoridades o respeito à sua integridade física e moral".[305]
Em contraste com esta posição, são frequentes os relatos de restrições no âmbito das internações psiquiátricas, com a "banalização dos direitos dos internos", como aponta Relatório de inspeção locais de internação para usuários de drogas de do

---

304. BRASIL. Câmara dos Deputados. Comissão de Seguridade Social e Família. *Parecer sobre o Projeto de Lei n. 1817/2015*. Disponível em: <http://www.camara.gov.br/proposicoesWeb/prop_ mostrarintegra?codteor=1488719&filename=PRL+1+CSSF+%3D%3E+PL+1817/2015>. Acesso em: 12 out. 2017.
305. Um sentido próximo pode ser extraído da Lei de Execução Pena, art. 3º, "Ao condenado e ao internado serão assegurados todos os direitos não atingidos pela sentença ou pela lei".

Conselho Federal de Psicologia.[306] Nas práticas irregulares, descritas no relatório, identificou-se uma lógica pela qual "substitui-se a dependência química pela submissão a um ideal, mantendo submissos e inferiorizados os sujeitos tratados". Entre as ilegalidades, constatadas pelo conselho "interceptação e violação de correspondências, violência física, castigos, torturas, exposição a situações de humilhação, imposição de credo, exigência de exames clínicos, como o teste de HIV".[307]

No campo dos efeitos que a internação pode provocar, um aspecto que não é objeto desta tese, mas que exige futura reflexão é a gestão dos bens durante a internação. Para se ter uma ideia da dificuldade de responder, a Lei de Saúde Mental portuguesa, estabelece que a gestão dos bens deveria ser posteriormente regulada,[308] o que, decorridas duas décadas, ainda não aconteceu. Em confrontação feita pelo Bloco da Esquerda ao Ministro da Saúde, em 2008, registrou-se que "o actual vazio legal implica, em muitos casos, a violação dos direitos civis e fundamentais dos pacientes, seja por parte e algumas instituições, de familiares ou de seus cuidadores".[309]

4.3 SÍNTESE DO CAPÍTULO

Este capítulo final buscou, ainda que de forma inicial, destacar aspectos práticos que permeiam a arbitrariedade e legitimidade da internação. Na fusão de aspectos formais e substanciais, procura-se ultrapassar a simples afirmação de que a internação será legítima quando houver uma ordem judicial respaldada por um laudo médico. Aliás, a proposta formulada nem é da vida judicial, nem do foco em um único saber.

Diante do itinerário percorrido, cumpre-se sublinhar, sem repetir todos os aspectos já levantados:

i. É possível identificar a incorporação no plano constitucional das premissas da reforma psiquiátrica e do movimento antimanicomial. Como decorrência de uma miríade de princípios constitucionais, entre os quais, a liberdade, alteridade, solidariedade, proporcionalidade, a internação forçada de pessoas que fazem uso abusivo de drogas é hipótese remota, e quando aplicada deve ser temporária;

---

306. CONSELHO FEDERAL DE PSICOLOGIA. *Relatório da 4ª Inspeção Nacional de Direitos Humanos: locais de internação para usuários de drogas*. 2. ed. Brasília: Conselho Federal de Psicologia, 2011, p. 190).
307. CONSELHO FEDERAL DE PSICOLOGIA. *Relatório da 4ª Inspeção Nacional de Direitos Humanos: locais de internação para usuários de drogas*. 2. ed. Brasília: Conselho Federal de Psicologia, 2011, p. 190). Neste trecho a referência é sobre comunidades terapêuticas.
308. Lei de Saúde Mental (Lei Portuguesa n. 36/1998), art. 46º. "A gestão do património dos doentes mentais não declarados incapazes é regulada por decreto-lei".
309. (PORTUGAL. Parlamento. Grupo Parlamentar – Bloco da Esquerda. *A gestão do património dos doentes mentais não declarados incapazes*. Disponível em: <http://app.parlamento.pt/ webutils/docs/doc.pdf?path=6148523063446f764c3246795a5868774d546f334e7a67774c336470626e4a6c635639775a584a-6e6457353059584d76574339775a7a49314d4451746543343307a4c6e426b5a673d3d&fich=pg2504-x-3.pdf&Inline=true>. Acesso em: 23 abr. 2017).

ii. A autorização familiar não supre a indispensável fiscalização, e a falta de instrumentos que efetivamente assegurem a proteção e promoção de direitos humanos e fundamentais durante todo o curso da internação, assim como no que a antecede e a procede atinge de modo fulminante a legitimidade da medida;

iii. As formas de privação de liberdade admitidas do direito brasileiro são pena por fato típico e internação com finalidade de tratamento. Por conseguinte, a internação é sempre um meio, nunca o fim;

iv. A internação forçada não é, nem pode ser uma política de saúde pública. Seu emprego deve se submeter as mesmas exigências de comprovação que são demandadas para outros tratamentos;

v. Entre os mecanismos protetivos nas internações forçadas, é imperativa a revisão periódica, em curtos intervalos de tempo acerca do cabimento, da implementação e da manutenção da medida;

vi. A concentração de poder em um único profissional para decidir sobre internação e permanência em um único saber encontra-se deslocada da perspectiva multidisciplinar em que se assenta a complexidade do caso e os parâmetros da CDPD;

vii. Tal como ocorre em outros procedimentos em saúde, a internação deve ser submetida ao crivo de comprovação científica, ao que se tem designado de Saúde Baseada em Evidências (conceito ampliado da Medicina Baseada em Evidências);

viii. A internação está ligada à aptidão de se autodeterminar e não afeta, necessariamente, a aptidão de avaliar e decidir que compõe o núcleo da capacidade civil. Portanto o direito à informação adequada sobre o tratamento e na máxima medida possível de consentimento para os atos em saúde deve ser respeitada;

ix. No curso da internação, é indispensável que haja respeito aos direitos usuais do paciente, tais como sigilo a comunicação e aconselhamento jurídico.

CONCLUSÃO

Procurou-se desenvolver um conjunto de reflexões em torno da pergunta central proposta para a pesquisa, acerca da legitimidade ou não das internações forçadas de adultos que fazem uso problemático de drogas. O percurso permitiu colher um conjunto de reflexões a partir das quais emergem pontos importantes a destacar.

Em apertada síntese, a internação forçada é medida que a princípio não se justifica, para sua admissibilidade devem ser superados inúmeros filtros, notadamente no que tange ao respeito aos direitos humanos e fundamentais. Em primeiro, a finalidade terapêutica é a única justificativa constitucionalmente admissível, a rejeitar seu uso como meio para punir (como denota as práticas nas medidas de segurança), ou para segregar. Não se pode olvidar que os efeitos colaterais da medida estão sempre presentes, o potencial de benefício não pode ser presumido, deve ser demonstrado. Em segundo, é preciso uma criteriosa avaliação por equipe multidisciplinar, o que está longe de se resumir simples laudo, nem pode ser afastado por uma ordem judicial. Em terceiro, a função da internação de acordo com os protocolos da saúde deve ser bem entendida. Constitui medida sempre antecedida e seguida de atenção pela rede de saúde mental. Frisa-se que a internação não é um tratamento em si. É preciso deixar muito claro que quando adotada, a internação é apenas uma fase, que se destina permitir retomar o tratamento extra-hospitalar. Não pode ser concebida como um mecanismo curativo, muito menos é etapa necessária do tratamento. Vale frisar, somente é admitida quando esgotados os recursos extra-hospitalares, se todos de mostrarem ineficientes, e muitas vezes mesmo em tal circunstância pode não ser recomendada. Nas raras hipóteses em que aplicável, terminado o período de internação, que deve ser o mais curto possível, deve-se prosseguir com atenção psicossocial à saúde. Em quarto, a implementação de internação deve respeitar o devido processo legal e de modo geral a um conjunto de pressupostos protetivos, tais como a manifestação da pessoa que se pretende interditar, a oitiva de um defensor da parte, a comunicação para o Ministério Público e para a Defensoria Pública. Desse modo, a internação somente é legítima se for adequada sua motivação, o procedimento de sua implementação, sua concretização (em que são usuais os abusos), e providencia-se sua urgente extinção, já que é de curta duração. Internar e finalizar a internação são medidas decisões que estão na esfera da saúde, logo, desinternar independe de intervenção judicial (embora admitida para verificação de abusos). Por fim, vale lembrar o que a internação fora dos parâmetros de proteção dos direitos humanos e das normas internas é crime de tortura.

Mitos, estigmas e confusões semânticas

Inicialmente, é preciso conferir atenção à problematização dos significantes e significados que permeiam a questão proposta. Nesse sentido, foram identificados inúmeros vícios de linguagem que circundam o imaginário ao redor das drogas. Destacou-se que etiquetas como "drogado" e "viciado" são equivocadas e fomentam uma injustificada tolerância com afrontas a direitos fundamentais das pessoas que fazem uso de drogas. As distorções na aplicação das internações forçadas, embora bastante visíveis, são ocultadas por estigmas que inserem a pessoa a ser tratada no papel do descontrolado, perigoso. Esse discurso é corroborado pela guerra às drogas, a qual concebe o usuário como inimigo.

A ênfase na substância ao invés da pessoa, como denota a expressão "drogado", acentua a suposição de que o tratamento do uso abusivo se faz pelo afastamento da droga, e reforça o mito de que a internação seja o melhor, ou ainda o único caminho. Há múltiplas formas de tratamento do uso abusivo de drogas e o protocolo recomendado pelo Conselho Federal de Medicina em conjunto com o Conselho Federal de Psicologia, por meio das "Diretrizes para um modelo de atenção integral em saúde mental no Brasil", enfatiza a atenção ambulatorial como primordial.

O consumo de drogas em si não justifica a internação. A liberdade de usar drogas é extraída do texto constitucional por força da proteção à vida privada, à intimidade, à liberdade. Extrai-se ainda da previsão de que a legislação ordinária cuidará das normas referentes à publicidade de álcool e tabaco (Constituição, art. 220, § 4º). Na mesma trilha, é fundamental a diferenciação entre o consumo de drogas e seu uso abusivo. As drogas fazem parte do cotidiano, e o consumo impacta de maneiras muito distintas. Recorda-se então a distinção, exposta no Capítulo 1, entre o uso, uso nocivo e uso problemático, para afirmar que somente a caracterização de *síndrome de dependência* ou *uso problemático* é que se pode cogitar a internação. Frisa-se que são requisitos, não razão suficiente para internar.

O fato de que a droga consumida seja considerada permitida ou proibida não pode interferir na definição dos cuidados em saúde, mesmo porque a diferenciação entre drogas lícitas ou ilícitas é extremamente frágil e consubstancia uma divisão de caráter apenas normativo. A licitude de determinadas substâncias, como o álcool e o tabaco não as faz menos drogas, haja vista que seus efeitos não são alterados pela lei.

A proibição legal da venda de certas substâncias, a marginalização da pessoa que faz uso, a associação com o medo, com o crime e com a violência contribuem para a preocupante aproximação entre internação e isolamento. É crucial separar a perspectiva punitiva da terapêutica, inclusive quando aplicadas em sede de medida de segurança, sob pena de desfuncionalizar a internação forçada. A situação de precariedade que permeia o cumprimento de medida de segurança em nosso país reclama providências urgentes e sugere a caracterização de estado de coisas inconstitucional, já assentado pelo Supremo Tribunal Federal no tocante ao sistema prisional. A habitualidade dos abusos no modo como as internações são fixadas e realizadas precisa ser revertida; é prova cabal dos riscos de ignorar o procedimento adequado para as situações de imposição de tratamento.

O argumento de que não haja infraestrutura extra-hospitalar não legitima a internação forçada. De acordo com os protocolos dos saberes da saúde, a internação não é uma alternativa de tratamento, é uma etapa que pode ser necessária em alguns casos e que, sem a oferta de atenção na rede de atenção à saúde mental, antes e depois, torna-se sem sentido. É injustificável sob o prisma dos direitos humanos e mesmo dos princípios orçamentários que a medida mais penosa, invasiva e cara esteja à disposição sem que haja oferta de estrutura não hospitalar.

A adequada compreensão do papel da etapa da internação no tratamento do uso de drogas é vital. A visão da desintoxicação como objetivo e da internação como forma de atingi-la não tem respaldo no plano da saúde. Derivam de distorções que precisam ser revistas, tais como a suposição de que o uso abusivo seria um problema relacionado estritamente à substância (uma questão química); a concepção de que o tratamento consistiria em permanecer um tempo sem a droga para sanar o "vício"; bem como que, diante da falta de autonomia, ou melhor, do controle, seria sempre preciso forçar o tratamento. Focaliza-se, assim, apenas a substância, sem conferir atenção à pessoa que faz uso.

É preciso abandonar a suposição de que internação seria uma modalidade melhor ou até mesmo a única alternativa de tratar o uso abusivo. A internação forçada é um meio para um fim, que consiste na recuperação (*recovery*) do paciente, de modo a permitir que prossiga o tratamento ambulatorial. Sob o prisma constitucional, a implementação isolada é inadmissível como uma política pública.

Em sintonia com a decisão proferida no Caso Ximenes *vs*. Brasil, pela Corte Interamericana de Direitos Humanos, assevera-se que o uso indevido ("ab-uso") da internação implica sua desfuncionalização e caracteriza crime de tortura e cárcere privado, o que se verifica quando empregada como medida de isolamento social, como pena, ou mesmo sem atentar ao caráter excepcional. Tal conclusão é exaltada pela Organização das Nações Unidas e corroborada pela Convenção contra a Tortura e outros Tratamentos ou Penas cruéis, Desumanos ou Degradantes e pela própria Convenção Americana de Direitos Humanos (Pacto de San José da Costa Rica). Tal ordem de ideias evidencia a relevância de se desenvolver critérios para admitir ou rechaçar a imposição desta modalidade de tratamento.

O regime das incapacidades revisitado e a metáfora do buraco negro

No que concerne ao regime das incapacidades para os atos da vida civil, cuidou-se igualmente de procurar oferecer um novo olhar a partir de um cotejo entre sua estrutura e sua função. Nessa linha, destacou-se o desacerto do entrelaçamento semântico de diversas categorias, entre as quais internação-interdição, doença mental-incapacidade, personalidade-capacidade, bem como a vocação expansiva da interdição e da pouco discutida categoria dos *atos da vida civil*.

As críticas já consagradas pela doutrina acerca do perfil patrimonial e da rigidez foram tomadas como ponto de partida para se questionar a razão de ser do instituto da incapacidade civil. Procurou-se colocar em dúvida a tradicional lição de que sua finalidade se explica inteiramente na proteção dos incapazes. Sem negar que a incapacidade possa exercer esse papel, uma provocação proposta consiste em indagar em que medida não é a própria incapacidade que cria os incapazes.

Nesse sentido, mister repensar os parâmetros que nortearam o tratamento diferenciado dispensado à mulher, ao indígena e, de modo especial para a presente pesquisa, a inserção dos "ébrios habituais e viciados em tóxicos" como relativamente incapazes.

Está bastante claro que as aptidões de compreender e de se expressar não são suficientes para justificar as eleições legislativas dos incapazes. Considerou-se que um critério ocultado pela falsa neutralidade da categoria da incapacidade civil é o crivo da *anormalidade*, de modo que a avaliação se desloca da compreensão para o *pertencimento*.

Como explica Canguilhem, historicamente a anomalia passou a ser percebida como anormalidade e a conduzir a diferenciações. Um novo crivo então se mostra presente como fator de atribuição ou negação da incapacidade, trata-se do horizonte do reconhecimento. Este olhar coaduna com um sentido de pertencimento/exclusão presente na temerária redação original do art. 1.777, do Código Civil, revogada, que apontava a internação de interditos que não se adequassem "ao convívio doméstico". A internação, e por extensão a incapacidade, se revelam então como ferramenta para afastar do convívio e não para proteger a pessoa.

A capacidade define o reconhecimento jurídico e, pois, a fronteira da segregação, o não-direito. Como explica Foucault, a identificação do *anormal* estabelece um juízo de pertencimento/exclusão baseado não no que a pessoa pode compreender, mas no que pode cometer, um juízo de periculosidade. O incapaz então é o diferente, o desviante, o outro, por isso seu discurso é silenciado.

"A capacidade é a medida da personalidade", diz lição repetida nos manuais sem se atentar ao fato de que é a personalidade que define o próprio reconhecimento da condição de pessoa. Logo, atribuir-lhe escala é considerar que possa haver quem seja menos pessoa.

Assevera-se que a exigência da igualdade formal fez migrar a função de reconhecimento jurídico – e de segregação – da personalidade para capacidade, que se torna o umbral de acesso. Nesse sentido, é notável que o Código Civil comece por enunciar que todos são capazes (art. 1º), para somente depois, no art. 2º, apontar sobre a personalidade jurídica. A capacidade então assume um sentido mais amplo ao definir a possibilidade de manifestar-se ou, no extremo oposto, a exclusão, o não reconhecimento.

Na prática o que se observa é que o estigma da interdição termina por imprimir na incapacidade a condição de um *status* de inferioridade que se traduz na impossibilidade de participação. É exemplar dessa perspectiva a situação descrita no Caso Jaroslav, julgado pela Corte Europeia de Direitos Humanos, no qual, consoante examinou-se no Capítulo 4, o pedido de revisão de internação forçada foi rejeitado em instâncias inferiores, ao argumento de que a procuração outorgada era inválida por sua interdição.

A duramente criticada força expansiva da interdição se faz presente de modo kafkiano, ao não se admitir que a pessoa interditada pudesse discutir sua condição de restrição, justamente por ser interdito. É compreensão que afronta a garantia de capacidade legal do art. 12 da Convenção Internacional sobre os Direitos das Pessoas com Deficiência.

Diante do elastecimento da noção de interdição, o incapaz é silenciado em seu discurso em sentido muito mais amplo do que apenas a possibilidade de concretizar atos e negócios jurídicos. Como um buraco negro, a expressão *atos da vida civil* exerce uma força atrativa que classicamente captura todas as projeções da autonomia para decidir. Em detrimento de tal perspectiva, a tese propõe que se reconheça a multiplicidade de projeções da aptidão para decidir (múltiplas "capacidades"), como se identificou na própria legislação vigente – capacidade para dirigir, para votar, para optar por esterilização –, o que evoca a possibilidade de diferenciação também entre os requisitos para a prática atos distintos.

Desta maneira, evidencia-se a insuficiência da categoria da incapacidade civil para dar conta da complexidade e densidade que marcam a liberdade existencial, não somente por cuidarem de esferas distintas da autonomia, como também pela própria diversidade de situações existenciais, as quais potencialmente demandam critérios singulares para aptidão para decidir conforme o ato a ser praticado, o risco, o contexto, etc. Mesmo no tocante ao direito à saúde e ao corpo (caso se entenda por destacá-lo), não se concebe que consentir para relações sexuais, ter acesso a anticoncepcionais, extrair um dente, decidir pelo aborto, realizar cirurgia plástica, usar drogas ou optar pela eutanásia sejam situações submetidas a critérios de competência homogêneos.

No caso específico das drogas a insuficiência das incapacidades decorre também da confrontação entre a inimputabilidade, estabelecida no Código Penal e a incapacidade civil. A tese propõe a apropriação do critério da aptidão para se autodeterminar, vale realçar, para controlar-se, como mais adequado para explicar os efeitos da droga. Diferenciar o eventual comprometimento da autodeterminação, da aptidão de compreender e expressar decisões, é fundamental para lidar com o uso de drogas. Essa formulação é mais adequada para esclarecer o cenário em que há consciência de que há uso abusivo, mas ausência de condições de controlar o uso das drogas ou de realizar o tratamento para seu uso abusivo.

Para melhor elucidar, permita-se uma comparação. A pessoa com anorexia pode ter consciência da doença, desejar cuidados e mesmo assim, consciente do quadro e declarando a vontade de receber atendimento, não conseguir por si alimentar-se adequadamente. De maneira similar, o uso de drogas pode reunir na mesma pessoa a vontade de abandonar o uso (ou reduzi-lo) e a compulsão.

Nega-se que o uso de drogas, até mesmo quando justificada a internação, signifique a subtração total da autonomia. A proposta formulada na tese permite conciliar a restrição de um dos vetores da liberdade existencial – como a possibilidade de usar drogas ou decidir sobre a própria internação – sem atingir todo o feixe de projeções. Trata-se de ótica mais adequada à proteção dos direitos fundamentais. Admite-se então que a mesma pessoa possa não ter autocontrole quando o assunto seja drogas, mas possua condições de determinação em outros campos, inclusive para decisões sobre sua atenção à saúde.

Por tal razão, não se pode aproveitar a decisão que fixa a curatela (interdição), para decidir sobre a internação. São projeções distintas. Pode haver curatela sem internação, o que, aliás, é absolutamente frequente; assim como pode haver internação sem que se fixe a curatela. Por outro lado, não há problema que as duas medidas convivam, apenas não podem ser confundidas. Esta perspectiva é emancipatória porque promove a autonomia na máxima medida possível, como decorrência da eficácia expansiva dos direitos fundamentais e da força irradiante da dignidade da pessoa humana.

Outro ponto importante ao revisitar a teoria das incapacidades está no reexame crítico da chamada *incapacidade relativa*. Ao cotejar o teor do Código Civil, observou-se que enquanto o art. 3º aponta a incapacidade absoluta para os "atos da vida civil", o art. 4º, restringe apenas "certos atos", a sugerir uma diferenciação no escopo dos atos que são atingidos pela incapacidade.

O teor do art. 4º, permita-se transcrever, estabelece que "são incapazes, relativamente a certos atos ou à maneira de os exercer". A partir da percepção de que o texto normativo sequer emprega a consagrada locução "relativamente incapazes", questiona-se outras possibilidades interpretativas.

A leitura proposta, à luz da Constituição e do próprio texto literal, é a de que a definição legal é de incapacidade estritamente quanto a certos atos ou ainda a maneira de realizá-los. Esta proposta de interpretação, embora se distancie da compreensão dominante, é consentânea aos ditames da Convenção Internacional sobre os Direitos das Pessoas com Deficiência, e a promoção das potencialidades da pessoa na máxima medida. Uma vez que a incapacidade é aplicável a certos atos, há plena capacidade em relação a outros, o que reforça a tese de que o próprio texto positivo recepciona as múltiplas projeções de capacidades (ou de competências para decidir).

Ao invés de relativamente incapazes, a conjunção entre proteção e a efetiva participação sugere como mais adequada (ou menos pior) a designação *relativamente capazes*. Vale realçar, essa foi a expressão adotada na Exposição de Motivos do Supervisor da Comissão Revisora e Elaboradora do Código Civil.[1]

A atenção à saúde como única finalidade legítima para internação forçada

À luz da Constituição, a privação da liberdade somente é admitida como pena ou como tratamento. A internação forçada não pode ser empregada com caráter punitivo não importa o nome que se lhe atribua. Compreensão diversa, afronta os princípios constitucionais da legalidade, imputabilidade, taxatividade das penas, bem como criminaliza uma doença, o que é dogmaticamente um grande contrassenso. Definida a finalidade da internação, os critérios de sua aplicação devem se pautar sempre por uma análise por propósito exclusivamente a melhor atenção à saúde.

Nesse sentido, é importante atentar ao art. 2º da Lei de Saúde Mental, que define direitos da pessoa com "transtorno mental", aplicáveis indistintamente em todos os tratamentos. Entre outros direitos estabelecidos, está o de receber tratamento singularizado e consentâneo às necessidades, a preferência por meios comunitários e menos invasivos. Além disso, assegura-se, no art. 2º, inc. V "a presença médica, em qualquer tempo, para esclarecer a necessidade ou não de sua hospitalização involuntária".

O texto normativo torna inequívoca a finalidade de cuidado da saúde como única compatível com a internação. O próprio fato de que ao prever que haverá sempre uma justificativa médica para a *hospitalização*, tomada como gênero, isto é, sem especificar entre a internação compulsória e involuntária, demonstra que não se diferenciam os tratamentos senão com base nas necessidades de cada paciente.

O incômodo que uma pessoa representa à família quando faz uso abusivo de drogas, a existência de ameaças, o cometimento de crime ou contravenção são todas situações relevantes, as quais podem apresentar diversas repercussões jurídicas, contudo não são elementos legitimadores de internação forçada dado o caráter inarredável da finalidade de tratar. Outras providências, até mesmo com medidas cautelares podem ser usadas, mas não a internação. Permita-se reiterar, não há tratamento forçado sem finalidade de tratar.

A simples detenção *não* é método de tratamento para uso de drogas. É preciso sublinhar, igualmente, que há um amplo leque de tratamentos para o uso de drogas e a internação além de ser o último recurso, consiste, necessariamente, apenas como uma etapa do tratamento destinada à recuperação (*recovery*). Por isso, é imprecisa

---

1. REALE, Miguel. Exposição de motivos do supervisor da comissão revisora e elaboradora do Código Civil. *Revista da EMERJ*, Rio de Janeiro, v. fev./jun. 2002, n. especial, p. 9-34, 2003. p. 19.

a justificativa de que a internação é necessária para retirar a droga do organismo[2]. Claro que deixar uma pessoa confinada fará desaparecer, momentaneamente, a substância do organismo, no entanto, está longe de resolver a questão. Ademais, exige um cuidado exemplar porque a síndrome de abstinência (tratada no Capítulo 1) é bastante dura e a substância não estar nas veias não significará que o desejo pela droga terá cessado.

A discussão proposta coloca em jogo a tensão entre liberdade e proteção, como perspectivas não excludentes. Conjugam-se a escolha pessoal e a busca do bem-estar, os princípios bioéticos da autonomia e beneficência. No tema proposto, para fins teóricos da compreensão da posição esposada, considera-se que, em caso de um hipotético empate, deve prevalecer a liberdade. Essa conclusão é haurida pelo caráter excepcional da internação, bem como pela primazia da liberdade, que prevalece, analogamente, até mesmo na esfera criminal.

A estigmatização do uso de drogas e, principalmente, do usuário, tendem a fragilizar sua proteção. Na lição de Goffman, o estigma sinaliza o diferente e coloca em questão sua condição de humano. Os estereótipos muitas vezes associam a pessoa que faz uso de droga ao desviante, doente (contagioso), criminoso, marginal. A pessoa que faz uso de drogas, especialmente em determinadas cenas de uso, converte-se no *homo sacer* descrito por Agamben, de modo que lhe é negado o reconhecimento da condição humana. A partir daí o emprego da violência não terá objeção porque, como explica o autor, a *vida nua,* está inserida fora do Direito e, sem ser sacrificável é matável e, por extensão, permita-se assim descrever, "internável".

Reitera-se ademais que os princípios da reforma psiquiátrica possuem *status constitucional,* entre os quais, a singularidade do projeto terapêutico, e o caráter extraordinário das internações forçadas. São exigências inafastáveis do estatuto jurídico de proteção e promoção da saúde mental no Brasil, inclusive da atenção às pessoas que fazem uso de drogas, e, por conseguinte, são infensas às mudanças (constantes) na legislação ordinária e infra legal, por contarem com a intangibilidade propiciada pelo status constitucional.

Proteger a pessoa de si própria

A frequente constatação de desfuncionalização das internações exige um olhar atento às circunstâncias e fundamentos que a justificam ou a repelem. Os argumentos mais usuais para justificar a medida podem ser sintetizados da seguinte maneira:

---

2. "A terceira confusão é supor que a medida seria necessária para 'tirar a droga do corpo'. Imagina-se que a droga seria a causa única da dependência, quando na realidade a substância é apenas um fator. Comparativamente, muitas pessoas consomem álcool, mas nem todas adotam um padrão abusivo. Não basta tirar o álcool por 10, 30 ou 90 dias para tratar o alcoolismo. É preciso tratar a pessoa, não a droga". (SCHULMAN, Gabriel. Sobram motivos para rejeitar a internação involuntária. *Gazeta do Povo*, 18 jun. 2019. Disponível online em: <www.gazetadopovo.com.br/opiniao/artigos/sobram-motivos-para-rejeitar-a-internacao-involuntaria>. Acesso em 11 ago. 2019).

a-) proteger a pessoa de si mesma; b-) a perda da autonomia justifica a internação; c-) evitar danos a terceiros. Apresentados ora de forma isolada, ora em conjunto, possuem importantes objeções que devem ser consideradas.

Para examinar a ideia de proteger a pessoa de si própria, discutiu-se diferentes visões acerca do paternalismo, do que se pode extrair que a liberdade comporta a possibilidade de tomar decisões consideras erradas ou correr riscos. Cingir as escolhas apenas à prática de atos previamente definidos como sensatos e socialmente aceitos, supõe uma justaposição de razão e adequação moral que não pode prevalecer. Isso não significa que a liberdade deva ser entendida como a possibilidade de realizar tudo, todavia, não pode ser apenas a possibilidade de seguir uma rota predeterminada pelo legislador ou pela sociedade segundo seu padrão de bons costumes. Adere-se à crítica ao perfeccionismo, ao mesmo tempo em que se salienta que, mal calibrado, o paternalismo nele se converte.

Proteger a pessoa de si própria pode ser até uma motivação louvável, contudo, deve ser tomada com a máxima cautela. O argumento da proteção facilmente pode se converter em um instrumento para o arbítrio, seja pela imposição da medida de internação forçada quando os elementos do caso concreto não exigem, seja sua adoção apenas para suprir a necessidade de justificar um confinamento.

Considera-se que qualquer modalidade de internação em que não haja consentimento da própria pessoa a ser internada é forçada. Aliás, até a internação por iniciativa própria, designada *internação voluntária* na Lei de Saúde Mental, exige a avaliação da equipe multidisciplinar que poderá proteger a pessoa ao justamente negar uma medida que considera não ser adequada ao quadro de sofrimento psíquico (transtorno mental) apresentado.

Uma proposta de contornos constitucionais da internação forçada

Como exposto, concluiu-se que é possível a aplicação da internação, como *ultima ratio*. Portanto, depreendeu-se do itinerário desta pesquisa que a internação forçada *possa* ser legítima. Para tanto, deve ser em sua finalidade, em seu procedimento e nos direitos e garantias que assegura. Entre os filtros importantes, em linha com a compreensão da Corte Europeia de Direitos Humanos, não há legitimidade da internação se o procedimento para sua imposição não consagrar instrumentos protetivos adequados.

Por decorrência do princípio constitucional da proporcionalidade e de uma visão fincada na alteridade e na solidariedade, a tônica é da *mínima intervenção e máxima proteção*. Vale lembrar que há certeza do dano decorrente da própria internação e incerteza sobre a eficácia do tratamento. Frisa-se que a própria eficácia da internação forçada como forma de tratamento é questão em aberto e cujo desenvolvimento poderá resultar em futuros acréscimos de barreiras adicionais ao seu cabimento, ou ainda a conclusão de que é inútil e logo inconstitucional.

Como aspectos-chave, os contornos constitucionais da internação forçada assentam-se na finalidade exclusivamente terapêutica, no esgotamento das alternativas extra-hospitalares e da busca de mecanismos que mitiguem a possibilidade de abusos.

Foucault destacou os desvios da concentração do poder sobre a internação no saber médico, razão pela qual a proposta formulada é de avaliação multidisciplinar como pré-requisito. Esse mecanismo está previsto na legislação de diversos países, inclusive em leis de diversos estados do Brasil e foi adotado no plano constitucional pela Convenção Internacional sobre os Direitos das Pessoas com Deficiência. A proposta formulada reúne um médico, um psicólogo, um assistente social, um profissional do direito e um leigo. A colaboração de diferentes saberes é considerada a prática mais adequada no tratamento do uso problemático de drogas, com mais razão, deve ser empregada na avaliação acerca da necessidade, leia-se, imprescindibilidade da internação. Como se explicou, o profissional do Direito não faz às vezes de juiz; contribui para cuidados procedimentais, diante da gravidade da matéria que se examina.

A inserção de uma pessoa da comunidade, inspira-se nos comitês de ética em pesquisa e na legislação da Irlanda em que a internação é precedida de audiência perante o Tribunal de Saúde Mental (*Mental Health Tribunal*), e uma comissão composta por um psiquiatra, um leigo e um profissional do Direito, que preside a sessão. A sugestão de que o leigo que integrará a equipe multidisciplinar seja usuário da saúde mental foi extraída das recomendações da Organização Mundial da Saúde, que promove a participação dos usuários na construção do sistema de atenção.

A revisão periódica constitui um imperativo, assim como o monitoramento dos locais em que a internação é promovida. A simples comunicação ao Ministério Público, tal como dispõe a Lei de Saúde Mental, está longe de atender à efetiva fiscalização.

No tocante a alcance das restrições decorrentes da internação, é útil a analogia à previsão do art. 38 do Código Penal, que fixa que "o preso conserva todos os direitos não atingidos pela perda da liberdade, impondo-se a todas as autoridades o respeito à sua integridade física e moral". Sem olvidar que a internação jamais pode constituir sanção, não se pode cogitar, de outro giro, que a privação de liberdade para atenção à saúde se sujeite a menos direitos do que a privação por prática de crime.

Como decorrência do caráter excepcional da restrição a direitos fundamentais, a implementação da internação forçada não retira senão o direito a decidir sobre a recusa deste tratamento, e não atinge outros direitos tais como respeito, sigilo da comunicação, aconselhamento jurídico e representação legal. Além disso, como se nega que a situação de internação seja excludente da capacidade de compreender e se expressar, é assegurado o direito à informação, à participação e, na máxima medida possível, deve-se buscar o consentimento para os atos em saúde. Ademais, a extensão do significado da imposição da internação é ponto que demanda futuro aprofundamento. Pode-se obrigar um paciente a participar de uma conversa ou uma oficina? São questões em aberto que merecem futuro desenvolvimento.

Reafirma-se que a internação é medida de natureza provisória e que como qualquer outro ato da administração pública (ou ainda quando praticada por particular) está sujeita permanentemente a ser desafiada a comprovar sua constitucionalidade e legalidade. Quando aplicada, constitui etapa intermediária do tratamento porque será, invariavelmente, precedida e sucedida por atenção ambulatorial. É antecedida por mecanismos não hospitalares porque somente se esgotados é que a internação forçada é admitida para a recuperação do paciente. Realizada pelo período mais breve possível, sua sequência é o encaminhamento para a rede de atenção psicossocial (RAPS), que dará continuidade aos cuidados com a saúde.

A gravidade da restrição imposta pela internação, mesmo quando realizada para dar atenção à saúde, contrasta com a fragilidade do seu arranjo jurídico e da insuficiência da fiscalização. Como decorrência do devido processo legal, o paciente poderá solicitar, a qualquer tempo, a revisão, da medida imposta e devem ser garantidos mecanismos que assegurem que tal avaliação não seja adstrita ao próprio serviço de atendimento, nem dependa da iniciativa do paciente. Não faria sentido permitir que o controle da regularidade e cabimento da internação recaia sobre os profissionais que a executam, nem que se dependesse de solicitação pelo paciente, em situação de vulnerabilidade e isolamento.

Tendo em conta as evidentes limitações do exercício de direitos pela pessoa internada, reconhece-se alargada legitimação para procedimentos destinados a fiscalização das medidas de imposição de tratamento. Concilia-se, assim, a proposta de que as internações não sejam determinadas pelo Poder Judiciário, contudo, as denúncias de abuso estejam sujeitas à sua atenção.

A decisão de não estabelecer a esfera judicial como o foro para determinação das internações não foi simples. Em diversos países a decisão judicial é um requisito, inclusive na Irlanda e na Argentina, nações cuja sistemática claramente influenciou o modelo proposto nesta pesquisa. A gravidade da situação das pessoas que cumprem medida de segurança e as distorções ali identificadas, somadas à compreensão de que a definição dos tratamentos compete à equipe de atenção à saúde, levaram a concluir que a melhor alternativa é que as internações não sejam uma determinação judicial.

Vale frisar ainda que a própria Lei de Saúde Mental e a Lei de Drogas definem a possibilidade de internação não judicial, que designam de involuntária. Por outro lado, o Judiciário é competente para fiscalizar fraudes/abusos/violações/desvios que podem ser discutidas inclusive pela via do *habeas corpus*. Além disso, tal como qualquer outro tratamento da saúde, a esfera judicial é espaço para demandas que busquem o acesso à cobertura da atenção à saúde mental, inclusive para que seja assegurada a disponibilidade da rede extra-hospitalar.

A internação é determinada pela equipe multidisciplinar, logo também a alta. A interferência judicial não se justifica, nem sequer quando se trata de internação pela via da medida de segurança. Se é de tratamento que se trata, sua definição e condução não podem ser pautadas por diferenciações com base em critérios que não sejam relacionados à atenção à saúde.

Por fim, vale um retorno ao começo. Na introdução desta pesquisa, convidou-se a refletir sobre a trajetória de María, internada em um hospital psiquiátrico, ao pegar carona, em um ônibus que transportava os pacientes. *Sólo vine a hablar por teléfono* é o título do conto de Gabriel García Márquez, a assinalar não apenas ao equívoco da internação, como os efeitos do silenciamento e da segregação. A personagem que buscava tão-somente telefonar, nunca pode fazê-lo. Para enviar uma carta, sofreu toda sorte de humilhações e não foi ouvida sequer por seu marido. Ao final, não se sabe o destino de María, esquecida por todos. Quanto ao hospício, foi demolido.

Esta pesquisa versa sobre um tema pouco lembrado. Nesta travessia, buscou-se destruir estigmas, preconceitos e oferecer uma reflexão sobre a saúde mental. O trabalho é teórico, mas a preocupação é prática. De nada adiantará conhecer María se esquecermos sua história, e não difundirmos sua mensagem.

REFERÊNCIAS

ABREU, Celia Barbosa. A Flexibilização da Curatela. Uma Interpretação Constitucional do art. 1772 do Código Civil Brasileiro. *Revista Trimestral de Direito Civil*, v. 37, p. 3-16, 2009.

_____. Capacidade civil, discernimento e dignidade do portador de transtorno mental. *Revista Brasileira de Direito das Famílias e Sucessões*, v. 8, p. 5-18, 2009.

_____. *Curatela e Interdição Civil*. Rio de Janeiro: Editora Lumen Juris, 2009.

_____. Aspectos constitucionais da responsabilidade civil do incapaz. *Revista de Direitos e Garantias Fundamentais*, Vitória, n. 11, p. 257-277, jan./jun. 2012.

ACSELRAD, Gilberta. Os desafios para uma formação em álcool e outras drogas baseada nos direitos humanos. *In:* VECCHIA, Marcelo Dalla. Drogas e direitos humanos: reflexões em tempos de guerra às drogas [recurso eletrônico]. Porto Alegre: Rede UNIDA, 2017.

AGAMBEN, Giorgio. *Homo sacer:* o poder soberano e a vida nua I. (Trad. Iraci D. Poleti). Belo Horizonte: UFMG, 2007.

AGUIAR, Andréa Lúcia Vasconcellos de. *Usuários de crack, instituições e modos de subjetivação:* estudo das práticas e da eficácia terapêutica em uma comunidade terapêutica religiosa (RN). Dissertação. (Mestrado em Antropologia Social). Universidade Federal do Rio Grande do Norte, Natal, 2014.

AIRES, Suely. Os anormais do século XXI: Usuários de *crack* e políticas públicas de segurança e saúde. *Revista Sofia*, Universidade Federal do Espírito Santo, v. 5, n. 1, p. 3-14, jan./jul. de 2016.

ALARCÓN, Sergio. *O diagrama das drogas:* cartografia das drogas como dispositivo de poder na sociedade contemporânea. 2008. Tese (Doutorado em Saúde Pública). Escola Nacional de Saúde Pública da Fundação Oswaldo Cruz, Rio de Janeiro.

ÁLCOOL é 144 vezes mais letal que a maconha, segundo pesquisa. *O Globo*, 24 fev. 2015. Disponível em: <oglobo.globo.com/sociedade/saude/alcool-144-vezes-mais-letal-que-maconha-segundo-pesquisa-15421829#ixzz4JoZ5YH36>. Acesso em: 25 fev. 2016.

ALDERSON, Priscilla; SUTCLIFFE, Katy; CURTIS, Katherine. Children's Competence to Consent to Medical Treatment. *Hastings Center Report*, v. 36, n. 6, p. 25-34, Nov.-Dec. 2006.

ALEMANHA substituiu drogas e instalou salas de consumo contra 'Cracolândia'. *Folha de S. Paulo*, 6 jun. 2017.

ALENCAR, Cicero Pereira; DALTIN, Daniel Adolpho Assis; MUSSE, Luciana Barbosa. Da interdição civil à tomada de decisão apoiada: uma transformação necessária ao reconhecimento da capacidade e dos direitos humanos da pessoa com deficiência. *Revista de Estudos Empíricos em Direito*, v. 3, n. 2, p. 226-247, jul. 2016.

ALEXY, Robert. *Teoria dos Direitos Fundamentais*. (Trad. Virgílio Afonso da Silva). São Paulo: Malheiros Editores, 2006.

ALVES, Domingos Sávio Nascimento; SILVA, Paulo Roberto Fagundes da; COSTA, Nilson do Rosário. Êxitos e desafios da reforma psiquiátrica no Brasil, 22 anos após a declaração de Caracas. *Medwave*, n. 12, v. 10, 2012.

AMADERA, Gustavo Daud; RAMOS, Anna Carolina; GALDURÓZ, José Carlos. *Internação compulsória de dependentes de cocaína/crack em comunidade terapêuticas: avaliação de eficácia e aceitação*. Trabalho apresentado no XXII Congresso Brasileiro da ABEAD (Associação Brasileira de Estudos do Álcool e outras Drogas). Disponível em <www.uniad.org.br/images/stories/Poster_ ABEAD_2013.pdf>. Acesso em: 23 out. 2017.

AMARAL, Francisco. *Direito Civil: Introdução*. 6. ed. Rio de Janeiro: Renovar, 2006.

AMARANTE, Paulo. *Loucos pela vida*. a trajetória da reforma psiquiátrica no Brasil. 2. ed. Rio de Janeiro: Fiocruz, 1998.

_____. ROTELLI, Franco. Reforma psiquiátrica na Itália e no Brasil: aspectos históricos e metodológicos. In: BEZERRA, Benilton Jr.; AMARANTE, Paulo (Org.). *Psiquiátrica sem hospício*. Contribuições para o estudo da reforma psiquiátrica. p. 41-55.

AMERICAN COLLEGE OF PHYSICIANS. *Supporting Research into the Therapeutic Role of Marijuana*. Position Paper. Philadelphia (EUA): American College of Physicians, 2008.

AMERICAN PSYCHIATRIC ASSOCIATION. *Manual diagnóstico e estatístico de transtornos mentais*. DSM-V. Trad. Maria Inês Corrêa Nascimento. 5. ed. Porto Alegre: Artmed, 2014.

ANDRADE, Tarcísio Matos de. Reflexões sobre políticas de drogas no Brasil. *Ciência & Saúde Coletiva*, Rio de Janeiro, v.16, n. 12, p. 4.665-4.674, 2011.

ANDREOLI, Sérgio Baxter et al. Is psychiatric reform a strategy for reducing the mental health budget? The case of Brazil. *Revista Brasileira de Psiquiatria*, Associação Brasileira de Psiquiatria – ABP, São Paulo, v. 29, n. 1, p. 43-46, Mar. 2007.

ANSTICE, Susan. Supervised methadone consumption: client issues and stigma. *Substance Use & Misuse*, n. 11, p. 794-808, 2009.

APPELBAUM, Paul. Assessment of Patients' Competence to Consent to Treatment. *The New England Journal of Medicine*, v. 357, n. 18, p. 1834-1840, Nov. 2007.

ARANTES, Marco Antônio. Hospício de doutores. *História, Ciências, Saúde-Manguinhos*, Rio de Janeiro, v. 15, n. 1, p. 49-63, mar. 2008.

ARAÚJO, Carlos. O tratamento/internamento compulsivo do doente mental, passo necessário, mas não suficiente. In: *A lei de saúde mental e o internamento compulsivo*. Coimbra (Portugal): Coimbra Editora, 2000. Centro de Direito Biomédico. v. 2. p. 63-70.

ARAÚJO, Fernando. O Contrato Ulisses – I: O Pacto Anti-Psicótico. *Revista Jurídica Luso Brasileira*, Faculdade de Direito de Lisboa, ano 3, n. 2, p. 165-217, 2017).

ARAUJO, Luiz Alberto David; RUZYK, Carlos Eduardo Pianovski. A perícia multidisciplinar no processo de curatela e o aparente conflito entre o Estatuto da pessoa com deficiência e o Código de Processo Civil: reflexões metodológicas à luz da teoria geral do direito. *Revista de Direitos e Garantias Fundamentais*, Vitória, v. 18, n. 1, p. 227-256, jan./abr. 2017.

ARBEX, Daniela. *Holocausto brasileiro*. São Paulo: Geração Editorial, 2013.

_____. *Site pessoal de Daniela Arbex*. Disponível online em <www.danielaarbex.com.br/sobre-mim/>. Acesso em: 08 jan. 2017.

ARGENTINA. Código Civil y Comercial de la Nación. Buenos Aires (Argentina): Infojus, 2014.

_____. Ministerio de Educación de la Nación. *Prevención del consumo problemático de drogas*. Desde el lugar del adulto en la comunidad educativa. Argentina: Ministerio de Educación de la Nación, 2009. Disponível em: <http://www.me.gov.ar/me_prog/prevencion/pdf/prev.pdf>. Acesso em: 4 ago. 2016.

ARGÜELLO, Katie. O fenômeno das drogas como um problema de política criminal. *Revista da Faculdade de Direito – UFPR*, Curitiba, n. 56, p. 177-192, 2012.

ARMSTRONG, Gregory. Opioid substitution therapy in Manipur and Nagaland, north-east India: operational research in action. *Harm Reduction Journal*, n. 7, v. 29, 2010.

ARREGUY, Juliana. Secretária de Direitos Humanos de Doria se demite após 'ação desastrosa' na Cracolândia. *O Globo*, 25 maio 2017.

ASCENSÃO, José Oliveira. *Direito Civil. Teoria Geral*. 3. ed. Vol. 1. São Paulo: Saraiva, 2010.

ASÍS ROIG, Rafael de. La incursión de la discapacidad en la teoría de los derechos: posibilidad, educación, Derecho, poder. *In:* INSTITUTO DE DERECHOS HUMANOS "C". *Los derechos de las personas con discapacidad*. Debates del Instituto Bartolomé de las Casas, n. 2, Madrid (Espanha): Universidad Carlos III, Madrid 2004, p. 59-73.

_____. Derechos humanos y discapacidad: Algunas reflexiones derivadas del análisis de la discapacidad desde la teoría de los derechos. *In:* MENEZES, Joyceane Bezerra. (Org.). *Direito das pessoas com deficiência psíquica e intelectual nas relações privadas:* Convenção sobre os direitos da pessoa com deficiência e Lei Brasileira de Inclusão. 2. ed. Rio de Janeiro: Processo, 2019. p. 3-30.

ASSIS, Aisllan; SILVA, Martinho. "Viver livremente": trajetos e passagens de uma fuga do cuidado. *In:* GERHARDT, Tatiana Engel, *et. al.* (Org.). *Itinerários terapêuticos: integralidade no cuidado, avaliação e formação em saúde*. Rio de Janeiro: CEPESC, Instituto de Medicina Social, UERJ, 2016. p. 275-288.

ASSOCIAÇÃO BRASILEIRA DE PSIQUIATRIA. *Proposta de para assistência integral em saúde mental no Brasil*. São Paulo: ABP, 2009.

ATIENZA, Miguel. Dossier: Huelga de hambre de los GRAPO, derecho y ética. La argumentación jurídica en un caso difícil. *Revista Jueces para la democracia*, Madrid, n. 9, p. 31-37,1990.

AUSTRALIA. Australian Human Rights Comission. *Drugs*. Disponível em: <https://www.humanrights.gov.au/quick-guide/12032>. Acesso em: 05 ago. 2017.

ÁVILA, Humberto. *Teoria dos Princípios*. Da definição à aplicação dos princípios jurídicos. 4. ed. São Paulo: Malheiros, 2005.

AYRES, José Ricardo de Carvalho Mesquita *et al*. O conceito de vulnerabilidade e as práticas de saúde: novas perspectivas e desafios. *In:* CZERESNIA, Dina; FREITAS, Carlos Machado de. (Orgs.). *Promoção da saúde: conceitos, reflexões, tendências*. Rio de Janeiro: Fiocruz, 2003. p. 117-139.

AZENHA, Sónia Soraia. *Internamento e tratamento compulsivos em pessoas com perturbação mental*. Estudo das atitudes éticas. Tese (Doutorado em Bioética). Instituto de Bioética da Universidade Católica Portuguesa, Janeiro de 2014.

AZEVEDO, Álvaro Villaça. A dependência ao tabaco e a sua influência na capacidade jurídica do indivíduo. A caracterização de defeito no produto sob a ótica do Código de Defesa do Consumidor. *In:* Teresa Ancona. *Estudos e Pareceres sobre Livre Arbítrio, Responsabilidade e Produto de Risco Inerente*. O paradigma do tabaco. Rio de Janeiro: Renovar, 2009. p. 67-82.

_____. *Comentários ao Código Civil:* parte especial: direito de família. (arts. 1.711 a 1.783). V. 19 (Coord. Antônio Junqueira de Azevedo). São Paulo: Saraiva, 2003.

AZEVEDO, Lilibeth de Azevedo. *O idoso e a autonomia privada no campo da saúde*. Dissertação (Mestrado em Direito). Universidade do Estado do Rio de Janeiro, Rio de Janeiro, 2012.

AZEVEDO, Suelen de. Violações aos direitos humanos dos Doentes mentais internados judicialmente. *Revista Jurídica da Procuradoria-Geral do Distrito Federal*, Brasília, v. 39, n. 2, p. 133-150, jul./dez., 2014.

BACCARI, Ivana Oliveira Preto; CAMPOS, Rosana Teresa Onocko; STEFANELLO, Sabrina. Recovery: revisão sistemática de um conceito. *Ciência & Saúde Coletiva*. Rio de Janeiro, v. 20, n. 1, p. 125-136, Jan. 2015.

BAHLS, Flavia Campos; BAHLS, Saint-Clair. Cocaína: origens, passado e presente. *Interação em Psicologia*, UFPR, v. 6, n. 2, p. 177-181, 2002.

BAILARINO tem obra confundida com surto e é detido à força. *O Globo*. 30 out. 2017.

BALHARA, Yatan Pal Singh; JAIN, Raka. Cannabis use among opioid-dependent individuals on opioid substitution therapy. *Journal of Pharmacology and Pharmacotherapeutics*, n. 5, v. 3, p. 203-205, Jul./Sep. 2014.

BARBOZA, Heloisa Helena Gomes. Vulnerabilidade e cuidado: aspectos jurídicos. *In*: PEREIRA, Tânia da Silva; OLIVEIRA, Guilherme de. (Org.). *Cuidado & Vulnerabilidade*. São Paulo: Atlas, 2009. p. 106-118.

_____; SCHRAMM, Fermin Roland; GUIMARAES JUNIOR, Aníbal. A Moralidade da Transexualidade: Aspectos Bioéticos e Jurídicos. *Revista Redbioetica/UNESCO*, v. 1, p. 66-77, 2011.

_____. Princípios do Biodireito. *In*: BARBOZA; Heloisa Helena; BARRETO; Vicente; MEIRELLES; Jussara. (Org.). *Novos Temas de Biodireito e Bioética*. Rio de Janeiro: Renovar, 2002. p. 49-81.

_____; ALMEIDA JUNIOR, Vitor de Azevedo. A (in)capacidade da pessoa com deficiência mental ou intelectual e o regime das invalidades: primeiras reflexões. *In*: EHRHARDT JR., Marcos (Org.). *Impactos do novo CPC e do EPD no direito civil brasileiro*. Belo Horizonte: Fórum, 2016. p. 205-228.

_____. _____. A capacidade civil à luz do Estatuto da Pessoa com Deficiência *In*: MEZENES, Joyceane Bezerra. (Org.). *Direito das pessoas com deficiência psíquica e intelectual nas relações privadas*: Convenção sobre os direitos da pessoa com deficiência e Lei Brasileira de Inclusão. 2. ed. Rio de Janeiro: Processo, 2019. p. 315-342.

_____. _____. (Coord). *Comentários ao estatuto da pessoa com deficiência à luz da Constituição da República*. Belo Horizonte: Fórum, 2018.

_____. _____. Reconhecimento e inclusão das pessoas com deficiência. *Revista Brasileira de Direito Civil – RBDCivil*, Belo Horizonte, vol. 13, p. 17-37, jul./set. 2017.

BARD, Nathália Duarte *et al*. Estigma e preconceito: vivência dos usuários de crack. *Revista Latino-Americana de Enfermagem*, v. 24, 2016. Disponível em: <http://dx.doi.org/10.1590/1518-8345.0852.2680>. Acesso em: 7 set. 2016.

BARDARO, Rosália; MAPELLI Júnior, Reynaldo. Saúde mental – Legislação e normas aplicáveis. *In*: MATEUS, Mário Dinis (Org.). *Políticas de saúde mental*: baseado no curso Políticas públicas de saúde mental, do CAPS Luiz R. Cerqueira. São Paulo: Instituto de Saúde, 2013. p. 376-399.

BARNES, Josephine *et al*. Alzheimer's Disease First Symptoms Are Age Dependent: Evidence from the NACC Dataset. *Alzheimer's & Dementia: The journal of the Alzheimer's Association*, n. 11, v. 11, p. 1349-1357, 2015.

BARRETO, Lima. *O cemitério dos vivos*. Brasília: Ministério da Cultura. Disponível em: <http://objdigital.bn.br/Acervo_Digital/Livros_eletronicos/o_cemiterio_dos_vivos.pdf>. Acesso em: 2 fev. 2016.

BARROSO, Luís Roberto. *A dignidade da pessoa humana no direito constitucional contemporâneo*: a construção de um conceito jurídico à luz da jurisprudência mundial. 3. Reimp. Belo Horizonte: Fórum, 2014.

_____. *Curso de Direito Constitucional Contemporâneo*. Os conceitos fundamentais e a construção do novo modelo. São Paulo: Saraiva, 2009.

_____. Fundamentos teóricos e filosóficos do novo direito constitucional brasileiro (pós-modernidade, teoria crítica e pós-positivismo). *Revista de Direito Administrativo*, Rio de Janeiro, v. 225, p. 5-37, 2001.

_____. Legitimidade da recusa de transfusão de sangue por testemunhas de Jeová. Dignidade humana, liberdade religiosa e escolhas existenciais. *In*: CARBONELL, Miguel *et al*. *Direitos, deveres e garantias fundamentais*. Salvador: Juspodium, 2011. p. 661-707.

BASAGLIA, Franco. *A Instituição negada*. Relato de um hospital psiquiátrico. (Trad. Heloisa Jahn). 3. ed. Rio de Janeiro: Edições Graal, 1985.

_____. *L'istituzione negata*. Milão: Baldini & Castoldi, 2014.

_____; BASAGLIA ONGARO, Franca. *Los crimines de la paz*. México: Editorial: Siglo XXI, 1977.

BASTOS, Francisco Inácio; BERTONI, Neilane (Org.). *Pesquisa Nacional sobre o uso de crack*: quem são os usuários de *crack* e/ou similares do Brasil? Quantos são nas capitais brasileiras? Rio de Janeiro: Editora ICICT/FIOCRUZ, 2014.

BATISTA, Nilo. Política criminal com derramamento de sangue. Revista brasileira de ciências criminais. São Paulo, v. 5, n. 20, p. 129-146, out./dez. 1997.

BATISTA, Vera Malaguti. *Difíceis ganhos fáceis*: drogas e juventude pobre no Rio de Janeiro. 2. ed. Rio de Janeiro: Editora Renan – Instituto Carioca de Criminologia, 2003, v. 2. (Coleção Pensamento Criminológico).

BAYCE, Rafael. El estigma de la droga: particularidades y rasgos comunes en el caso uruguayo. *In*: HOPENHAYN, Martín (Org.). *La grieta de las drogas*. Desintegración social y políticas públicas en América Latina. Santiago de Chile: Nações Unidas – CEPAL, 1997.

BEAUCHAMP, Thomas; CHILDRESS James. *Principles of Biomedical Ethics*. 4. ed. New York: Oxford, 1994.

BECKER, Howard. *Falando da sociedade*. Ensaios sobre as diferentes maneiras de representar o social. Trad. Maria Luiza X. de A. Borges. Rio de Janeiro: Zahar, 2009.

BELGIUM passes law extending euthanasia to children of all ages. *The Guardian*. 13.02.2014. Disponível em <www.theguardian.com/world/2014/feb/13/belgium-law-extends-euthanasia-children-all-ages>. Acesso em: 22 maio 2017.

BERALDO, Anna de Moraes Salles. Ponderações constitucionais sobre a autonomia psicofísica. *Civilistica.com*. Rio de Janeiro, a. 3, n. 1, jan.-jun./2014.

BERLIN, Isaiah. *A força das ideiais*. (Org. Henry Hardy). (Trad. Rosaura Eichenberg). São Paulo: Companhia das Letras, 2005.

_____. *Four Essays on Liberty*. Londres (Inglaterra): Oxford University Press, 1971.

BERTOLOTE, José. Legislação relativa à saúde mental: revisão de algumas experiências internacionais. *Revista de Saúde Pública*, Faculdade de Saúde Pública da Universidade de São Paulo, v. 29, n.2, 1995, p. 152-156.

BETIM, Felipe. Ministério Público diz que Doria quer "caçada humana" na Cracolândia. *El País*, 25 maio 2017.

BETTI, Emilio. *Teoría general del negócio jurídico*. (Trad. Martín Pérez). Granada (Espanha): Editorial Comares, 2000.

BEVILAQUA, Clóvis. *Codigo Civil dos Estados Unidos do Brasil Commentado por Clovis Bevilaqua*. 3. ed. V. I. Rio de Janeiro: Livraria Francisco Alves, 1927.

_____. *Teoria Geral do Direito Civil*. São Paulo: Red Livros. 2001.

BEZERRA, Cíntia Guedes; DIMENSTEIN, Magda. Acompanhamento terapêutico na proposta de alta-assistida implementada em hospital psiquiátrico: relato de uma experiência. *Psicologia Clínica*, PUC-RJ, Rio de Janeiro, v. 21, n. 1, p. 15-32, 2009.

BICALHO, Clóvis Figueredo Sette; LIMA, Osmar Brina Côrrea. Loucura e Prodigalidade à luz do Direito e da Psicanálise. *Revista de Informação Legislativa*, Brasília, ano 30, n. 118, abr./jun. 1993, p. 363-388.

Bicho de Sete Cabeças. 2001. Direção: Laís Bodanzky. Elenco: Othon Bastos, Rodrigo Santoro, Cássia Kis Magro, Gero Camilo.

BOBBIO, Norberto. *Da Estrutura à função*. Novos estudos de teoria do Direito. (Trad. Daniela Beccaccia Versiani). São Paulo: Manole, 2007.

_____; MATTEUCCI, Nicola; PASQUINO, Gianfranco. *Dicionário de política*. (Trad. Carmen Varriale, et. al). Brasília: Editora Universidade de Brasília, 1998.

BODIN de MORAES, Maria Celina. Vulnerabilidades nas relações familiares. O problema da desigualdade de gênero. *Cadernos da Escola Judicial do TRT da 4ª Região*, v. 3, p. 20-33, 2010.

BOITEUX, Luciana et al. *Tráfico de drogas e Constituição*. Rio de Janeiro/Brasília: Ministério da Justiça, Secretaria de Assuntos Legislativos do Ministério da Justiça, 2009. (Série Pensando o Direito, n. 1/2009.

BOSTWICK, Michael. Blurred Boundaries: The Therapeutics and Politics of Medical Marijuana. *Mayo Clinic Procedures*, v. 87, n. 2, p. 172-186, Feb. 2012.

BOTELHO, Adauto; PERNAMBUCO FILHO. *Vícios sociais elegantes*. Rio de Janeiro: Francisco Alves, 1924.

BRAGA, Isabela Pinto et al. Contenção física no hospital psiquiátrico: estudo transversal das práticas e fatores de risco. *Jornal Brasileiro de Psiquiatria*, Instituto de Psiquiatria da Universidade Federal do Rio de Janeiro, v. 65, n.1, p.53-59, 2016.

BRASIL. ANVISA. *Nota Técnica n. 055/2013 da GRECS/GGTES/ANVISA*. Esclarecimentos sobre artigos da RDC Anvisa n. 29/2011 e sua aplicabilidade nas instituições conhecidas como Comunidades Terapêuticas e entidades afins. Gerência Geral de Tecnologia em Serviços de Saúde, 16 ago. 2013.

_____. _____. *Portaria n. 344/1988*. Disponível em: <www.anvisa.gov.br/hotsite/ talidomida/legis/portaria_344_98.pdf>. Acesso em: 25 set. 2016.

_____. _____. *Resolução n. 156/2017. Diário Oficial da União* de 08.05.2017.

_____. Câmara dos Deputados. Comissão de Seguridade Social e Família. *Parecer sobre o Projeto de Lei n. 1817/2015*. Disponível em: <http://www.camara.gov.br/proposicoesWeb/prop_mostrarintegra?codteor=1488719&filename=PRL+1+CSSF+%3D%3E+PL+1817/2015>. Acesso em: 12 out. 2017.

_____. _____. Comissão de Seguridade Social e Família. *Parecer sobre o Projeto de Lei n. 1817/2015*. Disponível em: <http://www.camara.gov.br/ proposicoesWeb/prop_mostrarintegra?codteor=1488719&filename=PRL+1+CSSF+%3D%3E+PL+1817/2015>. Acesso em: 12 out. 2017.

_____. _____. *Decreto n. 6.949/2009*. Promulga a Convenção Internacional sobre os Direitos das Pessoas com Deficiência e seu Protocolo Facultativo, assinados em Nova York, em 30 de março de 2007. Disponível em: <http://www. planalto.gov.br/ccivil_03/_ato2007-2010/2009/decreto/d6949.htm>. Acesso em: 21 nov. 2017.

_____. _____. *Decreto n. 1.132/1903*. Disponível online em <www2.camara.leg.br /legin/fed/decret/1900-1909/decreto-1132-22-dezembro-1903-585004-publicacaooriginal-107902-pl.html>. Acesso em: 05 jan. 2017.

_____. _____. *Dossiê sobre Projeto de Lei n. 3657/1989*. Disponível em: <www.camara.gov.br/proposicoesWeb/prop_mostrarintegra;js e ssionid=B010DBA92353BC5B487061A7663EA4B5.proposicoesWebExterno2?codteor=1149947&filename=Dossie+-PL+3657/1989>. Acesso em: 04 abr. 2017.

_____. _____. Parecer do Deputado Geraldo Alkmin sobre emendas. *In*: BRASIL. Câmara dos Deputados. Dossiê sobre Projeto de Lei n. 3657/1989. Disponível em: <www.camara.gov.br/proposicoesWeb/prop_mostrarintegra;jsessionid=B010DBA92353BC5B487061A7663EA4B5.proposicoesWebExterno2?codteor=1149947&filename=Dossie+-PL+365 7/1989>. Acesso em: 21 abr. 2017.

_____. _____. *Projeto de Lei 5.251/2016*. Disponível em <www.camara.gov.br/sileg/integras/1460270.pdf>. Acesso em: 22 out. 2017.

_____. _____. *Projeto de Lei da Câmara n. 7699/2006*. Disponível em: <www.camara.gov.br/proposicoesWeb/prop_mostrarintegra?codteor=432201 &filename=PL+7699/2006>. Acesso em: 22 out. 2017.

_____. _____. *Projeto de Lei n. 1817/2015*. Disponível em: <www.camara.gov.br/proposicoesWeb/prop_mostrarintegra?codteor=1345642&filename=PL+1817/2015>. Acesso em: 12 abr. 2017.

_____. _____. *Projeto de Lei n. 3.657/1989.* Parecer da Comissão de Seguridade Social e Família. 05 jun. 1990.

_____. _____. *Projeto de Lei n. 634, de 1975.* Diário do Congresso Nacional. Suplemento B ao n. 61, 13 jun. 1975. Disponível em <http://imagem.camara.gov.br/Imagem/d/pdf/DCD13JUN1975SUP_B.pdf#page=1> Acesso em: 24 maio 2017.

_____. Instituto Nacional de Câncer José Alencar Gomes da Silva. *Notas Técnicas para o Controle do Tabagismo.* Tabaco: uma ameaça ao desenvolvimento. Rio de Janeiro: INCA, 2017.

_____. Ministério da Justiça. Conselho Nacional de Política Criminal e Penitenciária (CNPCP). *Manual de Atendimento em Situações Especiais – GREVE DE FOME.* Resolução n. 04/2005. DOU 01.12.2005. Disponível em: <www.justica.gov.br/seus-direitos/politica-penal/cnpcp-1/resolucoes/resolucoes-arquivos-pdf-de-1980-a-2015/ resolucao-no-04-de-23-de-novembro-de-2005.pdf>. Acesso em: 08 set. 2017.

_____. _____. Conselho Nacional de Política Criminal e Penitenciária (CNPCP). Resolução n. 05/2004. Disponível em: <www.justica.gov.br/seus-direitos/politica-penal/cnpcp-1/resolucoes/resolucoes-arquivos-pdf-de-1980-a-2015/resolucao-no-05-de-04-de-maio-de-2004.pdf>. Acesso em: 03 mar. 2017.

_____. _____. *Detecção do uso e diagnóstico da dependência de substâncias psicoativas.* 9. ed. Brasília: Ministério da Justiça - Secretaria Nacional de Políticas sobre Drogas, 2016. Disponível em: <http://www.supera.senad.gov.br/wp-content/uploads/2016/06/ SUP9_Mod3.pdf>. Acesso em: 8 ago. 2016.

_____. _____. *Manual de Assistências do Sistema Penitenciário Federal.* Portaria 63/2009. Disponível em: <www.justica.gov.br/seus-direitos/politica-penal/arquivos/sistema-penitenciario-federal/anexos-sistema-penitenciario-federal/ 2009portariadepen63.pdf>. Acesso em: 08 set. 2017.

_____. Ministério da Saúde. Conselho Nacional de Saúde. *12ª Conferência Nacional de Saúde:* Conferência Sergio Arouca. Relatório final: Brasília, 7 a 11 de dezembro de 2003: Ministério da Saúde, Conselho Nacional de Saúde. Brasília: Ministério da Saúde, 2004.

_____. _____. Conselho Nacional de Saúde. Comissão Nacional de Ética em Pesquisa. *Manual operacional para comitês de ética em pesquisa.* 4. ed. rev. atual. Brasília: Ministério da Saúde, 2007.

_____. _____. _____. Comissão Nacional de Ética em Pesquisa. *Análise técnica da Comissão Nacional de Ética em Pesquisa sobre o Projeto de Lei n. 200/2015.* Disponível em <http://www.conselho.saude.gov.br/web_comissoes/conep/aquivos/Analise-tecnica-Lei200-2015.pdf>. Acesso em: 15 ago. 2016.

_____. _____. _____. Norma operacional n. 001/2013. Disponível em <http://conselho.saude.gov.br/web_comissoes/conep/aquivos/CNS% 20%20Norma%20Operacional%20001%20-%20conep%20finalizada%2030-09.pdf>. Acesso em: 17 ago. 2017.

_____. _____. *III Conferencia Nacional de Saúde Mental: Caderno Informativo.* Secretaria de Assistência à Saúde - Conselho Nacional de Saúde. Brasília: Ministério da Saúde, 2001.

_____. _____. Portaria de Consolidação n. 03/2017, em seu Anexo V, art. 2º, inc. VI, que incorpora o texto da Portaria n. 3.088/2011.

_____. _____. Portaria de Consolidação n. 1/2017. Diário Oficial da União: 03 out. 2017.

_____. _____. Portaria n. 1.028/2005 Disponível em: <http://bvsms.saude.gov.br/bvs/audelegis/gm/2005/prt1028_01_07_2005.html>. Acesso em: 23 set. 2016.

_____. _____. *Portaria n. 448/2011.* Disponível em: <http://bvsms.saude.gov.br/ bvs/saudelegis/cns/2011/prt0448_06_10_2011.html>. Acesso em: 12 mar. 2017.

_____. _____. *Reforma Psiquiátrica e Manicômio Judiciários: Relatório Final do Seminário Nacional para a Reorientação dos Hospitais de Custódia e Tratamento Psiquiátrico:* Brasília: Ministério da Saúde, 2002.

_____. _____. *Reforma psiquiátrica e política de saúde mental no Brasil*. Documento apresentado à Conferência Regional de Reforma dos Serviços de Saúde Mental: 15 anos depois de Caracas. OPAS. Brasília, novembro de 2005.

_____. _____. *Saúde mental no SUS*: os centros de atenção psicossocial. Brasília: Ministério da Saúde, 2004.

_____. _____. Secretaria de Atenção à Saúde. *Guia estratégico para o cuidado de pessoas com necessidades relacionadas ao consumo de álcool e outras drogas*. Brasília: Ministério da Saúde, 2015.

_____. _____. Secretaria-Executiva. Secretaria de Atenção à Saúde. *Legislação em saúde mental: 1990-2004*. 5. ed. Brasília: Ministério da Saúde, 2004.

_____. Secretaria de Atenção à Saúde. Departamento de ações programáticas estratégicas. Área técnica de saúde mental, álcool e outras drogas. *Nota técnica n.. 25/2012*. Brasília: Ministério da Saúde: 05/06/2012.

_____. SUS. *Tabela SIDH Unificada*. Disponível em: <www2.datasus.gov.br/SIHD/ tabela-unificada>. Acesso em 29 out. 2017.

_____. Ministério Público Federal. *Ofício n. 125/2015/PFDC/MPF* da Procuradoria Federal dos Direitos do Cidadão.

_____. _____. *Parecer sobre medidas de segurança e hospitais de custódia e tratamento psiquiátrico sob a perspectiva da lei n. 10.216/2001*. Brasília: MPF, 2011.

_____. Planalto. *Brasão da República*. 4 jul. 2011. Disponível em: <www2.planalto.gov.br/acervo/simbolos-nacionais/brasao/brasao-da-republica>. Acesso em: 10 set. 2016.

_____. _____. *Código Penal do Império*. Disponível online em: http://www.planalto.gov.br/ccivil_03/leis/lim/LIM-16-12-1830.htm. Acesso em: 05 maio 2016.

_____. _____. *Decreto n. 40/1991*. Promulga a Convenção Contra a Tortura e Outros Tratamentos ou Penas Cruéis, Desumanos ou Degradantes.

_____. _____. *Decreto n. 592/1992*. Promulga o Pacto Internacional sobre Direitos Civis e Políticos.

_____. _____. *Decreto n. 678/1992*. Promulga o Pacto de San José da Costa Rica.

_____. _____. *Decretos anteriores a 1960*. Disponível online em <www.planalto.gov.br/ccivil_03/decreto/Quadros/anteriores%20a%201960.htm>. Acesso em: 06 jan. 2017.

_____. Presidência da República. Secretaria Nacional de Políticas sobre Drogas. *Relatório brasileiro sobre drogas*. In: DUARTE, Paulina do Carmo Arruda Vieira *et al.* (Org.). *Relatório brasileiro sobre drogas*. Brasília: SENAD, 2009.

_____. _____. Secretaria-Geral. Substitutivo ao Projeto de Lei n. 7.663/2010. Nota Técnica n. 0023/2012/GLMP/AL/DAI/SE/SG/PR. Brasília: Presidência, 18 out. 2017.

_____. Secretaria Nacional de Direito Humanos. CNDH representará ao Ministério Público de São Paulo contra prefeito João Dória por improbidade administrativa. 22 jul. 2017. Disponível em <www.sdh.gov.br/sobre/participacao-social/cndh/noticias/ cndh-representara-ao-ministerio-publico-de-sao--paulo-contra-prefeito-joao-doria-por-improbidade-administrativa-1>. Acesso em: 28 out. 2017;

_____. Secretaria Nacional de Políticas sobre Drogas. *Prevenção dos problemas relacionados ao uso de drogas: capacitação para conselheiros e lideranças comunitárias*. 6. ed. Brasília: Ministério da Justiça, Secretaria Nacional de Políticas sobre Drogas. 2014.

_____. _____. Observatório Brasileiro de Informações sobre Drogas. *Levantamento domiciliar*. Disponível em: <http://obid.senad.gov.br/obid/dados-informacoes-sobre-drogas/pesquisa-e-estatisticas/populacao-geral/levantamento-domiciliar>. Acesso em: 10 set. 2016.

_____. _____. *Glossário de álcool e drogas*. Brasília: Secretaria Nacional de Políticas sobre Drogas, 2010.

_____. Senado Federal. PEC n. 33/2012. Disponível online em: <http://www25. senado.leg.br/web/atividade/materias/-/materia/106330. Acesso em: 11 nov. 2017.

_____. _____. Pronunciamento do Parlamentar Lúcio Alcântara. 26/11/1997. Disponível em: <http://www25.senado.leg.br/web/atividade/pronunciamentos/-/p/texto/218300>. Acesso em: 08 jul. 2017.

_____. _____. Secretaria de Informação Legislativa. Decreto n. 1.132/1903. Disponível online em <http://legis.senado.leg.br/legislacao/ DetalhaDocumento. action?id=63278> Acesso em: 05 jan. 2017.

BRITO, Alexis Couto. *Execução Penal*. 3. ed. São Paulo: RT, 2013.

BUCHANAN, Allen; BROCK, Dan. *Deciding for Others:* The Ethics of Surrogate Decision Making. Cambridge: Cambridge University Press, 1989.

BUCHANAN, Alec. Mental capacity, legal competence and consent to treatment. *Journal of the Royal Society of Medicine*, n. 97, p. 415-420, set. 2004.

BUCHER, Ricard; OLIVEIRA, Sandra. O discurso do "combate às drogas" e suas ideologias. *Revista de Saúde Pública*, v. 28, n. 2, p. 137-145, 1994.

BURROUGHS, William. *Almoço Nu*. (Trad: Mauro Sá Rêgo Costa e Flávio Moreira da Costa). São Paulo: Ediouro, 2005.

CAMARGO Jr., Kenneth Rochel de. Medicalização, farmacologização e imperialismo sanitário. *Cadernos de Saúde Pública*, Rio de Janeiro, v. 29, n. 5, p. 844-846, Maio 2013.

CAMPOS, Benedito de. Dos Interditos e do processo interdital. *Revista Justitia*, Ministério Público de São Paulo, v. 36, n. 85, p. 263-273, abr./jun. 1974.

CAMPOS, Elza Maria. A luta pela participação política da mulher. *Gazeta do Povo*, 07 mar. 2013.

CANADÁ. *Canadian Human Rights Act*. Version of section 25 from 2002-12-31 to 2012-03-12: Versão da legilsação atualizada em 02 nov. 2017. Disponível em: <http://laws-lois.justice.gc.ca/eng/acts/H-6/section-25-20021231.html>. Acesso em: 01 nov. 2017.

CANGUILHEM, Georges. *O normal e o patológico*. (Trad. Tradução Maria Thereza Redig de Carvalho Barrocas). 6. ed. São Paulo: Editora Forense Universitária. 2009.

CANTOR, Donald. The Criminal Law and the Narcotics Problem. *Journal of Criminal Law and Criminology*, v. 51. Issue 5, p. 512-517, January-February 1961.

CARBONNIER, Jean. *Derecho Flexible*. Madrid (Espanha): Tecnos, 1974.

CARCOVA, María Cárcova. ¿Qué hacen los jueces cuando juzgan? *Revista da Faculdade de Direito da UFPR*. Curitiba, v. 35. p. 7-17, 2001.

CARDOSO, Lucilene; GALERA, Sueli Aparecida Frari. Internação psiquiátrica e a manutenção do tratamento extra-hospitalar. *Revista da Escola de Enfermagem da USP*, USP, São Paulo, v. 45, n. 1, p. 87-94, mar. 2011.

CARNEIRO, Henrique. Transformações do significado da palavra "droga": das especiarias coloniais ao proibicionismo contemporâneo. In: _____; VENÂNCIO, Renato Pinto. *Álcool e drogas na história do Brasil*. São Paulo: Alameda; Belo Horizonte: PUC Minas, 2005.

CARRARA, Sergio. *Crime e loucura: o aparecimento do manicômio judiciário na passagem do século*. (Coleção Saúde e Sociedade) Rio de Janeiro: EdUERJ; São Paulo: EdUSP, 1998.

CARVALHO, Orlando de. *Teoria Geral do Direito Civil*. 3. ed. Coimbra (Portugal): Coimbra Editora, 2012.

CARVALHO, Regina Ribeiro Parizi; FORTES, Paulo Antônio de Carvalho; GARRAFA, Volnei. A saúde suplementar em perspectiva bioética. *Revista da Associação Médica Brasileira*, v. 59, p. 600-606, 2013.

CARVALHO, Salo de. *Antimanual de criminologia*. 6 ed. São Paulo: Saraiva, 2015

_____. *Penas e Medidas de segurança no direito penal brasileiro*. São Paulo: Saraiva, 2013.

CASTILLO CASTILLO, José. La función social del castigo: El caso de lo prohibición legal del consumo de "droga". *Reis – Revista Española de Investigaciones Sociológicas*, n. 34, p.7-22, abr./jun. 1986.

CENTRO COCHRANE DO BRASIL. *Medicina Baseada em evidências*. Disponível em <http://www.centrocochranedobrasil.org.br/mbe.html>. Acesso em: 14 jun. 2017.

C'era una volta la città dei matti... Direção: Marco Turco. RAI: 2010.

CHARLAND, Louis. Mental Competence and Value: The Problem of Normativity in the Assessment of Decisional Capacity. *Psychiatry, Psychology, and Law*, n. 8, v. 2, p 135-145, 2001.

CHEFE da polícia das Filipinas incentiva drogados a matar traficantes. *Portal G1*. France Presse. 26 ago. 2016. Disponível em: <http://g1.globo.com/mundo/ noticia/2016/08/chefe-da-policia-das-filipinas-incentiva-drogados-a-matar-traficantes.html>. Acesso em: 27 ago. 2016.

CHRISTIE, Macdonald. Cellular neuroadaptations to chronic opioids: tolerance, withdrawal and addiction. *British Journal of Pharmacology*, n. 154, v. 2, p. 384-396, 2008.

CIA, Michele. *Medidas de segurança no Direito Penal*. A desinternação progressiva sob uma perspectiva político-criminal. São Paulo: Editora Unesp (Universidade Estadual Paulista), 2011.

COCHRANE. Compulsory community and involuntary outpatient treatment for people with severe mental disorders. Disponível em: <http://www.cochrane.org/ CD004408/SCHIZ_compulsory-community-and-involuntary-outpatient-treatment-people-severe-mental-disorders>. Acesso em: 05 dez. 2017.

COELHO, Isabel; OLIVEIRA, Maria Helena Barros de. Internação compulsória e crack: um desserviço à saúde pública. *Saúde debate*, Rio de Janeiro, v. 38, n. 101, p. 359-367, 2014.

COHEN, Claudio; SALGADO, Maria Teresa Munhoz. Reflexão sobre a autonomia civil das pessoas portadoras de transtornos mentais. *Revista Bioética*, CFM, v. 17, n. 2, p. 221-235, 2009.

COHEN, Paulo. Saúde Mental e Perda de Liberdade. In: QUIRINO, Cordeiro; LIMA, Mauro Gomes Aranha; OLIVEIRA, Reinaldo Ayer de X (Org.). *Transtorno mental e perda de liberdade*. São Paulo: Conselho Regional de Medicina do Estado de São Paulo, 2013. p. 23-32.

COLLUCCI, Cláudia. O poeta Ferreira Gullar e a escolha de morrer em paz, longe da UTI. *Folha de S. Paulo*, Caderno Cotidiano, 06 dez. 2016.

COLOMBO, Marcelo. *Las medidas curativas y educativas em la Ley de Drogas*. Buenos Aires (Argentina): Ad-Hoc, 1999.

CONECTAS. *Nota pública contra a urgência na tramitação do PLC 37/2013 que altera a Lei de Drogas*. Disponível online em: <http://www.conectas.org /pt/acoes/justica/noticia/contra-a-urgencia-na-tramitacao-do-pcl-37-2013-que-altera-a-lei-de-drogas>. Acesso em: 30 abr. 2017.

CONSELHO FEDERAL DE ENFERMAGEM. Resolução Cofen n. 427/2012.

CONSELHO FEDERAL DE MEDICINA. *Diretrizes para um modelo de assistência integral em saúde mental no Brasil*. Brasília: CFM, AMB, FENAM, ABP, 2006.

_____. *Diretrizes para um modelo de atenção integral em saúde mental no Brasil*. Brasília: CFM, AMB, FENAM, ABP, 2014.

_____. Resolução CFM n. 2.113/2014.

CONSELHO FEDERAL DE PSICOLOGIA. *Drogas, Direitos Humanos e Laço Social*. Brasília: CFP, 2013.

_____. *Inspeções aos manicômios*. Relatório Brasil 2015. Brasília: CFP, 2015.

_____. *Parecer sobre projeto de Lei n. 7663/2010*. Brasília: CFP, 2013.

_____. *Posicionamento do Conselho Federal de Psicologia*. 2014. Disponível em <http://site.cfp. org.br/wp-content/uploads /2014/ 12/Proposta-Minuta-de-CTs-6-12-14.pdf>. Acesso em: 14 jun. 2017.

_____. *Relatório da 4ª Inspeção Nacional de Direitos Humanos:* locais de internação para usuários de drogas. Brasília: Conselho Federal de Psicologia, 2011.

CONSELHO FEDERAL DE MEDICINA. *Consulta n. 91.404/2012 do CREMESP.* Disponível em: <https://sistemas.cfm.org.br/ normas/visualizar/pareceres/SP/2012/91404>. Acesso em: 18 abr. 2017.

_____. *Diretrizes Gerais Médicas para Assistência Integral ao Dependente do Uso do Crack.* Brasília, Conselho Federal de Medicina. 2011. Disponível em: <http://portal.cfm.org.br/images/stories/pdf/cartilhacrack.pdf>. Acesso em: 12 ago. 2016.

_____. Em comunidades, só internação voluntária. *Jornal Medicina,* Brasília, Conselho Federal de Medicina, ano XXX, n. 243, p. 8, abr./2015.

_____. *Parecer n. 09/2015.* Disponível em: <http://www.portalmedico.org.br/ pareceres/CFM/2015/9 _2015.pdf>. Acesso em: 01 maio 2016.

_____. Recomendação do CFM n. 01/2016.

CONSELHO NACIONAL DE JUSTIÇA. Nota Técnica n. 86/2014 do Tribunal de Justiça de Minas Gerais. Disponível em <http://www.cnj.jus.br/files/conteudo/desta ques/arquivo/2015/04/2497d7af-13343484c46113775191ddce.pdf>. Acesso em: 24 ago. 2017.

_____. *Enunciados da I Jornada de Direito da Saúde do Conselho Nacional de Justiça.* São Paulo: 2014. Disponível online em: <http://www.cnj.jus.br/images/ ENUNCIADOS_APROVADOS_NA_JORNADA_DE_DIREITO_DA_SAUDE _%20PLENRIA_15_5_14_r.pdf>. Acesso em: 01 ago. 2014.

_____. *Enunciados da II Jornada de Direito da Saúde do CNJ.* Disponível em: <www.cnj.jus.br/files/conteudo/destaques/arquivo/2015/05/96b5b10aec7e5954fcc1978473e4cd80.pdf>. Acesso em: 20 abr. 2016.

_____. *Enunciados do V Fórum Estadual do Judiciário para a Saúde.* 2013. Disponível online em: <http://www.cnj.jus.br/programas-e-acoes/pj-justica-em-numeros /documentos?id=28230:enunciados--aprovados-no-v-forum-estadual-do-judiciario-para-a-saude&catid=777:iniciativas-dos-comites-estadu ais>. Acesso em: 01 mar. 2017.

_____. Recomendação n. 35/2011.

_____. Resolução n. 75/2009.

_____. Resolução n. 113/2010.

CONSELHO NACIONAL DE SAÚDE. Ministério da Saúde. Conselho Nacional de Saúde. 16ª Conferência Nacional de Saúde. Relatório final: Brasília, 4 a 7 de Agosto de 2019: Ministério da Saúde, Conselho Nacional de Saúde. Brasília: Ministério da Saúde, 2019.

CONSELHO REGIONAL DE MEDICINA DO CEARÁ. *Parecer CREMEC n. 22/201108/08/2011Processo-Consulta Protocolo CREMEC n. 2947/2011.* Interessado: Defensoria Pública do Estado do Ceará. Fortaleza, 2011.

CORRÊA DE OLIVEIRA, José Lamartine. A parte geral do anteprojeto de código civil. *Revista da Faculdade de Direito da UFPR.* v. 15, p. 137-161, 1972.

_____; MUNIZ, Francisco José Ferreira. O Estado de Direito e os direitos da personalidade. *Revista dos Tribunais,* vol. 532, São Paulo: RT, 1980. p. 223-241.

_____. A Teoria das Pessoas no "Esboço" de Teixeira de Freitas. Superação e Permanência. *Revista de Direito Civil,* São Paulo, n. 40, ano 11, p. 7-28, abr./jun. 1987.

CORTE INTERAMERICANA DE DIREITOS HUMANOS. Caso Ximenes Lopes vs Brasil. 2006. Disponível online em <http://www.corteidh.or.cr/docs/casos /articulos/seriec_149_por.pdf>. Acesso em: 01 fev. 2015.

CORTIANO Jr., Eroulths. As quatro fundações do Direito Civil: ensaio preliminar. *Revista da Faculdade de Direito da UFPR*, Curitiba, v. 45, p. 99-102, 2006.

_____. A Incapacidade Civil, os Diferentes e o Estatuto da Pessoa com Deficiência: Construindo um Novo Direito. In: CAMBI, Eduardo Augusto Salomão Cambi; MARGRAF, Alencar Frederico (Orgs.). *Direito e Justiça: Estudos em Homenagem a Gilberto Giacoia*. Curitiba: Ministério Público, 2016.

COSTA, Fernando Braga da. *Moisés e Nilce: retratos biográficos de dois garis*. Um estudo de psicologia social a partir de observação participante e entrevistas. Tese (Doutorado em Ciências Sociais). Universidade de São Paulo, São Paulo, 2006.

COSTA, Lucio. Cracolândia: Dória, um prefeito que não entende de gente. *El País*, 26 maio 2017.

COSTIGAN, Genevieve; CROFTS, Nick; REID, Gary. *The Manual for Reducing Drug-Related Harm in Asia*. The Centre for Harm Reduction, Macfarlane Burnet Centre for Medical Research, and Asian Harm Reduction Network, 2003.

COUNCIL OF EUROPE. Commissioner for Human Rights. *Who gets to decide?* Right to legal capacity for persons with intellectual and psychosocial disabilities, CommDH/IssuePaper(2012). Strasbourg, 20 Feb. 2012.

COUTO, Mia. *E se Obama fosse africano? e outras intervenções*. São Paulo: Companhia das Letras, 2011.

COUTURE, Eduardo. *Vocabulário Jurídico*. Con especial referencia al derecho procesal positivo vigente uruguayo. Montevideo: Facultad de Derecho y Ciencias Sociales de la Universidad de la Republica, 1960.

CUNHA, Alexandre dos Santos. *Poder familiar e capacidade de exercício de crianças e adolescentes*. Tese (Doutorado em Direito). Faculdade de Direito, Universidade Federal do Rio Grande do Sul, Porto Alegre, 2009.

CRACK chama a atenção para dependência química. Em discussão. *Revista de Audiências Públicas do Senado Federal*, Brasília: Senado Federal, ano 2, n. 8, ago. 2011.

CRAWFORD, Robert. Healthism and the medicalization of everyday life. *International. Journal of Health Services*, v.10, n.3, p.365-388, 1980.

CREMEC. *Parecer CREMEC n. 20/2002*. Processo consulta Protocolo Cremec N. 2130/02. 15 set. 2002. Disponível em: <http://www.cremec.com.br/pareceres/ 2002/par2002.htm>. Acesso em: 10 maio 2016.

_____. *Processo-Consulta CREMEC n. 5121/2014*. Parecer CREMEC n. 13/2014.

CREMERJ. *Parecer n. 203, de 07 de junho de 2013*. O atendimento a menor de idade acompanhado ou não de seus pais e/ou representantes legais deve ser avaliado pelo médico, conforme a capacidade de discernimento da criança ou adolescente. Relator: Arnaldo Pineschi de Azeredo Coutinho. Disponível em: <http://old. cremerj.org.br/legislacao/detalhes.php? id=924&item=2>. Acesso em: 19 out. 2017.

_____. *Parecer n. 154/2004*. Relator: Cantídio Drumond Neto. Disponível em: <www.portalmedico.org.br/pareceres/crmrj/pareceres/2004/154_2004.htm

CREMESP et al. *Estamos de Olho: Avaliação Conjunta dos Hospitais Psiquiátricos do Projeto Redenção*. São Paulo: CREMESP, CRP-SP, CONDEPE (Conselho Estadual de Defesa dos Direitos da Pessoa Humana), COMUDA (Conselho Municipal de Política de Drogas e Álcool de São Paulo), 2017. Disponível em <http://edelei.org/_img/_banco_imagens/relato%CC%81rio-web-v2.pdf>. Acesso em: 07 nov. 2017.

_____, et al. *Estamos de Olho: Avaliação Conjunta dos Hospitais Psiquiátricos do Projeto Redenção*. São Paulo: CREMESP, CRP-SP, CONDEPE (Conselho Estadual de Defesa dos Direitos da Pessoa Humana), COMUDA (Conselho Municipal de Política de Drogas e Álcool de São Paulo), 29. ago.

2017. Disponível em <http://edelei.org/_img/_banco_imagens/relato%CC%81rio-web-v2.pdf>. Acesso em: 07 set. 2017.

_____. *Bioética clínica: reflexões e discussões sobre casos selecionados*. OSELKA, Gabriel (Coord.). São Paulo: Conselho Regional de Medicina do Estado de São Paulo. Centro de Bioética, 2008.

_____. Consulta n. 9.829/05. 14 maio 2007. Disponível em <http://www.cremesp.org.br/?siteAcao=Pareceres&dif=s&ficha=1&id=6996&tipo=PARECER&orgao=Conselho%20Regional%20de%20Medicina%20do%20Estado%20de%20S%E3o%20Paulo&numero=9829&situacao=&data=14-05-2007>. Acesso em: 15 abr. 2016.

_____. Consulta n. 62.212/10. Parecer homologado em 01.02.2011.

_____. Parecer-Consulta n. 28.640/2011. Disponível em: <http://www.cremesp.org.br/?site Acao=Pareceres&dif=s&ficha=1&id=10082&tipo=PARECER&orgao=Conselho%20Regional%20de%20Medicina%20do%20Estado%20de%20S%E3o%20Paulo&numero=28640&situacao=&data=12-07-2011. Acesso em: 12 ago. 2017.

_____. Resolução n. 226/2011. Disponível em <http://www.cremesp.org.br/?siteAcao=PesquisaLegislacao&dif=s&ficha=1&id=9869&tipo=RESOLU%C7%C3O&orgao=Conselho%20Regional%20de%20Medicina%20do%20Estado%20de%20S%E3o%20Paulo&numero=226&situacao=VIGENTE&data=22-03-2011>. Acesso em: 23 out. 2017.

CRISAFULL, Chuck. *Deep 10: Amy Winehouse's Back to Black*. Disponível em:<www.grammy.com/grammys/news/deep-10-amy-winehouses-back-black>. Acesso em: 11 fev. 2017).

CRM-PR. Parecer n. 2.474/2014. Processo consulta n. 31/2014. Protocolo n. 11576/2014.

_____. Parecer n. 2456/2014. CRM-PR Processo Consulta n. 09/2014.

CRM-RS. *Processo consulta CFM n. 2664/94*. PC/CFM/N. 25/94.

CRUZ, Marcelo Santos. Classificação das substâncias psicoativas e seus efeitos. *In*: Brasil. Secretaria Nacional de Políticas sobre Drogas. *Prevenção dos problemas relacionados ao uso de drogas*. 6. ed. Brasília: Secretaria Nacional de Políticas sobre Drogas, UFSC, 2014. p.173-193.

CUÉ, Carlos; MARTÍNEZ, Magdalena. Uruguai inicia venda de maconha em farmácias e revoluciona a política mundial de drogas. *El País*. 19 jun. 2017.

CUNHA PEREIRA, Rodrigo da. Todo gênero de louco. *Revista Brasileira de Direito de Família do IBDFAM*, Editora Síntese, vol. 1, abr./jun. 1999. p. 52-65.

CURITIBA. *Diário Oficial do Município de Curitiba*. 27 abr. 2017.

D'INCAO, Maria Angela. Mulher e família burguesa. *In*: PRIORE, Mary Del (Org.). *História das Mulheres no Brasil*. 7. ed. São Paulo: Editora Contexto/UNESP, 2004. p. 223-240.

DAN, Bernard; FONTEYNE, Christine; de CLÉTY; Stéphan Clément. Self-requested euthanasia for children in Belgium. *Lancet.*, v. 383, n. 9918, 2014. p. 671-672.

DANTAS, San Tiago. *Programa de Direito Civil*. v. I. Aulas proferidas na Faculdade Nacional de Direito. Rio de Janeiro: Editora Rio, Julho de 1977.

_____. *Programa de Direito Civil: Teoria Geral*. 3. ed. Rio de Janeiro: Forense, 2001.

DATAFOLHA. *Perfil dos usuários de crack do centro de São Paulo*, p. 8, jun. 2017. Disponível em: <http://media.folha.uol.com.br/datafolha/2017/06/12/298f9faebea005 5dc3b09615eb23e 0b3.pdf>. Acesso em: 01 jul. 2017.

DEFENSORIA PÚBLICA. *Teses para o II Encontro de Execução Penal*. Disponível em: </www.defensoria.sp.gov.br/dpesp/Repositorio/20/Documentos/TODAS%20AS%20TESES/10_IIEncontro_Execu%-C3%A7%C3%A3oPenal.doc>. Acesso em: 04 abr. 2016.

DEL MORAL, Martín; FERNANDÉZ, Pedro Lorenzo. Conceptos fundamentales en drogodependencias. In: FERNANDÉZ, Pedro Lorenzo et al. Drogodependencias. 3. ed. Madrid: Medica Panamericana. 2009.

DELGADO, Pedro Gabriel. *As Razões da Tutela*. Psiquiatria, Justiça e Cidadania do Louco no Brasil. São Paulo: Te Corá, 1992.

DELUZE, Gilles. Post-scriptum sobre as sociedades de controle. In: *Conversações*: 1972-1990. (Trad. de Peter Pál Pelbart). Rio de Janeiro: Editora 34, 1992, p. 219-226.

DEMARCO, Joseph. Competence and Paternalism. *Bioethics*, v. 16, n. 13, p. 231-245, 2002.

DERRIDA, Jacques. *A farmácia de Platão*. (Trad. Rogério da Costa). São Paulo: Iluminuras, 2005.

DESCARTES, René. *Discurso do Método*. (Trad. Maria Ermantina Galvão). 3. ed. São Paulo: Martins Fontes, 2001.

DHANDA, Amita. Legal capacity in the disability rights convention strangle hold of the past or lodestar for the future? *Syracuse Journal of International Law & Commerce*, v. 34, p. 429-462, Spring 2007.

_____. Construyendo un nuevo léxico de derechos humanos: la Convención sobre los Derechos de las Personas con Discapacidad. *Sur, Revista Internacional de Direitos humanos*, v. 5, n.8, p. 42-59, 2008.

DIAS, Maria Berenice. *Manual de Direito das Famílias*. 6. ed. São Paulo: RT, 2010.

DIETER, Maurício Stegemann. *Política criminal atuarial*: a criminologia do fim da história. Rio de Janeiro: Revan, 2013.

DÍEZ RODRÍGUEZ, José Ramón. El derecho del paciente a conocer y decidir: ¿quién decide? In: CANO, Ana Maria Marcos del. (Coord.). *Bioética y derechos humanos*. Madrid (Espanha): Uned, 2011. p. 269-318.

DIÉZ-Picazo, Luis. *Derecho de daños*. Madrid (Espanha): Civitas, 1999.

DIMOULIS, Dimitri; MARTINS, Leonardo. *Teoria geral dos direitos fundamentais*. 5. ed. São Paulo: Atlas, 2014.

DINIZ, Debora. *A custódia e o tratamento psiquiátrico no Brasil*: Censo 2011. Brasília: Letra Editora Universidade de Brasília, 2013.

_____; PENALVA, Janaína. *Medidas de Segurança Loucura e direito penal: uma análise crítica das Medidas de Segurança*. (Série PENSANDO O DIREITO, n. 35/ 2011). Rio de Janeiro/Brasília: Ministério da Justiça, Secretaria de Assuntos Legislativos do Ministério da Justiça, Julho de 2011.

DINIZ, Maria Helena. A nova teoria das incapacidades. *Revista Thesis Juris*, São Paulo, v. 5, n.2, p. 263-288, mai.-ago. 2016.

_____. *Código Civil Anotado*. 14. ed. São Paulo, Saraiva, 2009.

_____. *Curso de Direito Civil*. Teoria Geral do Direito Civil. 25. ed. Vol. I. São Paulo: Saraiva, 2008.

DÓI internar um filho. Às vezes não há outro jeito". *Revista Época*. 29/05/2009. Disponível em <http://revistaepoca.globo.com/Revista/Epoca/0,,EMI75216-15257,00-DOI+INTERNAR+UM+FILHO+AS+-VEZES+NAO+HA+OUTRO+JEITO.html>. Acesso em: 19 fev. 2016

DOMANICO, Andrea. *Craqueiros e cracados*: bem-vindo ao mundo dos noias! Estudo sobre a implementação de estratégias de redução de danos para usuários de *crack* nos cinco projetos-piloto do Brasil. 2006. Tese (Doutorado em Ciências Sociais) – Universidade Federal da Bahia, Salvador, 2006.

DORNELLES, Renata Portella. *O círculo alienista: reflexões sobre o controle penal da loucura*. Dissertação (Mestrado em Direito). Universidade de Brasília (UnB), Brasília, 2012. p. 190-191.

DOTTI, René Ariel. *Curso de Direito Penal*. Parte Geral. 5. ed. São Paulo: RT, 2013.

DWORKIN, Gerald. *The Theory and Practice of Autonomy*. Cambridge (Reino Unido): Cambridge University Press, 2008. (Coleção: Cambridge Studies in Philosophy).

DWORKIN, Ronald. *Domínio da vida*. Aborto, eutanásia e liberdades individuais. (Trad. Jefferson Luís Carmargo). São Paulo: Martins Fontes, 2003.

EL DIB, Regina Paolucci. Como praticar a medicina baseada em evidências. *Jornal Vascular Brasileiro*, v.6, n.1, p.1-4, 2007.

El País. Una sentencia del Tribunal Constitucional sólo para presos Madrid. 08.12.2009.

Em nome da razão. Um filme sobre os porões da loucura. 1979. Direção: Helvécio Ratton. Disponível no youtube em: https://www.youtube.com/watch?v=Dfur-cZdgTU. Acesso em: 06 jan. 2017.

ESCOHOTADO, Antonio. *Historia general de las drogas*. 7. ed. Madrid: Alianza, 1998.

ESPANHA. *Ley 1/2000*, de 7 de enero, de Enjuiciamiento Civil. Disponível em: <https://www.boe.es/buscar/doc.php?id=BOE-A-2000-323>. Acesso em: 05 abr. 2016.

ESPÓSITO, Roberto. *Immunitas: protección y negación de la vida*. Buenos Aires: Amorrortu, 2009.

ESTADOS UNIDOS. HHS.gov U.S. Department of Health & Human Services. *Belmont Report*. Disponível online em: <http://www.hhs.gov/ohrp/humansubjects/ guidance/belmont.html>. Acesso em: 09 ago. 2014.

_____. Narcotic Addict Rehabilitation Act 1966. Public Law 89-793. *United States Public Printing*. Disponível em: <https://www.gpo.gov/fdsys/ pkg/STATUTE-80/pdf/STATUTE-80-Pg1438.pdf>. Acesso em: 5 jan. 2015.

_____. Congress. VOLKOW, Nora. America's Addiction to Opioids: Heroin and Prescription Drug Abuse. *Senate Caucus on International Narcotics Control*. Apresentação ao Senado norte-americano em 14.05.2014. Disponível em: <www.drugabuse.gov/about-nida/legislative-activities/testimony-to-congress/2016/ americas-addiction-to-opioids-heroin-prescription-drug-abuse>. Acesso em: 6 abr. 2017.

FACHIN, Luiz Edson. Limites e possibilidades da nova teoria geral do Direito Civil. *Revista da Faculdade de Direito UFPR*, Curitiba, v. 27, p. 49-60, 1992.

_____. *Sentidos, Transformações e Fim*. Rio de Janeiro: Renovar, 2014.

_____ *Teoria Crítica do Direito Civil*. 3. ed. Rio de Janeiro: Renovar, 2012.

FAGUNDES JUNIOR, Hugo Marques; DESVIAT, Manuel; SILVA, Paulo Roberto Fagundes da. Reforma Psiquiátrica no Rio de Janeiro: situação atual e perspectivas futuras. *Ciência & Saúde Coletiva*, Rio de Janeiro, v. 21, n. 5, p. 1449-1460, Maio 2016.

FARIAS, Adriano. Cracolândia: vitórias, tropeços e desafios da megaoperação. *Veja São Paulo*, 28.05.2017. Disponível em: <http://vejasp.abril.com.br/cidades/ cracolandia-megaoperacao-governo-prefeitura-centro/>. Acesso em: 30 maio 2017.

FARIAS, Cristiano Chaves de; ROSENVALD, Nelson. *Curso de direito civil: parte geral e LINDB*. Vol. 1. 13. ed. rev., ampl. e atual. São Paulo: Atlas, 2015.

FASSIHI, Farnaz. *The Wall Street Journal*. U.N. Conference on Drugs Ends Without Shift in Policy. Disagreements remained on decriminalizing drug use, legalizing marijuana, capital punishment. 22.04.2016. Disponível em: <www.wsj.com/articles/u-n-conference-on-drugs-ends-without-shift--in-policy-1461299583?mod=e2fb;>. Acesso em: 13 fev. 2017.

FÉ, Ivan de Araújo Moura. Doença mental e Autonomia, *Revista Bioética*, CFM, v. 6, n.1, p. 71-79, 1998.

FEINBERG, Joel. *Harm to self*. The moral limits of the criminal Law. v. 3. Oxford: Oxford University, 1984.

_____. Legal Paternalism. *Canadian Journal of Philosophy*, v. I, n. 1, Sept., p. 105-124, 1971.

FERNANDES, Luis. Los territorios urbanos de las drogas: un concepto operativo. *In: Contextos, sujetos y drogas*: un manual sobre drogodependencia. Barcelona: Ayuntament de Barcelona, Fad (Fundación de Ayuda contra la Drogadicción), 2000, p. 49-57.

_____; PINTO, Marta. El espacio urbano como dispositivo de control social: territorios psicotrópicos y políticas de la ciudad. *Revista Científica Internacional*. 2004. Disponível em: <https://repositorio--aberto.up.pt/bitstream/10216/17756/ 2/87163.pdf>. Acesso em: 7 set. 2016.

FERNÁNDEZ, María Teresa. La discapacidad mental o psicosocial y la Convención sobre los Derechos de las Personas con Discapacidad. *Revista de derechos humanos da Defensoría Pública*, n.11, p. 10-17, nov. 2010.

FERNANDEZ, Osvaldo. Drogas e o (des)controle social. *In*: PASSETI, Edson; SILVA, Roverto B. Dias. (Orgs.). *Conversações abolicionistas*. Uma crítica do sistema penal e da sociedade punitiva. São Paulo: IBCCrim, 1997, p. 117-127.

FERRAJOLI, Luigi. *Derecho y razón*. Teoría del garantismo penal. (Trad. Andrés Ibáñez *et al*). Madrid (Espanha): Editorial Trotta, 1995.

FIORATI, Regina Célia; SAEKI, Toyoko. *O acompanhamento terapêutico na internação hospitalar: inclusão social, resgate de cidadania e respeito à singularidade*. Interface - Comunicação, Saúde, Educação Botucatu, v. 12, n. 27, p. 763-772, dez. 2008.

FIORE, Maurício. O lugar do Estado na questão das drogas: o paradigma proibicionista e as alternativas. *Novos Estudos*. CEBRAP: São Paulo, n. 92, p. 9-21, mar. 2012.

_____. A medicalização da questão do uso de drogas no Brasil. *In*: CARNEIRO, Henrique; VENÂNCIO, Renato Pinto. *Álcool e drogas na história do Brasil*. São Paulo: Alameda; Belo Horizonte: PUC Minas, 2005.

_____. *Uso de "drogas"*: controvérsias médicas e debate público. Campinas: Mercado das Letras/ Fapesp, 2006.

_____. *Uso de drogas*: substâncias, sujeitos e eventos. Tese (Doutorado em Ciências Sociais). Instituto de Filosofia e Ciências Humanas da Universidade de Campinas (Unicamp). Campinas. 2013.

FISCHER, Kathleen, *et al*. Proxy healthcare decision-making for persons with intellectual disability: perspectives of residential-agency. *American Journal on Intellectual and Developmental Disabilities*, v. 114, n. 6, p. 401-410, 2009.

FLÓREZ-VALDÉS, Joaquín Arce y. *El derecho civil constitucional*. Madrid (Espanha): Civitas, 1991.

FONSECA, Ricardo Tadeu Marques da. A ONU e seu Conceito Revolucionário de Pessoa com Deficiência. São Paulo: *Revista LTr*, v. 72, n. 03, p. 263-270, mar. 2008.

_____. A reforma constitucional empreendida pela ratificação da Convenção sobre os Direitos da Pessoa com Deficiência aprovada pela Organização das Nações Unidas. *Revista do Tribunal Regional do Trabalho da 15ª Região*, n. 42, p. 94-116, 2013.

FORTES, Hildenete Monteiro. Tratamento compulsório e internações psiquiátricas. *Revista Brasileira de Saúde Materno Infantil*. v.10, supl.2 p. 321-330, 2010.

FOSSI, Luciana Barcellos; GUARESCHI, Neuza Maria de Fátima. O modelo de tratamento das comunidades terapêuticas: práticas confessionais na conformação dos sujeitos. *Estudos e Pesquisas em Psicologia*, UERJ – Instituto de Psicologia, v.15, n.1, 2015, p. 94-115.

FOUCAULT, Michel. *A História da Loucura*: na Idade Clássica. (Trad. José Teixeira Coelho Neto). São Paulo: Perspectiva, 2005.

_____. *A ordem do discurso*. (Trad. Tradução: Laura Fraga de Almeida Sampaio). 3. ed. São Paulo: Edições Loyola, 1996.

_____. *O Poder Psiquiátrico.* (Trad. Eduardo Brandão). São Paulo: Martins Fontes, 2012.

_____. *Os anormais.* (Trad. Eduardo Brandão). São Paulo: Martins Fontes, 2001.

FRANK, Patricia; OTTOBONI, Alice. *The Dose Makes the Poison*: A Plain-Language Guide to Toxicology. 3. ed. Hoboken (EUA): John Wiley & Sons, 2011.

FRANZINI, Rafael; INCALCATERRA, Amerigo. Por que a exceção não deve ser a regra. *Folha de S. Paulo,* Opinião, 17 abr. 2013.

FRÚGOLI JÚNIOR, Heitor; CAVALCANTI, Mariana. Territorialidades da(s) Cracolândia(s) em São Paulo e no Rio de Janeiro. *Anuário Antropológico,* II, 2013. Disponível em: <http://aa.revues.org/561>. Acesso em: 7 set. 2016.

FRY, Peter. Apresentação. *In:* CARRARA, Sergio. *Crime e loucura: o aparecimento do manicômio judiciário na passagem do século.* (Coleção Saúde e Sociedade) Rio de Janeiro: EdUERJ; São Paulo: EdUSP, 1998.

G1. Bailarino é abordado e colocado em camisa de força durante performance em Caxias do Sul. Disponível em <https://www.youtube.com/watch?v=lllxDjCHDI0>. Acesso em: 01 nov. 2017

GABRIEL, o Pensador. Cachimbo da Paz. *Álbum Quebra-Cabeça.* Rio de Janeiro: Sony Music, 1997. Faixa 3.

GADELHA, Maria Inez Pondeus. Escolhas públicas e protocolos clínicos: o orçamento, as renúncias necessárias e os novos projetos de leis. *In:* NOBRE, Milton Augusto de Brito; SILVA, Ricardo Augusto Dias da (Coord.). *O CNJ e os desafios da efetivação do direito à saúde.* Belo Horizonte: Fórum, 2011. p. 367-374.

GAINZA, Ignacio. *et al.* Intoxicación por drogas. *Anales del Sistema Sanitario de Navarra,* Pamplona (Espanha), v. 26, suplemento n. 1, p. 99-128, 2003.

GAIUS. *Institutas do Jurisconsulto Gaio.* (Trad. José Cretella e Agnes Cretella). São Paulo: Editora Revista dos Tribunais, 2004.

GANZINI, Linda *et al.* Ten Myths About Decision-Making Capacity. *Journal of the American Medical Directors Association (JAMA),* n. 6 (3 Supplement), p. 100-104, May-June 2005.

GARGARELLA, Roberto. (Coord.) *Teoría y Crítica el del Derecho Constitucional.* Tomo II. Buenos Aires (Argentina) Abeledo-Perrot, 2009.

GARZÓN, Juan Carlos; POL, Luciana. O elefante na sala: drogas e direitos humanos na América Latina. *Revista Sur – Revista Internacional de Direitos Humanos,* v. 12, n. 21, ago. 2015.

GAUDENZI, Paula; SCHRAMM, Fermin Roland. A transição paradigmática da saúde como um dever do cidadão: um olhar da bioética em Saúde Pública. *Interface (Botucatu),* Botucatu, v. 14, n. 33, p. 243-255, Jun. 2010.

GEBRAN NETO, João Pedro; SCHULZE, Clenio Jair. *Direito à saúde.* 2. ed. Porto Alegre: Verbo Jurídico, 2019.

GEDIEL, José Antônio Peres. *Os transplantes de órgãos e a invenção moderna do corpo.* Curitiba: Moinho do Verbo, 2000.

GENTIL, Valentim. A ética e os custos sociais da "reforma psiquiátrica". *Revista de Direito Sanitário,* Brasil, v. 5, n. 1, p. 55-66, mar. 2004.

GIBSON, Frances. Drugs, discrimination and disability, *Journal of law and medicine,* v. 17, n. 3. p. 400-411, dez. 2009.

GIORGIANNI, Michele. O Direito Privado e suas atuais fronteiras. *Revista dos Tribunais.* Ano 87, v. 747, São Paulo: RT, p. 35-55, jan. 1998.

GLEISSER, Marcelo. Os enigmáticos buracos negros. *Folha de S. Paulo,* Folha Ciência, 12 dez. 2010.

GLENZA, Jessica. *The Guardian*. UN backs prohibitionist drug policies despite call for more 'humane solution'. Londres 20.04.2016. Disponível em: <https://www.theguardian.com/world/2016/apr/19/un-summit-global-war-drugs-agreement-approved>. Acesso em: 13 fev. 2017.

GOFFMAN, Erving. *Estigma*: la identidad deteriorada. (Trad. Leonor Guinsberg). Biblioteca de sociología. Buenos Aires: Amorrortu, 2006.

_____. *Manicômios, prisões e conventos*. (Trad. Dante Moreira Leite). São Paulo: Perspectiva, 2001.

GOIÁS. Ministério Público de Goiás. *PAILI - Programa de Atenção Integral ao Louco Infrator*. 3. ed. Goiânia: MPGO, 2013.

GOMES, Orlando. *Introdução ao direito civil*. 3. ed. Rio de Janeiro: Forense, 1957.

_____. *Introdução ao direito civil*. 19. ed. Rio de Janeiro: Forense, 2007.

_____. *Raízes Históricas e Sociológicas do Código Civil brasileiro*. 2. ed. São Paulo: Martins Fontes, 2006.

GONÇALVES Junior, Arles. Internação compulsória de dependentes químicos. *Conjur*. 05 ago. 2011. Disponível em: http://www.conjur.com.br/2011-ago-05/internacao-compulsoria-dependentes-quimicos-constitucional. Acesso em: 08 jul. 2015.

GONÇALVES, Diogo Costa. Personalidade vs. capacidade jurídica: um regresso ao monismo conceptual? *Revista da Ordem dos Advogados*, Lisboa, ano 75, n. 1 e 2. jan.- jun. 2015, p. 121-150.

GONÇALVES, Renata Weber; VIEIRA, Fabíola Sulpino; DELGADO, Pedro Gabriel Godinho). *Política de Saúde Mental no Brasil: evolução do gasto federal entre 2001 e 2009*. Revista de Saúde Pública, USP, São Paulo, v. 46, n. 1, p. 51-58, Fev. 2012.

GONZÁLEZ ZORRILLA, Carlos. Aspectos Legislativos. In: AYUNTAMENT DE BARCELONA. *Contextos, sujetos y drogas*: un manual sobre drogodependencia. Barcelona: Ayuntament de Barcelona, Fad (Fundación de Ayuda contra la Drogadicción), p. 146-173, 2000.

_____. Drogas y control social. *Revista Poder y Control*, n. 2, Barcelona, 1987.

GRAU, Eros Roberto. *A Ordem Econômica na Constituição de 1988*. 8. ed. São Paulo: Malheiros, 2003.

GRINBERG, Keila. *Código Civil e cidadania*. 3. ed. Rio de Janeiro: Zahar, 2008.

GROSS, Michael. Treating competent patients by force: the limits and lessons of Israel's Patient's Rights Act. *Journal of Medical Ethics*, v. 31, p. 29-34, 2005.

GROSSI, Paolo. *Mitología jurídica de la Modernidad*. (Trad. Manuel Martinez Neira). Madrid (Espanha): Editorial Trotta, 2007.

_____. *Primeira lição de direito civil*. (Trad. Ricardo Tadeu Fonseca). Rio de Janeiro: Forense, 2006.

GULLAR, Ferreira. Considerações sobre a loucura. *Folha de S. Paulo*, 21. fev. 2016.

_____. Internação. In: _____. Toda poesia: (1950-1999). 9. ed. Rio de Janeiro: José Olympio Editora, 2000.

HALL, Wayne; CARTER, Adrian. "Advocates need to show compulsory treatment of opioid dependence is effective, Safe and Ethical." *Bulletin of the World Health Organization* 91.2, fev. 2013.

HANSEN, Thiago Freitas. O pensamento jurídico sobre o indígena em períodos de modernização. *Revista Direito e Práxis*, v. 6, p. 326-347, 2015.

HART, Carl. *Um preço muito alto*: a jornada de um neurocientista que desafia nossa visão sobre as drogas. (Trad. Clóvis Marques). Rio de Janeiro: Zahar, 2014.

HEIT, Howard A. The truth about pain management: the difference between a pain patient and an addicted patient. *European Journal of Pain*, n. 5, p. 27-29. 2001.

HERNÁNDEZ, Luis. ¿Qué es la Salud Pública basada en la Evidencia? *Revista de Salud Pública*, Universidad Nacional de Colombia, Colombia, v. 5, n. 1, p. 40-44, 2003.

HESPANHA, António Manuel. *A Cultura Jurídica Europeia*. Síntese de Um Milênio. Coimbra (Portugal): Almedina, 2012.

_____. *Imbecillitas*. As bem-aventuranças da inferioridade nas sociedades do Antigo Regime. São Paulo: Annablume, 2010.

HESSE, Konrad. *Força Normativa da Constituição*. (Trad. Gilmar Ferreira Mendes). Porto Alegre: Sergio Fabris, 1991.

HIRSCHHEIMER, Mário Roberto; CONSTANTINO, Clóvis Francisco; OSELKA, Gabriel Wolf. Consentimento informado no atendimento pediátrico. *Revista Paulista de Pediatria*, São Paulo, v. 28, n. 2, p. 128-133. Jun. 2010.

HISAYASU, Alexandre. 10 anos dos ataques do PCC. *O Estado de S. Paulo,* Caderno Especial: Domínios do Crime, 2015.

HOOTON, Christopher. Weed is 114 times less deadly than alcohol, study finds. *The Independent*. 24 fev. 2015.

HOTEL abandonado em Brasília abriga Cracolândia que abastece tráfico no DF. *O Globo*. 13 mar. 2016.

HOUAISS, Antonio; VILLAR, Mauro Salles. *Dicionário Houaiss da Língua Portuguesa*. São Paulo: Editora Objetiva, 2001.

IBGE. Pesquisa nacional de saúde do escolar. *PeNSE* 2012. Rio de Janeiro, IBGE: 2013.

INSTITUTO ANIS. *A Casa dos Mortos*. Diretora: Débora Diniz. 2009. Disponível em <www.youtube.com/ watch?v=noZXWFxdtNI>.

IPEA. *Nota Técnica n. 21/2017*. Perfil das Comunidades Terapêuticas Brasileiras. Diretoria de Estudos e Políticas do Estado, das Instituições e da Democracia. Rio de Janeiro: IPEA, 21 mar. 2017.

_____. *Nota Técnica n. 31/2016*. Deficiência e Dependência no Debate sobre a Elegibilidade ao BPC. Diretoria de Estudos e Políticas do Estado, das Instituições e da Democracia. Rio de Janeiro: IPEA, 21 nov. 2016.

IRLANDA. Mental Health Commission. *Mental Health Act, 2001 and Regulations*. Disponível em <www.mhcirl.ie/for_H_Prof/Mental_Health_Act_2001/>. Acesso em: 01 jan. 2017. A legislação foi atualizada em 2008 e 2015.

ISRAELSSON, Magnus; NORDLÖF, Kerstin; GERDNER, Arne. European Laws on Compulsory Commitment to Care of Persons Suffering from Substance Use Disorders or Misuse Problems– a Comparative Review from a Human and Civil Rights Perspective. *Substance Abuse Treatment, Prevention, and Policy*, v. 10, n. 34, 2015.

JACOBINA, Paulo Vasconcelos. *Direito penal da loucura e reforma psiquiátrica*. Brasília: ESMPU (Escola Superior do Ministério Público da União), 2008.

JANSSENS, Rian et al. Pressure and coercion in the care for the addicted: ethical perspectives. *Law Ethics and Medicine*, v. 30, p. 453-458, 2004.

JORQUERA, Concepción Espejel. El internamiento no voluntario por razón de Trastorno psíquico. Comentarios al art. 763 L.E.C., *Psicopatología Clínica, Legal y Forense*, v. 4, p. 47-62, 2004.

JÜRGENS, Ralf et al. People who use drugs, HIV, and human rights. *The Lancet*, v. 376, p. 475-485, set. 2010.

JUSTIÇA FEDERAL DO ESTADO DO PARANÁ. Ata da 56ª Reunião do Comitê Executivo Estadual para monitoramento das demandas de assistência à saúde. 29.07.2016. Disponível em: <www.jfpr.jus.br/saude/ata_56.php>. Acesso em: 12 out. 2016.

KANT, Immanuel. *Crítica da Faculdade do juízo*. (Trad. Valério Rohden e António Marques). 2. ed. Rio de Janeiro: Forense Universitária, 2008.

_____. *Fundamentação da Metafísica dos Costumes*. (Trad. Paulo Quintela). Lisboa (Portugal): Edições 70, Lda, 2007. (Coleção Textos filosóficos 70).

KARAM, Maria Lucia. A Lei 11.343/06 e os repetidos danos do proibicionismo. *In*: LABATE, Beatriz Caiuby et al. (Org.). *Drogas e cultura*: novas perspectivas. Salvador: EDUFBA, 2008, p. 105-120.

_____. Aplicação da pena: por uma nova atuação da justiça criminal, *Revista Brasileira de Ciências Criminais*, ano 2, n. 6, p. 117-132, abr.-jun. 1994.

_____. Drogas: legalizar para garantir direitos humanos fundamentais. *Revista da EMERJ*, Rio de Janeiro, v. 19, n. 76, p. 114-127, out./dez. 2016.

_____. Internações: aspectos jurídicos, políticos e sua interface com a saúde Mental. *In*: Conselho Federal de Psicologia. *Drogas, Direitos Humanos e Laço Social*. Brasília: CFP, 2013. p. 148-182.

_____. Medidas de segurança: punição do enfermo mental e violação da dignidade. *Revista Verve*, PUC-SP. p. 210-224, 2002.

KITTRIE, Nicholas. Compulsory Mental Treatment and the Requirements of Due Process, *The Ohio State Law Journal, Ohio University*, 1960. p. 28-51.

KOLKLER, Tania. Hospitais de custódia e tratamento psiquiátrico no contexto da reforma psiquiátrica: realidades evidenciadas pelas inspeções e alternativas possíveis. *In*: Conselho Federal de Psicologia. *Louco Infrator e o Estigma da Periculosidade*. VENTURINI, Ernesto; MATTOS, Virgílio de; OLIVEIRA, Rodrigo Tôrres Org.) Brasília: CFP, 2016. p. 204-230.

KONDER, Carlos Nelson. O consentimento no Biodireito: os casos dos transexuais e wannabes. *Revista Trimestral de Direito Civil*, ano 4, v. 15, p. 41-71. jul-set. 2003.

_____. Vulnerabilidade patrimonial e vulnerabilidade existencial: por um sistema diferenciador. *Revista de Direito do Consumidor*, v. 99, p. 101-123, Maio-Jun./2015.

_____; TEIXEIRA, Ana. Carolina Brochado. Crianças e adolescentes na condição de pacientes médicos: desafios da ponderação entre autonomia e vulnerabilidade. *Pensar - Revista de Ciências Jurídicas*, v. 21, p. 70-93, 2016.

KORNBLIT, Ana Lía; CAMAROTTI, Ana Clara; LEO, Pablo di. *Prevención del consumo problemático de drogas*. Módulos teóricos y actividades complementarias de ejercitación y trabajo en el aula. Buenos Aires (Argentina): Ministerio de Educación de la Nación – Instituto de Investigaciones – UNICEF, 2011. Disponível em: <http://files.unicef.org/argentina/spanish/ Edu_ModulosESI.pdf>. Acesso em: 7 ago. 2016.

KOTTOW Miguel. The vulnerable and the susceptible. *Bioethics* v. 17, n. 5-6, p. 460-471, 2003;

_____. Vulnerabilidad entre derechos humanos y bioética. Relaciones tormentosas, conflictos insolutos. *Revista de la Facultad de Derecho, Puc Peru*, v. 69, p. 22-44, 2012.

LACERDA, Rosane Freire. *Diferença não é incapacidade*: gênese e trajetória histórica da concepção da incapacidade indígena e sua insustentabilidade nos marcos do protagonismo dos povos indígenas e do texto constitucional de 1988. Dissertação (Mestrado em Direito). Universidade de Brasília, Brasília, 2007.

LACHENMEIER, Dirk; REHM, Jürgen. Comparative risk assessment of alcohol, tobacco, cannabis and other illicit drugs using the margin of exposure approach. *Scientific Reports*, v. 5, n. 8.126, 30 jan. 2015.

LARENZ, Karl. Estabelecimento de relações obrigacionais por meio de comportamento social típico. *Revista de Direito GV*. (Trad. Alessandro Hirata). v.2, n.1, jan.-jun. 2006. p. 55-63. Disponível em: <http://direitosp.fgv.br/ sites/direitosp.fgv.br/files/rdgv_03_p055_064.pdf>. Acesso em: 12 mar. 2014.

LEBRE, Marcelo. Medidas de segurança e periculosidade criminal: medo de quem? *Responsabilidades*, Belo Horizonte, v. 2, n. 2, p. 273-282, set. 2012/fev. 2013.

LEMINSKI, Paulo. *Toda poesia*. São Paulo: Companhia das Letras, 2013.

LEMOS, Clécio. Quatro críticas à medida de segurança: da insegurança da medida à desmedida do sistema. *In:* MIRANDA, Angelica Espinosa; RANGEL, Claudia; COSTA-MOURA, Renata (Org.). *Questões sobre a população prisional no Brasil*: Saúde, Justiça e Direitos humanos. Vitória: UFES, Proex, 2016. [recurso digital]).

LEONARDO, Rodrigo Xavier. Sujeito de direito e capacidade: contribuição para uma revisão da teoria geral do direito civil à luz do pensamento de Marcos Bernardes de Mello. *In:* DIDIER Junior, Fredie; EHRHARDT Junior, Marcos (Org.). *Revisitando a teoria do fato jurídico*. São Paulo: Saraiva, 2010. p. 549-570.

LEWIS, Caroll. Alice's Adventures in Wonderland. Project Gutenberg. 2008. Disponível em<https://www.gutenberg.org/files/11/11-h/11-h.htm>. Acesso em: 02 mar. 2016.

LIMA, Flávio Augusto Fontes de. Justiça terapêutica: em busca de um novo paradigma. Tese (Doutorado em Direito). Faculdade de Direito, Universidade de São Paulo, São Paulo, 2009.

LIMINAR proíbe remoções e interdições compulsórias na cracolândia. *Conjur*. 24 maio 2017. Disponível em: <www.conjur.com.br/2017-mai-24/liminar-proibe-remocoes-interdicoes-compulsorias-cracolandia>. Acesso em: 26 maio. 2017.

LINES, Rick *et. al*. The Case for International Guidelines on Human Rights and Drug Control, *Health and Human Rights Journal*, v. 19, n. 1, jun. 2017.

LING, Walter. Prescription opioid addiction and chronic pain: More than a feeling. *Drug & Alcohol Dependence*, v. 173, p. S73-S74, Apr. 2017.

LINK, Bruce *et al*. Stigma as a Barrier to Recovery: The Consequences of Stigma for the Self-Esteem of People with Mental Illnesses. *Psychiatric Services*, v. 52, n. 12, p. 1621-1626, Dec. 2001. Disponível em: <http://ps.psychiatryonline.org/doi/pdf/10.1176/appi.ps.52.12.1621>. Acesso em: 7 set. 2016.

LIRA, Laís Santana Santos Pereira *et al*. Uso abusivo e dependência de drogas ilícitas: uma visão bioética. *Revista de Bioética*, CFM, v. 20, n. 2, p. 326-325, 2012.

LISELLA, Gaspare Poerio. Fondamento dell'interdizione per infermità mentale: dottrina e giurisprudenza. *Rassegna di diritto civile*, 1980. p. 497-506.

LÔBO, Paulo Luiz Netto. Constitucionalização do direito civil. *Revista de Informação Legislativa*, Brasília, Senado Federal, n. 141, ano 36, p. 99-109, jan./mar. 1999.

_____. *Direito Civil*. Parte Geral. 6. ed. São Paulo: Saraiva, 2017.

_____. Função atual da pessoa jurídica. *Revista de Direito Civil, Imobiliário, Agrário e Empresarial*, ano 12, n. 46, São Paulo, RT, p. 50-70, 1988.

LOCH, Jussara de Azambuja. Capacidade para tomar decisões sanitárias e seu papel no contexto da assistência ao paciente pediátrico. *Revista da AMRIGS*, Porto Alegre, n. 56, v. 4 p. 352-355, out.-dez. 2012.

LOPES Jr, Aury. *Direito de Processo Penal*. 13. ed. São Paulo: Saraiva, 2016.

LOPEZ, Teresa Ancona. *Estudos e Pareceres sobre Livre Arbítrio, Responsabilidade e Produto de Risco Inerente*. O paradigma do tabaco. Rio de Janeiro: Renovar, 2009.

LORENZETTI, Ricardo Luis. *Fundamentos de Direito Privado*. (Trad. Vera Maria Jacob de Fradera). São Paulo: RT, 1998.

LUCENA, Eleonara de. Livro 'Holocausto Brasileiro' relata horrores de hospício mineiro. *Folha de S. Paulo*. Caderno Ilustrada, 03 ago. 2013.

LUNA, Florencia. Vulnerabilidad: la metáfora de las capas. *Jurisprudencia Argentina*, (IV), p. 60-67, 2008.

MACHADO DE ASSIS. O Alienista. *In:* _____. *Obra Completa.* Rio de Janeiro: Nova Aguilar 1994. v. II. Disponível online em <http://www.dominiopublico.gov.br/ download/texto/bv000231.pdf>. Acesso em: 15 set. 2016.

MACHADO, Ana Regina; MIRANDA, Paulo Sérgio Carneiro. Fragmentos da história da atenção à saúde para usuários de álcool e outras drogas no Brasil: da Justiça à Saúde Pública. *História, Ciências, Saúde-Manguinhos,* Fundação Oswaldo Cruz, Rio de Janeiro, v. 14, n. 3, p. 801-821, set. 2007.

MACHADO, Gustavo Silveira. *Crack.* Brasília: Câmara Federal, 2011.

MACRAE, Edward. Abuso de drogas: problema pessoal ou social?. *In:* ANDRADE, Tarcísio Matos Andrade; LEMOS, Sandra Regina. (Org.). *Textos orientados para assistência à saúde entre usuários de drogas.* Salvador: FAPEX/UFBA, 1998.

_____. O controle social do uso de substâncias psicoativas. *In:* PASSETI, Edson; SILVA, Roverto B. Dias. (Orgs.). *Conversações abolicionistas.* Uma crítica do sistema penal e da sociedade punitiva. São Paulo: IBCCrim, 1997, p. 107-116.

MAGALHÃES, Dime Everton Feijó; SILVA, Mara Regina Santos da. Cuidados requeridos por usuários de crack internados em uma instituição hospitalar. *Revista Mineira de Enfermagem*, Escola de Enfermagem da Universidade Federal de Minas Gerais, n. 14, v. 3, p. 408-415, jul.-set. 2010.

MAISONNAVE, Fabiano; SANT'ANNA, Emilio. Descaminhos da Cracolândia. *Folha de S. Paulo.* 21 ago. 2016. Disponível em: <http://temas.folha.uol.com.br/ descaminhos-da-cracolandia/introducao/falta-de-dialogo-emperra-acoes-de-haddad-e-alckmin-na-cracolandia.shtml>. Acesso em: 23 ago. 2016.

MANICÔMIO de Barbacena foi palco de maus-tratos, torturas e mortes. *O Globo.* 28.10.2013. Disponível online em <http://g1.globo.com/globo-news/noticia/2013/10/manicomio-de-barbacena-foi-palco-de-maus-tratos-torturas-e-mortes.html>. Acesso em: 08 jan. 2017.

MARCHEWKA, Tânia Maria Nava. A humanização na assistência à saúde mental no hospital geral: uma das alternativas terapêuticas da reforma psiquiátrica garantida pelos direitos humanos, *Revista de Direito Sanitário,* USP, v. 8, n. 1, 2007. p.43-60.

_____. As contradições das medidas de segurança no contexto do direito penal e da reforma psiquiátrica. *Revista de Direito Sanitário,* USP, São Paulo, ano 2, n. 3, p. 102-111, nov. 2001.

MARCHIORI, Raphael. Área sob o viaduto do Capanema vai virar estacionamento. *Gazeta do povo,* 19 set. 2016.

MARCOLAN, João Fernando. *Técnica Terapêutica da contenção física.* São Paulo: GEN - Roca, 2013.

MARINHEIRO, Vaguinaldo. 90% aprovam internação involuntária. *Folha de S. Paulo.* Caderno Cotidiano, 25 jan. 2012.

MARINONI, Luiz Guilherme; MITIDIERO, Daniel; SARLET, Ingo Wolfgang. *Curso de direito constitucional.* 6. ed. rev. e atual. São Paulo: Saraiva, 2017.

MARIZ, Renata. Inspeção em comunidades terapêuticas encontra internações à força e instalações precárias. Caso de uma transexual mantida em unidade masculina será investigado pelo MPF. *O Globo.* 18 out. 2017.

MARQUES, Ana Cecília Petta Roselli (Org.). *Guia prático sobre uso, abuso e dependência de substâncias psicotrópicas para educadores e profissionais da saúde.* São Paulo: Prefeitura de São Paulo, 2006.

MARQUES, Marília. A dependência do *crack* é cruel, ela judia; leia histórias de usuários que estão nas ruas de Brasília. *Portal G1,* 3 set. 2017.

MÁRQUEZ, Gabriel García. *Cien años de soledad.* Edición Conmemorativa. Real Academia Española. Espanha: Santillana Ediciones Generales, 2007.

_____. "Sólo vine a hablar por teléfono". *In:* _____. *Doce Cuentos Peregrinos.* Buenos Aires (Argentina): Editorial Sudamericana, 1994.

MARTEL, Letícia de Campos Velho. *Direitos fundamentais indisponíveis – os limites e os padrões do Consentimento para a autolimitação do direito fundamental à vida.* Tese (Doutorado em Direito Público) – Universidade do Estado do Rio de Janeiro, UERJ, 2010.

MARTINS-COSTA, Judith. Capacidade para consentir e esterilização de mulheres tornadas incapazes pelo uso de drogas: notas para uma aproximação entre a técnica e a reflexão bioética. *In:* MARTINS COSTA, Judith; MOLLER, Letícia Ludwig. (Org.). *Bioética e Responsabilidade.* Rio de Janeiro: Forense, 2009. p. 299-346.

MATEUS, Mário Dinis; MARI, Jair de Jesus. O sistema de saúde mental brasileiro: avanços e desafios. *In:* MATEUS, Mário Dinis (Org.). *Políticas de saúde mental:* baseado no curso Políticas públicas de saúde mental, do CAPS Luiz R. Cerqueira. São Paulo: Instituto de Saúde, 2013. p. 20-43.

MATHERS, Bradley *et al.* HIV prevention, treatment, and care services for people who inject drugs: a systematic review of global, regional, and national coverage. *The Lancet,* v. 375, p. 1.014-1.028, mar. 2010.

MATOS, Mafalda Francisco. *O problema da (ir)relevância do consentimento dos menores em sede de cuidados médicos terapêuticos (uma perspectiva jurídico-penal).* Coimbra (Portugal): Coimbra Editora, julho 2013.

MAZZUOLI, Valerio de Oliveira. Teoria geral do controle de convencionalidade no direito brasileiro. *Revista de Informação Legislativa,* Brasília, v. 46, n. 181, p. 113-133, jan./mar. 2009.

Medeiros, Marcelo; Diniz, Débora. Envelhecimento e Deficiência. *In:* CAMARANO, Ana Amélia (Org.). *Muito além dos 60: os novos idosos brasileiros.* Rio de Janeiro: Ipea, 2004. p. 107-120.

MEDEIROS, Regina. Construção social das drogas e do *crack* e as respostas institucionais e terapêuticas instituídas. *Saúde e Sociedade,* São Paulo: USP, v. 23, p. 105-117, 2014.

MEDICAL Profissionalism in the New Milenium: *A Physician Charter. Annals of Internal Medicine.* p. 243-246, 2002.

MEDINA, Gabriel. Drogas e juventude: outro caminho. *In:* Conselho Regional de Psicologia da 6ª Região (Org.). *Álcool e outras drogas.* 3. ed. São Paulo: CRPSP, 2011. p. 115-119.

MEIRELES, Rose Melo Vencelau. A necessária distinção entre negócios jurídicos existenciais e patrimoniais: o exemplo da capacidade civil. *In:* MONTEIRO Filho. Carlos Edson do Rego Monteiro Filho, *et. al* (Org.). *Direito Civil.* v. 2. Rio de Janeiro: Freitas Bastos, 2015. p. 167-182.

MEIRELLES, Jussara. O ser e o ter na codificação civil brasileira: do sujeito virtual à clausura patrimonial. *In:* FACHIN, Luiz Edson. (Coord.). *Repensando fundamentos do Direito Civil Brasileiro Contemporâneo.* Rio de Janeiro: Renovar, 1998. p. 87-114.

_____. Direito, saúde mental e sociedade: uma análise a partir do filme "Um Estranho no Ninho". *In:* LIMA, Taisa Maria Macena de; MOUREIRA, Diogo Luna; SÁ, Maria de Fátia Freire de. (Coord.). *Direitos e fundamentos entre vida e arte.* Rio de Janeiro: Editora Lumen Juris, 2010. p. 127-137.

_____. Economia, patrimônio e dignidade do pródigo: mais um distanciamento entre o ser e o ter? *In:* TEPEDINO, Gustavo; FACHIN, Luiz Edson. (Org.). *O Direito e o Tempo - Embates Jurídicos e Utopias Contemporâneas:* Estudos em homenagem ao Professor Ricardo Pereira Lira. Rio de Janeiro: Renovar, 2008. p. 179-186.

MELLO, Daniel. Família denuncia superlotação de hospital após internação na Cracolândia. Portal da EBC – Empresa Brasileira de Comunicação. 30.05.2017. Disponível em: <http://agenciabrasil.ebc.com.br/geral/noticia/2017-05/familia-denuncia-superlotacao-de-hospital-apos-internacao-na-cracolandia>. Acesso em: 16 jun. 2017.

MELLO, Marcelo de. A história por trás de "Liberdade, liberdade, abre as asas sobre nós". *O Globo*. 04 fev. 2013.

MELLO, Marcos Bernardes de. *Teoria do Fato Jurídico*. Plano da Validade. 7. ed. São Paulo: Saraiva, 2006.

_____. *Teoria do Fato Jurídico*. Plano de Existência. 20. ed. São Paulo: Saraiva, 2014.

MELOSSI, Dario; PAVARINI, Massimo. *Cárcere e Fábrica*. As origens do sistema penitenciário (séculos XVI e XIX). Rio de Janeiro: Renan-ICC, 2006. (Coleção Pensamento criminológico).

MENELICK, de Carvalho Netto; MATTOS, Virgílio de. *O novo direito dos portadores de transtorno mental: o alcance da lei 10.216/2001*. Brasília: Conselho Federal de Psicologia, 2005.

MENEZES, Joyceane Bezerra de. Risco do retrocesso: uma análise sobre a proposta de harmonização dos dispositivos do código civil, do CPC, do EPD e da CDPD a partir da alteração da Lei nº 13.146, de 06 de julho de 2015. *Revista Brasileira de Direito Civil – RBDCivil*, Belo Horizonte, v. 12, p. 137-171, abr./jun. 2017.

_____; BARRETO, Júlia d'Alge Mont'Alverne; MOTA, Maria Yannie Araújo. Autonomia existencial do paciente psiquiátrico usuário de drogas e a política de saúde mental brasileira. *Revista Fórum de Direito Civil*, Belo Horizonte, v. 4, n. 10, p. 123-138, set./dez. 2015.

_____; MOTA, Maria Yannie Araújo. Os limites da política de abrigamento compulsório e a autonomia do paciente usuário de drogas. *Civilistica.com*. Rio de Janeiro, a. 3, n. 1, jan.-jun./2014. Disponível em: <http://civilistica.com/wp-content/uploads/2015/02/Mota-e-Menezes-civilistica.com-a.3.n.1.2014.pdf>. Acesso em: 02 fev. 2015.

MEZAROBBA, Glenda. Entre reparações, meias verdades e impunidade: o difícil rompimento com o legado da ditadura no Brasil, *Revista SUR - Revista Internacional de Direitos Humanos*, v. 7, n. 13, p. 7-25, dez. 2010.

MICHIGAN State University's International Law Review. The Outcome of UNGASS 2016: Perpetuating Failure, 25 abr. 2016. Disponível em: <www.msuilr.org/msuilr-legalforum-blogs/2016/4/25/the-outcome-of-ungass-2016-perpetuating-failure>. Acesso em: 13 fev. 2017.

MILL, John Stuart. *On Liberty*. Ontario (Canada): Batoche Books: Kitchener, 2001.

MINAYO, Maria Cecília de Souza; DESLANDES, Suely Ferreira. A complexidade das relações entre drogas, álcool e violência. *Cadernos de Saúde Pública*, Rio de Janeiro, v. 14, n. 1, p. 35-42, jan. 1998.

MINISTÉRIO da saúde implanta política perversa em saúde mental. Sobre a Portaria n. 2391 do MS. *Jornal Mineiro de Psiquiatria* n. 24, ano X, Out. 2006.

MINISTÉRIO PÚBLICO DE MINAS GERAIS. Centro de poio Operacional das Promotorias de Justiça de Defesa da Saúde. *Parecer técnico jurídico n. 004/2017*. 23.03.2017.

MORAES, Maria Celina Bodin de. O conceito de dignidade humana. In: _____. *Princípios do direito civil contemporâneo*. Rio de Janeiro: Renovar, 2006. p. 1-60.

_____. Liberdade individual, acrasia e proteção da saúde. *Estudos e Pareceres sobre Livre Arbítrio, Responsabilidade e Produto de Risco Inerente*. O paradigma do tabaco. Rio de Janeiro: Renovar, 2009. p. 319-374.

_____. Prefácio. In: MENEZES, Joyceane Bezerra de. (Org.). *Direito das pessoas com deficiência psíquica e intelectual nas relações privadas:* Convenção sobre os direitos da pessoa com deficiência e Lei Brasileira de Inclusão. 2. ed. Rio de Janeiro: Processo, 2019.

MORAL JIMENEZ, María de la Villa. Cambios en las representaciones sociales sobre las drogas y sus usuarios en la sociedad española. SMAD, *Revista Electrónica de Saúde Mental, Álcool e Drogas*, Ribeirão Preto: Escola de Enfermagem de Ribeirão Preto, v. 3, n. 2, 2007. Disponível em: <http://pepsic.bvsalud.org/scielo.php?script=sci_arttext&pid=S1806-69762007000200004&lng=pt&nrm=iso>. Acesso em: 27 ago. 2016.

MOREIRA ALVES, José Carlos. *Direito Romano.* 15. ed. Rio de Janeiro: GEN, 2012.

MOTA PINTO, Carlos Alberto da. *Teoria Geral do Direito Civil.* (Atual. António Pinto Monteiro e Paulo Mota Pinto). 4. ed. Coimbra (Portugal): Almedina, 2005.

MULHOLLAND, Caitlin. A responsabilidade civil da pessoa com deficiência psíquica e/ou intelectual. *In:* MENEZES, Joyceane Bezerra de. (Org.). *Direito das pessoas com deficiência psíquica e intelectual nas relações privadas:* Convenção sobre os direitos da pessoa com deficiência e Lei Brasileira de Inclusão. 2. ed. Rio de Janeiro: Processo, 2019. p. 703-729.

NACIONES UNIDAS. Asamblea General. Consejo de Derechos Humanos. Informe del *Relator Especial sobre la tortura y otros tratos o penas crueles, inhumanos o degradantes. Relatório A-HRC-22-53.* ONU: Nova York (Estados Unidos), 1º fev. 2013. Disponível em <http://www.ohchr.org/Documents/HR-Bodies/HRCouncil/ RegularSession/Session22/A-HRC-22-53_sp.pdf>. Acesso em: 20 ago. 2017.

_____. *De la coerción a la cohesión. Tratamiento de la drogodependencia mediante atención sanitaria en lugar de sanciones.* Documento de Debate. ONU: Nova York (Estados Unidos), 2011.

NADER, Paulo. *Curso de Direito Civil.* Parte Geral. 10. ed. Rio de Janeiro: Forense: 2016. Ebook.

NAFFAH Neto, Alfredo. O Estigma da Loucura e a Perda da Autonomia. *Revista Bioética,* CFM, v. 6, n.1, p. 81-87, 1998.

NASCIMENTO, Daiana Ciléa Honorato; SAKATA, Rioko Kimiko. Dependência de opioide em pacientes com dor crônica. *Revista Dor,* São Paulo, v. 12, n. 2, p. 160-165, jun. 2011.

NEVARES, Ana Luiza Maia. Tudo por um filho. *Civilistica.com.* Rio de Janeiro, a. 1, n. 2, p. 1-18, jul.-dez./2012. Disponível em <http://civilistica.com/wp-content/uploads/2015/02/Nevares-civilistica.com-a.1.n.2.2012.pdf>. Acesso em: 22 maio 2015.

_____; SCHREIBER, Anderson. Do Sujeito à Pessoa: uma Análise da Incapacidade Civil. *In:* TEPEDINO, Gustavo; TEIXEIRA, Ana Carolina Brochado; ALMEIDA, Vitor. (coords.). *O Direito Civil entre o Sujeito e a Pessoa:* Estudos em Homenagem ao Professor Stefano Rodotà. Belo Horizonte: Fórum, 2016. p. 39-56.

NEVES, Maria do Céu Patrão. Sentidos da vulnerabilidade: característica, condição, princípio. *Revista Brasileira de Bioética,* v. 2. n. 02, p. 153-172, 2006.

NINO, Carlos Santiago. *Ética y derechos humanos.* Un ensayo de fundamentación. 2. ed. Buenos Aires (Argentina): Editorial Astrea, 1989.

NORONHA, Fernando. *Direito das Obrigações.* 4. ed. São Paulo, Saraiva: 2013.

NUNES, Eduardo. Perfil dinâmico da invalidade negocial. *In:* MENEZES, Joyceane Bezerra de; RODRIGUES, Francisco Luciano. Pessoa e mercado sob a metodologia do direito civil-constitucional. Santa Cruz do Sul: Essere nel Mondo, 2016. p. 80-94.

NUNES, Lucília. Usuários dos serviços de saúde e os seus direitos. *Revista Brasileira de Bioética,* v. 02. n. 02, p. 201-220, 2006.

NUÑEZ, Maria Eugenia. A chegada do *crack* em Salvador: quem disse que o *crack* traz algo de novo? *In:* MACRAE, Edward *et al* (Org.) *Crack:* contextos, padrões e propósitos de uso. Salvador: EDUFBA: CETAD, 2013, p. 135-170.

NUSSBAUM, Martha. *Las fronteras de la justicia.* Consideraciones sobre la exclusión. Barcelona (Espanha): Ediciones Paidós Iberica, 2007.

NUTT, David; KING, Leslie. Drug harms in the UK: a multicriteria decision analysis. *The Lancet,* v. 376, p. 1.558-1.565, nov. 2010.

O'NEILL, Onora. Paternalism and partial autonomy. *Journal of Medical Ethics,* v. 10, p. 173-178, 1984.

OLIVEIRA, Ana Lúcia Machado de; GENS, Rosa Maria de Carvalho. Introdução. In: BARRETO, Afonso Henrique Lima. *Diário do hospício; Cemitério dos Vivos*. Rio de Janeiro: Secretaria Municipal de Cultural, 1993.

OLIVEIRA, Fabiana Luci de. *UPPs, direitos e justiça*: um estudo de caso das favelas do Vidigal e do Cantagalo. Rio de Janeiro: Editora FGV, 2012.

OLIVEIRA, João Pacheco de; FREIRE, Carlos Augusto da Rocha. *A Presença Indígena na Formação do Brasil*. Brasília: Ministério da Educação, Unesco (Organização das Nações Unidas para a Educação, a Ciência e a Cultura), Museu Nacional, 2006.

OLMO, Rosa del. *A face oculta da droga*. Rio de Janeiro: Revan, 2009.

_____. Drogas: distorsiones y realidades. *Nueva Sociedad*, Caracas, n. 102, p. 81-93, jul./ago.1989.

_____. La conexión criminalidad violenta/drogas ilícitas: una mirada desde la criminología. In: HOPENHAYN, Martín (Org.). *La grieta de las drogas*. Desintegración social y políticas públicas en América Latina. Santiago de Chile: Nações Unidas – CEPAL, 1997.

_____. Los medios de comunicación social y las drogas. *Comunicar*, n. 9, p. 119-124, 1997.

ON coercion. *International Journal of Drug Policy*, n. 16, 2005, p. 207–209. Editorial.

ONU. UNODC (United Nations Office on Drugs and Crime). *From coercion to cohesion*. Treating drug dependence through health care, not punishment. Discussion paper based on a scientific workshop UNODC, Vienna October 28-30, 2009. United Nations, Vienna, 2010.

_____. _____. *Reducing the adverse health and social consequences of drug abuse*: a comprehensive approach. from the UNODC. Disponível em: <https://www.unodc.org/documents/ prevention/Reducing-adverse-consequences-drug-abuse.pdf>. Acesso em: 17 mar. 2017.

_____. _____. *Saiba mais sobre as drogas*. ONU, [s.l.], [s.n]. Disponível em: <https://www.unodc.org/documents/lpo-brazil/Topics_drugs/Campanha-global-sobre-drogas/getthefacts11_PT_.pdf>. Acesso em: 15 maio 2016.

_____. _____. World Drug Report 2015. ONU: New York, 2015.

_____. *Observación general n. 14*. El derecho al disfrute del más alto nivel posible de salud E/C.12/2000/4, CESCR. Consejo Economico y Social: [s.l], 2000. Disponível em: <http://www.acnur.org/t3/fileadmin/Documentos/BDL/2001/1451.pdf>. Acesso em: 21 maio 2017.

_____. *ONU manifesta preocupação com possibilidade de internação compulsória de usuários de drogas em SP*. 29.05.2017. Disponível em: <https://nacoesunidas.org/onu-manifesta-preocupacao-com-possibilidade-de-internacao-compulsoria-de-usuarios-de-drogas-em-sp/>. Acesso em: 21 jun. 2017.

_____. *Outcome document of the 2016 United Nations General Assembly Special Session on the world drug problem*. 30ª. Sessão Especial da Assembleia Geral da ONU (19-21 April 2016). Nova York (Estados Unidos), jun. 2016. Disponível em: <www.unodc.org/documents/postungass2016/ /outcome/V1603304-S.pdf>. Acesso em: 13 fev. 2017.

_____. *Principles of Drug Dependence Treatment*. Discussion Paper. Nova York (EUA), 2009.

_____. *Relatório sobre a visita ao Brasil do Subcomitê de Prevenção da Tortura e outros Tratamentos ou Penas Cruéis, Desumanos ou Degradantes*. 08 fev. 2012.

ORGANIZAÇÃO MUNDIAL DA SAÚDE (OMS). *CID-10. Classificação Internacional de Doenças e Problemas Relacionados à Saúde*. Décima Revisão. São Paulo: Editora da Universidade do Estado de São Paulo, 2009.

_____. *Classificação Internacional de Funcionalidade, Incapacidade e Saúde (CIF)*. (Trad. Amélia Leitão). Lisboa (Portugal): OMS, 2004.

_____. *Como usar a CIF*: Um manual prático para o uso da Classificação Internacional de Funcionalidade, Incapacidade e Saúde (CIF). Versão preliminar para discussão. Genebra (Suíça): OMS, out. 2013

_____. *Livro de recursos da OMS sobre saúde mental, direitos humanos e legislação*. Genebra (Suíça): 2005.

_____. *Relatório Mundial da Saúde*. Saúde mental: nova concepção, nova esperança. Lisboa (Portugal): OMS, Abril de 2002.

OUTHWAITE, William; BOTTOMORE; Tom. *Dicionário do pensamento social do século XX*. Trad. Eduardo Francisco Alves, Álvaro Cabral. Rio de Janeiro: Jorge Zahar, 1996.

PAGODINHO, Zeca. Álbum: *Deixa a vida me levar*. Gravadora: Universal Music, 2002. Autoria da canção: Serginho Meriti e Eri do Cais.

_____. Álbum: *Patota de Cosme*. Gravadora: RGE, 1987. Autoria da canção: Sylvio da Silva.

PALACIOS, Agustina. *El modelo social de discapacidad:* orígenes, caracterización y plasmación en la Convención Internacional sobre los Derechos de las Personas con Discapacidad. Madrid (Espanha): Cinca, 2008.

_____; BARIFFI. Francisco. *La discapacidad como una cuestión de derechos humanos*. Una aproximación a la Convención Internacional sobre los Derechos de las Personas con Discapacidad. Madrid (Espanha): Cinca, 2007.

PALAZZO, Francesco. *Introduzione al princìpe del diritto penale*. Torino (Itália): G. Giappichelli Editore, 1999. BARROS, Carmen Silvia de Moraes. A fixação da pena abaixo do mínimo legal: corolário do princípio da individualização da pena e do princípio da culpabilidade. *Revista Brasileira de Ciências Criminais*, ano 7, n. 26, p. 291-295, abr.-jun. 1999

PARA maioria no Rio, usuário tem mais culpa pela violência do que traficantes. *Folha de S. Paulo*, 07 out. 2017.

PARANÁ. Justiça Federal do Paraná. *Ata da 56ª Reunião do Comitê Executivo Estadual para monitoramento das demandas de assistência à saúde*. 29.07.2016. Disponível em: <www.jfpr.jus.br/saude/ata_56.php>. Acesso em: 12 out. 2016.

_____. Ministério Público do Estado do Paraná. Centro de Apoio Operacional das Promotorias de Proteção à Saúde (CAO). *Enunciados do Comitê Executivo de Saúde*. Disponível em: <www.saude.mppr.mp.br/modules/conteudo/conteudo.php?conteudo=673>. Acesso em: 22 abr. 2017.

_____. Ministério Público. Ação de interdição nº 0011730-62.2015.8.16.0001. Disponível em <http://www.civel.mppr.mp.br/arquivos/File/Dra_Ana_Cristina_ Martins _Brandao_Parecer_Interdicao_n_00117306220158160001_Cf_Lei_13146_15.pdf>. Acesso em: 10 maio 2016.

_____. Secretaria de Saúde. *A Rede de Atenção à Saúde Mental no Paraná e a competência da APS*. Disponível em: <http://www.saude.pr.gov.br/arquivos/File/APS US_-_Ed._Permanente/Oficia_8_-_Saude_Mental/Apresentacao_Rede_ de_Atencao _a_Saude_Mental_no_Parana_e_a_competencia_da_APS.pdf>. Acesso em: 05 fev. 2017.

_____. Secretaria Estadual de Saúde. *Conceitos básicos de toxicologia*. Disponível em: <www.saude.pr.gov.br/arquivos/File/zoonoses_intoxicacoes/Conceitos_Basicos_de_Toxicologia.pdf>. Acesso em: 11 jun. 2017.

PASCAL, Blaise. *Pensées*: Sur la religion et sur quelques autres sujets. 3. ed. Paris (França): Guillaume Desprez,1671.

PASSOS, Edilenice. *Memória Legislativa do Código Civil*. Tramitação na Câmara dos Deputados: Primeiro Turno Volume 2. Brasília: Senado Federal, 2012. p 14. Disponível em <www.senado.leg.br/publicacoes/MLCC/pdf/mlcc_v2_ed1.pdf>. Acesso em: 08 jul. 2017.

PAULOZZI, Leonard; BUDNITZ, Daniel; XI, Yongli. Increasing deaths from opioid analgesics in the United States. *Pharmacoepidemology & Drug Safety*, n. 15, p. 618–627, set. 2006.

PAVARINI, Massimo. Il folle che delinque: rapsodia sul margine. Rivista sperimentale di freniatria, v. 135, Fascicolo: 3, p. 145-154, 2011.

PEÑA Nieto, Enrique. ONU. Centro de Información de las Naciones Unidas para México, Cuba y República Dominicana (CINU). *Boletín ONU*. Discurso del Presidente Enrique Peña Nieto en la UNGASS 2016. Disponível em: <http://www.cinu.mx/comunicados/2016/04/el-problema-mundial-de-las-dro/>. Acesso em: 13 fev. 2017.

PEREIRA, André Gonçalo Dias. A capacidade para consentir: um novo ramo da capacidade jurídica. Separata da Faculdade de Direito da Universidade de Coimbra. *Comemorações dos 35 anos do Código Civil e dos 25 anos da reforma de 1977*. Coimbra: Coimbra Editora: 2006. p. 199-249.

_____. *Consentimento Informado na Relação Médico-Paciente*. Estudo de Direito Civil, Coimbra, Coimbra Editora, 2004.

PEREIRA, Wagner Gomes. *Internação compulsória em caso de dependência de drogas*. Portal da Escola Nacional da Magistratura. Disponível em <http://www.enm.org.br/docs/cursos/2011/infancia%20e%20juventude/TRABALHO DR WAGNER.pdf>. Acesso em: 01 jul. 2017.

PERLINGIERI, Pietro. *O Direito Civil na Legalidade Constitucional*. (Trad. Maria Cristina de Cicco). Rio de Janeiro: Renovar, 2008.

_____. *Perfis do Direito Civil*. Introdução ao Direito Civil Constitucional. 2. ed. Rio de Janeiro: Renovar, 2002.

_____. *Il diritto civile nella legalità costituzionale*. 2. ed. Napoli (Itália); Scientifiche Italiane, 1991.

PERROT, Michelle. *Os excluídos da história: operários, mulheres, prisioneiros*. (Trad. Denise Bottmann). 4. ed. São Paulo: Paz e Terra, 2006.

PETUCO, Dênis Roberto da Silva. Era uma vez: uma pequena história do cuidado e das políticas públicas dirigidas a pessoas que usam álcool e outras drogas. *In:* TEIXEIRA, Mirna; FONSECA, Zilma. *Saberes e práticas na atenção primária à saúde:* Cuidado à população em situação de rua e usuários de álcool, crack e outras drogas. São Paulo: Hucitec, 2015. p. 179-200.

PETUCO, Denis Roberto da Silva. Redução de danos. *In:* Conselho Regional de Psicologia da 6ª Região (Org.). *Álcool e outras drogas*. 3. ed. São Paulo: CRPSP, 2011. p. 127-137.

PIANOVSKI RUZYK, Carlos Eduardo. Ensaio sobre a Autonomia Privada e o Sujeito de Direito nas Codificações Civis, ou "A Aspiração Fáustica e o Pacto de Mefisto". *In:* PAGLIARINI, Alexandre Coutinho; CLÉVE, Clèmerson Merlin; SARLET, Ingo Wolfgang. (Org.). *Direitos Humanos e Democracia*. Rio de Janeiro: Forense, 2007, p. 187-193.

_____. A Teoria Crítica do Direito Civil de Luiz Edson Fachin e a superação do positivismo jurídico. *In:* FACHIN, Luiz Edson. *Teoria Crítica do Direito Civil*. 3. ed. Rio de Janeiro: Renovar, 2012.

PILLON, Sandra Cristina; Jora, Natália Priolli; Santos Manoel Antônio dos. O papel da equipe multidisciplinar na dependência química. *In:* DIEHL, Alessandra; CORDEIRO, Daniel Cruz; LARANJEIRA, Ronaldo. *Dependência química prevenção, tratamento e políticas públicas*. Porto Alegre: Artmed, 2011. p. 453-460.

PINHEIRO, Clara Virginia de Queiroz; AGUIAR, Isabella Maria Augusto; MENDES, Layza Castelo Branco. O sofrimento psíquico e as novas modalidades de relação entre o normal e o patológico: uma discussão a partir da perspectiva freudiana. *Interação em Psicologia*, UFPR, v. 12, p. 299-305, 2008.

PINHEIRO, Gustavo Henrique de Aguiar. O devido processo legal de internação psiquiátrica involuntária na ordem jurídica constitucional brasileira. *Revista de Direito Sanitário*, USP, 2011. p. 125-138.

PINTO, Márcia Teixeira; PICHON-RIVIERE, Andres; BARDACH, Ariel. Estimativa da carga do tabagismo no Brasil: mortalidade, morbidade e custos. *Caderno de Saúde Pública*, Rio de Janeiro, v. 31, n. 6, p. 1283-1297, jun. 2015.

PIRES, Álvaro. Amostragem e pesquisa qualitativa: ensaio teórico e metodológico. *In:* POUPART, Jean. *A pesquisa qualitativa.* Enfoques epistemológicos e metodológicos. Petrópolis: Vozes, 2008. p. 154-211.

POLO, María Patricia Represa. Tratamiento ambulatorio involuntario de enfermos mentales. *Revista de Derecho Privado,* Ano 89, Mês 6, p. 82-93, nov.-dez. 2005.

PONTES DE MIRANDA. *Tratado de Direito Privado.* T. II. São Paulo: Bookseller, 2000.

_____. *Tratado de Direito Privado.* T. VII. São Paulo: Bookseller, 2001.

PONTIFICIA UNIVERSIDAD CATÓLICA DEL PERÚ. *Los derechos de las personas con discapacidad mental.* Manual para aplicar la Convención sobre los Derechos de las Personas con Discapacidad en los centros de salud mental del Perú. Lima (Peru): Instituto de Democracia y Derechos Humanos de la Pontificia Universidad Católica del Perú (IDEHPUCP), Agosto de 2012.

PORTUGAL. Assembleia da República. Diário Oficial da República. *Lei n. 36/98 de 24 de Julho - Lei de Saúde Mental.* Disponível em: <https://dre.pt/web/guest/legisla cao-consolidada/-/lc/75088193/20 1704 04010073318798/exportPdf/normal/1/cachele velPage?_LegislacaoConsolidada_WAR_drefrontofficeportlet_rp=diploma>. Acesso em: 23 abr. 2017.

_____. Gabinete de Documentação e Direito Comparado. *Convenção de Oviedo.* Disponível em <http://www.gddc.pt/siii/docs/oviedo.pdf>. Acesso em: 27 jul. 2015.

_____. Ministério Público de Portugal. *Quarta revisão constitucional.* Disponível em: </www/pgdlisboa.pt/leis/lei_mostra_articulado.php?nid=11&tabela=leis&ficha=1 &pagina=1&so_miolo=S>. Acesso em: 23 abr. 2017.

_____. Parlamento de Portugal. *Constituição da República.* Disponível em: <www.parlamento.pt/Legislacao/Documents/constpt2005.pdf>. Acesso em: 23 abr. 2017.

_____. Parlamento. Grupo Parlamentar – Bloco da Esquerda. *A gestão do património dos doentes mentais não declarados incapazes.* Disponível em: <http://app.parlamento.pt/webutils/docs/doc.pdf?path=6148523063446f764c3246795a5868774d546f334e7a67774c336470626e4a6c635639775a-584a6e6457353059584d76574339775a7a49314d4451746543307a4c6e426b5a673d3d&fich=p-g2504-x-3.pdf&Inline=true>. Acesso em: 23 abr. 2017.

PRADO, Alessandra Mascarenhas; SCHINDLER, Danilo. A medida de segurança na contramão da Lei de Reforma Psiquiátrica: sobre a dificuldade de garantia do direito à liberdade a pacientes judiciários. *Revista Direito GV,* São Paulo, FGV, v. 13, n. 2, p. 628-652, ago. 2017.

PRATTA, Elisângela Maria Machado; SANTOS, Manoel Antonio dos. O Processo Saúde-Doença e a Dependência Química: Interfaces e Evolução. *Psicologia: Teoria e Pesquisa,* abr.-jun. 2009, v. 25 n. 2, p. 203-211.

PREFEITURA de São Paulo quer internar usuários de drogas compulsoriamente. *Conjur.* 24 maio. 2017. Disponível em: <www.conjur.com.br/2017-mai-24/prefeitura-sp-internar-usuarios-drogas-compulsoriamente>. Acesso em: 25 maio 2015.

PROCURA por contêineres na 'Cracolândia' aumenta e Prefeitura de SP seleciona atendimento. *Portal G1.* 16 jun. 2017.

PROSPERI, Francesco. Rilevanza della persona e nozione di status. *Civilistica.com.* Rio de Janeiro, a. 2, n. 4, out.-dez./2013. Disponível em: <http://civilistica.com/wp-content/uploads/2015/03/Prosperi-civilistica.com-a.2.n.4.2013.pdf>. Acesso em: 01 maio 2016.

PUNISHMENT of a Narcotic Addict for the Crime of Possession: Eight Amendment Implications, *Valparaiso University Law Review,* v. 2, n. 2, p. 316-337, 1968. Disponível em: <scholar.valpo.edu/vulr/vol2/iss2/5>. Acesso em: 13 fev. 2017.

QUATRO em cada cinco em SP defendem internação à força de usuários de *crack. Folha de S. Paulo,* Caderno Cotidiano, 3 jun. 2017.

QUEBRANDO o Tabu. 2011. Direção: Fernando Grostein Andrade. Disponível em: <https://www.youtube.com/watch?v=Dfur-cZdgTU>. Acesso em: 6 jan. 2017.

QUEIROZ, Isabela Saraiva de. Os programas de redução de danos como espaços de exercício da cidadania dos usuários de drogas. *Psicologia: Ciência e Profissão*, Brasília, v. 21, n. 4, p. 2-15, dez. 2001.

QUEIROZ, Paulo. *Direito Penal*. Parte Geral. 4. ed. Rio de Janeiro: Lumens Iuris, 2008.

QUILL, Timothy. Terri Schiavo — A Tragedy Compounded. *New England Journal of Medicine*. v. 352, p. 1630-1633. 2005.

RALET, Olivier. Condicionantes políticos y económicos. Análisis de la influencia de estos factores en la construcción social del "problema de la droga". In: HOPENHAYN, Martín (Org.). *La grieta de las drogas*. Desintegración social y políticas públicas en América Latina. Santiago de Chile: Nações Unidas – CEPAL, 1997. p. 39-48.

RAMMINGER, Tatiana; SILVA Martinho, *Mais substâncias para o trabalho em saúde com usuários de drogas*. organizadores. Porto Alegre: Rede UNIDA, 2014.

RAMOS, Carmem Lucia Silveira. Constitucionalização do direito privado e a sociedade sem fronteiras. In: FACHIN, Luiz Edson. (Org.). *Repensando fundamentos de Direito Civil Brasileiro Contemporâneo*. Rio de Janeiro: Renovar, 1998. p. 3-29.

RAUPP, Luciane; ADORNO, Rubens de Camargo Ferreira. Circuitos de uso de *crack* na região central da cidade de São Paulo (SP, Brasil). *Ciência & Saúde Coletiva,* Rio de Janeiro, v. 16, n. 5, p. 2613-2622, maio 2011.

_____. Territórios psicotrópicos na região central da cidade de Porto Alegre, RS, Brasil. *Saúde e Sociedade*, São Paulo, v. 24, n. 3, p. 803-815, set. 2015. Disponível em: <http://dx.doi.org/10.1590/S0104-12902015127672>. Acesso em: 7 set. 2016.

REALE FERRARI, Eduardo. *Medidas de segurança e Direito Penal no Estado Democrático de Direto*. São Paulo: RT, 2001.

REALE, Miguel. Exposição de motivos do supervisor da comissão revisora e elaboradora do Código Civil. *Revista da EMERJ*, Rio de Janeiro, v. fev./jun. 2002, n. especial, p. 9-34, 2003.

_____. Visão Geral do Novo Código Civil. *Revista da EMERJ*: Anais dos Seminários EMERJ. Debate o Novo Código (fev.-jun.2002), EMERJ, Rio de Janeiro, Parte I, p. 38-44, 2003.

RHODEN, Nancy. Commentary: can a subject consent to a "Ulysses Contract"? *Hastings Center Report*, ano 12, n. 4, p. 26-28, 1982.

RIBEIRO, Fernanda Mendes Lages; MINAYO, Maria Cecília de Souza. As Comunidades Terapêuticas religiosas na recuperação de dependentes de drogas: o caso de Manguinhos, RJ, Brasil. *Interface (Botucatu)*, v.19, n.54 p.515-526. 2015.

RIBEIRO, Rafael Bernardon; CASTELLANA, Gustavo Bonini; Cordeiro, QUIRINO. Atos médicos no cumprimento das medidas de segurança. In: QUIRINO, Cordeiro; LIMA, Mauro Gomes Aranha de. Hospital de custódia: prisão sem tratamento – fiscalização das instituições de custódia e tratamento psiquiátrico do Estado de São Paulo. São Paulo: Conselho Regional de Medicina do Estado de São Paulo, 2014. p. 57-69.

RIO DE JANEIRO. Assembleia Estadual do Rio de Janeiro. Sessão ordinária de 24.10.2012. Disponível em <http://alerjln1.alerj.rj.gov.br/taqalerj.nsf/5d50d39bd976391b83256536006a2502/ee8a918fb-d29280383257aa10076a294?OpenDocument>. Acesso em: 15 mar. 2017).

_____. Assembleia Legislativa do Rio de Janeiro. *Lei Estadual n. 4.074/2003*. Disponível em: <http://alerjln1.alerj.rj.gov.br/contlei.nsf/f25edae7e 64db53b032564fe005262ef/86fe0662d67ee6b-483256ca70067f260?OpenDocument &Highlight=0,4074>. Acesso em: 11 abr. 2017.

_____. *Carteira de Serviços dos Centros de Atenção Psicossocial.* Rio de Janeiro: Coordenação de Saúde Mental do Município do Rio de Janeiro, 2011.

_____. Corpo de bombeiros militar do Estado do Rio de Janeiro. Protocolo de atendimento de portadores de transtornos mentais. Disponível em <http://pop.cbmerj.rj.gov.br/arquivos/II_16_Atendimento_PTM_AN.pdf>. Acesso em: 01 maio 2017.

_____. Defensoria Pública do Estado do Rio de Janeiro. *Seminário Internacional: "Defensoria no Cárcere a Luta Antimanicomial".* Evento realizado entre 24 a 26 de maio de 2017. Rio de Janeiro, Auditório da FESUDEPERJ - Fundação Escola Superior da Defensoria Pública do Estado do Rio de Janeiro. [Informação oral].

_____. Ministério Público do Estado do Rio de Janeiro. *Ministério Público e Tutela à Saúde Mental.* A proteção de pessoas portadoras de transtornos psiquiátricos e de usuários de álcool e drogas. 2. ed. Rio de Janeiro: MPRJ, ago. 2011.

RIO GRANDE DO NORTE. Ministério Público. *Nota técnica n. 01/2014. Ministério Público do Estado do Rio Grande do Norte.* Orientações aos Promotores de Justiça, quando da apreciação de requerimentos de internação psiquiátrica, especialmente tratando-se de dependente químico. PROCURADORIA-GERAL DE JUSTIÇA: Rio Grande do Norte, 2014.

_____. Procuradoria Geral de Justiça. *Parecer Consulta n. Consulta n. 20130099 – CAOPCid.* O papel do Ministério Público no apoio às políticas de atenção à Saúde mental – assistência a usuários de álcool e drogas. Natal: PGJ, Natal/RN, 25 fev. 2013.

ROCHA, Maria Eduarda da Mota Rocha; SILVA, José Augusto da. Crack: doença e família na lógica da ajuda mútua. *In:* SOUZA, Jessé. (Org.) *Crack e exclusão social.* Brasília: Ministério da Justiça e Cidadania, 2016. p. 251-286.

RODOTÀ, Stefano. *Dal soggetto alla persona.* Napoli (Itália): Editoriale Scientifica, 2007.

_____. *La vita e le regole.* Tra diritto e non diritto. 4. ed. Milão: Feltrini, 2007.

_____*A vida na sociedade da vigilância.* (Trad. Danilo Doneda e Luciana Cabral Doneda). Rio de Janeiro: Renovar, 2008.

_____. *El Terrible Derecho.* Estudios sobre la propiedad privada. Madrid (Espanha): Civitas, 1986.

RODRIGUES, Artur; BERGAMO, Marlene. Acolhidos da Cracolândia dormem no chão em espaço da gestão Doria. *Folha de S. Paulo,* 23 maio 2017.

RODRIGUES, Igor de Souza. Crack, a noia da mídia. *In:* SOUZA, Jessé. (Org.) *Crack e exclusão social.* Brasília: Ministério da Justiça e Cidadania, 2016. p. 287-303.

RODRIGUES, Nina. *As coletividades anormais.* Brasília, Senado Federal, Conselho Editorial, 2006.

RODRIGUES, Silvio. *Direito Civil.* Parte Geral. Vol. I. 34. ed. São Paulo: Saraiva, 2007.

RODRIGUES, Thiago. Apresentação. *In:* LABROUSSE, Alain. *Geopolítica das drogas.* (Trad. Mônica Seincman). São Paulo: Desatino, 2010.

_____. Narcotráfico: um esboço histórico. *In:* CARNEIRO, Henrique; VENÂNCIO, Renato Pinto. *Álcool e drogas na história do Brasil.* São Paulo: Alameda; Belo Horizonte: PUC-Minas, 2005, p. 291-308.

ROESLER, Claudia Rosane; LAGE, Leonardo Almeida. A argumentação do STF e do STJ acerca da periculosidade de agentes inimputáveis e semi-imputáveis. *Revista Brasileira de Ciências Criminais,* v. 21, n. 104, p. 347-390, set./out. 2013.

ROIG, Rodrigo Duque Estrada. *Execução penal.* Teoria Crítica. 3. ed. São Paulo: Saraiva, 2017.

ROMANÍ, Oriol. Adicciones, drogodependencias y "problema de la droga" en España: la construcción de un problema social. *Cuicuilco,* Escuela Nacional de Antropología e Historia, México, v. 17, n. 49, p. 83-101, dez. 2010.

_____. *Las drogas, sueños y razones*. Barcelona: Ariel, 1999.

_____; VÁZQUEZ, Andrea. Drogodependencia, estigma y exclusión en salud: Barreras de accesibilidad de drogodependientes a servicios de salud en las ciudades de Barcelona y Buenos Aires. *Anuario de Investigaciones*, Buenos Aires: Universidad de Buenos Aires, v. XIX, p. 159-166, 2012.

RONZANI, Telmo Mota; FURTADO, Erikson Felipe. Estigma social sobre o uso de álcool. *Jornal Brasileiro de Psiquiatria*, Rio de Janeiro, v. 59, n. 4, p. 326-332, 2010.

RONZANI, Telmo Mota; NOTO, Ana Regina; SILVEIRA, Pollyanna Santos da. *Reduzindo o estigma entre usuários de drogas*: guia para profissionais e gestores. Juiz de Fora: Editora UFJF, 2015.

ROSA, João Ladislau. Apresentação. In: CORDEIRO, Quirino; LIMA, Mauro Gomes Aranha. *Hospital de custódia*: prisão sem tratamento – fiscalização das instituições de custódia e tratamento psiquiátrico do Estado de São Paulo. Conselho Regional de Medicina do Estado de São Paulo, 2014.

ROSENVALD, Nelson. Curatela. In: PEREIRA, Rodrigo da Cunha (Org.). *Tratado de Direito das Famílias*. Belo Horizonte, IBDFAM, 2015. p. 731-800.

_____. *O incompetente. A interdição e a internação do usuário de drogas*. 13.05.2015. Disponível em <www.nelsonrosenvald.info/single-post/2015/05/13/O-incompetente-A-interdi%C3%A7%C3%A3o-e-a--interna%C3%A7%C3%A3 o -do-usu%C3%A1rio-de-drogas>. Acesso em: 21 mar. 2016.

ROSS, Lainie Friedman. Moral Grounding for the Participation of Children as Organ Donors. *The Journal of Law, Medicine & Ethics*, n. 21, v. p. 251-257, 1993.

ROSSOR, Martin *et al*. The diagnosis of young-onset dementia. *Lancet neurology*, v. 9, n. 8, p. 793-806, 2010.

ROTTERDAM, Erasmo. *Elogio da loucura*. (Trad. Ciro Mioranza). São Paulo: Escala Educacional. 2006.

SÁ, Maria de Fátima Freire de; LIMA, Taisa Maria Macena de. Autonomia Privada e Internação não Consentida. *Revista Brasileira de Estudos Políticos*, v. 99, p. 79-99, 2009.

SÁ, Maria de Fátima Freire de; PONTES, Maíla Mello Campolina. Anorexia Nervosa e Interdição Judicial: reflexões sobre o sentido e o alcance da medida constritiva em um contexto de releitura da teoria das incapacidades. In: TEIXEIRA, Ana Carolina Brochado; DADALTO, Luciana. (Org.). *Dos Hospitais aos Tribunais*. Belo Horizonte: Del Rey, 2013, p. 569-594.

SANTA CATARINA. Ministério Público. Comitê Executivo de Saúde do Estado de Santa Catarina – Comesc. *Formulário de Avaliação da Necessidade de Internação Compulsória - Lei 10.216/01*. Disponível em <https://documentos.mpsc.mp.br/portal/manager/resourcesDB.aspx?path=2382>. Acesso em: 08 out. 2017.

SANTAMARÍA, Ramiro Ávila. El principio de legalidad vs. el principio de proporcionalidad (Reflexiones sobre la constitucionalidad de las leyes penales y el rol de los parlamentos y los jueces). In: CARBONELL, Miguel (Org.). *El principio de proporcionalidad y la interpretación constitucional*. Quito, Ecuador, 2008, p. 307-349.

SANTIAGO, Tatiana. Prefeitura admite não ter percebido moradores em imóvel alvo de demolição na Cracolândia. *Portal G1*. 23 maio 2017. Disponível em: <http://g1.globo.com/sao-paulo/noticia/prefeitura-admite-nao-ter-percebido-moradores-em-imovel-alvo-de-demolicao-na-cracolandia.ghtml>. Acesso em: 21 jun. 2017.

SANTOS, Juarez Cirino. *Teoria da Pena*. Fundamentos políticos e aplicação judicial. Curitiba: ICPC – Lumens Iuris, 2005.

SANTOS, Washington dos. *Dicionário jurídico brasileiro*. Belo Horizonte: Del Rey, 2001.

SÃO PAULO. Ação Civil Pública n. 0023977-42.2012.8.26.0053. Disponível em: <http://s.conjur.com.br/dl/cracolandia-busca-ativa-peca-inicial.pdf>. Acesso em: 21 maio 2017.

_____. Assembleia Legislativa do Estado de São Paulo. *Lei Estadual n. 12.558/2006.* Disponível em: </www.al.sp.gov.br/repositorio/legislacao/lei/ 2006/lei-12258-09.02.2006.html>. Acesso em: 18 abr. 2017.

_____. Assembleia Legislativa Estadual. *Lei complementar 791/1995 do Estado de São Paulo.* Disponível online em <http://www.al.sp.gov.br/repositorio/ legislacao/lei.complementar/1995/alteracao-lei.complementar-791-09.03. 1995.html>. Acesso em: 18 abr. 2017.

_____. Defensoria Pública. *Teses institucionais.* Execução Criminal. Disponível em <https://www.defensoria.sp.def.br/dpesp/Default.aspx?idPagina=6245>. Acesso em: 05 mar. 2017.

_____. MINISTÉRIO PÚBLICO DE SÃO PAULO. *Nota Técnica ao Projeto de Lei da Câmara n. 37/2013.* Disponível online em: <http://biblioteca.mpsp.mp.br/PHL_IMG/AVISOS/585-aviso%2020 14_NotaT%C3%A9cnica.pdf>. Acesso em: 30 abr. 2017.

SARLET, Ingo Wolfgang. A eficácia do direito fundamental à segurança jurídica: dignidade da pessoa humana, direitos fundamentais e proibição do retrocesso social no direito constitucional brasileiro. In: ROCHA, Cármen Lúcia Antunes (Org.). *Constituição e segurança jurídica.* 2. ed. Belo Horizonte: Fórum, 2009. p. 85-129.

_____. Internação obrigatória não pode ser utilizada de modo generalizado. *Conjur.* 09 Dez. 2016. Disponível em <www.conjur.com.br/2016-dez-09/direitos-fundamentais-internacao-obrigatoria-nao-utilizada-modo-generalizado>. Acesso em: 15 fev. 2017.

_____; MONTEIRO, Fábio de Holanda. Notas acerca da legitimidade jurídico constitucional da internação psiquiátrica obrigatória. *Revista Eletrônica Direito e Política,* UNIVALI, Itajaí, v.10, n.2, 1º quadrimestre de 2015. Disponível em <https://siaiap32.univali.br/seer/index.php/rdp/article/view/7875>. Acesso em: 01 mar. 2017.

SARMENTO, Daniel. *Dignidade Humana.* Conteúdo. Trajetórias e Metodologia. 2. ed. Belo Horizonte: Fórum, 2016.

_____. Os princípios constitucionais da liberdade e da autonomia privada. *Boletim Científico da Escola do Ministério Público da União,* Brasília, a. 4 - n.14, p. 167-217, jan./mar. 2005.

_____. Os Princípios Constitucionais e a Ponderação de Bens. *In:* TORRES, Ricardo Lobo. (Org.). *Teoria dos Direitos Fundamentais.* Rio de Janeiro: Renovar, 1999. p. 35-93.

SASSINE, Vinicius. Brasil mantém doentes mentais presos ilegalmente. O Globo. 16 fev. 2013. Disponível em <https://oglobo.globo.com/brasil/brasil-mantem-doentes-mentais-presos-ilegalmente--7599855#ixzz4voSqUSSh>. Acesso em: 16 mar. 2016.

SCHAUB, Michael et al. Comparing Outcomes of 'Voluntary' and 'Quasi-Compulsory' Treatment of Substance Dependence in Europe. *European Addiction Research* n. 16. p. 53–60, 2010.

SCHIER, Paulo Ricardo. Novos desafios da Filtragem Constitucional no momento do neoconstitucionalismo. *Revista Crítica Jurídica,* Curitiba, n. 24, p. 131-150, jan./dez. 2005.

SCHRAMM, Fermin Roland A autonomia difícil. *Bioética,* CFM, v. 6, n. 1, p. 27-37, 1998.

SCHREIBER, Anderson. *Direito Civil e Constituição.* São Paulo: Atlas, 2013.

_____. Tomada de Decisão Apoiada: o que é e qual sua utilidade? *Jornal Carta Forense,* 03 jun. 2016. Disponível em: <http://www.cartaforense.com.br/conteudo/artigos/tomada_de_decisao_apoiada_o_que_e_e_qual_sua_utilidade/l6608>. Acesso em: 05 jul. 2017

SCHULMAN, Gabriel. Consentimento para atos na saúde à luz da convenção de direitos da pessoa com deficiência: da discriminação ao empoderamento. *In:* BARBOZA, Heloisa Helena; ALMEIDA Junior, Vitor de Azevedo. *O Código Civil e o Estatuto da Pessoa com Deficiência.* Rio de Janeiro: Processo, 2017. p. 271-297.

_____. Esterilização Forçada, Incapacidade Civil e o Caso Janaína: "não é segurando nas asas que se ajuda um pássaro a voar". *REDES - Revista eletrônica direito e sociedade,* v. 6, 2018.

_____. Impactos do Estatuto da Inclusão da Pessoa com deficiência na Saúde: "acessibilidade" aos planos de saúde e autodeterminação sobre tratamentos. *In:* MENEZES, Joyceane Bezerra de. (Org.). *Direito das pessoas com deficiência psíquica e intelectual nas relações privadas:* Convenção sobre os direitos da pessoa com deficiência e Lei Brasileira de Inclusão. 2. ed. Rio de Janeiro: Processo, 2019, v. 1, p. 763-794.

_____. Internações Forçadas e Saúde Mental: entre Tratamento e Punição. In: SANTOS, Alethele de Oliveira. (Org.). *Coletânea Direito à Saúde.* Institucionalização. 1ed.Brasília: CONASS, 2018, v. 1, p. 248-259.

_____. *Planos de Saúde:* Saúde e Contrato na contemporaneidade. Rio de Janeiro: Renovar, 2009.

_____. Sobram motivos para rejeitar a internação involuntária. *Gazeta do Povo,* 18 jun. 2019. Disponível online em: <www.gazetadopovo.com.br/opiniao/artigos/sobram-motivos-para-rejeitar-a-internacao-involuntaria>. Acesso em 11 ago. 2019.

SCHULMAN, Gabriel; BORTOLOZZI, Flávio. Erros perigosos na nova lei de internação forçada. *O Estado de São Paulo,* 21 jun. 2019.

SCUTTI, Susan. New potential for marijuana: Treating drug addiction. *CNN.* 17.05.2017. Disponível em: <http://edition.cnn.com/2017/05/17/health/addiction-cannabis-harm-reduction/index.html>. Acesso em: 20 maio 2017.

SEOANE, José Antonio ¿Qué és Una Persona con discapacidad? *ÁGORA — Papeles de Filosofía,* 2011. p. 143-161.

SERPA LOPES, Miguel Maria. *Curso de Direito Civil.* 7. ed. Rio de Janeiro: Freitas Bastos, 1989.

SHARMA, Vishakha; *et. al.* Group decision making in health care: A case study of multidisciplinary meetings. *Journal of Decision System,* v. 25, sup1, p. 476-485. Jun 2016.

SHARP, David. Evidence-based medicine. *Lancet,* v. 348, n. 9037, 09.11.1996). (SACKETT, David et al. Evidence based medicine: what it is and what it isn't. *British Medical Journal,* v. 312, n. 7032, p. 71-72.

SIDOU, J. M. Othon (Org.). *Dicionário Jurídico.* Academia Brasileira de Letras Jurídicas. Rio de Janeiro: Forense Universitária, 1991.

SILVA PEREIRA, Caio Mário da. *Instituições de Direito Civil.* V. 1. 18. ed. Rio de Janeiro: Forense, 1997.

_____. *Instituições de Direito Civil.* V. 1. 24. ed. Rio de Janeiro: Forense, 2011.

SILVA, Alex Sandro Tavares da; SILVA, Rosane Neves da. A emergência do acompanhamento terapêutico e as políticas de saúde mental. *Psicologia: Ciência e Profissão,* Brasília, v. 26, n. 2, p. 210-221, Jun. 2006.

SILVA, Clóvis do Couto e. *A Obrigação como processo.* São Paulo: Editora José Bushatsky, 1976.

SILVA, Haroldo Caetano da. Reforma psiquiátrica nas medidas de segurança: a experiência goiana do PAILI. *Revista Brasileira de Crescimento e Desenvolvimento Humano,* São Paulo, v. 20, n. 1, p. 112-115, abr. 2010.

SILVA, Janaína Lima Penalva da. *O direito fundamental a singularidade do portador de sofrimento mental:* uma análise da Lei n° 10.216/01 à luz do princípio da Integralidade do Direito. (Dissertação de mestrado). Brasília: Universidade de Brasília, 2007.

SILVA, Luiza Lopes da. *A questão das drogas nas relações internacionais:* uma perspectiva brasileira. Brasília: FUNAG, 2013.

SILVA, Marcus Vinicius de Oliveira. (Org.) *A Instituição Sinistra:* mortes violentas em hospitais psiquiátricos no Brasil. Brasília: CFP, 2001.

SILVA, Martinho Braga Batista; COSTA-MOURA, Renata. De 'louco infrator' a 'pessoa adulta portadora de transtorno mental em conflito com a lei': sobre categorias governamentais e processos de vulnerabilização. *Interseções*, Rio de Janeiro, UERJ, v. 15, p. 301-328, 2013.

SILVA, Martinho Braga Batista; DELDUQUE, Maria Célia. Patologização e penalização do uso de drogas: uma análise socioantropológica de proposições legislativas (2007-2010), *Physis*, UERJ, Rio de Janeiro, v. 25, p. 231-250, 2015.

SILVA, Paulo Roberto Fagundes da *et al*. Desinstitucionalização de pacientes de longa permanência de um hospital psiquiátrico no Rio de Janeiro. *Ciência & Saúde Coletiva*, Rio de Janeiro, v. 22, n. 7, p. 2341-2352, Jul. 2017.

SILVA, Rodrigo da Guia; SOUZA, Eduardo Nunes de. Dos negócios jurídicos celebrados por pessoa com deficiência psíquica e/ou intelectual: entre a validade e a necessária proteção da pessoa vulnerável. *In*: MENEZES, Joyceane Bezerra de. (Org.). *Direito das pessoas com deficiência psíquica e intelectual nas relações privadas*: Convenção sobre os direitos da pessoa com deficiência e Lei Brasileira de Inclusão. 2. ed. Rio de Janeiro: Processo, 2019, p. 343-385.

SILVA, Virgílio Afonso. O proporcional e o razoável, *Revista dos Tribunais*, v. 798, p. 23-50, 2002.

SILVEIRA FILHO, Dartiu Xavier da. *Drogas*: uma compreensão psicodinâmica das farmacodependências. 3. ed. São Paulo: Casa do Psicólogo, 2002.

_____; DOERING-SILVEIRA, Evelyn. Padrões de uso de drogas. *In*: Brasil. Secretaria Nacional de Políticas sobre Drogas. *Prevenção dos problemas relacionados ao uso de drogas*. 6. ed. Brasília: Secretaria Nacional de Políticas sobre Drogas - UFSC, 2014. p. 67-193.

SILVEIRA, Luana, *et al*. Se você quer prender, não é seguro: problematização da medida de segurança e da internação compulsória de pessoas em sofrimento psíquico. *In*: CORREIA, Ludmila Cerqueira; PASSOS, Raquel Gouveia. (Org.) *Dimensão jurídico-política da reforma psiquiátrica brasileira: Limites e Possibilidades*. Rio de Janeiro: Gramma, 2009. p. 133-154.

SILVEIRA, Luhilda Ribeiro; NASCIMENTO, Geraldo Melônio do. Normal, anormal e patológico nas teses sobre a sanidade e a loucura em "O Alienista" de Machado de Assis. *Nau literária*, Porto Alegre, Programa de Pós-Graduação em Letras da Universidade Federal do Rio Grande do Sul. Ano 11, v. 11-2, p. 1-13, jan./jun. 2015.

SIMÃO, José Fernando. *A responsabilidade civil dos incapazes*. São Paulo: Atlas, 2008.

_____. Estatuto da Pessoa com Deficiência causa perplexidade (Parte I). *Conjur*. 06.08.2015. Online em <http://www.conjur.com.br/2015-ago-06/jose-simao-estatuto-pessoa-deficiencia-causa-perplexidade>. Acesso em: 16 ago. 2015.

SIMÕES, Júlio Assis. Prefácio. *In*: LABATE, Beatriz Caiuby *et al*. (Org.). *Drogas e cultura*: novas perspectivas. Salvador: EDUFBA, 2008.

SIMÓN, Pablo. *El consentimiento informado*. Historia, teoría y práctica. Madrid (Espanha): Editorial Triascastela, 2000.

SISTEMA ÚNICO DE SAÚDE. Conselho Nacional de Saúde. *Relatório Final da III Conferência Nacional de Saúde Mental*. Brasília, 11 a 15 de dezembro de 2001. Brasília: Ministério da Saúde, 2002.

_____. Conselho Nacional de Saúde. *Relatório Final da IV Conferência Nacional de Saúde Mental – Intersetorial, 27 de junho a 1 de julho de 2010*. Brasília: Conselho Nacional de Saúde/Ministério da Saúde, 2010.

SKOROMOV, Daniela. *Internações forçadas: saúde e justiça aliadas na violação de direitos*. Defensoria Pública de São Paulo, 2013.

_____. Internações: aspectos jurídicos, políticos e sua interface com a saúde Mental. *In*: Conselho Federal de Psicologia. *Drogas, Direitos Humanos e Laço Social*. Brasília: CFP, 2013. p. 157-168.

SOARES, Jussara. 'Se o brasileiro soubesse tudo o que sei, seria muito difícil dormir', diz Cármen Lúcia. *O Globo*, Rio de Janeiro, 07 out. 2017.

SODELLI, Marcelo. A abordagem proibicionista em desconstrução: compreensão fenomenológica existencial do uso de drogas. *Ciência & Saúde Coletiva*, Rio de Janeiro, v. 15, n. 3, p. 637-644, maio 2010.

SOUZA, Jessé. (Org.) Crack e exclusão social. Brasília: Ministério da Justiça e Cidadania, 2016.

SOUZA FILHO, Carlos Frederico Marés de. *et. al. Estatuto dos povos indígenas*. (Série Pensando o direito, n. 19/2009). Sumário Executivo - Relatório de Pesquisa "Tráfico de Drogas e Constituição". Resumo do Projeto de Pesquisa apresentado ao Ministério da Justiça/ PNUD, no Projeto "Pensando o Direito", Referência PRODOC BRA/08/001. Rio de Janeiro/Brasília: Ministério da Justiça, Secretaria de Assuntos Legislativos do Ministério da Justiça, jul. 2009.

_____. *O renascer dos povos indígenas*. Curitiba: Juruá, 1998.

SOUZA NETO, Cláudio Pereira de; SARMENTO, Daniel. *Direito constitucional: teoria*, história e métodos de trabalho. Belo Horizonte: Fórum, 2012.

STAUT JUNIOR, Sergio Said. A Escola da Exegese: percurso histórico de uma simplificação e redução do direito. *In*: OPUSZKA, Paulo; CARBONERA, Silvana (Org.). *Direito Moderno e Contemporâneo: perspectivas críticas*. Pelotas: Delfos, 2008, p. 103-112.

SUNSTEIN, Cass; THALERT, Richard. Libertarian paternalism is not an oxymoron, *The University of Chicago Law Review*, University of Chicago, v. 70, n. 4, p.1159-1202, 2003.

SWARTZ, Ronald. Medical marijuana users in substance abuse treatment. *Harm Reduction Journal*, v. 7, n. 3, p. 1-9, 2010.

SZASZ, Thomas. *Faith in Freedom*: Libertarian Principles and Psychiatric Practices. New Brunswick (Estados Unidos): Transaction Books, 2004.

_____. *Ideologia e doença mental*. Ensaios sobre a desumanização da psiquiatria do homem. (Trad. José Sanz). 2. ed. Rio de Janeiro: Zahar, 1980.

_____. *Patient or Prisoner?* The Therapeutic State, jan. 2002, p. 31-32. Disponível em: <https://fee.org/media/4220/szasz0102.pdf>. Acesso em: 9 set. 2016.

TABAKMAN, Roxana. Decisão médica colegiada: uma proposta para reduzir custos com qualidade. *Medspace*. 30 ago. 2017. Disponível em <http://portugues. medscape.com/verartigo/6501505>. Acesso em: 08 set. 2017

TEDESCO, Silvia. A função ético-política das medidas de segurança no Brasil contemporâneo. *In*: Conselho Federal de Psicologia. *Louco Infrator e o Estigma da Periculosidade*.

TEIXEIRA DE FREITAS, Augusto. *Código Civil dos Estados Unidos do Brasil*. São Paulo: Ministério da Justiça e Negócios Interiores: Serviço de Documentação, 1952

_____. *Esboço do Código Civil*. [s.l.]: Ministério da Justiça e Negócios Interiores, 1952.

TEIXEIRA, Ana Carolina Brochado. Integridade psíquica e capacidade de exercício. *Revista Trimestral de Direito Civil*, p. 3-36, v. 33, 2008.

_____. *Saúde, Corpo e Autonomia privada*. Rio de Janeiro: Renovar, 2010.

TEPEDINO, Gustavo. A tutela da personalidade no ordenamento brasileiro. *In*: _____. *Temas de Direito Civil*. v. I. 4. ed. rev. atual. Rio de Janeiro: Renovar, 2008. p. 25-62.

_____. Direitos Humanos e Relações Privadas. *In*: _____. *Temas de Direito Civil*. Rio de Janeiro: Renovar, 2000. p. 55-71.

_____. Do Sujeito de Direito à Pessoa Humana. Editoral da RTDC, *Revista Trimestral de Direito Civil - RTDC*, Rio de Janeiro, v. 2, jan/mar. 2000.

_____. Esboço de uma classificação funcional dos atos jurídicos. *Revista Trimestral de Direito Civil – RTDC*, v. 1, Rio de Janeiro, IBDCIVIL, p. 8-37, jul./set. 2014.

_____. O Código Civil, os chamados microssistemas e a Constituição: premissas para uma reforma legislativa. In: _____. *Problemas de Direito Civil-Constitucional*. Rio de Janeiro: Renovar, 2000. p. 1-16.

_____. Premissas metodológicas da Constitucionalização do Direito Civil. In: _____. *Temas de Direito Civil*. Rio de Janeiro: Renovar, 2000. p. 1-23.

_____; BARBOZA, Heloisa Helena; MORAES, Maria Celina Bodin de. *Código Civil interpretado conforme a Constituição da República*. v. IV. Rio de Janeiro: Renovar, 2014.

_____; SCHREIBER, Anderson. O extremo da vida - Eutanásia, accanimento terapeutico e dignidade humana. *Revista Trimestral de Direito Civil*, v. 39, Rio de Janeiro: Padma, p. 3-18. jul./set., 2009.

TEPEDINO, Maria Celina Bodin de Moraes. A caminho de um Direito Civil Constitucional. *Revista de Direito Civil Imobiliário, Agrário e Empresarial*, São Paulo, RT, v. 65, ano 17, p. 21-32, jul./set. 1993.

TERRY, Henry. Negligence. *Harvard Law Review*, v. 29, p. 40-54, 1915.

THE NEW YORK TIMES. Rethinking the Global War on Drugs. Nova York, 25.04.2016. Disponível em: <www.nytimes.com/2016/04/25/opinion/rethinking-the-global-war-on-drugs.html?_r=0> Acesso em: 13 fev. 2017.

TJMG. NATS. Núcleo de Avaliação de Tecnologias em *Saúde*. *Nota Técnica n. 26/2014*. Solicitante Des. José Carlos De Matos). Disponível online em: <http://bd.tjmg.jus.br:80/jspui/handle/tjmg/5487>. Acesso em: 20 mar. 2016

_____. NATS. Núcleo de Avaliação de Tecnologias em Saúde. *Nota Técnica n. 259/2013*. Disponível online em: <http://bd.tjmg.jus.br:80/jspui/handle /tjmg/5752>. Acesso em: 20 mar. 2016.

TOLEDO, Luiz Fernando; CAMBRICOLI; Fabiana. Justiça mantém internações psiquiátricas mesmo após alta médica e paciente fica até 3 anos. *O Estado de S. Paulo*, 23 jul. 2017.

TOMAZELA, José Maria. *O Estado de S. Paulo*. Mãe luta na Justiça para obrigar filho a fazer tratamento que pode evitar morte. 16/02/2017. Disponível online em <http://saude.estadao.com.br/noticias/geral,mae-luta-na-justica-para-obrigar-filho-a-fazer-tratamento-que-evita-sua-morte,70001667333>. Acesso em: 23 fev. 2017.

TORRES, Guillermo Cabanellas. *Diccionario Jurídico Elemental*. Buenos Aires (Argentina): Heliasta, 2006.

TORRES, Ricardo Lobo (Org.). *Legitimação dos direitos humanos*. Rio de Janeiro: Renovar, 2007.

TRÁFICO volta a armar barracas para distribuição de drogas na Cracolândia. *O Estado de São Paulo*. 26 maio 2016.

TULIO, Silvio. *O Globo*. Jovem com problema renal luta na Justiça para não fazer hemodiálise. Sabendo que pode morrer, ele diz não ter perspectiva de melhora, em GO. Mãe obteve liminar que obriga o filho a se tratar mesmo contra vontade. 16/02/2017. Disponível online em <http://g1.globo.com/goias/noticia/2017/02/ jovem-com-problema-renal-luta-na-justica-para-nao-fazer-hemodialise.html>. Acesso em: 19 fev.2017.

UBILLOS, Juan María Bilbao. ¿En qué medida vinculan a los particulares los derechos fundamentales? In: SARLET, Ingo Wolfgang (Org.). *Constituição, Direitos Fundamentais e Direito Privado*. 2. ed. rev. ampl. Porto Alegre: Livraria do Advogado, 2006. p. 301-340.

UGARTE, Odile Nogueira; ACIOLY, Marcus André. O princípio da autonomia no Brasil: discutir é preciso... *Revista do Colégio Brasileiro de Cirurgiões*, Rio de Janeiro, v. 41, n. 5, p. 274-2377, Out. 2014.

Um estranho no ninho. Direção: Mios Forman. 1976.

Uma lição de amor (I am Sam). 2001. Direção: Jessie Nelson. Elenco: Dakota Fanning, Michelle Pfeiffer, Sean Penn.

UNIÃO EUROPEIA. *Disability and non-discrimination law in the European Union*. An analysis of disability discrimination law within and beyond the employ. Luxembourg: July 2009. Editorial: Disability: beyond the medical model. *Lancet*. 2009, v. 374, Edição 9704.

_____. Observatório Europeu da Droga e da Toxicodependência. *Relatório Europeu sobre Drogas*. Tendências e evoluções. Bélgica: Observatório Europeu da Droga e da Toxicodependência, 2017.

UNIFESP. *II Levantamento Nacional de Álcool e Drogas*. Relatório 2012. LARANJEIRA, Ronaldo et al. (Sup.). São Paulo: Instituto Nacional de Ciência e Tecnologia para Políticas Públicas de Álcool e Outras Drogas (INPAD), UNIFESP, 2014.

UNITED NATIONS. Ad Hoc Committee on a Comprehensive and Integral International Convention on the Protection and Promotion of the Rights and Dignity of Persons with Disabilities. *Report of the Working Group to the Ad Hoc Committee on a Comprehensive and Integral International Convention on the Protection and Promotion of the Rights and Dignity of Persons with Disabilities*. New York (Estados Unidos), 5 - 16 January 2004. Disponível em: <http://www.un.org/esa/socdev/enable/rights/ahcwgre port.txt >. Acesso em: 01 nov. 2017.

_____. Office of the United Nations High Commissioner for Human Rights. *Contributions to the OHCHR for the preparation of the study mandated by resolution A/HRC/28/L.22 of the Human Rights Council on the impact of the world drug problem and the enjoyment of human rights*. Genebra (Suíça): OHCHR, Conectas, 2015. Disponível em: <www.ohchr.org/Documents/HRBodies/HRCouncil/DrugProblem/CELS.pdf>. Acesso em: 12 set. 2017>.

URUGUAI. Lei n. 19.172/2014. Disponível em <https://legislativo.parlamento.gub.uy/ temporales/leytemp9117561.htm>. Acesso em: 05 abr. 2015.

VASCONCELOS, Eduardo Mourão. Reinvenção da cidadania, *empowerment* no campo da saúde mental e estratégia política no movimento de usuários. *In*: AMARANTE, Paulo (Org.) Ensaios: subjetividade, saúde mental, sociedade. 20ª ed. Rio de Janeiro: Fiocruz; 2000. p. 169-191.

VAZQUEZ, Andrea. Políticas públicas en materia de drogas en Argentina: políticas de estigmatización y sufrimiento. *Saúde Debate*, Rio de Janeiro, v. 38, n. 103, p. 830-839, dez. 2014. Disponível em: <http://dx.doi.org/10.5935/0103-1104.20140075>. Acesso em: 9 set. 2016.

VELOSO, Caetano. Dom de Iludir. Álbum: *Totalmente Demais*. Polygram, 1986.

VENTURI, Ernesto. A violência em psiquiatria e a noção de periculosidade social. *In*: MATTOS, Virgílio de. (Org.). *O Crime Louco*. (Trad.). Brasília: Conselho Federal de Psicologia, 2012.

VENTURINI, Ernesto; MATTOS, Virgílio de; OLIVEIRA, Rodrigo Tôrres (Org.) Brasília: CFP, 2016. p. 258-313.

VI LEVANTAMENTO Nacional sobre o Consumo de Drogas Psicotrópicas entre Estudantes do Ensino Fundamental e Médio das Redes Pública e Privada de Ensino nas 27 Capitais Brasileiras. CARLINI, Elisaldo Luis de Araújo (Sup.) São Paulo: CEBRID – Centro Brasileiro de Informações sobre Drogas Psicotrópicas; UNIFESP – Universidade Federal de São Paulo 2010. SENAD – Secretaria Nacional de Políticas sobre Drogas, Brasília – SENAD, 2010.

VILLEY, Michel. *Direito Romano*. (Trad. Fernando Couto). Porto (Portugal): Res Jurídica, 1991.

VOLKOW, Nora; MCLELLAN, Thomas. Opioid Abuse in Chronic Pain – Misconceptions and Mitigation Strategies. *The New England Journal of Medicine*, n. 374, p. 1.253-1.263, mar. 2016.

WANG, Daniel Wei Liang; COLUCCI, Erminia. Should compulsory hospitalization be part of suicide prevention strategies?. *BJPsych Bulletin*, v. 41, p. 169-171, 2017.

WEIGERT, Mariana de Assis; CARVALHO, Salo. A Punição do Sofrimento Psíquico no Brasil: Reflexões sobre os Impactos da Reforma Psiquiátrica no Sistema de Responsabilização Penal. *Revista de Estudos Criminais*, v. 48, p. 55-90, 2013.

WERB, Dan et al. The effectiveness of compulsory drug treatment: a systematic review. *The International Journal on Drug Policy*, n. 28, p. 1-9, 2016.

WHITFORD, William. The physician, the law, and the drug abuser. *University of Pennsylvania Law Review*, v. 119, n. 6. p. 933-969, May 1971.

WINEHOUSE, Amy. Rehab. Álbum: *Back to Black*. 2006). Winehouse recebeu 5 grammys pelo álbum; faleceu aos 27 anos.

WONG, Grace Josephine, et al. Capacity to make health care decisions: its importance in clinical practice, *Psychological Medicine*, v. 29 n. 2, p. 437-446, 1999.

WOO, Julia et al. "Don't Judge a Book by Its Cover": A Qualitative Study of Methadone Patients' Experiences of Stigma. *Substance Abuse: Research and Treatment*, n. 11, p. 1-12, 2017.

WORLD HEALTH ORGANIZATION. *Bulletin of the World Health Organization*, n. 89, Genebra, WHO, 2011.

_____. *Concluding observations of the Committee on Economic, Social and Cultural Rights*. UN Doc No E/C.12/UKR/CO/5. WHO: Committee on Economic, Social and Cultural Rights. Genebra, 2007.

_____. *Consumer involvement in mental health and rehabilitation services*. Geneva, WHO, 1989.

_____. *Effectiveness of sterile needle and syringe programming in reducing HIV/aids among injecting drug user*. Evidence for action technical papers. Genebra, WHO, 2004. Disponível em: <http://apps.who.int/iris/bitstream/10665/43107/1/9241591641.pdf>. Acesso em: 01 fev. 2017.

_____. *Policies and practices for mental health in Europe - meeting the challenges*. Copenhagen (Dinamarca): WHO, 2008.

_____. *Reduction among Injecting Drug Users*. Report of the Second Bi-Regional Partners Meeting Yangon, Myanmar, 13-14 august 2003. WHO: Genebra, 2004.

_____. *Report on the Global Tobacco Epidemic*, 2008: The MPOWER package. Genebra (Suíça): WHO, 2008.

_____. *Tobacco fact sheet*: updated mar-2018. Genebra (Suíça): WHO, 2018. Disponível em < https://www.who.int/news-room/fact-sheets/detail/tobacco/>. Acesso em: 31 dez. 2018.

WURDIG, Karolina Kuhn; MOTTA, Roberta Fin. Representações midiáticas da internação compulsória de usuários de drogas. *Temas em Psicologia*. v.22, n.2, 2014. p. 433-444. Disponível em: <http://pepsic.bvsalud.org/scielo.php?script=sci_arttext&pid=S1413-389X2014000200014&lng=pt&nrm=iso>. Acesso em: 21 fev. 2016.

XAVIER, Miguel; CARVALHO, Álvaro de. Internamento compulsivo em Portugal – contexto e procedimentos. *In*: PORTUGAL. Direção-Geral de Saúde *Violência interpessoal*. Abordagem, diagnóstico e intervenção nos serviços de saúde, Dez. 2014. p. 263-266.

XAVIER, Rosane Terezinha; MONTEIRO, Janine Kieling. Tratamento de Pacientes Usuários de crack e outras drogas nos CAPS AD. *Psicologia Revista*, São Paulo, PUC-SP, v. 22, n.1, 61-82, 2013.

YOUNG, Beatriz Capanema. A Lei Brasileira de Inclusão e seus reflexos no casamento da pessoa com deficiência psíquica ou intelectual. *In*: BARBOZA, Heloisa Helena; MENDONÇA, Bruna Lima; ALMEIDA Jr., Vitor de Azevedo. *O Código Civil e o Estatuto da Pessoa com deficiência*. Rio de Janeiro: Processo, 2017. p. 185-216.

YOUNGER, Coletta. Los daños colaterales de la "guerra contra las drogas" impulsada por Estados Unidos. *In*: VITERI, Juan Pablo Morales Viteri; PALADINES Jorge Vicente (Org.). *Entre el control social y los derechos humanos*. Los retos de la política y la legislación de drogas Los daños colaterales de la "guerra contra las drogas" impulsada por Estados Unidos. Quito (Equador): El Ministerio de Justicia y Derechos Humanos de Ecuador – V&M Gráficas, dec. 2009. p. 217-242.

ZAFFARONI, Eugenio Raúl; PIERANGELI, José Henrique. *Manual de direito penal brasileiro*: parte geral. 10. ed. São Paulo: Revista dos Tribunais, 2013.

ZAFFARONI, Raul Eugenio. Prólogo. In: CUÑARRO, Mónica (Dir). *La política criminal de la droga*. Buenos Aires: AdHoc, 2010.

ZAFFARONI, Raúl; BATISTA, Nilo; ALAGIA, Alejandro Alagia, SLOKAR, Alejandro. *Direito Penal Brasileiro*. 4. ed. Rio de Janeiro: Revan, 2015.

ZIFFER, Patricia. *Medidas de Seguridad*. Prognósticos de peligrosidad. Buenos Aires (Argentina): Hammurabi, 2008.

ŽIŽEK, Slavoj; DALY, Glyn. *Arriscar o impossível:* conversas com Žižek. (Trad. Vera Ribeiro). São Paulo: Martins Fontes, 2006.

DECISÕES JUDICIAIS

ARGENTINA. Suprema Corte de la Nación Argentina. Fallo: 335:2228. Julgado em 13.11.2012.

COLOMBIA. Corte Constitucional. Sentencia T-025/04.

CORTE EUROPEIA DE DIREITOS HUMANOS. Caso ervenka v. República Tcheca. Application no. 62507/12. Estrasburgo (França): 13.01.2017. Disponível em: <https://hudoc.echr.coe.int/eng#{"itemid":["001-167125"]}>. Acesso em: 04 ago. 2017.

CORTE EUROPEIA DE DIREITOS HUMANOS. Caso Gajcsi v. Hungria. Application n. 34503/03. Estrasburgo (França): 03.10.2006. Disponível em: <https://hudoc.echr.coe.int/eng#{"fulltext":["34503/03"],"documentcollection id2":["GR ANDCHAMBER","CHAMBER"],"itemid":["001-77036"]}>. Acesso em: 08 dez. 2017.

CORTE EUROPEIA DE DIREITOS HUMANOS. Caso LM v. Letônia. Application n. 26000/02. Estrasburgo (França): 19.10.2011. Disponível em: <https://hudoc.echr.coe.int/eng#{"itemid":["001-105669"]}>. Acesso em: 05 ago.2017.

CORTE EUROPEIA DE DIREITOS HUMANOS. Caso Shtukaturov v. Russia. Application n. 44009/05. Estrasburgo (França): 27.03.2008. Disponível em: <https://hudoc.echr.coe.int/eng#{"tabview":["document"],"itemid":["001-85611"]}>. Acesso em: 06 ago. 2017.

CORTE EUROPEIA DE DIREITOS HUMANOS. Pretty v. The United Kingdom. Application n. 2346/02. Estrasburgo (França): 29.04.2002. Disponível em <https://hudoc.echr.coe.int/eng-press#{"itemid":["003-542432-544154"]}>. Acesso em: 04 ago. 2017.

CORTE INTERAMERICANA DE DIREITOS HUMANOS. Caso Ximenes Lopes vs Brasil. 2006. Disponível online em <http://www.corteidh.or.cr/docs/casos/ articulos/seriec_149_por.pdf>. Acesso em: 01 fev. 2015.

ESPANHA. Tribunal Constitucional de Espanha. Sentencia n. 120/1990, 27.06.1990. Disponível em: <http://hj.tribunalconstitucional.es/es/Resolucion/Show/1545# complete_resolucion&votos>. Acesso em: 11 jun. 2017.

MÉXICO. Suprema Corte de Justicia de la Nación. Amparo en Revisión n. 237/2014.

PORTUGAL. Tribunal de Relação do Porto. Processo n. 4950.108BTNTS0A.P1. 3°. Juízo. Rel. José Piedade. 02.02.2011.

STF. Ação Direta de Inconstitucionalidade por Omissão n. 22. Rel. Min^a.: Cármen Lúcia. DJe: 03.08.2015.

STF. ADI 1.437. Tribunal Pleno. Rel. Min. Ilmar Galvão. DJ: 22.11.1996.

STF. ADI n. 5240. Tribunal Pleno. Rel. Min. Luiz Fux. DJe: 01.02.2016.

STF. ADI n. 5357. Relator: Min. Edson Fachin. DJe: 20.11.2015.

STF. ADI n. 5501 MC (Medida cautelar na ação direta de inconstitucionalidade). Tribunal Pleno. DJe: 31.07.2017.

STF. ADPF n. 347. Rel. Min. Marco Aurélio. DJe: 25.11.2015.

STF. ADPF n. 54. Tribunal Pleno. Rel. Min. Marco Aurélio. DJ: 30.04.2013.

STF. Julgamento da ADPF n. 347. Sustentação Oral de Daniel Sarmento. Disponível em <https://www.conjur.com.br/dl/infraestrutura-presidios-brasileiros.pdf>. Acesso 22 Out. 2017.

STF. Medida Cautelar na ADPF n. 347. Tribunal Pleno, Rel. Min. Aurélio. DJe: 19.02.2016.

STF. RE 628.658. Rel.: Min. Marco Aurélio. DJe: 08.04.2011.

STJ. Súmula 527. DJe: 13.05.2015.

STJ. *Habeas corpus* n. 108.517/SP. Rel. Min. Arnaldo Esteves Lima. 5ª. Turma. DJe: 20.10.2008.

STJ. *Habeas corpus* n. 121.877. 6ª. Turma. Rel.: Minª. Maria Thereza de Assis Moura. DJe: 08.09.2009.

STJ. *Habeas corpus* n. 126.738. Rel.: Minª. Maria Thereza de Assis Moura. DJe: 13.02.2009.

STJ. *Habeas corpus* n. 135.271/SP. Rel.: Min. Sidnei Beneti. 3a. Turma. DJe 04.02.2014.

STJ. *Habeas corpus* n. 394.072, 6ª. Turma, Rel.: Minª Maria Thereza de Assis Moura. DJe: 30.05.2017.

STJ. *Habeas corpus* n. 287.144, Reª. Min.: Gilson Dipp, DJ: 03.02.2014.

STJ. *Habeas corpus* n. 35.301, Relª. Minª.: Nancy Andrighi, DJ: 13.09.2004.

STJ, *Habeas corpus* n. 465426, Rel. Min. ROGERIO SCHIETTI CRUZ, 6ª. Turma, DJe: 23.05.2019.

STJ. Recurso ordinário em *Habeas corpus* n. 19.688. Rel.: Min. Hélio Quaglia BARBOSA. 4°. Turma. DJ: 04.12.2006.

STJ. REsp n. 1730852, Rel. Min.: Herman Benjamin. 2ª Turma. DJe: 28.11.2018.

STJ. REsp n. 1306687. 3ª. Turma. Rel. Minª.: Nancy Andrighi. DJe: 22.04.2014.

TJDF. Recurso n. 20110310206278. Acórdão n. 697305. Rel.: Des José Guilherme, Relator Designado: Des. George Lopes Leite, Câmara Criminal, DJe: 31.07.2013.

TJDF. Apelação n. 20140110164149. Rel.: Des.: Jesuino Rissato, Acordao n. 861685. 3ª Turma Criminal. DJE: 22.04.2015.

TJMG. Apelação n. 10480180036075001, Relator: Luís Carlos Gambogi, DJE: 13/08/2019.

TJPR. Agravo de instrumento n. 1.627.509-5. 4ª Câmara Cível. Rel. Des.: Maria Aparecida Blanco de Lima. DJ: 16.05.2017.

TJPR. Reexame necessário n. 1483048-5. 5ª Câmara Cível. Rel.: Des.: Luiz Mateus de Lima. DJ: 19.02.2016.

TJRO. Apelação n. 1009409-55.2004.822.0001. 2ª Câmara Cível. Rel. Des.: Miguel Monico Neto. DJ: 04.06.2008.

TJRS. Agravo em Execução n. 70031389083. 2ª. Câmara Criminal. Rel. Des.: Laís Rogéria Alves Barbosa. DJe: 11.10.2011.

TJRS. Agravo em Execução N. 70031254808. 4ª. Câmara Criminal, Relator: Gaspar Marques Batista, Julgado em: 08.10.2009.

TJRS. Agravo n. 70033412032. 4ª. Câmara Criminal. Rel. Des.: Marcelo Bandeira Pereira, Julgado em 25.02.2010.

TJRS. Agravo n. 70033455783. 4ª. Câmara Criminal. Rel. Des.: Marcelo Bandeira Pereira, Julgado em 25.02.2010.

TJRS. Incidente de Inconstitucionalidade n. 70034296996, Tribunal Pleno, Relator: Mario Rocha Lopes Filho, Julgado em 26.07.2010.

TJSC. *Habeas Corpus* n. 2014.048565-8. Des. Rel.: João Batista Góes Ulysséa. 2ª. Câmara de Direito Civil. Julgado em: 14.08.2014.

TJSP. *Habeas Corpus* n. 0216434-03.2011.8.26.0000. Rel. Des. Ericson Maranho. 6ª Câmara de Direito Criminal. Registro: 24.10.2011.

TJSP. Agravo de Execução Penal. 0034555-24.2015.8.26.0000. Rel.: De Paula Santos. 13ª Câmara de Direito Criminal. Registro: 16.03.2016.

TJSP. Agravo de Instrumento n. 0027727-41.2017.8.26.0000. Rel. Des.: Borelli Thomaz. 13ª Câmara de Direito Público. Decisão n. 25.065. Julgado em: 30.05.2017.

TJSP. Agravo de instrumento n. 2253640-75.2015.8.26.0000. Rel. Des. Rômolo Russo. 7ª Câmara de Direito Privado. DJe: 10.08.2016.

TJSP. Apelação n. 0006018-39.2014.8.26.0360. 3ª Câmara de Direito Criminal. Rel.: Geraldo Wohlers. Registro: 19.04.2016.

TRF3ª. Apelação Cível n. 0012274-29.2008.4.03.6100. 3ª. Turma. Relª. Des Federal.: Cecilia Marcondes. Julgamento: 19.12.2013.